遂宁金鱼村南宋窖藏

上册

成都文物考古研究所
遂 宁 市 博 物 馆 编著

文物出版社
北京 · 2012

特邀编辑：张　静
封面设计：程星涛
责任印制：梁秋卉
责任编辑：王　霞

图书在版编目（CIP）数据

遂宁金鱼村南宋窖藏/成都文物考古研究所编著. —北京：文物出版社，2012.3

ISBN 978-7-5010-3405-5

Ⅰ.①遂… Ⅱ.①成… Ⅲ.①窖藏（考古）—瓷器（考古）—发掘报告—遂宁市—南宋 Ⅳ.①K876.35

中国版本图书馆 CIP 数据核字（2012）第 020065 号

遂宁金鱼村南宋窖藏

成都文物考古研究所
遂宁市博物馆　编著

*

文物出版社出版发行

（北京市东直门内北小街 2 号楼）

http://www.wenwu.com

E-mail:web@wenwu.com

北京盛天行健印刷有限公司印刷

新华书店经销

889×1194　1/16　印张:41　插页:7

2012年3月第1版　2012年3月第1次印刷

ISBN978-7-5010-3405-5（全二册）定价:600.00元

Jinyucun Hoard of Southern Song Dynasty in Suining

Vol. 1

Chengdu Institute of Cultural Relics and Archaeology
Suining Municipal Museum

Cultural Relics Press

Beijing · 2012

目　　录

插图目录

壹 前 言

一 地理环境

遂宁市位于四川盆地中部，涪江中游，地理坐标介于东经105°12′26″~105°59′49″、北纬30°10′50″~31°10′15″之间（图一）。东邻南充，南接重庆、内江，西连德阳，北靠绵阳。东西宽90.3公里，南北长108.9公里，面积5320平方公里。遂宁市辖三县两区，即：射洪县、蓬溪县、大英县、船山区、安居区，人口361.68万人。

遂宁市在地质上位于新华夏系四川沉降带川中褶皱构造带内。在中生代燕山运动（距今1.4亿年）至新生代第三纪喜马拉雅造山运动（距今300万年）中，四川盆地在新华夏系褶皱带控制下，形成了大型的沉降带，川中沉积层受挤压、张力、扭动等强压力作用，形成了平缓的褶皱构造。地貌受古气候的影响，在流水侵蚀切割及堆积作用下，形成平缓的丘陵地貌。地表出露晚侏罗纪河湖相沉积的红色紫砂岩、泥岩地层。地势由北向南逐渐倾斜，海拔最高处674米，最低处249米，大多数相对高差在100米以下。境内山丘蜿蜒起伏，走向多呈南北向“川”字形。

遂宁属亚热带湿润季风气候，气候温和，雨水充沛，四季分明，夏热冬暖。涪江自西北向东南斜贯全境，主要支流有梓江、郪江、芝溪河、琼江等，众多溪河呈树枝状遍布全境。在涪江沿岸形成了1~5级阶地，堆积了第四纪（距今250~1.5万年）冲积物、洪积物。沿江两岸呈带状连续分布有冲积平坝，平坝所在的一级阶地，宽阔平坦，土质肥沃，自古以来即是人类生产生活的聚居区。遂宁城区以北有北坝、凤台坝、长江坝、通泉坝等，以南有南坝、青石坝、下县坝等，历史上众多消失了的古代城镇，如通泉故城、长江故城、德阳故城、青石故城等都建筑在这些沿江平坝之上。

二 历史沿革

遂宁历史悠久，遂宁县境（县境指今遂宁市船山区、安居区、重庆市潼南县范围，下同）商周时为蜀国属地。秦置蜀郡后为蜀郡属地。

西汉高祖六年（公元前201年）分巴、蜀二郡置广汉郡并置广汉县，为广汉县辖地，治所广汉城在今射洪县境内。更始元年（23年），刘秀为破虏大将军，封武信侯，封地即在遂宁县境。东汉建安年间（196~220年）分广汉县于遂宁县境置德阳县，县治所在今遂宁市老城区（另说在今龙凤场），县境置县自此始。建安十九年（214年），张飞率大军由合川溯江而上，刘璋派张裔于

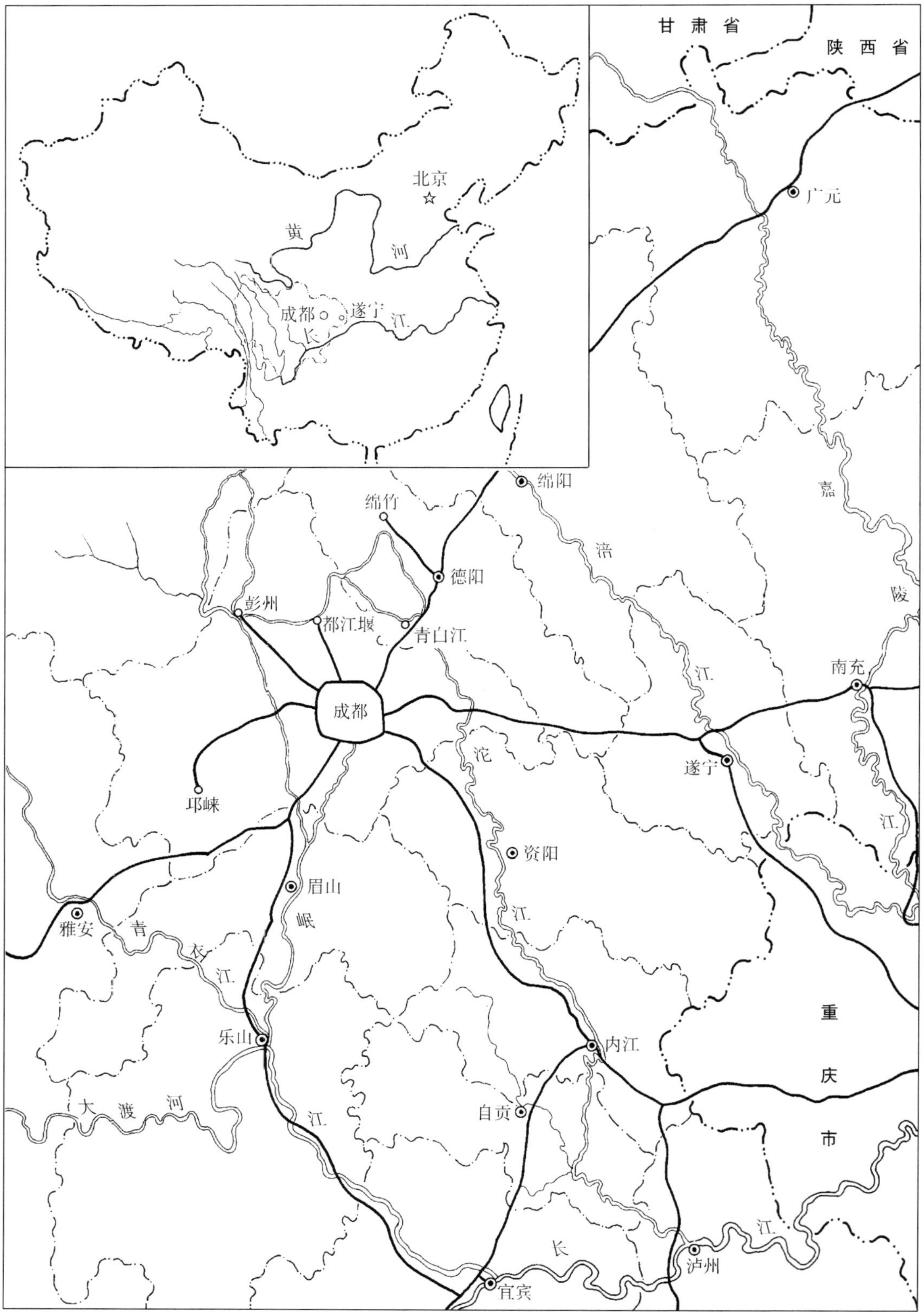
甘肃省
陕西省
北京
黄
河
成都
遂宁
长
江
广元
绵阳
绵竹
德阳
彭州
都江堰
青白江
涪
江
嘉
陵
江
南充
成都
遂宁
沱
江
邛崃
资阳
眉山
岷
江
雅安
青
衣
江
乐山
大渡河
内江
自贡
重
庆
市
长
江
泸州
宜宾

图一　遂宁市地理位置图

德阳陌下（今船山区龙坪乡过军渡两岸）阻击，裔败，张飞定德阳。

蜀汉后主建兴二年（224 年），分广汉郡中的四个县置东广汉郡，县境为东广汉郡德阳县。西晋惠帝太康六年（285 年），改蜀汉的东广汉郡复置广汉郡，县境为东广汉郡德阳县。西晋太安元年（302 年）李特率义军攻占德阳，任命将领蹇硕为德阳太守。成汉建兴三年（306 年）分广汉郡置德阳郡，领德阳一县。

东晋穆帝永和三年（347 年），荆州刺史桓温奉命伐蜀，与成汉李特大战于德阳，李特败。晋军攻取德阳后，罢德阳郡，于德阳县东南置遂宁郡，取“息乱安宁”之意，治所晋兴（今潼南县玉溪乡青石坝）。遂宁之名始于此。县境为遂宁郡德阳县。

南朝刘宋泰始五年（469 年），改遂宁郡为东遂宁郡，治所移到巴兴（今蓬溪县长江坝）。南朝萧梁（502～557 年）时，德阳县更名为小溪县，东遂宁郡治所移至小溪。

西魏恭帝（554～556 年）时，小溪县更名为方义县。北周建国之年（557 年），改东遂宁郡为石山郡，置遂州统郡，治所在方义县。其时，今遂宁老城区所在的方义县成为了州、郡、县三级治所所在地，遂州之名亦始于此。北周武帝建德四年（575 年）。增置安居郡和柔刚县（皆属于普州管辖），郡、县治所设在今安居区。

隋开皇三年（583 年），罢郡留州，以州辖县。县境为遂州方义县和普州柔刚县。开皇十三年（593 年），柔刚县更名为安居县。隋炀帝大业三年（607 年），州改郡，以郡辖县，县境为遂宁郡方义县和资阳郡安居县。大业十二年（616 年），又增置隆龛县（属于资阳郡管辖），县治在今潼南县崇龛山，隆龛县的一部分在遂宁县境。

唐高祖武德元年（618 年），罢遂宁郡复置遂州，以州辖县，县境为遂州方义县、普州柔刚县及隆龛县一部分。唐中宗景龙元年（707 年），分遂州青石县增置遂宁县，治所在今潼南县大佛乡下县坝。唐代宗大历二年（767 年），于遂州置静戎军，治在方义县。元和年间（806～820 年），宪宗第三子李恒，知遂州，进封遂王，后为穆宗。唐昭宗乾宁四年（897 年）改军曰武信，置遂州武信军节度，领遂、昌、合、渝、泸五州。

宋太宗太平兴国元年（976 年），为避宋太宗名讳，改方义县为小溪县。元祐元年（1086 年），宋神宗第十一子赵佶，赐封遂宁郡王，后为徽宗。宋徽宗政和五年（1115 年），升遂州为遂宁府，领小溪、蓬溪、长江、青石、遂宁五县，属潼川府路。宣和五年（1123 年），又升都督府武信军节度使。

南宋绍兴年间（1131～1162 年），遂宁成为全国盛产蔗糖的五郡之首，邑人王灼著《糖霜谱》七卷，总结了制糖的经验。南宋嘉定九年（1216 年）五月，张福、莫简率义军以红巾为号，进攻遂宁府城，守官弃城逃遁，后都统张威引兵捕福，福降被诛，简亦自刎。南宋理宗端平三年（1236 年），蒙军入川，兵至遂宁，城毁民散，遂宁府治暂移蓬溪寨（遗址在今蓬溪县上东乡骡堰村）。南宋宝祐六年（1258 年），蒙军都元帅纽璘领军万人攻成都，宋遣按抚刘整、都统制段元鉴率军守小溪县江箭滩渡口，杨大渊守卫灵泉山，阻击蒙军东路。蒙军至此，大战一天一夜，战况惨烈，宋军败退。

元世祖至元十九年（1282 年），撤并遂宁县、青石县入小溪县，罢遂宁府为遂州，领小溪、蓬溪二县。至正年间（1341～1368 年），撤小溪县并入遂宁州，州、县合一。

明洪武九年（1376年），降遂宁州为遂宁县，属潼川州。

清顺治九年（1652年），清兵入川至遂宁，时城池遭破坏，民不满百家。顺治十年（1653年），遂宁撤县，并入蓬溪县。顺治十七年（1660年），复置遂宁县，隶属川北道潼川州。清雍正十二年（1734年），升潼川州为府，县境为潼川府遂宁县。

民国元年（1912年），划遂宁县南路下三里十三场分置东安县（民国三年更名为潼南县）。民国二十四（1935年）3月，置四川省第十二行政督察区，辖遂宁、蓬溪、三台、中江、盐亭、潼南、射洪、安岳、乐至九县，专员公署驻遂宁县。

1949年12月8日，遂宁解放。1950年1月13日，建立遂宁分区专员公署，仍辖九县，隶属川北人民行政公署。1952年9月，撤消川北行署，遂宁分区改为遂宁专区，仍辖九县，隶属于四川省。1958年10月，撤销遂宁专区，遂宁县并入绵阳专区。1968年9月，改绵阳专区为绵阳地区，遂宁县隶属于绵阳地区。1985年2月，经国务院批准，撤销遂宁县，建立遂宁市。

三　窖藏的发现与清理经过

金鱼村位于遂宁城东南2公里的南坝南强镇，这里地处涪江左岸的二级台地上，土地平整。1991年和2003年，在这里先后发现了两处窖藏遗迹（图二），为了描述方便，本报告在叙述中依

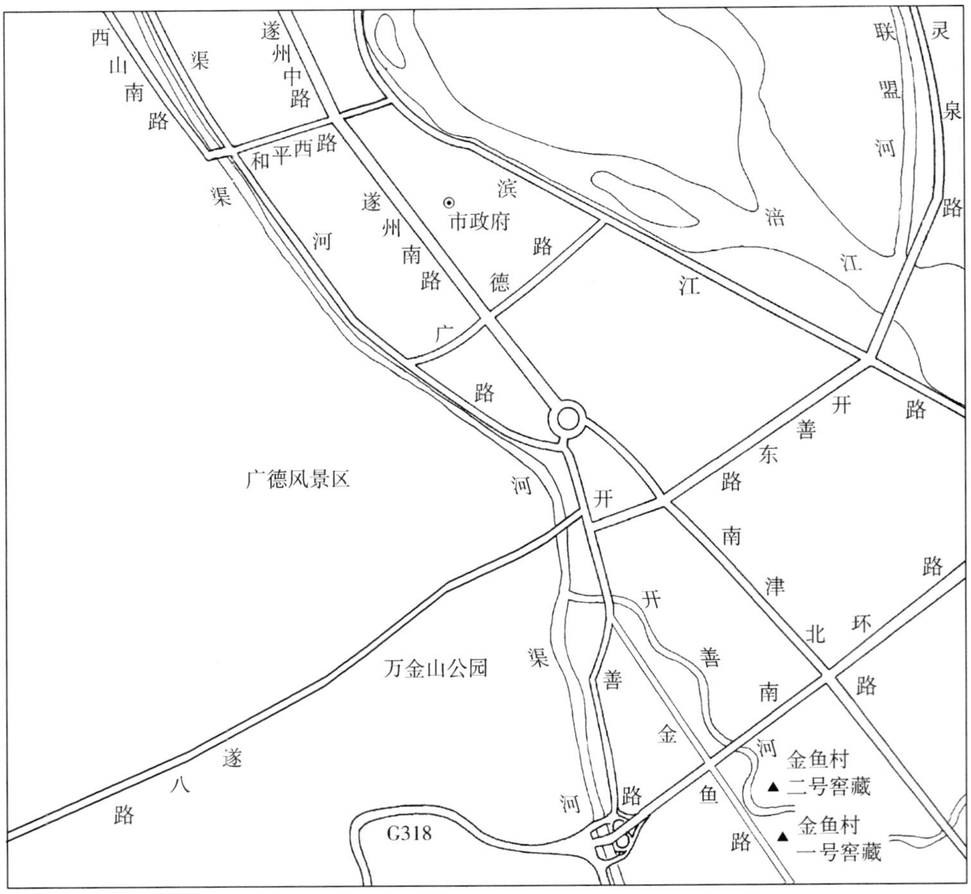

图二　金鱼村窖藏位置示意图

据两处窖藏发现时间的先后将1991年发现的窖藏（91SJH）定名为一号窖藏，编号为91SJJ；将2003年发现的窖藏（03SJH）定名为二号窖藏，编号为03SJJ。

一号窖藏（91SJJ）位于村民王世仁的菜地里，1991年9月18日，王世仁等在此挖坑取土时挖出了一些铜器和瓷器，遂宁市博物馆、遂宁市文物管理所的工作人员接到消息后，很快赶到了现场，经过简单的清理，文物工作者判定这是一处灰坑（窖藏）遗存，由于当时天色渐晚，文物专家建议保护好现场，并着手准备第二天的抢救性清理。

抢救性的清理工作于次日上午开始。窖藏开口距地表1.1米，清理掉黑褐色的表土层，即可见到一层厚约0.3米的五花土，夹杂着瓦砾、碎石及红烧土块。第三层为灰色的细沙土，土质纯净细腻，厚约0.1米，椭圆形土坑窖穴的开口即在此层。临近中午，细沙土层被清出，一大堆形状各异、排列有序的瓷器呈现眼前，数量之多，品种之丰富，大大出于人们的意料之外。由于窖藏抢救清理的地点不是封闭场地，围观群众大量聚集，为了确保文物的安全，文物部门决定集中人力清理出所有器物，至当晚7时许，器物的清理方告完毕，故现场记录资料较少，有关窖藏形制、地层堆积的资料为器物清理完毕以后工作人员依据抢救性清理工作进行过程中所拍摄的录像资料、照片、文字资料所进行的后补记录。

二号窖藏（03SJJ）的出土地点位于一号窖藏出土地点以北200米。2003年6月30日，四川省遂宁市金鱼村一施工队在此使用挖掘机开挖排水沟渠，傍晚6时许挖到一处窖藏，器物大多破损，并随即被施工人员及围观群众哄抢一空。第二天清晨，遂宁市博物馆、遂宁市文物管理所接到群众举报，当即赶往现场，发现遗迹已遭到彻底破坏，文化遗存现象已不复存在，仅在沟渠边挖出的泥土中可以看到一些瓷器残片。遂宁市博物馆、遂宁市文物管理所随后在地方政府配合下，开展了追缴流失文物工作，依法追回流散的部分出土文物，并对现场散土中的瓷器残片进行了清理。

贰　窖藏的形制与器物出土情况

一　地层堆积情况

2003 年 12 月，遂宁市博物馆、市文物管理所的工作人员在两处窖藏所在的金鱼村作了一次简单的补充考古发掘，开挖了两处 2×2 平方米的探方，编号为 03SJT1、03SJT2（图三）。

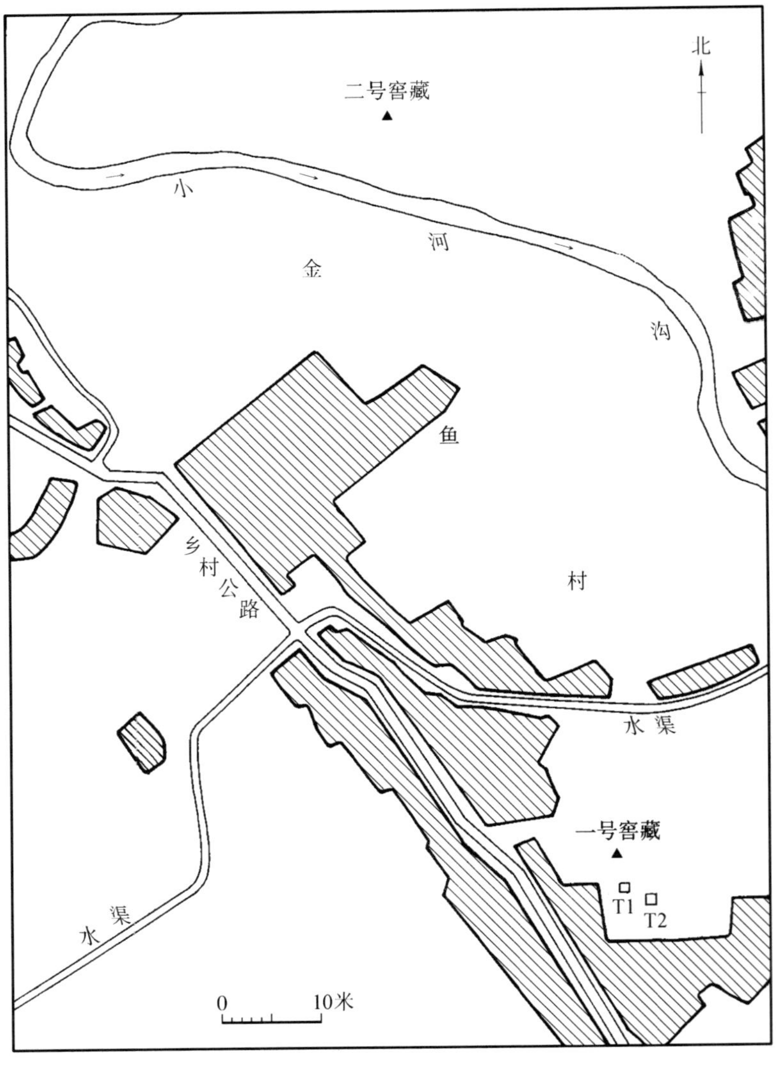

图三　金鱼村窖藏及发掘探方 03SJT1、03SJT2 分布图

发掘结果表明两处窖藏周围的地层堆积情况基本一致。现以T1的北壁为例介绍地层堆积情况（图四）。

第1层，黑褐色耕土，土质较为疏松，包含少量青花瓷片、近现代细白瓷碎片以及生活垃圾等，厚0.5～0.7米。

第2层，黄褐色土，土质较为紧密，包含大量瓦砾和砾石以及一些青瓷、白瓷碎片，厚0.3～0.4米。

第3层，灰褐色土，土质紧密，含少量青瓷片、陶片、砖瓦碎片，厚0.8～1米。

第3层下，黄色土，土质纯净，未见包含物，为生土层。

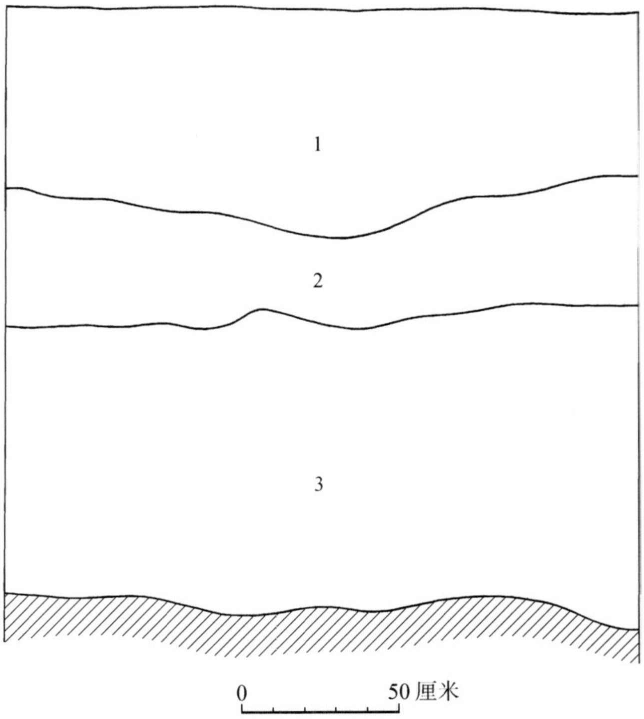

图四　发掘探方03SJT1北壁剖面图

二　一号窖藏形制与窖藏内器物的堆放情况

一号窖藏开口于第3层层表，打破生土，距地表深度约为1米。窖穴坑口为较为规则的椭圆形，长1.7、宽1.1～1.2、深0.4～0.5米。窖穴四壁较直，坑口与坑底的大小相若，窖穴底部较平（图五）。清理中，工作人员发现在窖坑表层器物之上有一层厚约0.1～0.3米的灰色沙土层，较纯净而紧密，与窖坑内的填土一致。窖穴内的器物紧贴窖穴的边沿放置，器物之间以含细沙、较为纯净的灰色沙土垫隔，垫土较紧。

窖穴内的器物堆放紧密而有序，大致可以分为4层。由于村民取土的原因，第1层器物的南部和西南角所堆放的铜器和部分2瓷器已被取出，这些器物当即被送往当地派出所集中保管。取出的瓷器中包括龙耳簋式炉，位于窖穴南部第1层靠近铜器的地方。除去已经取走的部分文物，窖藏其余的堆积未遭到破坏扰动，保存较好。

一号窖藏共出土8件梅瓶，大多位于第1层的窖穴中部，另有6件梅瓶盖子，它们没有盖在梅瓶上，而是重叠在一起置于一旁。两件石琮堆放在一起，位于窖坑第一层堆积的西部。第2、3、4层为瓷器，大小相近的龙泉窑和景德镇窑的碗、盘、杯、盖类器物混杂、重叠侧放在窖穴的边缘，大多几件、十几件套叠在一起横放，形成多层椭圆形的器物圈，形体较大的炉、瓶、壶类器物则较为集中地堆放在窖穴中部和北部。荷叶盖罐直立于第4层的中部，出土时荷叶形盖子盖于罐口，罐内放置了99件形状相同的青白瓷菊花口小碟，并填淤了一些细砂土。

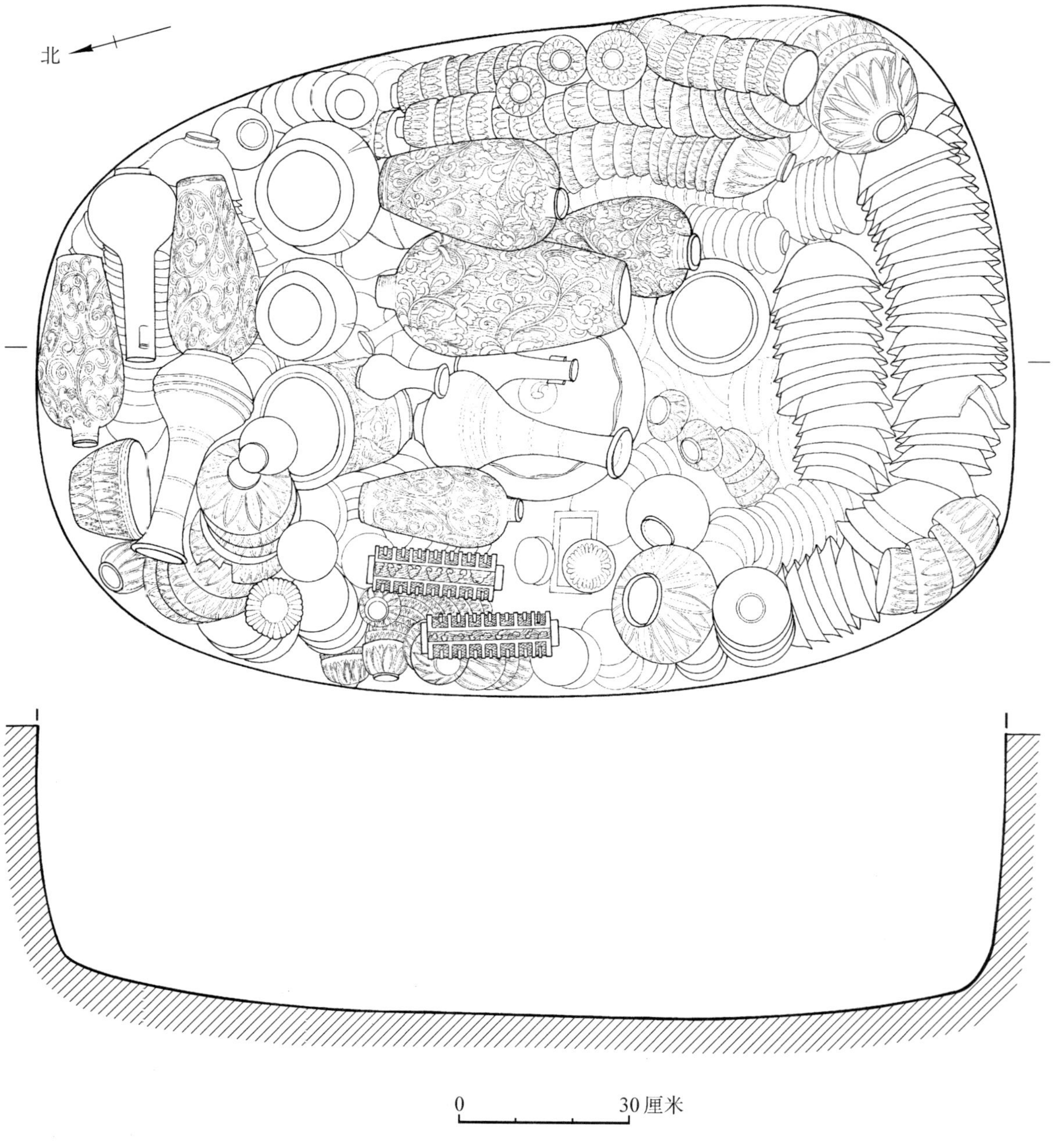

图五　一号窖藏 91SJJ①层平面图及窖坑剖面图

三　二号窖藏地层堆积情况

二号窖藏的埋藏情况与一号窖藏接近。由于当时使用挖掘机施工，窖坑已经被完全破坏，故其形制、开口层位以及窖坑内器物的堆放情况均已经无从知晓。据当时在现场的工作人员回忆和描述，二号窖藏距地表深约 1 米，为一个土坑式窖穴，窖坑中也填有含细沙的泥土，土质较为纯净而紧密。参照博物馆工作人员对当时开挖沟渠的地层情况的记录，1 米左右的深度大致为灰褐色土层的下部，其开口的层位与一号窖藏大致相当。

叁　出土器物

一号窖藏的出土器物分别有瓷器、铜器和石器，二号窖藏追缴回的器物为瓷器和铜器。以下按器物所属遗迹单位分别进行介绍。

一　一号窖藏出土器物

一号窖藏清理出土了瓷器1197件、铜器97件、石器2件，均为日用器皿，以下按器物的质地分类介绍。

出土瓷器的窑口较为清晰，分别属于龙泉窑、景德镇窑、定窑、耀州窑、磁峰窑、清溪窑的产品，以及不明窑口的黑釉瓷器产品〔1〕，其中以龙泉窑和景德镇窑的产品为大宗。在此，以窑口的归属为标准对产品作详细的分型介绍。

（一）龙泉窑瓷器

一号窖藏出土的龙泉窑瓷器共计368件。均为青瓷，可分为盖罐、炉、大瓶、小瓶、注子、五管器、碗、盘、洗、杯、碟和器盖等十二类器形〔2〕。出土的龙泉窑青瓷大多胎质坚硬致密、釉色滋润，从其外观形态上可以分为三类。第一类器物数量最多，胎略显灰白或为白色，胎体致密而厚重，釉色滋润，釉色多为梅子青、粉青；第二类仅见于碗、盘两类器物，胎色灰白，胎体十分厚重，釉层略显稀薄，有光泽但多不太滋润，釉色更多偏灰黄，釉面的开片略少些，和第一类青瓷碗盘比较，这类青瓷碗盘最突出的特征是圈足较浅、足墙较宽；第三类数量最少，仅见于海棠式小瓶一类器物。胎色灰黑，胎体较薄，胎骨较轻，粉青釉，釉色光洁滋润，釉面遍布褐色开片。考虑到这

---

〔1〕 在金鱼村窖藏的简报以及以前的研究中，一般认为窖藏所出的黑釉瓷器是广元窑的产品，但从配合本次报告编写所做的测试结果看，这些瓷器的测试数据与广元窑已经公布的数据不太吻合，加之近年来四川地区陆续发现了不少生产黑釉瓷器的窑场，分布在四川、重庆的成都平原、峡江地区以及四川北部的山区等，其产品形态一般比较接近，而测试数据尚不完备，所以要准确地认定黑瓷产品的窑口归属还存在一定的难度，故此，在本报告的器物描述部分，我们将黑瓷产品归入不明窑口中，而在结语部分对其窑口归属问题进行探讨。

〔2〕 器物的数量统计均按单件统计，例如荷叶盖罐为一套两件。此外，由于荷叶盖罐出土时罐与盖扣置在一起，所以在器物描述时将荷叶盖罐作为一套进行器物描述，而窖藏的出土其他带盖的器物，则以分类描述的原则进行描述。例如器物中有一类莲瓣盖碗，应该与窖藏中的莲瓣盖罐配套，但由于两类器物在形体大小和出土数量都不对等，同时与荷叶盖罐放置在一起的情况不同，碗与盖是分开放置的，故在描述时将它们分为不同的两类器形。

三类青瓷可能属于不同的龙泉窑窑场产品，故将它们分别进行介绍。

1. 第一类青瓷

共计341件。以灰白胎为最多，也有一些白胎青瓷。结合残破的器物断面观察，白胎类器物多厚重，胎色洁白，胎质细腻。灰白胎为白色中略带灰色，胎质坚硬，胎体也较厚重。釉色则以梅子青、粉青釉最多，另有一些青灰色、青黄色釉的器物。釉层多肥厚滋润，釉面光洁而滋润，釉面的开片则各不相同，有的为稀疏的长条形开片，有的则为较密集的细小开片，大的开片有的呈褐色、有的呈浅褐色，细密而浅的开片则大多呈浅白色，不一而足。以下按器类分别对第一类龙泉窑青瓷器予以介绍。

盖罐

仅1套。由罐和荷叶形盖组成。器物造型规整，罐为直口、短直颈、鼓腹罐；荷叶形盖为圆顶带钮盖，器盖作荷叶形，边缘作起伏卷曲状。出土的时候此盖罐放置于窖穴的底部，罐内放置了99只景德镇窑的青白瓷菊花口碟。

91SJJ∶1，完整。整器胎质洁白细腻，胎骨厚重。尖唇，唇下切削成斜沿。短直颈，圆肩，鼓腹，足胫处略内收，圈足，足底中央再作一内凹式足圈，外墙斜削。圈足圆整，足端可见明显切削修整痕迹。除唇部和圈足外圈以外，内外壁通体施梅子青釉，釉层肥厚，色泽莹润，釉面光洁平整，内壁有少量棕眼。罐高23、口径22.8、最大腹径31.3、足径16.2、壁厚0.8～2.6厘米。荷叶形盖为子口，圆唇；圆弧顶，中央有一蒂形钮。盖面满釉，内壁施釉略显草率，有六处缩釉痕迹。荷叶形盖与罐的釉色完全一致。口沿、盖内沿、圈足足端等无釉处呈较为鲜艳的橙红色，未施釉处有少量的窑渣粘连。盖的釉面有一道裂纹。盖内沿与子口间未施釉处内圈为黄色，外圈为较为鲜艳的橙红色，有明显的分界。盖沿直径29.4、子口口径9.6、高8.5、厚0.7～2厘米。荷叶盖罐整器通高30厘米（图六；图版一至四）。

炉

共9件。大多为仿商周青铜器造型的器物，在炉体的造型上有较为明显的特征和区别。有簋式炉、鬲式炉、鼎式炉和奁式炉等不同的造型。依据其造型的不同，分为四种。

簋式炉

1件。敞口，束颈，扁鼓腹，颈腹处附夔龙形双耳一对，圈足较高，足底呈凸状。颈部至上腹部有两道浅凸弦纹。夔龙耳呈平头、锥形鳞、曲体、方尾状，头部刻划双眼。

91SJJ∶70，口部残，一耳残断，修复。白色胎略泛灰，胎骨厚重。内底可见螺旋纹路，内底心下凹。施梅子青釉，釉层肥厚，釉面光洁滋润，内底有较大而稀疏的褐色开片，双耳及外壁下腹部、足部有较为密集的浅褐色大开片，足底施釉不完整且釉面不太平整，可见少量棕眼，釉面开片较细密。口沿和足端未施釉，呈鲜艳的橙红色。口径19、最大腹径22、足径15.1、圈足高2.3、高14.7、厚0.3～1厘米（图七；图版五、六）。

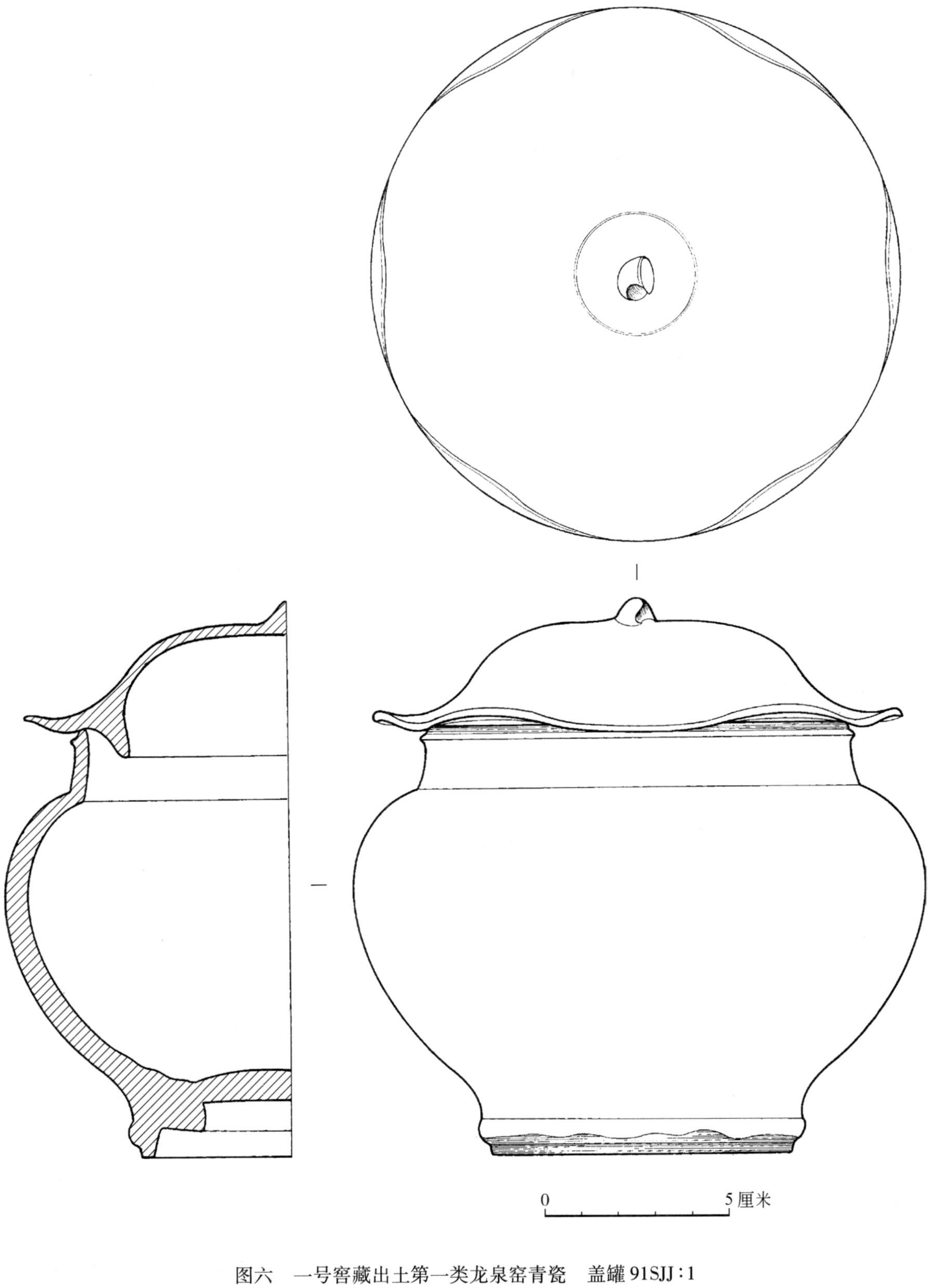

图六　一号窖藏出土第一类龙泉窑青瓷　盖罐 91SJJ∶1

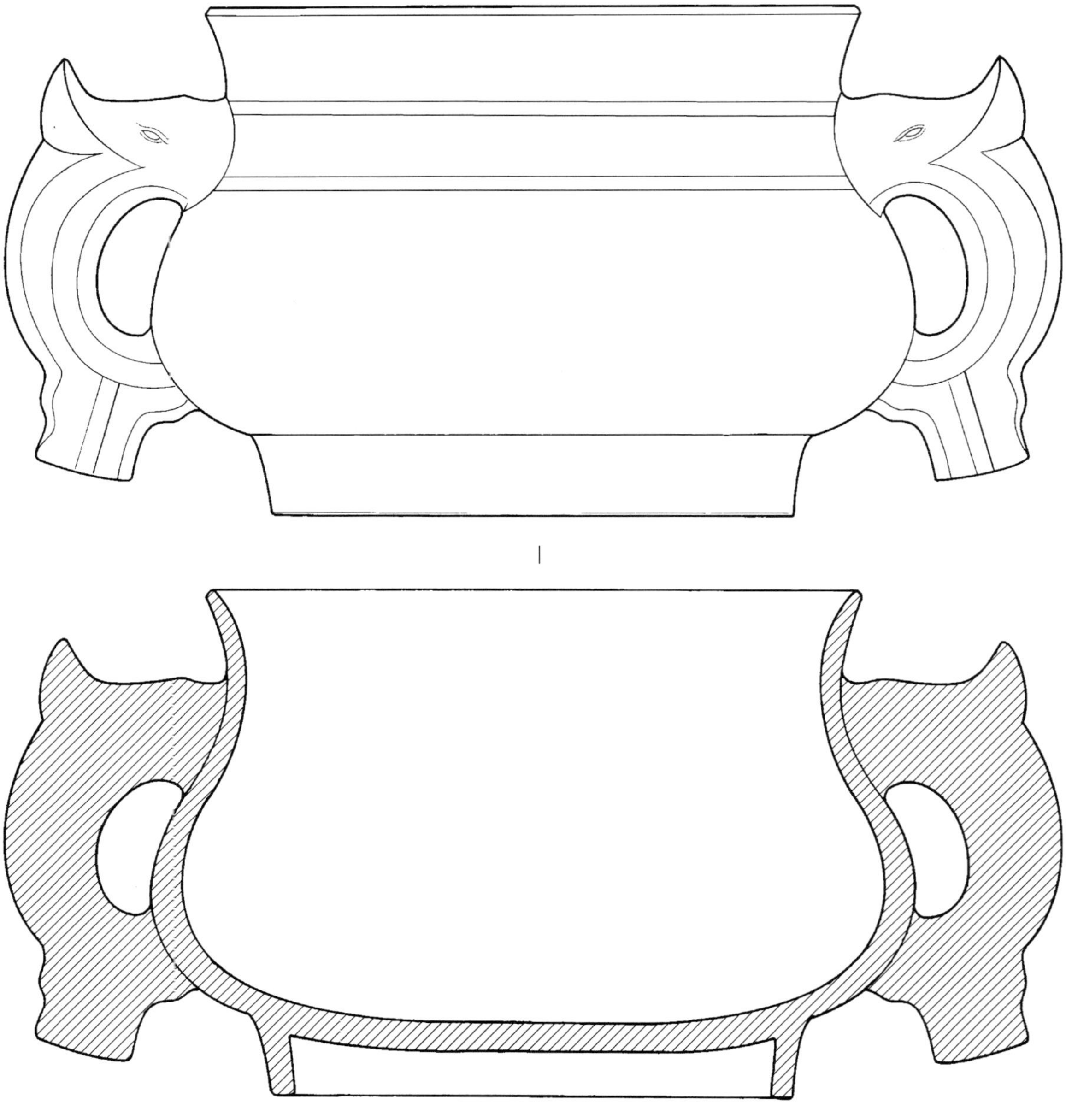

图七　一号窖藏出土第一类龙泉窑青瓷　簋式炉 91SJJ:70

鬲式炉

5件。斜盘口，圆唇或尖唇，短直颈，扁鼓腹，三足。肩部有一周浅凸棱，腹部与三足相对处各有一道截面呈三角形的凸棱，从肩部延伸到足部。唇部以及每件器物的腹径与口径的比例略有差别。均通体施釉，仅足端无釉，故大多不见胎色。凸棱和器体折棱处釉色均较为浅淡。依据形体大小分为三型（图八）。

A型　形体较大。1件。

91SJJ:81，完整。胎骨厚重，整个器物造型端庄规整。圆唇，鼓腹较扁，腹径略大于口径，三足呈锥形。腹部与三足相对的凸棱略有弯曲和起伏。足部与腹部连接处各有较为明显的凹痕一圈。足端平，三足内侧各有一个凹孔。内底可见螺旋纹。胎色不详。施梅子青釉，釉层肥厚，釉面光洁莹润，遍布开片。内底的开片大而稀疏，呈褐色，口沿及外壁的开片纹则细密一些，呈浅褐色。腹部与足部相接处的釉面有一些烧裂纹路。足端未施釉，呈较为鲜艳的橙红色，其中一足的足端可见窑砂粘连。口径 19.8、内径 14.7、最大腹径 22、高 15.9、厚 0.5 ~0.6 厘米（图八，1；图版七）。

B 型　形体居中。2 件。

91SJJ∶56，完整。胎骨较为厚重，整个器物造型端庄规整。圆唇，鼓腹较扁，腹径略大于口径，三足呈锥形。腹部与三足相对处的凸棱略有弯曲和起伏。三足与腹部可见接痕一圈，足端平。内底可见螺旋纹。胎色不详。施梅子青釉，釉层较厚，釉面光洁莹润，仅口沿处可见两道隐约的开片。足端未施釉，呈橙红色。口径 16.3、内径 12.2、最大腹径 17.4、高 12.9、厚 0.3 ~0.5 厘米（图八，2；图版八）。

91SJJ∶82，口沿略残，可修复。尖唇，盘口略斜，短直颈，鼓腹较扁，口径与腹径相若，三锥形足。腹部与三足相对处的凸棱，不太平整，有弯曲和起伏。足部与腹部连接处隐约可见粘接痕，足端平。内底螺旋纹不清晰。白胎略泛灰。通体施梅子青釉，釉层肥厚，釉面光洁莹润，仅腹部有少量开片。足端未施釉处呈较为鲜艳的橙红色。口径 13、内径 8.9、最大腹径 13.1、高 10.4、厚 0.3 ~0.5 厘米（图八，3；图版九）。

C 型　形体较小。2 件。

91SJJ∶60，口沿略残，可修复。圆唇，斜沿较平，短直颈，腹部圆鼓，口径与腹径相若，三足呈锥形。腹部与三足相对处的三道凸棱较为规整。足端平。内底心略下凹，与三足相对处有三个小孔。灰白色胎，通体施青釉，釉色青灰，厚釉处显青翠，釉面较为光洁莹润，遍布细密的开片。足端未施釉，呈酱红色。口径 9、内径 6.3、最大腹径 9.2、高 7.5、厚 0.3 ~0.4 厘米（图八，4；图版一〇）。

91SJJ∶83，口沿残两处，可修复。圆唇，口沿平，仅略有倾斜，短直颈，腹部圆鼓，口径与腹径相若，三足呈锥形。腹部与三足相对处的凸棱略宽且较规整。足端平，三足内侧各有一个凹孔。灰白色胎，通体施青釉，釉色青灰，釉面较为光洁，遍布细密的开片。足端未施釉，呈较为鲜艳的橙红色。口径 9.3、内径 6.5、最大腹径 9.2、高 7.4、厚 0.4 ~0.5 厘米（图八，5；图版一一）。

鼎式炉

2 件。形体均较小，为口沿上方形双立耳的三足鼎式炉造型，器物形态的差异较大，可分为二型。

A 型　直口，深弧腹。1 件。

91SJJ∶62，有两足残断，可修复。方唇略圆，口沿上附一对方形立耳，深直腹，下腹圆弧，平底，三足较细，弯曲向外撇。上腹堆贴一对兽首衔环。内底有一轻微的鸡心状突起。白胎略泛灰，胎体略显厚重。施粉青釉，釉面光洁莹润，遍布较大的褐色开片和细小的开片纹。器底圆整光滑，未施釉，呈较为鲜艳的橙红色。口径 11.2、高 12.9、足高 3.5、耳高 1.1、耳宽 2.3、厚 0.7 厘米（图九，1；图版一二）。

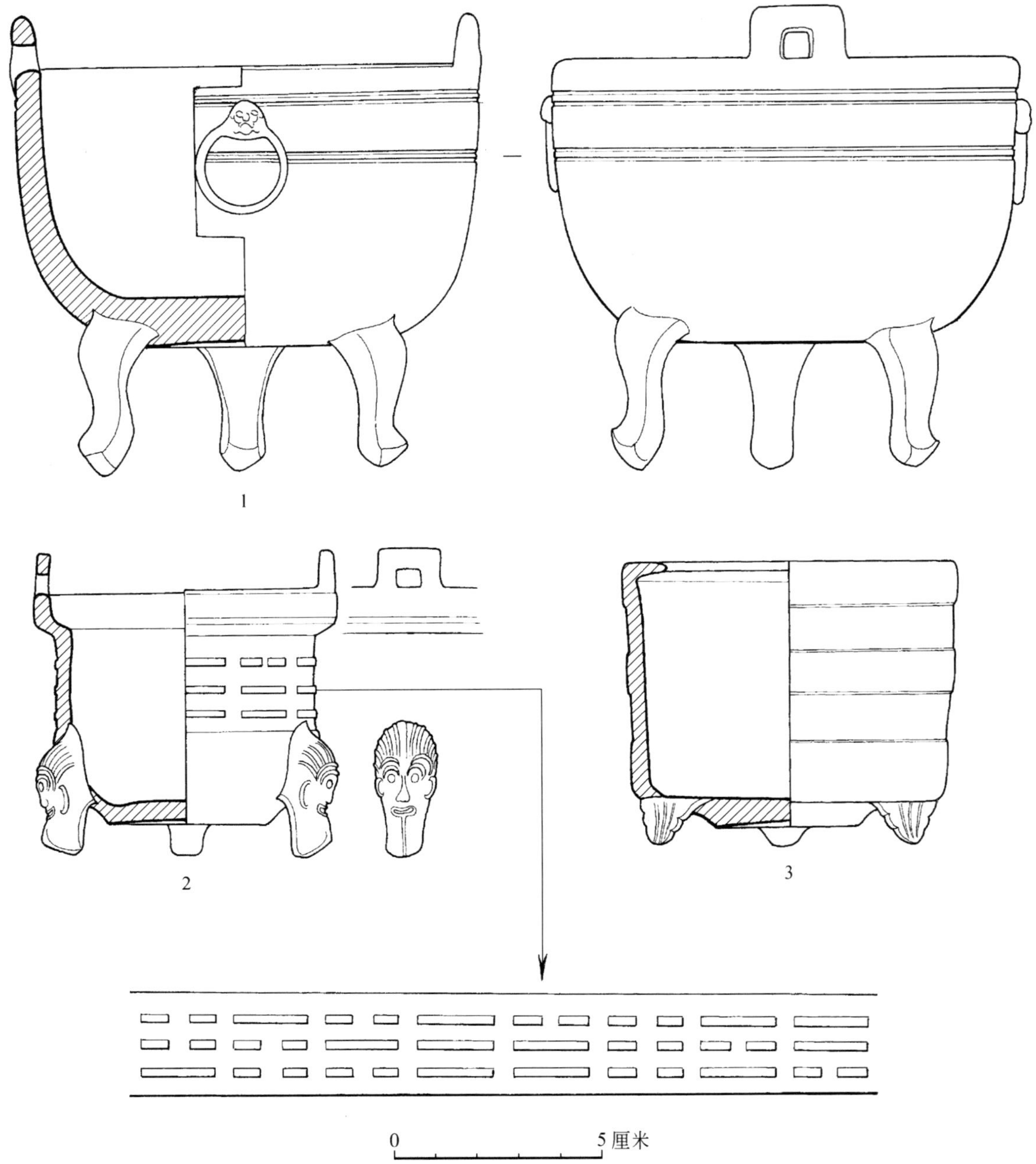

图九　一号窖藏出土第一类龙泉窑青瓷　A型、B型鼎式炉及奁式炉

1. A型鼎式炉91SJJ∶62　2. B型鼎式炉91SJJ∶61　3. 奁式炉91SJJ∶63

B型　盘口，筒形腹。1件。

91SJJ:61，一立耳残断，可修复。盘口较窄，直口，圆唇，口沿上附一对方形立耳，筒形直腹，下腹呈圆弧形，口径大于腹径，下腹附三兽足，兽足为模印成型，粘接而成。平底。外壁腹部装饰一周八卦纹。内底可见模糊的螺旋纹。白胎略泛灰。施粉青釉，釉面光洁莹润，积釉处颜色青翠。器底有修整痕迹，但不太光滑平整，未施釉，呈橙红色，有少许釉点。口径7.3、高7.4、足高3.2、耳高0.9、耳宽1.5、厚0.3～0.4厘米（图九，2；图版一三）。

奁式炉

1件，也称为尊式炉，形体较小。平沿，口沿向内平折，有一处小凹陷，直腹，平底，中心有一饼足式突起。器底外沿附三如意形足。口沿下、腹中部和腹下端等距刻划三道带状凸弦纹。内底心有一圆形凹陷。

91SJJ:63，完整。胎色不详。通体施釉，施梅子青釉，釉面光洁滋润，釉层较厚，不见开片。足底的饼足状突起平整，可见细细的螺旋纹，未施釉，呈酱红色，边缘呈较为鲜艳的橙红色。口外径8.1、口内径6.0、底径3.4、高6.8、足高1、厚0.4厘米（图九，3；图版一四）。

大瓶

共10件。此类瓶的高度都超过25厘米。造型多变，有长方形腹的琮式瓶、鼓腹的长颈贯耳瓶和鼓腹的长颈竹节瓶等，依据颈部和腹部的变化分为三种。

琮式瓶

2件。造型、大小以及釉色均非常接近。圆唇，直口，短颈略斜。瓶体为长方形，四壁刻划四组相同的凸条纹，每组均由八节长短线条相间的条纹组成。圈足较厚。除圈足足端以外通体施梅子青釉，且内、外壁均施釉。釉层因器物表面的凸凹不平而显得厚薄不均匀，条纹凸起处釉色稍淡，足部积釉最厚，釉色莹润。

91SJJ:10，白胎。一侧有一条长约9厘米的开片，釉面有两处棕眼。圈足未施釉处呈褐红色，圈足内侧有一处窑渣粘连。整器较为厚重，似有使用痕迹。口径7.5、腹径10.4、足径7.5、高26.5、厚0.4～1.2厘米（图一〇；图版一五）。

91SJJ:11，白胎。釉面光洁，两面有两条较长的开片，另有几处短的开片。圈足足端无釉处可见明显的切削修整痕迹，但仍不太圆整。圈足内侧粘连窑渣。口径7.7、上腹径10.3、下腹径10.6、足径8、高26.6、厚0.6～1.0厘米（图一一；图版一六）。

鼓腹贯耳瓶

4件。皆作细长直颈、鼓腹的造型，形体较大且胎体厚重，有的器物颈部略有偏斜。腹部呈圆鼓腹或鼓腹略扁，圈足的高度也有一些差别。依据腹部和足部的变化分为二型。

A型　圆鼓腹，圈足。3件。直口，直颈，颈上端附两个管状贯耳，腹部圆鼓，最大腹径在腹中部。圈足较为规整。

91SJJ:44，完整。整器规整端庄。圆唇略平，足底平整，挖足过墙。胎色不详。除圈足足端外通体内外施青釉，釉色莹润，釉层较为均匀，下腹部釉面有少量较为稀疏的、大的开片；器表釉色不太一致，口颈部釉色略泛青黄，腹部及足部则呈较为青翠的梅子青色。圈足无釉处可见切削痕

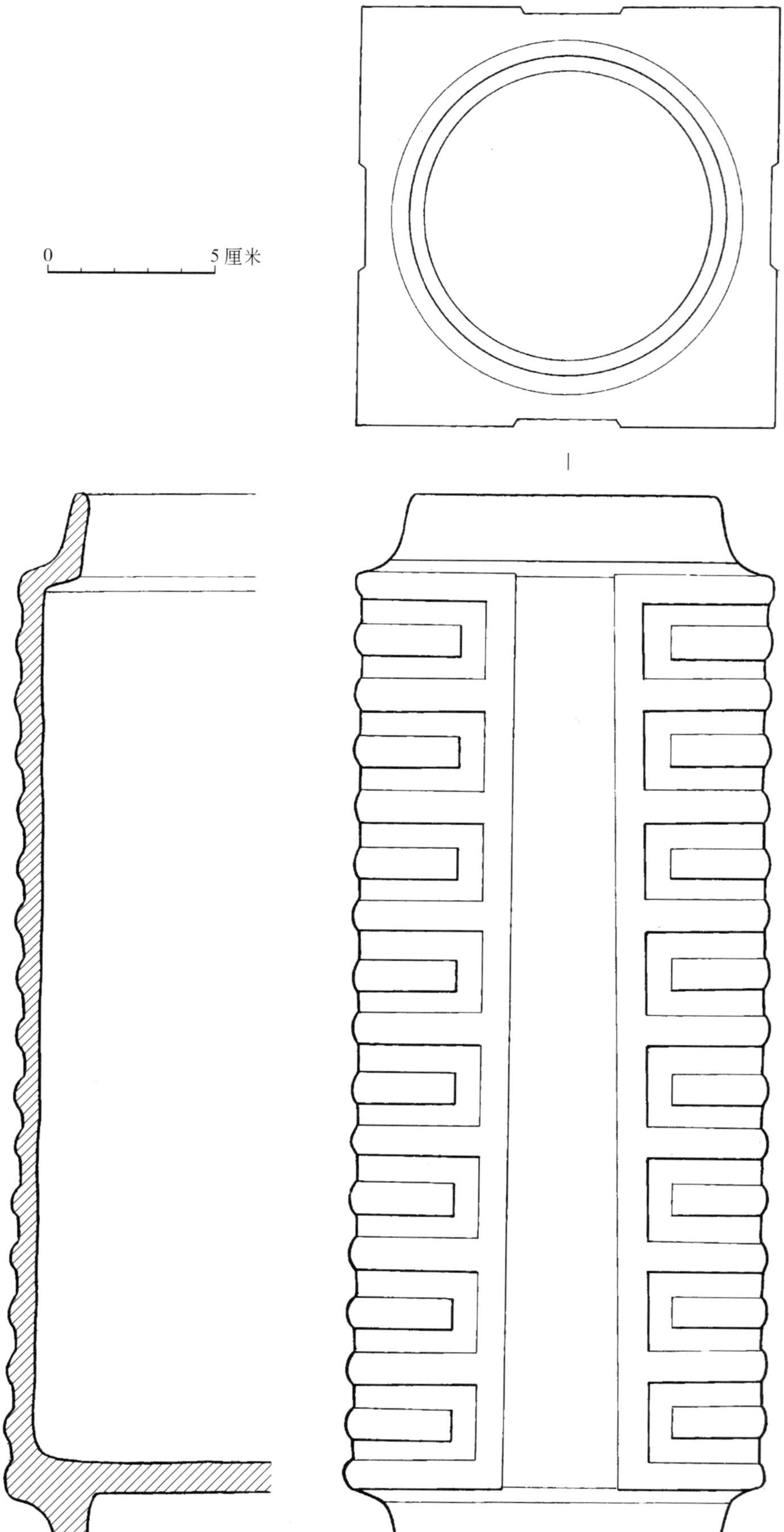

图一〇　一号窖藏出土第一类龙泉窑青瓷　琮式瓶 91SJJ∶10

图一一　一号窖藏出土第一类龙泉窑青瓷　琮式瓶 91SJJ：11

迹，但未修整规整，呈淡橙色。口径5.9、最大腹径15.5、足径10、足高1.4、高31、厚0.5～0.6厘米；贯耳口径2.4～2.6、长4.5～4.8厘米（图一二，1；图版一七）。

91SJJ∶84，一贯耳残破，可修复。圆唇略方，口微敛，两个贯耳的高度略有差异。白色胎略泛灰，胎体厚重。通体施梅子青釉，颈部的釉色略泛青黄，釉面光洁滋润，不见开片。圈足规整，足端无釉，呈较淡的橙红色。口径5.5、最大腹径15.5、足径10、足高1.8、高30.8、厚0.5～1厘米；贯耳口径2.3、长5厘米（图一二，2）。

91SJJ∶93，完整。圆唇略方，口微敛，颈部较细，两贯耳下端略内凹。胎色不详，胎体厚重。施梅子青釉，釉色略泛青黄，釉面光洁滋润，仅口颈部有少量浅浅的开片。圈足规整，足端无釉，呈淡橙色。口径5、最大腹径15.2、足径10.6、足高1.9、高31.3、厚0.5～0.6厘米；贯耳口径2～2.3、长5厘米（图一三，1；图版一八）。

B型　鼓腹，高圈足。1件。方唇略圆，直口略内收，直颈，颈部上端附两个管状贯耳。最大腹径在下腹处。圈足较高而规整。整器厚重，颈部略有偏斜。

91SJJ∶46，完整。器物内外施梅子青釉，釉层肥厚，釉面莹润光洁，颈部有几条长开片裂纹。外底可见两处棕眼和一处缩釉。口径4.8、足径10.9、足高2.1、高31.3、最大腹径15.5、厚0.5～0.9厘米；贯耳口径2.3、长4.9～5.2厘米（图一三，2；图版一九）。

鼓腹竹节瓶

4件。均作盘口、长颈、扁鼓腹、圈足的造型，长颈上部小下部大，颈部饰两道等距的凸弦纹，装饰呈竹节状。颈肩部有一周带状的凸棱，上腹部饰四道凸弦纹。皆胎骨厚重，可见胎色的器物均为白色胎略泛灰。有的器物颈部略有偏斜。造型的差异主要在瓶口，依据口部的变化分为二型。

A型　直口。2件。平沿，沿内侧形成一浅凹槽。

91SJJ∶13，完整。胎色不详。器物的内外壁均施梅子青釉，釉面光洁，釉色翠绿温润，釉层肥厚，因积釉略有起伏，盘口下可见一处明显的积釉，釉面基本没有开片，仅在颈上部有一道斜向的开片。圈足的足圈较窄，足端无釉，呈较为鲜艳的橙红色，有少量瓷石粘连。盘口外径10.5、盘口内径10、最大腹径17.6、足径11.9、足高1.9、高31.5、厚0.6～1.1厘米（图一四；图版二〇）。

91SJJ∶14，完整。颈部略有偏斜。胎色不详。通体内外施梅子青釉，釉面光洁而略有起伏凹凸，釉色翠绿温润，釉层肥厚，盘口下可见一处明显的积釉，无开片。足圈规整，足底可见两个缩釉的小孔，足端无釉，呈较为鲜艳的橙红色。盘口外径10.5、盘口内径10、最大腹径17.2、足径12、足高2、高31.5、厚0.6～1.0厘米（图一五；图版二一）。

B型　敞口。2件。斜盘口，敞口，尖唇略圆，长直颈，上腹饰三道凸弦纹。圈足，足底心有一轻微的鸡心状突起。

91SJJ∶15，口部残二处，可修复。颈部略有偏斜。上腹部弦纹的纹路不太清晰。白色胎略泛灰。器物内、外壁均施梅子青釉，釉面光洁滋润，较为平整。圈足规整，足端无釉，呈较浅的酱红色。口径9.3、最大腹径15.7、足径11.3、足高1.7、高30.1、厚0.6～1厘米（图一六；图版二二）。

91SJJ∶16，颈部残破，可修复。颈肩部的凸棱纹不太明显。白色胎略泛灰。器物内、外壁大

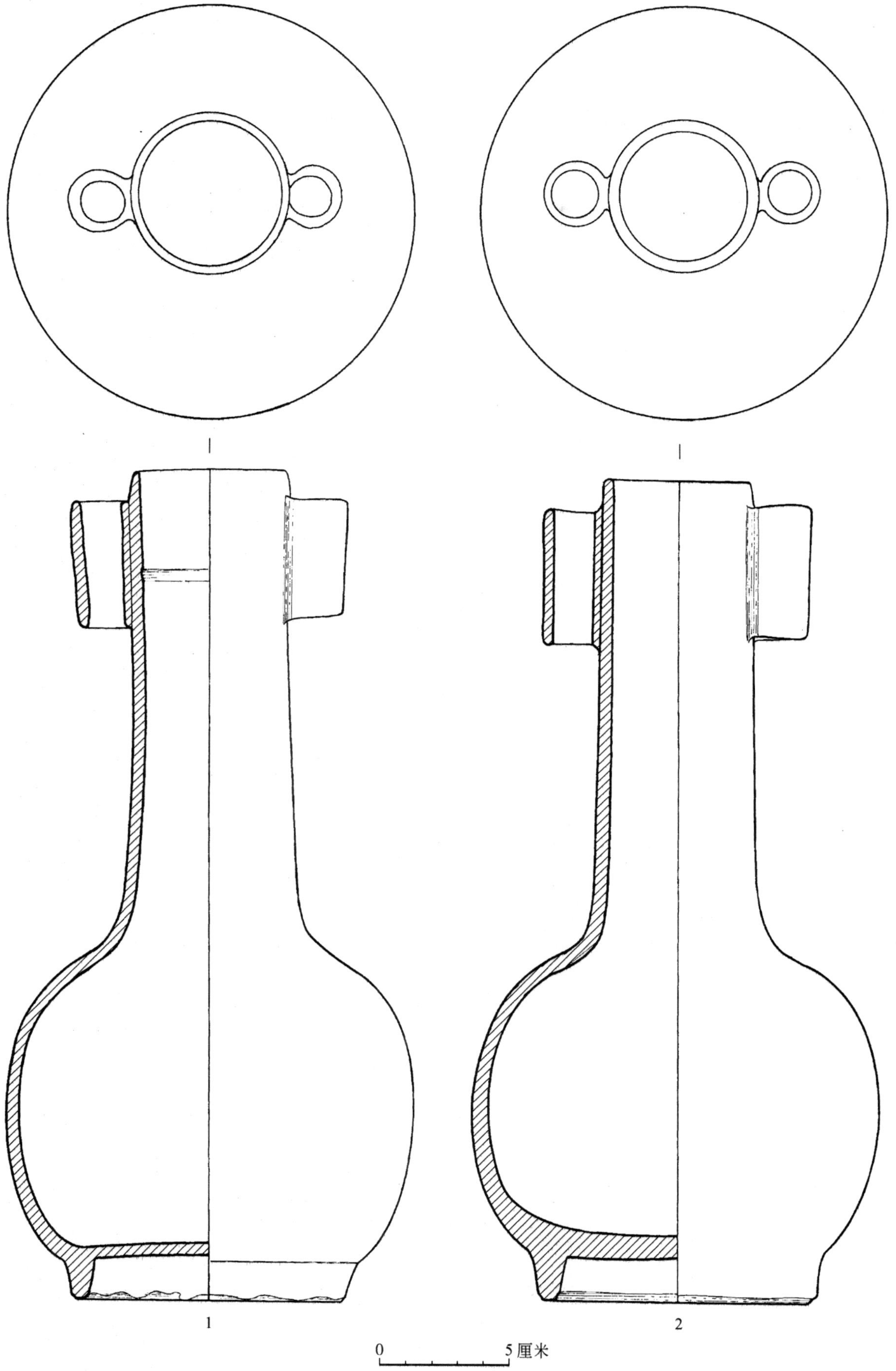

图一二　一号窖藏出土第一类龙泉窑青瓷　A 型鼓腹贯耳瓶

1. 91SJJ∶44　2. 91SJJ∶84

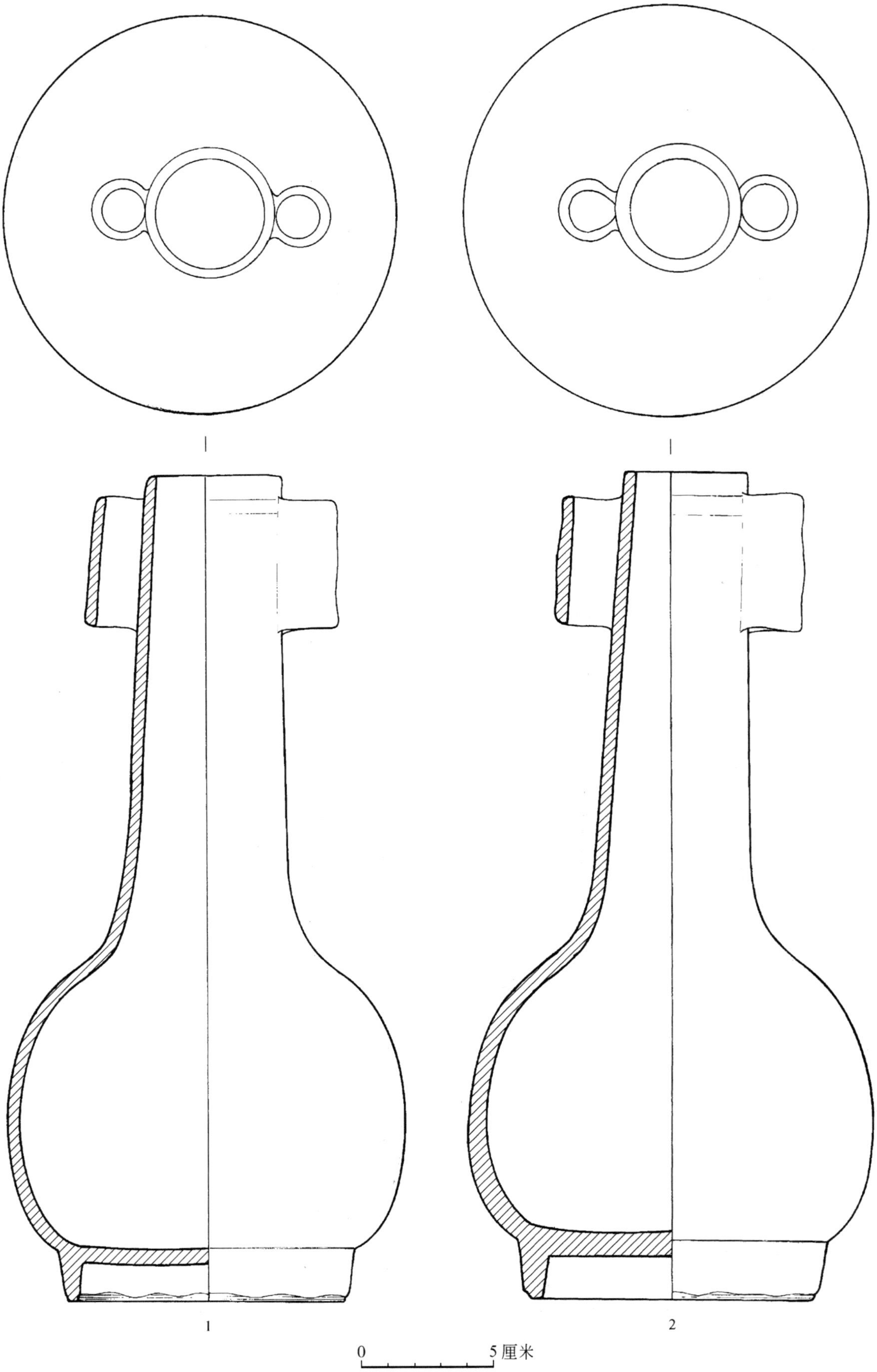

图一三　一号窖藏出土第一类龙泉窑青瓷　A型、B型鼓腹贯耳瓶

1. A型(91SJJ∶93)　2. B型(91SJJ∶46)

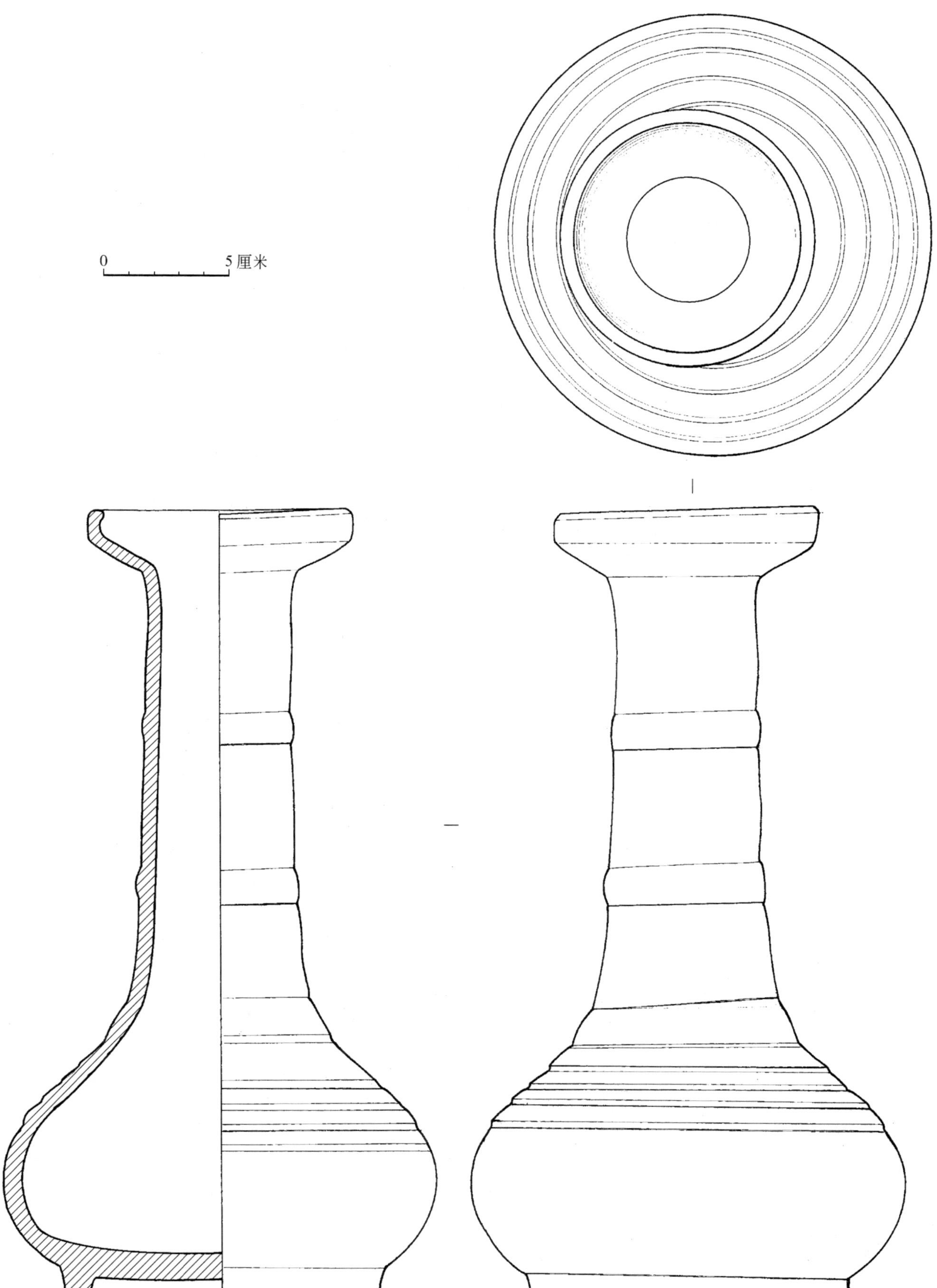

图一四　一号窖藏出土第一类龙泉窑青瓷　A 型鼓腹竹节瓶 91SJJ∶13

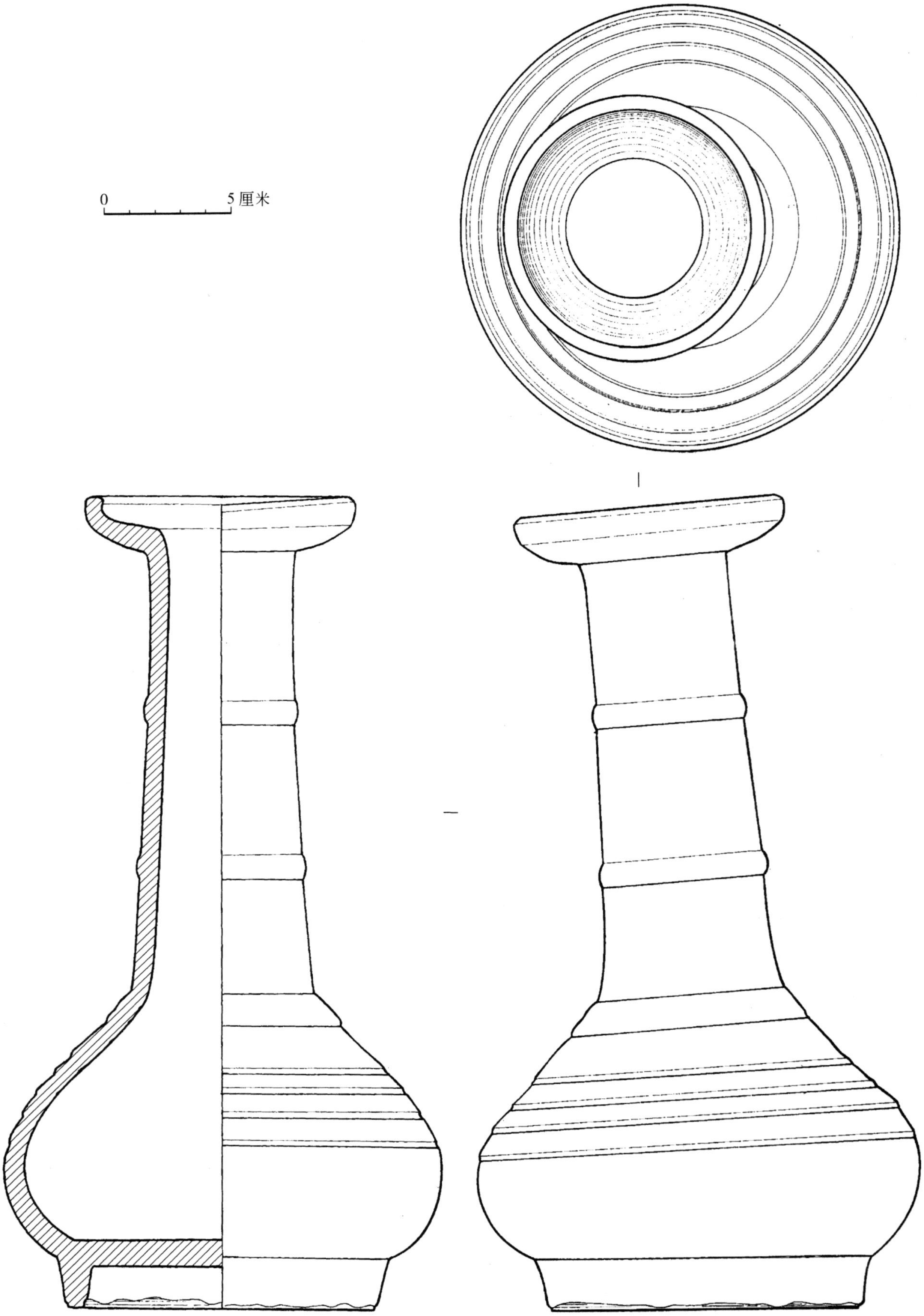

图一五　一号窖藏出土第一类龙泉窑青瓷　A 型鼓腹竹节瓶 91SJJ：14

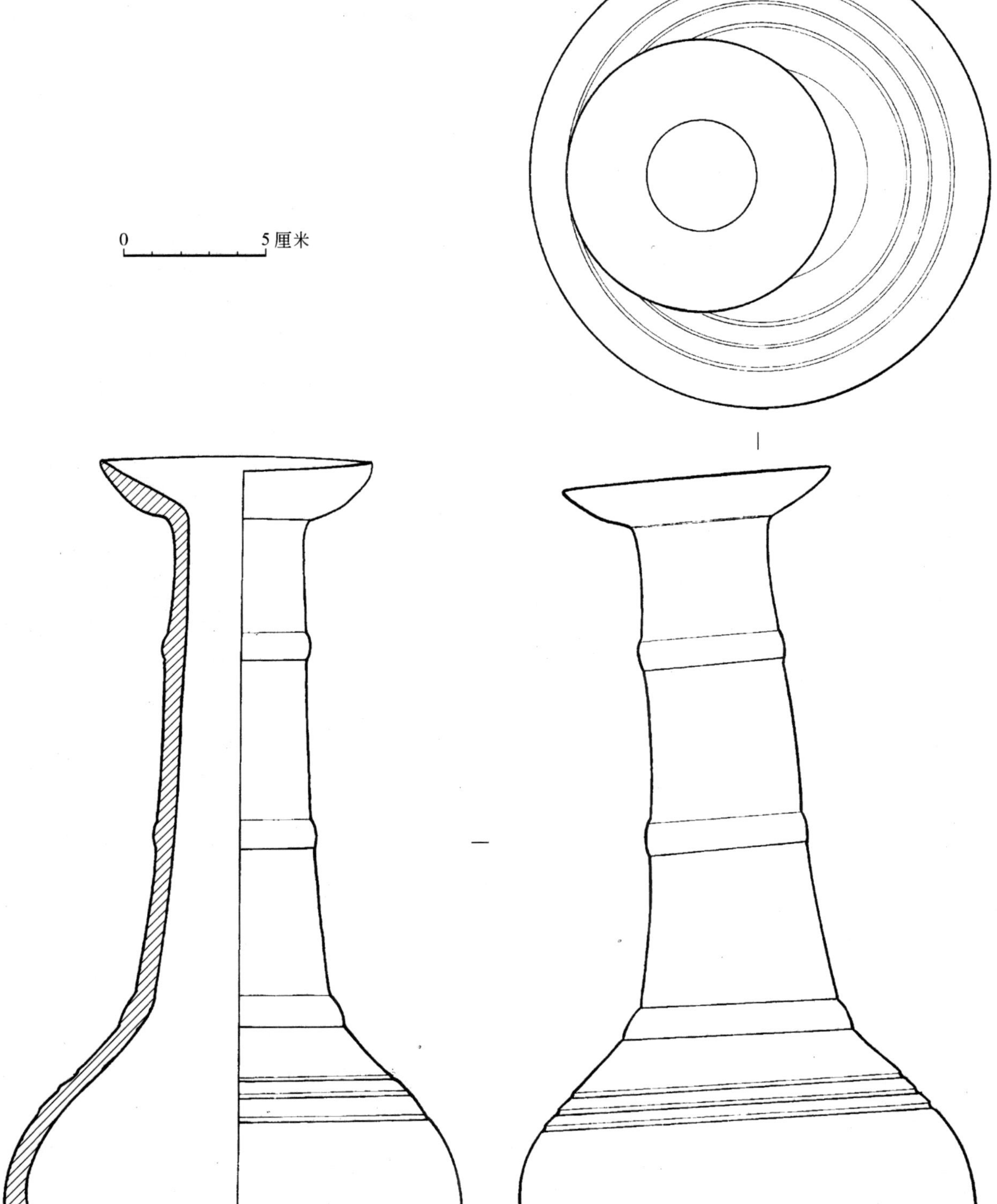

图一六　一号窖藏出土第一类龙泉窑青瓷　B 型鼓腹竹节瓶 91SJJ∶15

部为梅子青釉，口部与颈上部釉色呈青黄色，釉面光洁滋润，有较为密集的开片，且主要集中在腹部。圈足规整，足端无釉，呈酱红色。口径9.5、最大腹径16.1、足径10.9、足高1.8、高30.4、厚0.6~1.1厘米（图一七）。

小瓶

共23件。造型差异较大，有贯耳小瓶、扁鼓腹长颈的小瓶、圆鼓腹长颈的盘口小瓶、扁鼓腹长颈的盘口小瓶和菱形的瓜棱式小瓶，器物形态的差异分别在口、颈、腹部，主要依据颈、腹等造型的差异分为五种。

贯耳小瓶

共10件。都作颈部附设、管状附耳的造型，颈部、腹部的形态差异较大，依据腹部的变化分为二型。

A型　圆鼓腹。8件。此型器物的造型与B型贯耳大瓶的造型一致，但形体大小差异明显。直口、或直口微敞，圆唇、或唇部略平，长颈，颈上部靠近口沿处附一对管状贯耳，圈足略斜收，足端可见修整痕迹，多不太圆整，底心多有鸡心状突起。足端均无釉。有的器物颈部偏斜。选介标本6件。

91SJJ:48，完整。整器造型规整。胎色不详。施粉青釉，釉面光洁滋润。圈足较圆整，足端呈酱色。口径3、足径5、足高1、高16.6、最大腹径8.7、厚0.3~0.5厘米；贯耳口径1.4、长2.7厘米（图一八，1；图版二三）。

91SJJ:86，完整。整器造型规整。颈较细，口微敛。两个贯耳大小略有差异。胎色不详。施粉青釉，釉面光洁滋润。圈足略有变形，有少量窑砂粘连，足端呈酱色。口径2.6、足径5.3、足高1.1、高16.5、最大腹径8.5、厚0.5~0.7厘米；贯耳口径1.2~1.3、长2.6厘米（图一八，2）。

91SJJ:47，完整。圆唇略尖，胎色不详。施粉青釉，釉色略泛青黄，釉面光洁滋润。圈足较圆整，足底不见鸡心状突起，有少量窑渣粘连，足端呈酱色。口径2.9、足径5.2、足高1、高16.4、最大腹径8.4、厚0.3~0.5厘米；贯耳口径1.2~1.4、长2.4厘米（图一九，1）。

91SJJ:22，完整。整器造型规整。圆唇略方，口径略小于颈部直径，两个贯耳较大。不见胎色。施青黄色釉，釉面光洁滋润，有较大的开片纹分布。圈足略变形，足端呈较为鲜艳的橙红色。口径3.2、足径4.9、足高1.1、高16.1、最大腹径8.1、厚0.3~0.4厘米；贯耳口径1.6~1.7、长2.3厘米（图一九，2；图版二四）。

91SJJ:4，完整。整器造型规整。颈部略斜，两个贯耳较大，且略有高低差异。胎色不详。施梅子青釉，略显青黄，釉面光洁滋润，有较大的浅褐色开片纹。圈足变形，足端呈较为鲜艳的橙红色。口径3、足径4.8、足高1、高16.6、最大腹径8、厚0.3~0.5厘米；贯耳口径1.7~1.8、长2.5厘米（图二〇，1）。

91SJJ:92，完整。整器造型规整。两个贯耳形态略有差别，腹部较小。胎色不详。施青黄色釉，釉色略泛灰，釉面光洁滋润，遍布浅褐色开片。圈足变形，足端呈较为鲜艳的橙红色。口径3.3、足径4.7、足高1、高16.5、最大腹径8、厚0.3~0.4厘米；贯耳口径1.8~1.9、长2.7厘米（图二〇，2）。

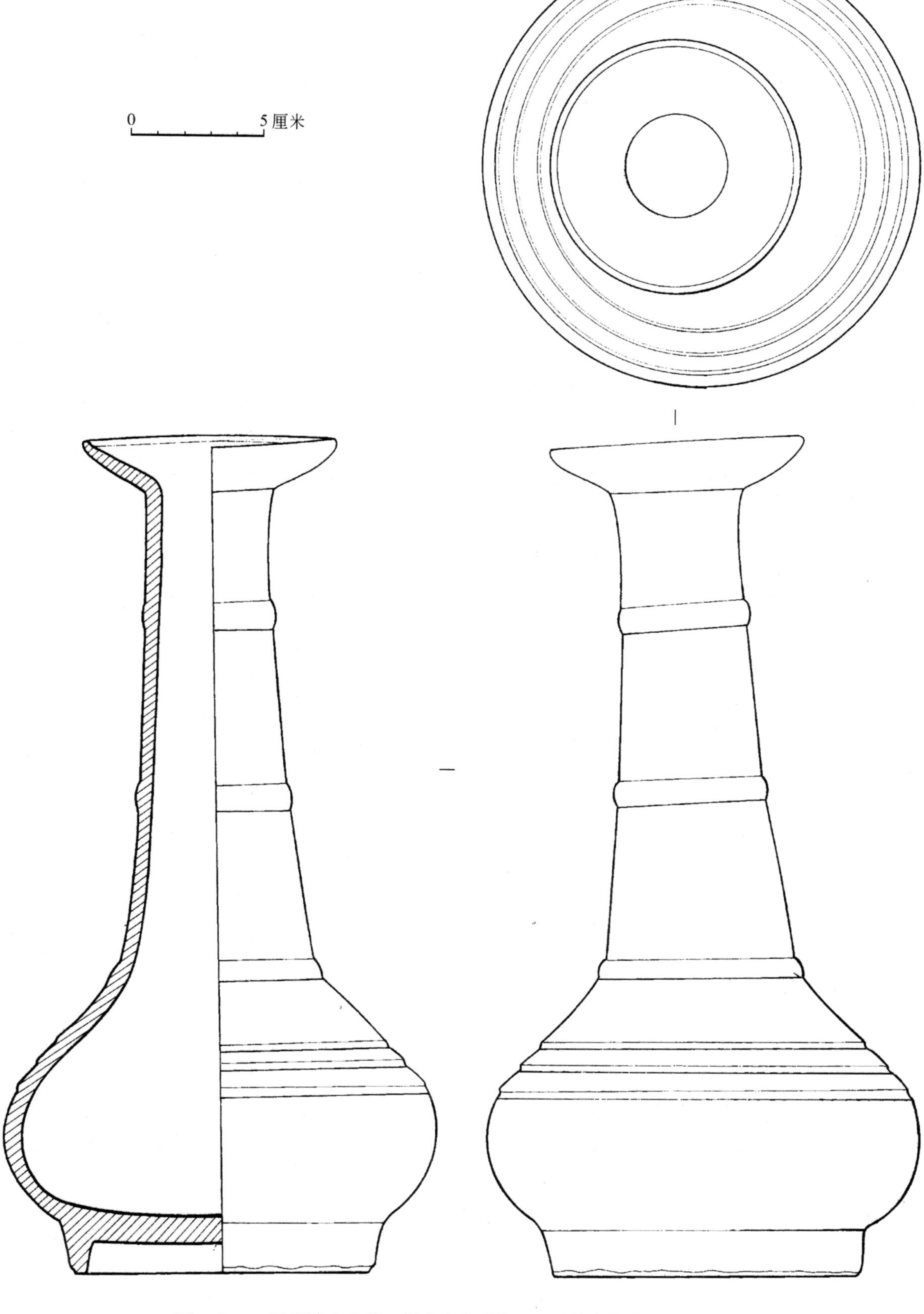

图一七　一号窑藏出土第一类龙泉窑青瓷　B型鼓腹竹节瓶 91SJJ：16

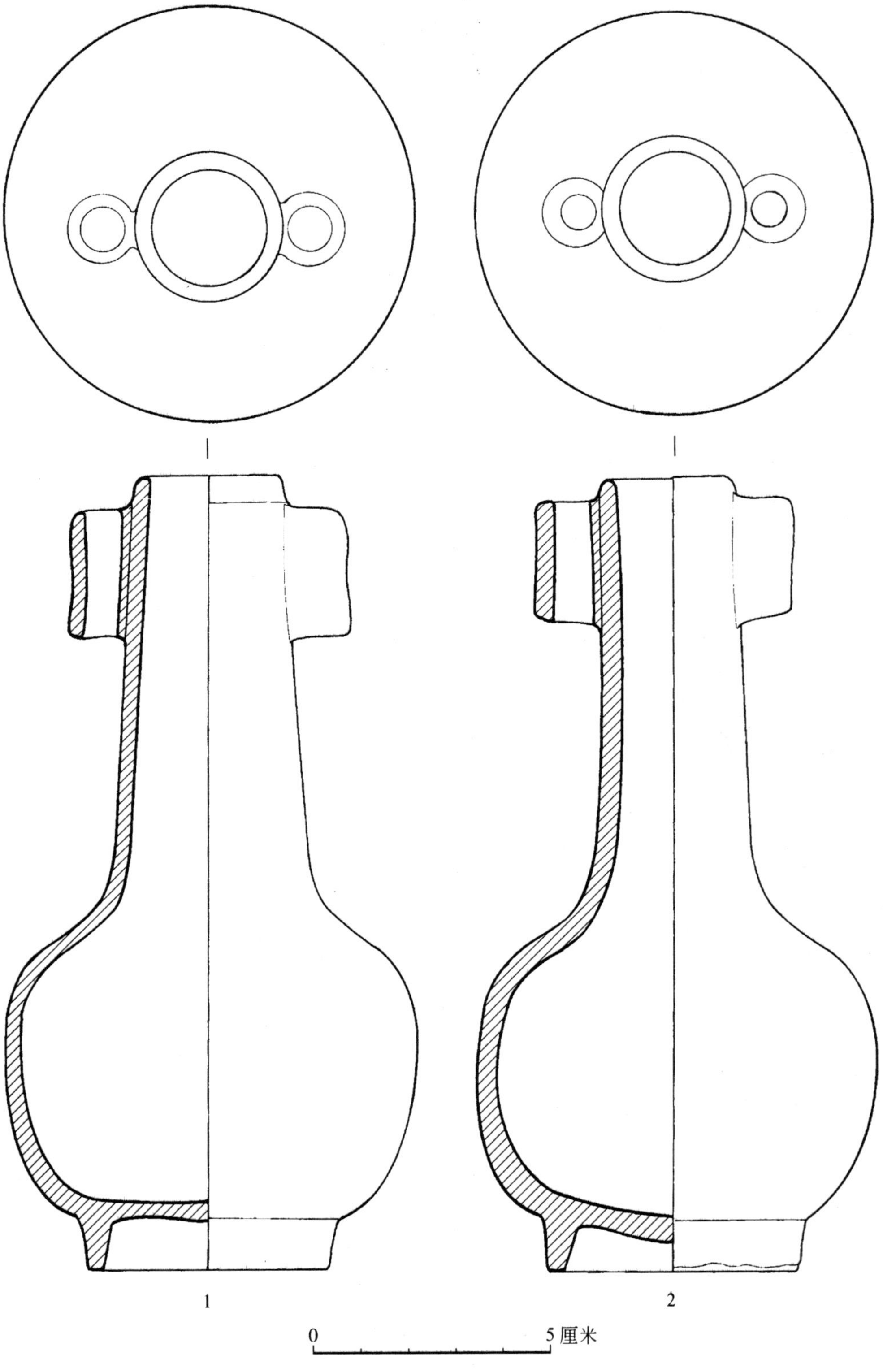

图一八　一号窖藏出土第一类龙泉窑青瓷　A型贯耳小瓶

1. 91SJJ:48　2. 91SJJ:86

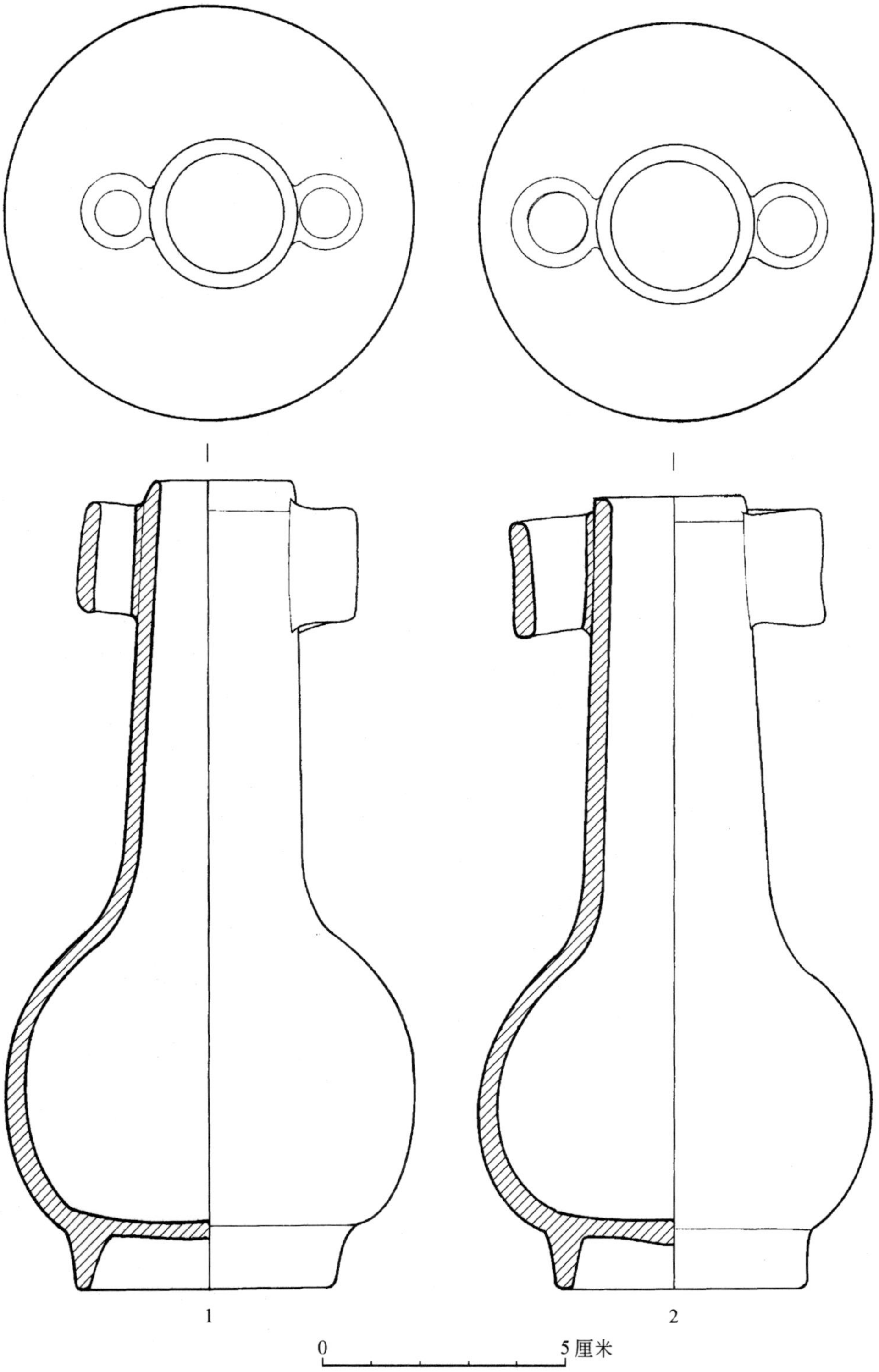

图一九　一号窖藏出土第一类龙泉窑青瓷　A型贯耳小瓶

1. 91SJJ：47　2. 91SJJ：22

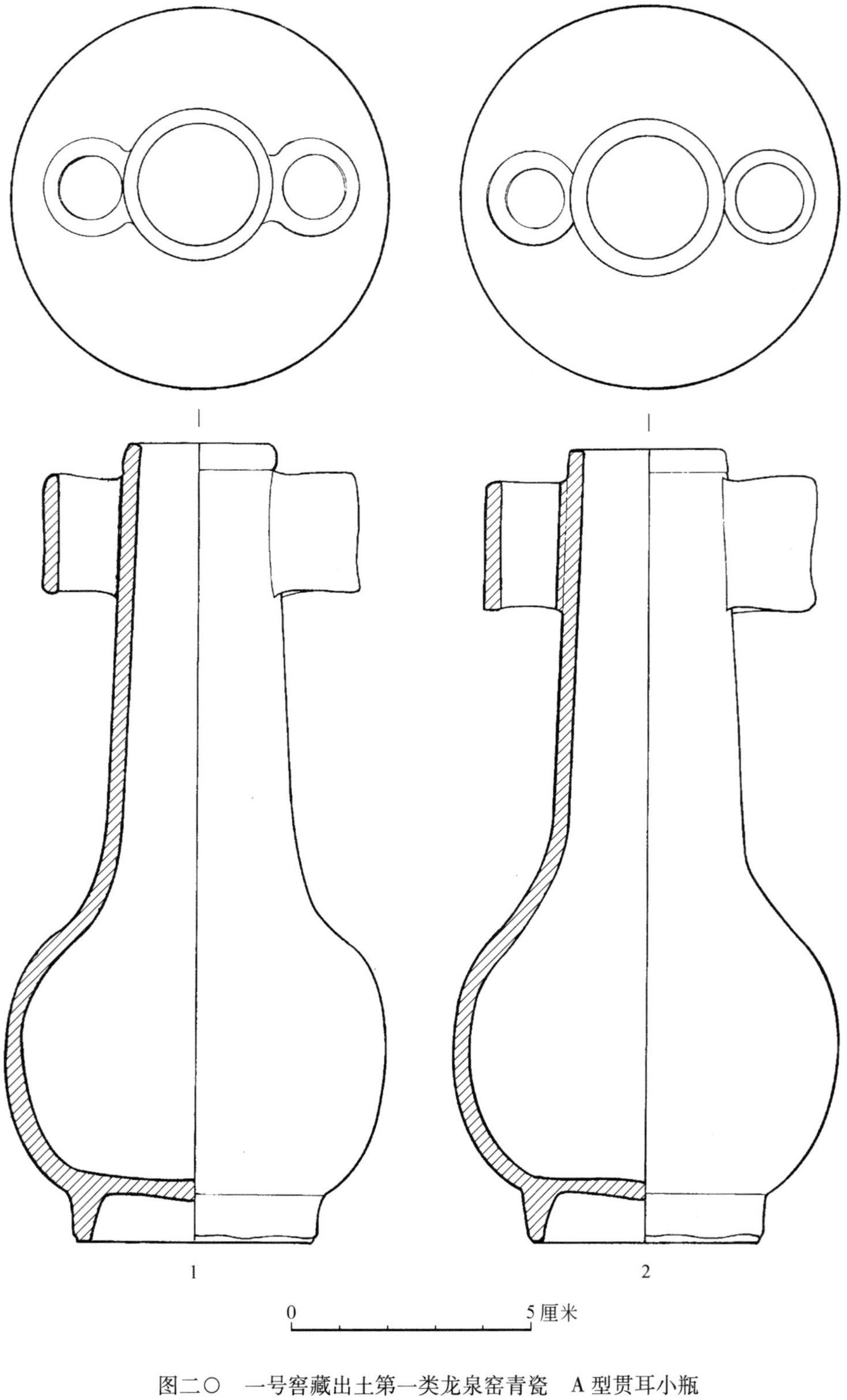

图二〇　一号窖藏出土第一类龙泉窑青瓷　A型贯耳小瓶

1. 91SJJ:4　2. 91SJJ:92

B型　长腹。2件。圆唇，敞口，束颈，颈部内束处附一对小的管状贯耳，长弧腹，浅圈足。

91SJJ∶23，完整。口沿略有起伏，不太平整。胎色不详，胎体厚重。施青灰色釉，釉面光洁而有酥光。足底平而中心略有鸡心状突起，足底和足圈无釉，足圈呈较为鲜艳的橙红色，足底呈浅褐色。口径3.8、足径4.8、高14.8、最大腹径6.8、厚0.5～2厘米；贯耳口径1.2、长1.9厘米（图二一，1；图版二五）。

91SJJ∶91，完整。口沿略平，贯耳较细，足微外撇，足圈切削两周，足底靠足墙处斜削，挖切出一道凹槽。白色胎略泛灰，胎体较轻。施粉青釉，釉面光洁莹润，有较细的开片，可见两处棕眼，积釉处略显青绿。足端有少量粘釉，足端及足底无釉，均呈浅橙色。口径3.8、足径4.6、高14.7、最大腹径6.、厚0.3～0.4厘米；贯耳口径1.8～19、长1.7厘米（图二一，2；图版二六）。

扁鼓腹长颈小瓶

9件。造型比较接近，颈部和腹部的造型相同，惟有口部略有差异。有的器物在圈足上有两个长方形的穿孔。主要依据口部的不同分为二型。

A型　直口微敞。4件。圆唇，外壁口沿下有一周扁带状的突起，长直颈，颈中部略内束扁鼓腹，圈足，足圈上有两个长方形孔，位于相对称的部位，足底心有一轻微的鸡心状突起。圈足多不甚圆整，足端可见修整痕迹，无釉。

91SJJ∶25，足圈有一磕伤缺口，基本完整。白色胎略泛灰。施粉青釉，略带青黄，釉面光洁滋润。足端呈酱红色。口径4.4、最大腹径8.9、足径6.2、足高1.2、高16.9、厚0.4～0.7厘米（图二二，2；图版二七）。

91SJJ∶90，完整，圈足上有三处磕伤缺口，基本完整。口沿较薄，外沿突起不明显。白色胎略泛灰。施梅子青釉，略带青黄，釉面光洁滋润。足端呈酱红色。口径4.5、最大腹径8.9、足径6.4、足高1.2、高16.7、厚0.3～0.7厘米（图二二，1；图版二八）。

91SJJ∶41，足圈上有一磕伤缺口，基本完整。口沿处有小凹痕。白色胎略泛灰。施粉青釉，口颈部略带青黄，釉面光洁滋润。圈足上有烧制时留下的开裂纹路，足端呈酱红色。口径4.6、最大腹径9、足径6.2、足高1.5、高16.8、厚0.3～0.7厘米（图二三，1）。

91SJJ∶100，足圈有两处磕伤缺口，基本完整。白色胎略泛灰，通体施粉青釉，口颈部略带青黄，釉面光洁滋润，下腹和足圈外有少量开片。圈足上有烧制时留下的开裂纹路，有少量窑砂粘连，足端呈酱红色。口径4.5、最大腹径8.9、足径6.3、足高1.5、厚0.3～0.7厘米。

B型　撇口。5件。圆唇略尖，口外侈，直长颈，扁鼓腹，圈足，足墙略斜收，足底心微鼓起。圈足不甚圆整，足端可见修整痕迹，无釉。选介标本4件。

91SJJ∶29，完整。白色胎略泛灰。施粉青釉，略带青黄，釉面光洁滋润。足端呈酱红色。口径4.7、最大腹径9.1、足径5.7、足高0.7、高15.8、厚0.4～0.5厘米（图二三，2；图版二九）。

91SJJ∶155，足圈有一磕伤缺口，器形基本完整。白色胎略泛灰。施粉青釉，略带青黄，釉面光洁滋润。足端呈酱红色。口径4.8、最大腹径9、足径5.5、足高1、高16.5、厚0.5～0.7厘米（图二四，1）。

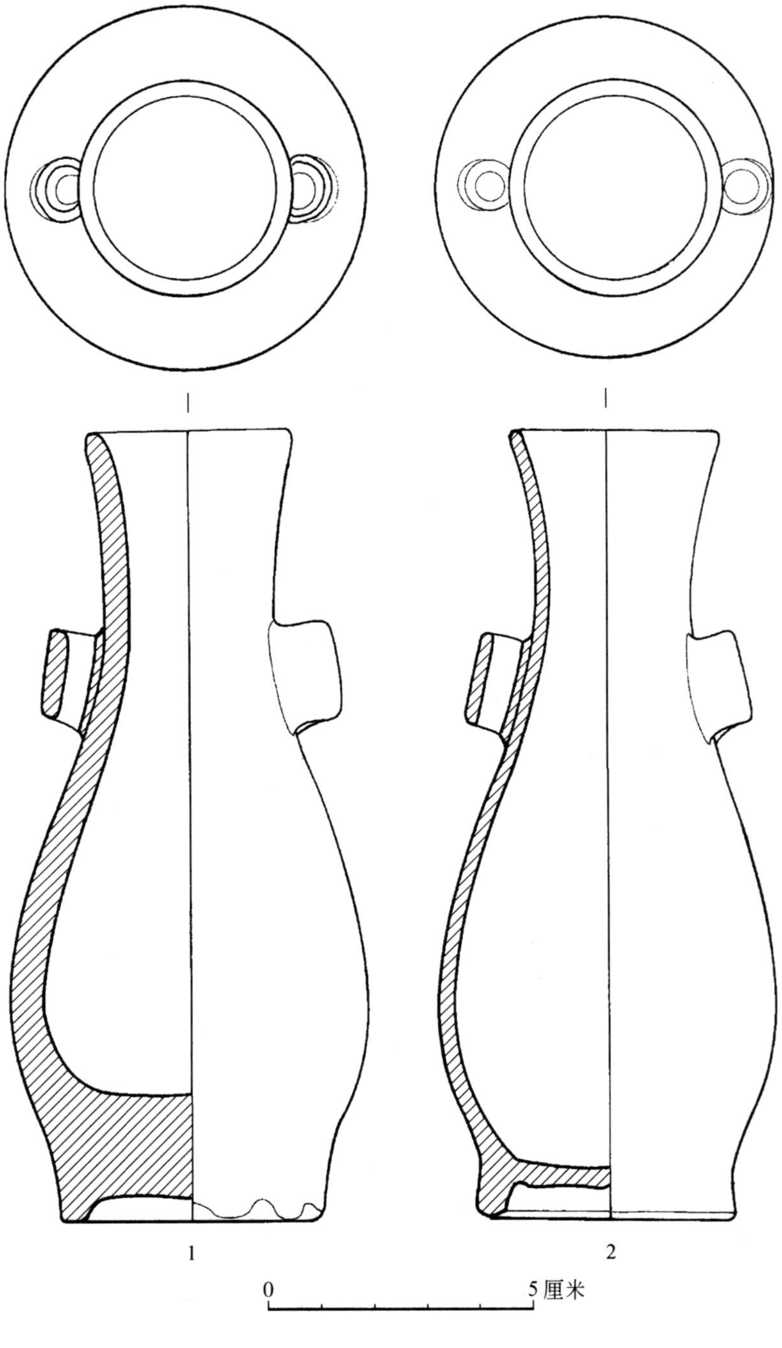

图二一　一号窖藏出土第一类龙泉窑青瓷　B型贯耳小瓶

1. 91SJJ∶23　2. 91SJJ∶91

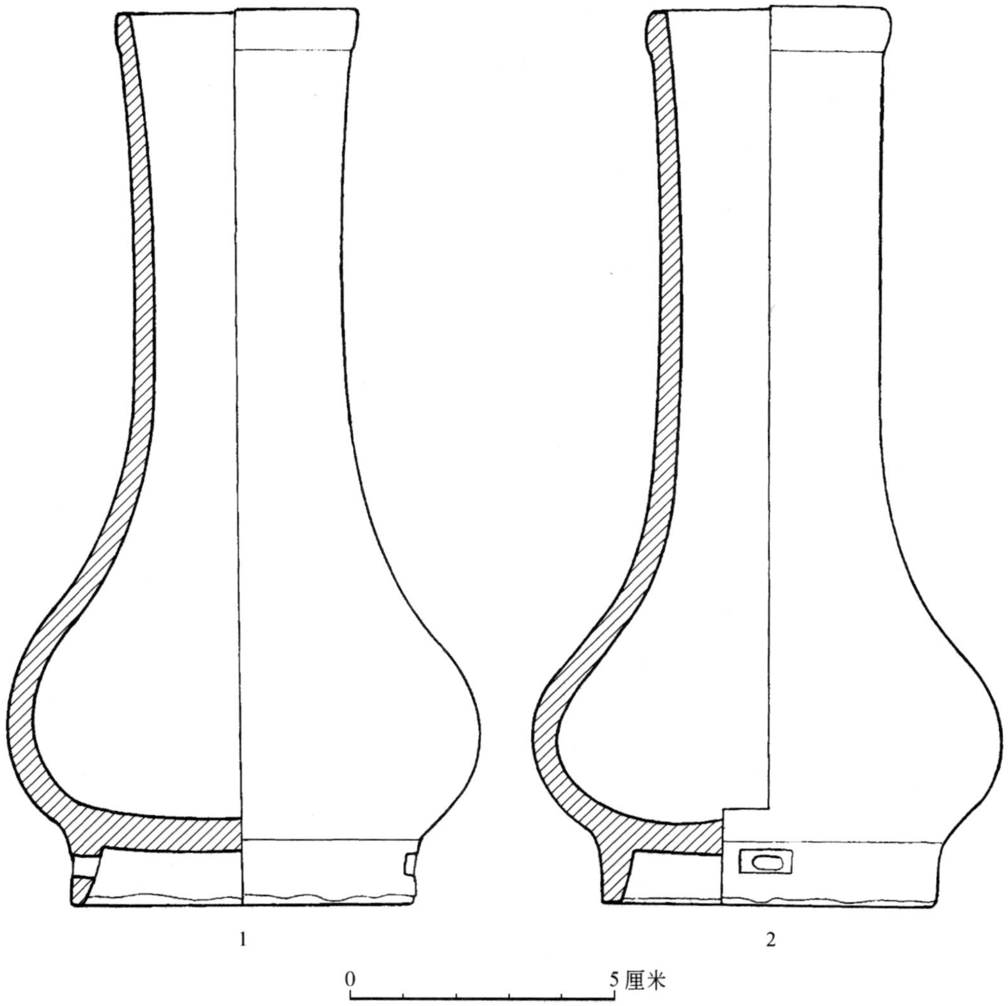

图二二　一号窖藏出土第一类龙泉窑青瓷　A型扁鼓腹长颈小瓶

1. 91SJJ∶90　2. 91SJJ∶25

91SJJ∶88，口沿上有一磕伤缺口，器形基本完整。白色胎略泛灰。施粉青釉，略带青黄，釉面光洁滋润，有一处小黑斑。足端呈酱红色。口径4.7、最大腹径9.2、足径5.7、足高0.8、高16、厚0.4～0.5厘米（图二四，2；图版三〇）。

91SJJ∶197，口沿下有一小磕伤缺口，器形基本完整。胎体厚重，白色胎略泛灰。施粉青釉，釉色略带青黄，釉面光洁滋润，足端呈酱红色。口径4.7、最大腹径9.1、足径6、高15.8、厚0.4～0.5厘米。

圆鼓腹长颈盘口小瓶

1件。窄盘口，略斜，尖唇，直颈较粗，鼓腹较圆，圈足。

91SJJ∶34，完整。整器圆整，但圈足不太规整，足端可见切削修整的痕迹，但并不平整。足底略呈鸡心状突起。内底可见螺旋纹和轻微的鸡心状突起。白色胎略泛灰，胎体厚重。通体施梅子青釉，釉面光洁莹润，遍布较为细密的开片，釉层肥厚。足端未施釉，呈较为鲜艳的橙红色。盘口外径6.2、内径5.8、最大腹径8.3、足径5.5、足高1.3、高15、厚0.4～1厘米（图二五，

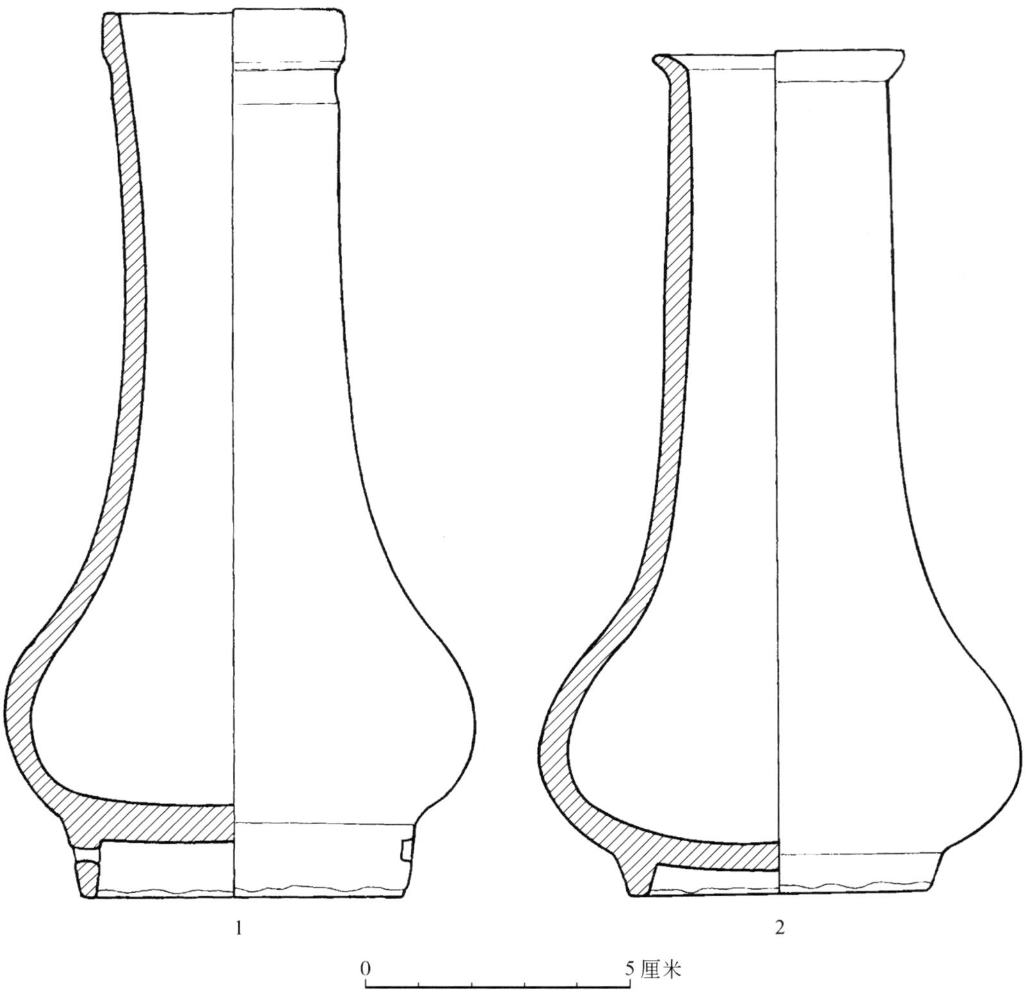

图二三　一号窖藏出土第一类龙泉窑青瓷　A型、B型扁鼓腹长颈小瓶
1. A型（91SJJF:41）　2. B型（91SJJ:29）

1；图版三一）。

扁鼓腹长颈盘口小瓶

1件。盘口，圆唇，细长颈，扁鼓腹，圈足略斜收，足底心略有鸡心状突起。

91SJJ:12，足圈略残，器形基本完整。颈部有两道等距的凸弦纹，颈肩部和上腹部有五道浅凸弦纹。整器圆整，足圈有切削修整痕迹，但不太圆整光滑。白色胎略泛灰，胎体较厚重。通体施青黄色釉，下腹及底部积釉处显青翠。足端未施釉，呈酱色。盘口外径5.7、内径5.4、最大腹径9.2、足径5.8、足高0.9、高15.4、厚0.4～0.7厘米（图二五，2；图版三二）。

菱形瓜棱式小瓶

2件。从口部到器身、至足部为十二瓜棱式造型，在器身的两侧均可见明显的接片痕迹。侈口外撇，圆唇，束颈，长弧腹，菱形足略外撇，足底凸凹不平。口部有轻微的两道凹痕，对应器身和足部的两道凸棱，以及器底的一道凸棱，显示器物是由模印的两片胎体对接而成。

91SJJ:20，完整。白色胎，胎体略沉。施梅子青釉，釉面光洁滋润，仅下腹处有一道开片。

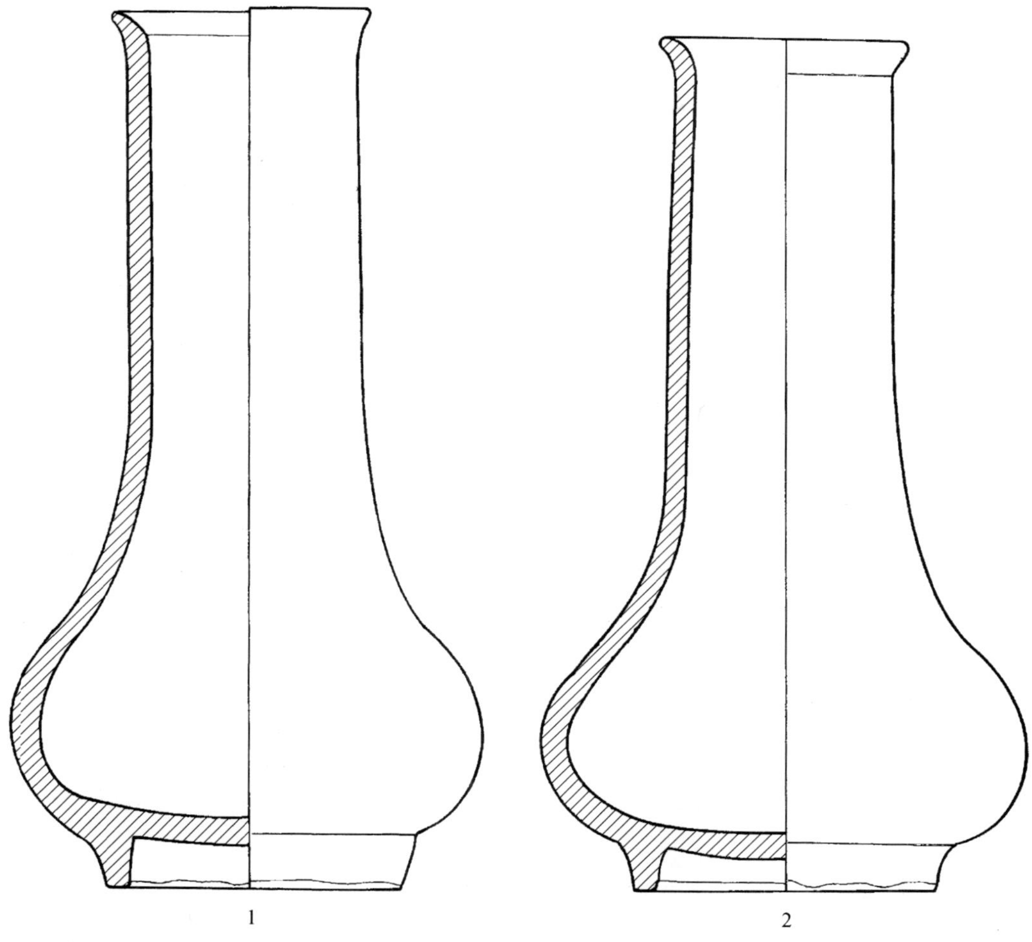

图二四　一号窖藏出土第一类龙泉窑青瓷　B型扁鼓腹长颈小瓶

1. 91SJJ∶155　2. 91SJJ∶88

足端无釉，呈鲜艳的橙红色。口径5.8～7.6、最大腹径6.8～8.6、足径5.1～5.9、足高1.7、高16、厚0.35～0.4厘米（图二六，1；图版三三）。

91SJJ∶21，口部略残，可修复。颈部有一处轻微的凹陷。白色胎，胎体略沉。施梅子青釉，釉面光洁滋润，下腹部有开片。足端无釉，呈较为鲜艳的橙红色，有少量窑砂粘连。口径5.7～7.6、最大腹径7.0～8.3、足径4.9～5.5、足高1.6、高16.2、厚0.35～0.4厘米（图版三四）。

注子

1件。葫芦形注子，形体不大。圆唇，小口，直颈，颈较短，葫芦上半部呈梨形，下半部为圆球形，中腰直而明显。长流微曲，流口略低于器口，流端略残。曲柄，柄上隐约可见有三道弦纹。下腹有一圈隐约的凹痕。圈足，外墙较高，圈足不太圆整，足端略经修整，足底不太平整，中心微突起。

91SJJ∶54，足端有一个小磕伤缺口，器形基本完整。白胎略泛灰色。施粉青釉，釉层滋润

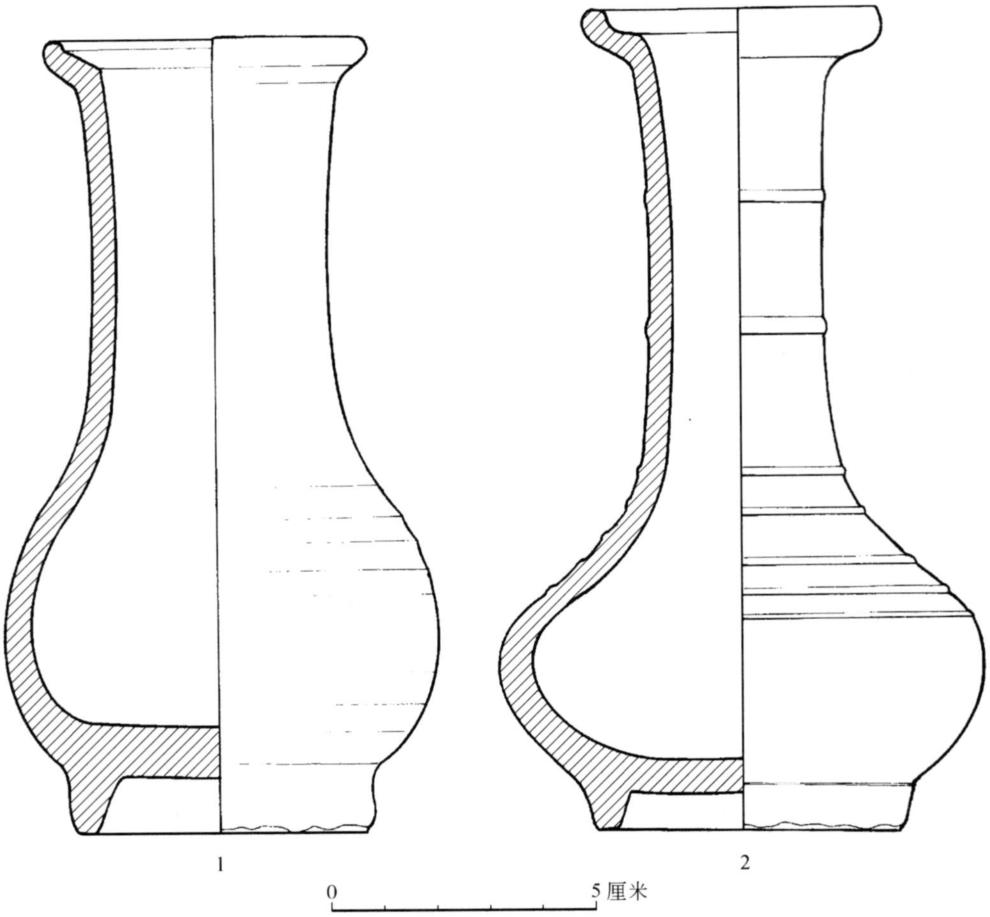

图二五　一号窖藏出土第一类龙泉窑青瓷　圆鼓腹长颈盘口小瓶、扁鼓腹长颈盘口小瓶

1. 圆鼓腹长颈盘口小瓶 91SJJ∶34　2. 扁鼓腹长颈盘口小瓶 91SJJ∶12

肥厚，分布着淡淡的褐色开片，开片纹路较为稀疏，流上有一小黑斑，足底有三处缩釉。足端无釉，呈橙色。口径 2.8、足径 5.6、最大腹径 8.5、高 14.2、厚 0.3 ~ 0.6 厘米（图二六，2；图版三五）。

五管器

共 3 件。小口，直颈，有肩，肩上竖五根细长的管筒[1]，腹部饰刻划双层莲瓣纹。内壁的颈肩相接处均有一道凸棱。依据口颈部的差异分为二型。

A 型　平沿，略内斜，略粗颈。1 件。

91SJJ∶49，完整。侈口，平沿。直颈。肩略斜，肩上堆附五管的管口高度与口部相若，肩腹部有折，斜腹略弧，圈足，足圈不甚规整，足心有轻微的鸡心状突起。外壁腹部装饰刻划双层仰莲纹，外层十瓣、内层九瓣莲瓣。白色胎略泛灰。施梅子青釉，釉层较厚，釉面光洁滋

〔1〕 有的研究者将这种造型的器物成为瓶，从其外观上看，可称为瓶或壶，但由于对它的功能没有确切的认识，所以本文在名称上只依据它的外观形态加以命名。

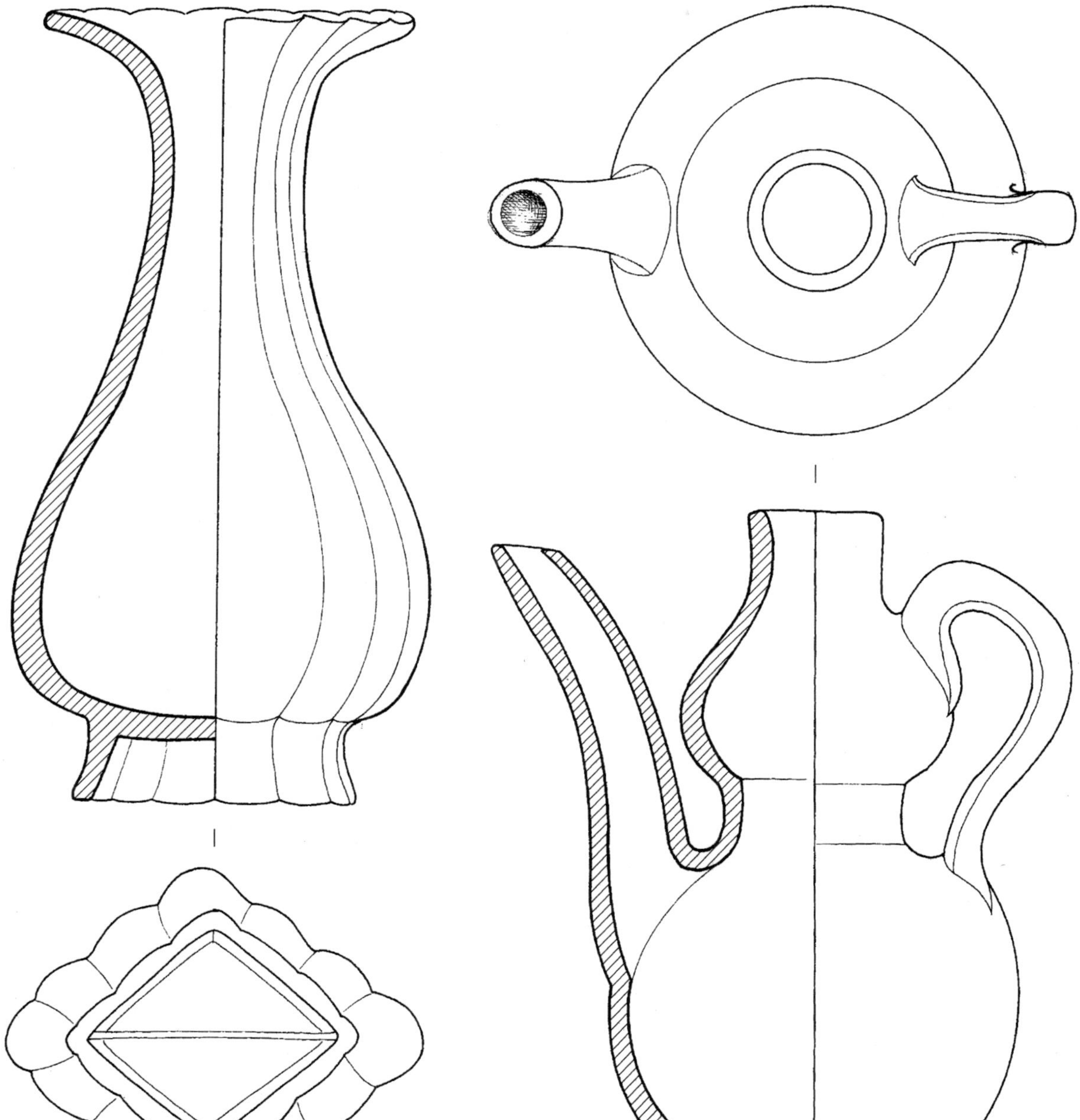

图二六　一号窖藏出土第一类龙泉窑青瓷　菱形瓜棱式小瓶及注子

1. 菱形瓜棱式小瓶 91SJJ∶20　2. 注子 91SJJ∶54

润，腹部有少许开片。足端无釉，呈较为鲜艳的橙红色。口径4.8、足径7.0、最大腹径13.8、高12.1、厚0.4~0.5厘米（图二七，1；图版三六）。

B型　平沿略外斜，较细颈。2件。直颈较细。斜肩微弧，肩上堆附五管，管的高度略高于口部。肩腹部有折，斜腹略弧。圈足，足圈不甚规整。外壁装饰刻划双层仰莲纹。

91SJJ∶17，一管断，器形基本完整，可修复。五管较为竖直，管口略高于器口。外壁的双层莲瓣纹外层九瓣、内层八瓣，纹路不甚清晰。白色胎略泛灰。施青灰色釉，釉层较厚，釉面光洁滋润，釉面褐色的大开片和较为细密的开片相杂分布。圈足的足圈略宽，足端无釉，呈较为鲜艳的橙红色。口径4.5、足径7.2、最大腹径13.7、高12.9、厚0.3~0.6厘米（图二七，2）。

91SJJ∶57，一管断，器形基本完整，可修复。五管较细，并微向外倾斜，管口的高度与口部相若。足心有轻微的鸡心状突起。外壁的双层莲瓣纹外层十二瓣、内层十一瓣，纹路不甚清晰。白色胎略泛灰。施梅子青釉，管的口部釉色略呈青灰，足底釉色呈青黄。釉层较厚，釉面光洁滋润，口部、肩部和下腹部分布开片，下腹部可见两处缩釉痕。圈足的足圈略窄，足端无釉，呈较为鲜艳的橙红色。口径4.5、足径6.9、最大腹径13.9、高12.4、厚0.3~0.7厘米（图二七，3；图版三七）。

碗

共37件。碗的造型变化较多，依据口、腹部的不同有敛口斜腹碗、敞口弧腹碗、直口深腹碗和敞口斜直腹碗四类器形。大多数器类在外壁装饰刻划双层仰莲纹。器物均仅足圈上未施釉。器形多规整端庄，但足圈大多不太圆整，足端均经修整，但并不光滑平整，留下了修整时的切削痕迹。

敛口斜腹碗

2件。此种碗又常被称为净水碗。敛口，斜腹略弧，圈足。外壁装饰刻划双层莲瓣纹，刻划莲瓣的中部有较为明显的凸脊。

91SJJ∶175，口沿上有一处烧制留下的缺口，器形完整。尖唇略圆，内底平而微上凸。圈足较规整，足底有轻微的鸡心突起。外壁的双层莲瓣纹为外层九瓣、内层八瓣。胎色不详。施梅子青釉，釉色青翠莹润，釉层较为均匀，唇部略呈浅色。内底釉面有较为密集的小针眼。足底可见有少量棕眼，足圈呈较为鲜艳的橙红色。口径13.2、足径4.4、最大腹径14.5、足高0.7、足圈内高0.7、高6、厚0.4~0.5厘米（图二八，1；图版三八）。

91SJJ∶176，口唇部有两处缺口，器形基本完整。尖唇，内底平，圈足不太规整，足底有轻微的鸡心突起。外壁的刻划双层莲瓣纹为外层十一瓣、内层九瓣。白色胎。施梅子青釉，釉色青翠莹润，釉层较为均匀，唇部略呈浅色。内壁有较为密集的细小针眼，有一浅色小黑斑。圈足足端无釉，呈酱色。口径13.2、足径4.4、最大腹径14.5、足高0.9、足圈内高0.7、厚0.4~0.7厘米（图二八，2；图版三九）。

敞口弧腹碗

6件。圆唇略尖，弧腹较斜，内底小而平，小圈足，足墙较薄，略斜收，圈足圆整，一般足墙内墙比外墙深，足端细窄而且修整规则，足底或平或有鸡心状突起，足底施满釉而足端无釉。

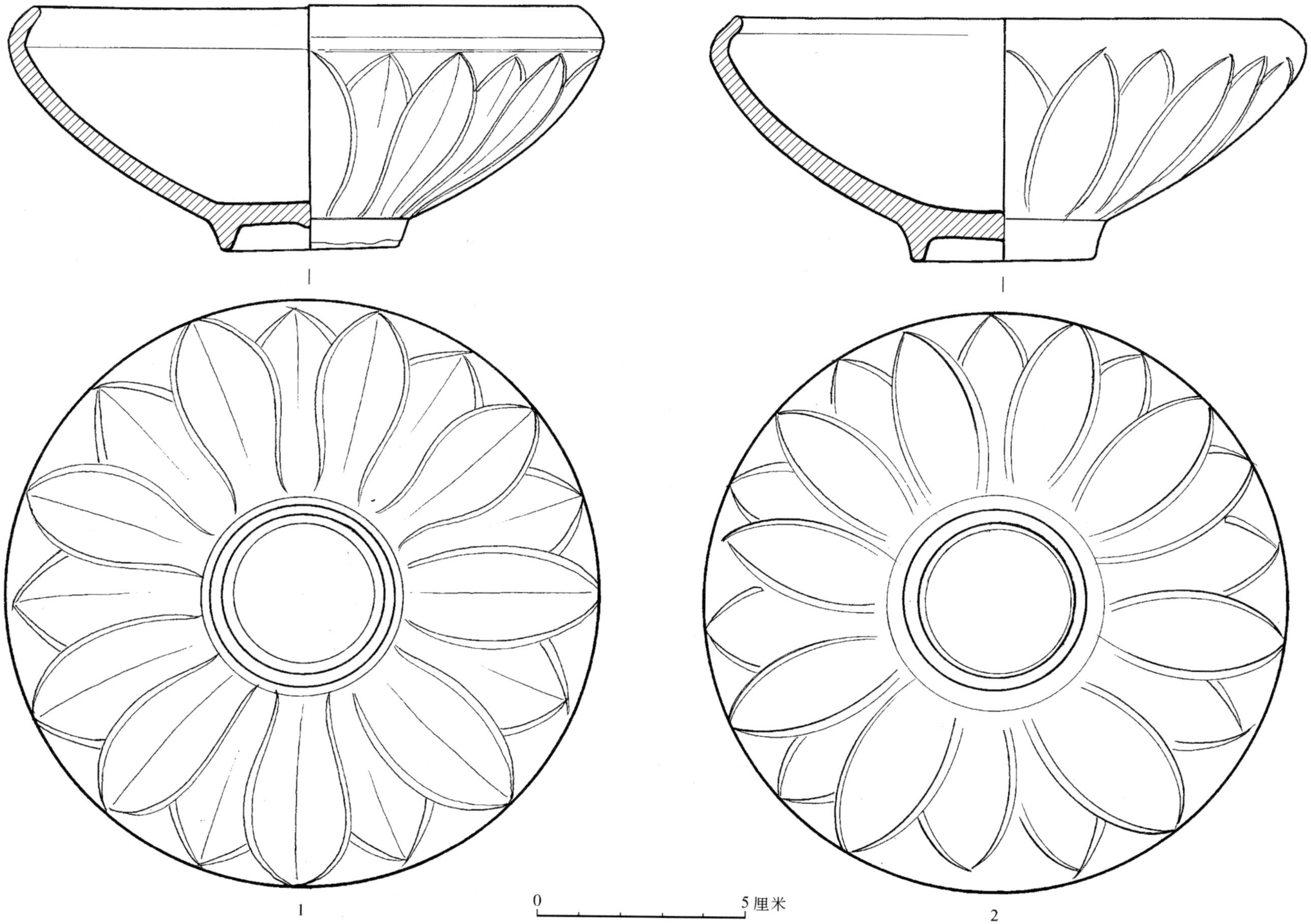

图二八　一号窖藏出土第一类龙泉窑青瓷　敛口斜腹碗

1. 91SJJ∶175　2. 91SJJ∶176

外壁均装饰模印双层仰莲纹，莲瓣中部有一道凸脊，莲瓣的宽窄、大小和形态变化较多。圈足均为多为梅子青釉，釉色光洁滋润，釉面较为明亮；外壁的刻划双层莲瓣纹大多因釉层较厚而略显模糊；一般显得胎体略轻。依据外壁刻划双层仰莲纹莲瓣的数量分四组选介标本。

a组2件。十三瓣莲瓣纹，为外层七瓣、内层六瓣。均为敞口。

91SJJ∶181，口沿有一小的磕伤缺口，器形基本完整。白色胎略泛灰。梅子青釉，釉层较厚，外壁的刻划花纹较清晰，莲瓣较细长而疏朗。足底呈鸡心形突起。足端无釉，呈灰白色，靠近釉的地方为一线酱红色。口径16.3、足径4.5、高6.7、足高0.7、厚0.2~0.9厘米（图二九；图版四〇）。

91SJJ∶186，口沿和足圈各有一小的磕伤缺口，器形基本完整。白色胎略泛灰。梅子青釉，釉层较厚，外壁的刻划花纹较模糊，莲瓣较宽而紧密。足底略呈圆弧形突起。足端无釉，呈灰白色，釉层边缘一线酱色。口径16.0、足径4.2、高6.6、足高0.9、厚0.2~0.7厘米（图三〇）。

b组2件。十四瓣莲瓣纹，为外层七瓣、内层七瓣。敞口或直口微敛。

91SJJ∶42，口沿有一小的磕伤缺口，修复。敞口，器形略大。内底略上凸。白色胎。粉青釉，釉层较厚，釉面有白色的、稀疏的大开片。外壁的刻划花纹较模糊，莲瓣较宽，大小和形状基本一致。圈足略大，足圈略宽厚。足底平。足端无釉，呈浅橙色，釉层边缘有一线酱红色。口径16.7、足径4.8、高6.9、足高0.8、厚0.2~0.6厘米（图三一；图版四一）。

91SJJ∶307，口沿有四个小磕口，基本完整。直口微敛。白色胎。梅子青釉，釉层较厚，釉面布满开片纹，浅褐色大开片和白色的小开片相杂，外壁的小开片纹比内壁更加密集。外壁的刻划花纹模糊，双层莲瓣不易分层。足端略圆，无釉，呈浅橙色，釉层边缘有一线酱红色。口径16.2、足径4.6、高6.5、足高0.9、厚0.2~0.5厘米（图三二）。

c组1件。十五瓣莲瓣纹，为外层八瓣、内层七瓣，直口微敛。

91SJJ∶295，可修复。敞口微敛。白色胎略泛灰。梅子青釉，釉层较厚，内壁有一处缩釉孔。外壁的刻划花纹较清晰。足端略平，无釉，呈灰白色，靠近釉的地方为一线酱色。口径16.5、足径4.3、高6.6、足高0.8、厚0.2~0.5厘米（图三三）。

d组1件。二十五瓣莲瓣纹，为外层十三瓣、内层十二瓣。敞口。

91SJJ∶296，口沿有一小的磕伤缺口，略变形，修复。白色胎略泛灰。梅子青釉，釉层较厚，外壁的刻划花纹模糊，几乎看不清楚双层莲瓣的分层。足底呈圆弧形突起。足端无釉，呈灰白色，釉层边缘有一线酱红色。口径16.2、足径4.3、高6.4、足高0.7、厚0.2~0.7厘米（图三四；图版四二）。

直口深腹碗

共21件。均为外壁装饰刻划双层莲瓣纹的深弧腹碗[1]。尖唇，直口微敛，深直腹略弧，下腹

---

〔1〕 参照同时期其他的遗迹单位（如墓葬）出土的同类器物，这类碗应为盖碗，碗和盖式配套使用的，同时，窖藏出土的瓷器中还有这样类似的成套器物，例如龙泉窑的盖罐、盖杯以及景德镇窑的梅瓶和盖碗，但在本报告中，我们仅对龙泉窑的盖罐、景德镇窑的梅瓶采用了复原组合的描述，而对龙泉窑和景德镇窑的盖碗、盖杯类器物则采取分别描述的形式。由于窖藏清理的时候，上述带盖器物除龙泉窑的盖罐外，都没有成套放置，但景德镇窑的梅瓶由于数量较少、梅瓶的盖在花纹和数量上具有一定的对应性，因此，这些梅瓶和龙泉窑的盖罐一样，采用了复原组合的方式进行描述。而龙泉窑和景德镇窑的盖碗、盖杯等不仅在数量上不对等，更重要的是碗与盖的数量都比较大，要进行比较适宜的一一对应的复原工作比较勉强，所以在本报告的器物描述部分对龙泉窑和景德镇窑的盖碗、盖杯类的碗、杯和盖进行分别描述，而在结语部分提及对它们的器物复原组合。

图二九　一号窖藏出土第一类龙泉窑青瓷　敞口弧腹碗 91SJJ：181

图三〇　一号窖藏出土第一类龙泉窑青瓷　敞口弧腹碗 91SJJ：186

图三一　一号窖藏出土第一类龙泉窑青瓷　敞口弧腹碗 91SJJ∶42

图三二　一号窖藏出土第一类龙泉窑青瓷　敞口弧腹碗 91SJJ：307

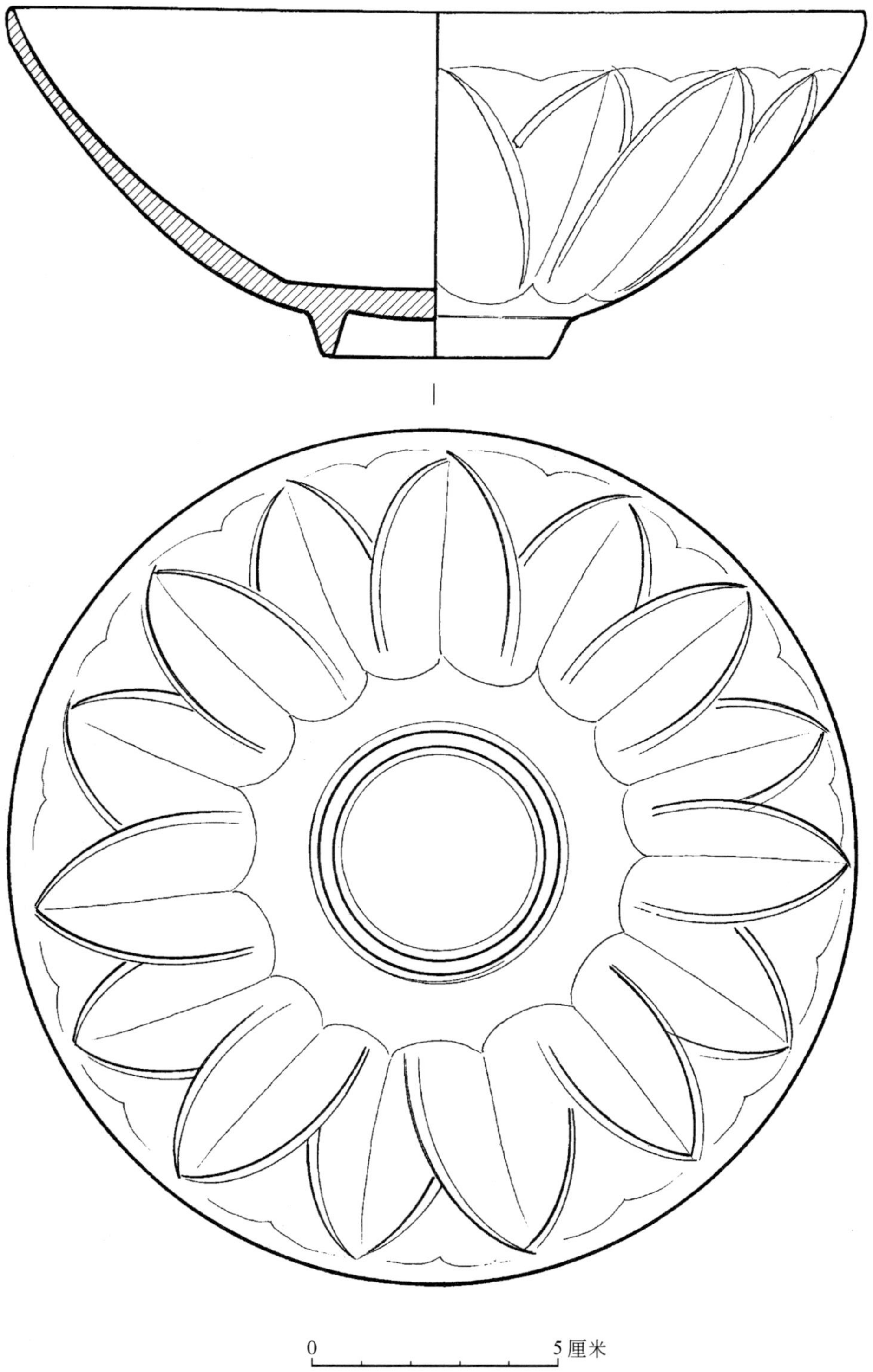

图三三　一号窖藏出土第一类龙泉窑青瓷　敞口弧腹碗 91SJJ：295

图三四　一号窖藏出土第一类龙泉窑青瓷　敞口弧腹碗 91SJJ：296

弧收，圈足。口沿无釉。每件器物的腹部弧度均有细微的变化。圈足大多不圆整，足端有修整的痕迹，但足端并不平整，无釉。外壁的刻划双层仰莲纹的莲瓣中部均有一道凸脊，纹饰或清晰或模糊，莲瓣的数量也有较大的差异。依据形体大小分为二型。

A型　大型。11件。形体较大，腹较深。依据碗外壁刻划双层仰莲纹的莲瓣数量分八组介绍。

a组1件。十三瓣莲瓣纹，为外层七瓣、内层六瓣。

91SJJ:501，修复。尖唇，内底心略凸起。外壁刻划莲瓣纹较清晰。灰白色胎。梅子青釉，釉色光洁莹润，有少量开片。足圈较圆整，足端修刮较平，口沿和足端未施釉处呈酱色。口径12.8、足径7.0、高8.6、足高0.8、厚0.2~0.6厘米（图三五，1；图版四三）。

b组1件。十四瓣莲瓣纹，为外层七瓣、内层七瓣。

91SJJ:505，修复。圆唇略尖。内底心略凸起。外壁刻划莲瓣纹较模糊。灰白色胎。梅子青釉，釉色光洁莹润。足圈较圆整，内壁较斜，足端有修刮的痕迹，较平，足圈内壁有一窑砂粘连。口沿和足端未施釉处呈酱色。口径12.7、足径6.5、高8.1、足高0.9、厚0.15~0.5厘米（图三五，2）。

c组1件。十五瓣莲瓣纹，为外层八瓣、内层七瓣。

91SJJ:502，修复。圆唇略尖。内底心略呈鸡心状凸起。外沿下有一圈凸起。外壁刻划莲瓣纹较模糊。灰白色胎。梅子青釉，釉色光洁莹润，有较稀疏的开片，外壁釉面有两个小褐斑。足心有圆弧形凸起，足圈不太规整，足端有修刮的痕迹，较平整，足底有一烧裂口。口沿和足端未施釉处呈酱色。口径12.7、足径6.4、高8.5、足高1.1、厚0.2~0.7厘米（图三五，3；图版四四）。

d组1件。十六瓣莲瓣纹，为外层八瓣、内层八瓣。

91SJJ:980，可修复。尖唇，直口微敛，外壁口沿下有一圈凸起。外壁装饰的刻划莲瓣纹比较模糊。足圈不规整，足底心有一个明显的鸡心突起。浅灰色胎。粉青釉，釉色温润，釉层肥厚，釉面分布长条形的开片纹路。口沿和足端无釉处呈酱红色（断面上可见釉层的厚度和胎的厚度）。口径12.8、足径6.2、高8.5、足高0.8、厚0.2~0.6厘米（图三六，1）。

e组3件。十七瓣莲瓣纹，为外层九瓣、内层八瓣。选介标本1件。

91SJJ:511，完整。直口微敛，内底心釉下有一圈放射状纹路。外沿下有一圈凸起。外壁刻划莲瓣纹较模糊，有两处莲瓣叠压不规则。灰白色胎。梅子青釉，釉色光洁莹润，外壁釉面有两个小褐斑。有一处磕裂纹路。足圈不太规整，足端有修刮的痕迹，较平整。口沿和足端无釉处呈酱色。口径12.3、足径6.2、高8.4、足高0.9、厚0.2~0.4厘米（图三六，2；图版四五）。

f组1件。十八瓣莲瓣纹，为外层九瓣、内层九瓣。

91SJJ:513，口沿有四处磕口，可修复。圆唇，内底略呈鸡心状凸起。外壁装饰的莲瓣纹较为宽大，纹路清晰。浅灰色胎。梅子青釉，釉色较光洁，布满开片。足圈较为规整，足端修整平整。口沿和足端未施釉处呈浅橙色，釉层边缘呈一线酱色。口径12.5、足径6.4、高8.6、足高1.1、厚0.2~0.6厘米（图三六，3）。

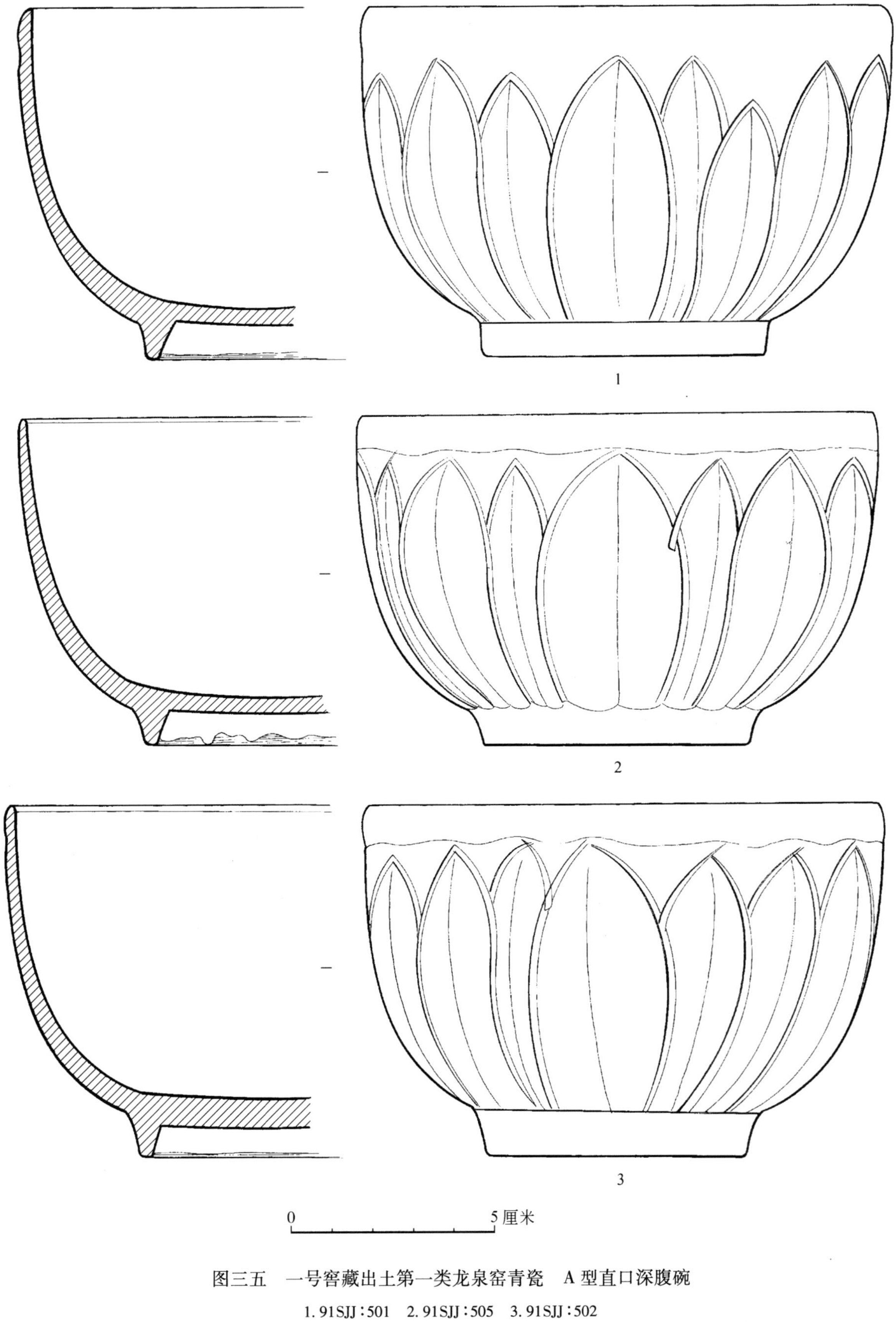

图三五　一号窖藏出土第一类龙泉窑青瓷　A型直口深腹碗

1. 91SJJ∶501　2. 91SJJ∶505　3. 91SJJ∶502

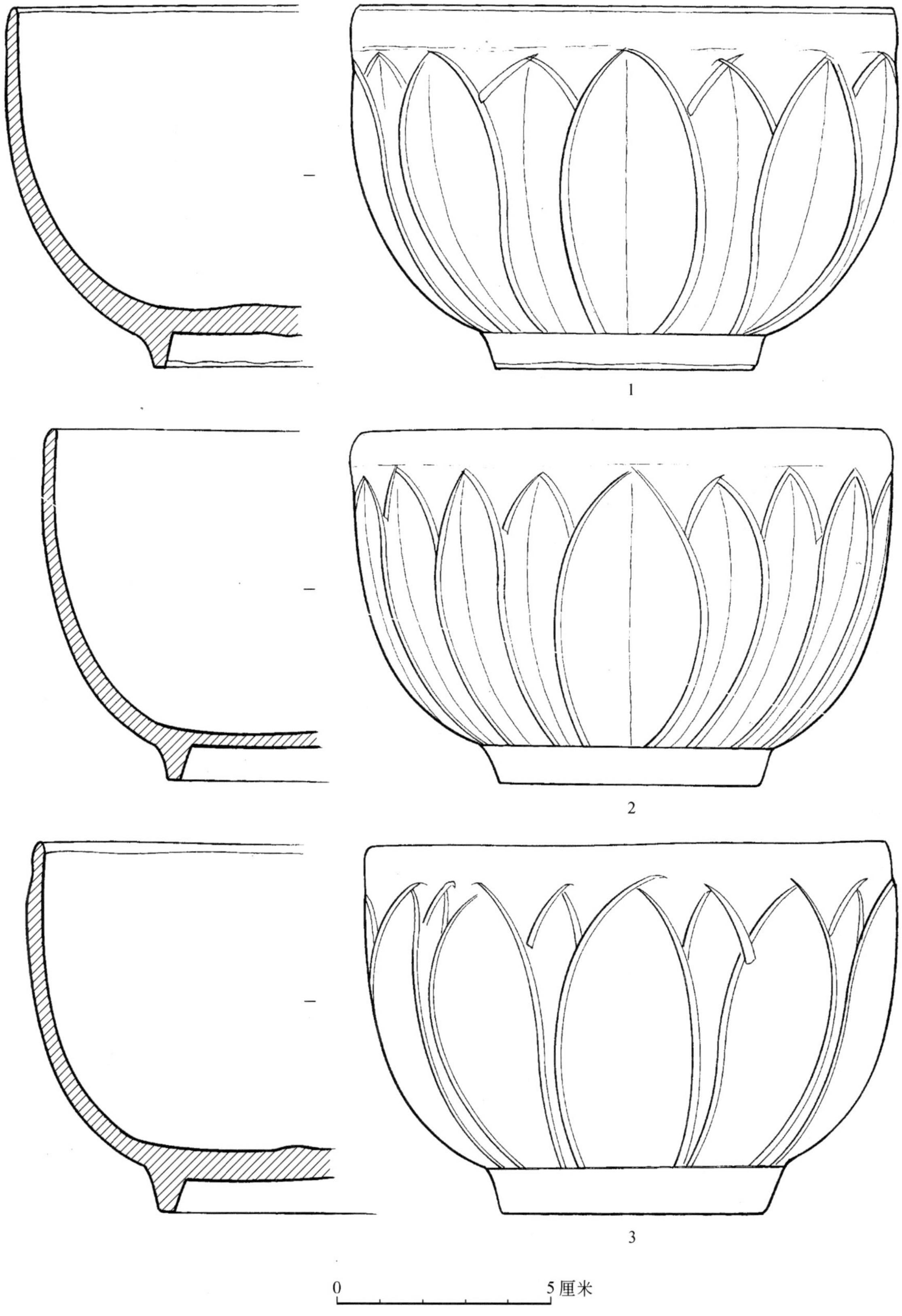

图三六　一号窖藏出土第一类龙泉窑青瓷　A型直口深腹碗

1. 91SJJ:980　2. 91SJJ:511　3. 91SJJ:513

g组1件。十九瓣莲瓣纹。外壁刻划双层莲瓣纹为外层十瓣、内层九瓣。

91SJJ∶544，可修复。圆唇，外壁装饰的莲瓣纹较为宽大，纹路清晰。浅灰色胎。梅子青釉，釉色光洁而明亮。内底可见拉坯形成的螺旋纹。足圈较为规整，足端修整平整，有一处窑砂粘连。口沿和足端未施釉处呈灰色，釉层边缘呈一线酱色。口径12.6、足径6.4、高8.2、足高0.8、厚0.2~0.6厘米（图三七，1；图版四六、四七）。

h组2件。二十瓣莲瓣纹，为外层十瓣、内层十瓣。

91SJJ∶582，口沿上有三处磕伤缺口，修复。外壁的双层莲瓣纹较清晰，莲瓣纹形态基本一致。浅灰色胎，胎体厚重。梅子青釉略灰，釉层肥厚滋润，满布较为密集的开片。足圈内有一段烧制时留下的开裂纹。口沿和足端未施釉处呈酱色。口径13.5、足径5.8、高8.4、足高0.9、厚0.2~0.6厘米（图三七，2）。

91SJJ∶525，口沿上有五处磕伤缺口，可修复。敛口较明显，腹部显得圆弧。底心有一鸡心状凸起。外壁的双层莲瓣纹较清晰，莲瓣纹形态基本一致。浅灰色胎，胎体厚重。梅子青釉，釉层肥厚滋润，满布较为密集的条形开片，釉面有少量黑斑和棕眼。口沿和足端未施釉处呈酱色。口径13.4、足径6.5、高8.3、足高0.8、厚0.2~0.6厘米（图版四八）。

B型　中型。10件。形体略小，腹部略浅。此型器物大多釉色明亮光洁，莲瓣纹立体感强。依据外壁莲瓣数量的多少分四组介绍。

a组2件。十七瓣莲瓣纹，为外层九瓣、内层八瓣。足圈不圆整，足底略呈圆弧形凸起。

91SJJ∶510，完整。直口，胎色不详。梅子青釉，釉色莹润，釉面光洁明亮。足端有少许窑砂粘连。口沿呈酱色，足端未施釉处呈酱红色。口径11.7、足径6.5、高7.2、足高0.8、厚0.2~0.4厘米（图三七，3）。

91SJJ∶506，口沿、足圈上各有一磕伤缺口，修复。直口微敛，内底略凸起。白胎。梅子青釉，釉色莹润，釉面光洁明亮。口沿和足端呈酱色。口径11.5、足径6.7、高7.8、足高1.1、厚0.2~0.5厘米（图三八，1；图版四九）。

b组5件。十八瓣莲瓣纹，为外层九瓣、内层九瓣。选介标本3件。

91SJJ∶503，完整。外壁刻划双层莲瓣纹略斜。敛口略显明显。灰白色胎，胎体较为厚重。梅子青釉，釉色莹润，釉面光洁明亮。足圈不圆整，足端修整平切，有少许窑砂粘连。口沿和足端无釉处呈酱红色。口径11.8、足径6.3、高7.4、足高0.9、厚0.3~0.9厘米（图三八，2；图版五〇）。

91SJJ∶551，口沿上有两处磕伤缺口，修复。直口微敛。外壁刻划双层莲瓣纹清晰而均匀。灰白色胎，器物较为厚重。梅子青釉，釉色莹润，釉面光洁明亮。足圈不圆整，足圈外侧有一较大的黑褐色斑点。足端有修整痕迹，足圈内壁较斜。口沿呈酱色，足端无釉处呈酱红色。口径11.7、足径6.9、高7.6、足高1.05、厚0.2~0.5厘米（图三八，3）。

91SJJ∶527，完整。直口，腹部较直。灰白色胎，胎体较为厚重。梅子青釉，釉色莹润，釉面光洁明亮。足圈不圆整，足底呈圆弧状凸起，足端修整较平。口沿呈酱色，足端无釉处呈酱红色。口径11.8、足径6.5、高7.4、足高0.9、厚0.3~0.6厘米（图三九，1；图版五一）。

c组1件。十九瓣莲瓣纹，为外层十瓣、内层九瓣。

91SJJ∶508，修复。圆唇。白胎。外壁刻划双层莲瓣纹清晰匀称，莲瓣大小均匀、形状一致。

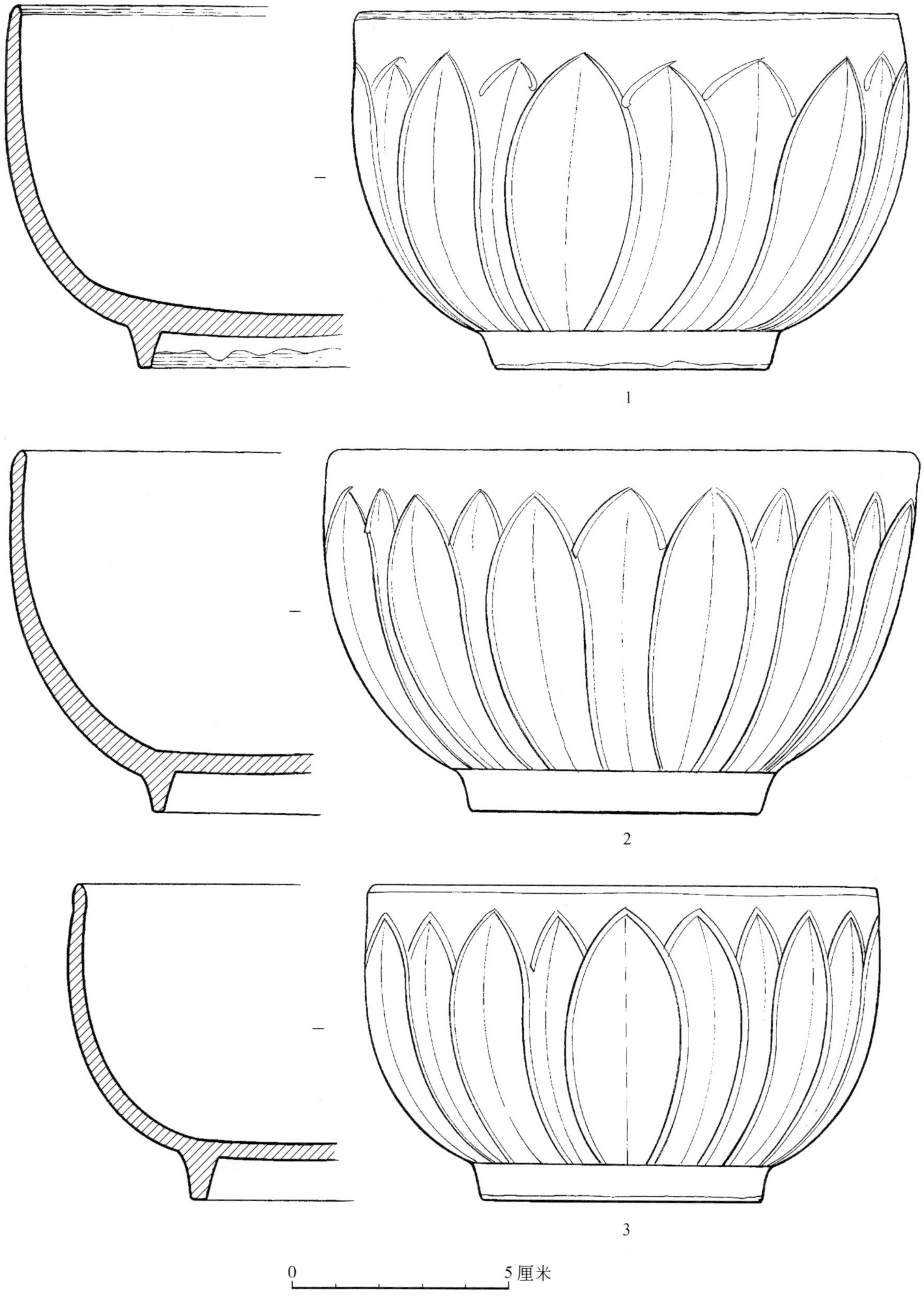

图三七　一号窖藏出土第一类龙泉窑青瓷　A型、B型直口深腹碗

1. A型(91SJJ∶544)　2. A型(91SJJ∶582)　3. B型(91SJJ∶510)

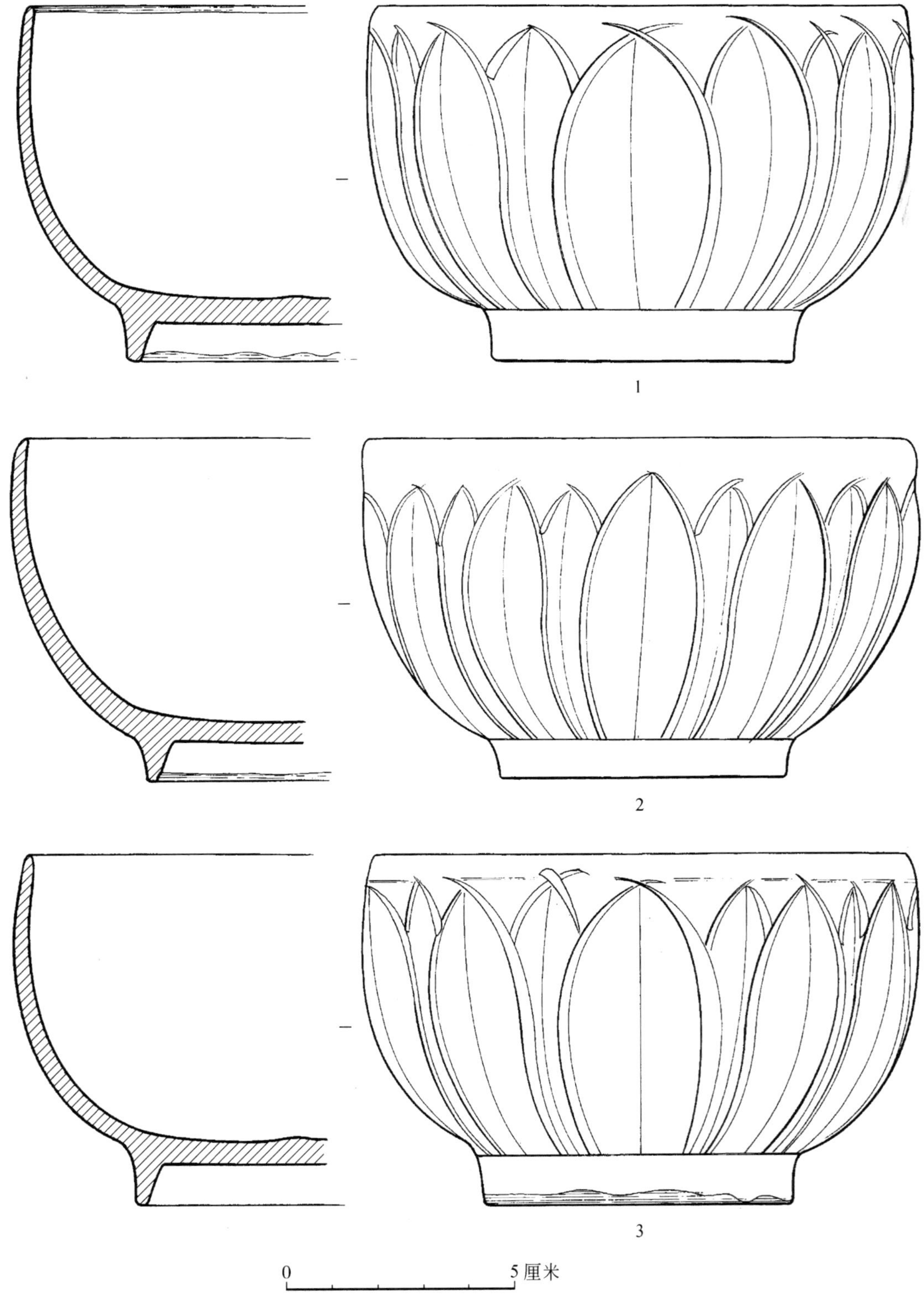

图三八 一号窖藏出土第一类龙泉窑青瓷 B型直口深腹碗

1. 91SJJ∶506 2. 91SJJ∶503 3. 91SJJ∶551

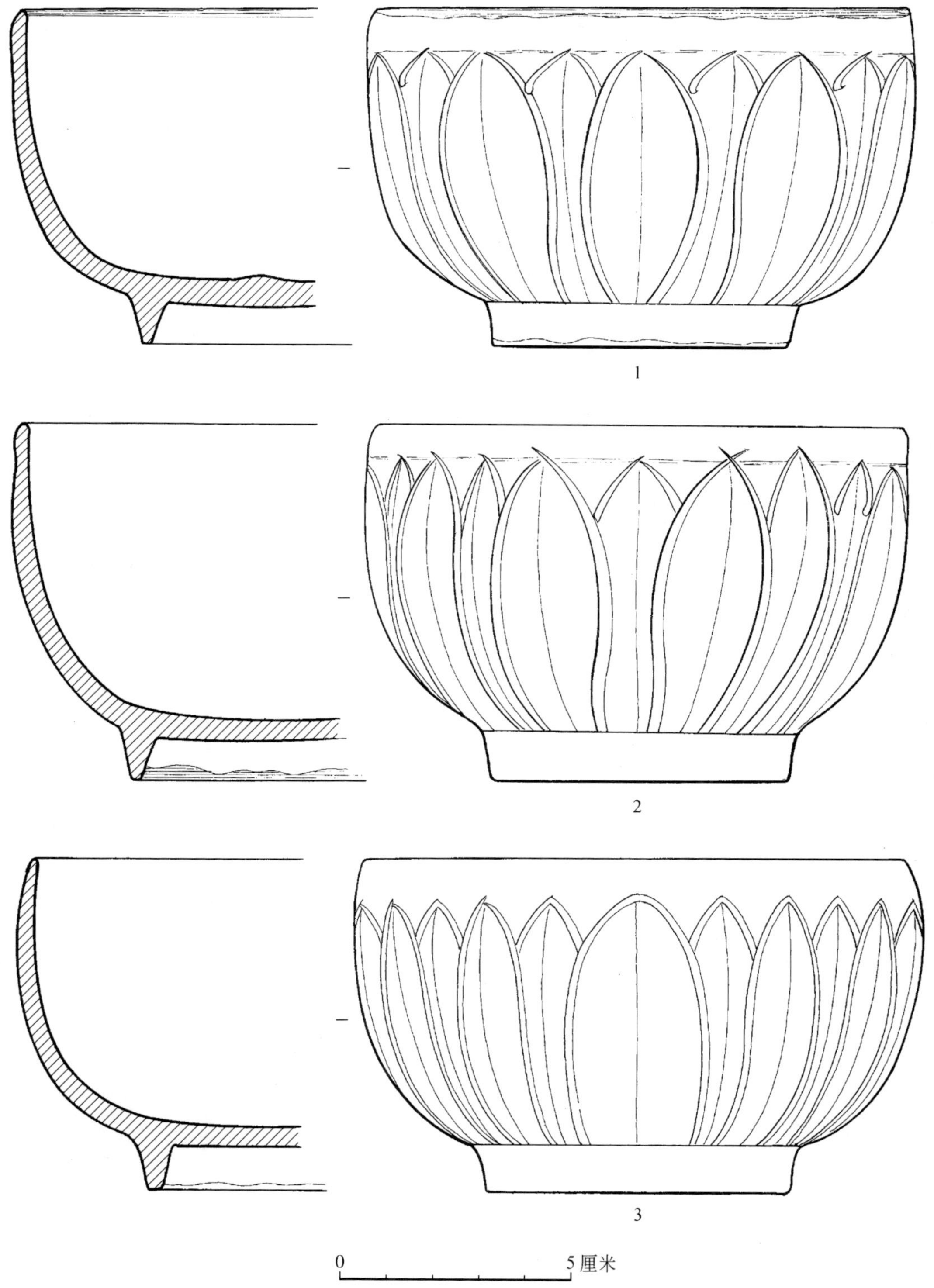

图三九　一号窖藏出土第一类龙泉窑青瓷　B型直口深腹碗

1. 91SJJ：527　2. 91SJJ：508　3. 91SJJ：518

梅子青釉，釉层较厚，釉色光洁莹润。足圈较厚。口沿和足端未施釉处呈浅酱色，轴层边缘有一线酱色。口径11.6、足径6.5、高7.8、足高1.1、厚0.2~0.5厘米（图三九，2）。

d组2件。二十瓣莲瓣纹，为外层十瓣、内层十瓣。

91SJJ:518，完整。直口微敛，腹部略显圆鼓。外壁刻划双层莲瓣纹清晰匀称，莲瓣大小均匀、形状一致。梅子青釉，釉层肥厚，釉色莹润明亮。足圈微外撇，底心略突起。口沿呈酱色，足端未施釉处呈较为鲜艳的橙红色。足端有少量窑砂粘连。口径11.9、足径6.6、高7.2、足高1.0、厚0.3~0.5厘米（图三九，3；图版五二）。

91SJJ:981，修复。外壁刻划双层莲瓣纹清晰匀称，莲瓣大小均匀、形状一致。白胎。梅子青釉，釉层较厚，釉色光洁明亮，釉面有少量稀疏的开片。足圈微外撇，足底略呈圆弧形凸起。口沿呈酱色，足端未施釉处呈浅酱色，靠近釉的地方为酱色。足端有少量窑砂粘连。口径11.8、足径6.5、高7.3、足高1.1、厚0.3~0.5厘米。

敞口斜腹碗

8件。敞口，尖唇，斜腹，小圈足，又称为斗笠碗。均为素面。外壁口沿下多均有较厚的积釉，釉面突起。圈足足端无釉。选介标本5件。

91SJJ:552，完整。足底心呈弧状凸起。白色胎泛灰。梅子青釉，釉色略泛青黄，釉面光洁莹润，有条形开片。圈足足端呈浅酱色。口径16.1、足径3.7、高4.9、足高0.6、厚0.2~0.4厘米（图四〇，1；图版五三）。

91SJJ:328，完整。足底心呈弧状凸起。胎色不详。梅子青釉，口沿处釉色略泛青黄，釉面光洁滋润。釉面有一条磕裂纹路。圈足圆整，足端呈浅酱色。口径15.7、足径3.7、高4.9、足高0.5、厚0.3~0.5厘米（图四〇，2）。

91SJJ:535，完整。内底心轻微突起，足底心呈弧状凸起。白色胎泛灰。青黄色釉，釉色略发灰，釉面光洁莹润。圈足呈浅酱色。口径15.6、足径3.5、高4.7、足高0.4、厚0.3~0.4厘米（图四〇，3；图版五四）。

91SJJ:514，完整，略变形。内底心呈鸡心状突起，足底心呈弧状凸起。白色胎泛灰。青釉，釉色较为斑驳，梅子青色与青黄色相杂，釉面光洁滋润，有开片。圈足不甚规整，足端呈浅浅橙红色。口径16.1、足径4.0、高5.1、足高0.6、厚0.3~0.5厘米（图四〇，4）。

91SJJ:545，完整。内底心和足底心均呈鸡心状凸起。白色胎泛灰，胎体略显厚重。梅子青釉，口沿处釉色青黄，釉面光洁滋润，外壁有一针眼。圈足不甚圆整，足端未施釉，呈浅酱色。口径15.7、足径3.4、高5.7、足高0.6、厚0.2~0.6厘米（图四〇，5；图版五四、五五）。

盘

共24件。均为弧腹圈足盘，外壁装饰刻划仰莲纹。器形的变化主要是由于圈足大小的不同形成的，口部也略有不同，以直口最多，也有直口微敛和直口微敞的细微差别。依据圈足的大小分为小圈足盘和大圈足盘两种。

小圈足盘

12件。圈足圆整，一般足墙的内墙深于外墙，足端细窄而且修整规则。腹部有弧腹和弧腹略

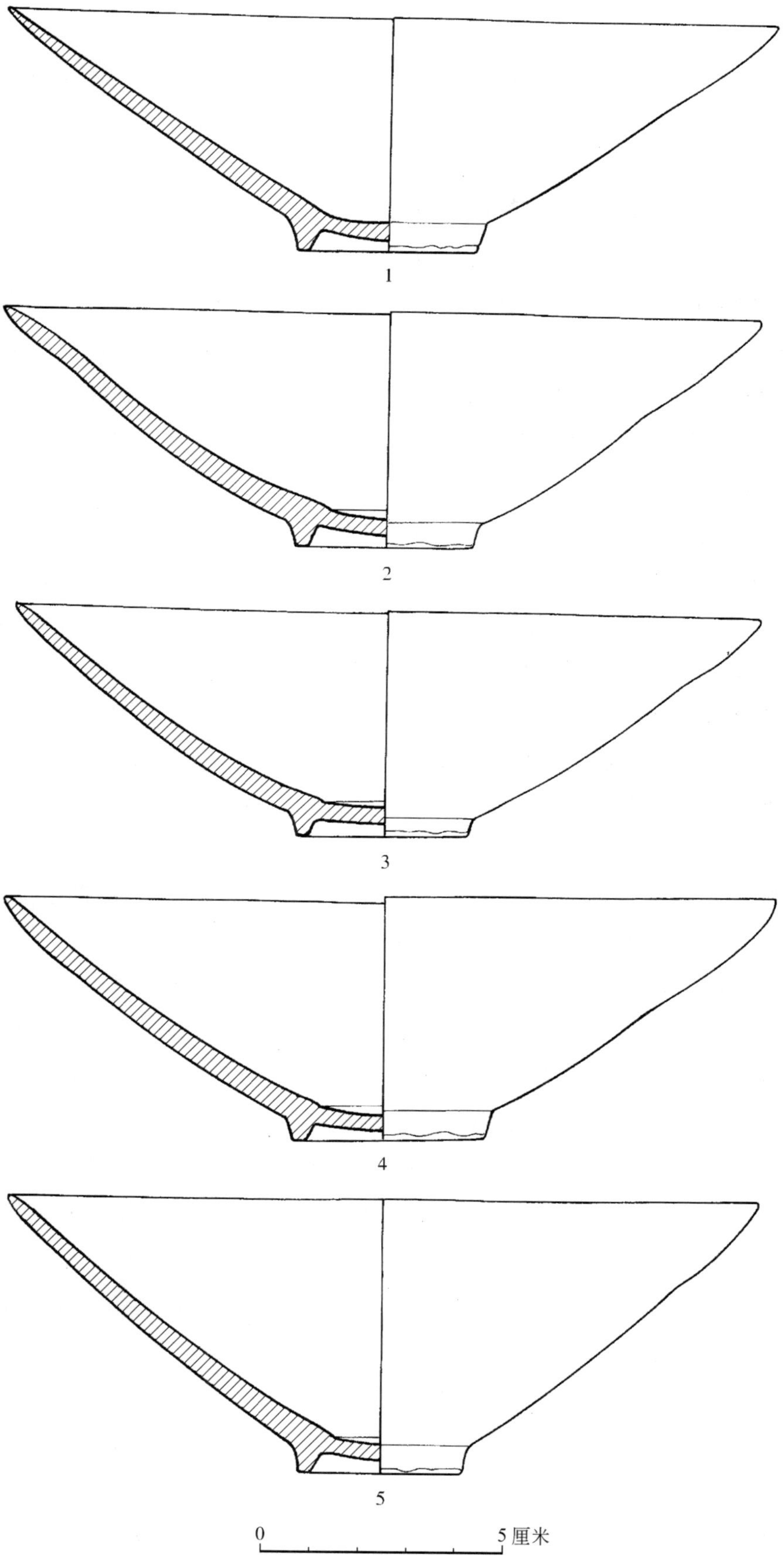

图四〇　一号窖藏出土第一类龙泉窑青瓷　敞口斜腹碗

1. 91SJJ∶552　2. 91SJJ∶328　3. 91SJJ∶535　4. 91SJJ∶514　5. 91SJJ∶545

斜的不同造型。器物的胎体略轻；多为梅子青釉，釉面光洁滋润且较为明亮；足底施釉而足端无釉；外壁的刻划双层莲瓣纹大多因釉层较厚而显得模糊。依据腹部的变化分为二型。

A 型 弧腹。4 件。圆唇，直口或直口微敞。外壁的双层仰莲纹莲瓣的宽窄、大小和形态变化较多。按外壁刻划仰莲纹莲瓣数量的不同分二组介绍。

a 组 1 件。十五瓣莲瓣纹，为外层八瓣、内层七瓣。

91SJJ∶412，口沿内壁有两个小的磕伤缺口，器形完整，略变形。直口，内底下凹，有一圈凹弦纹。足底心略有鸡心状突起。白胎。梅子青釉，釉面光洁滋润，有较大的开片，外壁口沿下有积釉的痕迹。花纹较模糊，花瓣大小均匀。足端无釉处细窄规整，呈浅酱色，靠近釉的部位呈酱色。口径 16.3、足径 6.0、高 4.4、足高 0.7、足圈内高 1.0、厚 0.2～0.7 厘米（图四一；图版五六）。

b 组 3 件。十九瓣莲瓣纹，为外层十瓣、内层九瓣。选介标本 2 件。

91SJJ∶473，完整。直口微敞。白胎。梅子青釉，外壁口沿有一段呈青灰色，内壁有极少的几道开片纹，釉面光洁滋润。双层莲瓣花纹较清晰。足端无釉处细窄规整，呈很浅的酱色。口径 17.1、足径 5.8、高 4.3、足高 0.5、厚 0.2～0.6 厘米（图四二）。

91SJJ∶471，完整。直口微敞。白胎。梅子青釉，内壁有少量稀疏的开片，可见一个棕眼，釉面光洁滋润。双层莲瓣花纹较清晰。足圈略宽而规整，圈足内挖足较深，底心有一极小的锥尖状突起。足端未施釉处呈浅酱色，靠近釉的地方为一线酱色。口径 17.6、足径 6.3、高 4.8、足高 0.7、足圈内高 0.9、厚 0.2～0.6 厘米（图四三；图版五六）。

B 型 斜弧腹。8 件。圆唇，直口或直口微敞，弧腹略斜。外壁的双层仰莲纹莲瓣的宽窄、大小和形态变化较多。按刻划莲瓣数量的不同分二组介绍。

a 组 2 件。十五瓣莲瓣纹，为外层八瓣、内层七瓣。

91SJJ∶476，完整。直口。白胎。梅子青釉，釉面光洁滋润，开片纹遍布器身，大开片呈浅褐色，大开片中间杂细密的、呈浅白色的小开片。外壁口沿下有积釉的痕迹。外壁的刻划花纹较模糊，花瓣大小均匀。足底心略有鸡心状突起。足端规整，呈橙色，靠近釉的部位呈酱色。口径 16.7、足径 6.3、高 4.5、足高 0.7、足圈内高 0.9、厚 0.3～0.5 厘米（图四四；图版五七）。

91SJJ∶477，口沿残三处，修复。白胎。梅子青釉，釉面光洁滋润，内壁有一处缩釉孔，内壁分布稀疏的浅褐色大开片，外壁开片略小、色淡而细。外壁的刻划花纹模糊，花瓣大小均匀。足端呈浅橙色。口径 16.1、足径 5.9、高 4.2、足高 0.7、足圈内高 0.9、厚 0.1～0.8 厘米（图四五）。

b 组 6 件。十六瓣莲瓣纹，为外层八瓣、内层八瓣。选介标本 3 件。

91SJJ∶472，完整。直口。圈足内墙略浅于外墙，足底心有鸡心状突起。胎色不详。梅子青釉，釉面光洁滋润，开片遍布器身，大开片呈浅褐色，大开片中间杂小而浅的开片。外壁口沿下有积釉的痕迹。外壁花纹较模糊，花瓣大小均匀。足端有缺口，缺口被釉覆盖；足端呈橙色，靠近釉的部位呈酱色。口径 16.6、足径 5.9、高 4.5、足高 0.7、足圈内高 0.8、厚 0.3～0.7 厘米（图四六；图版五七）。

91SJJ∶482，完整。直口。圈足内墙深于外墙。梅子青釉，釉面光洁滋润，开片纹遍布器身，大开片呈浅褐色，大开片中间杂细密的、呈浅白色的小开片。外壁口沿下有积釉的痕迹。花纹较

图四一　一号窖藏出土第一类龙泉窑青瓷　A 型小圈足盘 91SJJ∶412

图四二　一号窖藏出土第一类龙泉窑青瓷　A型小圈足盘91SJJ：473

图四三　一号窖藏出土第一类龙泉窑青瓷　A型小圈足盘91SJJ:471

图四四　一号窖藏出土第一类龙泉窑青瓷　B型小圈足盘91SJJ∶476

图四五 一号窖藏出土第一类龙泉窑青瓷 B型小圈足盘91SJJ:477

图四六　一号窖藏出土第一类龙泉窑青瓷　B型小圈足盘91SJJ∶472

模糊，花瓣大小均匀。足底心有鸡心状突起。足端呈黄色，釉层边缘有一线浅酱色。口径16.6、足径6.2、高4.6、足高0.8、足圈内高0.9、厚0.4～0.5厘米（图四七）。

91SJJ∶480，完整。直口微敞。圈足较浅，足端较圆，内、外墙高度相当。青黄釉略泛灰，釉面光洁。花纹清晰，花瓣的大小、形状一致。足端未施釉处呈褐色，靠近釉的地方为一线褐红色。口径16.0、足径6.1、高4.2、足高0.5、足圈内高0.6、厚0.3～0.6厘米（图四八；图版五八）。

大圈足盘

12件。圆唇，内底略下凹，弧腹或斜弧腹。圈足多圆整，足墙较薄，足端无釉。圈足的直径在口径的一半或一半以上，其大小变化丰富。多为梅子青釉，釉面均光洁滋润，较为明亮。依据腹部的变化分为二型。

A型　斜弧腹。6件。敞口。外壁的刻划莲瓣均大小一致、间隔均匀。按外壁刻划仰莲纹的莲瓣数量不同分四组介绍。

a组2件。十七瓣莲瓣纹，为外层九瓣、内层八瓣。选介标本1件。

91SJJ∶292，修复。圈足的足径约为口径的一半。白胎。梅子青釉略泛灰，有开片。足圈较深，足端呈酱色。口径14.3、足径7.4、高3.8、足高0.8、足圈内高1.0、厚0.3～0.6厘米（图四九，1；图版五八）。

b组2件。十八瓣莲瓣纹，为外层九瓣、内层九瓣。选介标本1件。

91SJJ∶268，完整。圈足的足径约为口径的一半。胎色不详。梅子青釉，外壁口沿下有一圈积釉。足端呈酱色。口径14.4、足径6.8、高3.5、足高0.8、足圈内高0.6、厚0.2～0.4厘米（图四九，2；图版五九）。

c组1件。二十二瓣莲瓣纹，为外层十一瓣、内层十一瓣。

91SJJ∶298，完整。圈足的足径超过口径的一半以上。灰白色胎。梅子青釉，外沿下有明显积釉痕。外壁刻划双层莲瓣短小紧密，花纹模糊，足端呈酱色。口径14.3、足径8.4、高3.9、足高0.8、足圈内高0.8、厚0.2～0.3厘米（图五〇，1；图版五九）。

d组1件。二十四瓣莲瓣纹，为外层十二瓣、内层十二瓣。

91SJJ∶299，口沿上有一很小的磕伤缺口，器形完整。圈足的足径超过口径的一半以上。灰白色胎。梅子青釉，外沿下有较明显积釉痕。外壁刻划双层莲瓣短小紧密，花纹模糊。足端呈酱色。口径14.1、足径8.4、高3.9、足高0.9、足圈内高0.5、厚0.2～0.5厘米（图五〇，2）。

B型　圆弧腹。6件。直口。外壁的刻划莲瓣均大小一致、间隔均匀。按外壁刻划仰莲纹的莲瓣数量不同分二组介绍。

a组5件。十七瓣莲瓣纹，为外层九瓣、内层八瓣。选介标本3件。

91SJJ∶275，口沿和足圈上有磕伤缺口，修复。圈足足径超过口径的一半以上。浅灰色胎。青灰釉，釉面光洁滋润，内壁开片较大而稀疏，外壁开片较细密。足端呈酱色。口径12.8、足径7.9、高3.7、足高0.8、足圈内高0.8、厚0.3～0.6厘米（图五一，1；图版六〇）。

91SJJ∶297，口沿和足圈上有磕伤缺口，修复。圈足足径超过口径的一半以上。灰白色胎。器表灰白色胎。一半为梅子青釉、一半为青灰釉，釉面光洁滋润。足端呈酱色。口径13.0、足径7.6、高3.7、足高0.9、足圈内高0.9、厚0.3～0.6厘米（图五一，2）。

图四七　一号窖藏出土第一类龙泉窑青瓷　B型小圈足盘91SJJ：482

图四八　一号窖藏出土第一类龙泉窑青瓷　B型小圈足盘91SJJ∶480

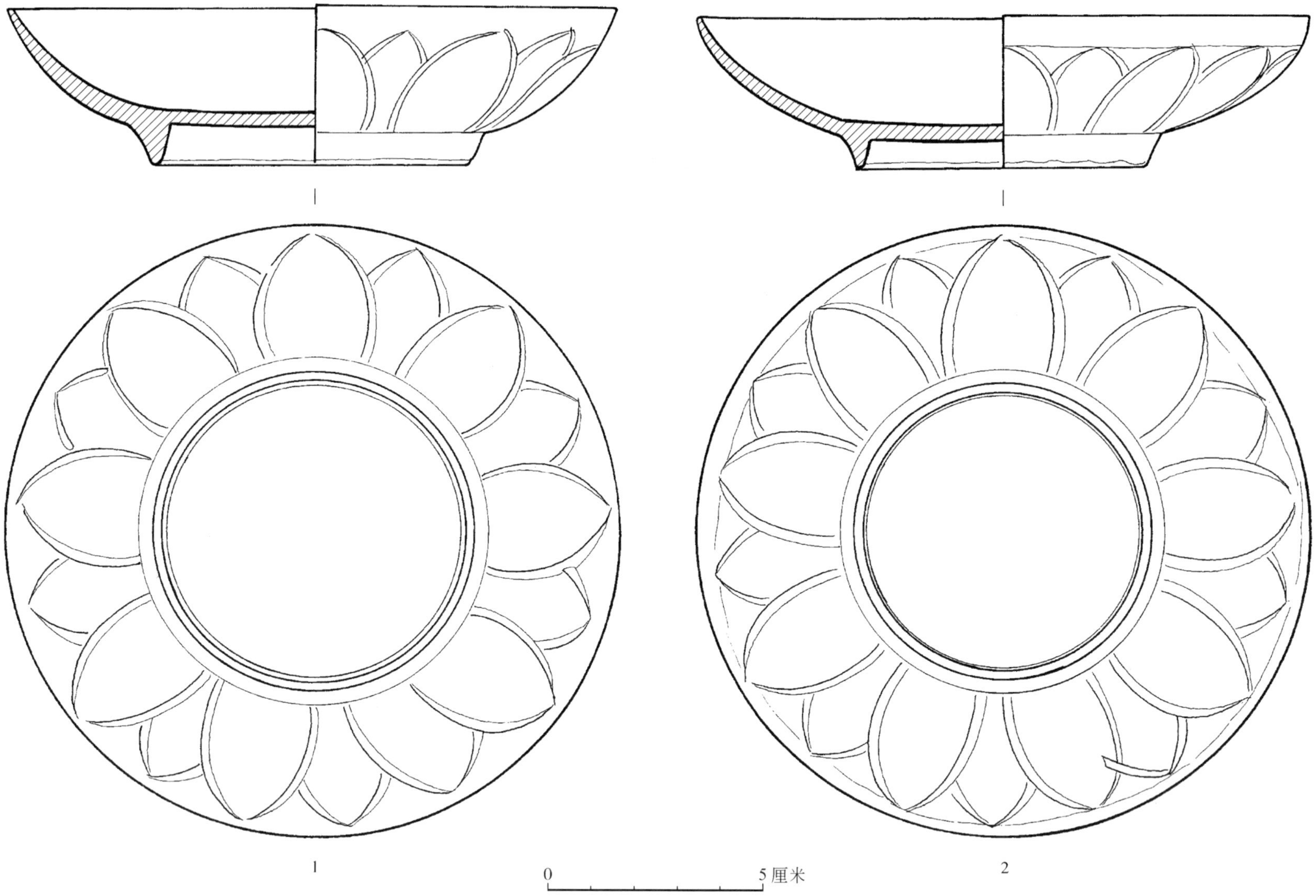

图四九　一号窖藏出土第一类龙泉窑青瓷　A 型大圈足盘
1. 91SJJ∶292　2. 91SJJ∶268

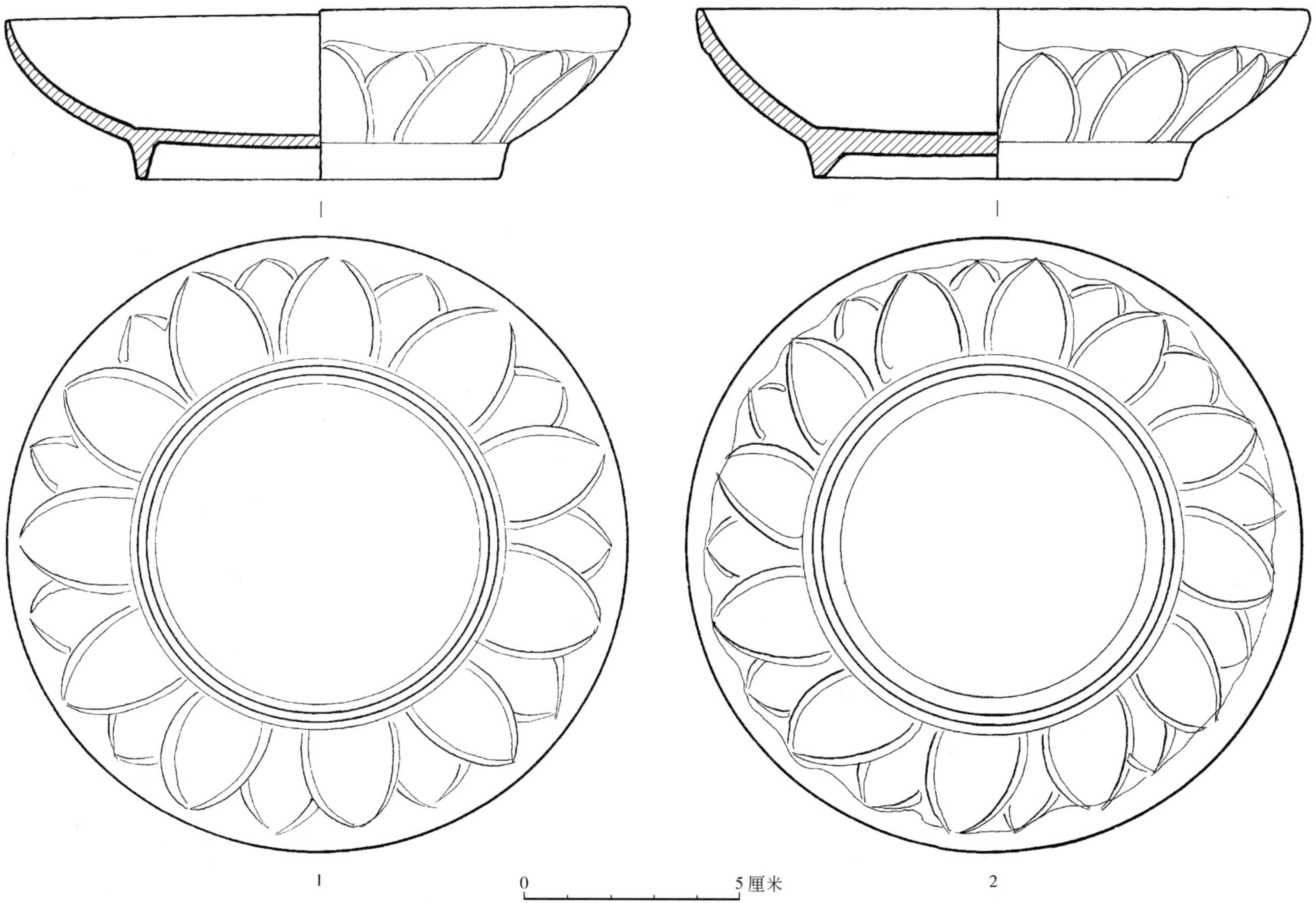

图五〇　一号窑藏出土第一类龙泉窑青瓷　A 型大圈足盘

1. 91SJJ：298　2. 91SJJ：299

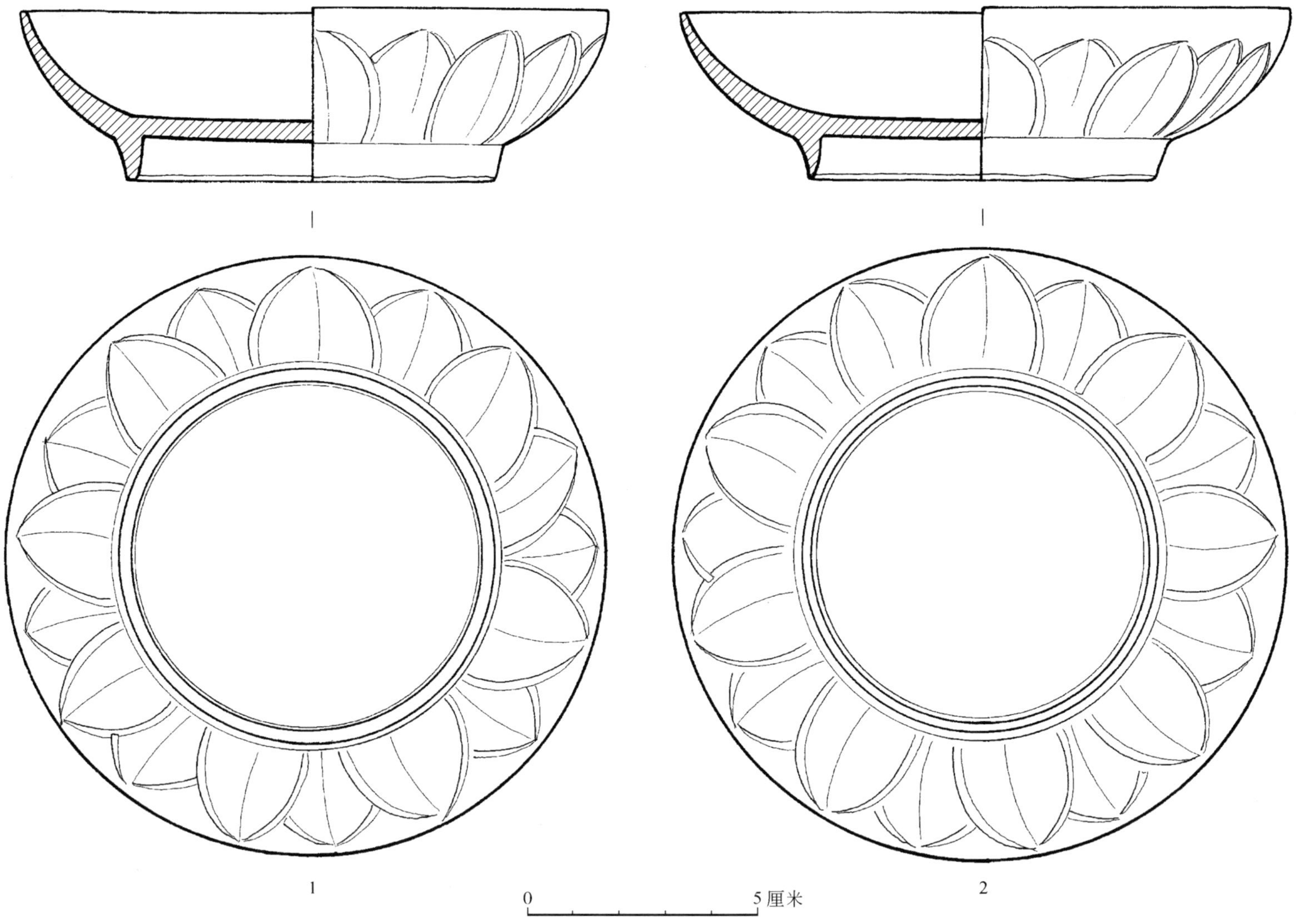

图五一　一号窖藏出土第一类龙泉窑青瓷　B型大圈足盘

1. 91SJJ∶275　2. 91SJJ∶297

91SJJ∶293，修复。足圈较深，内底心略突起。圈足的足径约为口径的一半。灰白色胎。梅子青釉，釉面光洁滋润。足端呈酱色。口径14.3、足径7.6、高3.8、足高0.8、足圈内高1.0、厚0.3～0.6厘米（图五二，1）。

b组1件。十八瓣莲瓣，为外层九瓣、内层九瓣。

91SJJ∶266，修复。圈足内圈较深，圈足的足径约为口径的一半。灰白色胎。青灰釉，釉面有稀疏的褐色大开片，夹杂片状的、密集的白色小开片。莲瓣花纹较模糊。足端呈浅酱色。足圈内粘连一段烧结的灰白色瓷土。口径14.7、足径7.0、高4.0、足高0.7、足圈内高1.0、厚0.3～0.7厘米（图五二，2；图版六〇）。

洗

54件。造型敦厚而端庄，均为素面。圆唇，斜腹较直，下腹斜折，大圈足。圆唇呈外翻状，厚薄略有差异。圈足均较浅，足端无釉。器物的差别主要在形体的大小上，依据形体大小分为三种。

A型　形体较大。29件。圆唇，敞口，斜直腹。圈足足端较窄。多为通体施青釉，以梅子青釉最多，釉面多光洁莹润，足端未施釉，呈酱红色。选介标本6件。

91SJJ∶223，完整。白胎略泛灰色。内底和足心均较平。梅子青釉，釉面光洁平整，无开片。口径15.4、足径7.8、高5.0、足高0.5、足圈内高0.5、厚0.3～0.5厘米（图五三，1）。

91SJJ∶234，完整。内底和足心均略凸起。白胎略泛灰色。梅子青釉，无开片。口径14.7、足径7.0、高4.9、足高0.6、足圈内高0.9、厚0.4～0.6厘米（图五三，3）。

91SJJ∶254，完整。内底和足心均略凸起。梅子青釉略显青黄，无开片，内壁有一处缩釉。口径14.6、足径7.3、高4.7、足高0.55、足圈内高0.7、厚0.3～0.6厘米（图五三，2）。

91SJJ∶204，白胎略泛灰色，胎体厚重。粉青釉，通体有开片，内壁浅褐色的开片大而稀疏，外壁开片较为密集，为浅褐色和白色的细密开片。足低积釉，釉面不平整，靠足圈部位有烧制时留下的开裂纹。口径14.3、足径6.2、高4.5、足高0.6、足圈内高0.7、厚0.4～0.6厘米（图五三，4）。

91SJJ∶208，完整。内底略凸起。白胎略泛灰色。下腹折腹处有一周跳刀痕。梅子青釉，无开片。口径15.2、足径7.8、高4.6、足高0.6、足圈内高0.7、厚0.3～0.6厘米（图版六一）。

91SJJ∶212，完整。白胎略泛灰色，胎体略薄。梅子青釉，釉面有稀疏的开片。内底心略突起。口沿未修制圆整。口径14.2、足径6.8、高4.3、足高0.6、足圈内高0.7、厚0.4～0.5厘米（图五三，5）。

B型　形体居中。11件。圆唇，敞口，斜直腹，下腹斜折，圈足，足端较窄。器物的高度、胎壁厚度等有差别。白胎略泛灰色，通体施青釉，以梅子青釉最多，釉面多光洁莹润，足端未施釉，多呈酱红色。选介标本4件。

91SJJ∶236，完整。略矮。白胎略泛灰色，胎体薄而较轻。梅子青釉。外壁下部积釉。口径13.5、足径6.5、高4.0、足高0.5、足圈内高0.5、厚0.3～0.4厘米（图五三，6）。

91SJJ∶248，完整，口沿上在釉下有一处烧制前留下的小凹痕。外底心略突起。白胎略泛灰色。胎体厚重。青黄釉。釉面遍布有密集的开片，开片为浅褐色大开片和白色的细小开片相间杂。

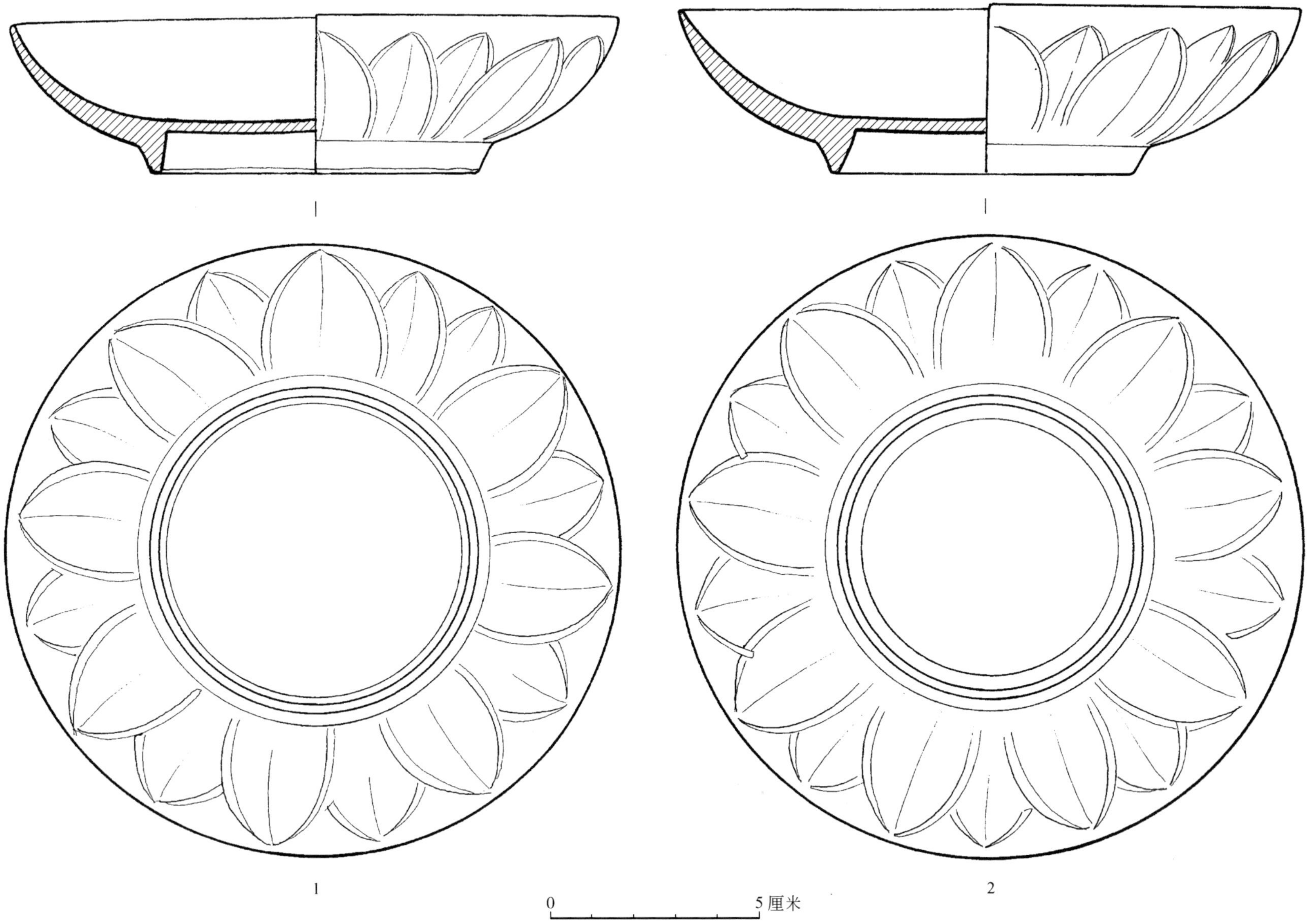

图五二　一号窖藏出土第一类龙泉窑青瓷　B 型大圈足盘

1. 91SJJ∶293　2. 91SJJ∶266

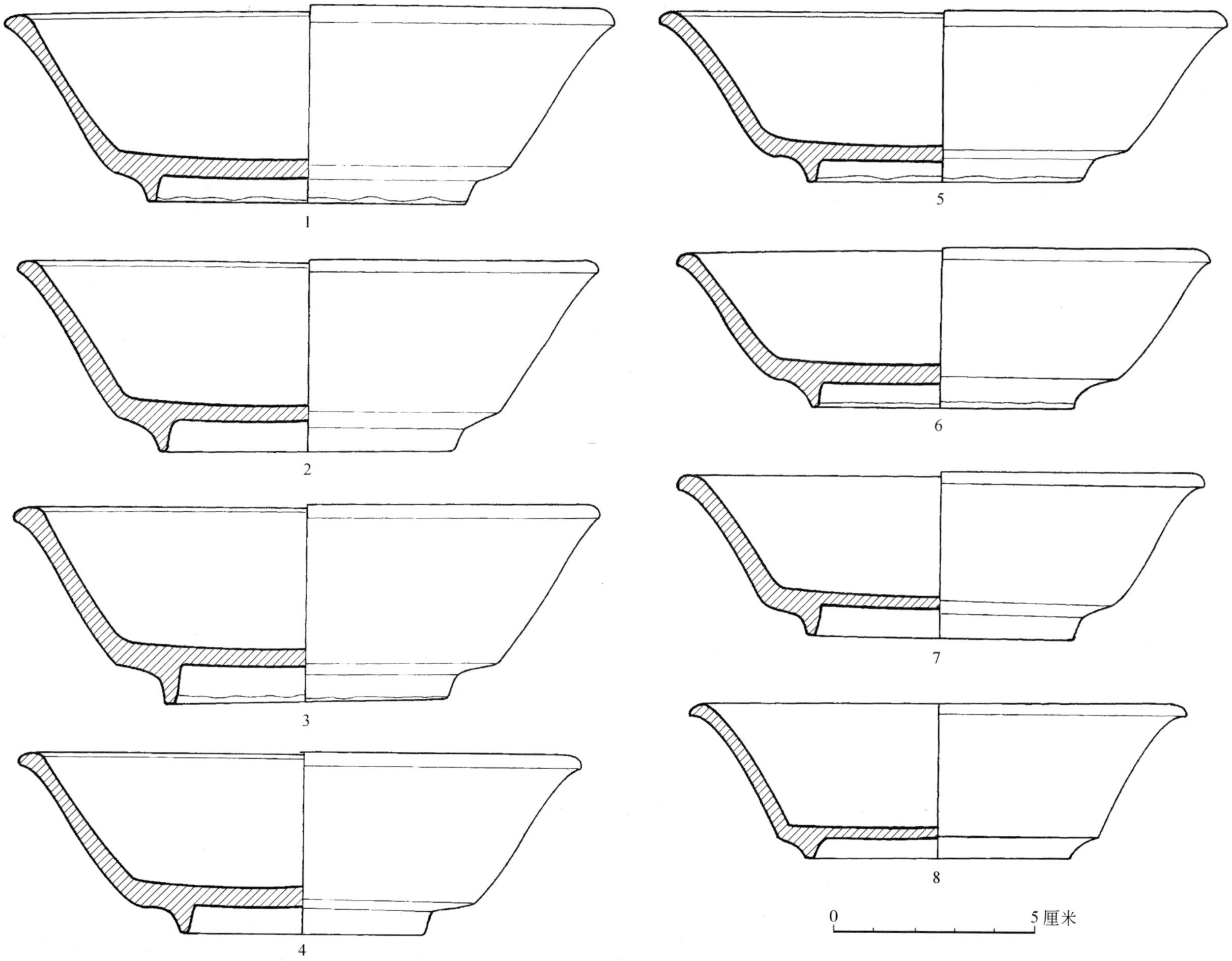

图五三　一号窖藏出土第一类龙泉窑青瓷　A型、B型、C型洗

1～5. A型(91SJJ∶223、91SJJ∶254、91SJJ∶234、91SJJ∶204、91SJJ∶212)　6、7. B型(91SJJ∶236、91SJJ∶213)　8. C型(91SJJ∶203)

口径13.3、足径6.6、高4.2、足高0.55、足圈内高0.8、厚0.2~0.5厘米。

91SJJ:213，完整。口沿未修制圆整，内底心略突起。白胎略泛灰色，胎体厚重。粉青釉，通体有开片，内壁开片略显稀疏，褐色的大开片明显，外壁开片较为密集，纹路多为浅褐色。外底积釉，釉面凸凹不平。口径13.6、足径6.7、高4.4、足高0.6、足圈内高0.8、厚0.3~0.6厘米（图五三，7）。

91SJJ:245，完整。白胎略泛灰色。粉青釉略泛黄。釉面不均匀地分布着细密的开片。整器较为平整，外底靠圈足处略有缩釉而釉面显起伏。口径13.2、足径6.6、高3.7、足高0.6、足圈内高0.7、厚0.3~0.5厘米（图版六二）。

C型　形体较小。14件。圆唇，敞口，斜直腹，下腹斜折，圈足，足端较窄。白胎略泛灰色，通体施青釉，以梅子青釉最多，釉面多光洁莹润，足端未施釉，多呈酱红色。选介标本4件。

91SJJ:203，完整。腹部略内束。白胎略泛灰色，胎体薄。梅子青釉，釉面光洁莹润无开片。足端呈酱色。口径12.6、足径6.7、高3.9、足高0.55、足圈内高0.55、厚0.3厘米（图五三，8；图版六二）。

91SJJ:201，完整。白胎略泛灰色，梅子青釉，釉面光洁莹润，内底有稀疏的开片，足底的釉面有磕裂的纹路。口径12.8，足径6.6、高3.8、足高0.55、足圈内高0.5、厚0.3厘米（图版六三）。

91SJJ:217，完整。内底略有鸡心状突起。白胎略泛灰色，胎体较薄。梅子青釉，釉面光洁莹润无开片。口径12.6，足径6.6，高3.8、足高0.5、足圈内高0.5、厚0.3~0.4厘米（图版六三）。

91SJJ:224，完整。口沿未修制平整，内底心略突起。白胎略泛灰色，胎体较厚。梅子青釉略泛青黄，积釉处色泽青翠，釉面光洁莹润，有一条裂纹。口径12.5、足径6.5、高4.0、足高0.5、足圈内高0.5、厚0.3~0.4厘米（图版六四）。

杯

共67件。均为直口圈足杯，有的杯口部微敛，器形的差异主要在腹部的深浅，依据腹部形状及深浅分为两种。

深弧腹杯

共58件。圆唇或圆唇微尖，深弧腹，圈足，外壁均刻划双层仰莲纹，纹路或模糊或清晰，莲瓣中部有一道凸脊。圈足多加修整但不太规整。口沿和足端无釉。此类杯的造型、装饰都较为接近，差异主要在腹部的细微变化，可以区分为直腹、弧腹较圆和弧腹三种，而以弧腹杯数量最多。依据腹部弧度的轻微变化分为三型。

A型　直腹。1件。圆唇略尖，直口，腹较竖直，下腹圆折，圈足。

91SJJ:115，修复。外沿略凸起，圈足不圆整，足底呈圆弧形凸起。外壁莲瓣花纹模糊，外层七瓣、内层七瓣。浅灰色胎。梅子青釉，釉面光洁，外壁釉色略呈粉青色。口沿和足端呈酱红色。口径8.5、足径4.5、高6.0、足高0.9、足圈内高0.6、厚0.2~0.5厘米（图五四，1）。

B型　弧腹较圆。3件。圆唇略尖，直口微敛，腹较圆，圈足。依据外壁刻划莲瓣的数量不同分二组介绍。

a组1件。十六瓣莲瓣纹，为外层八瓣、内层八瓣，莲瓣花纹较短而略斜。

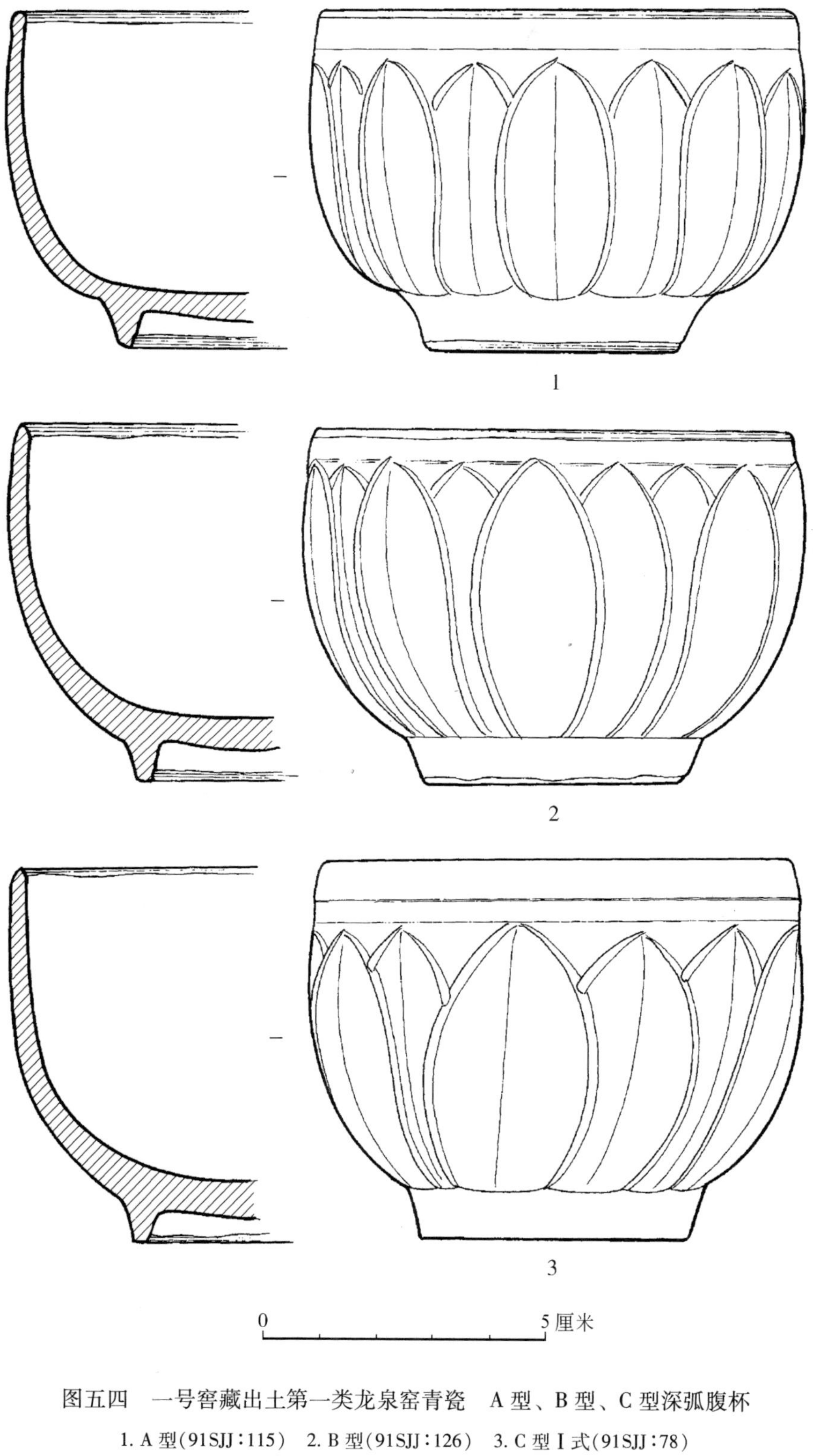

图五四　一号窖藏出土第一类龙泉窑青瓷　A型、B型、C型深弧腹杯

1. A型(91SJJ∶115)　2. B型(91SJJ∶126)　3. C型Ⅰ式(91SJJ∶78)

91SJJ∶77，完整。内底凸起，外沿下微凸起，圈足较圆整，足底较平。浅灰色胎。梅子青釉，釉面光洁明亮。足端有少量窑砂粘连。口沿和足端呈浅酱色。口径8.8、足径4.7、高6.5、足高0.6、足圈内高0.6、厚0.2～0.7厘米（图版六五）。

b组2件。十七瓣莲瓣纹，为外层九瓣、内层八瓣。

91SJJ∶126，修复。圈足不圆整，足底呈圆弧形凸起。外壁花纹较清晰。浅灰色胎。梅子青釉，釉面光洁明亮。足端有一烧制时候留下的小裂口。口沿和足端呈浅酱色，靠近釉的边缘颜色略深。口径8.5、足径4.6、高6.2、足高0.8、足圈内高0.7、厚0.2～0.7厘米（图五四，2）。

91SJJ∶124，完整。圈足不圆整，足底呈凸起。外壁莲瓣花纹较模糊。浅灰色胎。梅子青釉，釉面光洁。足端有一烧制时留下的小裂口。口沿呈浅酱色，足端平，呈酱红色。口径8.5、足径4.5、高6.4、足高0.8、足圈内高0.7、厚0.2～0.6厘米（图版六六）。

C型 弧腹。54件。圆唇或圆唇略尖，直口微敛，腹直而略有弧度，圈足。此型器物的腹部、口沿、高度等均各有很小的差异，依据莲瓣花纹的位置可分为二式。

Ⅰ式 24件。外壁莲瓣花纹与口沿的距离较宽，外沿下形成一道微微凸起的棱。按莲瓣的数量分五组介绍。

a组3件。十三瓣莲瓣纹，为外层七瓣、内层六瓣。选介标本1件。

91SJJ∶78，完整。圈足较圆整。外壁莲瓣花纹较宽而清晰，莲瓣与杯口距离较大。浅灰色胎。梅子青釉，釉面光洁滋润。足端较平，口沿和足端呈浅橙色。口径8.4、足径4.9、高6.6、足高0.85、足圈内高0.7、厚0.2～0.6厘米（图五四，3）。

b组5件。十四瓣莲瓣纹，为外层七瓣、内层七瓣。选介标本3件。

91SJJ∶89，完整。圈足较圆整，足底略凸起。外壁莲瓣花纹模糊。浅灰色胎。梅子青釉，釉面光洁滋润，密布开片，浅褐色大开片稀疏，间杂白色、细密的、片状小开片。口沿和足端呈橙色。足端平。口径8.7、足径4.5、高6.3、足高0.7、足圈内高0.8、厚0.2～0.5厘米（图版六七）。

91SJJ∶113，完整。圈足较圆整。外壁莲瓣花纹较清晰。浅灰色胎。梅子青釉，釉面光洁滋润。口沿和足端呈橙色。足端平。口径8.3、足径4.7、高6.5、足高0.8、足圈内高0.8、厚0.2～0.6厘米（图版六八）。

91SJJ∶106，完整。圈足略有变形。外壁莲瓣花纹不太清晰。浅灰色胎。粉青釉，釉面光洁滋润，靠足部和内底有少量开片。口沿呈浅橙色足端呈酱红色。足端平。口径8.1、足径4.7、高6.3、足高0.7、足圈内高0.7、厚0.3～0.6厘米（图五五，1）。

c组5件。十五瓣莲瓣纹，为外层八瓣、内层七瓣。选介标本1件。

91SJJ∶79，完整。略矮，圈足较圆整，足底略凸起。外壁莲瓣花纹较宽。浅灰色胎。梅子青釉，釉面光洁滋润。口沿和足端呈橙黄色。足端有少量窑砂粘连。口径8.3、足径4.7、高6.5、足高0.7、足圈内高0.6、厚0.2～0.5厘米（图五五，2）。

d组9件。十六瓣莲瓣纹，为外层八瓣、内层八瓣。选介标本3件。

91SJJ∶80，完整。圈足较圆整，足底略凸起。浅灰色胎。梅子青釉，釉面光洁滋润，有较为疏朗的开片。足端较平，口沿和足端呈浅酱色。口径8.4、足径4.7、高6.6、足高0.7、足圈内高0.5、厚0.3～0.5厘米（图五五，3；图版六九）。

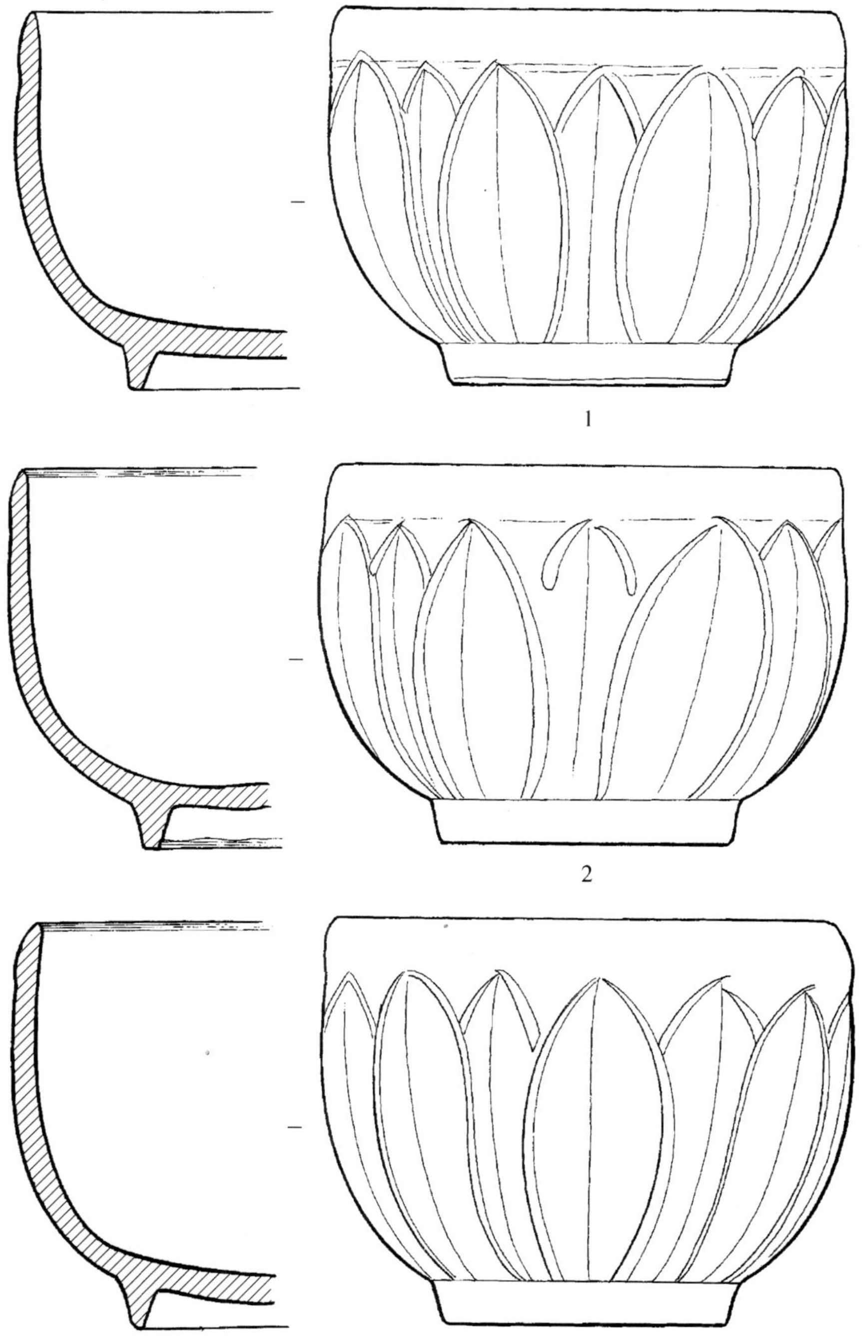

图五五　一号窖藏出土第一类龙泉窑青瓷　C型Ⅰ式深弧腹杯

1. 91SJJ∶106　2. 91SJJ∶79　3. 91SJJ∶80

91SJJ:94，完整。圈足不圆整，足底呈圆弧形凸起。浅灰色胎。梅子青釉，釉面光洁滋润。口沿和足端呈浅酱色。足端较平，粘连窑砂。口径8.6、足径4.8、高6.2、足高0.6、足圈内高0.6、厚0.2~0.7厘米（图五六，1；图版七〇）。

91SJJ:98，修复。圈足不圆整，足底略凸起。浅灰色胎。青褐色釉，釉面光洁明亮。足端较平，口沿和足端呈浅酱色。口径8.2、足径4.5、高6.4、足高0.7、足圈内高0.6、厚0.2~0.6厘米（图五六，2）。

e组2件。十七瓣莲瓣纹，为外层九瓣、内层八瓣。选介标本1件。

91SJJ:99，完整。圈足较圆整，足底略凸起。浅灰色胎。梅子青釉，釉面光洁滋润。口沿和足端呈浅酱色。口径8.3、足径4.7、高6.5、足高0.7、足圈内高0.7、厚0.2~0.4厘米（图五六，3）。

Ⅱ式　30件。外壁莲瓣花纹与口沿的距离较窄，外沿平，圆唇一般较尖。按外壁莲瓣的数量分四组介绍。

a组17件。十四瓣莲瓣纹，为外层七瓣、内层七瓣。选介标本1件。

91SJJ:95，完整。圈足较圆整。莲瓣花纹较宽，花纹较清晰。浅灰色胎。梅子青釉，釉面光洁滋润。足端不平，口沿和足端呈酱色，靠近釉的地方颜色更深。口径8.7、足径4.4、高6.4、足高0.6、足圈内高0.6、厚0.2~0.5厘米（图五七，1）。

b组3件。十五瓣莲瓣纹，为外层八瓣、内层七瓣。选介标本1件。

91SJJ:125，完整。外壁略直，圈足较圆整。莲瓣花纹模糊。浅灰色胎。梅子青釉，釉面光洁滋润，有浅白色开片，内壁有一小黑斑。口沿呈浅酱色，足端不平，呈橙色。口径8.3、足径4.9、高6.1、足高0.8、足圈内高0.6、厚0.2~0.4厘米（图五七，2）。

c组6件。十六瓣莲瓣纹，为外层八瓣、内层八瓣。选介标本2件。

91SJJ:110，完整。圈足不圆整。莲瓣花纹模糊。浅灰色胎。梅子青釉，釉面光洁滋润。口沿和足端呈橙色。口径8.7、足径4.9、高6.0、足高0.7、足圈内高0.6、厚0.2~0.4厘米（图版七一）。

91SJJ:122，完整。圈足较圆整。外壁莲瓣花纹模糊。浅灰色胎。梅子青釉，釉面光洁滋润。口沿和足端呈橙色。足端粘连一窑砂。口径8.7、足径4.6、高6.1、足高0.6、足圈内高0.5、厚0.2~0.5厘米（图五七，3）。

d组4件。十七瓣莲瓣纹，为外层九瓣、内层八瓣。选介标本2件。

91SJJ:97，完整。圈足较圆整，足底略弧。莲瓣花纹模糊。浅灰色胎。梅子青釉，釉面光洁滋润。口沿和足端呈酱色。内底有一处缩釉。口径8.6、足径4.9、高6.0、足高0.7、足圈内高0.4、厚0.2~0.4厘米（图五八，1）。

91SJJ:104，口沿有一磕伤缺口，可修复。圈足较圆整，足底略弧。外壁莲瓣花纹清晰，莲瓣细长。浅灰色胎。青黄釉，釉面光洁滋润，釉面有少量大开片。口沿和足端呈浅酱色，靠近釉的地方为酱色。内底有一处缩釉。口径8.8、足径4.6、高6.0、足高0.7、足圈内高0.5、厚0.2~0.4厘米（图五八，2；图版七二）。

浅弧腹杯

9件。形态一致，大小略有差异，均为素面。尖唇，口微敛，圆弧腹，小圈足。圈足不规整，

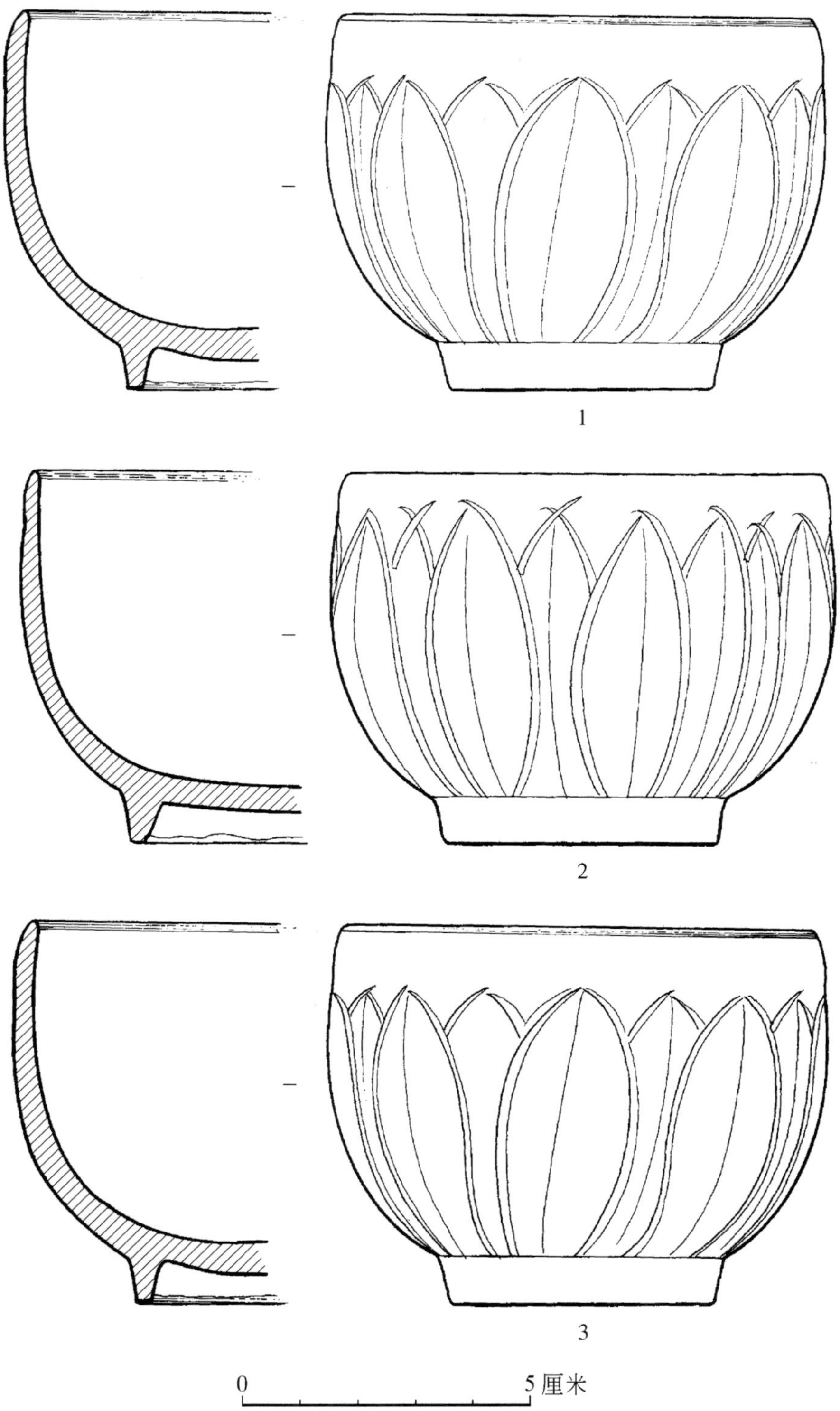

图五六　一号窖藏出土第一类龙泉窑青瓷　C 型 I 式深弧腹杯

1. 91SJJ：94　2. 91SJJ：98　3. 91SJJ：99

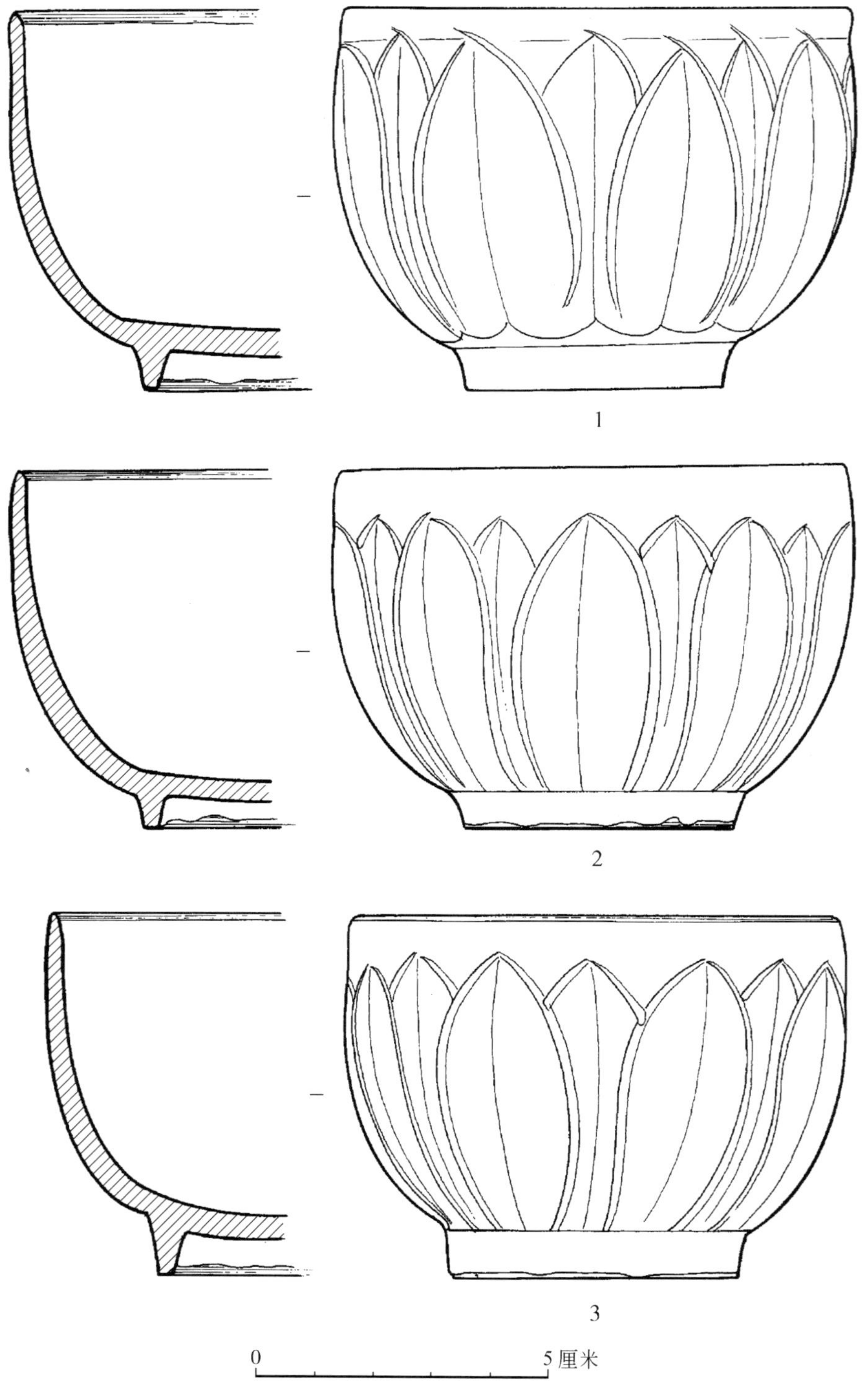

图五七 一号窖藏出土第一类龙泉窑青瓷 C型Ⅱ式深弧腹杯

1. 91SJJ∶95 2. 91SJJ∶125 3. 91SJJ∶122

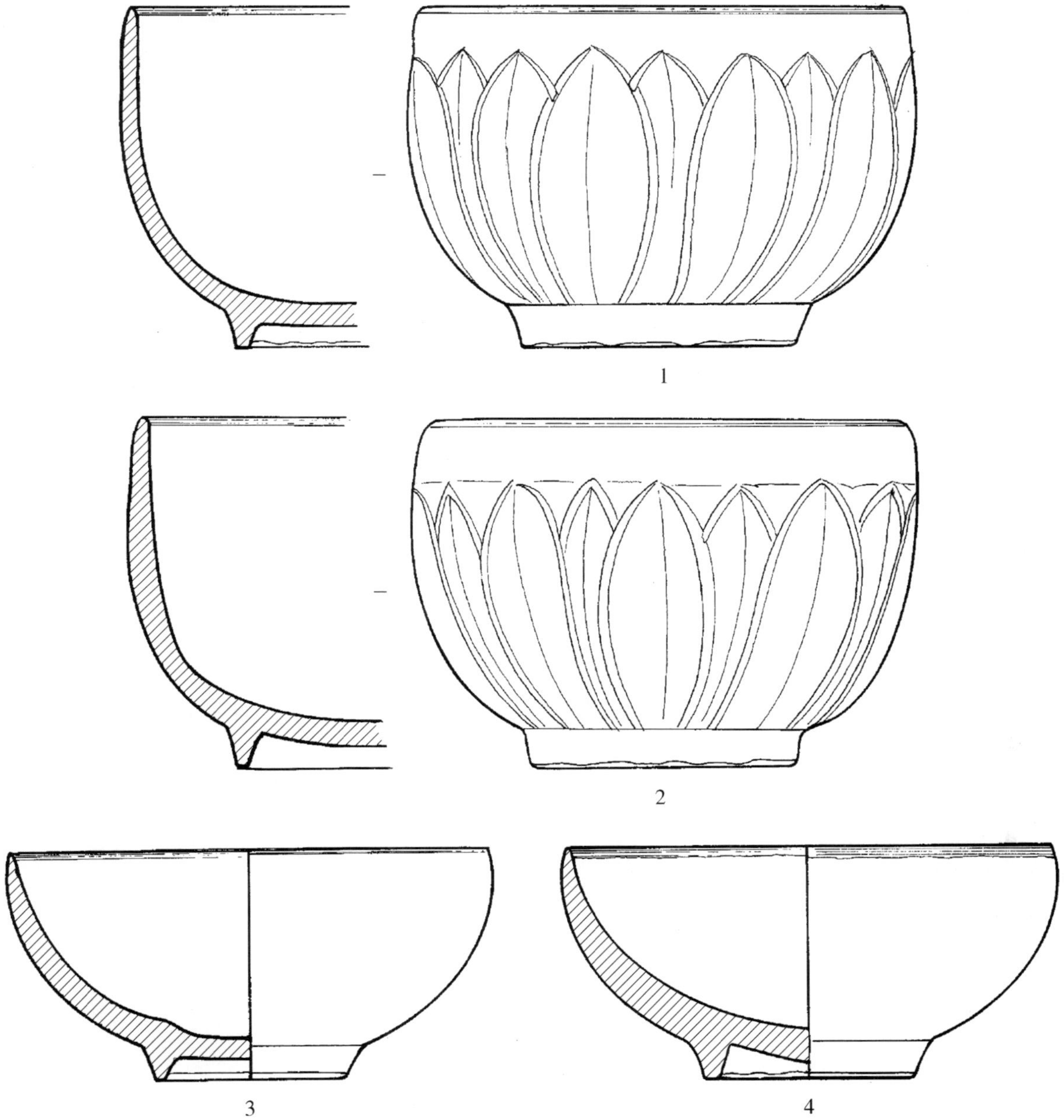

图五八　一号窖藏出土第一类龙泉窑青瓷　C型Ⅱ式深弧腹杯及浅弧腹杯

1. C型Ⅱ式深弧腹杯91SJJ∶97　2. C型Ⅱ式深弧腹杯91SJJ∶104　3. 浅弧腹杯91SJJ∶129　4. 浅弧腹杯91SJJ∶134

足底多呈圆弧状凸起。口沿和足端无釉。均为梅子青釉，釉面光洁滋润。选介标本2件。

91SJJ:129，口沿上有二处小磕伤缺口，基本完整。内底略平，圈足变形。足底有一个很浅的小凸起。白色胎。口沿和足端呈酱色，靠近釉的边缘颜色略深。足端有窑砂粘连。口径8.7、足径3.4、高4.0、足高0.5、足圈内高0.4、厚0.1~0.5厘米（图五八，3；图版七三）。

91SJJ:134，完整。圈足较圆。足底呈弧形凸起。白色胎。口沿和足端呈酱色。口径8.8、足径3.8、高4.0、足高0.6、足圈内高0.5、厚0.1~0.6厘米（图五八，4；图版七三）。

碟

共16件。均为洗形碟，与洗的造型一致。圆唇，敞口，斜直腹，下腹斜折，圈足，足端较窄。白胎略泛灰色，通体施青釉，以梅子青釉最多，釉面多光洁莹润，足端未施釉，呈酱红色。选介标本4件。

91SJJ:270，完整。梅子青釉略发灰色，釉面有少量小黑斑。胎体较厚。足端为酱色。口径9.7、足径4.8、高3.3、足高0.4、足圈内高0.5、厚0.4~0.6厘米（图五九，1；图版七四）。

91SJJ:267，完整。梅子青釉略发灰，釉面有少量小黑斑，有一道裂纹。口沿较窄，圈足较小。胎体略薄。足端呈酱色。口径9.7、足径4.2、高3.0、足高0.6、足圈内高0.5、厚0.25~0.4厘米（图版七五）。

91SJJ:260，青黄色釉，内底有较稀疏的开片，圈足附近有密集的开片，足底心略突起。足端未施釉处呈浅橙色。口沿窄，圈足较大。足端呈黄色。口径9.5、足径5.0、高3.4、足高0.9、足圈内高0.5、厚0.3~0.4厘米（图五九，2）。

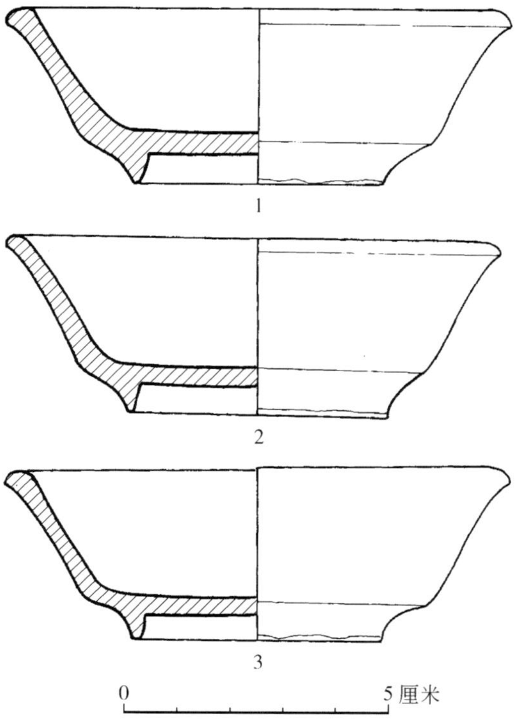

图五九　一号窖藏出土第一类龙泉窑青瓷　碟
1. 91SJJ:270　2. 91SJJ:260　3. 91SJJ:261

91SJJ:261，完整。梅子青釉略呈青灰色。胎体较厚。足端为酱色。口径9.7、足径4.7、高3.3、足高0.5、足圈内高0.5、厚0.3~0.4厘米（图五九，3）。

器盖

共96件。均为弧顶圆钮子口盖，子口较浅，尖唇，平沿或平沿略斜，盖沿为圆唇。弧形盖顶上刻划双层莲瓣纹，盖顶的中心为一短钮，从钮的高矮不同可分为扁圆钮和乳丁状钮。盖内壁中心多有一鸡心状凸起。盖顶和子口以内的内壁施釉，内壁施釉往往不满。沿口下无釉，无釉处多呈红褐色。釉色变化较大。器物的差异主要在形体的大小，依据个体的大小分为三型。

A型　大型。5件。均为弧顶、平沿、圆钮子口盖。弧形盖顶相近，上刻划双层莲瓣纹，盖顶的中心为一个扁圆形的短钮。盖径在14厘米左右。器盖盖顶装饰刻划莲瓣花纹有凸脊、立体感较强。盖顶和子口以内的内壁施釉，内壁多施釉不满，器盖的内、外壁釉色基本一致。平沿之下到子口之间无釉，无釉处多呈红褐色。釉色多为梅子青釉，釉色深浅有变化。按盖顶刻划的莲瓣数量的不同分三组介绍。

a组3件。十二瓣莲瓣纹，为外层六瓣、内层六瓣。选介标本2件。

91SJJ∶894，完整。刻划花纹较清晰。白胎。青釉略呈青褐色，釉面略显凝脂感，布满开片纹，内壁开片纹较外壁略细小。内壁可见棕眼和细小黑斑。口径14.4、子口径11.0、高3.0、厚0.5～0.7厘米（图六〇，1；图版七六）。

91SJJ∶897，钮略残，可修复。刻划莲瓣花纹中部的凸脊很浅。白胎。梅子青釉略呈泛褐色，釉面光洁滋润，边沿有少量开片纹，内壁有一个缩釉小孔。口径14.0、子口径12.1、高2.9、厚0.5～0.7厘米（图版七七）。

b组1件。十三瓣莲瓣纹，为外层七瓣、内层六瓣。

91SJJ∶883，完整。刻划花纹清晰。白胎。青釉略呈青褐色，釉面光洁滋润。口径14.5、子口径11.6、高2.7、厚0.4～0.6厘米（图六一，2）。

c组1件。十五瓣莲瓣纹，为外层八瓣、内层七瓣。

91SJJ∶896，完整。刻划花纹模糊。白胎。釉略呈青褐色，釉面略显凝脂感，满布开片，内壁开片较外壁略细小。内壁有一个缩釉小孔。口径14.3、子口径11.8、高3.2、厚0.4～0.6厘米（图六一，1）。

B型　中型。26件。均为弧顶、平沿、圆钮子口盖。弧形盖顶相近，上刻划双层莲瓣纹，盖顶的中心为一个扁圆形的短钮。盖径在12厘米左右。器盖盖顶装饰刻划莲瓣花纹有凸脊、立体感较强。盖顶和子口以内的内壁施釉，内壁多施釉不满，器盖的内、外壁釉色基本一致。平沿之下到子口之间无釉，无釉处多呈红褐色。釉色多为梅子青釉，釉色深浅有变化。器盖上均装饰双层刻划莲瓣纹。此型的莲瓣数量变化较多。按莲瓣数量的不同分七组介绍。

a组3件。九瓣莲瓣纹，为外层五瓣、内层四瓣。选介标本1件。

91SJJ∶846，完整。钮略斜，莲瓣纹宽，但大小不均匀，可见中部的凸脊。白胎。梅子青釉，平沿有一段为青褐色，釉面光洁滋润。无釉处呈浅褐色。口径12.5、子口径10.2、高2.9、厚0.4～0.5厘米（图六〇，2）。

b组3件。十瓣莲瓣纹，为外层五瓣、内层五瓣。选介标本2件。

91SJJ∶875，完整。莲瓣纹宽而均匀，可见中部的凸脊。白胎。梅子青釉，釉面光洁滋润。无釉处呈橙红色。口径12.5、子口径10.3、高2.7、厚0.4～0.5厘米（图六二，1）。

91SJJ∶801，完整。莲瓣纹略宽而均匀，可见中部的凸脊。白胎。青褐色釉，釉面光洁明亮。无釉处呈浅褐色。口径12.5、子口径10.2、高2.7、厚0.4～0.6厘米（图版七八）。

c组9件。十一瓣莲瓣纹，为外层六瓣、内层五瓣。选介标本5件。

91SJJ∶851，完整。莲瓣纹略宽而均匀，可见中部的凸脊。白胎。梅子青釉，釉面光洁滋润。无釉处呈橙色。口径12.5、子口径10.0、高2.7、厚0.4～0.6厘米（图版七九）。

91SJJ∶874，完整。钮略斜，莲瓣纹宽而均匀，可见中部的凸脊。白胎。粉青釉，釉面光洁滋润。无釉处呈橙红色。子口上有一处烧制时留下的裂口。口径12.5、子口径10.0、高2.9、厚0.5～0.7厘米（图六二，2）。

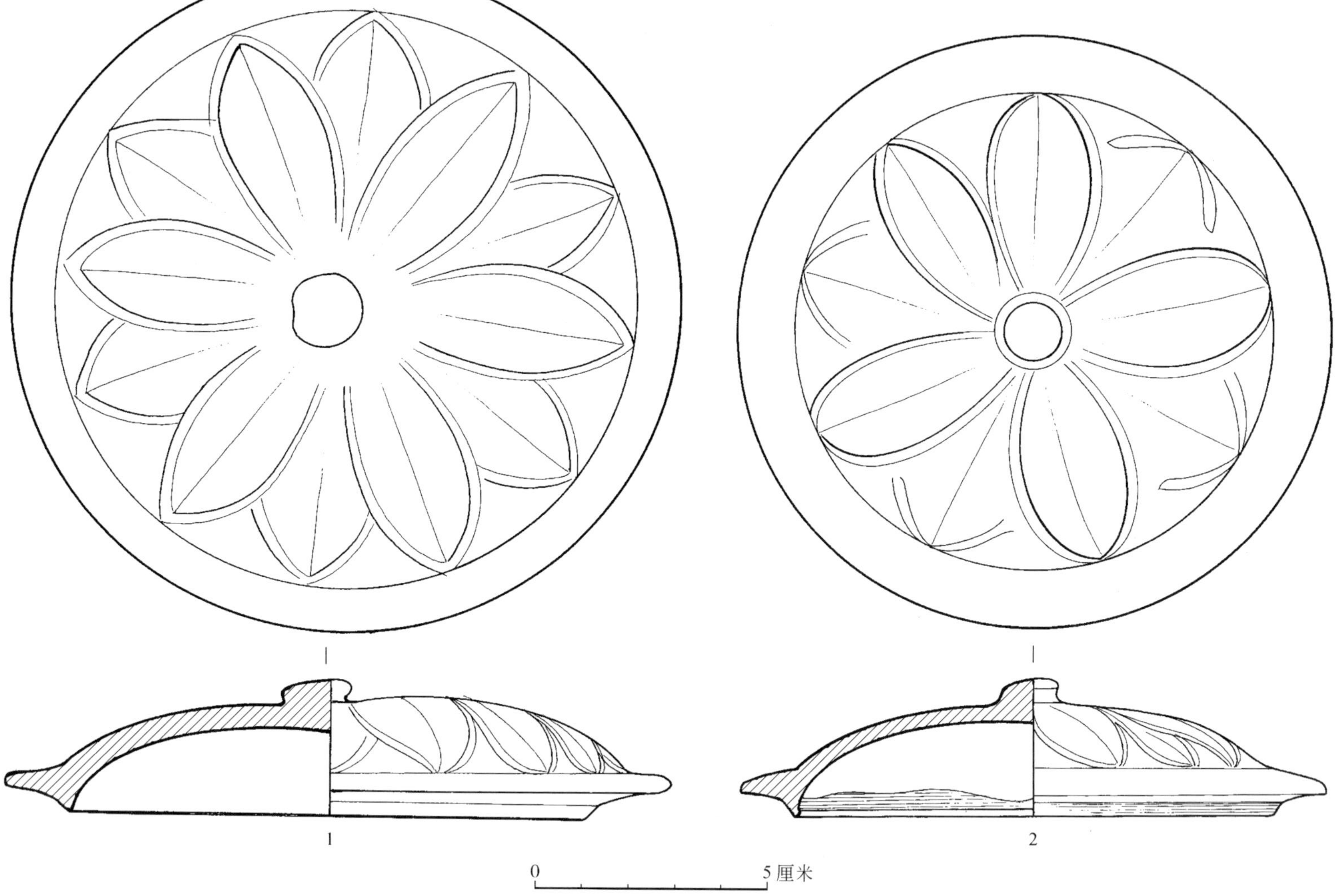

图六〇　一号窖藏出土第一类龙泉窑青瓷　A型、B型器盖

1. A型(91SJJ:894)　2. B型(91SJJ:846)

1. A型(91SJJ:894)　2. B型(91SJJ:846)

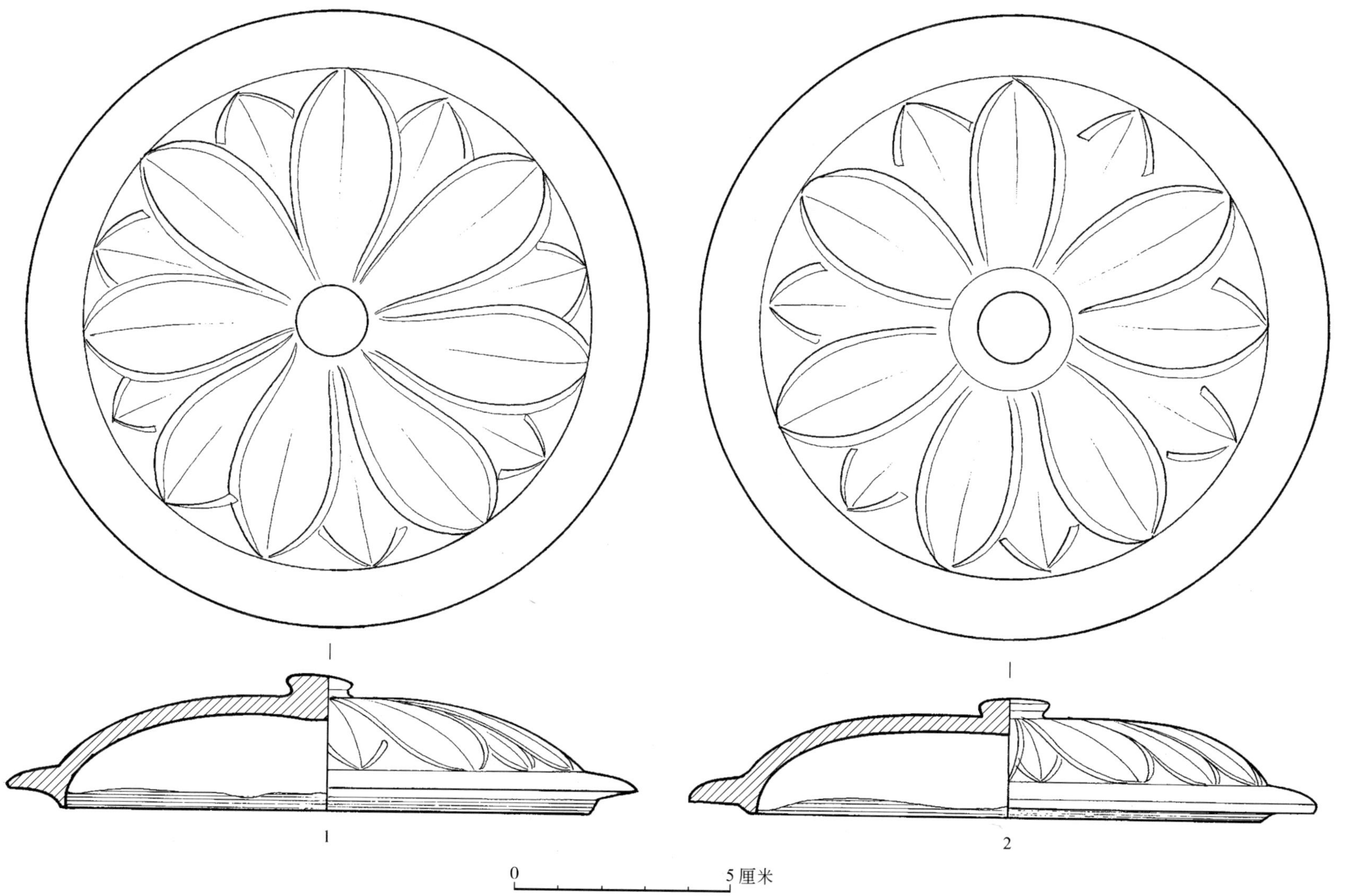

图六一　一号窖藏出土第一类龙泉窑青瓷　A 型器盖
1. 91SJJ∶896　2. 91SJJ∶883

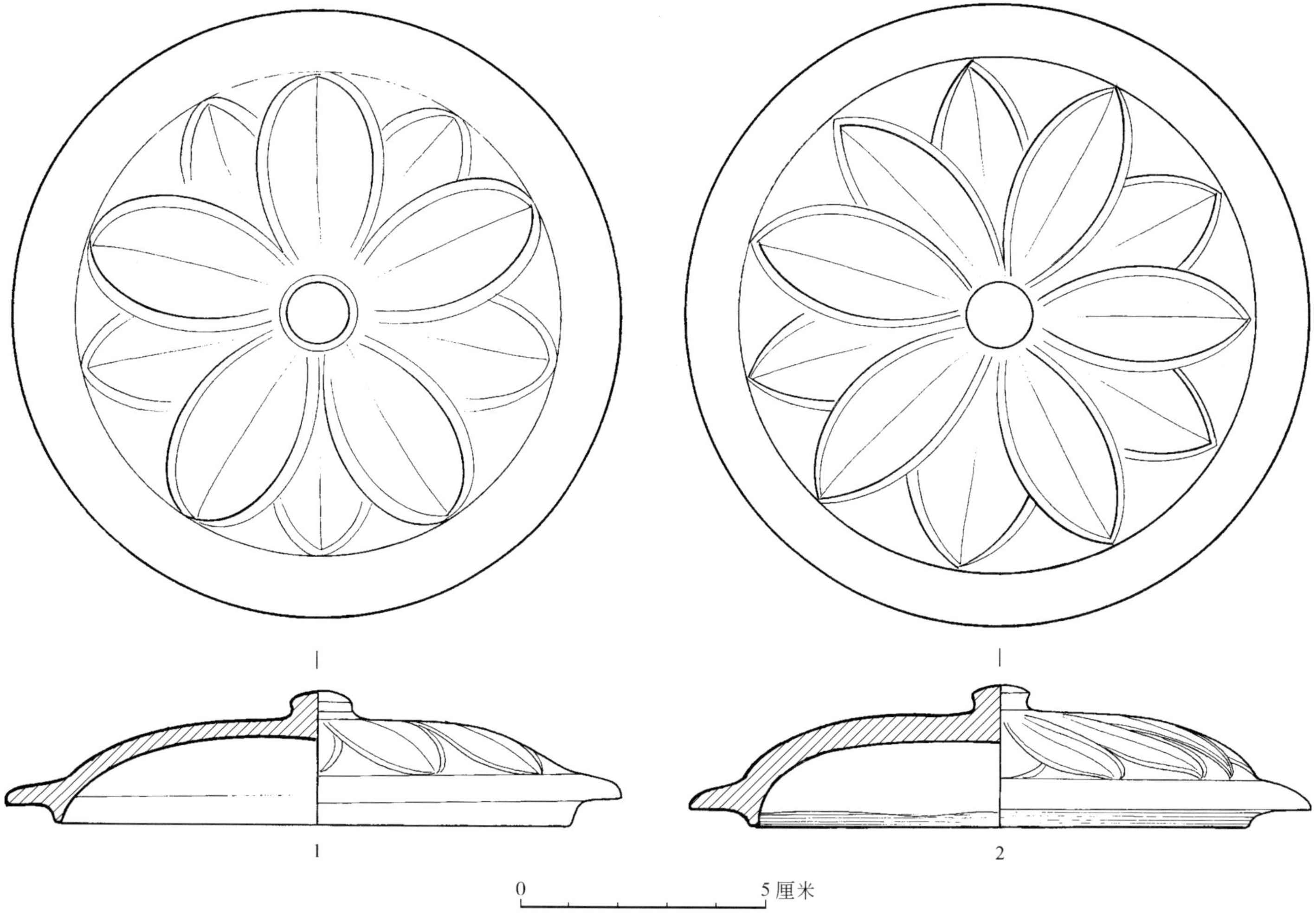

图六二　一号窖藏出土第一类龙泉窑青瓷　B型器盖
1. 91SJJ:875　2. 91SJJ:874

91SJJ∶877，完整。莲瓣纹模糊，隐约可见中部的凸脊。白胎。粉青釉，釉面光洁滋润，布满浅褐色开片，间杂浅色的细密开片，内壁有一处缩釉孔。无釉处呈红褐色。口径12.5、子口径10.0、高2.6、厚0.3～0.5厘米。

91SJJ∶852，修复。莲瓣纹模糊，隐约可见中部的凸脊。白胎。青褐色釉，釉色灰暗，平沿布满细小的开片，内壁有稀疏的大开片。盖顶有一处缩釉孔。无釉处呈红褐色。口径13.0、子口径10.6、高2.9、厚0.4～0.5厘米（图六三，1）。

91SJJ∶881，完整。莲瓣纹较清晰，可见中部的凸脊。白胎。梅子青釉，釉色略淡，釉面光洁滋润。盖沿上有一处制坯时留下的缺口。盖沿下无釉，呈浅橙色，边缘呈酱红色。口径12.7、子口径10.6、高3.0、厚0.4～0.7厘米（图六三，2）。

d组6件。十二瓣莲瓣纹，为外层六瓣、内层六瓣。选介标本4件。

91SJJ∶867，完整。钮作乳丁状，莲瓣纹较窄，可见中部的凸脊。白胎。梅子青釉略显青褐色，釉面光洁明亮，有稀疏的开片。无釉处呈橙色。口径12.6、子口径10.3、高2.4、厚0.3～0.5厘米（图六四，1）。

91SJJ∶865，完整。莲瓣纹较窄，可见中部的凸脊。白胎。梅子青釉，釉面光洁滋润。无釉处呈红褐色。口径12.4、子口径10.1、高2.6、厚0.4～0.6厘米（图版八〇）。

91SJJ∶876，完整。钮矮，莲瓣纹较窄，隐约可见中部的凸脊。白胎。梅子青釉，釉面光洁滋润。无釉处呈红褐色。平沿上有一处烧裂口。口径12.2、子口径10.0、高2.7、厚0.4～0.6厘米（图版八一）。

91SJJ∶882，完整。钮偏斜，莲瓣纹较窄而模糊，隐约可见中部的凸脊。白胎。梅子青釉略淡，釉面有凝脂感，布满细密的开片纹。无釉处呈橙红色。口径12.8、子口径10.5、高3.0、厚0.4～0.5厘米（图版八二）。

e组3件。十三瓣莲瓣纹，为外层七瓣、内层六瓣。选介标本2件。

91SJJ∶866，完整。钮偏斜，莲瓣纹较窄，隐约可见中部的凸脊。白胎。梅子青釉略显青褐色，釉面光洁明亮。无釉处呈浅褐色。口径12.7、子口径10.4、高2.3、厚0.5～0.6厘米（图六四，2）。

91SJJ∶873，完整。钮略偏斜，莲瓣纹较窄，可见中部的凸脊。白胎。梅子青釉略，釉面光洁明亮。无釉处呈浅橙色。口径12.6、子口径10.2、高2.7、厚0.4～0.6厘米（图版八三）。

f组1件。十四瓣莲瓣纹，为外层七瓣、内层七瓣。

91SJJ∶871，完整。钮略偏，子口较浅。莲瓣纹形态一致、均匀而较窄，中部的凸脊较明显。白胎。梅子青釉，釉面光洁明亮。无釉处呈浅橙色。口径12.3、子口径10.2、高2.5、厚0.4～0.5厘米（图六五，1）。

g组1件。十五瓣莲瓣纹，为外层八瓣、内层七瓣。

91SJJ∶836，完整。钮小，莲瓣纹较窄。白胎。青褐色釉，釉面光洁明亮。无釉处呈浅橙色。口径12.4、子口径10.1、高2.7、厚0.4～0.6厘米（图六五，2）。

C型　小型。65件。均为弧顶带钮子口盖，子口为直口，尖唇，平沿略斜，扁圆形钮或乳丁形钮。器盖盖顶装饰刻划莲瓣花纹，莲瓣平，没有凸脊的装饰。盖顶和子口以内的内壁施釉，

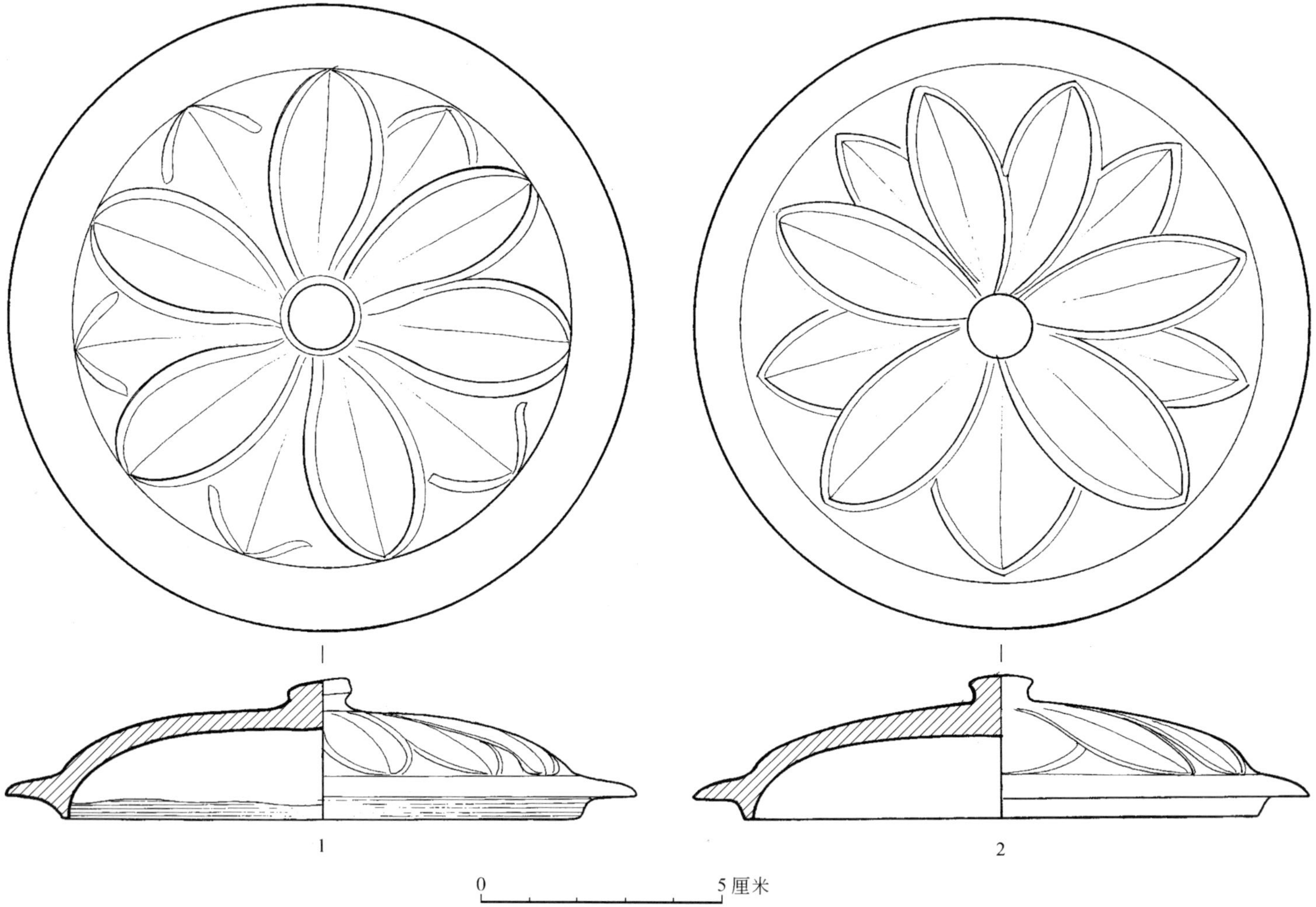

图六三　一号窖藏出土第一类龙泉窑青瓷　B型器盖

1. 91SJJ∶852　2. 91SJJ∶881

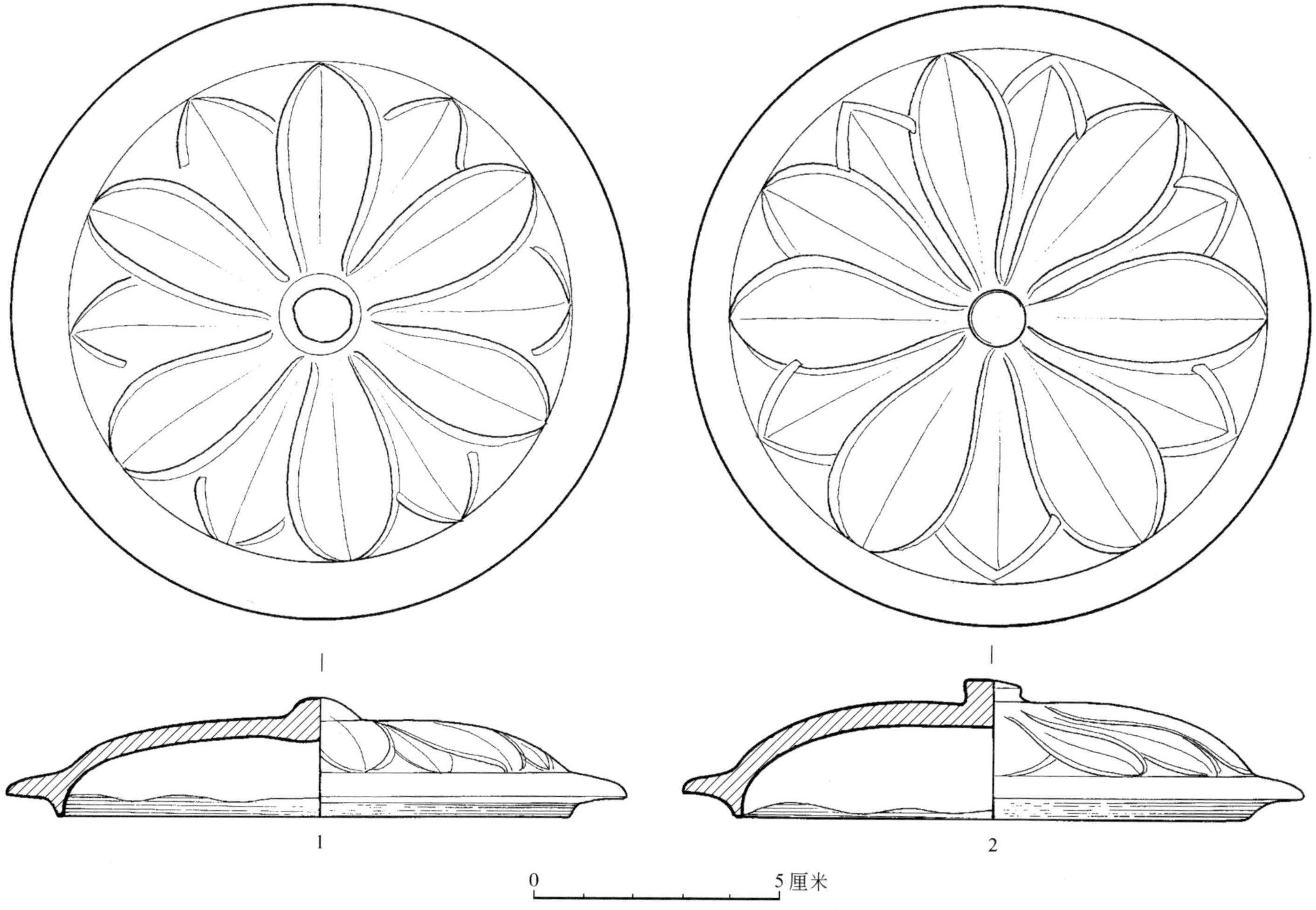

图六四　一号窖藏出土第一类龙泉窑青瓷　B型器盖

1. 91SJJ∶867　2. 91SJJ∶866

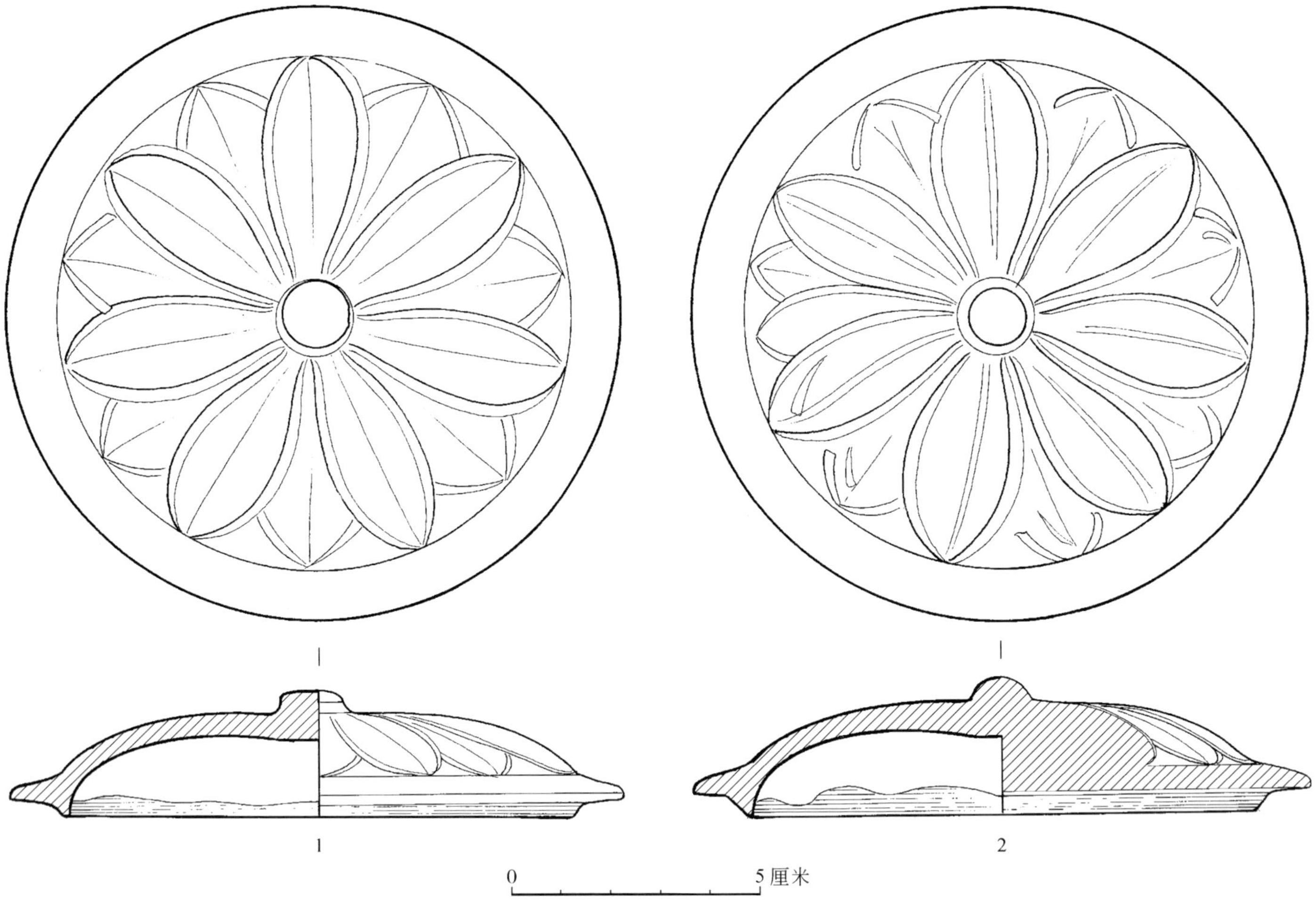

图六五　一号窖藏出土第一类龙泉窑青瓷　B型器盖
1. 91SJJ∶871　2. 91SJJ∶836

内壁多施釉不满，而且釉色较外壁浅淡、灰暗。平沿之下到子口之间无釉，无釉处多呈红褐色。釉色多为梅子青釉，釉色深浅有变化。灰白色胎。依据盖顶的弧度和子口的深浅分为三式。

Ⅰ式　弧顶略平，子口较深。43件。扁圆形钮。根据盖顶表面莲瓣纹单、双层和数量的区别分为九组。

a组1件。五瓣单层莲瓣纹。莲瓣宽，每片花瓣中部都刻划一片下凹的纹路，中心有一道凸脊。

91SJJ∶824，完整。口沿上有一个烧制时留下的缺口。钮有小缺口，不太圆整。灰白色胎。梅子青釉，釉色略淡，釉面有两个小的缩釉孔，内壁可见两个小黑斑。无釉的盖口沿部为鲜艳的红褐色。口径9.4、子口径7.6、高1.9、厚0.2~0.4厘米（图六六，1）。

b组1件。六瓣单层莲瓣纹。莲瓣较窄而均匀，布局疏朗。

91SJJ∶825，完整。钮下略下凹形成一凹圈。灰白色胎。梅子青釉，釉色略泛灰，釉面有较密的开片。无釉的沿部为红褐色。口径9.6、子口径7.5、高2.1、厚0.3~0.6厘米（图六六，2）。

c组8件。七瓣单层莲瓣纹。莲瓣较窄而均匀，布局疏朗。选介标本2件。

91SJJ∶813，口沿上有一烧制时留下的缺口，完整。白胎。梅子青釉，釉色略淡。无釉的沿部为红褐色。口径9.2、子口径7.5、高2.0、厚0.3~0.5厘米（图版八四）。

91SJJ∶826，完整。钮略斜。梅子青釉，釉色略泛青黄。无釉的沿部为红褐色。口径9.5、子口径7.6、高2.2、厚0.3~0.5厘米（图六六，3）。

d组18件。八瓣单层莲瓣纹。莲瓣较窄而均匀，布局多较紧密。选介标本3件。

91SJJ∶815，平沿上和子口口沿上各有一个磕伤的缺口，可修复。钮略斜。灰白色胎。梅子青釉，釉色略泛青黄，釉面有较为稀疏的开片，有一个缩釉孔。无釉的沿部为红褐色。口径9.7、子口径7.8、高2.2、厚0.3~0.4厘米（图六七，1）。

91SJJ∶817，完整。钮略斜。莲瓣间隔较大，较疏朗。白胎。梅子青釉，釉色光洁滋润。无釉的沿部为红褐色。口径9.3、子口径7.4、高2.2、厚0.3~0.5厘米（图版八五）。

91SJJ∶821，完整。略变形。莲瓣较大。灰白色胎。梅子青釉，釉色光洁滋润。无釉的沿部为鲜艳的红褐色。口径9.6、子口径7.8、高2.3、厚0.4~0.5厘米（图六六，4；图版八六）。

e组3件。九瓣单层莲瓣纹。莲瓣较窄而均匀，布局较紧密。选介标本2件。

91SJJ∶814，子口上有一道烧制时留下的裂纹，器形完整。钮略斜。灰白色胎。梅子青釉，釉色光洁滋润，有较密的开片。无釉的沿部为红褐色。口径9.4、子口径7.5、高1.9、厚0.3~0.4厘米（图版八七）。

91SJJ∶807，子口上有两个磕伤缺口，器形基本完整。灰白色胎。梅子青釉，釉色光洁滋润。无釉的沿部为红褐色。口径9.4、子口径7.5、高2.0、厚0.4~0.6厘米（图六七，2）。

f组1件。九瓣双层莲瓣纹，为外层五瓣、内层四瓣。

91SJJ∶820，完整。灰白色胎。梅子青釉，釉色光洁滋润。莲瓣较窄而均匀，布局较紧密。无釉的沿部为鲜艳的红褐色。口径9.4、子口径7.6、高2.1、厚0.3~0.4厘米（图六七，3）。

g组4件。十瓣双层莲瓣纹，为外层五瓣、内层五瓣，莲瓣均匀。选介标本3件。

91SJJ∶832，完整。灰白色胎。粉青釉，釉色光洁滋润。无釉的沿部为鲜艳的红褐色。口径

图六六　一号窖藏出土第一类龙泉窑青瓷　C型Ⅰ式器盖

1. 91SJJ∶824　2. 91SJJ∶825　3. 91SJJ∶826　4. 91SJJ∶821

图六七　一号窑藏出土第一类龙泉窑青瓷　C型Ⅰ式器盖

1. 91SJJ∶815　2. 91SJJ∶807　3. 91SJJ∶820　4. 91SJJ∶816

9.2、子口径7.4、高2.2、厚0.4~0.5厘米（图版八八）。

91SJJ∶816，完整。钮下的器盖顶部下凹，外层花纹线条简单。灰白色胎。粉青釉。釉色光洁滋润。无釉的沿部为红褐色。口径9.5、子口径7.7、高2.0、厚0.3~0.4厘米（图六七，4；图版八九）。

91SJJ∶822，平沿上有磕伤缺口一处，可修复。钮的形状不规则，莲瓣呈旋状，刻划线条较浅。灰白色胎。梅子青釉，釉色呈青黄。无釉的沿部为红褐色。口径9.5、子口径7.6、高2.0、厚0.3~0.4厘米（图六八，1）。

h组2件。十一瓣双层莲瓣纹，为外层六瓣、内层五瓣。莲瓣排列紧密。

91SJJ∶804，平沿上有磕口一处，可修复。钮矮。花纹略显模糊。灰白色胎。梅子青釉，内壁有1处窑渣粘连。无釉的沿部为鲜艳的红褐色。口径9.4、子口径7.6、高2.2、厚0.3~0.4厘米（图六八，2）。

91SJJ∶827，平沿上有一处烧制时留下的缺口，器形完整。钮矮，莲瓣较宽、花纹模糊。梅子青釉，釉色光洁滋润，内壁中心有裂釉纹路。无釉的沿部为红褐色。口径9.3、子口径7.4、高2.0、厚0.4~0.5厘米。

i组5件。十二瓣双层莲瓣纹，为外层六瓣、内层六瓣，莲瓣多细长。选介标本3件。

91SJJ∶823，完整。钮略斜，花纹线条较浅。灰白色胎。梅子青釉，釉色光洁滋润，内壁可见少量棕眼。无釉的沿部为红褐色。口径9.4、子口径7.3、高1.9、厚0.3~0.4厘米（图六八，4）。

91SJJ∶808，平沿上有一处烧制时留下的缺口，器形完整。钮较小。灰白色胎。梅子青釉，釉色光洁滋润，有开片，器盖上可见缩釉痕1处和棕眼2处。无釉的沿部为红褐色。口径9.6、子口径7.6、高2.2、厚0.3~0.5厘米（图版九〇）。

91SJJ∶811，完整。平沿较窄。钮略斜，钮下面的盖顶中心下凹。莲瓣尖而细长，花纹较模糊。灰白色胎。青黄釉，釉色较灰暗，有开片。无釉的沿部为红褐色。口径9.4、子口径7.9、高2.0、厚0.4~0.5厘米（图版九一）。

Ⅱ式　盖顶较高，子口浅。21件。钮多小而呈乳丁状。盖顶均装饰双层莲瓣花纹，釉色多较为光洁明亮。依据花瓣数量的分五组介绍。

a组2件。十瓣双层莲瓣纹，为外层五瓣、内层五瓣，花瓣大小略有差异。盖顶平。

91SJJ∶828，完整。钮外有一圈凹弦纹。白胎。梅子青釉，釉面光洁滋润。无釉的沿部为橙红色。口径9.0、子口径7.1、高1.8、厚0.3~0.4厘米（图六九，1）。

91SJJ∶829，完整。钮扁平。白胎。梅子青釉，釉色略淡，釉面光洁滋润，布满浅褐色和白色的细密开片。无釉的沿部为橙红色。口径8.9、子口径7.3、高1.9、厚0.3~0.4厘米（图六九，2）。

b组8件。十一瓣双层莲瓣纹，为外层六瓣、内层五瓣，外层莲瓣略呈长条形。盖钮周围均有一圈凹弦纹。选介标本3件。

91SJJ∶833，完整。白胎。梅子青釉，釉面光洁明亮。无釉的沿部为红褐色。口径9.2、子口径7.7、高2.4、厚0.3~0.4厘米（图版九二）。

91SJJ∶886，完整。平沿窄。梅子青釉，釉面光洁明亮。无釉的沿部为浅橙色。口径8.7、子口径6.9、高1.9、厚0.3~0.35厘米（图六九，3）。

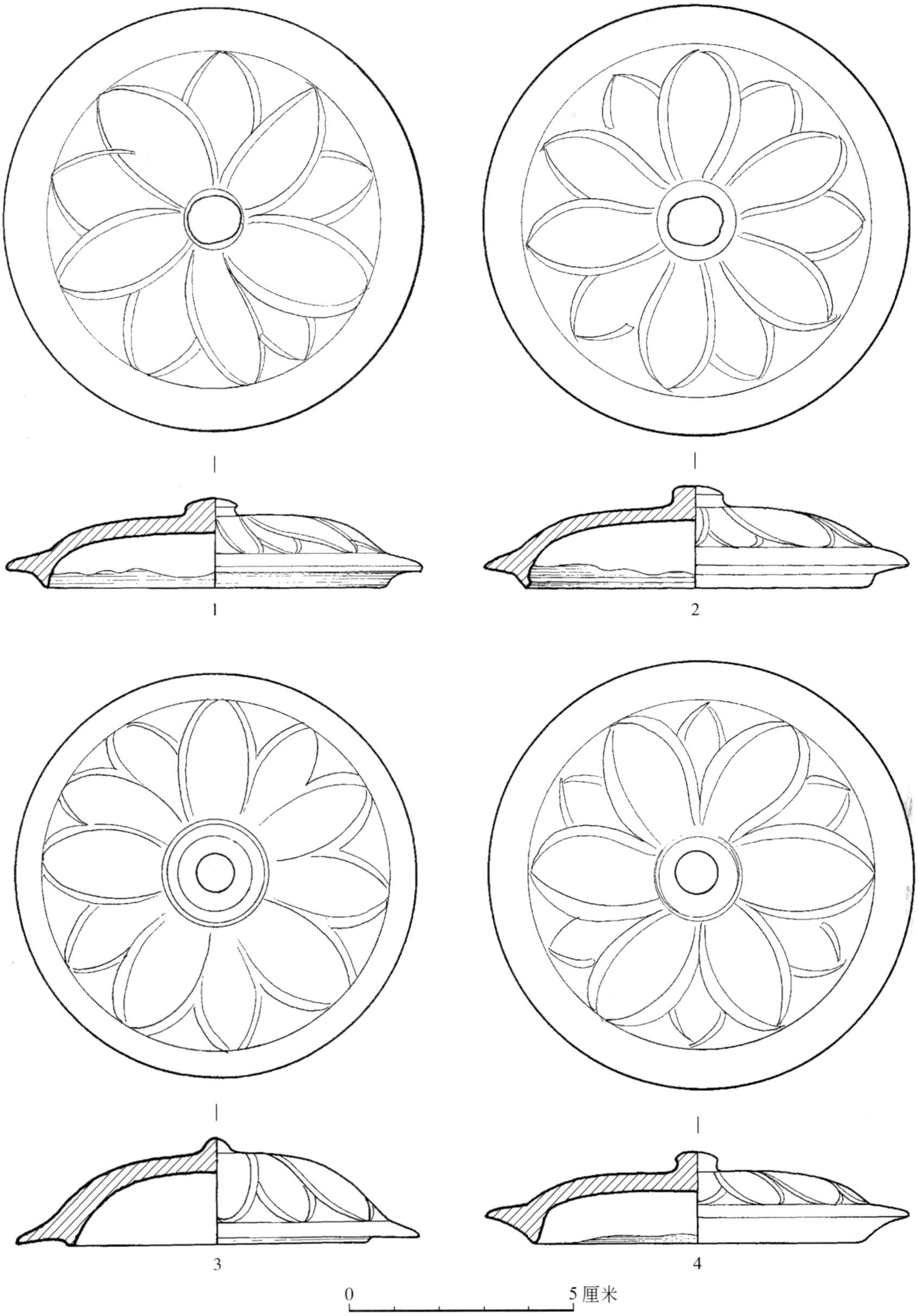

图六八　一号窖藏出土第一类龙泉窑青瓷　C型Ⅰ式、C型Ⅱ式器盖

1. Ⅰ式(91SJJ∶822)　2. Ⅰ式(91SJJ∶804)　3. Ⅱ式(91SJJ∶843)　4. Ⅰ式(91SJJ∶823)

图六九　一号窖藏出土第一类龙泉窑青瓷　C型Ⅱ式器盖

1. 91SJJ∶828　2. 91SJJ∶829　3. 91SJJ∶886　4. 91SJJ∶803

91SJJ∶843，完整。盖顶胎体厚重。外层莲瓣较宽。梅子青釉，釉面光洁明亮。无釉的沿部为浅橙色。口径9.0、子口径7.1、高2.1、厚0.3～0.4厘米（图六八，4）。

c组2件。十二瓣双层莲瓣纹，为外层六瓣、内层六瓣，外层莲瓣略呈略宽的长条形。盖钮周围均有一圈凹弦纹。选介标本1件。

91SJJ∶803，完整。灰白色胎。梅子青釉，釉色略淡，釉面光洁明亮，有少量棕眼。无釉的沿部为橙色。口径8.9、子口径7.1、高2.0、厚0.3～0.4厘米（图六九，4）。

d组3件。十三瓣双层莲瓣纹，为外层七瓣、内层六瓣，莲瓣排列紧密。钮周围均有一圈凹弦纹。选介标本2件。

91SJJ∶841，完整。灰白色胎。梅子青釉，平沿口部有两处缩釉，釉面光洁明亮，有较大的开片，有少量棕眼。无釉的沿部为橙色。口径8.8、子口径7.1、高1.8、厚0.3～0.4厘米（图七〇，1）。

91SJJ∶802，完整。钮短浅，盖顶略显平而微下凹。灰白色胎。梅子青釉，沿下无釉，呈橙红色。口径8.8、子口径6.7、高1.7、厚0.3～0.35厘米（图七〇，2）。

e组6件。十四瓣双层莲瓣纹，为外层七瓣、内层七瓣，外层莲瓣较大而内层莲瓣较小，排列紧密。钮周围均有一圈凹弦纹。选介标本2件。

91SJJ∶834，完整。灰白色胎。梅子青釉，釉色略淡，釉面光洁明亮。无釉的沿部为橙红色。口径8.8、子口径6.7、高2.0、厚0.3～0.5厘米（图版九三）。

91SJJ∶845，完整。钮很小。花纹模糊。白胎。梅子青釉，釉面光洁明亮。无釉的沿部为橙色。口径9.2、子口径7.3、高2.1、厚0.4～0.5厘米（图七〇，3）。

Ⅲ式　盖顶平，子口略深。1件。钮小而浅。

91SJJ∶861，完整。花纹模糊，可辨为九瓣双层莲瓣纹，外层五瓣、内层四瓣。灰白色胎。梅子青釉，釉面光洁滋润。无釉的沿部近紫红色。口径8.9、子口径7.1、高1.5、厚0.25～0.4厘米（图七〇，4）。

2. 第二类青瓷

第二类青瓷只有碗、盘两类器物，它们在造型上与第一类龙泉青瓷的碗盘类器物很接近，仅圈足的形态与第一类青瓷存在着较大差异，第二类青瓷器物的圈足足圈宽，足圈的外墙一般高于内墙，足部有修整痕迹但仍显得不太平整；足端平，除圈足外墙以外，足底基本无釉，但往往有釉点或粘釉的痕迹。而在胎釉特征上第二类青瓷与第一类青瓷的差异则较为明显，第二类青瓷的胎骨十分厚重，釉多为发灰的青釉，釉色较为晦暗，釉面略发涩。由于釉层较薄，第二类青瓷器物外壁的刻划双层莲瓣花纹的纹路显得比第一类青瓷器物的花纹纹路清晰。以下按器类进行介绍。

碗

共14件。造型为敞口或直口微敛、弧腹、圈足，与第一类青瓷的敞口弧腹碗造型一致。第二类青瓷的碗在口、腹部的差异不大，但在圈足的形态和釉色、胎体上有明显的不同，可以分为圈足宽矮和圈足小、足墙略窄的两型。

图七〇 一号窖藏出土第一类龙泉窑青瓷 C型Ⅱ式、C型Ⅲ式器盖

1~3. C型Ⅱ式(91SJJ:841、91SJJ:802、91SJJ:845) 4. C型Ⅲ式(91SJJ:861)

A型　圈足宽矮。11件。此型为典型的厚胎、薄釉、宽圈足器皿。圆唇，内底圈有一圈凹痕，内底略凸起，外壁的刻划莲瓣花纹较清晰，透过釉层可以观察到花纹的刻划纹路较浅，莲瓣中部的凸脊一般比较轻微。釉面多有少量的小黑斑和棕眼，内壁釉色多略深于外壁。足底多有浅浅的弦纹。依据外壁刻划双层仰莲纹莲瓣的数量分五组选介标本。

a组3件。十七瓣莲瓣纹，为外层九瓣、内层八瓣。敞口或直口微敛。选介标本2件。

91SJJ∶309，完整。敞口，内底平。灰白色胎。青灰釉发白。圈足小，较圆整，足圈和底心上粘釉，中心略凸起，无釉处呈酱色。口径16.2、足径5.0、高6.4、足高0.7、厚0.3～1.1厘米（图七一；图版九四）。

91SJJ∶310，完整。直口微敛，内底圈有一圈凹痕，内底略凸起。灰白色胎。青灰釉，内壁口沿下有积釉痕迹。足圈略高，足心略呈鸡心装凸起，足圈和足底上粘釉，无釉处呈酱色和黄色。口径16.7、足径5.0、高6.7、足高0.9、厚0.2～1.0厘米（图七二）。

b组3件。十八瓣莲瓣纹，为外层九瓣、内层九瓣。敞口或直口微敛。选介标本2件。

91SJJ∶555，完整。敞口。灰白色胎。青灰釉，口沿上略有积釉痕迹。内壁开片稀疏，外壁开片细密且集中在一个部位。圈足较圆整，足圈和底心粘釉，底较平，无釉处呈橙色。口径16.1、足径5.3、高6.7、足高0.8、厚0.2～0.8厘米（图七三；图版九五）。

91SJJ∶226，修复。直口微敛，内底圈有一圈凹痕，内底略凸起。灰白色胎。青黄釉，内壁口沿下有明显的积釉，釉色呈梅子青色。外壁双层莲瓣的大小、形态差别较大。足圈外侧斜切一圈，足圈和底心粘釉，足底不平整，无釉处呈褐色。口径16.8、足径5.2、高6.6、足高0.9、厚0.4～1.1厘米（图七四；图版九六）。

c组3件。十九瓣莲瓣纹，为外层十瓣、内层九瓣。敞口。选介标本2件。

91SJJ∶227，完整。灰白色胎。青灰釉，釉色光洁明亮，内、外壁近底处有较细密的开片。圈足较圆整，外侧斜切一圈，足圈外圈有釉，底心无釉，足底较平，呈深褐色。口径16.3、足径5.2、高7.0、足高0.8、厚0.2～0.9厘米（图七五）。

91SJJ∶230，完整。圈足较圆整，内底中心略凸起。灰白色胎。青灰釉，足圈上粘有釉点，底心无釉，呈深褐色。口径16.3、足径5.6、高6.8、足高0.7、厚0.2～1.4厘米（图七六；图版九六）。

d组1件。二十瓣莲瓣纹，为外层十瓣、内层十瓣，敞口。

91SJJ∶232，足圈残，可修复。灰白色胎。青灰釉，足圈上有釉但未施满，底心无釉，中心略呈鸡心状凸起，呈黄色。口径16.0、足径5.1、高7.15、足高0.8、厚0.2～0.9厘米（图七七；图版九七）。

e组1件。二十一瓣莲瓣纹，为外层十一瓣、内层十瓣，敞口。

91SJJ∶225，修复。灰白色胎。青灰釉，内底心和外壁仅足部有少量开片。足圈上满釉，底心无釉，呈深褐色，粘连少量窑渣。口径16.3、足径5.6、高7.2、足高0.8、厚0.2～0.8厘米（图七八）。

B型　圈足小而足墙略薄。3件。此型器物的胎体、釉色和圈足的特征间于第一类龙泉窑青瓷和第二类龙泉窑青瓷A型碗之间，胎体和釉色更接近第二类龙泉窑青瓷的特征，胎体显沉重；

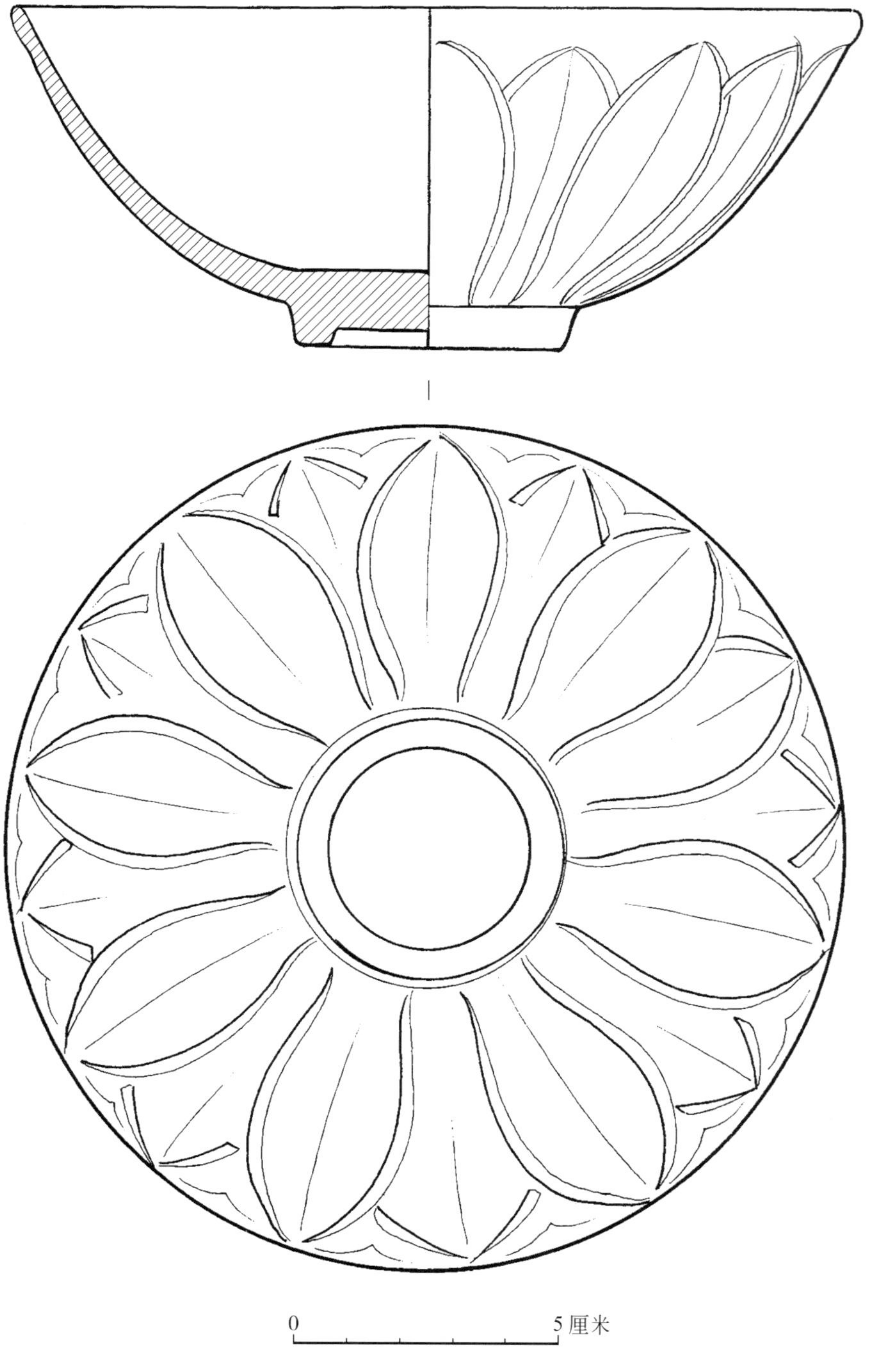

图七一　一号窖藏出土第二类龙泉窑青瓷　A型敞口弧腹碗91SJJ∶309

图七二　一号窖藏出土第二类龙泉窑青瓷　A型敞口弧腹碗91SJJ:310

图七三　一号窖藏出土第二类龙泉窑青瓷　A型敞口弧腹碗91SJJ∶555

图七四　一号窖藏出土第二类龙泉窑青瓷　A型敞口弧腹碗 91SJJ：226

图七五　一号窖藏出土第二类龙泉窑青瓷　A型敞口弧腹碗91SJJ∶227

图七六　一号窖藏出土第二类龙泉窑青瓷　A型敞口弧腹碗91SJJ∶230

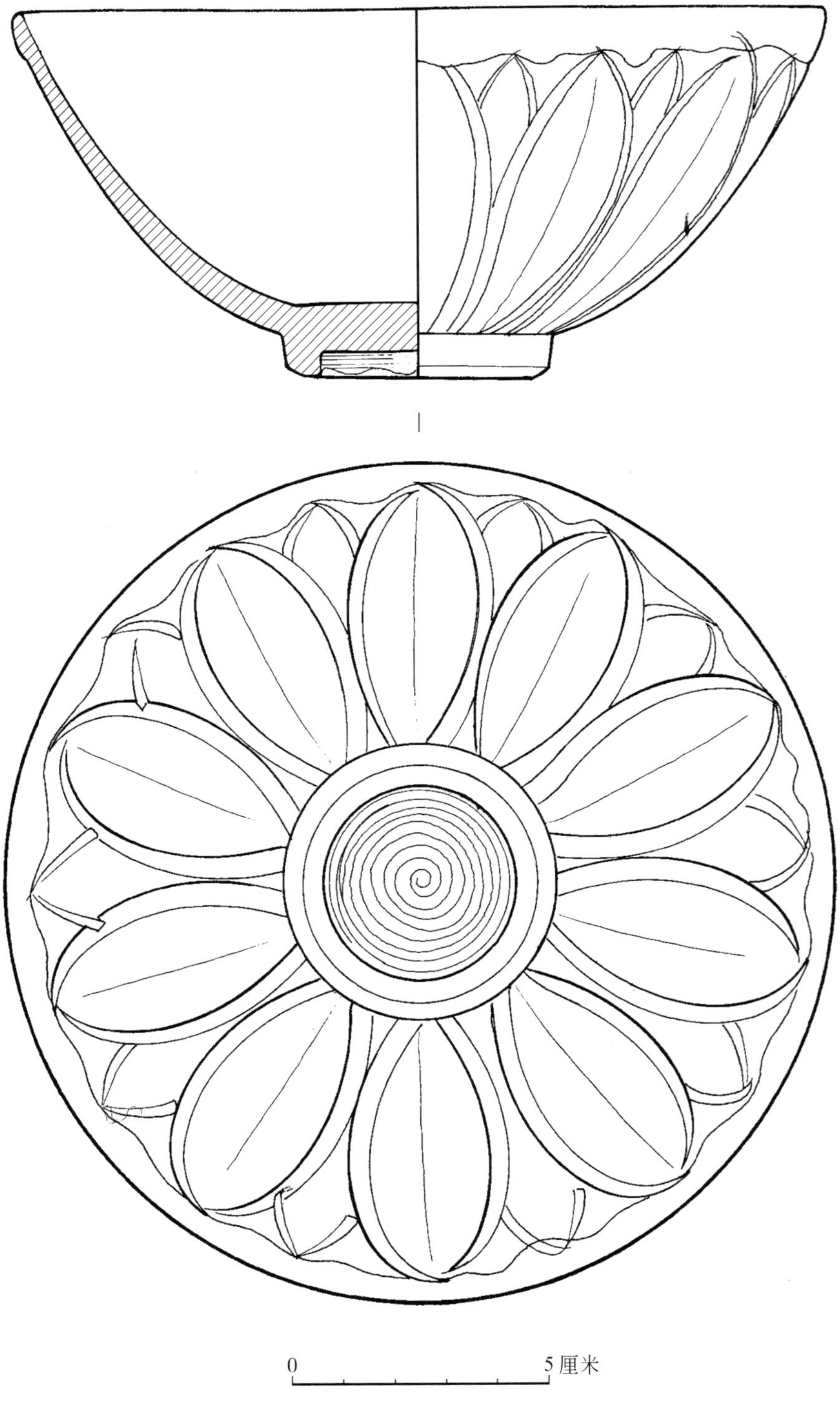

图七七　一号窖藏出土第二类龙泉窑青瓷　A型敞口弧腹碗91SJJ:232

图七八　一号窖藏出土第二类龙泉窑青瓷　A 型敞口弧腹碗 91SJJ∶225

釉色呈发灰的青釉；圈足圆整，足端呈圆弧形。此型碗的圈足较 A 型碗显得小而圆整，有一定厚度。外壁的刻划莲瓣花纹较清晰。釉面有少量的小黑斑和棕眼，内壁釉色一般略深于外壁。依据外壁刻划仰莲纹的莲瓣数量分两组介绍。

a 组 2 件。十四瓣莲瓣纹，为外层七瓣、内层七瓣。敞口。选介标本 1 件。

91SJJ∶209，完整。灰白色胎。青灰釉，釉面有较为细密的开片，但分布不均匀。圈足较薄，足端呈有棱的圆弧状，足底施釉而略呈圆弧形凸起，足圈无釉，呈灰褐色。口径 16.6、足径 5.3、高 7.1、足高 0.7、厚 0.2～1.0 厘米（图七九；图版九七）。

b 组 1 件。十六瓣莲瓣纹，为外层八瓣、内层八瓣，敞口。

91SJJ∶210，完整。灰白色胎。青灰釉，釉面有较稀疏的开片。圈足较薄，外侧斜切一圈，足底施釉，足圈无釉，呈深褐色，靠近釉的地方有一线酱红色。口径 16.7、足径 5.5、高 6.7、足高 0.8、厚 0.3～0.7 厘米（图八〇，1；图版九八）。

盘

共 11 件。均为直口、圆唇、圈足的造型，小圈足，一般圈足的外墙高于内墙，足端显得宽扁。足底均有修整痕迹但仍显不太平整，除圈足外墙以外，足部基本未施釉，但往往粘有釉点或釉点的痕迹。器物造型主要在腹部有细微的差别，可以分为斜弧腹和斜腹两型。胎釉特征为典型的第二类龙泉窑青瓷特征，器物胎体厚重、手感很沉；多为发灰的青釉，釉色较为晦暗，釉面略发涩。外壁的刻划莲瓣纹中部多有一道较为清晰的凸脊，刻划花纹也较为清晰。依据腹部的变化分为两型。

A 型　斜弧腹。7 件。圆唇，直口。内底有一圈凹弦纹或内底微下凹。圈足的大小略有差别。刻划莲瓣纹路清晰，大小、宽窄和形态各异。5 件器物的莲瓣数量都不相同，以下按莲瓣的数量分五组介绍。

a 组 1 件。十五瓣莲瓣纹，为外层八瓣、内层七瓣。

91SJJ∶286，完整。内底有一圈凹弦纹，底心略上凸。足底心略突起。灰白色胎。青黄釉泛灰，釉面较光洁滋润，内沿略有积釉而显梅子青色。足圈上粘釉。足部无釉处呈褐色。口径 16.0、足径 6.0、高 4.2、足高 0.7、足圈内高 0.5、厚 0.3～1.0 厘米（图八〇，2；图版九八）。

b 组 2 件。十七瓣莲瓣纹，为外层九瓣、内层八瓣。

91SJJ∶287，口沿上有两处小的磕伤缺口，器形完整。内底有一圈凹弦纹，底心略上凸。足底心略突起。灰白色胎。青黄釉泛灰，釉面较光洁滋润，内沿略有积釉而显梅子青色。花瓣的大小、形状差别较大。足圈上粘釉，足部无釉处呈酱红色。口径 16.0、足径 6.0、高 3.9、足高 0.7、足圈内高 0.5、厚 0.3～0.9 厘米（图八一，1）。

91SJJ∶479，完整，略变形。直口微敞。圈足较小，内墙浅于外墙。灰白色胎，胎体显沉重。青黄釉。花纹清晰，花瓣较宽，大小、形状略有变化。足圈上粘釉，足部未施釉处呈酱红色。口径 15.4、足径 5.6、高 4.4、足高 0.7、足圈内高 0.5、厚 0.3～1.1 厘米（图八一，2；图版九九）。

c 组 2 件。十八瓣莲瓣纹，为外层九瓣、内层九瓣。

图七九　一号窖藏出土第二类龙泉窑青瓷　B型敞口弧腹碗91SJJ：209

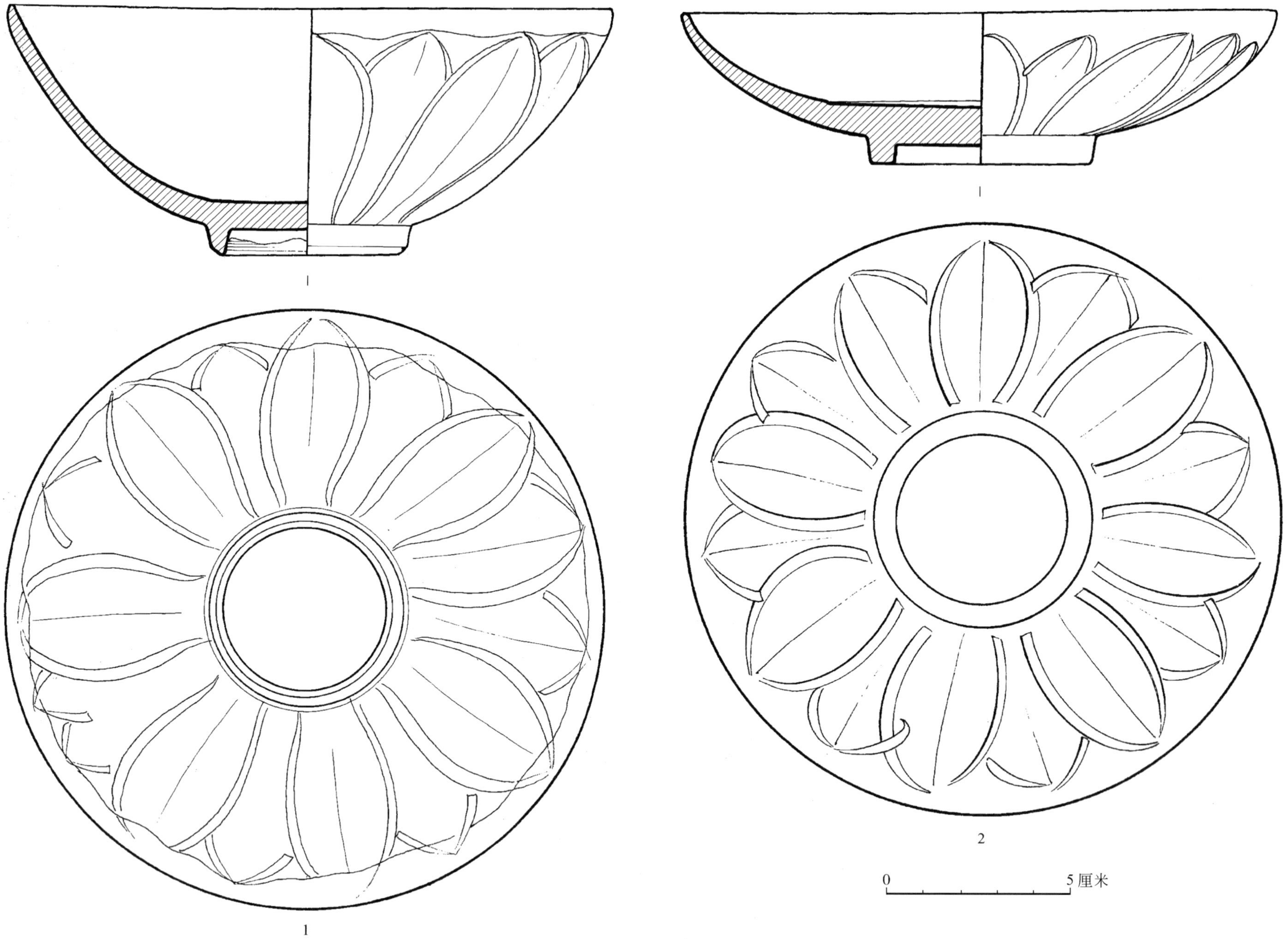

图八〇　一号窖藏出土第二类龙泉窑青瓷　B 型敞口弧腹碗、A 型小圈足盘

1. B 型敞口弧腹碗 91SJJ∶210　2. A 型小圈足盘 91SJJ∶286

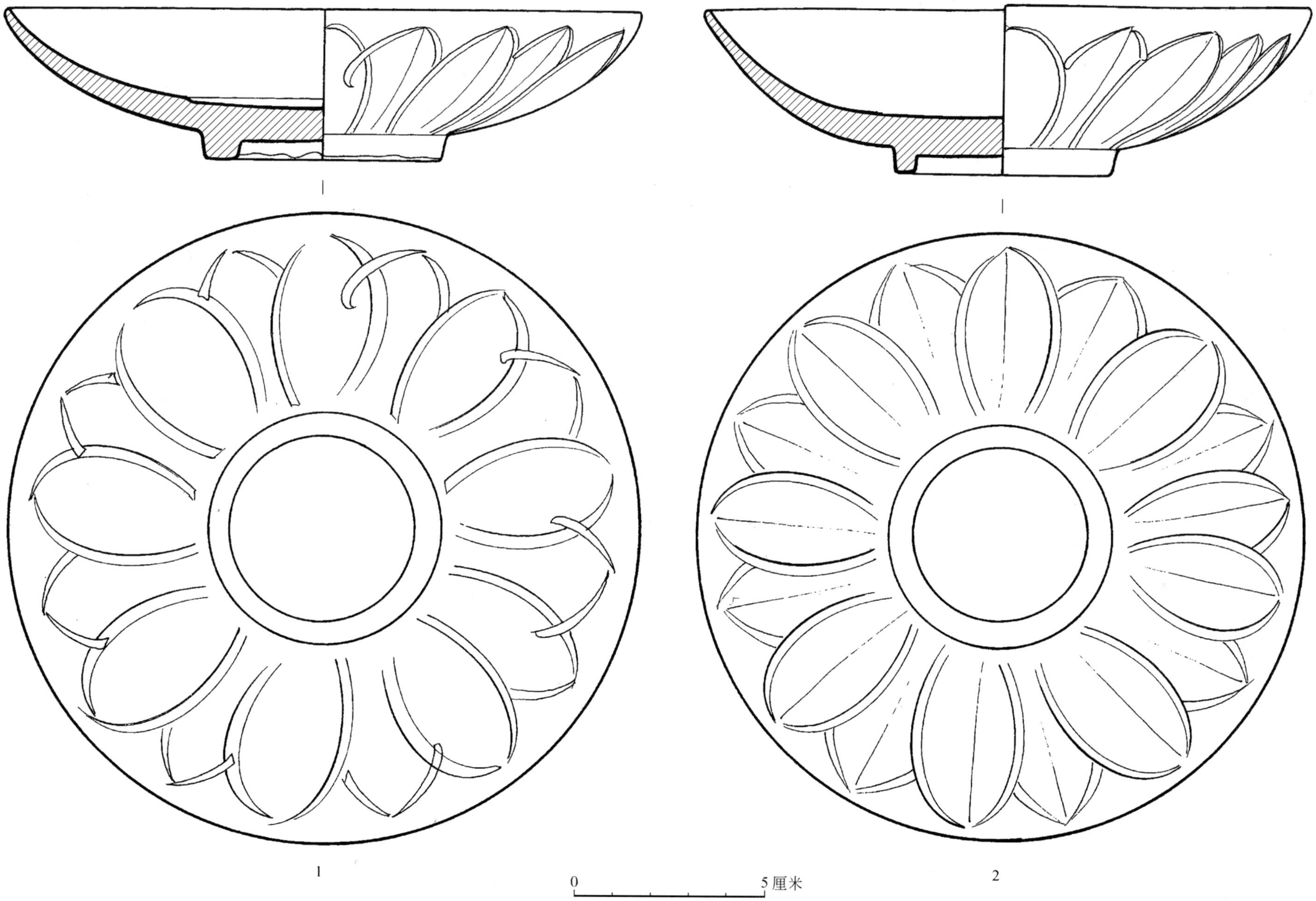

图八一　一号窖藏出土第二类龙泉窑青瓷　A型小圈足盘

1. 91SJJ∶287　2. 91SJJ∶479

91SJJ∶290，口沿上有两处小的磕伤缺口，器形完整。内底有一圈凹弦纹，底心略上凸。足底心略突起。灰白色胎。青黄釉泛灰，釉面较光洁滋润，内沿略有积釉而显梅子青色，内壁有一小黑斑。花纹清晰，双层莲瓣纹较短，花瓣的大小、形状差别较大。足底和足圈上粘釉。足部无釉处呈酱色。口径15.6、足径5.7、高4.2、足高0.7、足圈内高0.4、厚0.4～0.9厘米（图八二，1）。

91SJJ∶485，完整。直口微敞。圈足内墙浅于外墙。灰白色胎。青黄釉略泛灰，釉面光洁，内沿下积釉处显梅子青色。莲瓣花纹清晰，花瓣较宽，大小、形状基本一致。足圈上粘釉，足端呈酱红色。口径15.8、足径5.9、高4.0、足高0.7、足圈内高0.4、厚0.3～0.8厘米（图八二，2）。

d组1件。十九瓣莲瓣纹，为外层十瓣、内层九瓣。

91SJJ∶288，口沿上有两处小的磕伤缺口，器形完整。内底略下凹。圈足小，内圈靠近足墙处斜切一圈。灰白色胎。青黄釉泛灰，釉面较光洁滋润，内沿略有积釉而显梅子青色。花瓣的大小、形状差别较大。足圈上粘釉，足心有窑砂粘连。足部无釉处呈酱红色。口径15.7、足径5.6、高4.9、足高0.7、足圈内高0.3、厚0.3～1.2厘米（图八三，1；图版九九）。

e组1件。二十瓣莲瓣纹，为外层十瓣、内层十瓣。

91SJJ∶271，完整。内底微下凹，釉下有一处窑渣粘结。足底心略突起。灰白色胎。青黄色釉，釉面较光洁滋润，内沿略有积釉而显梅子青色。花瓣的大小、形状差别较大。足圈上粘连较多釉，并有少量窑渣粘连。足部无釉处呈浅褐色。口径15.5、足径5.6、高4.4、足高0.7、足圈内高0.3、厚0.3～1.1厘米（图八三，2）。

B型　斜腹。4件。圆唇，直口，斜腹。内底略下凹。圈足较小，内墙浅于外墙。外壁的双层仰莲纹清晰，花瓣大小不均匀，形状也略有变化。莲瓣的数量各不相同，按刻划莲瓣数量的不同分四组介绍。

a组1件。十六瓣莲瓣纹，为外层八瓣、内层八瓣。

91SJJ∶291，完整。圈足底心不平，在足底靠近内足墙处斜切一圈。灰白色胎。青灰釉，釉色灰暗，内沿积釉略显青绿色，釉面有开片。足圈和底心上粘釉，足部无釉处呈黄色。口径15.6、足径5.4、高4.8、足高0.8、足圈内高0.3、厚0.4～1.9厘米（图八四，1；图版一〇〇）。

b组1件。十七瓣莲瓣纹，为外层九瓣、内层八瓣。

91SJJ∶272，口沿有一小磕口，修复。圈足底心略有突起，外圈有两道细的螺旋纹。灰白色胎。青黄釉略显灰色，内沿积釉显梅子青色。足圈上粘釉，足部无釉处呈褐色。口径15.7、足径5.5、高4.5、足高0.7、足圈内高0.4、厚0.2～1.3厘米（图八四，2）。

c组1件。十八瓣莲瓣纹，为外层九瓣、内层九瓣。

91SJJ∶274，完整。圈足的足底靠近内侧足墙处斜切一圈，足心有螺旋纹。灰白色胎。青黄釉略显灰色，内沿积釉显梅子青色，釉面有少量开片。足圈上粘釉，足部无釉处呈褐色。口径15.6、足径5.2、高4.5、足高0.7、足圈内高0.2、厚0.2～1.27厘米（图八五，1；图版一〇〇）。

d组1件。十九瓣莲瓣纹，为外层十瓣、内层九瓣。

91SJJ∶281，口部有一小磕口，器形完整。圈足的足底在靠近内足墙处斜切一圈。灰白色胎。青黄釉略显灰色。足圈上粘釉，足部无釉处呈酱红色。口径15.8、足径5.5、高4.4、足高0.6、足圈内高0.2、厚0.3～1.2厘米（图八五，2）。

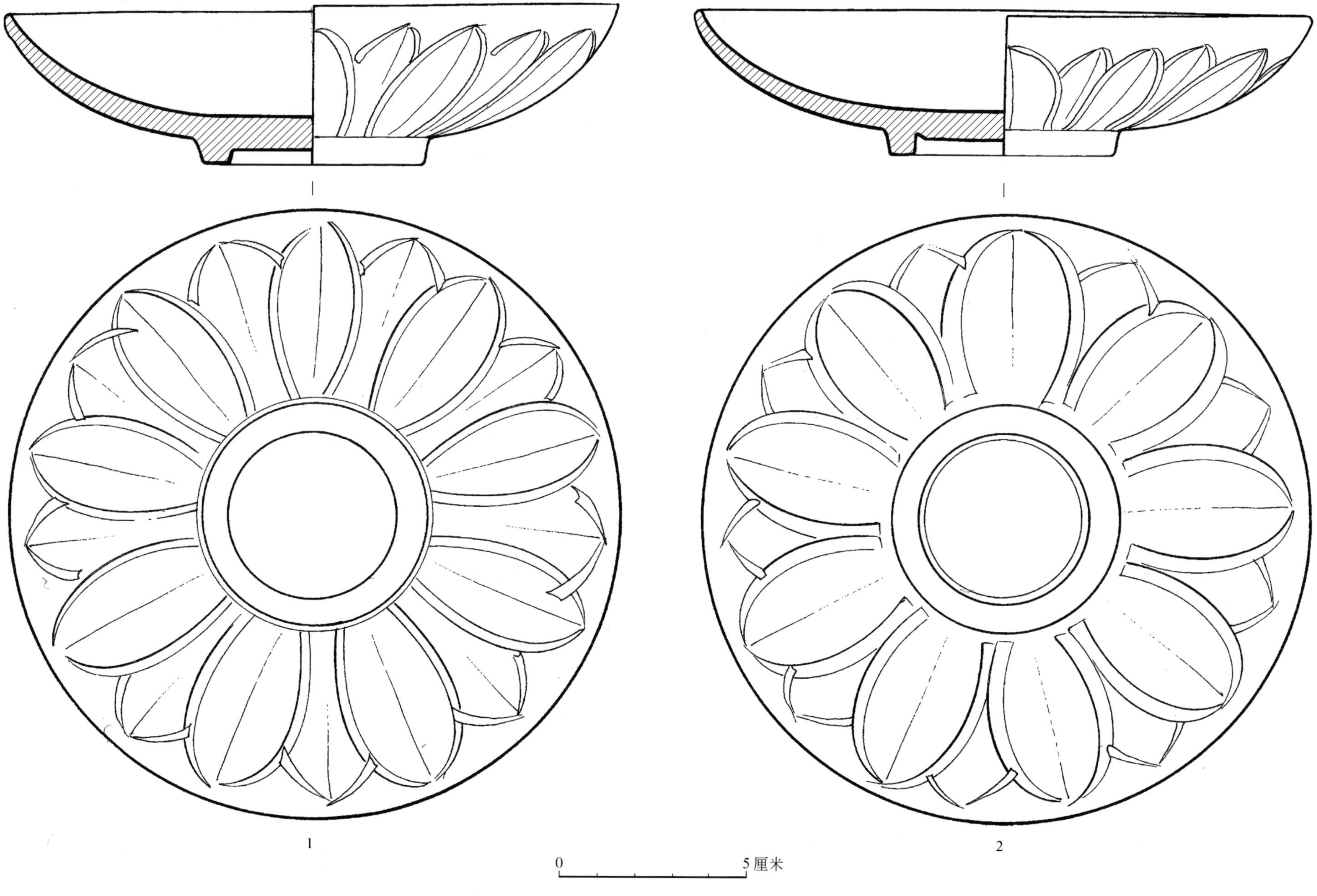

图八二　一号窖藏出土第二类龙泉窑青瓷　A 型小圈足盘

1. 91SJJ∶290　2. 91SJJ∶485

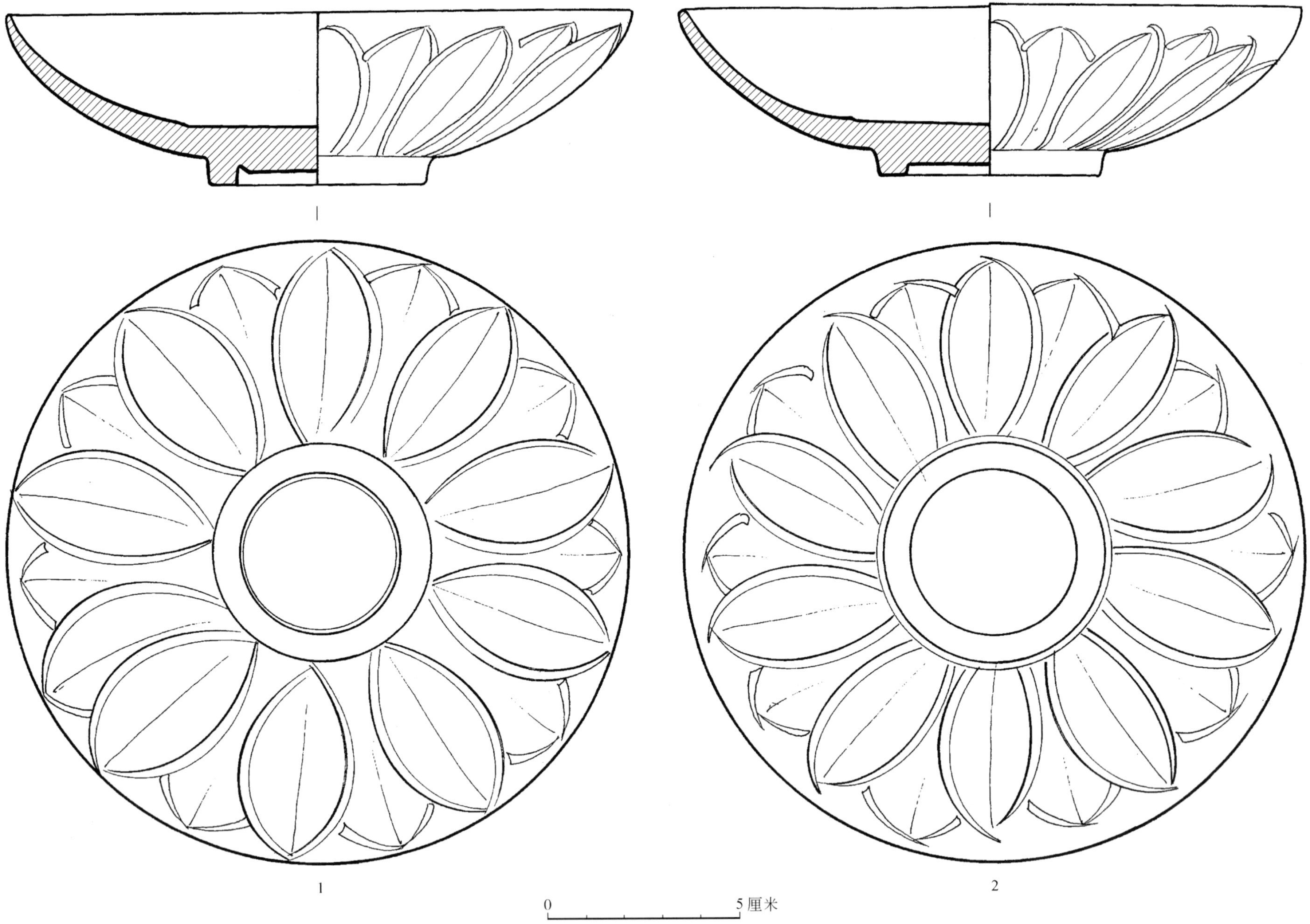

图八三　一号窖藏出土第二类龙泉窑青瓷　A 型小圈足盘

1. 91SJJ∶288　2. 91SJJ∶271

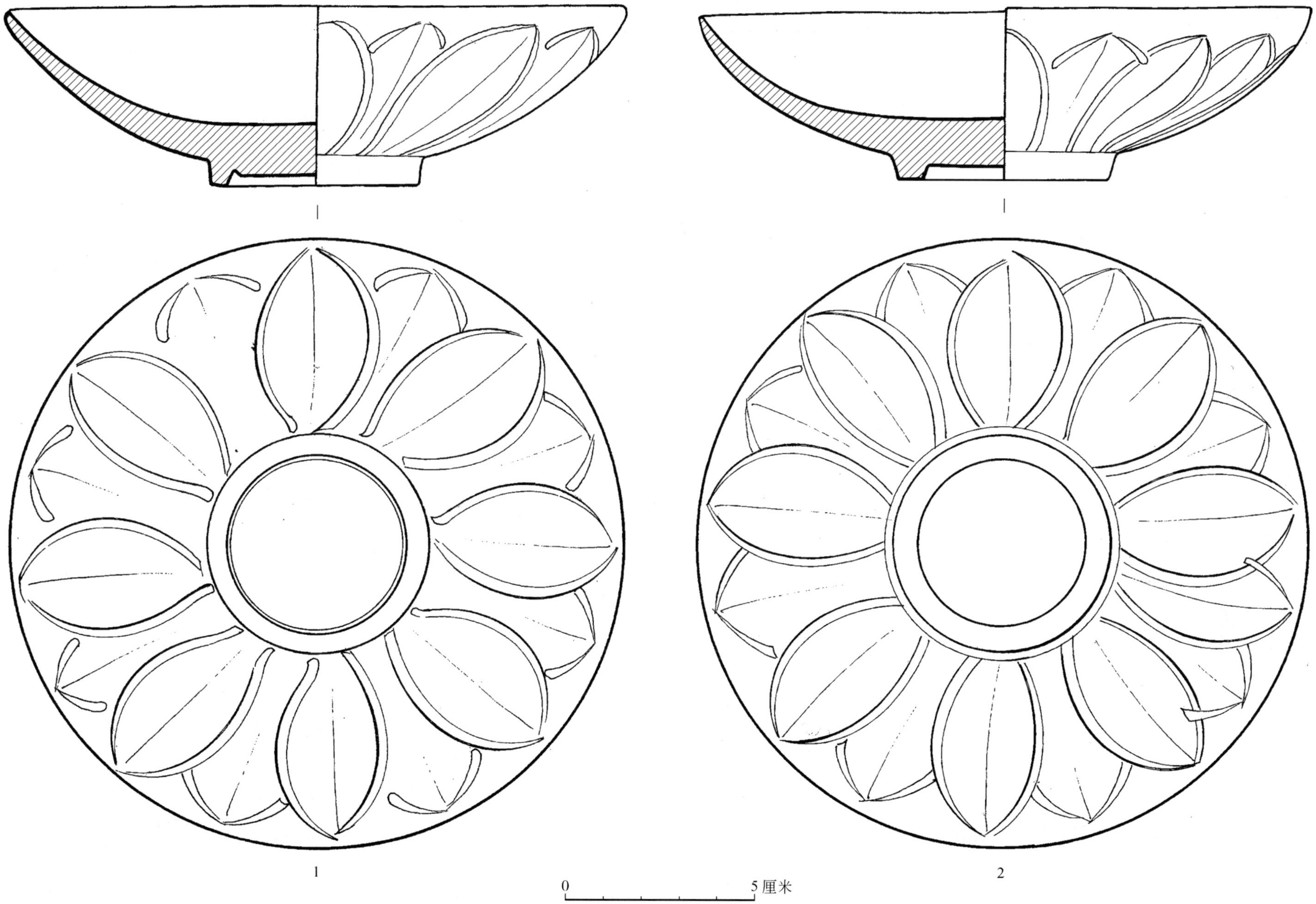

图八四　一号窖藏出土第二类龙泉窑青瓷　B 型小圈足盘

1. 91SJJ：291　2. 91SJJ：272

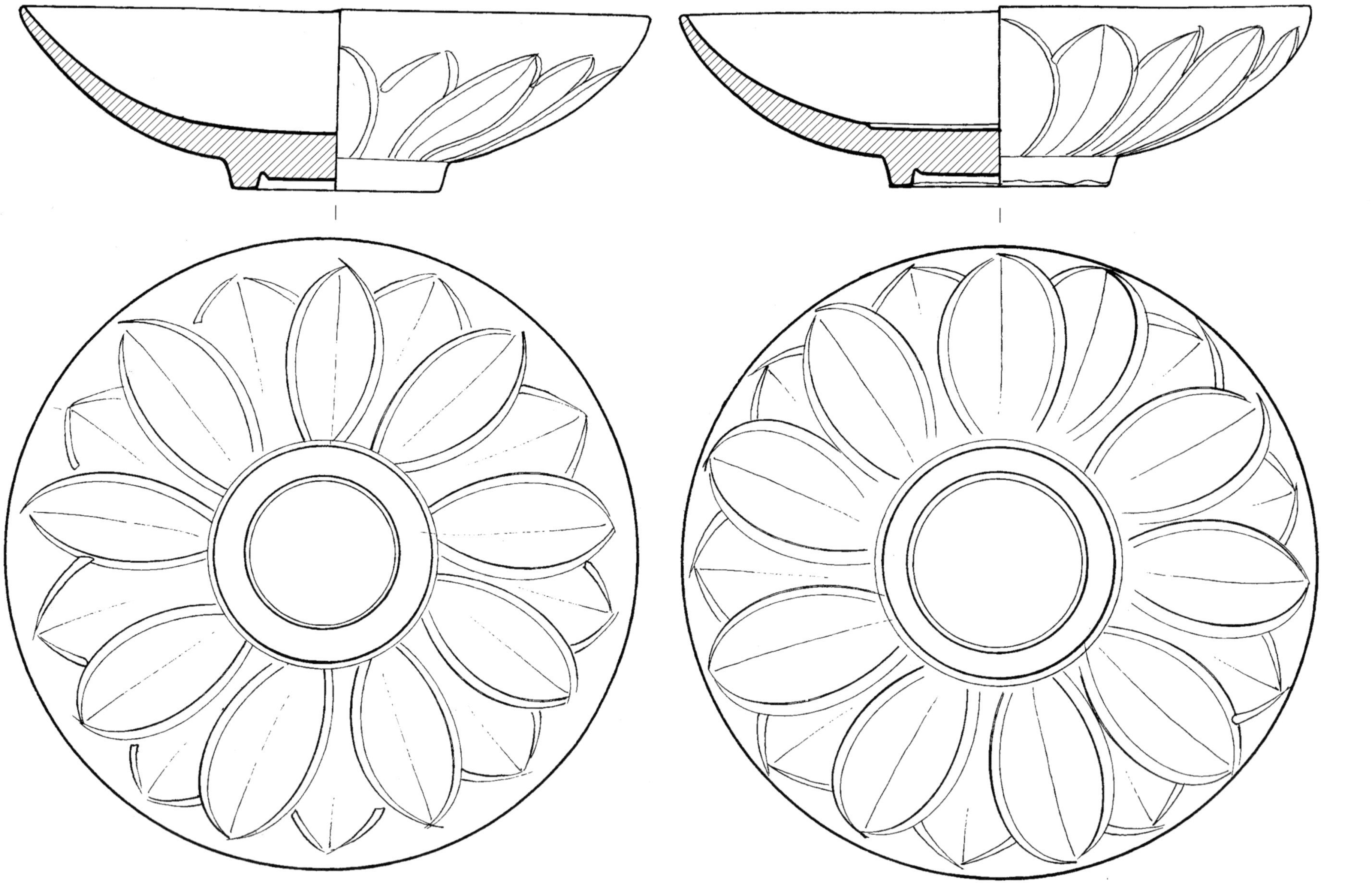

图八五 一号窖藏出土第二类龙泉窑青瓷 B型小圈足盘

1. 91SJJ∶274 2. 91SJJ∶281

3. 第三类青瓷

仅有两件菱形瓜棱式小瓶，它们造型相同，整个器形从口部到足部都呈八棱形，侈口，圆唇，束颈，长弧腹，喇叭形足，足圈较高，足底凸凹不平，底部及器身均可见器物由两片对接的痕迹。和上述第一类、第二类龙泉窑青瓷的胎釉特征比较，这两件小瓶最显著的特点是胎体薄而胎骨较轻，胎体的颜色为灰黑色。釉色均为粉青色釉，滋润而有光泽。

91SJJ∶231，口沿及足部略残，可修复。浅灰黑色胎，胎体较轻。施粉青釉，釉面光洁滋润，遍布浅褐色开片纹，积釉处略显青绿色。足端无釉，呈褐色。口径6.8～8.8、最大腹径7～9、足径5.8～7.2、足高2.2、高16.3、厚0.3～0.6厘米（图八六；图版一〇一）。

91SJJ∶242，口沿及足部残破，可修复。灰黑色胎，胎体较轻。施粉青釉，釉面光洁滋润，遍布浅褐色开片纹，积釉处略显青绿。足端无釉，呈褐色。口径6.5～8.6、最大腹径6.8～8.8、足径5.7～7.2、足高2.3、高16.1、厚0.3～0.6厘米（图版一〇二）。

（二）景德镇窑瓷器

一号窖藏出土的景德镇窑的瓷器共计783件，器形包括了瓶、炉、注子、砚滴、水盂、笔墨插、碗、钵、盘、碟、杯、小罐、盒和器盖等14类。从釉色上可以将它们分作青白瓷和白瓷两大类。以下按青白瓷和白瓷分别介绍和描述。

1. 青白瓷

窖藏出土的景德镇瓷器以青白瓷数量最多，共计774件。器形有瓶、炉、注子、砚滴、水盂、笔墨插、碗、钵、盘、碟、杯、小罐、盒、器盖。其中碗、盘、碟、杯等器类的器物多为芒口。青白釉的釉色深浅有差别，有的釉色显出天青般的颜色，有的则浅淡到近乎白色；釉面多有长条性的开片，不少器物的口沿内、外侧均有一圈积釉的痕迹，一般口沿内侧的积釉厚于口沿外侧。器表的装饰有刻划花纹、模印花纹和剔刻花纹等，其中刻划花纹多辅以多齿的篦划花纹。胎体均为白色，胎质坚硬。景德镇窑的青白瓷器物的胎体厚薄不一，厚度因器物造型的不同而差异较大，但是在碗、盘类器物中明显存在造型相同、瓷器的胎体厚薄不同的两类器物。薄胎型的碗盘胎体一般在0.1厘米左右，器物最薄的胎壁可以透过稍强的光线，模印或刻划花纹的部位几乎呈透光、无胎的状态，这类器物大多釉色明亮，釉层浅处釉色发白，而积釉厚处呈较为鲜亮的青绿色，釉下多可见细密的小气泡。厚胎器物胎体厚0.3～0.5厘米，釉为青色中偏灰的色调，釉色略显灰暗，釉层一般不太厚。

瓶

共17件。种类较少，不同种类的瓶之间形态的差异大。从造型上可分为大型的梅瓶和小型的长颈瓶两种器类。

梅瓶

共8件。瓶体修长。均作小口，平唇，短颈，隐圈足的造型，短颈的中部一般有一道凸棱。

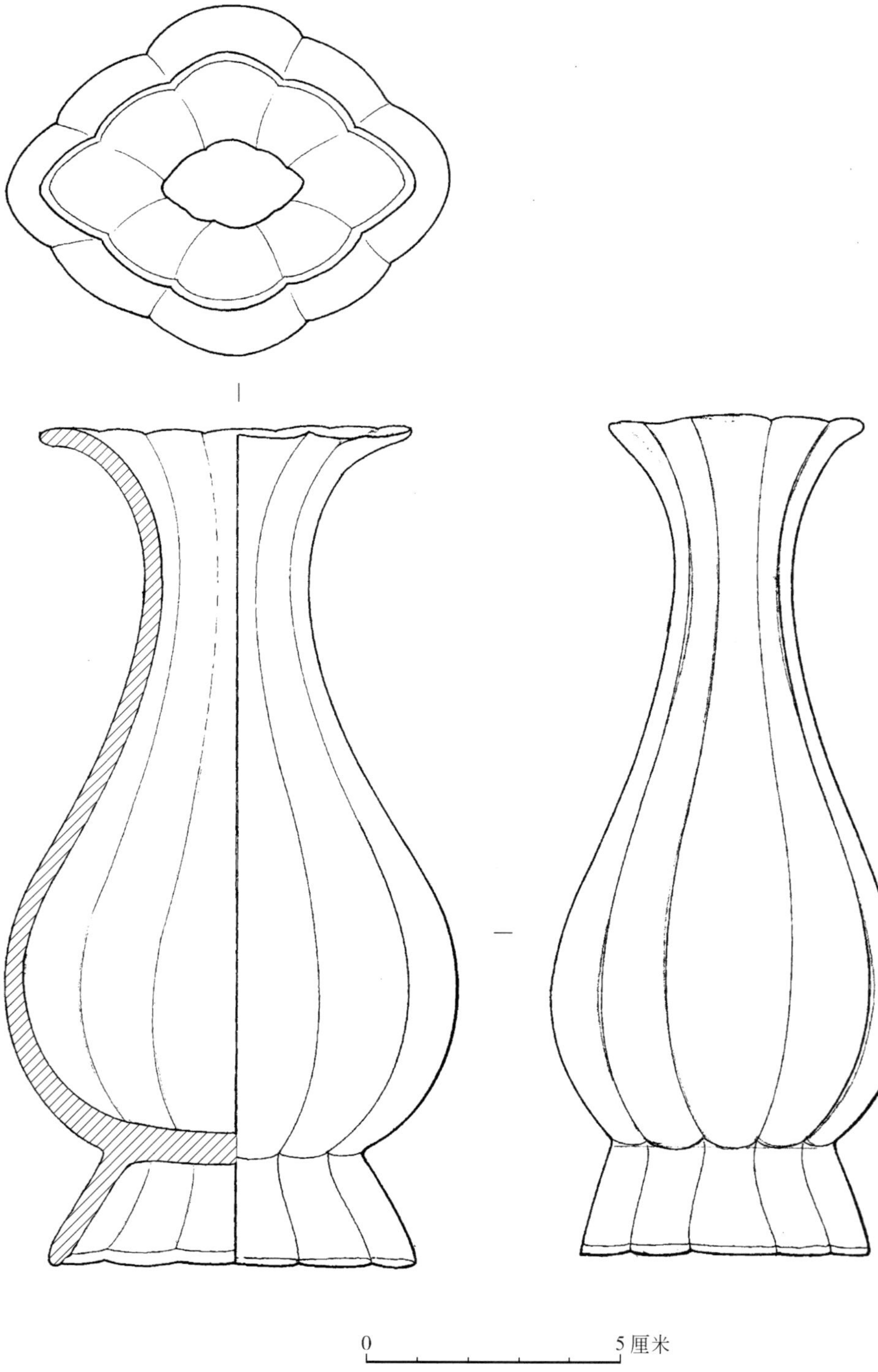

图八六　一号窖藏出土第三类龙泉窑青瓷　菱形瓜棱式小瓶91SJJ∶231

隐圈足为挖足成型。梅瓶造型的差异主要在肩部，可以分为溜肩和丰肩两型。窖藏共出土8件梅瓶、6件梅瓶盖，出土时梅瓶与梅瓶盖是分开放置的，但从花纹和大小上基本上可以将梅瓶与盖相配套，考虑到尽可能地对成套的器物进行完整复原的原则，在此将梅瓶与梅瓶盖一并描述。梅瓶依据肩部的变化分为二型。

A型　溜肩。5件。直口，平唇，肩部较窄而略斜，瓶体瘦长，圈足或浅圈足。均带盖，盖为平顶盖。器物的主要差异在形体大小的不同，依据其大小的不同分为二式。

Ⅰ式　形体大。2件。均为带盖梅瓶，两件梅瓶的造型、大小、釉色、纹饰都非常接近。梅瓶口部小，直口，平唇略圆，唇下有一道细弦纹。颈中部鼓起的凸棱较为明显。瓶体瘦长，肩部较窄，从肩部以下到足部线条较直，略有弧度。隐圈足，梅瓶的外壁在腹部与足部之间没有界线，但足部无釉。从肩部到足胫部满饰刻划花纹，主题纹饰为缠枝牡丹和缠枝莲花，辅助地纹为篦划线条花纹。主题纹饰采用剔刻的方式描绘，花叶枝条皆略凸起。纹饰的上下两端各有刻划两条浅凹弦纹。平顶盖，盖口微外撇，圆唇，盖身较直而盖顶微弧。盖顶刻划旋转菊瓣纹，刻划线条略显生硬。

91SJJ∶2，完整。缠枝牡丹花纹位于梅瓶的上腹部，缠枝莲花位于下腹部。白胎略泛黄，外壁施釉不及底，内壁施釉未满，口颈的下部可见未施釉处。釉色青白而温润，积釉处呈淡青色，釉面光洁。外壁和足部未施釉处呈淡橙色，内底有窑渣粘连，并可见少量黑褐色灼斑。瓶口径4.7、最大腹径22、足径11.5、圈足高0.8、瓶高39.3、厚0.4～0.6厘米。盖口不太圆整，外壁施青白釉，唇部及内壁无釉，呈浅黄色，唇部略呈淡橙红色，可见轮制留下的螺旋纹。盖口径7.8、顶径6.5、高4.4、厚0.3～0.4厘米。整器厚重，通高41厘米（图八七）。

91SJJ∶3，完整。造型、纹饰及胎釉特征均与91SJJ∶2相同，仅尺寸上略有差异。瓶口径5.3、最大腹径22.1、足径12、圈足高0.7、瓶高39.1、厚0.4～0.7厘米。盖口径7.9、顶径6.6、高4.4；整器通高40.9厘米（图版一〇三）。

Ⅱ式　形体略小。3件。小瓶口，直口，平唇，颈部的凸棱较为清晰。均带盖。依据梅瓶外壁的装饰花纹不同分为二组。

a组1件。外壁装饰牡丹莲花纹。瓶口直口微敞。

91SJJ∶5，完整。带盖。从肩部到足胫部满饰刻划花纹，主题纹饰为缠枝牡丹和缠枝莲花，位于肩部和足胫部的两条浅弦纹之间，缠枝牡丹花纹位于梅瓶的上腹部，缠枝莲花位于下腹部，纹饰采用剔刻的方式描绘，花叶枝条皆略凸起。辅助地纹为箅划线条花纹。白胎略泛黄，外壁施釉不及底，内壁口颈部以下荡釉未满。釉色青白而温润，积釉处呈淡青色，釉面光洁。足圈较宽，足部及外壁未施釉处呈淡橙色，内底有窑渣粘连，并可见少量黑褐色灼斑，有较为明显的切削修整痕迹。瓶口径3.9、最大腹径16.6、足径9、圈足高0.7、瓶高31.8、厚0.4～0.7厘米。平顶盖，盖口微外撇，平唇较窄，盖顶略弧，饰箅划卷草纹，釉面开片密集。盖口径6.2、顶径5.5、高3、厚0.3～0.4厘米。整器通高32.8厘米（图八八；图版一〇四）。

b组2件。卷草纹。瓶口直口或直口微敞。

91SJJ∶8，口部有磕裂痕，器形基本完整。带盖。瓶口直口微敞。从肩部到足胫部满饰蓖划卷草花纹，蓖划花纹均为三道线纹，在梅瓶的肩部和足胫部各有两道凹弦纹。足圈较窄，足部及外壁未施釉处呈橙色，足端有窑渣粘连，并可见少量黑褐色灼斑，有较为明显的切削修整痕迹。白胎略泛黄，外壁施釉不及底，内壁口颈部以下荡釉未满。釉色青白而温润，积釉处呈淡青色，颜色略淡，釉面光洁。梅瓶口径3.8、最大腹径15.7、足径8、足高0.4、瓶高29.6、厚0.5~0.9厘米（图版一〇五）。

91SJJ:7，完整。带盖。瓶口为直口，颈部显得短小，中部的凸棱略圆，圈足较浅。从肩部到足胫部满饰蓖划卷草纹，篦划花纹均为三道线纹，肩部、足胫部分别刻两道凹弦纹。外壁施釉不满，露一段浅橙色的胎。足底无釉，有黑色的窑渣粘连。釉色青白中略泛灰，积釉处较为青绿。内壁仅口颈部施釉。瓶口径3.6、最大腹径16.6、足径8.7、圈足高0.3、瓶高29.5、厚0.6~1.1厘米。平顶盖，直口，方唇，直壁，盖的顶部较平，盖顶刻划篦划花纹。白胎略泛灰黄，盖外壁施釉，釉色发灰。内壁无釉，表面呈淡橙色。内壁顶部有一尖状的突起。盖口径6.1、顶径5.5、高2.9、厚0.25~0.3厘米。整器通高30.3厘米（图八九）。

B型　丰肩。3件。直口，方唇，瓶体修长，浅圈足。三件梅瓶的纹饰相同，在梅瓶外壁的肩部至下腹部满饰篦划卷草花纹，肩部及下腹部各有两道弦纹。足底均有少量釉点的痕迹。

91SJJ:33，瓶体完整。不带盖。白胎，内壁颈部及外壁施青白釉，外壁施釉不及底。釉面光洁。足部有明显的修整痕迹，足底心略有粘釉，未施釉的部分呈鲜艳的火石红色，有少量窑渣粘结。口径3.4、最大腹径13.9、足径7、高26.3、厚0.4~0.9厘米。

91SJJ:6，完整。带盖。足圈略高。白胎，内壁颈部及外壁施青白釉，外壁施釉不及底。釉面光洁。足部可见修整痕迹，足底心略有粘釉，未施釉的部分呈鲜艳的火石红色，有少量窑渣粘结。瓶口径3.3、最大腹径14、足径6.5、圈足高0.5、瓶高25.5、厚0.4~1.0厘米。平顶盖，口微外撇，圆唇，盖顶微弧，饰箅划卷草纹。盖顶和外壁施釉，内壁可见弦纹和烧灼痕。盖口径5.4、顶径4.5、高3.5、厚0.35~0.5厘米。整器通高27.1厘米（图九〇；图版一〇六）。

91SJJ:9，瓶体完整。不带盖。圈足极浅，足圈外侧微斜切一圈。白色胎，瓶口内沿及外壁施青白釉，釉色略显青翠，外壁下部和足底未施釉处多显鲜艳的橙红色，足底有窑砂粘连。口径3.6、最大腹径13.6、足径4.7、高20.1、厚0.4~1.0厘米。

长颈小瓶

9件。均为扁腹敞口长颈小瓶，敞口微侈，喇叭形长颈，扁腹，圈足外墙高、内墙极浅，足圈内为挖足成型，外底心多有一浅浅的内凹痕，有的器物足底有少量窑渣粘连。小瓶在腹部有细微的差异，依据腹部的差异分为二型。

A型　腹部较为宽扁。3件。平唇，腹部扁鼓而略矮，略呈折腹状。选介标本1件。

91SJJ:35，白胎，胎色洁白，胎质致密。通体施青白釉，釉面光洁平整，外壁施釉至足外墙，略有露胎，足底未施釉。口径3.3、最大腹径9.1、足径5.6、高13.6、足高0.9、足圈深0.1、厚0.3~0.5厘米（图九一，1；图版一〇七）。

B型　腹部扁鼓。6件。圆唇，腹略深。选介标本3件。

91SJJ:40，白胎，外壁及颈部内壁上部施青白釉，釉面光洁，外壁下腹部分及足底未及施釉。足底有少量窑砂粘连，呈淡橙色。口径3.1、最大腹径8.5、足径5.3、高13.4、足高0.9、足圈深0.15、厚0.3~0.8厘米（图九一，2；图版一〇八）。

图八八　一号窖藏出土景德镇窑青白瓷　A型Ⅱ式梅瓶91SJJ:5

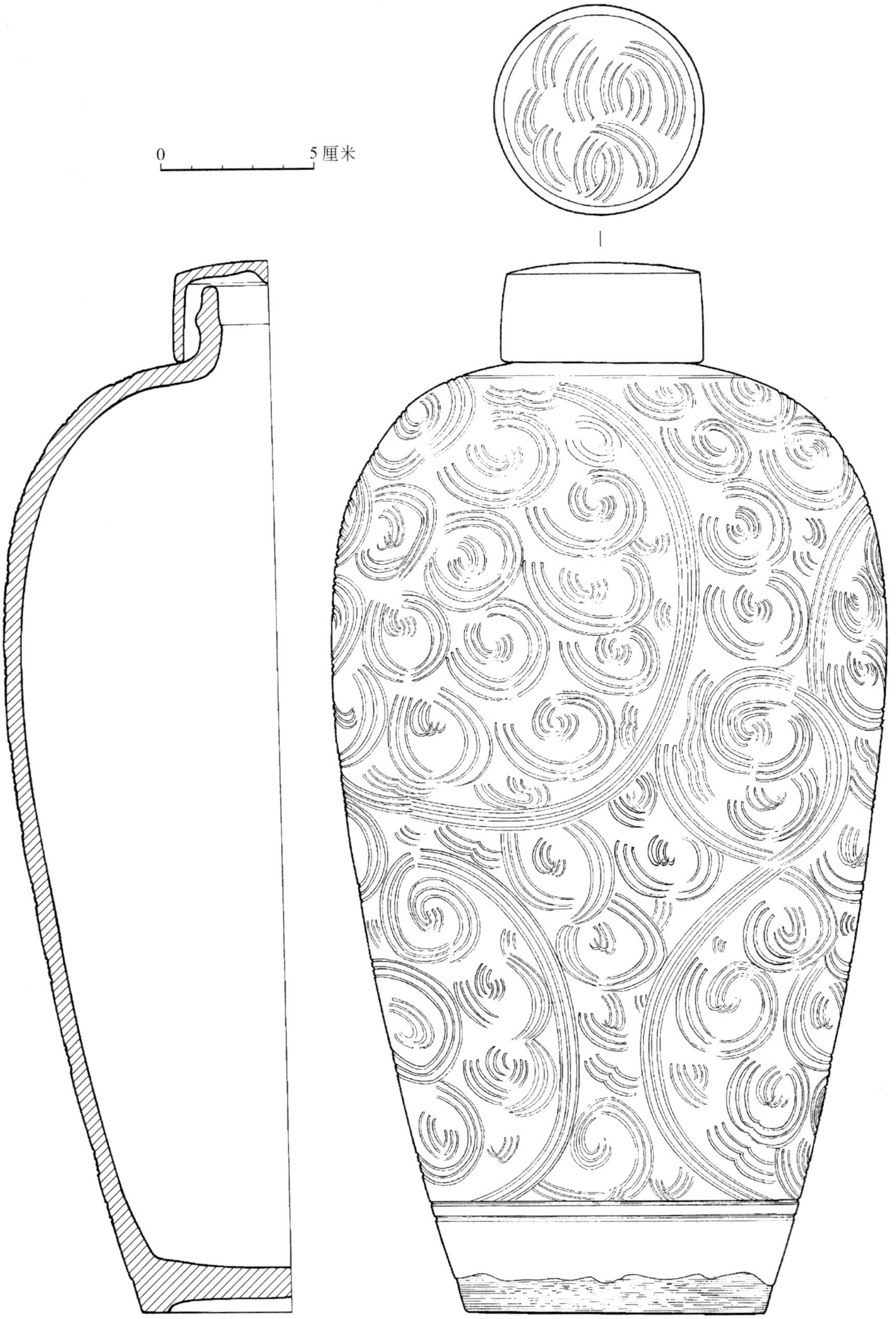

图八九　一号窖藏出土景德镇窑青白瓷　A型Ⅱ式梅瓶91SJJ：7

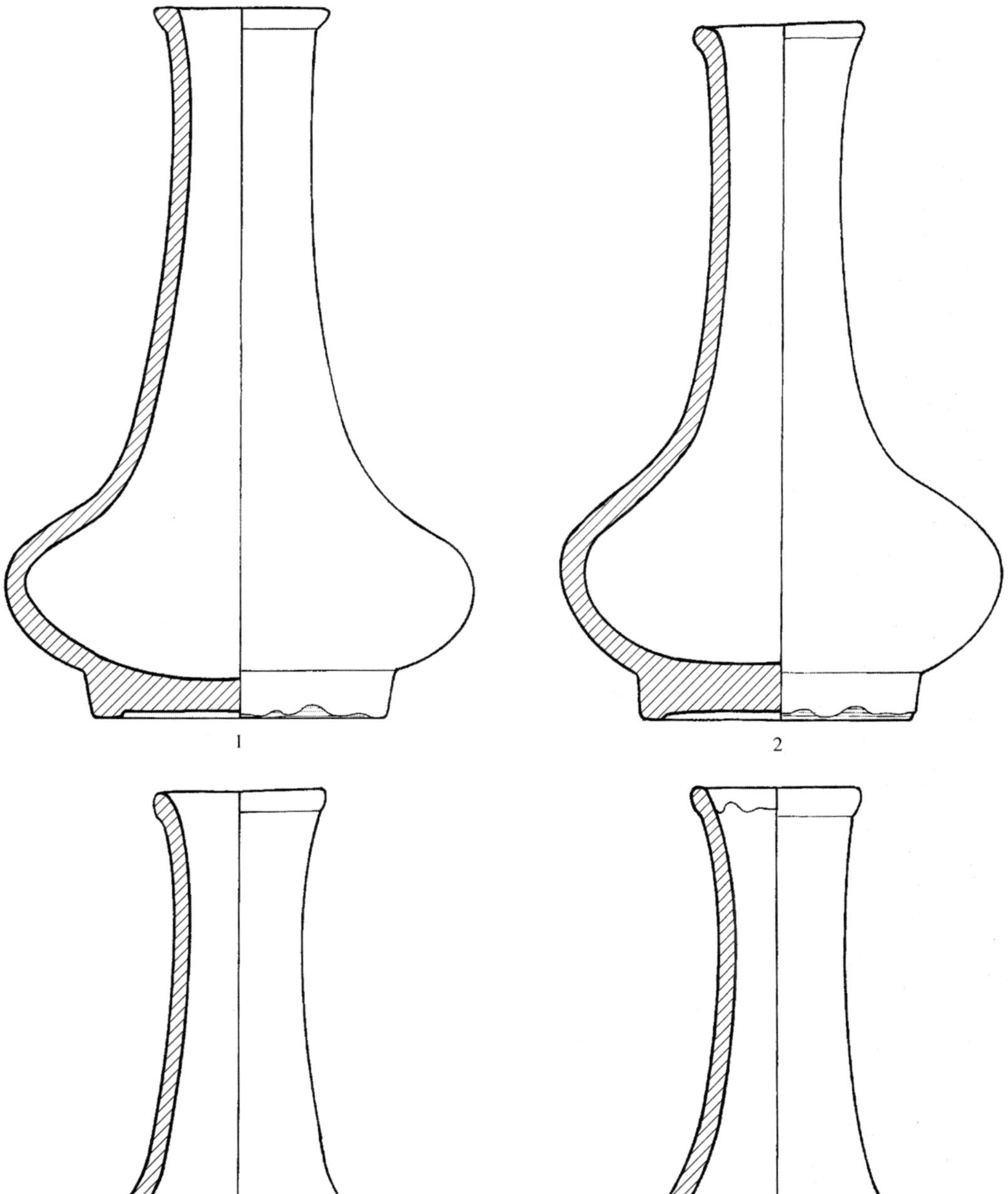

图九一　一号窖藏出土景德镇窑青白瓷　A型、B型长颈小瓶

1. A型(91SJJ:35)　2～4. B型(91SJJ:40、91SJJ:43、91SJJ:36)

91SJJ∶43，白胎，外壁及颈部内壁上部施青白釉，釉面有较为密集的开片纹，足部外墙及足底未及施釉，足部外墙未施釉处呈较为鲜艳的橙红色，足底呈淡橙色，有少量窑渣粘连。口径3.2、最大腹径8.6、足径5.2、高13.3、足高0.8、足圈深0.15、厚0.3～1.0厘米（图九一，3）。

91SJJ∶36，白胎，外壁及颈部内壁上部施青白釉，口沿内、外壁均有较厚的积釉。釉面有开片，足部外墙及足底未及施釉。足部外墙未施釉处呈较为鲜艳的橙红色，足底呈淡橙色，有少量窑渣粘连。口径3.2、最大腹径8.5、足径5.3、高13.5、足高0.9、足圈深0.2、厚0.3～0.5厘米（图九一，4）。

炉

共6件。造型多为仿三代青铜器造型，外观特征差异较大，可分为奁式炉、鼎式炉和鬲式炉三种。

奁式炉

2件。均为子口、斜沿的深腹桶形圈足炉，腹部略有差异。依据腹部的变化分为二型。

A型　直腹略弧，腹较深。1件。子口，直口，圆唇，口沿外有一斜平沿。筒形腹，圈足，足圈内略浅。

91SJJ∶68，主题纹饰位于外壁腹部，分别为折枝牡丹、束莲和折枝月季花卉图案，纹饰作减地剔刻花纹，立体感强。辅助纹饰位于口沿凸棱之下，为变形回纹。器物的内、外壁均施青白釉，外壁釉面光洁，积釉处呈青绿色。内壁口沿下有积釉，其余部分施釉草率，厚薄不均匀，可见刷釉痕迹。内底、圈足底部均未施釉，内底残留三个较大的支垫痕迹。足圈内侧斜切，外侧斜削一周，修整较为平整，足圈底部有一圈凹弦纹。足底有较多的黑色窑渣粘连。口径15、最大腹径18.5、足径12.1、高20、厚0.4～1.4厘米。其中足高2.35、足圈内高1.6厘米（图九二，1；图版一〇九）。

B型　直腹。1件。子口，直口，斜沿，下腹斜折，圈足，足端切削一圈，足底凸凹不平，内圈有一周跳刀痕。

91SJJ∶69。主题纹饰位于外壁腹部，为荷叶莲花纹，是减地剔刻划的花纹，立体感强。口沿凸棱下有一周辅助花纹，为连续的简化刻划回纹。外壁及内沿施青白釉，釉色光洁，釉面有细小的开片。内壁上部刷釉较为草率。浅黄色胎，上腹部分地方剔地较深导致胎体极薄，呈透光状。足底未施釉处呈浅橙色，有黑褐色灼痕。内壁上部未施釉处呈较为鲜艳的橙红色，内底为浅黄色，有黑褐色灼斑，并有烧制时产生的开裂痕。口径14.4、最大腹径16.5、足径10.3、高16、厚0.3～0.7厘米。其中足高1.8、足圈内高1.3厘米（图九二，2；图版一一〇）。

鼎式炉

3件。均为双立耳的三足鼎式炉，立耳为扁长方形，附立于炉的口沿之上。炉体均作有颈、鼓腹、兽足的造型，但各个部分的形状都不尽相同。依据腹部的不同分为三型。

A型　圆鼓腹。1件。斜盘口，直颈，三兽足，足部外侧为兽面花纹。整个炉身显得较长。

91SJJ∶66，完整。素面。外壁及内壁施青白釉，釉面较为光洁，有细密的开片。内壁施釉较为草率。内底及炉底无釉，内底可见螺旋纹。外底呈浅橙色，粘连窑渣。口径17.4、口内径14.8、颈外径15.2、最大腹径17.9、高20.8、耳高1.9、耳宽5.7、耳厚0.9、足高7.1、厚0.4～0.5厘米（图九三；图版一一一）。

1

2

图九二　一号窖藏出土景德镇窑青白瓷　A型、B型奁式炉及纹样展开图

1. A型(9ISJJ∶68)　2. B型(9ISJJ∶69)

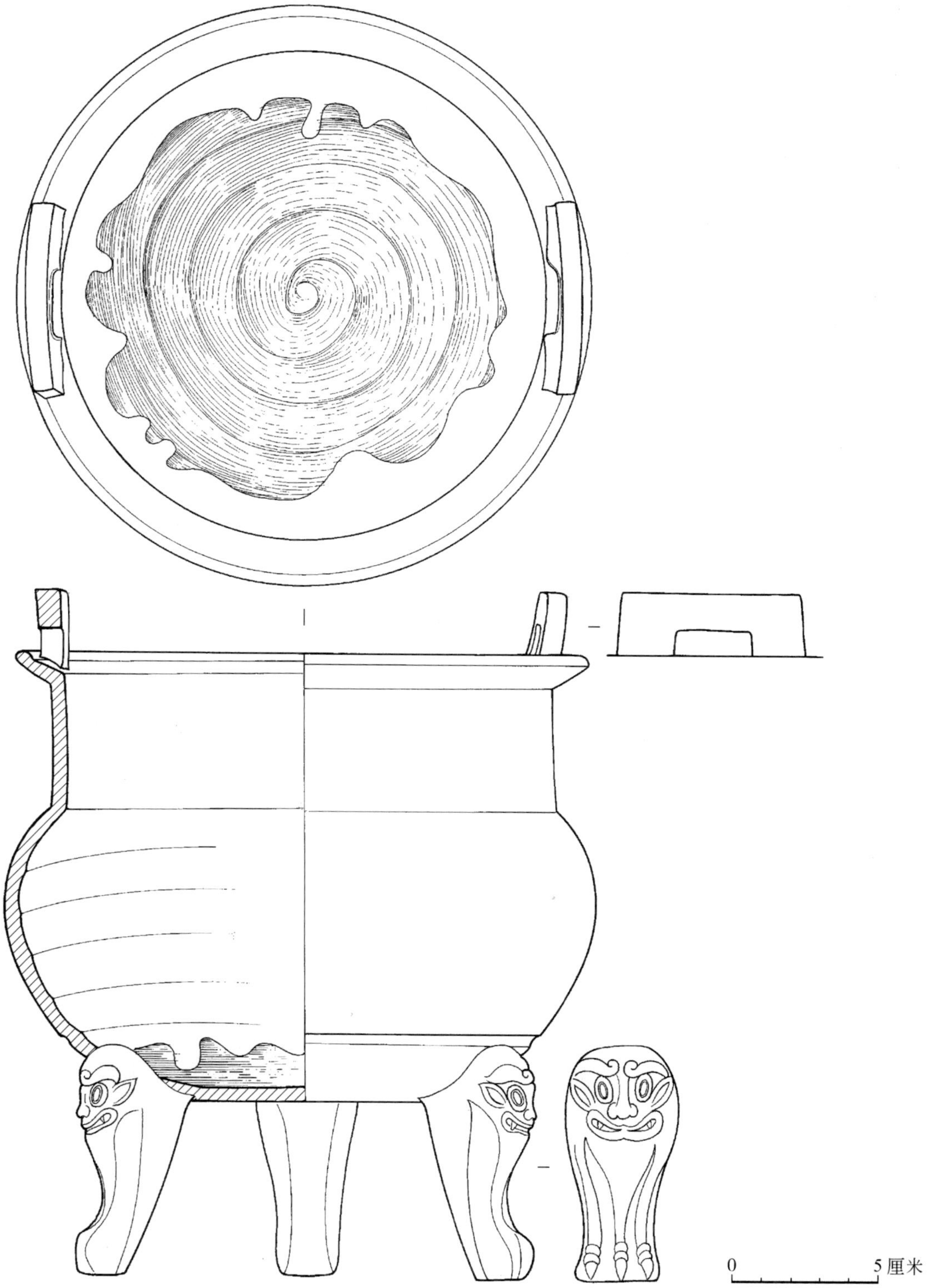

图九三　一号窖藏出土景德镇窑青白瓷　A型鼎式炉91SJJ∶66

B 型　扁鼓腹。1 件。盘口略斜，盘口内沿上附立一对扁长方形立耳。两立耳不太规整，可见粘接痕迹。直颈略短，扁鼓腹较浅，最大腹径在腹中部。三兽足，足较粗短而微外撇。平底。

91SJJ∶64，盘口上有一个小缺口，修复。器表装饰刻划花纹，主题纹饰在外壁腹部，为连续的折枝茼叶莲花纹。颈部饰辅助花纹，为连续的如意云头纹，间隔圆圈纹。器表装饰为减地剔刻的花纹，纹饰的立体感较强。足面为剔刻的兽头纹，纹路较为简化。白胎。外壁及内壁施青白釉，釉面光洁，有稀疏的开片，积釉处颜色青绿。内壁施釉较为草率，可见刷釉、漏釉的痕迹。内底及炉底无釉，内底可见螺旋纹，中部呈黑色。外底有切削、修整痕迹，呈浅橙色，粘连窑渣。口径16.4、口内径13.5、颈外径14.2、最大腹径17、高17.5、耳高1.8、耳宽4.4、耳厚0.4、足高6.3、厚0.3~0.6厘米（图九四；图版一一二、一一三）。

C 型　八棱腹。1 件。器物从口部到炉身均呈八棱形。平沿，沿上附一对扁长方形立耳。直颈略斜，上小下大。鼓腹，颈部与上腹交接处附一对铺首衔环。三兽足较细长，足上部堆贴兽头纹饰，足端外卷。平底略上凹。整个炉形体小而略显瘦长。

91SJJ∶67，完整。白胎，器表不甚平整，内壁未作仔细修整而略显粗糙。外壁及内壁口颈部施青白釉，釉面有少量棕眼，并有较细碎的开片纹。炉底未施釉，呈较为鲜艳的橙红色，有黑色灼斑。有二足端粘连窑砂。口径9.4、口内径6.8、颈外径8.2、最大腹径10.1、高14.5、耳高1.2、耳宽2.2、耳厚0.6、足高7.9、厚0.5厘米（图九五；图版一一四、一一五）。

鬲式炉

1 件。斜盘口，盘口上附立一对拱形立耳。直颈略短，鬲形腹，锥形三足，足底平。

91SJJ∶65，完整。主题纹饰位于三个鬲式鼓腹外壁，分别装饰折枝荷叶莲花、月季和萱草花纹，采用减地剔刻的花纹，纹饰有很强的立体感，腹部的三种花卉图案之间压印三道凹槽间隔。颈部饰刻划回纹作辅助花纹，颈肩部有一周凹弦纹。白胎，胎体的厚薄不均匀，炉体在部分剔刻花纹的部位胎体极薄，可透过略强的光线。外壁及内壁大部施青白釉，外壁及口沿处施釉较为均匀。内底及足底未施釉，呈较为鲜艳的橙红色，足底还有黑色的窑砂类颗粒粘连。口径12、口内径8.7、颈外径10.4、最大腹径13.1、高14.7、耳高2.3、耳宽3.2、耳厚0.4、足高3.2、厚0.5~1厘米（图九六；图版一一六、一一七）。

注子

1 件。为双系曲流执壶的造型。喇叭形敞口，方唇，长颈，溜肩，椭圆形腹，最大腹径在腹中部。肩部设一细长曲流，流口与器口平齐。与曲流相对的位置在颈肩部附立一执柄，执柄作扁平状。曲流与执柄之间的颈肩部竖立一对小型的条形系。圈足，足墙略外撇。

91SJJ∶55，修复。条形双系位于颈肩相接处，均已残断。方唇外侧略内凹在表面形成一道凹槽。颈部有两处细小的烧裂痕。肩上有一圈凹弦纹和一条不连贯的凹弦纹。执柄上压印四道凹痕。腹中部以下、圈足之上的外壁可见数圈拉坯所留下的细弦纹。器表有少量的窑疤粘连。圈足外墙较高，足圈内侧较浅。从内壁可见颈肩部明显的接痕。白胎，胎体较薄。器表施青白釉，内壁施釉到颈肩相接处，外壁施釉至下腹近足部，足部未施釉，有少量流釉。釉色较为清淡，釉面光洁明亮，散布着不少黑斑，部分釉面有开片裂纹。足端较平而宽，粘连少量窑砂，有轻微的灼烧痕迹。

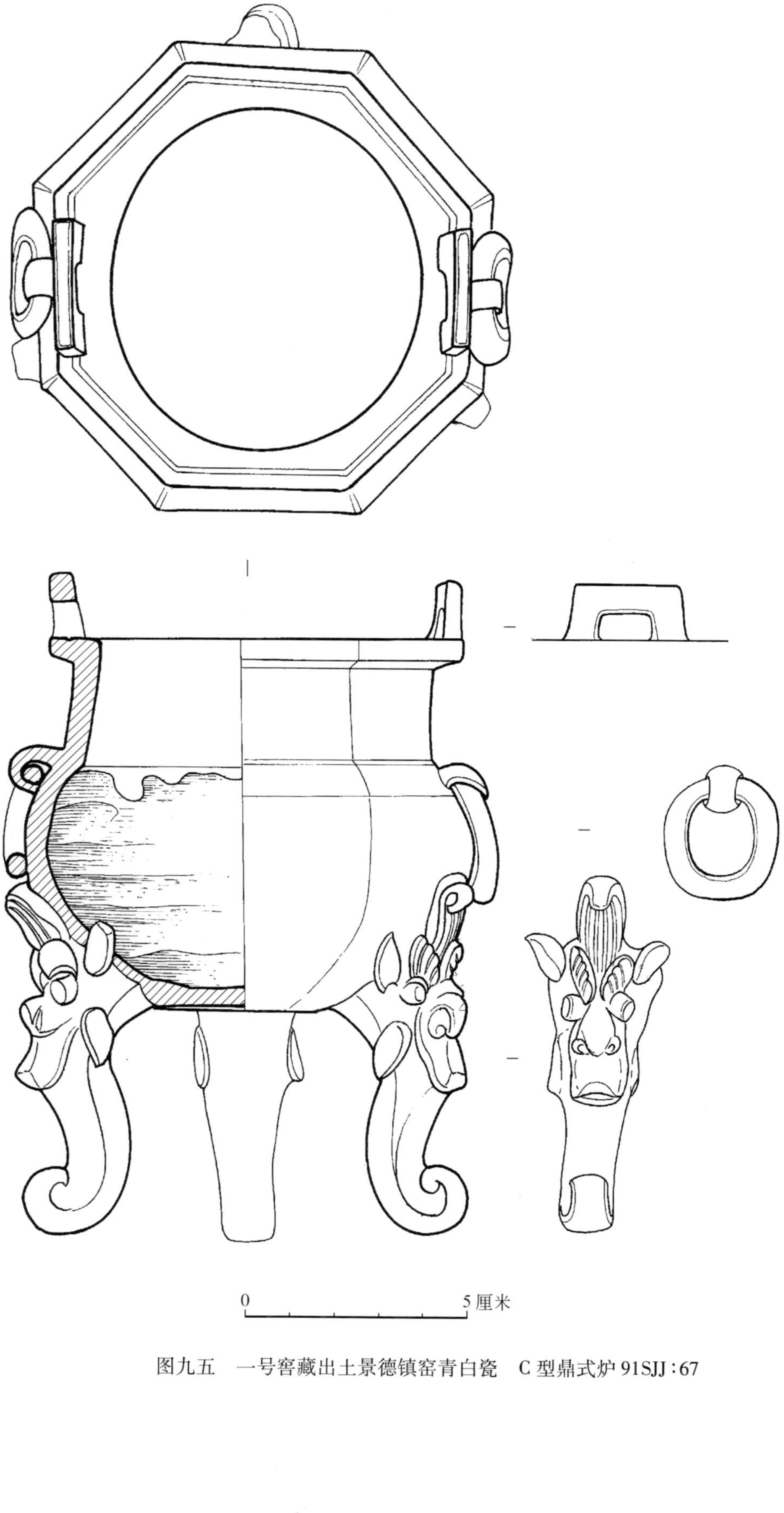

图九五　一号窖藏出土景德镇窑青白瓷　C型鼎式炉91SJJ:67

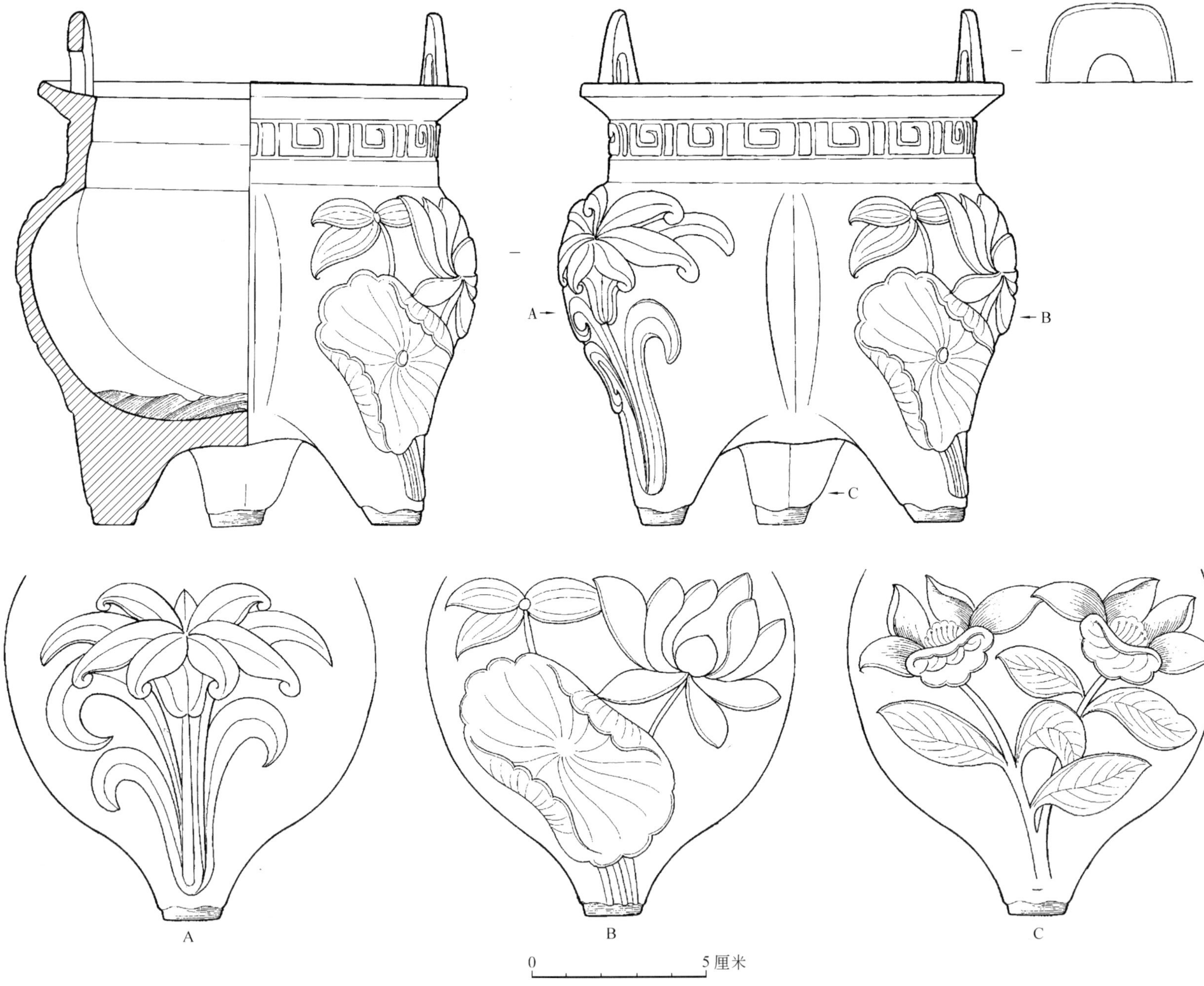

图九六　一号窑藏出土景德镇窑青白瓷　鬲式炉91SJJ：65

口径9.9、最大腹径14.7、足径9.5、高24.5、足高1.2、足圈深0.6、厚0.3～0.8厘米（图九七；图版一一八）。

砚滴

2件。都作小口、环形柄、腹微鼓的造型，形体较小。器物各个部位的形态差异较大，依据腹部的变化分为弧腹略直和梨形腹二型。

A型　弧腹略直。1件。直口较小，圆唇略尖。短颈，圆肩，直腹微鼓，腹部可见一道较为明显的细凸弦纹。平底，修整出一周浅环带形足圈，底部不太平整。曲流中略折，流口高于器口，流上堆贴出凤首造型，并以褐釉点彩描画凤目。近半环形的曲柄位于肩部，柄部有三道凹弦纹。

91SJJ:71，完整。直口较小，圆唇略尖。短颈，圆肩，直腹微鼓，腹部可见一道较为明显的细凸弦纹。平底，修整出一周浅环带形足圈，底部不太平整。曲流中部略折，流上堆贴凤首，以褐釉点彩描画凤目。近半环形的曲柄位于肩部，柄部刻画三道凹弦纹。白胎，青白釉，积釉处呈青绿色。釉面有少量细小的褐色缩釉孔。外壁施釉至近底部，内壁施釉仅及口颈部。外底外圈有两处灼烧痕迹。口径2.8、最大腹径8.9、足径8、高9.2、足圈深0.1、厚0.3～0.4厘米（图九八；图版一一九）。

B型　梨形腹。1件。口略大，直口微敛，圆唇较平。颈极短，斜折肩。梨状腹，最大腹径在下腹部。平底，足底修切出一圈浅浅的足圈，底心略向内凹起。短曲流，位于腹上部，流端略残。拱形柄，位于肩部和上腹部，下端微歪，柄上有两道凹弦纹，柄的顶端附一圆环状小系。

91SJJ:72，完整。除流和柄部，器表满饰模印、刻划花纹。主题纹饰位于腹中部，刻划一对夔龙纹，衬以刻划雷纹作地，两条夔龙姿态相同，朝同一方向，作穿云状，龙嘴长而上翘，龙眼大而细长，龙身细长而作盘绕状。辅助纹饰两组，分别位于颈肩部和上腹部，颈肩部模印一圈近圆点状的覆莲纹，上腹部刻划连续的回纹。白胎，内壁和外壁均施青白釉，内壁口沿和外壁的釉色更显青色。外壁施釉至下腹部，挂釉不整齐。外壁近足部和足底未施釉处为白色，足圈上有少量的浅褐色灼烧痕迹。口径2.9、最大腹径8.2、足径5.4、高8.5、足圈深0.2、厚0.2～0.5厘米（图九九；图版一二〇）。

水盂

2件。均为仿生蟾形三足水盂，作蟾蜍俯立状，但是口部、形体大小和造型细节上都有不同，依据口部的大小差别分为二型。

A型　大口。1件。整器为捏塑成形，辅以堆贴、模印的装饰手法。器口在蟾蜍的背部，圆形，略有一点变形。椭圆形腹部，中空，模印凸弦纹、花瓣纹、大小乳丁纹等不同的花纹，尾部以两条凸线纹间隔出一个区域模印图案。蟾蜍头微仰，堆塑出眼、鼻、耳、花翎等，装饰繁复，眼珠点饰褐彩。上唇呈花边状，下巴上有三道刻划纹路。腹部下堆贴三足，与腹部接口处有烧裂痕迹。足上刻划弦纹，前面的两只足上还戳印出蓖点纹。三足均为三趾，为捏塑成型。

91SJJ:73，白胎。外壁施青白釉，积釉处青翠可爱，釉面有较多的开片。内壁口沿和腹部中间施釉，内底粗糙，未经修整，底心呈橙色。内壁的腹部中间可见明显的接胎的凹痕。足端未施

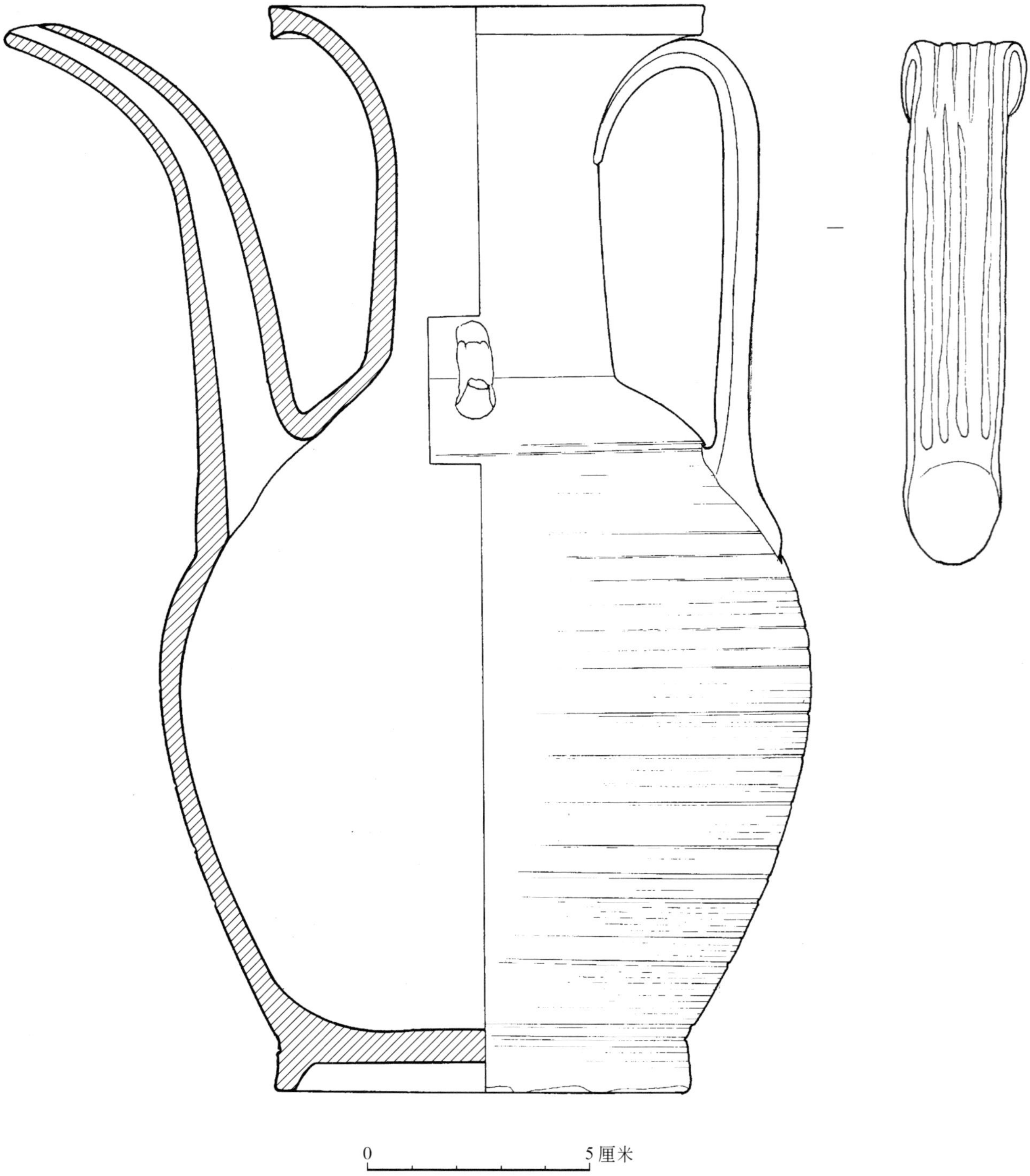

图九七　一号窖藏出土景德镇窑青白瓷　注子 91SJJ:55

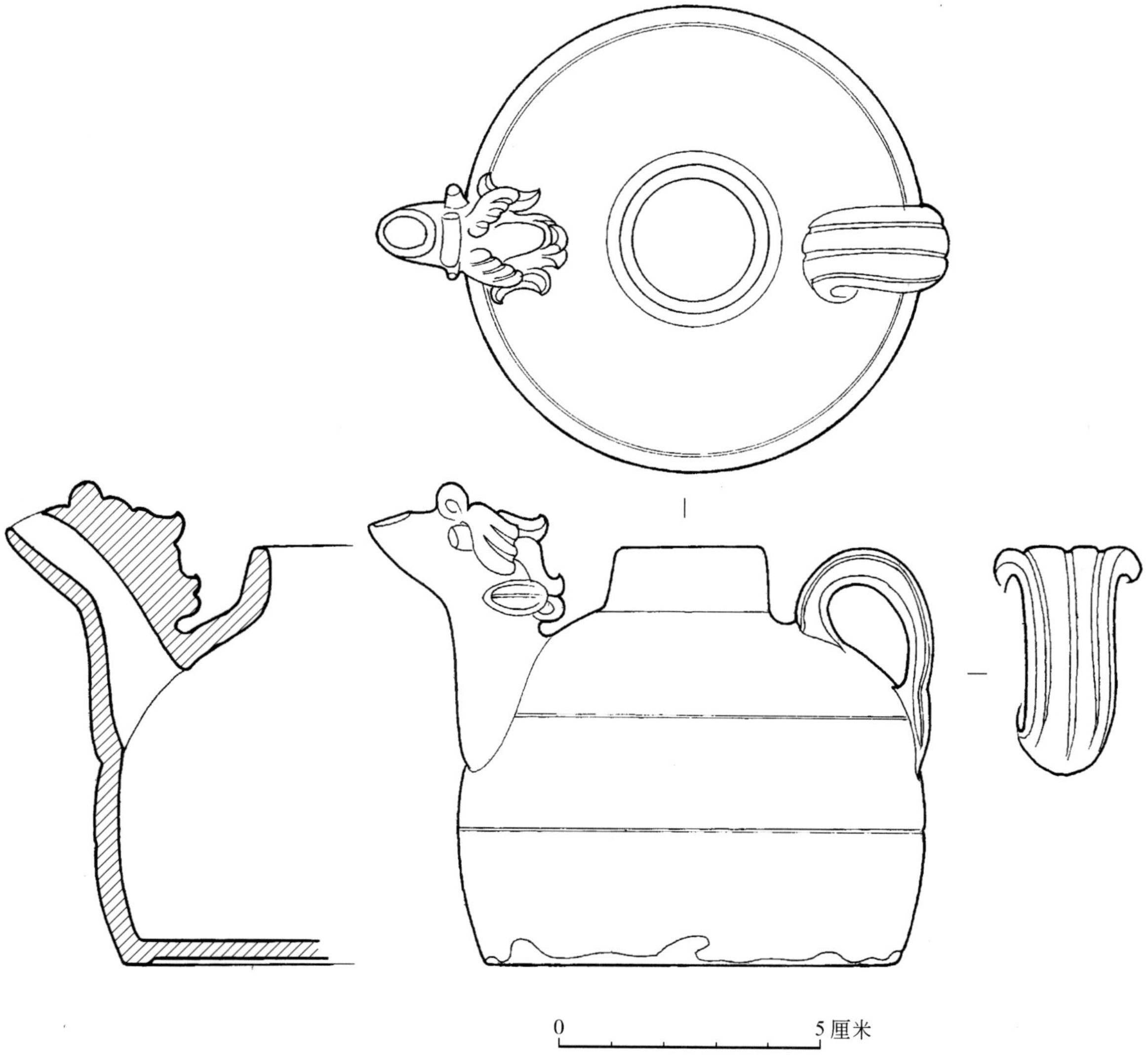

图九八　一号窖藏出土景德镇窑青白瓷　A 型砚滴 91SJJ∶71

釉，呈橙色，有灼烧痕迹，有窑砂粘连。口径 5.8～6.6、体长 18.1、高 11、厚 0.5～1.8 厘米（图一〇〇，1；图版一二二、一二三）。

B 型　小口。1 件。整器为捏塑成形，辅以模印、堆贴的装饰方法。器口位于蟾蜍的背部，为一圆形孔，不太规整。蟾蜍头部上仰，从头部到尾部模印出对称的花纹。头部有眼、触须和鼻的造型，眼珠施褐釉点彩装饰。背部至尾部的中央为两条凸线纹隔离出的花纹带，呈花叶纹状。两侧为大小乳丁纹。从蟾蜍头的唇部延伸出一周凸痕，模印花纹就在这圈凸痕之上。堆贴三足，足的造型简单，前两只足上刻划了两道弦纹装饰。

91SJJ∶74，白胎。外壁施青白釉，积釉处青翠可爱，釉面光洁莹润，可见密集的小气泡。施釉至腹中部，器底和足部未施釉，器底有一圈灼烧痕迹。有黑色窑渣粘连。口径 1.7、体长 10、高 7.5、厚 0.4～0.6 厘米（图一〇〇，2；图版一二一）。

图九九　一号窖藏出土景德镇窑青白瓷　B型砚滴91SJJ∶72及纹样展开图

笔墨插

1 件。圆形，面上有四个孔，孔的形状各异，包括了两个圆形笔插孔，一个圆形的墨水孔和一个长形圆角的墨水孔。外沿和四个孔的外沿均刻划一道浅而细的线纹。直腹，平底，底部外圈粘接三个外撇的卷状小足。

91SJJ:76，完整。腹中部饰一周模印的连续荷叶莲花纹。白胎。施青白釉，釉色较为青翠，腹上有一处褐斑。足上亦施釉，器底中部未施釉，呈浅橙色，中央有一圈黑褐色的灼烧痕迹，有少量窑砂粘连。口径 8.7、最大腹径 8.9、高 5.4、足高 1.1 厘米。四个孔从平面上可区分为大圆孔、中圆孔、小圆孔和长孔，尺寸分别为，大圆孔口径 3、颈径 2.9、孔内最宽 3.4、深 2.3 厘米；中孔呈柱状，口径 2、深 3.6 厘米；小孔口径 1.6、颈径 1.5、最宽 5.4、深 3.7 厘米；长孔直径 1.7～3.6、颈径 1.5、孔内最宽 1.9、深 3 厘米（图一〇一；图版一二四）。

碗

共 220 件。均为圆口碗，大多数为圈足碗，有少量小饼足碗。碗口有施釉和芒口两种。不同种类的碗的胎釉差异较大。依据腹部的变化分为六种。

浅斜弧腹碗

共 61 件。尖唇或圆唇，斜弧腹，腹较浅，浅圈足。均于碗的内壁刻划装饰花纹，外壁无纹饰。依据口部的变化分为三型。

A 型　侈口。11 件。尖唇或圆唇，圈足近饼足状，内圈极浅，足圈外壁略斜。内壁均装饰篦划水波纹和刻划双鱼纹，双鱼均首尾相对。根据鱼纹的差别分为三组。

a 组 4 件。鱼纹形体宽扁，鱼尾细长，线条较清晰，两条鱼位置对称。选介标本 1 件。

91SJJ:416，完整。白胎。青白釉，遍布细浅的开片。足底有一弧形凹痕，未施釉，呈浅橙色。篦划水波纹较粗，为七道平行纹路。口径 17.9、足径 4.9、高 5.4、足高 0.9、足圈深 0.25、厚 0.1～0.8 厘米（图一〇二；图版一二六、一二七）。

b 组 5 件。鱼纹的形体略窄，两条鱼略偏在一侧。选介标本 2 件。

91SJJ:427，修复。白胎。釉色青白，内壁有一些长条形的开片纹，外壁有两处较大的褐斑。足圈上粘连窑砂，足底未施釉，呈浅酱色，底心略突起，可见细弦纹。篦划水波纹较宽，多至九道平行纹路。口径 18、足径 5.1、高 5.5、足高 0.9、足圈深 0.3、厚 0.1～0.9 厘米（图一〇三；图版一二五）。

91SJJ:415，完整，器表有磕伤的裂纹，整器略变形。纹饰刻划不太清晰。白胎。青白釉，釉色泛黄，釉面有稀疏的开片。外壁有较多细小的棕眼。足底未施釉，呈浅酱色，有细密的弦纹。篦划水波纹略窄，多为五至七道平行纹路。口径 17.7、足径 4.9、高 5～5.4、足高 0.8、足圈深 0.1、厚 0.1～0.8 厘米（图一〇四）。

c 组 2 件。鱼纹的形体较窄，且刻划简略，两条鱼之间有刻划的弧形线条纹路。选介标本 1 件。

91SJJ:435，修复。白胎。青白釉，釉面有较多的细小黑斑，外壁有不少小的棕眼。足底未施

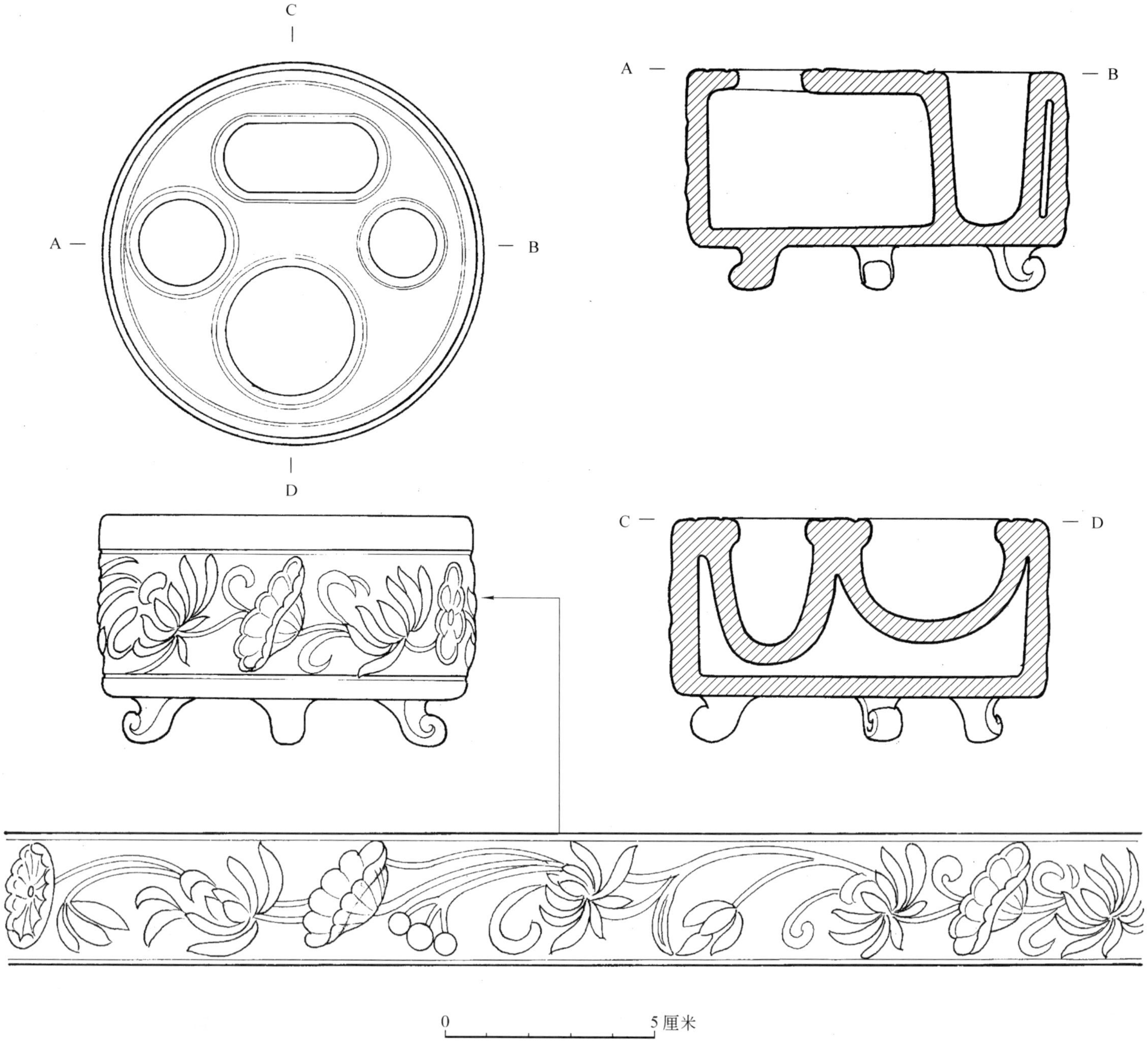

图一〇一　一号窖藏出土景德镇窑青白瓷　笔墨插（砚）91SJJ∶76 及纹样展开图

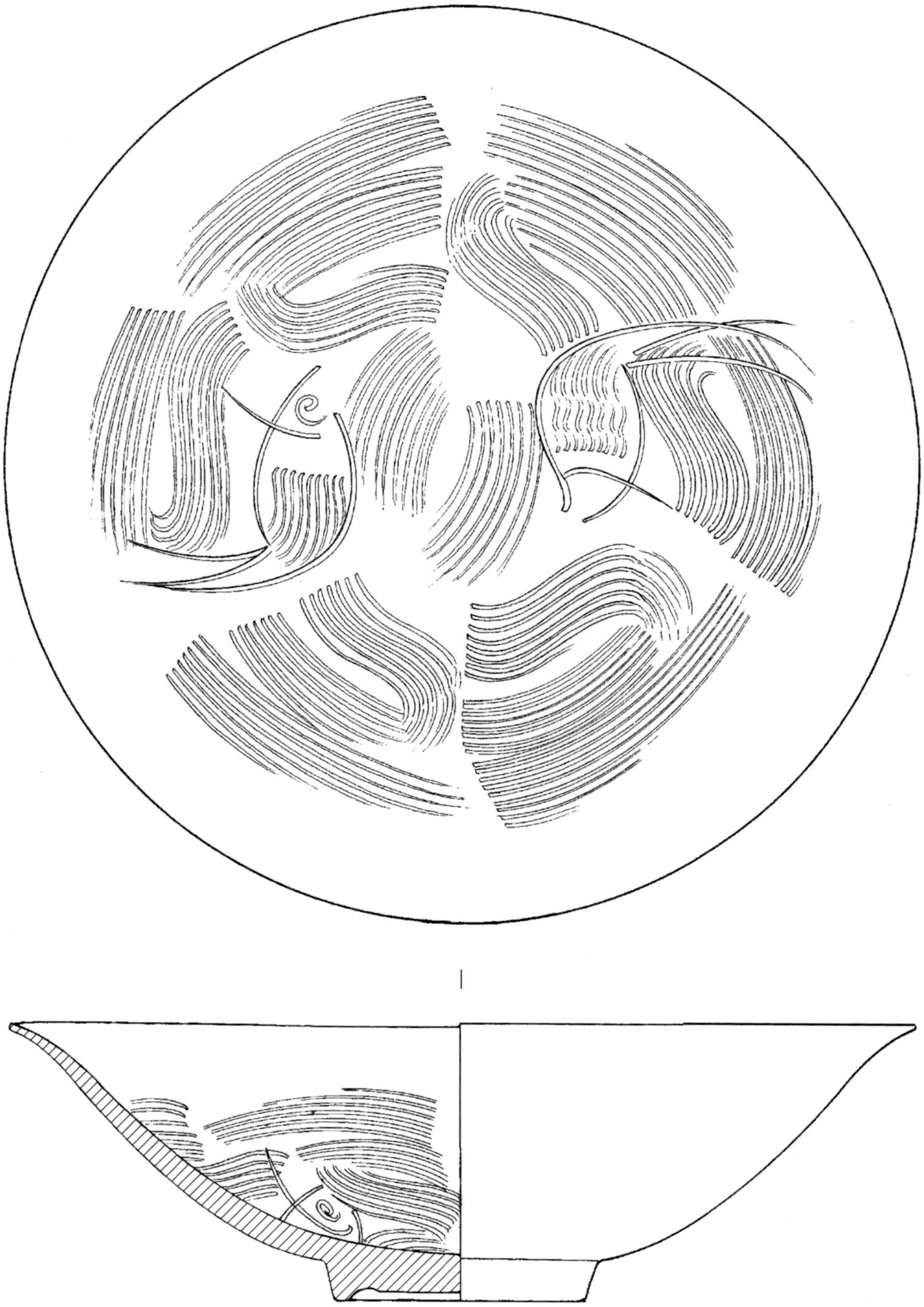

图一〇二　一号窖藏出土景德镇窑青白瓷　A型浅斜弧腹碗91SJJ:416

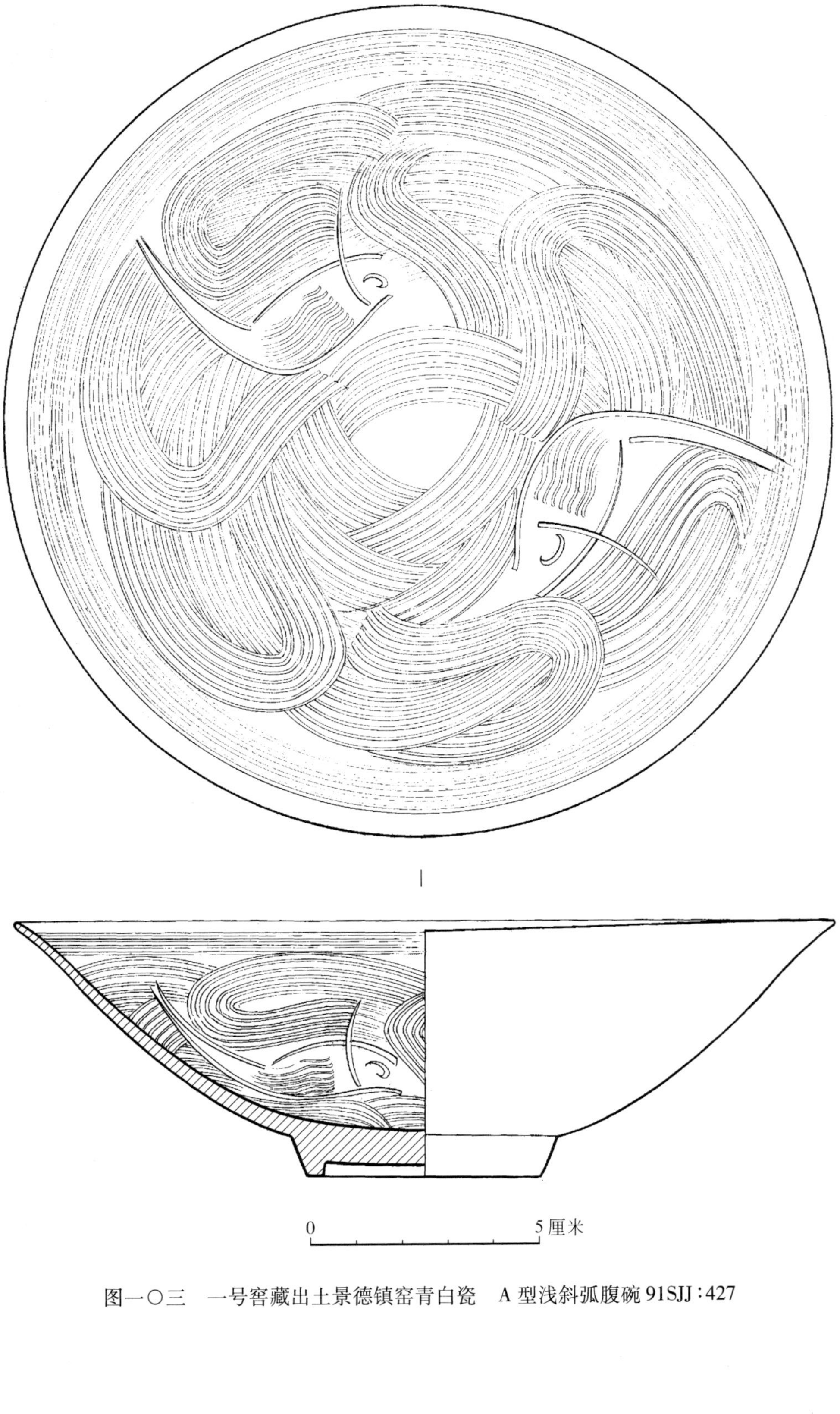

图一〇三 一号窖藏出土景德镇窑青白瓷 A型浅斜弧腹碗 91SJJ:427

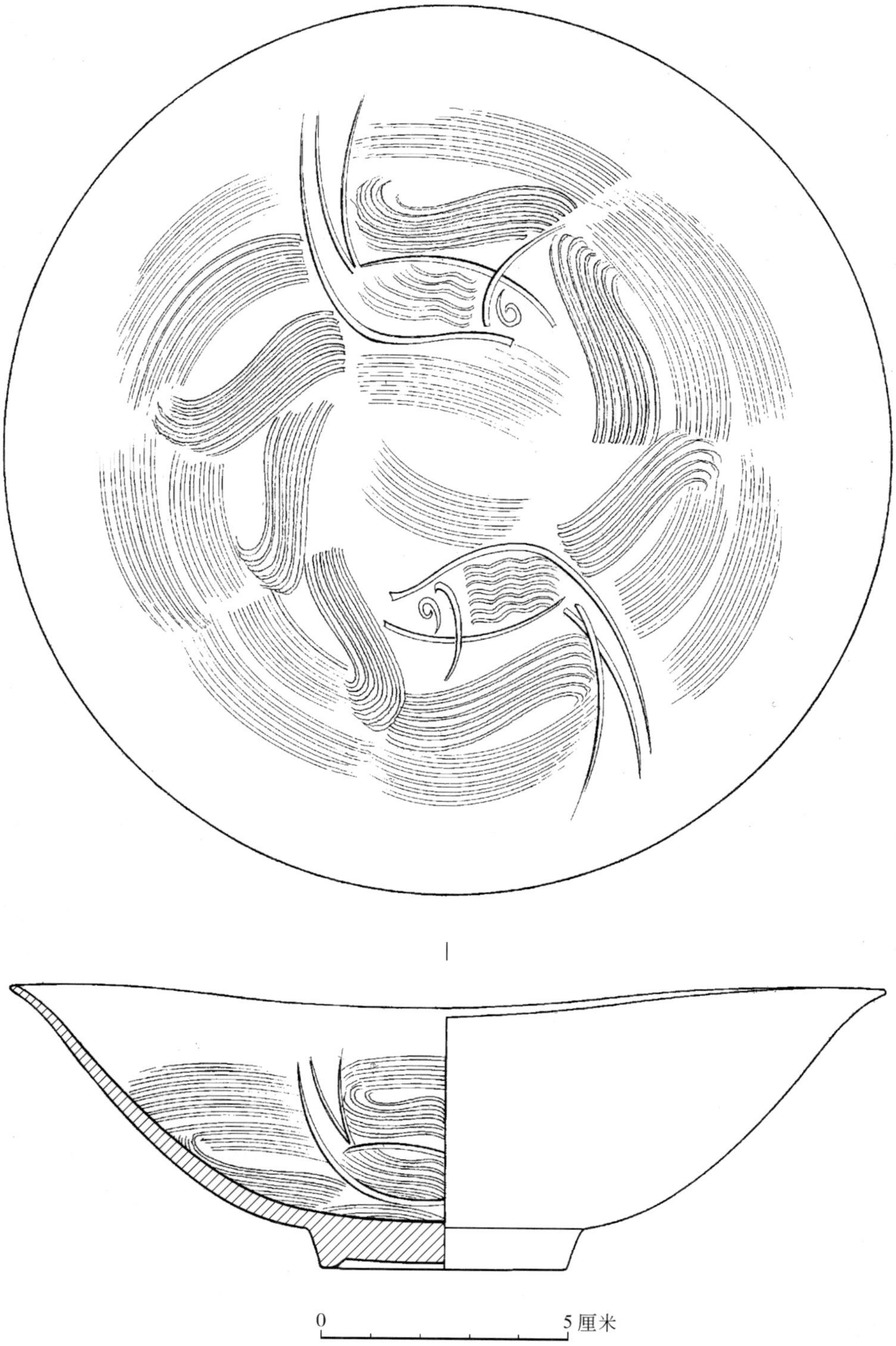

图一〇四　一号窖藏出土景德镇窑青白瓷　A型浅斜弧腹碗91SJJ∶415

釉，呈浅褐色，底心略突起，足圈粘连窑砂。篦划水波纹较短促。口径 17.7、足径 5.2、高 5.5、足高 0.8、足圈深 0.1、厚 0.1～1.0 厘米（图一〇五；图版一二八）。

B 型　敞口。26 件。尖唇微圆，斜弧腹较直，浅圈足。碗内底下凹，有一圈下切痕。碗多略有变形。碗内壁均以刻划婴戏花纹为主题纹饰，外壁无纹饰。图案布局均为两个婴孩相对，衬以云气纹和水波纹。婴孩刻画多较为简洁，中间间隔二团状云纹。水波纹以略为平行的刻划线条描绘，云气纹多以连续的弯曲线条表现。此型碗的胎体均较薄。根据花纹刻划风格、图案布局的差异分为七组。

a 组 2 件。团云纹较大，云气纹和水波纹的纹路较为密集，婴孩呈半侧身扭头状，形体肥胖。选介标本 1 件。

91SJJ∶937，修复。白胎。青白釉，釉色略泛黄，内壁有少量黑色斑点，外壁有少量小棕眼。足底施一圈釉，底心无釉，呈浅橙色，有黑色窑砂粘连。口径 18.8、足径 5.5、高 5.2、足高 0.8、足圈深 0.3、厚 0.2～0.5 厘米（图一〇六）。

b 组 2 件。图案较小，刻划线条较细。婴孩呈半侧身扭头状。选介标本 1 件。

91SJJ∶914，修复。白胎。釉色青白，釉面光洁，外壁有少量棕眼。足底未施釉，呈浅黄色，底心呈褐色，并有黑砂粘连，可见跳刀痕。口径 19、足径 5.6、高 5.5、足高 0.8、足圈深 0.3、厚 0.1～0.5 厘米（图一〇七；图版一二九）。

c 组 5 件。图案线条较疏朗，婴孩和团花较明显。婴孩呈半侧身扭头状。选介标本 1 件。

91SJJ∶417，完整，略变形。白胎。青白釉，釉色泛青黄，口沿有积釉，釉面光洁明亮，内壁有少量黑色斑点，外壁有少量小棕眼。足圈外侧有跳刀痕。足底未施釉，呈白色略带浅橙色，底心的颜色略深些，有少许黑砂粘连。口径 19.2、足径 5.7、高 5.6、足高 0.9、足圈深 0.2、厚 0.1～0.8 厘米（图一〇八；图版一三〇、一三一）。

d 组 6 件。图案的线条多用斜刻，多数线条呈三角形，婴孩呈半侧身扭头状，形体肥胖。选介标本 1 件。

91SJJ∶432，完整，略变形。白胎。青白釉，釉色泛青黄，口沿有积釉，釉面光洁明亮，内底有少量落渣，外壁有少量小棕眼。足底未施釉，呈浅黄色，底心有一弧形凹痕。口径 19.5、足径 5.6、高 5.4、足高 0.8、足圈深 0.2、厚 0.2～0.7 厘米（图一〇九；图版一三二）。

e 组 2 件。线条略浅，呈勾画状，婴孩呈俯伏状。选介标本 1 件。

91SJJ∶414，修复，略变形。白胎。青白釉，釉色泛青黄，口沿有积釉，釉面有密集而明显的长条形开片纹，内底有少量落渣和黑斑，外壁有少量小棕眼。足圈内圈略高，足底未施釉，呈浅橙色，底心呈酱红色，有细密的跳刀痕。口径 18.8、足径 5.9、高 5.6、足高 0.8、足圈深 0.3、厚 0.1～0.6 厘米（图一一〇）。

f 组 3 件。线条清晰，刻划较随意，一个婴孩呈半侧身扭头状，一个婴孩呈俯伏状。选介标本 1 件。

91SJJ∶433，口沿微残，修复，略变形。白胎。釉色青白，口沿有积釉，釉面光洁明亮，有较为明显的长条形开片纹。足圈内圈略高，靠足圈的沟槽明显。足底未施釉，呈浅橙色，底心呈褐色。口径 18.8、足径 5.6、高 5.3、足高 0.8、足圈深 0.3、厚 0.2～1.0 厘米（图一一一；图版一三三）。

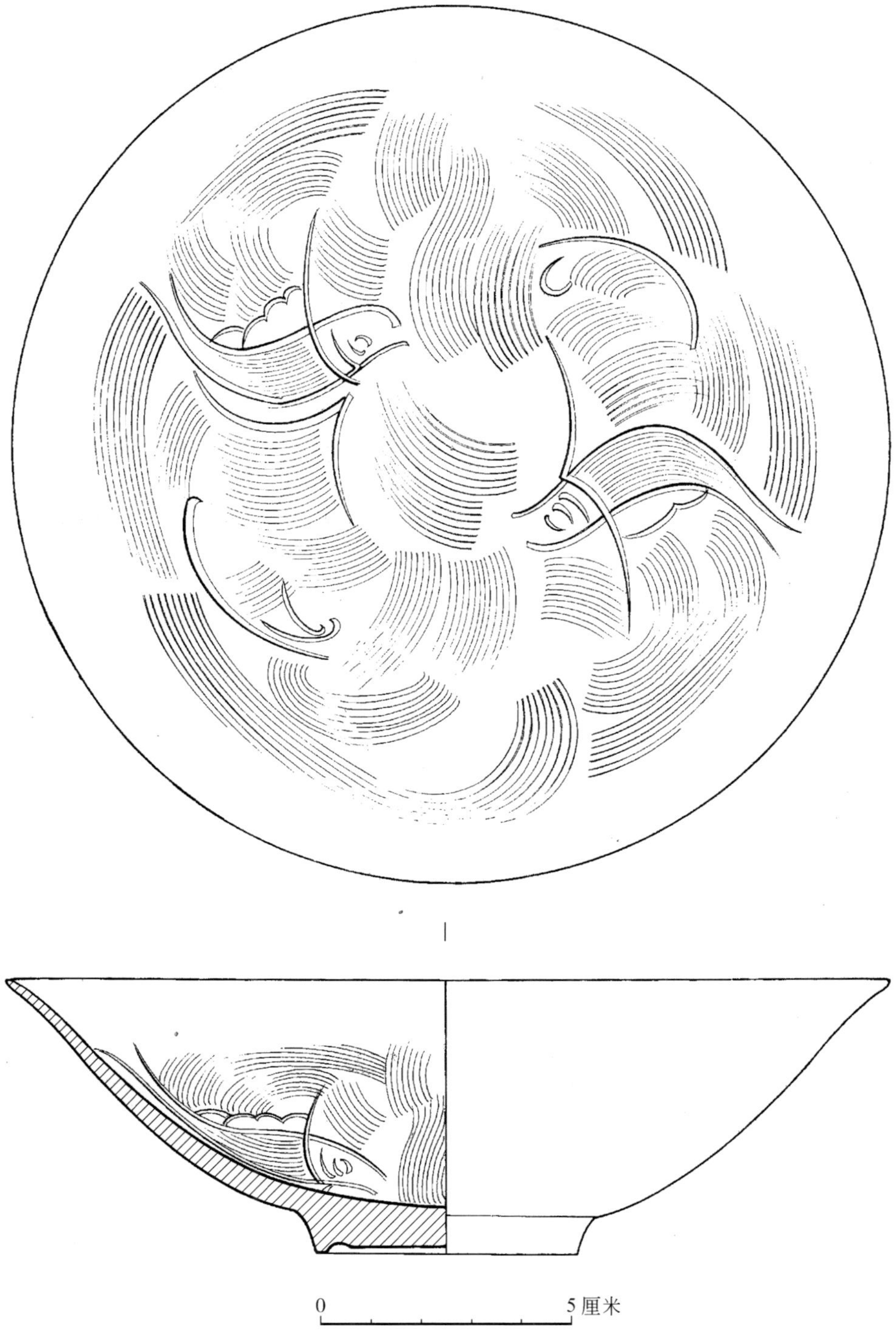

图一〇五　一号窖藏出土景德镇窑青白瓷　A型浅斜弧腹碗91SJJ:435

图一〇六　一号窖藏出土景德镇窑青白瓷　B型浅斜弧腹碗 91SJJ：937

图一〇七　一号窖藏出土景德镇窑青白瓷　B型浅斜弧腹碗91SJJ：914

图一〇八 一号窖藏出土景德镇窑青白瓷 B型浅斜弧腹碗 91SJJ：417

图一〇九　一号窖藏出土景德镇窑青白瓷　B型浅斜弧腹碗91SJJ：432

图一一○　一号窖藏出土景德镇窑青白瓷　B型浅斜弧腹碗91SJJ:414

图一一一　一号窖藏出土景德镇窑青白瓷　B型浅斜弧腹碗91SJJ:433

g组6件。线条刻划草率，图案图形不清晰。选介标本1件。

91SJJ:442，修复，略变形。白胎。釉色青白，口沿有积釉，釉面光洁明亮，有少许褐斑。足圈内圈略高，足底未施釉，呈橙色，底心呈褐色，足底不平整，有一道弧形凹痕。口径18.7、足径5.5、高5.4、足高0.6、足圈深0.4、厚0.2~0.8厘米（图一一二）。

C型 口微敛。24件。圆唇，口微敛，斜弧腹较直，浅圈足。碗的内壁装饰刻划和篦划花纹，碗底心为一团形的牡丹花纹，内壁装饰花叶纹。碗内壁通常可见弦纹，釉面多有开片纹。根据装饰花纹的差别分为二组。

a组5件。碗内壁的花叶纹呈圆形，碗底中心的团花线条较粗。选介标本2件。

91SJJ:408，完整。内壁的花叶为三片圆叶与三个弧线花叶相间隔。白胎。青白釉略发灰，釉面光洁，开片主要在碗的内壁，外壁有少量棕眼和黑褐色斑点。圈足不太圆整，足底未施釉，呈浅橙色，足心有近圆圈形的黑褐色痕迹，略有粘连。口径18.9、足径5.8、高5.8、足高0.7、足圈深0.3、厚0.2~1.0厘米（图一一三；图版一三四）。

91SJJ:462，修复。内壁的花叶为三片圆叶与两个弧线花叶相间隔。白胎。青白釉，釉面光洁，内沿下有积釉痕迹，碗的内壁有少量长条形开片。圈足圆整，足底未施釉，呈浅橙色，足心有圆圈形的黑褐色垫烧痕迹，略有黑砂粘连。口径18.9、足径5.7、高5.8、足高0.5、足圈深0.2、厚0.2~0.6厘米（图一一四）。

b组19件。碗的内壁花叶纹呈细长的三角形，碗内底心刻划一朵牡丹花纹，花瓣上篦划纹路，团形的牡丹花纹刻划在一个凹弦纹的圆圈内。选介标本5件。

91SJJ:938，修复。三片长形花叶形态一致，间隔三个简短的弧线纹。白胎。釉色青白，釉色明亮，釉面有明显的长条形开片。釉面有密集的针眼。足圈规整，未施釉，呈浅橙色，底心有一圆形的垫烧痕迹，呈黑褐色。有窑渣粘连。口径18.8、足径6.1、高5.9、足高0.9、足圈深0.3、厚0.1~0.7厘米（图一一五）。

91SJJ:463，完整，略变形。三片长形花叶形态一致，较宽，叶边微曲，间隔三个简短的弧线纹。白胎。青白釉，釉色光洁，釉面有长条形开片，外壁有一些棕眼和黑斑。足圈规整，未施釉，呈浅橙色，底心有一不太明显的圆形垫烧痕迹，颜色略深。有少量窑渣粘连。口径18.0、足径5.9、高5.5、足高0.8、足圈深0.3、厚0.2~0.7厘米（图一一六；图版一三五）。

91SJJ:405，完整。三片曲形花叶大小略有差别，间隔三个简短的弧线纹。白胎。釉色青白，釉色较明亮，内沿下略见积釉痕迹，内壁釉面有较密集的长条形开片，外壁开片较少而浅，胎体可见少量粘连和小孔。圈足规整，足圈较窄，未施釉，呈浅橙色，底心有一近圆形的垫烧痕迹，颜色略深。口径18.0、足径6.1、高5.9、足高0.7、足圈深0.3、厚0.15~0.7厘米（图一一七）。

91SJJ:418，完整，略变形。三片宽大的曲形花叶大小不一，间隔三个简短的弧线纹。白胎。釉色青白，釉色较为光洁明亮，内沿下可见积釉痕迹，内壁釉面有明显的长条形开片而外壁较少。圈足圆整，足圈宽窄不一，未施釉，呈橙色，底心有一圆形的垫烧痕迹，呈浅褐色。有少量黑褐色窑渣粘连。口径17.2、足径5.9、高6、足高0.7、足圈深0.3、厚0.15~0.7厘米（图一一八）。

91SJJ:487，完整。三片曲形花叶大小相近，间隔三个简短的弧线纹。白胎。釉色青白，釉色较为光洁明亮，内沿下可见明显的、不均匀的积釉痕迹，釉面有明显的长条形开片。釉面有密集

图一一二　一号窖藏出土景德镇窑青白瓷　B型浅斜弧腹碗91SJJ∶442

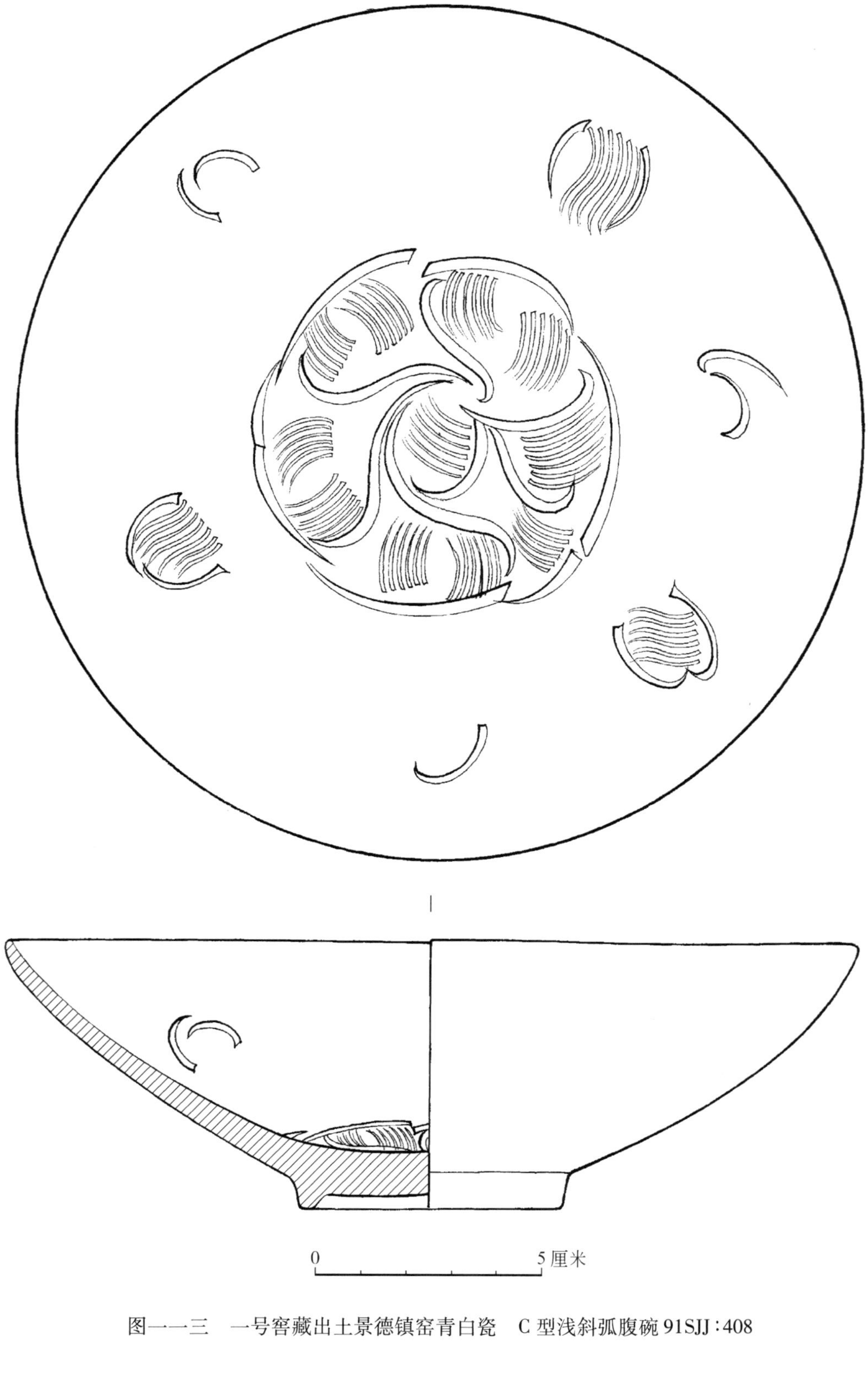

图一一三　一号窖藏出土景德镇窑青白瓷　C型浅斜弧腹碗91SJJ:408

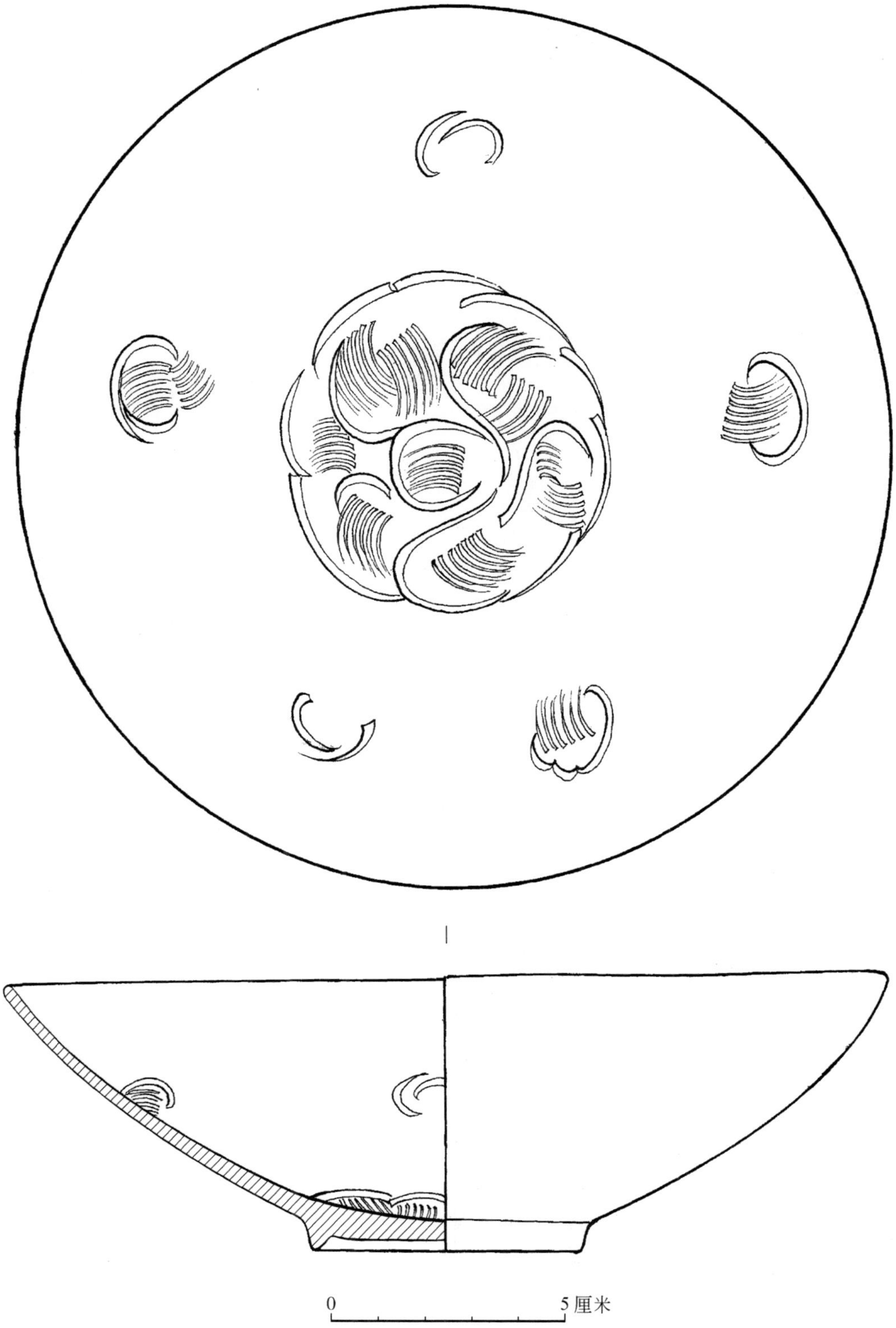

图一一四　一号窖藏出土景德镇窑青白瓷　C型浅斜弧腹碗91SJJ∶462

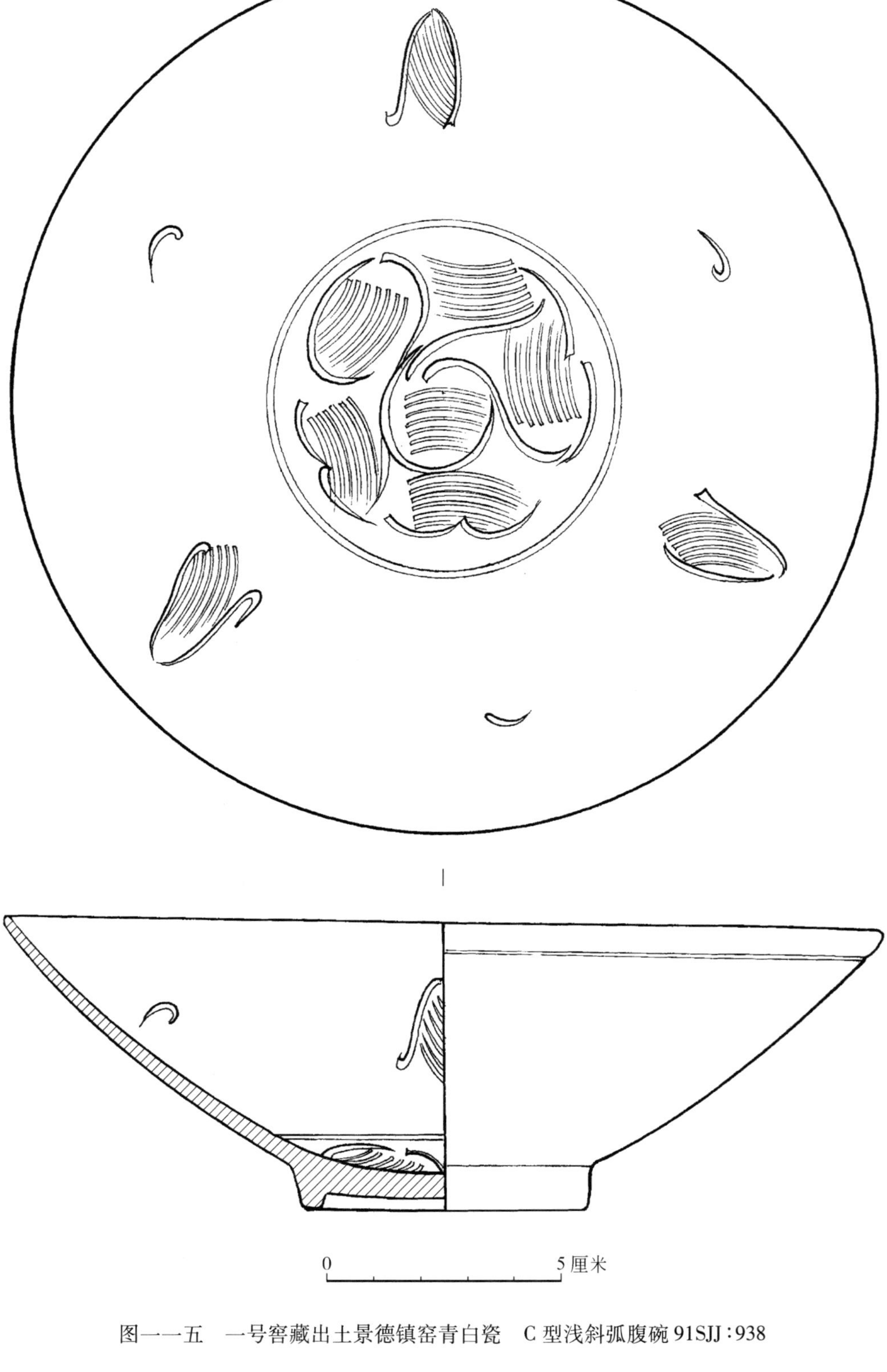

图一一五　一号窖藏出土景德镇窑青白瓷　C型浅斜弧腹碗91SJJ∶938

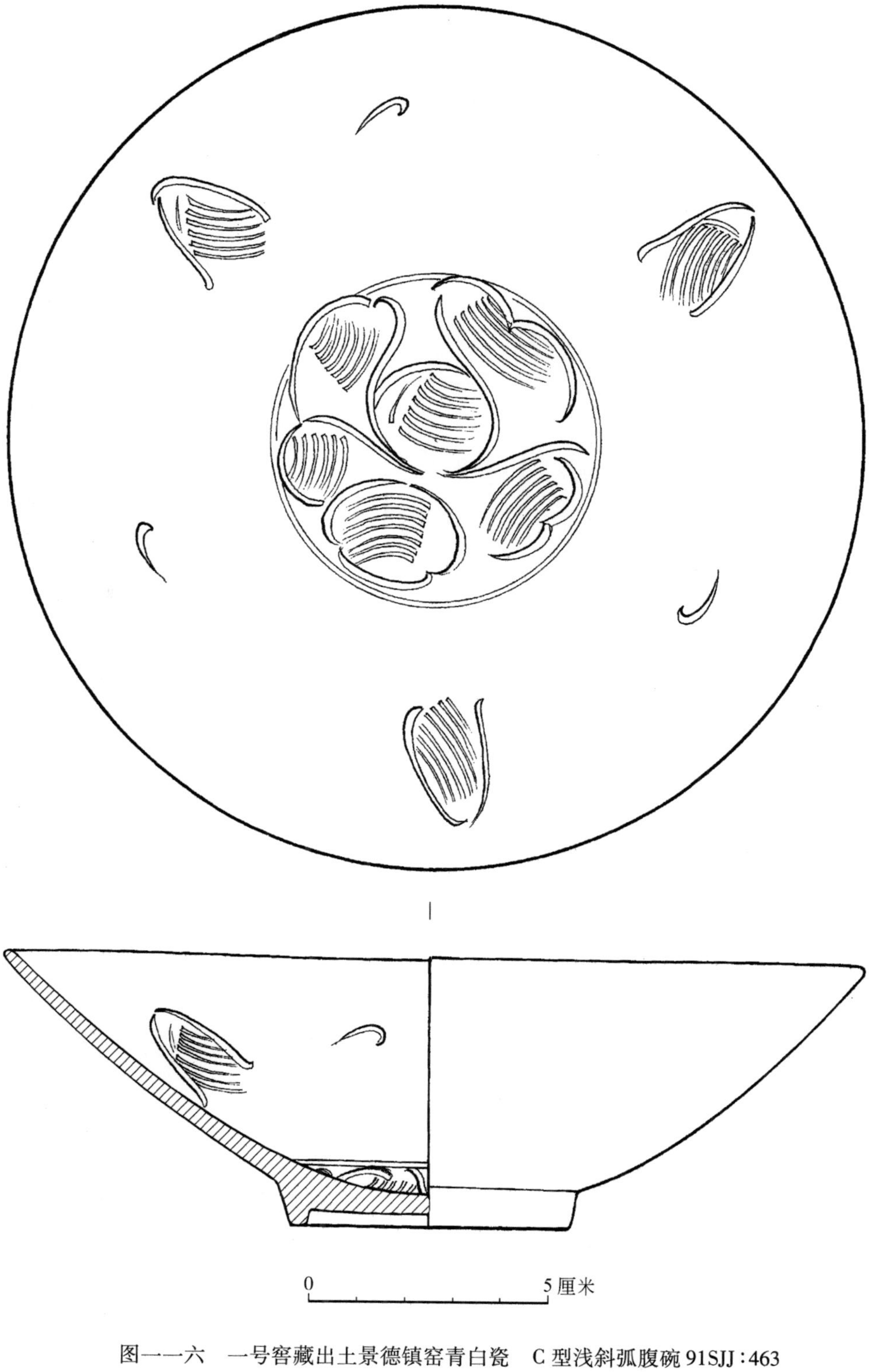

图一一六　一号窖藏出土景德镇窑青白瓷　C型浅斜弧腹碗 91SJJ:463

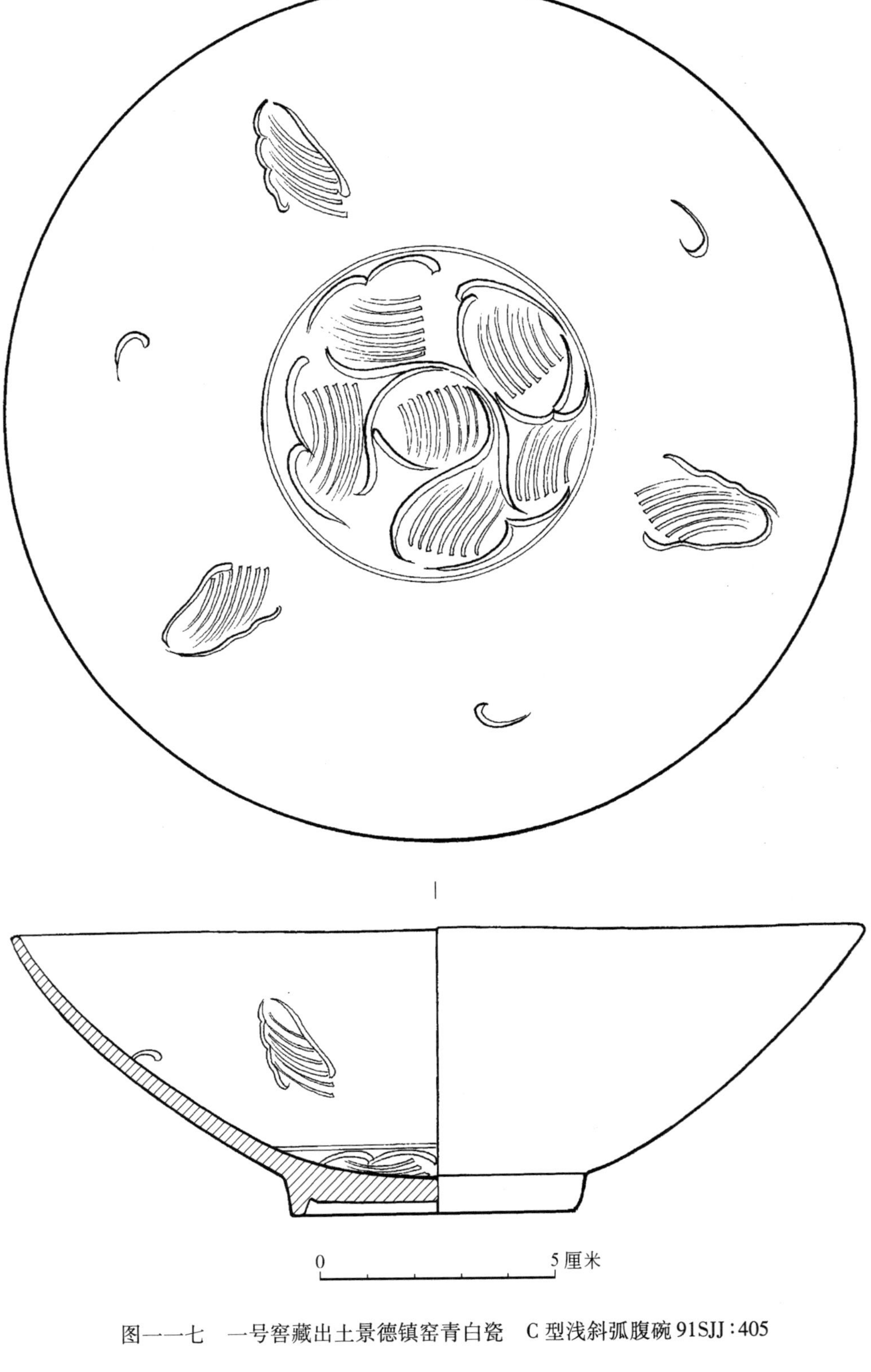

图一一七　一号窖藏出土景德镇窑青白瓷　C型浅斜弧腹碗91SJJ：405

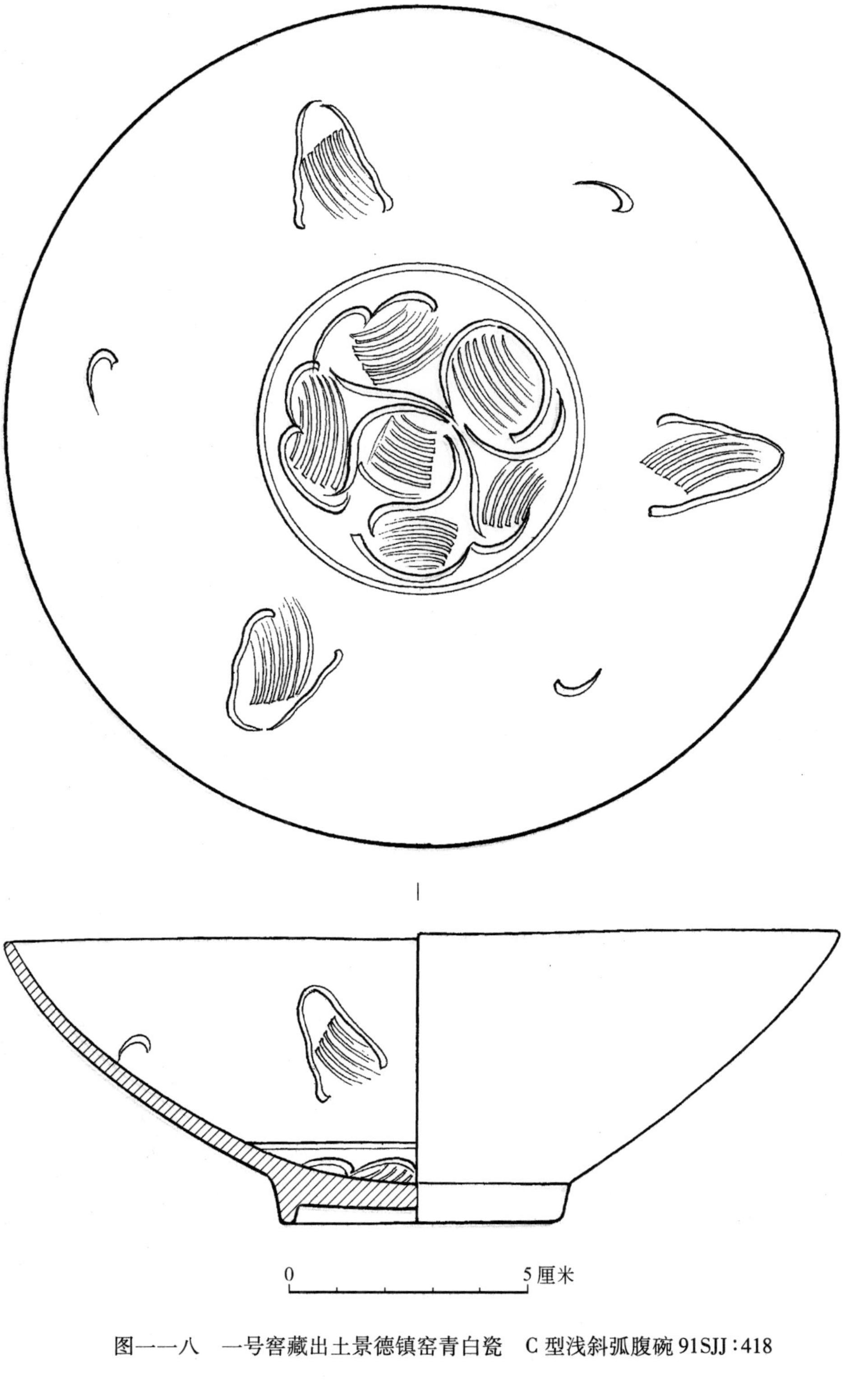

图一一八　一号窖藏出土景德镇窑青白瓷　C型浅斜弧腹碗91SJJ：418

的针眼，外壁有少量棕眼和小黑斑。圈足圆整，靠足圈的足底挖切一圈，未施釉，呈橙色。口径18.0、足径6.1、高5.5、足高0.7、足圈深0.2、厚0.1~0.6厘米（图一一九）。

斜弧腹碗

共17件。尖唇略圆，口外侈，斜弧腹，小圈足。斜弧腹较直。除足底以外通体施青白釉。依据口径与高度比例的差异分为二型。

A型　口径略小，显得腹部略深。5件。碗内底下凹，挖切一圈，与圈足大小相近。圈足内圈极浅，近饼足状。内壁装饰篦划水波纹和刻划双鱼纹，鱼的形体都比较宽扁。选介标本3件。

91SJJ:498，完整。白胎。青白釉，釉色略偏灰白，内壁釉面有稀疏的条形开片。外壁釉面有少量细小的棕眼及小黑斑，有两处突起。足圈外侧积釉。足底未施釉，呈浅橙色，有黑渣粘连，底心可见细密的弦纹和较浅的跳刀痕。口径18.6、足径5.0、高6.4、足高0.9、足圈深0.25、厚0.1~0.9厘米（图一二〇；图版一三六、一三七）。

91SJJ:458，完整。白胎。青白釉，内壁有稀疏的长条形开片，外壁有少量棕眼。足底未施釉，呈浅酱色，有少量黑砂粘连。口径18.5、足径5.4、高6.4、足高0.8、足圈深0.2、厚0.1~0.5厘米（图一二一）。

91SJJ:460，口部有一小的磕伤缺口，器形基本完整。双鱼纹刻划较为随意，两条鱼之间刻划弧线形的水波纹。白胎。青白釉，釉色泛青灰，釉面有稀疏的开片，较多细小的黑斑。足底未施釉，呈浅白色，粘连少量黑渣。口径18.4、足径5.2、高6.5、足高0.8、足圈深0.2、厚0.1~1.0厘米（图一二二）。

B型　口径略大，显得腹部略浅。12件。圈足内圈略深。内壁装饰篦划水波纹和刻划双鱼纹，鱼纹的形状略有差异，外壁无纹饰。根据鱼纹的差别，将此型的碗分为三组。

a组2件。刻划线条较细，鱼的形体较纤细，图案分布较窄。选介标本1件。

91SJJ:392，完整。白胎。釉色青白，内底心积釉较厚，釉面遍布长条形的开片纹，外壁釉面有少量棕眼。圈足较规整，未施釉，呈橙红色，可见垫烧的圆圈痕迹。口径19.0、足径5.6、高6.4、足高0.8、足圈深0.4、厚0.15~1.0厘米（图一二三；图版一三八）。

b组4件。篦划花纹细密，鱼的形体细长，图案分布接近碗的内沿。选介标本2件。

91SJJ:401，口沿有几处小磕伤缺口。两条鱼之间有两道刻划的水波纹。白胎。釉色青白，釉面略有小黑斑。圈足规整，足底外圈施釉，底心未施釉，微呈鸡心状突起，呈浅酱色。足底有一圈垫烧的黑砂。口径18.8、足径5.4、高6.0、足高0.8、足圈深0.4、厚0.15~1.0厘米（图一二四；图版一三九）。

91SJJ:451，口沿有许多小缺口，修复。白胎。青白釉略发黄，外壁釉面有稀疏的开片。圈足规整，足底外圈施釉，底心未施釉，微呈鸡心状突起，呈橙色。足底有半圈垫烧痕迹。口径18.、足径5.6、高5.7、足高0.8、足圈深0.4、厚0.15~1.0厘米（图一二五）。

c组6件。鱼纹清晰，形体较大，鱼的位置不对称。选介标本2件。

91SJJ:452，完整。白胎。青白釉，釉面略有棕眼和缩釉孔，遍布细浅的开片。足底未施釉，呈橙色，有跳刀痕。口径19.9、足径5.8、高6.5、足高0.8、足圈深0.3、厚0.2~0.6厘米（图一二六；图版一四〇）。

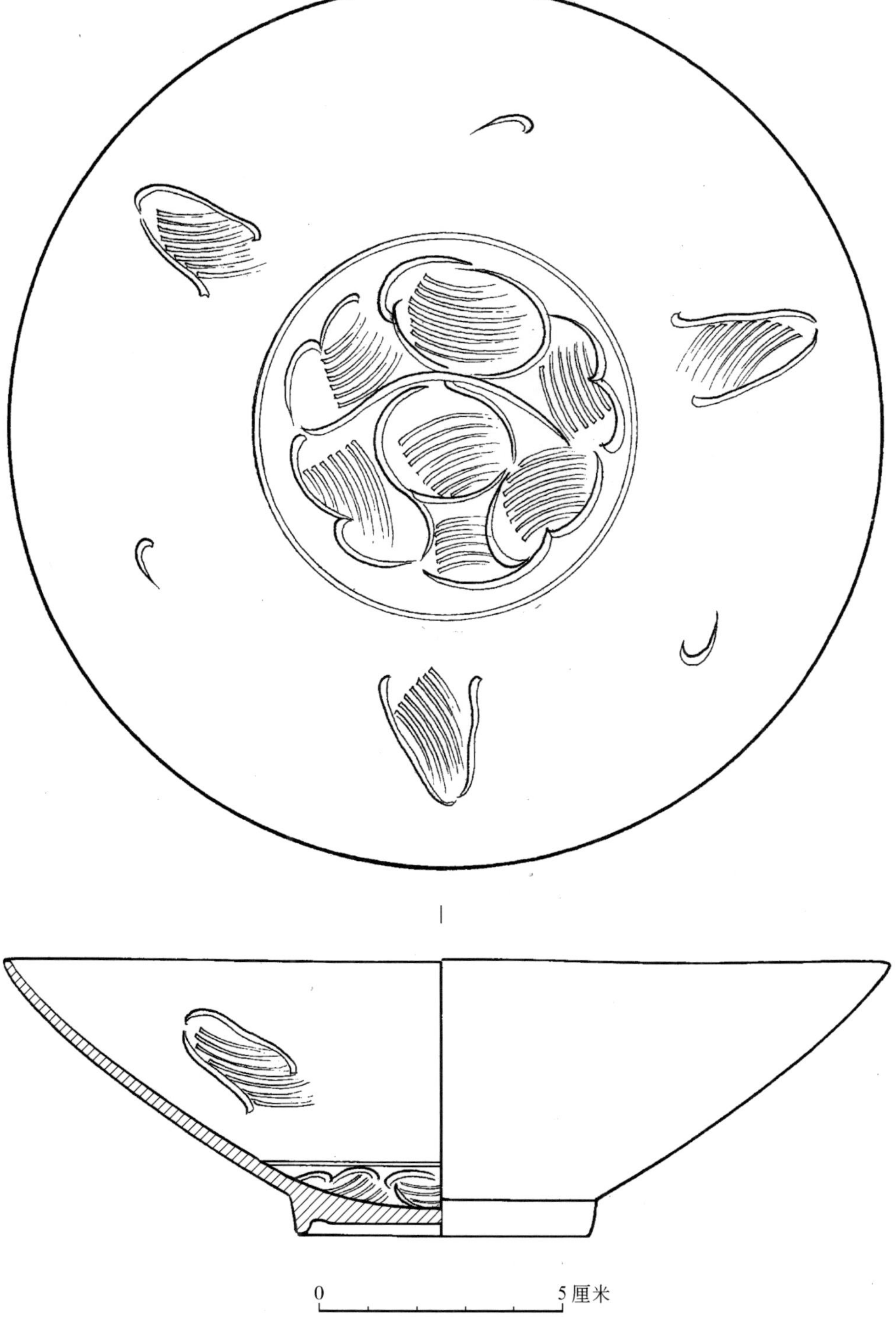

图一一九 一号窖藏出土景德镇窑青白瓷 C型浅斜弧腹碗91SJJ:487

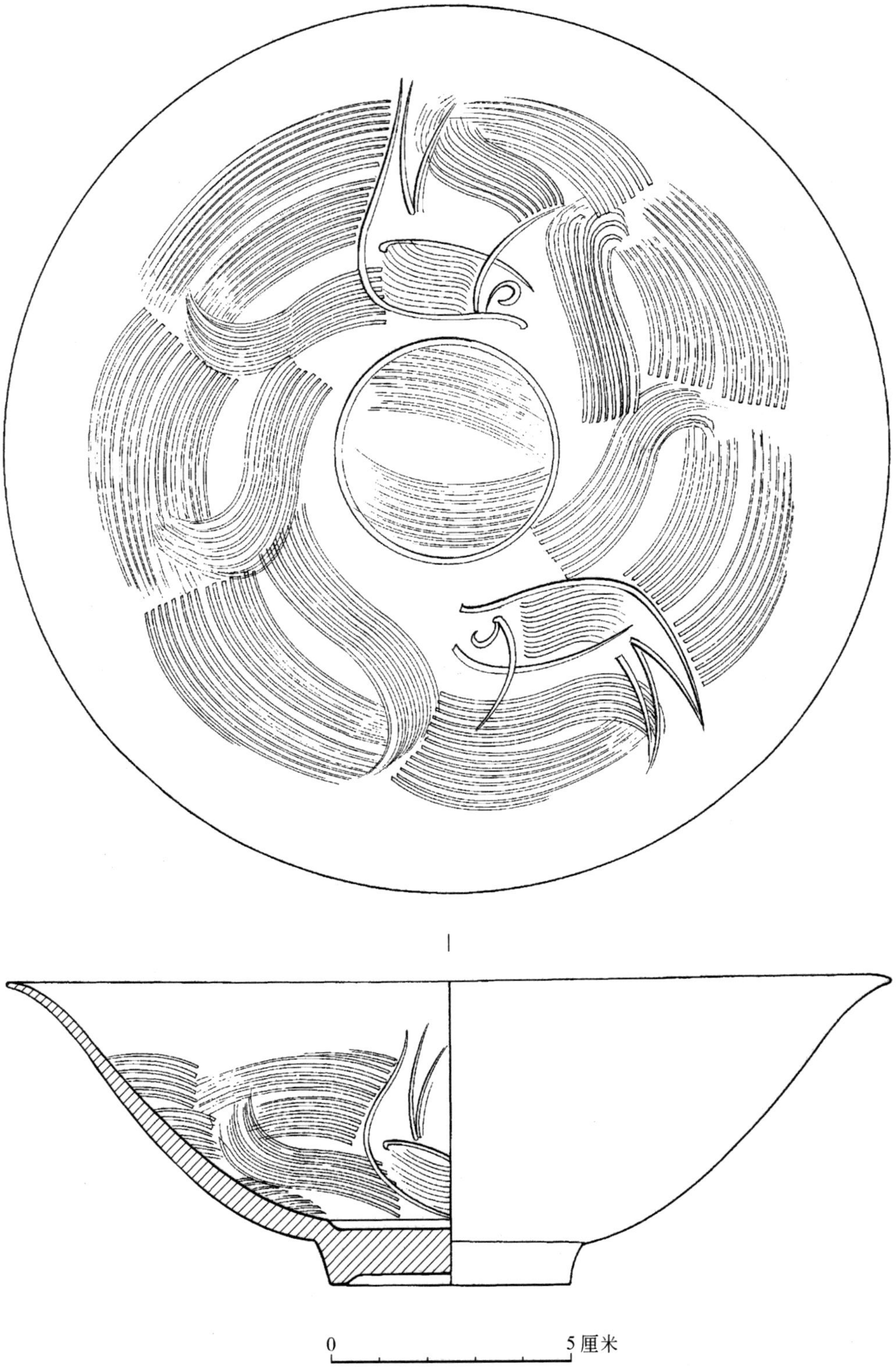

图一二〇　一号窖藏出土景德镇窑青白瓷　A型斜弧腹碗91SJJ∶498

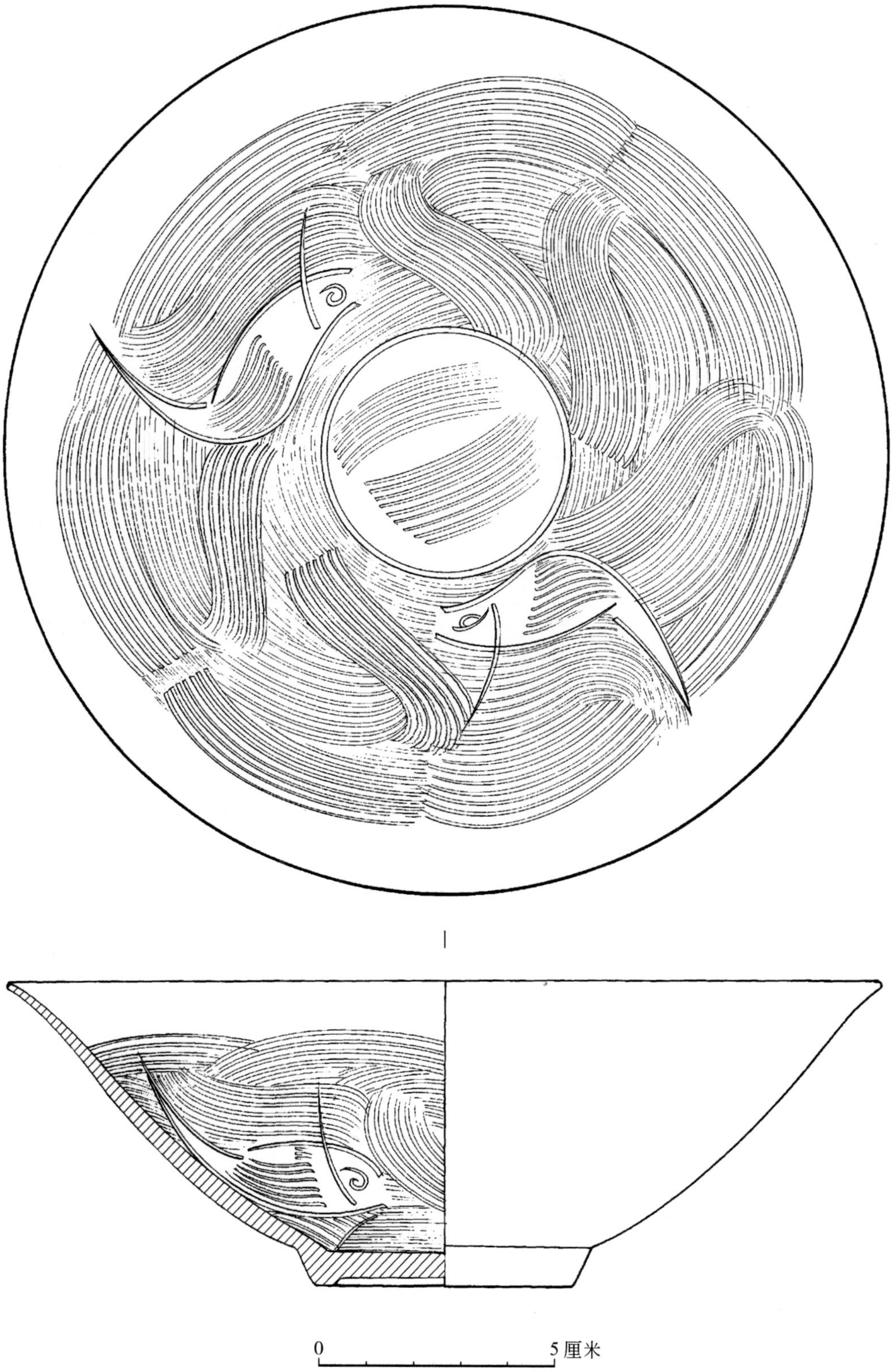

图一二一　一号窖藏出土景德镇窑青白瓷　A型斜弧腹碗91SJJ：458

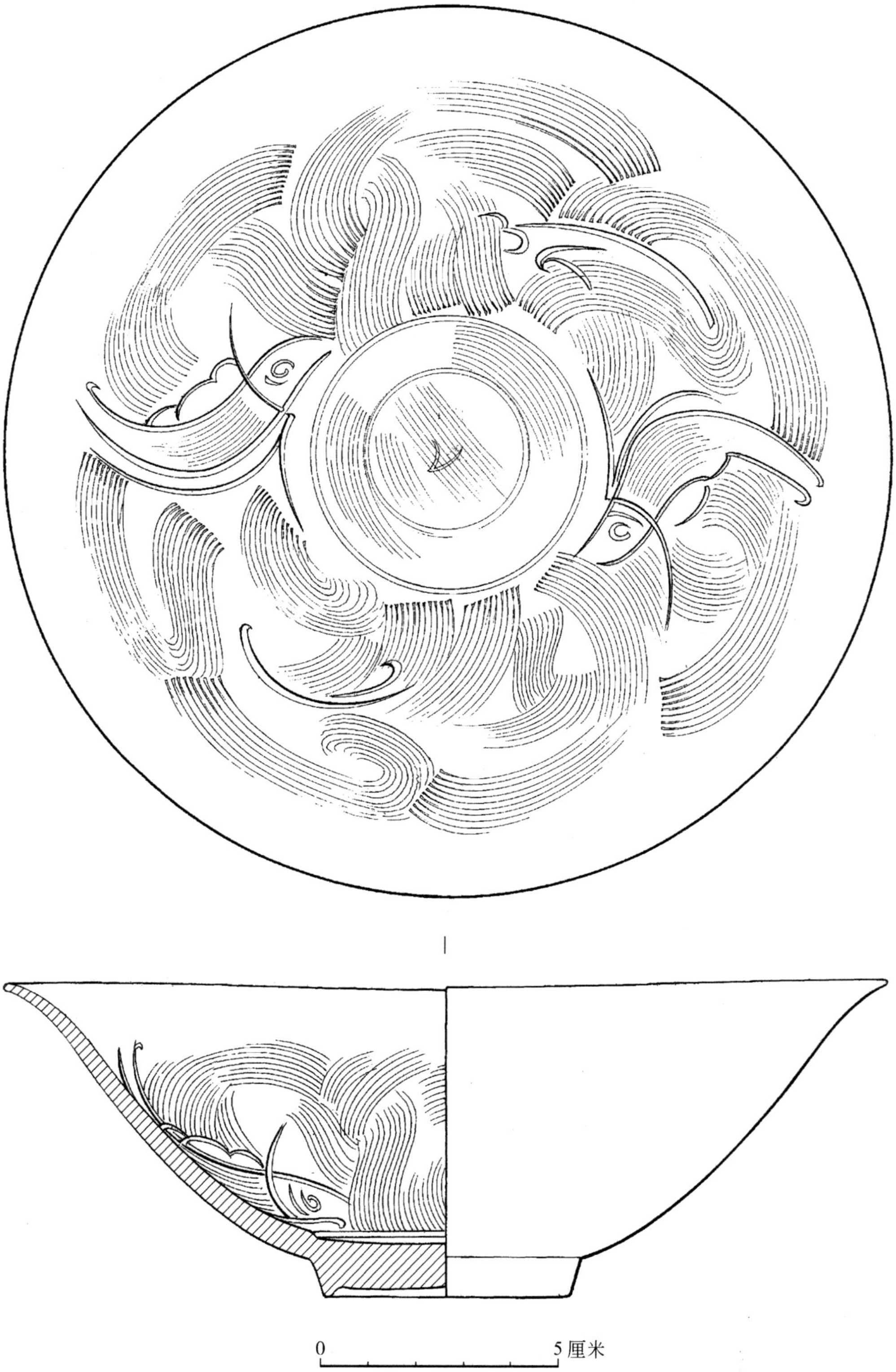

图一二二　一号窖藏出土景德镇窑青白瓷　A型斜弧腹碗91SJJ∶460

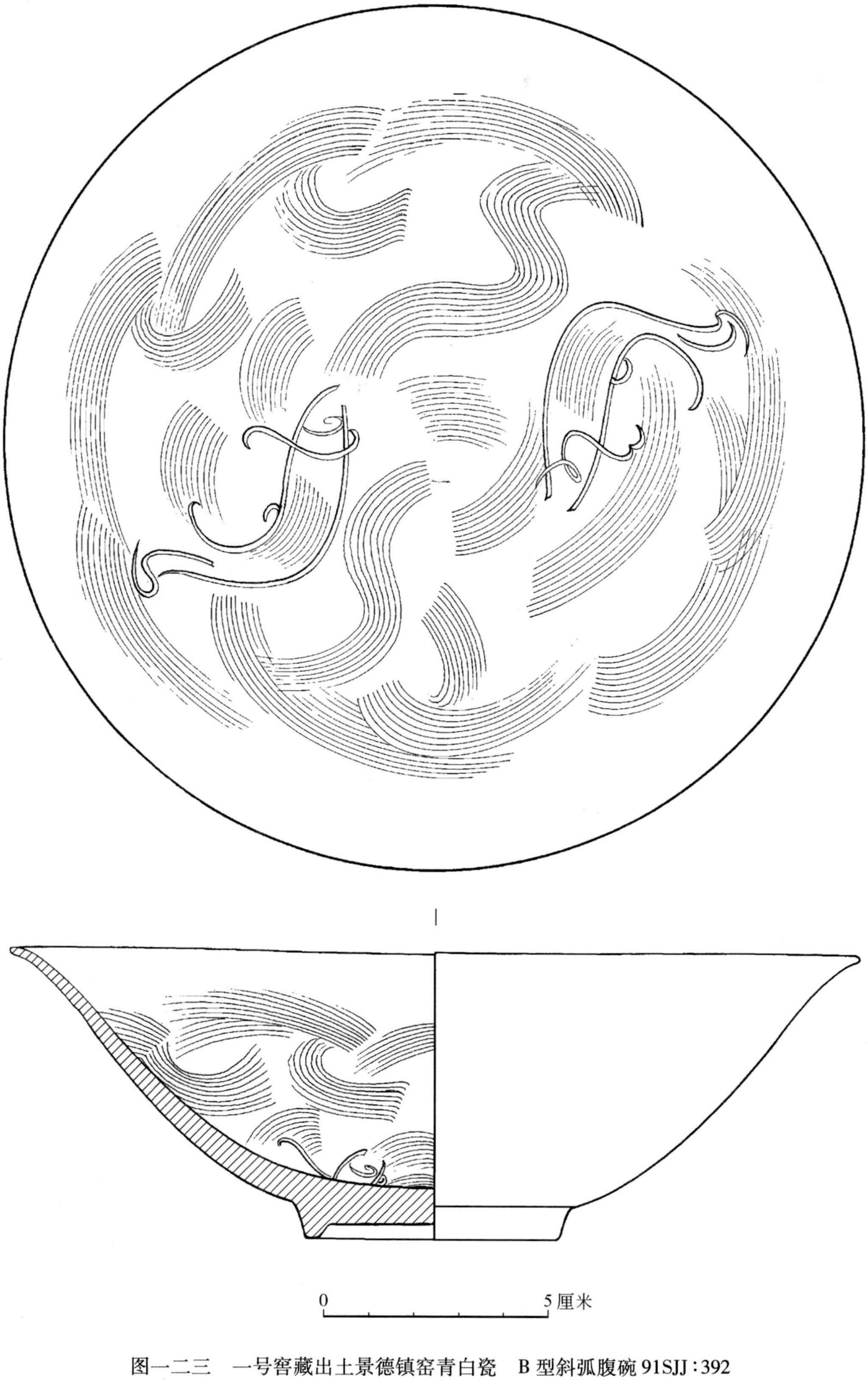

图一二三 一号窖藏出土景德镇窑青白瓷 B型斜弧腹碗 91SJJ:392

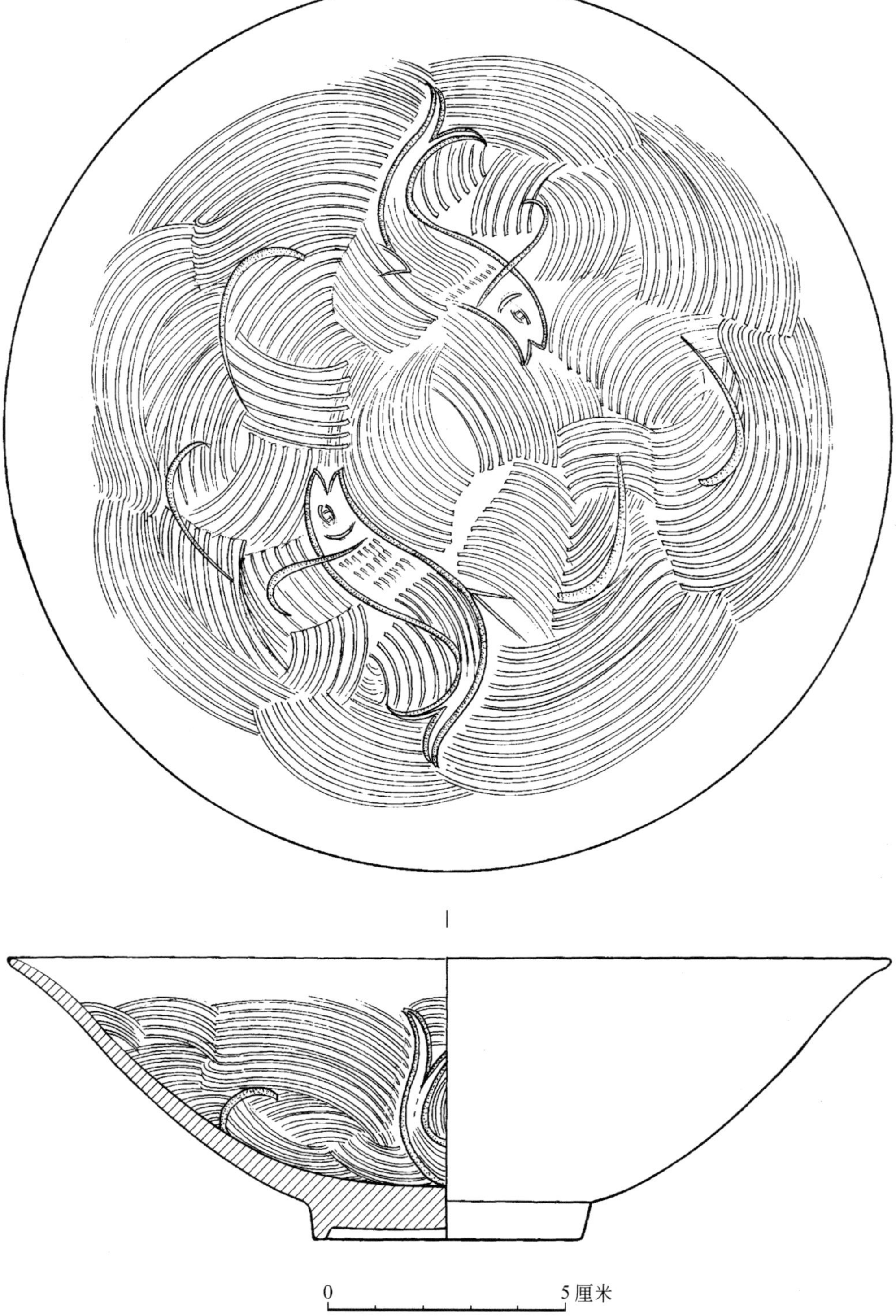

图一二四　一号窖藏出土景德镇窑青白瓷　B型斜弧腹碗91SJJ：401

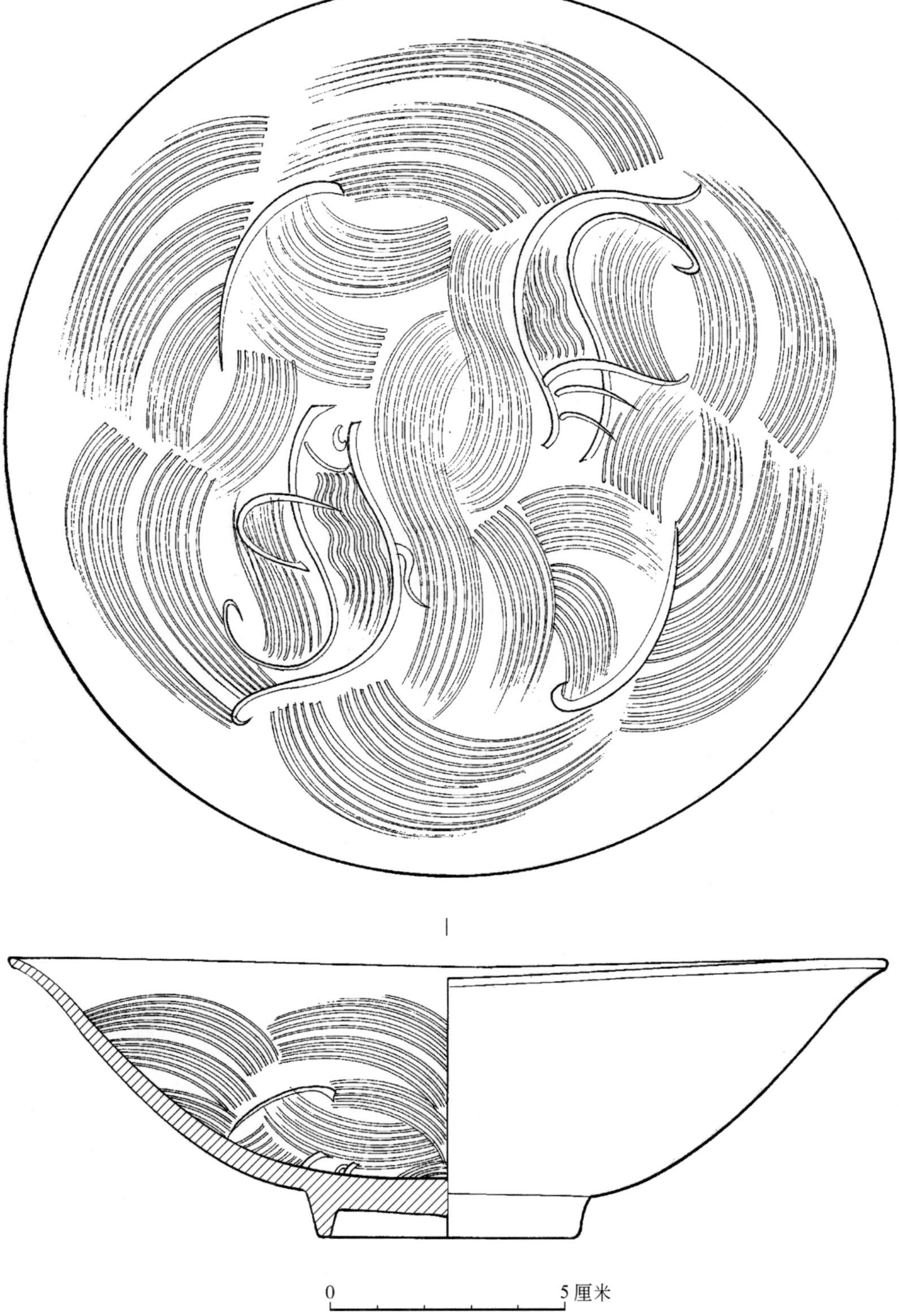

图一二五　一号窖藏出土景德镇窑青白瓷　B型斜弧腹碗91SJJ:451

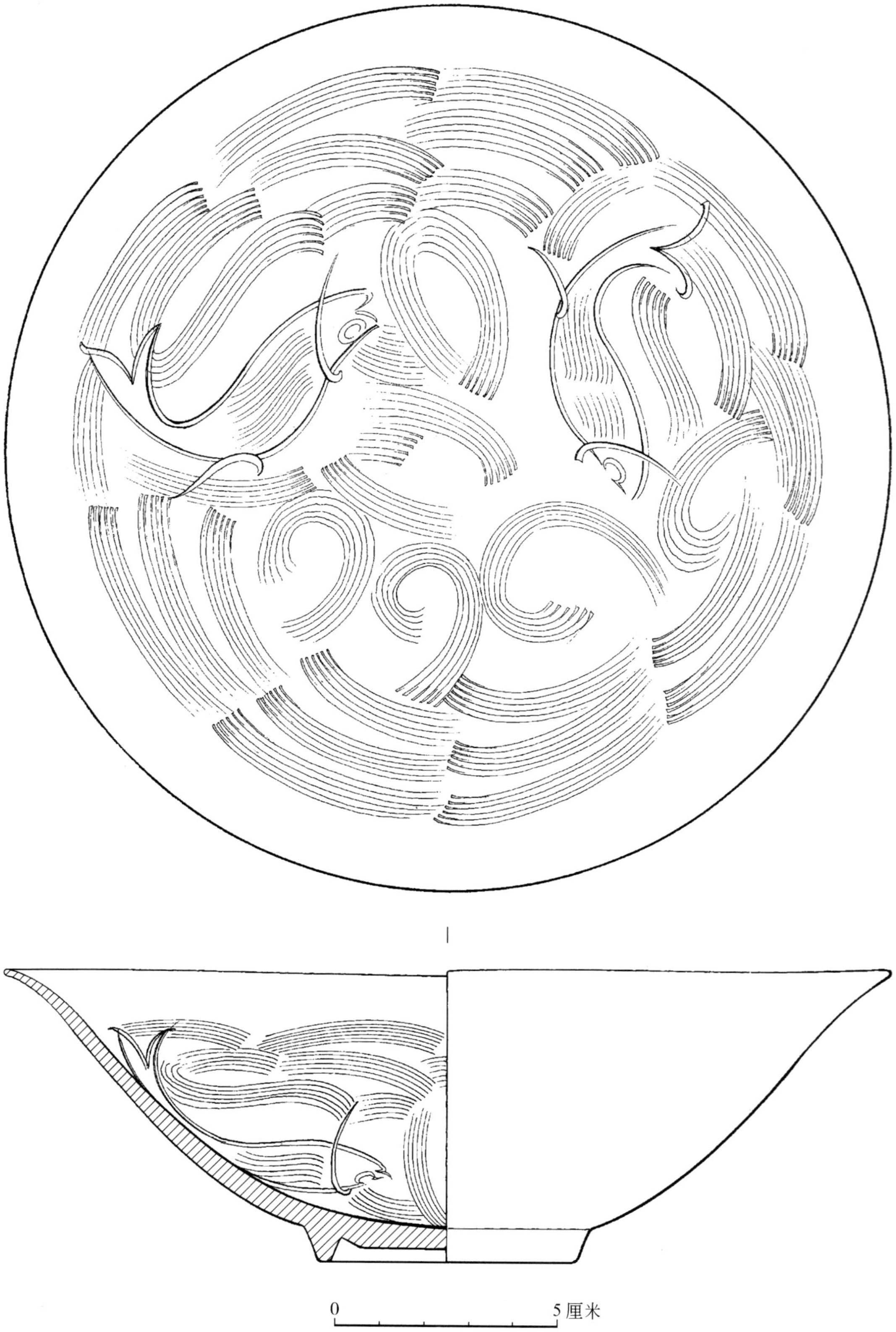

图一二六　一号窖藏出土景德镇窑青白瓷　B型斜弧腹碗91SJJ:452

91SJJ∶441，完整，器表有磕碰留下的裂纹。白胎。青白釉，釉面有大小不同的黑色斑点，分布较密的开片纹。足圈不太规整，足底未施釉，足端呈橙色，足底呈浅橙色。有隐约的跳刀痕。口径19.4、足径5.9、高6.0、足高0.9、足圈深0.4、厚0.2～0.8厘米（图一二七）。

深斜弧腹碗

共45件。敞口微侈或侈口，斜弧腹，腹部较深，浅圈足。浅圈足均规整，外墙较高，内圈较浅，在足底与足圈之间形成一圈浅而窄的凹槽。此种碗有婴戏纹、双鱼纹、朵花纹三种花纹，还有薄胎和厚胎两种胎体。依据口部的差别分为三型。

A型 敞口微侈。31件。圆唇，内底均挖削一周，形成一道凹槽，内底略突起。而内底心多略下凹，或有划痕。这类型的碗胎较厚，胎色较白，胎的断面上可见细小的颗粒。通体施青白釉，釉色发青，圈足的底心不施釉。内壁均装饰刻划婴戏花纹，花纹的内容和布局接近，图案为两个仅勾勒出体态的婴孩、两个团花纹，均两两相对，背景为水波纹和卷云纹。但每个碗的花纹在细节上都有差别，大致可以归纳为十二组。

a组5件。刻划花纹的线条清晰，婴孩和团花的形体都较大，婴孩呈半侧身扭头状，显得较为肥胖。选介标本1件。

91SJJ∶933，修复。内沿下有一周青色的积釉痕迹。花纹从碗心分布到内壁的中部偏上的范围。外壁的釉面有一些针眼分布。足底心有半圈凹痕，并有一圈垫砂颗粒的粘连，有灼烧痕。白胎。釉色略泛灰。口径20.1、足径1.1、高7.2、足高0.7、足圈深0.25、厚0.2～0.8厘米（图一二八）。

b组1件。刻划线条较浅，花纹简单、结构松散，婴孩呈半侧身扭头状，形象相当模糊。图案的布局范围也较窄。

91SJJ∶515，修复。内壁的釉下可见拉坯流下的较为细密的弦纹。白胎。釉色青白，釉面光洁明亮。足圈外有明显的积釉，可见密集的细小气泡。足底未施釉，呈鲜艳的橙红色，有黑褐色的灼烧痕迹。口径19.6、足径5.7、高7.4、足高1.0、足圈深0.5、厚0.2～0.7厘米（图一二九）。

c组2件。刻划线条较清晰，婴孩呈俯身状。图案的布局范围较窄。选介标本1件。

91SJJ∶406，修复内壁釉下可见拉坯留下的细密的弦纹。白胎。青白釉，釉色偏黄。外壁下部和足圈外侧积釉明显，釉下可见细密的气泡。足底心有一道弧形的凹痕，足底未施釉，呈黄褐色，有一圈黑褐色的灼烧痕迹。口径19.5、足径6.0、高7.3、足高0.7、足圈深0.2、厚0.2～0.6厘米（图一三〇）。

d组3件。刻划线条较为宽扁，呈斜侧下切的手法，婴孩呈半侧身扭头和半侧身俯视状，体态肥胖。选介标本1件。

91SJJ∶410，口部有一个小缺口，器形基本完整。白胎。青白釉略偏黄，釉面平整，有少量小黑斑。足底略突起，可见轻微的跳刀痕，有少量窑砂粘连，未施釉，呈浅橙色。口径20.0、足径5.8、高7.2、足高0.9、足圈内深0.2、厚0.2～0.9厘米（图一三一）。

e组2件。线条清晰，婴孩和团花的大小匀称，一个婴孩呈侧身扭头翘足状，一个婴孩呈侧身扭头曲足状。选介标本1件。

91SJJ∶445，完整。白胎。釉色青白，外壁可见明显的、较宽的弦纹，足圈外可见跳刀痕，足底未施釉，呈浅橙色，有黑褐色灼烧痕，有窑砂粘连。口径19.5、足径5.8、高7.2、足高1.0、

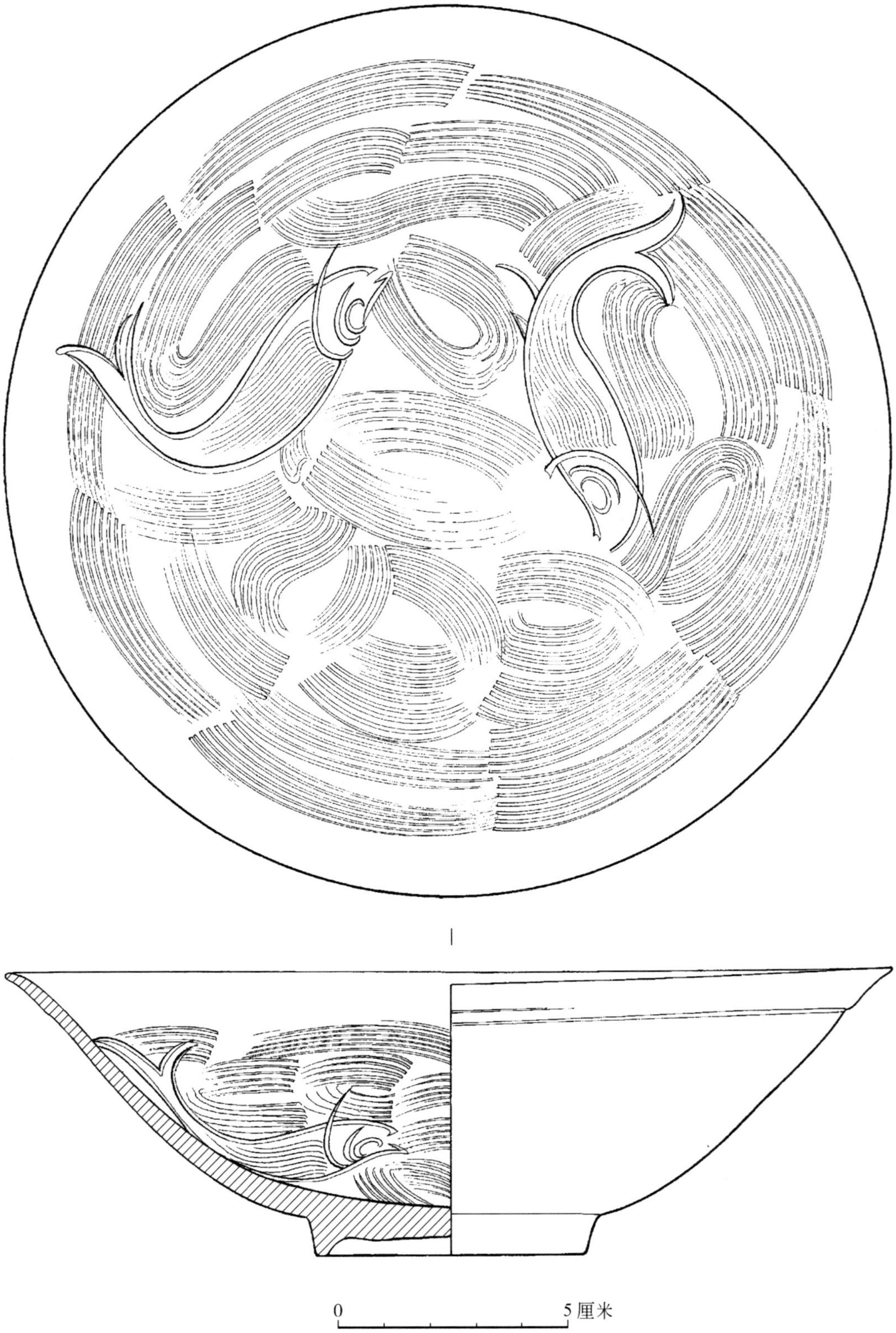

图一二七 一号窖藏出土景德镇窑青白瓷 B型斜弧腹碗 91SJJ:441

图一二八　一号窖藏出土景德镇窑青白瓷　A型深斜弧腹碗91SJJ：933

图一二九　一号窖藏出土景德镇窑青白瓷　A型深斜弧腹碗91SJJ：515

图一三〇 一号窖藏出土景德镇窑青白瓷 A型深斜弧腹碗 91SJJ:406

图一三一　一号窖藏出土景德镇窑青白瓷　A型深斜弧腹碗 91SJJ∶410

足圈深0.3、厚0.2～0.7厘米（图一三二；图版一四一）。

f组3件。线条细而疏朗，但线条走势不太流畅，婴孩和团花的形状都较小，婴孩呈半侧身扭头状。图案布局范围较窄。选介标本1件。

91SJJ:493，完整。白胎。青白釉略偏黄，外壁可见较为明显的宽弦纹，釉面有一些针眼和小黑斑。足底可见跳刀痕，未施釉，呈浅黄色，粘连一圈黑色灼烧痕迹。口径19.0、足径6.0、高7.3、足高0.9、足圈深0.3、厚0.2～0.7厘米（图一三三）。

g组1件。线条较浅，婴孩形体大而团花较小。婴孩呈半侧身扭头状。

91SJJ:936，修复，略变形。白胎。青白釉发黄，釉层较均匀。外壁有少量针眼和小黑斑。足底未施釉，呈浅白色，有一弧形凹痕。口径19.1、足径5.8、高7.0、足高0.9、足圈深0.3、厚0.2～1.0厘米（图一三四）。

h组2件。线条短、浅，团花大而婴孩形体较小。婴孩呈半身交腿状，头大而身体小。选介标本1件。

91SJJ:930，修复。器物的形体较大。白胎。青白釉。内、外壁釉下均可见较为细密的拉坯留下的弦纹。外壁口沿一周呈白色，足底未施釉，呈黑褐色，有跳刀痕，有黑色窑砂粘连。形体较大。口径20.2、足径6.0、高7.5、足高0.8、足圈深0.3、厚0.2～0.6厘米。

i组1件。线条较为清晰，婴孩和团花形体都较小，婴孩为俯身状。内壁口沿下有较为明显的凹痕和拉坯留下的细弦纹。

91SJJ:939，修复。外壁下部和足圈外侧有明显的积釉，可见细密的气泡。白胎。青白釉略泛黄，内壁有稀疏的黑褐色斑点。足底未施釉，底心有一弧形凹痕，呈浅橙色，中心为褐色，有黑色窑砂粘连。口径19.2、足径6.3、高7.2、足高0.8、足圈深0.3、厚0.2～0.7厘米（图一三五）。

j组2件。线条较模糊，婴孩大小适中而团花较小，婴孩呈半侧身扭头跪坐状。选介标本1件。

91SJJ:495，完整。有一处磕裂纹路。外壁有较为清晰的拉坯留下的弦纹。白胎。青白釉泛白，釉面有少量针眼。足底未施釉，呈呈较为鲜艳的橙红色，底心为黑褐色，有黑色窑砂粘连。口径19.5、足径5.9、高7.1、足高0.7、足圈深0.2、厚0.2～0.6厘米（图版一四二）。

k组5件。线条纤细，婴孩呈半侧身跪坐状，图案布局范围较窄。选介标本1件。

91SJJ:500，略变形，口有一小缺口，修复。白胎。釉色青白，釉面光洁，有少量针眼。内壁釉下可见细密的弦纹。足底未施釉，足圈呈浅橙色，足心呈赤红色，有少量黑色窑砂粘连。足圈上有一处烧制时留下的缺口。口径20.1、足径6.1、高7.2、足高0.9、足圈深0.4、厚0.2～0.7厘米（图一三六）。

l组4件。这是一类多胎壁很薄，可轻易透光。线条清晰，刻划繁密，婴孩呈半侧身扭头状，云气纹和水波纹的线条均刻划较密集。选介标本1件。

91SJJ:464，修复。中腹略折。尖唇。白胎，胎体极薄，几可透光。釉色青白，釉面光洁明亮。足底外圈有较宽的跳刀痕。足底心未施釉，呈浅橙色，粘连黑色窑砂。口径20.8、足径5.9、高7.6、足高0.9、足圈深0.3、厚0.1～0.8厘米（图一三七；图版一四三）。

图一三二 一号窖藏出土景德镇窑青白瓷 A型深斜弧腹碗 91SJJ:445

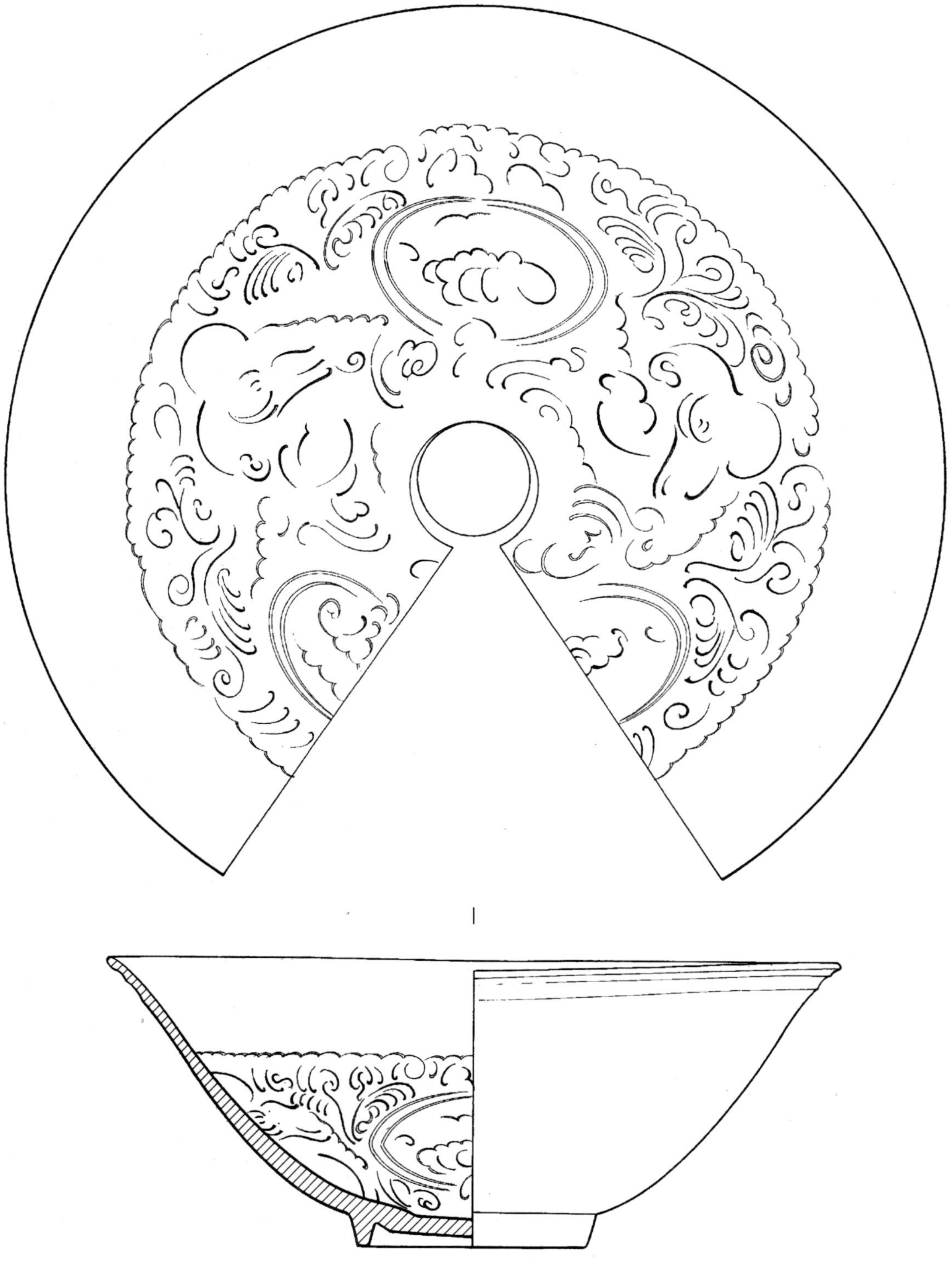

0　5厘米

图一三三　一号窖藏出土景德镇窑青白瓷　A型深斜弧腹碗91SJJ:493

图一三四　一号窖藏出土景德镇窑青白瓷　A型深斜弧腹碗91SJJ：936

图一三五 一号窖藏出土景德镇窑青白瓷 A型深斜弧腹碗 91SJJ:939

图一三六　一号窖藏出土景德镇窑青白瓷　A型深斜弧腹碗 91SJJ：500

图一三七　一号窖藏出土景德镇窑青白瓷　A型深斜弧腹碗 91SJJ：464

B型　侈口。6件。圆唇，侈口，斜弧腹，腹部深，圈足。圈足外墙较高，内圈较浅，足圈修整平整。内壁装饰刻划双鱼纹或刻划朵花纹。内、外壁口沿下釉下可见较清晰的弦纹。依据花纹的不同分二组介绍。

a组2件。双鱼纹。选介标本1件。

91SJJ∶915，完整。白胎。釉色青白，釉面光洁明亮，有较为密集的长条形开片，内底下凹，蓖划水波纹，内壁装饰篦划水波纹和刻划双鱼纹，两条鱼位置相对，头微向下，鱼尾向上扬起。釉面有较为密集、均匀的细小针眼。外壁口沿有一处较大的褐斑。外壁下部和足圈外侧积釉较厚，可见密集的小气泡。足底未施釉，呈浅橙色，底心有一圈垫砂粘连，黑色、白色，圈内呈浅褐色。口径19.8、足径5.8、高8.0、足高0.9、足圈深0.4、厚0.2～0.9厘米（图一三八）。

b组4件。朵花纹。选介标本2件。

91SJJ∶916，口部残缺三处，修复。内壁装饰刻划弧线纹和篦划花叶纹，内底下凹，装饰刻划和篦划的牡丹纹。青白釉，釉色发黄。外壁下部及足圈外侧有积釉痕迹。釉面有较为密集的长条形开片。足底未施釉，呈浅黄色，有少量窑渣粘连。足底修整平整。口径19.2、足径6.2、高7.3、足高0.7、足圈深0.3、厚0.2～0.6厘米（图一三九）。

91SJJ∶475，修复。白胎。釉色青白，有长条形开片，内底下凹，蓖划、刻划一朵牡丹花纹，内壁装饰篦划和刻划的三片长形花叶纹和刻划的弧线纹。釉面有较为密集、均匀的细小针眼。外壁有一处褐斑。足圈外侧积釉。足底未施釉，呈浅橙色，底心有一圆形垫砂痕迹，圈内呈浅褐色，足底粘连较大的窑渣。口径19.4、足径5.8、高6.5、足高0.8、足圈深0.3、厚0.2～0.6厘米（图一四〇；图版一四四）。

C型　撇口。8件。圆唇略尖，外撇口，斜弧腹，圈足。均为青白釉，积釉处均较青绿。内壁装饰篦划水波纹和刻划双鱼纹，两条鱼位置相对，鱼尾多向上扬起。选介标本1件。

91SJJ∶977，可修复。一条鱼头向前，鱼尾上扬；一条鱼头微向下，鱼尾上扬。内底突起，口沿内、外壁均可见弦纹，釉面有开片纹。足底未施釉，呈浅橙色，可见细密的跳刀痕，有一圈刻划凹痕。有窑渣粘连。白胎。青白釉。口径20.5、足径6.2、高8.2、足高0.9、足圈深0.4、厚0.2～0.8厘米（图一四一）。

斜腹碗

共9件。尖唇，敞口，斜腹，小饼足，浅足，足底平整。此类型碗常被称作“斗笠碗”。内壁装饰模印花纹，主题纹饰为荷叶莲花纹，其上有一圈连续回纹，其间有一道弦纹间隔。选介标本3件。

91SJJ∶334，口沿上有一处磕伤缺口，器形基本完整。内底心突起，不规整。图案略大，回纹大小适中。白胎，胎体薄。通体施青白釉，积釉处青翠。釉面有一些开片，散布着一些深色的小斑点。足底未施有釉，呈褐色。足沿有磕伤。口径13.9、足径2.9、高4.4、足高0.2、厚0.2～0.5厘米（图一四二；图版一四五）。

91SJJ∶336，口沿上有一道较短的磕伤裂纹，完整。回纹较稀疏宽扁，图案略小。白胎，胎体轻薄。通体施青白釉，有少许浅褐色小斑点，釉面光洁平整。外壁有一处烧裂纹。足底无釉，呈褐色，足圈外圈粘连少许窑砂。口径14.1、足径3.1、高4.5、足高0.3、厚0.3～0.4厘米（图一四三；图版一四六）。

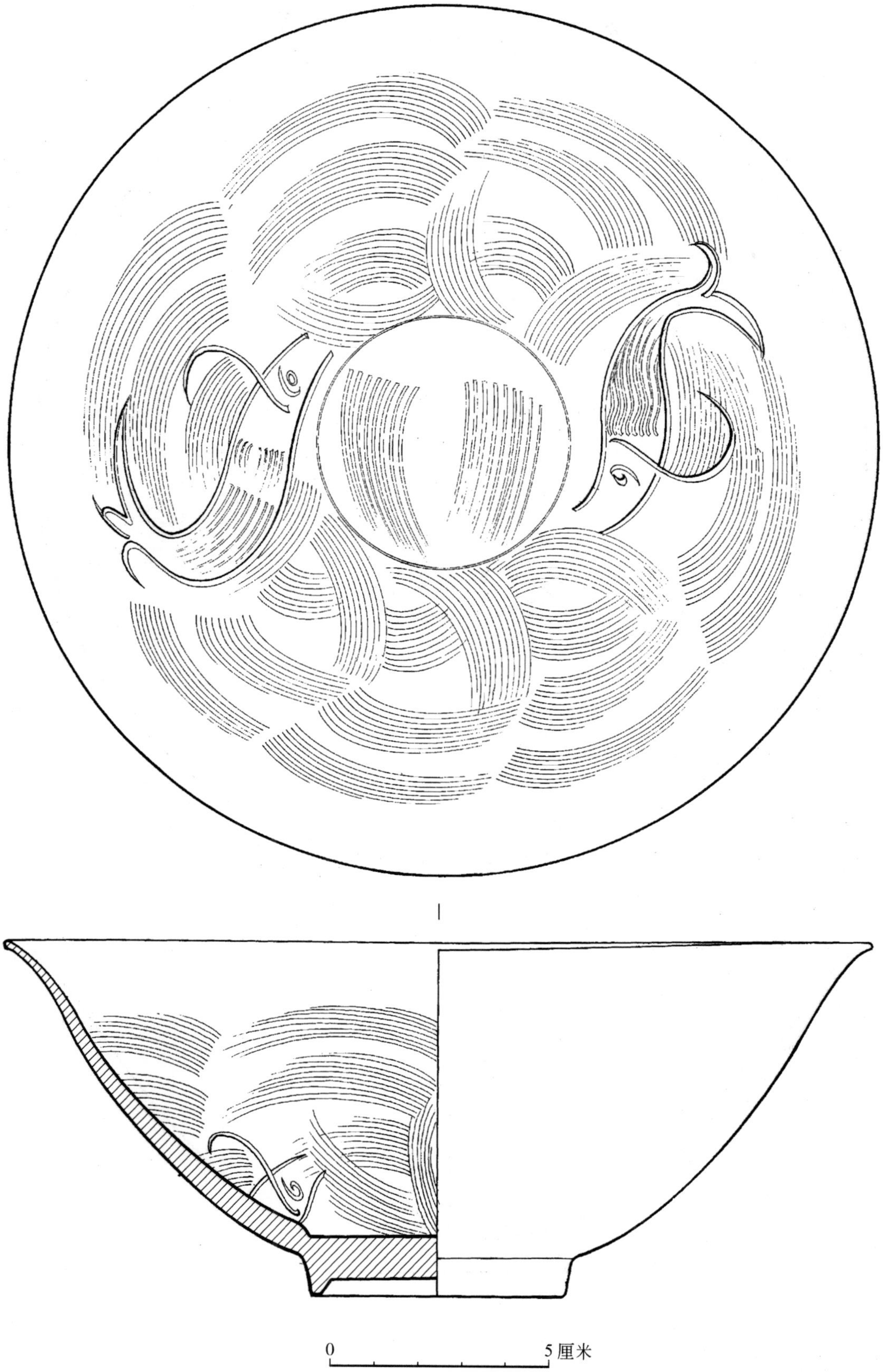

图一三八　一号窖藏出土景德镇窑青白瓷　B型深斜弧腹碗 91SJJ：915

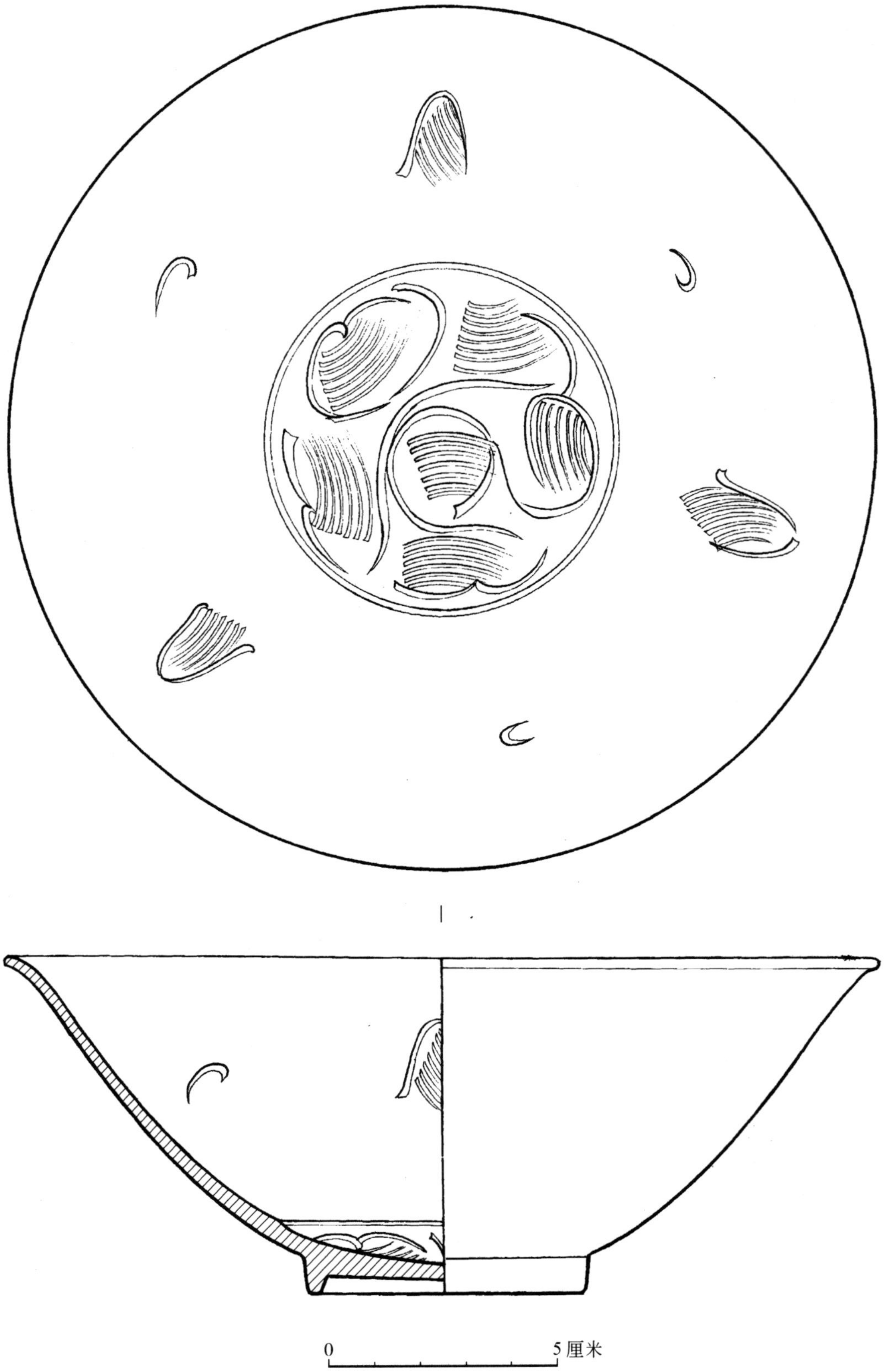

图一三九　一号窖藏出土景德镇窑青白瓷　B型深斜弧腹碗91SJJ:916

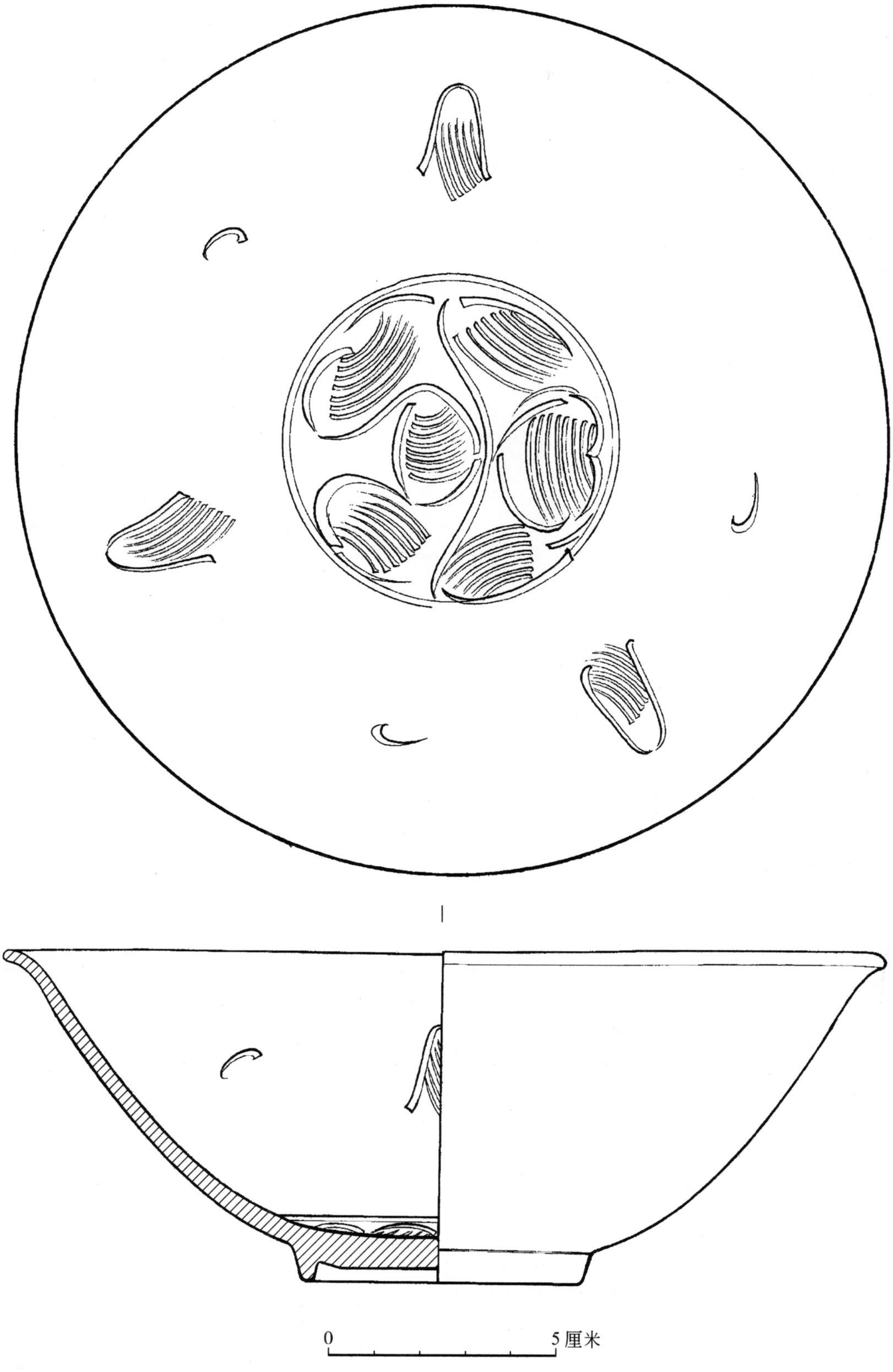

图一四〇　一号窖藏出土景德镇窑青白瓷　B型深斜弧腹碗 91SJJ：475

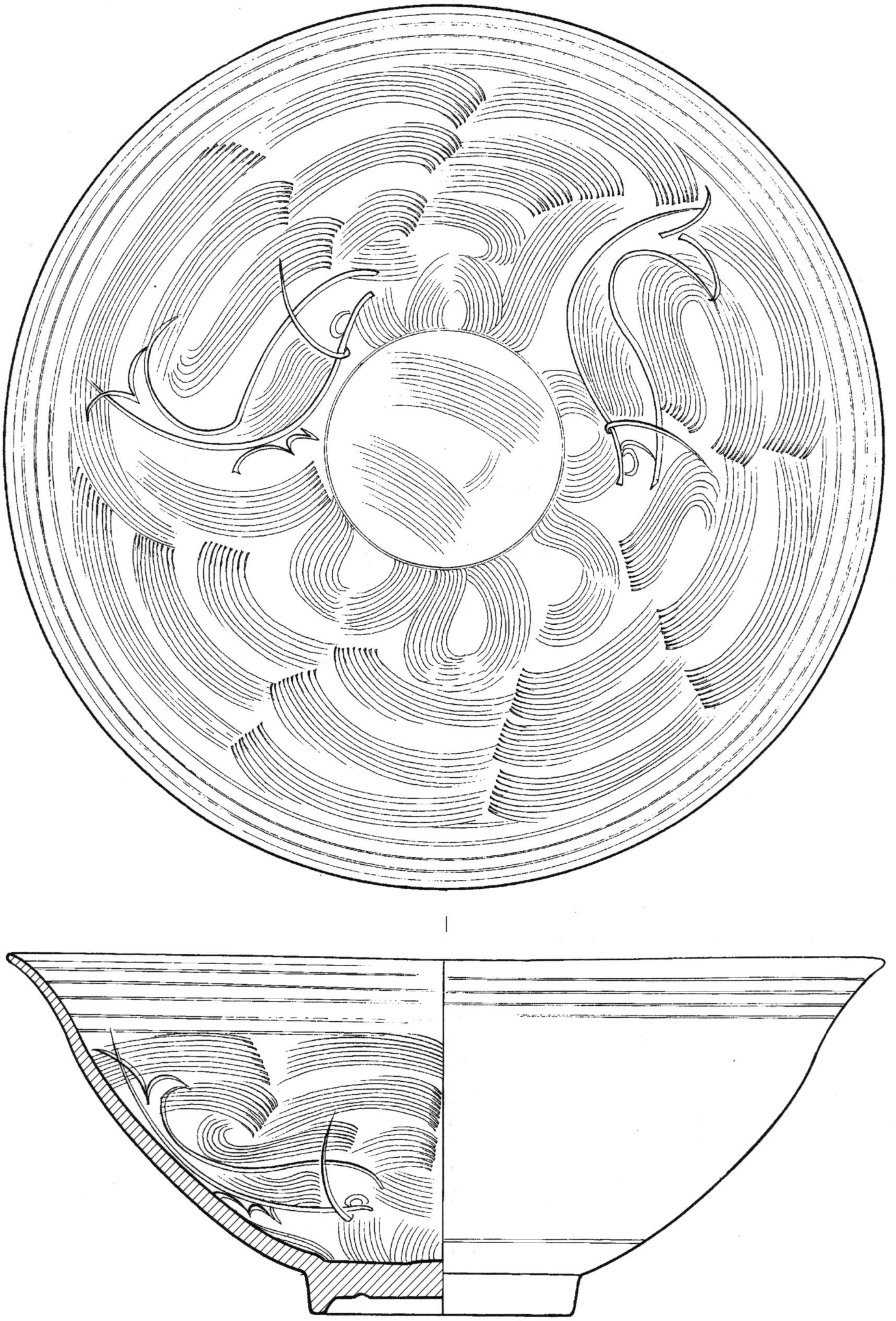

图一四一　一号窖藏出土景德镇窑青白瓷　C型深斜弧腹碗 91SJJ：977

图一四二　一号窖藏出土景德镇窑青白瓷　斜腹碗 91SJJ∶334

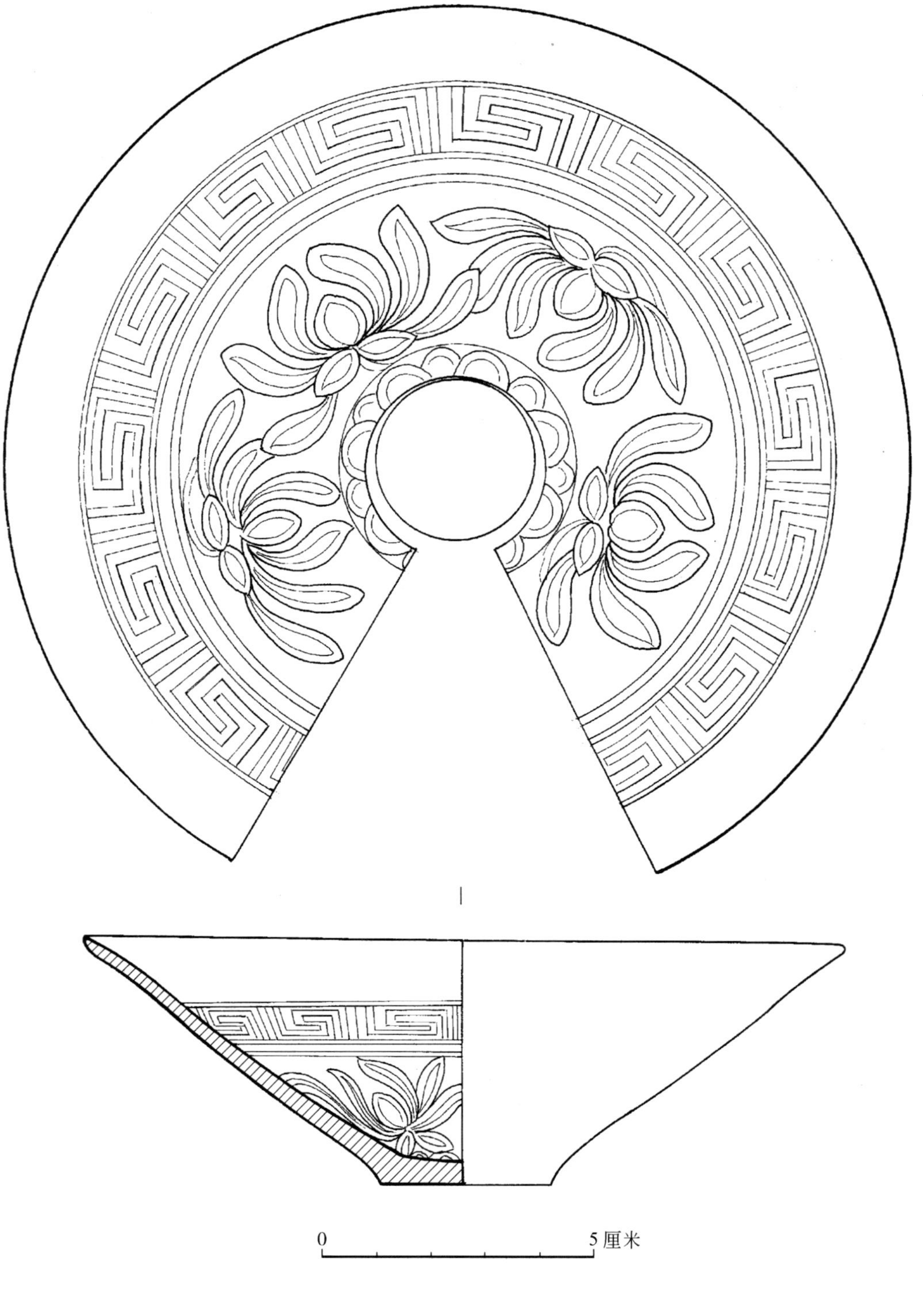

图一四三　一号窖藏出土景德镇窑青白瓷　斜腹碗91SJJ∶336

91SJJ∶335，口沿上有一磕伤缺口，器形基本完整。回纹较密，模印花纹不太清晰。白胎。青白釉，釉色泛青灰，釉面有密集的开片。足底无釉，呈浅黄色，足圈外圈粘连少许窑砂。口径14.0、足径3.2、高4.7、足高0.3、厚0.3～0.5厘米（图一四四；图版一四七）。

深弧腹芒口碗

共60件。此类碗造型为敞口或敞口微侈、方唇、弧腹较深、圈足，均为芒口碗，胎体很薄，胎的厚度均匀，较强的光线能透过碗的胎壁。一般在碗的芒口、外底可见细细的弦纹。胎体洁白，露胎的口沿和足底则多呈深浅不同的橙色。均为青白釉，积釉处釉色青绿，釉下有细密的气泡。内壁饰模印飞凤瓶花图案和出筋双鱼图案。腹部的造型有细微的差别，分作深弧腹和深弧腹略直两型分别介绍。

A型　深弧腹。32件。方唇，敞口或敞口微侈，斜弧腹，浅圈足。芒口内侧较窄，外侧较宽。多数碗的内壁靠近口沿都有一圈较厚的积釉。此型碗的内壁均装饰模印双凤瓶花图案，主题纹饰在内底和内壁，内底为两只相向飞舞的凤凰，内壁以六出筋分隔出六组扇形花纹图案，以瓶插花和盆栽花相间隔排列图案，花盆均为花式三足。辅助纹饰在内壁口沿下，为一周连续回纹。依据花纹的差异分为十组，分别予以介绍。

a组3件。双凤图案位于碗底心。内壁模印图案依次为弦纹胆式瓶插两支牡丹、弧形花纹盆栽两支荷花、三弦纹胆式花瓶插两支菊花、花瓣纹盆栽两支萱草、菊花纹胆式瓶插两支扶桑、连续花瓣纹花盆栽梅花。选介标本1件。

91SJJ∶577，器表近口沿处有两处磕伤的裂纹，器形完整。敞口。图案清晰、立体感较强，内壁口沿有一圈明显的积釉，外壁釉下可见较为密集的小气泡。足底心划一字，略似“范”字，刮釉。口沿未施釉，略呈浅橙色。口径18.3、足径6.9、高6.3、足高0.5、足圈深0.3、厚0.1～0.25厘米（图一四五；图版一四八）。

b组5件。双凤图案位于碗底心。内壁模印花纹依次为弦纹胆式瓶插两支牡丹、弧形花纹盆栽两支萱草、三弦花瓣纹胆式花瓶插两支菊花、连续花瓣纹盆栽梅花、三弦纹胆式瓶插两支扶桑、花瓣纹花盆栽两支荷花。选介标本1件。

91SJJ∶578，口沿处残破，修复。敞口微侈。图案仅及碗内壁的中部，略显模糊。内沿积釉明显。足底仅略有刮釉。口沿未施釉处呈浅橙色。胎体略显沉重。口径18.4、足径6.7、高6.4、足高0.3、足圈深0.25、厚0.2～0.3厘米（图一四六；图版一四九）。

c组1件。双凤图案位于碗底心。内壁花纹模印与别图排序方式不同，依次为弦纹胆式瓶插两支菊花、连续花瓣纹盆栽两支萱草、菊花花瓣纹胆式花瓶插两支扶桑、花瓣纹盆栽梅花、三弦纹胆式瓶插两支牡丹、弧形花纹花盆栽两支荷花。

91SJJ∶978，完整。口外侈，花纹较清晰。施青白釉，内壁有两道釉的痕迹，内沿下有一圈积釉。外壁釉面可见缩釉孔。口沿未施釉处呈浅橙色。口径18.3、足径6.8、高6.3、足高0.5、足圈深0.3、厚0.1～0.25厘米（图一四七）。

d组5件。图案仅及碗内壁的中部偏上的位置。双凤图案位于碗底心。内壁模印依次为弦纹胆式瓶插两支牡丹、连续花瓣纹盆栽两支萱草、弦纹胆式花瓶插两支菊花、弧形花瓣纹盆栽荷叶荷花、弧线三弦纹胆式瓶插两支扶桑、弧线花瓣纹花盆栽两支荷花及荷叶。选介标本2件。

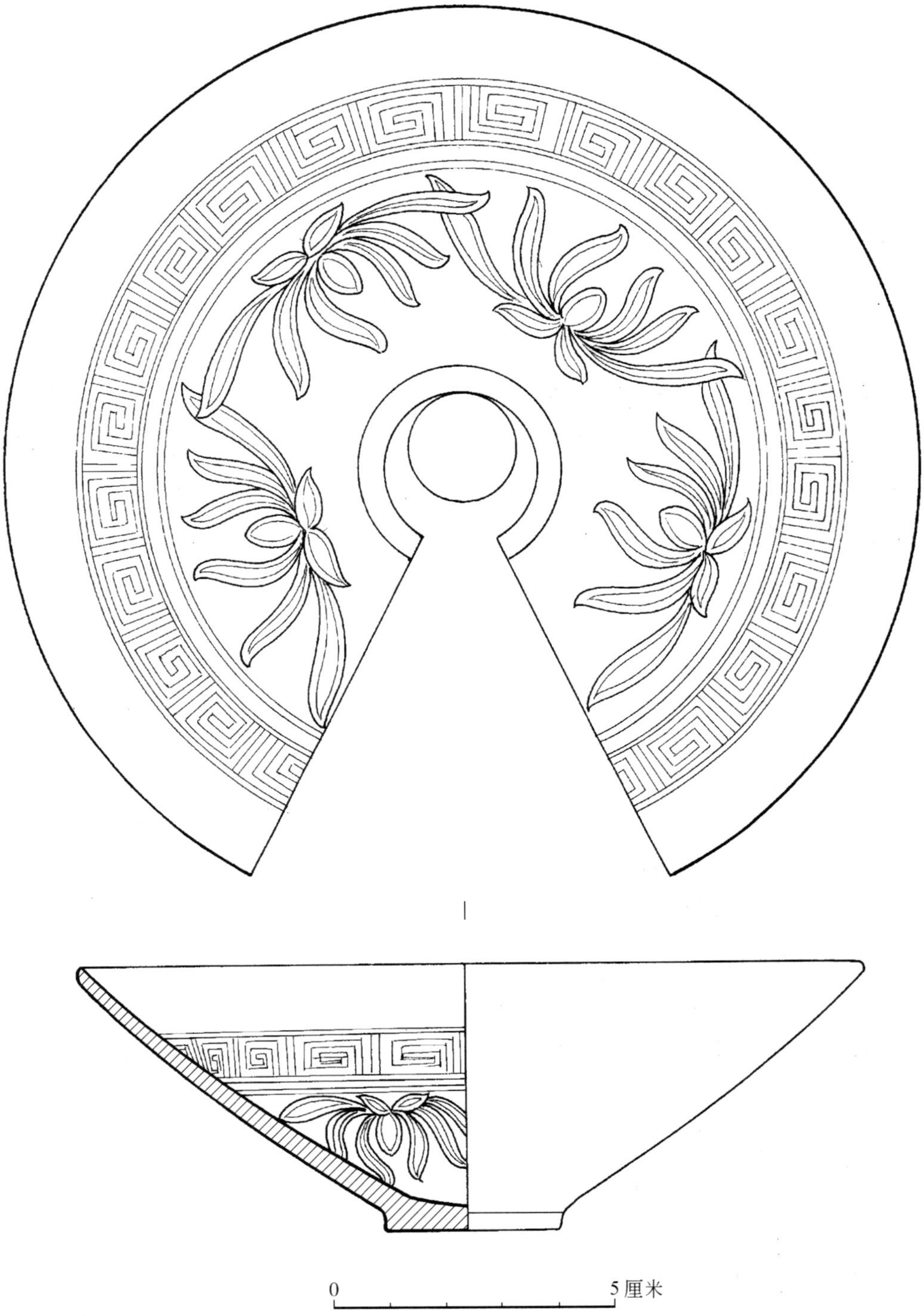

图一四四　一号窖藏出土景德镇窑青白瓷　斜腹碗 91SJJ∶335

图一四五　一号窖藏出土景德镇窑青白瓷　A型深弧腹芒口碗91SJJ:577

图一四六　一号窖藏出土景德镇窑青白瓷　A 型深弧腹芒口碗 91SJJ：578

图一四七　一号窖藏出土景德镇窑青白瓷　A 型深弧腹芒口碗 91SJJ：978

91SJJ:563，口沿有一处破损，修复。敞口。花纹较清晰，内沿下有明显的积釉，釉层凸起、釉色较为青翠，釉面光洁明亮，口沿未施釉处呈橙色。口径18.3、足径6.8、高6.5、足高0.3、足圈深0.25、厚0.1~0.25厘米（图一四八）。

91SJJ:370，有一处破损，修复。敞口微侈，花纹模糊，外壁可见清晰密集的拉坯留下的弦纹。施青白釉，内沿有一圈厚的积釉。碗底心向上凸起。口沿破损一处，修复。口沿未施釉处呈橙红色。口径18.8、足径6.7、高6.8、足高0.3、足圈深0.25、厚0.1~0.25厘米（图版一五〇）。

e组1件。双凤图案位于碗底心，头翎和尾部均卷曲弧度较大。内壁模印花纹与同类型的花纹差别较大。胆式瓶均为双弦纹胆式瓶，颈部很细，瓶的两侧有卷草和灵芝花纹；盆的图案只有两只花式足。依次为双弦弦纹胆式瓶插两支萱草、双弦纹盆栽荷花和荷叶、双弦纹胆式花瓶插两支萱草、条纹盆栽荷花荷叶、双弦纹胆式瓶插两支萱草、花叶纹花盆栽荷花花蕾和莲蓬及荷叶。

91SJJ:403，修复。敞口。花纹较为清晰，回纹较宽扁。口沿内侧和外侧芒口宽度几乎相等，内沿下积釉厚而明显。口沿未施釉处呈极浅的橙色。足底有拉坯留下的螺旋形纹路。口径18.3、足径6.9、高6.1、足高0.3、足圈深0.25、厚0.1~0.25厘米（图一四九；图版一五一）。

f组4件。双凤图案位于碗底心。内壁模印依次为弦纹胆式瓶插两支牡丹、弧形花纹盆栽两支荷花、三弦纹胆式花瓶插两支菊花、花瓣纹盆栽两支萱草、菊花纹胆式瓶插两支扶桑、连续花瓣纹花盆栽梅花。选介标本1件。

91SJJ:564，修复。敞口。花纹较清晰，内沿下积釉厚而明显，内沿芒口较窄，呈橙色；外沿芒口较宽，呈浅橙色。足底刮釉。釉面下的气泡细密并较为明显。口径18.2、足径6.9、高6.3、足高0.5、足圈深0.25、厚0.1~0.3厘米（图一五〇；图版一五二）。

g组2件。图案范围较小，仅及碗内壁的中部偏上的位置。双凤图案位于碗底心。内壁模印花纹依次为弦纹胆式瓶插两支牡丹、花瓣纹盆栽两支萱草、海涛纹胆式花瓶插两支菊花、连续花瓣纹盆栽荷叶荷花和三瓣花、三弦圆圈纹胆式瓶插两支扶桑、弧线花纹花盆栽荷花和荷叶。选介标本1件。

91SJJ:595，敞口。内沿下积釉厚而明显，内沿芒口较窄，呈橙色；外沿芒口宽，呈浅橙色。口沿上粘连了一处铜锈。口沿破损两处，修复。口径18.3、足径6.9、高6.3、足高0.3、足圈深0.25、厚0.1~0.25厘米（图一五一；图版一五三）。

h组5件。图案范围较小，仅及碗内壁的中部偏上的位置。双凤图案位于碗底心。内壁模印依次为弦纹胆式瓶插两支牡丹、连续花瓣纹盆栽两支萱草、弦纹胆式花瓶插两支菊花、弧形花纹盆栽荷叶荷花和三瓣花、双弦圆圈纹胆式瓶插两支扶桑、弧线花瓣纹花盆栽两支荷花和荷叶。选介标本1件。

91SJJ:592，完整。敞口。内沿下积釉厚而明显，内沿芒口较窄，外沿芒口宽，呈橙色。足底刮釉。口径18.4、足径6.8、高6.5、足高0.35、足圈深0.35、厚0.2~0.5厘米（图一五二；图版一五四）。

i组4件。图案仅及碗内壁的中部偏上的位置。双凤图案位于碗底心。内壁模印花纹依次为弦纹胆式瓶插两支牡丹、连续花瓣纹盆栽两支萱草、三弦纹胆式花瓶插两支菊花、花瓣纹盆栽梅花、三弦花瓣纹胆式瓶插两支扶桑、弧线花瓣纹花盆栽两支荷花。选介标本1件。

91SJJ:402，完整。敞口微侈。内底凤凰花纹较模糊。内沿下积釉厚而明显，内沿芒口较窄，外沿芒口宽，呈橙色。足底略有刮釉，呈金色。口径18.2、足径6.8、高6.1、足高0.3、足圈深0.25、厚0.1~0.25厘米（图一五三；图版一五五）。

图一四八 一号窖藏出土景德镇窑青白瓷 A型深弧腹芒口碗 91SJJ:563

图一四九　一号窖藏出土景德镇窑青白瓷　A型深弧腹芒口碗91SJJ∶403

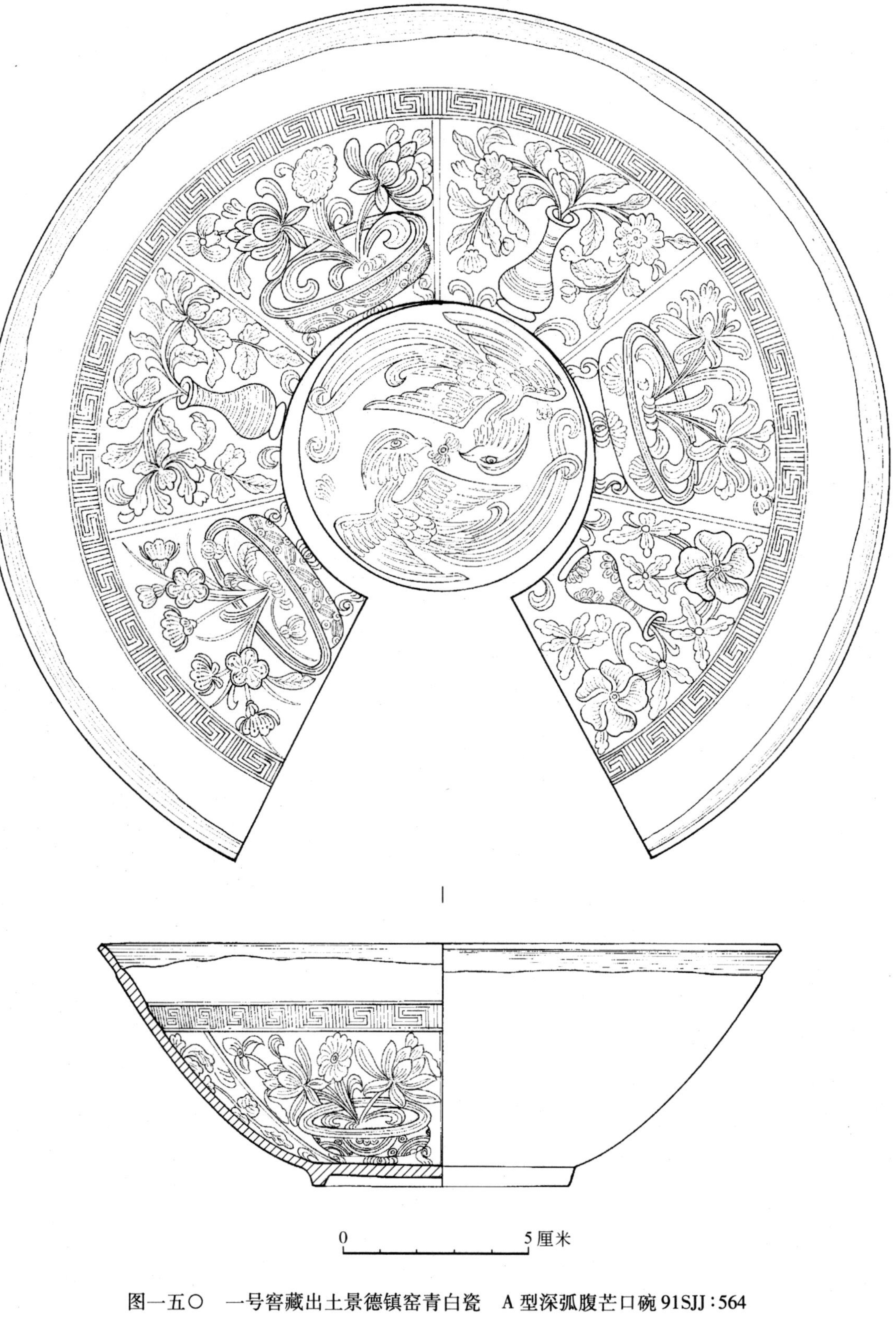

图一五〇　一号窖藏出土景德镇窑青白瓷　A型深弧腹芒口碗91SJJ：564

图一五一　一号窖藏出土景德镇窑青白瓷　A型深弧腹芒口碗 91SJJ∶595

图一五二　一号窖藏出土景德镇窑青白瓷　A型深弧腹芒口碗91SJJ:592

图一五三　一号窖藏出土景德镇窑青白瓷　A 型深弧腹芒口碗 91SJJ：402

j组2件。双凤图案位于碗底心。内壁模印依次为弦纹胆式瓶插两支牡丹、花瓣纹盆栽两支荷花和荷叶、花瓣纹胆式花瓶插两支菊花、弧线花瓣纹盆栽两支萱草、三弦纹胆式瓶插两支扶桑、连续花瓣纹花盆栽梅花。

91SJJ∶901，修复。敞口微侈。花纹清晰。内沿下有积釉痕，釉色略淡。内沿芒口较窄，外沿芒口宽，呈橙色。足底略有刮釉。口径18.2、足径6.9、高6.3、足高0.4、足圈内深0.3、厚0.15~0.25厘米（图一五四）。

91SJJ∶902，完整。敞口微侈。花纹清晰。内沿下有积釉痕，釉色略淡。内沿芒口较窄，外沿芒口宽，呈橙色。足底略有刮釉。口径18.5、足径6.8、高6.0、足高0.3、足圈深0.25、厚0.1~0.25厘米。

B型 深弧腹略直。28件。方唇，敞口或敞口微侈，斜弧腹较直，浅圈足。芒口侧较窄，外侧较宽。多数碗的内壁靠近口沿都有一圈积釉。此型碗的装饰图案相同，均为六出筋双鱼纹，纹饰位于碗的内底和内壁，内底为刻划水波双鱼纹，双鱼均为同向，水波纹为蓖划花纹；内壁模印凸起的六道出筋纹路。选介标本4件。

91SJJ∶622，完整。敞口微侈，釉口平整。芒口内沿为橙色，外沿为浅橙色。胎体略重。釉色青翠。口径18.7、足径6.7、高6.5、足高0.2、足圈深0.2、厚0.2~0.5厘米（图一五五；图版一五六）。

91SJJ∶607，完整。敞口微侈，釉面有黑斑。外底有一圈弦纹。芒口呈浅橙色。器物胎体显沉重。釉色较青翠。口径18.5、足径6.4、高6.5、足高0.3、足圈深0.25、厚0.2~0.45厘米（图一五六）。

91SJJ∶605，器表有一处磕伤的裂纹，器形完整。敞口，内壁釉下可见细密的螺旋纹路。釉口平整。芒口呈浅橙色。外壁近足部有两条烧裂痕迹。釉色略显清淡。口径18.6、足径6.6、高6.5、足高0.3、足圈深0.25、厚0.2~0.5厘米（图一五七）。

91SJJ∶566，完整。敞口，釉面有两次施釉的痕迹。可见深色小斑点。芒口呈浅橙色。釉色较清淡。口径18.7、足径6.7、高6.5、足高0.2、足圈深0.2、厚0.2~0.5厘米（图一五八；图版一五七）。

深腹芒口碗

共28件。直口或直口微敞，芒口，方唇或尖唇，深弧腹，圈足。均为白胎。器表或装饰刻划莲瓣纹，或素面。依据腹部的变化分为二型。

A型 弧腹略斜。18件。直口微敞，圆唇，有的唇部略方。上腹斜，下腹圆弧。圈足较大，外墙较深而内墙较浅。芒口宽窄不一，多呈浅橙色，内沿下多有一圈积釉。青白釉，釉色多青绿，釉面光洁明亮。器壁薄，圈足较厚重，足圈平整。足底和足上多刮釉。白胎。青白釉，釉色多青绿，釉面光洁明亮。器壁薄，圈足较厚重，足圈平整。足底和足上多刮釉。外壁均装饰刻划莲瓣纹，花纹的布局相同，均为腹中部一圈双层仰莲纹，外层莲瓣宽、内层莲瓣窄；下腹至圈足上刻划一周单层仰莲纹，莲瓣多重叠。花纹刻划较随意，大小、形状都不一致。选介标本3件。

91SJJ∶646，口沿上有两个磕伤缺口，器形完整。圆唇。足圈内侧斜切。外壁的刻划莲瓣纹清晰，中腹的莲瓣外层十八瓣、内层十八瓣，下腹的重叠莲瓣纹尖而较窄，单层十八瓣。芒口上可

图一五四　一号窖藏出土景德镇窑青白瓷　A型深弧腹芒口碗91SJJ：901

图一五五　一号窖藏出土景德镇窑青白瓷　B型深弧腹芒口碗91SJJ：622

图一五六　一号窖藏出土景德镇窑青白瓷　B 型深弧腹芒口碗 91SJJ：607

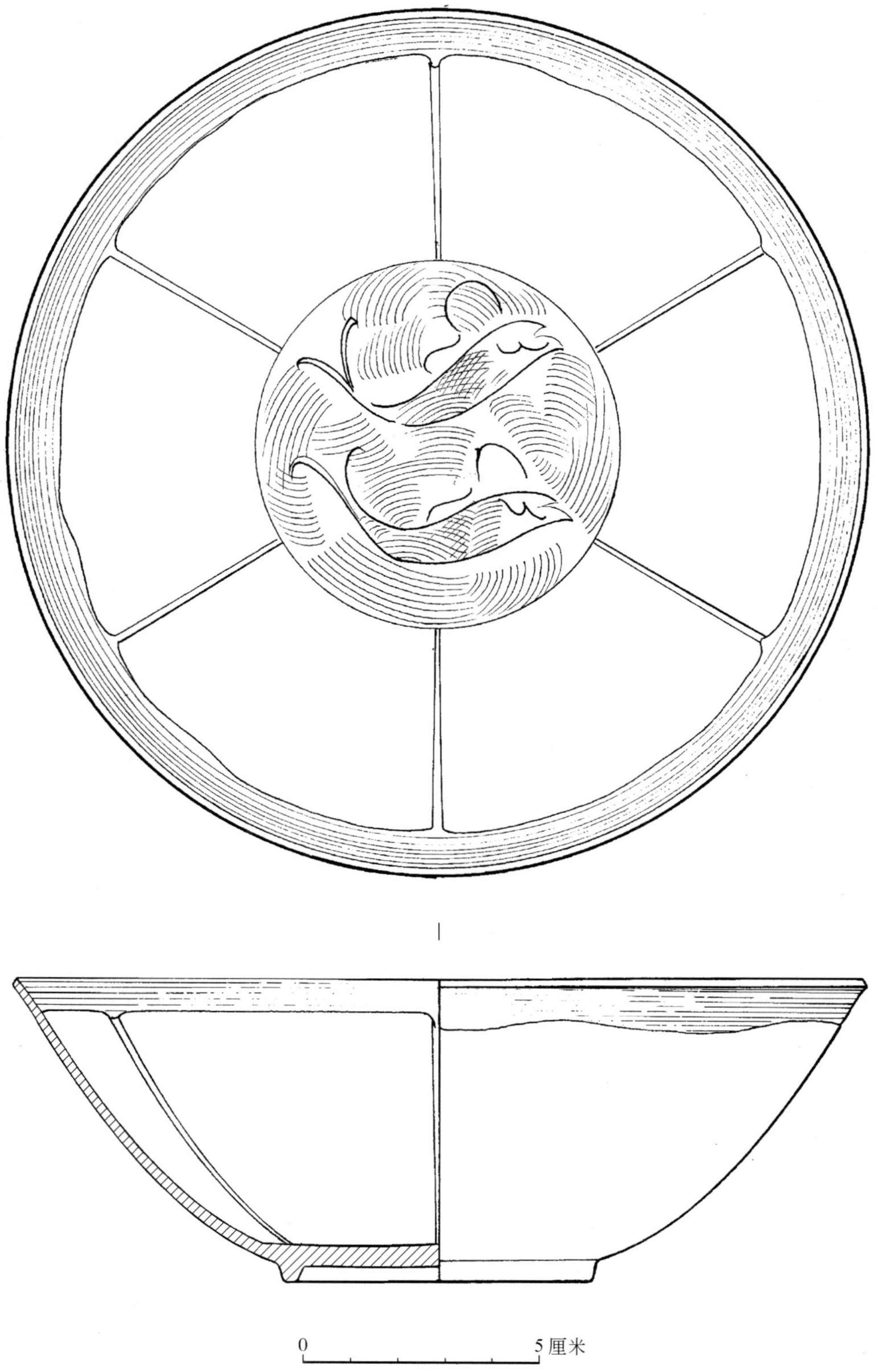

图一五七　一号窖藏出土景德镇窑青白瓷　B型深弧腹芒口碗91SJJ：605

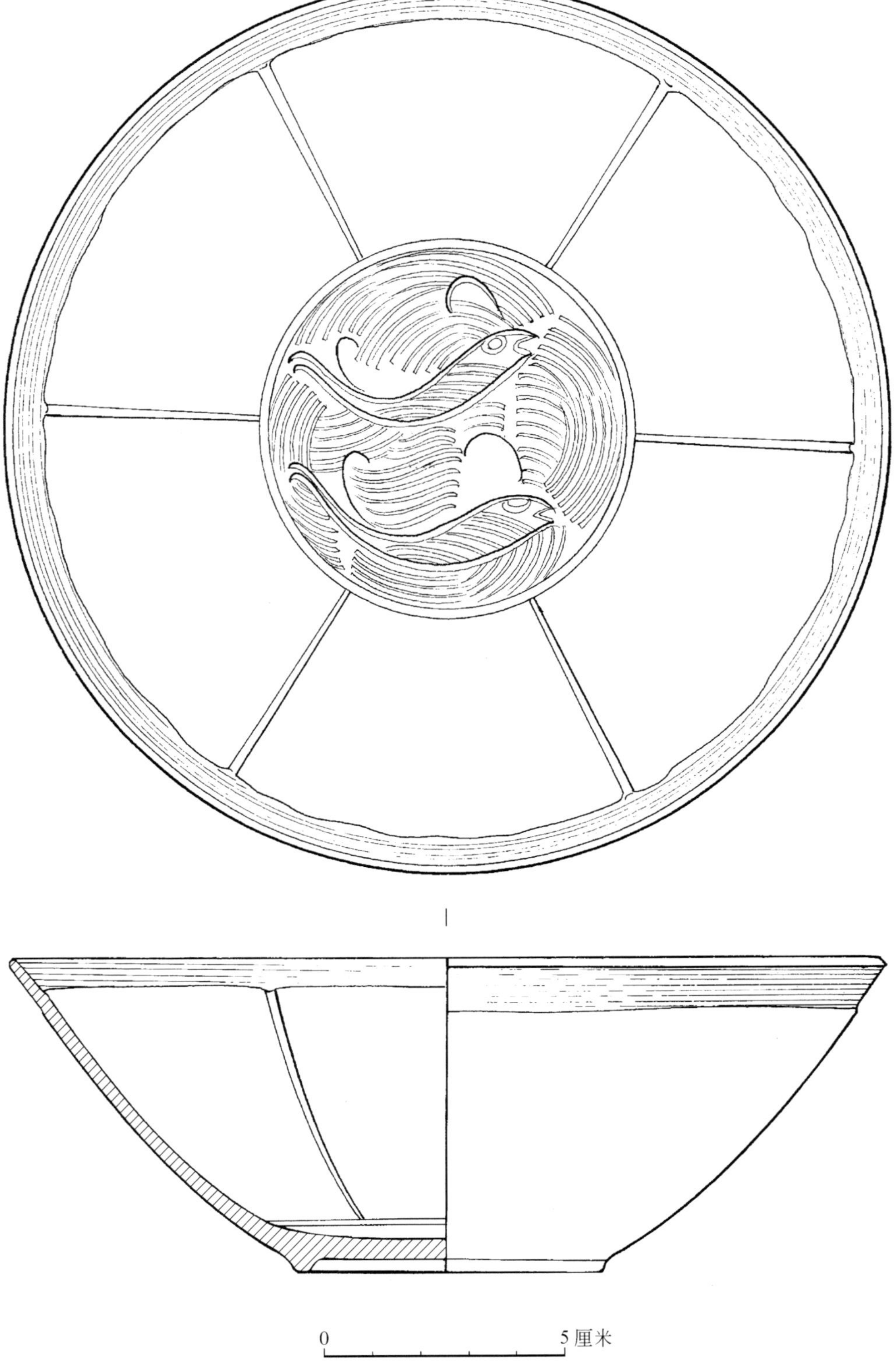

图一五八　一号窖藏出土景德镇窑青白瓷　B型深弧腹芒口碗 91SJJ:566

见细弦纹，芒口呈浅橙色。内底可见螺旋纹。青白釉的釉色略发灰，内壁釉面下有小黑斑。口径15.5、足径6.5、高8.8、厚0.15～0.4厘米（图一五九，1）。

91SJJ∶652，完整。圆唇。足圈内侧斜切，足心有一圈弦纹。外壁的刻划莲瓣纹较清晰，中腹的莲瓣外层十八瓣、内层十八瓣，下腹的重叠莲瓣纹圆弧而较宽，单层十五瓣。芒口内侧的积釉较明显，芒口呈白色。内底可见螺旋纹。口径15.7、足径7.6、高9、厚0.15～0.5厘米（图一五九，2；图版一五八）。

91SJJ∶643，完整。方唇，略斜切。足圈内有密集的弦纹。外壁的刻划莲瓣纹较清晰，下腹的重叠莲瓣纹圆弧而排列紧密，外壁釉下可见细密的弦纹。芒口内侧的积釉较明显，芒口呈浅橙色。内底可见螺旋纹。青白釉，釉面下有少量小黑斑。口径15.8、足径7.6、高9、厚0.2～0.4厘米（图一五九，3；图版一五九）。

B型　圆弧腹。10件。直口，芒口，方唇，唇平或略斜，圈足。此型是典型的薄胎青白瓷器物，胎极薄，青白釉釉色较淡，釉面光洁，往往在外壁与圈足交接处、圈足与内底交接处积釉较厚，呈青绿色。芒口口部均有铜扣的痕迹。碗的造型一致，高矮略有差别。器表均素面。选介标本3件。

91SJJ∶504，完整。口沿略斜，芒口略窄，内底隐约可见较宽的螺旋纹，足底心有鸡心状凸起。腹中部略显凸棱。青白釉，内壁口沿下有一道明显的积釉。釉面有细长的开片，可见少量小黑斑。口径16.1、足径7、高8.1、厚0.1～0.2厘米（图一六○，1）。

91SJJ∶613，完整。口沿平，芒口略宽，内侧宽于外侧。内底隐约可见宽的螺旋纹，足底心有鸡心状凸起。腹中部略显凸棱。青白釉，内壁和外壁口沿下各有一道较明显的积釉。釉面仅有稀疏的小开片，并可见少量缩釉孔。口径16.6、足径6.7、高8.4、厚0.1～0.2厘米（图一六○，2；图版一六○）。

91SJJ∶975，可修复。尖唇，芒口较宽。内底隐约可见宽的螺旋纹，足底心有鸡心状凸起。青白釉的釉面有少量小缩釉孔。口径16.3、足径6.5、高8.3、厚0.1～0.2厘米（图一六○，3）。

钵

共3件。均为敛口钵。依据足部的变化分为二型。

A型　平底。1件。平沿内折，尖唇，斜弧腹，腹部较深，平底的足底斜切出一周凹槽。外壁饰刻划莲瓣纹，莲瓣纹位于三道弦纹之间，上层为双层莲瓣纹，下层为单层莲瓣纹，莲瓣均较细长而尖。

91SJJ∶207，口沿内侧有几处磕伤的缺口，器形完整。白胎。青白釉，釉色较清谈，施釉仅及口沿、外壁的大部分区域，口沿和外壁下腹的一些部位未及施釉。内壁可见细细的弦纹，底部平整，粘有少量釉，有两处黑褐色灼痕。口径17、足径7.8、最大腹径18.6、高10.5、厚0.5～1.2厘米（图一六一；图版一六一）。

B型　饼足。2件。平沿内折，圆唇，外沿下略下凹。

91SJJ∶194，残破。圆弧腹，饼足较大而高，足部外侧斜切一圈，内底下凹。白色胎略泛黄，青白釉，施釉及口沿全部和外壁大部，内壁、外壁下部和足部未施釉，釉色较为清淡，口沿上积

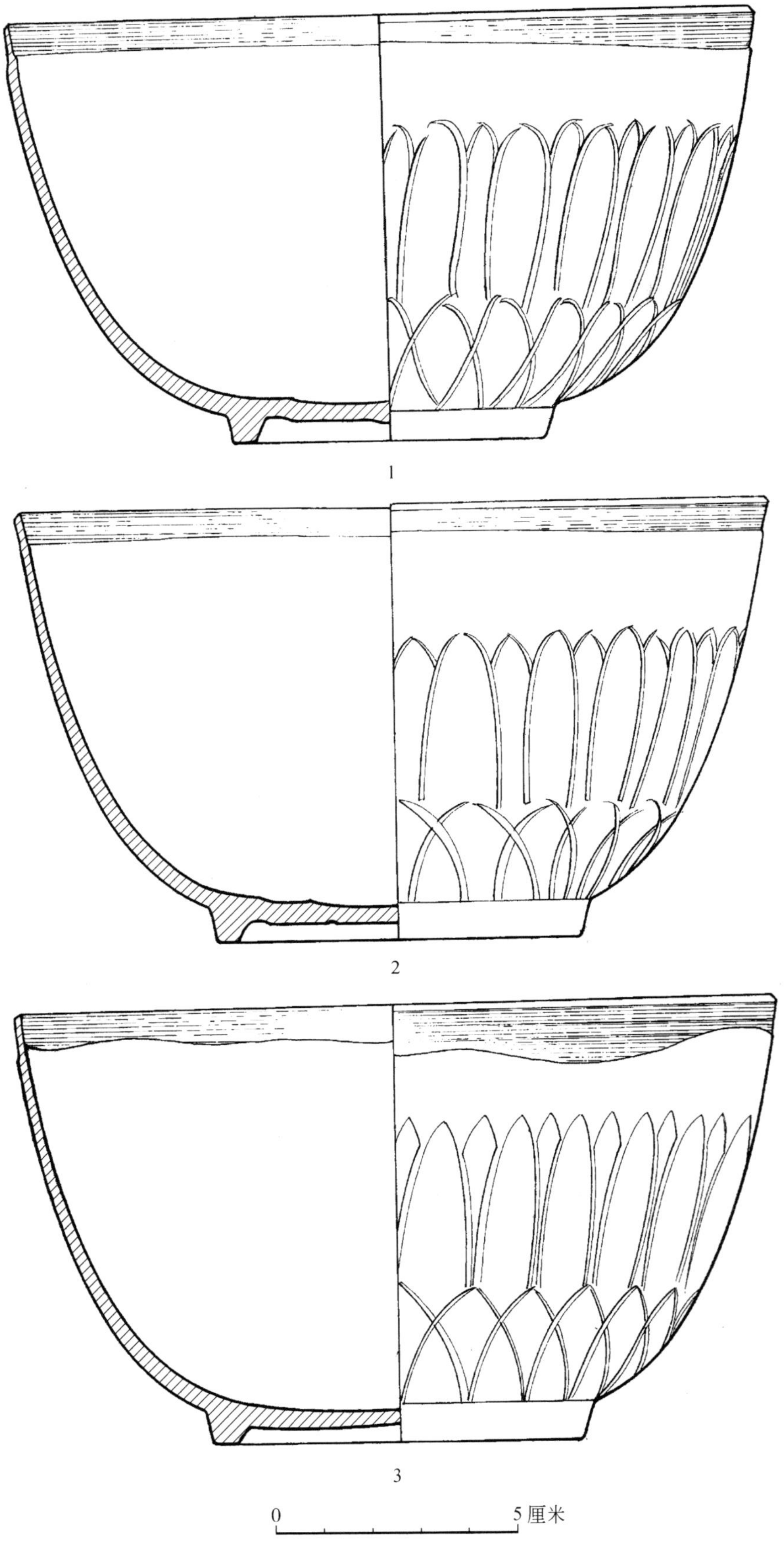

图一五九　一号窖藏出土景德镇窑青白瓷　A型深腹芒口碗

1. 91SJJ∶646　2. 91SJJ∶652　3. 91SJJ∶643

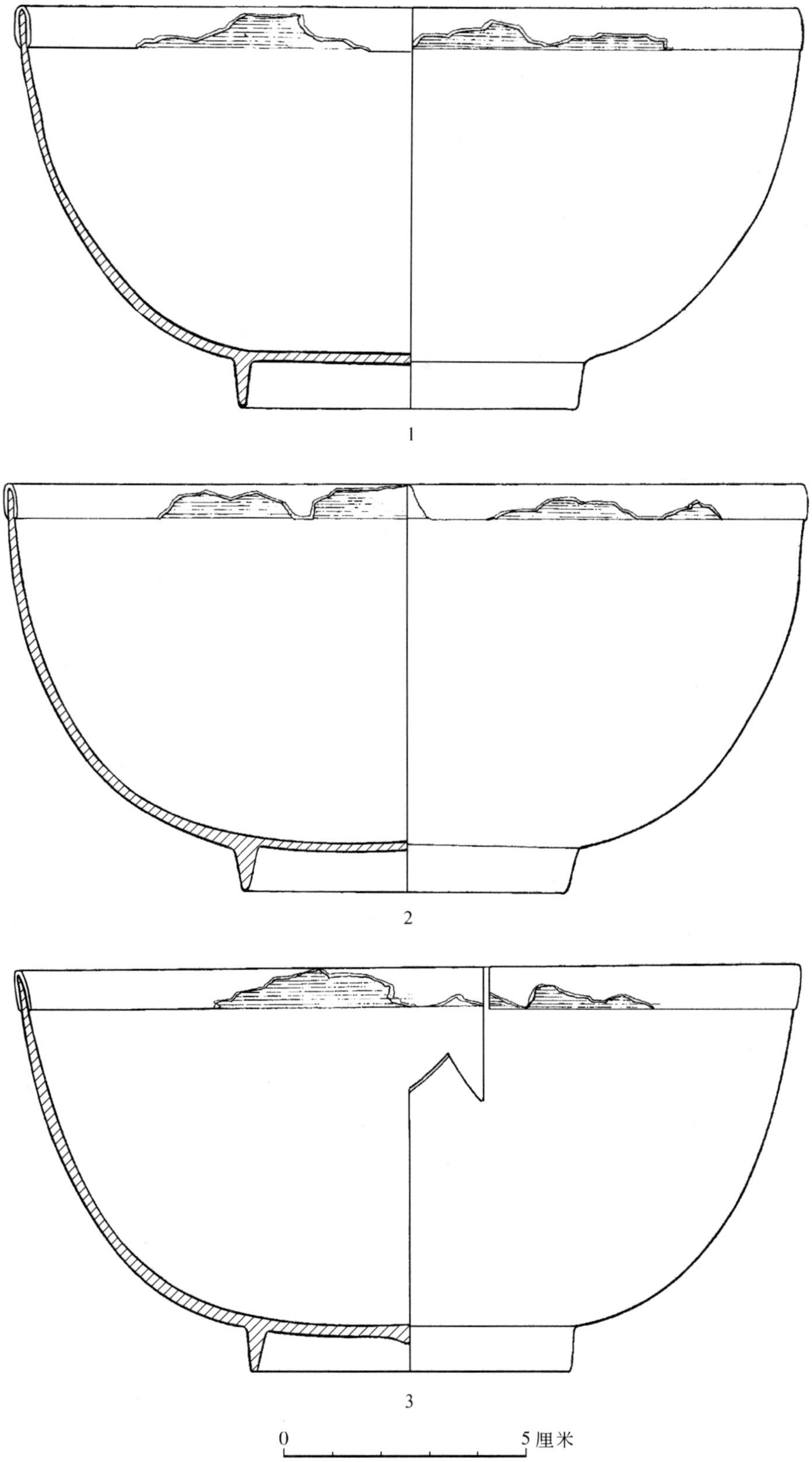

图一六〇　一号窖藏出土景德镇窑青白瓷　B型深腹芒口碗

1. 91SJJ∶504　2. 91SJJ∶613　3. 91SJJ∶975

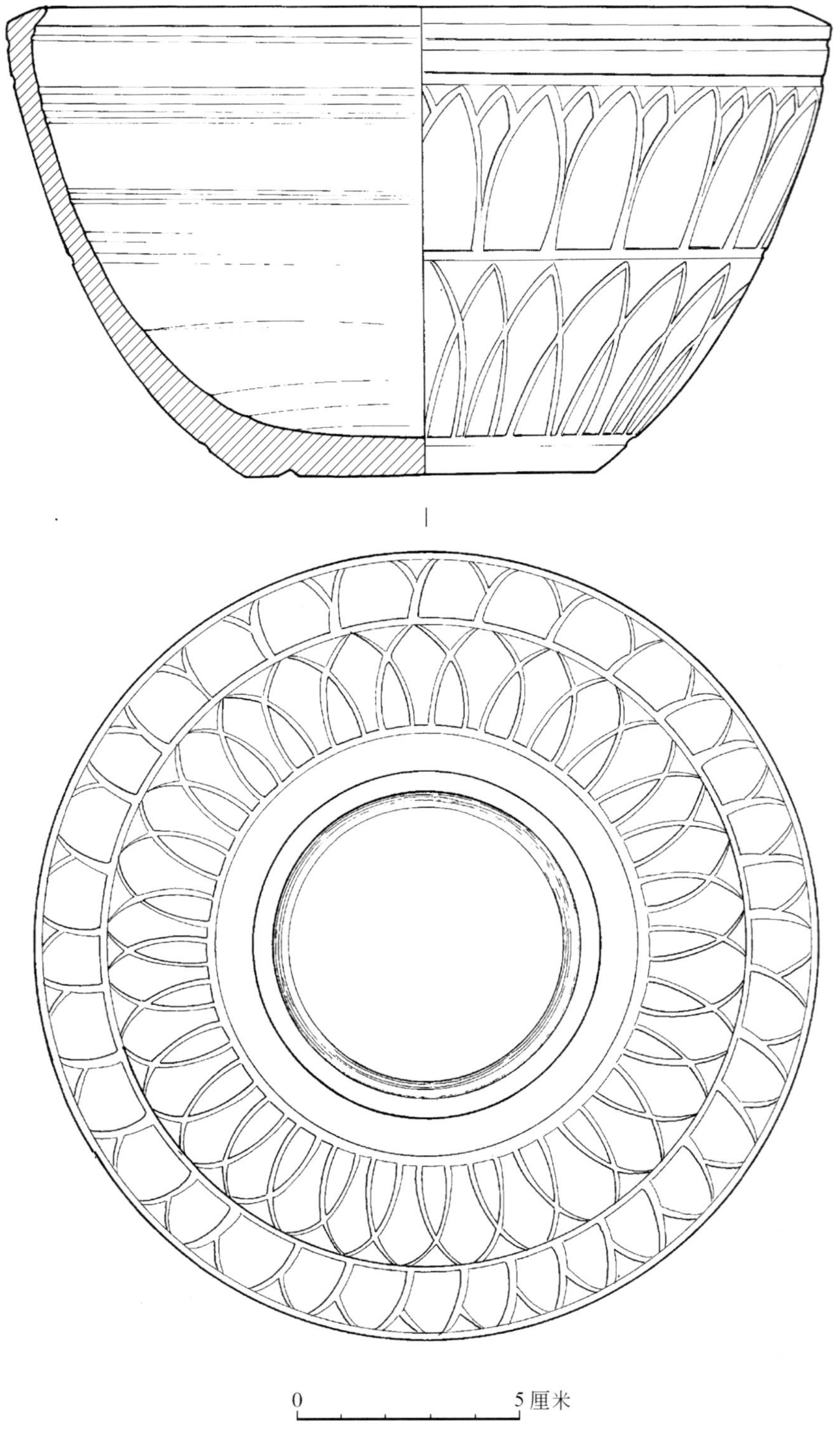

图一六一　一号窖藏出土景德镇窑青白瓷　A型钵91SJJ：207

釉处较显青翠。釉面有一些针眼和小黑点，并有条形的开片。饼足圆整，有酱色和黑色斑。口径16.7、足径7.8、高10.7、厚0.5～1.2厘米。

91SJJ∶205，开裂，可修复。弧腹，饼足，下腹与足部外侧有较为明显的跳刀痕，足部外侧斜切一圈，内壁可见细密的弦纹，内底有一圈黑褐色垫烧痕。白色胎，青白釉，釉色显青翠，釉面光洁平整。未及施釉处呈淡橙色。口径13.6、足径6.3、最大腹径15.1、高7.8、厚0.3～1.2厘米（图一六二；图版一六二）。

盘

共102件。均为芒口、薄胎盘，口沿无釉处多见制坯留下的细弦纹。从造型上，可将盘分为圈足盘和凸底盘两大类，结合腹部和足部的不同按斜弧腹圈足盘和斜腹凸底盘分别介绍。

斜弧腹圈足盘

共63件。造型一致，为敞口或敞口微侈，方唇，斜弧腹，圈足，主要的差异在口部的细微变化上。根据口部的差异分两型介绍。

A型　敞口。33件。唇部均修刮平整，略呈方唇，斜弧腹，浅圈足。芒口，芒口内侧多窄于外侧。足底施釉，但往往施釉不完整，有刮除的痕迹。白胎。施青白釉，釉面光洁明亮，极少见开片，釉色可分为青翠和清淡两种。均在内底和内壁装饰六出筋双鱼图案，内底刻划同向的双鱼纹和篦划水波纹，内底与内壁间有一圈凹弦纹。内壁模印凸起的六道出筋纹路。选介标本4件。

91SJJ∶355，完整。敞口微侈。内壁口沿下略有积釉痕迹。釉面有少量黑斑，足圈略有变形，足底施釉未满。芒口呈白色，略泛黄。釉色较为清淡。口径18.2、足径6.2、高4.6、足高0.25、足圈内深0.15、厚0.2～0.4厘米（图一六三；图版一六三）。

91SJJ∶376，完整。敞口，腹部较圆弧。内壁釉面有一个较大的褐色斑点。芒口呈浅橙色。足底施釉未满，有少量窑砂粘连。口径17.9、足径6.1、高4.6、足高0.3、足圈内深0.25、厚0.15～0.4厘米（图一六四）。

91SJJ∶316，外壁有三处制坯时留下的凹痕，器表有一道磕伤的裂纹，器形完整。敞口。口沿内侧釉面有积釉痕迹。釉色青翠。芒口内壁、外壁宽度相若，芒口呈较鲜艳的酱色。口径18.0、足径6.4、高4.5、足高0.3、足圈内深0.25、厚0.15～0.3厘米（图一六五；图版一六四）。

91SJJ∶400，器表有一道磕伤裂纹，器形完整。敞口微外侈，足圈略小，足底刮釉。芒口呈较为鲜艳的酱色。青白釉的釉色青翠。口径18.0、足径6.1、高4.6、足高0.3、足圈内深0.25、厚0.15～0.3厘米（图一六六）。

B型　敞口微外侈。30件。造型一致，口唇部均修刮平整作方唇，斜弧腹，浅圈足。芒口，口沿多呈浅橙色。足底多施釉，但往往施釉不完整，有刮除的痕迹。白胎。施青白釉，釉面光洁明亮，极少见开片，釉面散布少量蓝色、褐色的小斑点。均在装饰模印双凤瓶花图案，主题纹饰位于内底和内壁，内底为一对相向飞舞的双凤穿花图案，内壁以六出筋分隔出六组花纹，间隔排列瓶插花和盆栽花图案。盘的内底与内壁间有一圈凹弦纹。辅助花纹位于内壁口沿下，为一周连续回纹。依据花纹的不同分为五组。

a组1件。双凤图案位于凸弦纹内，略显模糊，插花图案清晰、立体感强。依次为弦纹胆式瓶

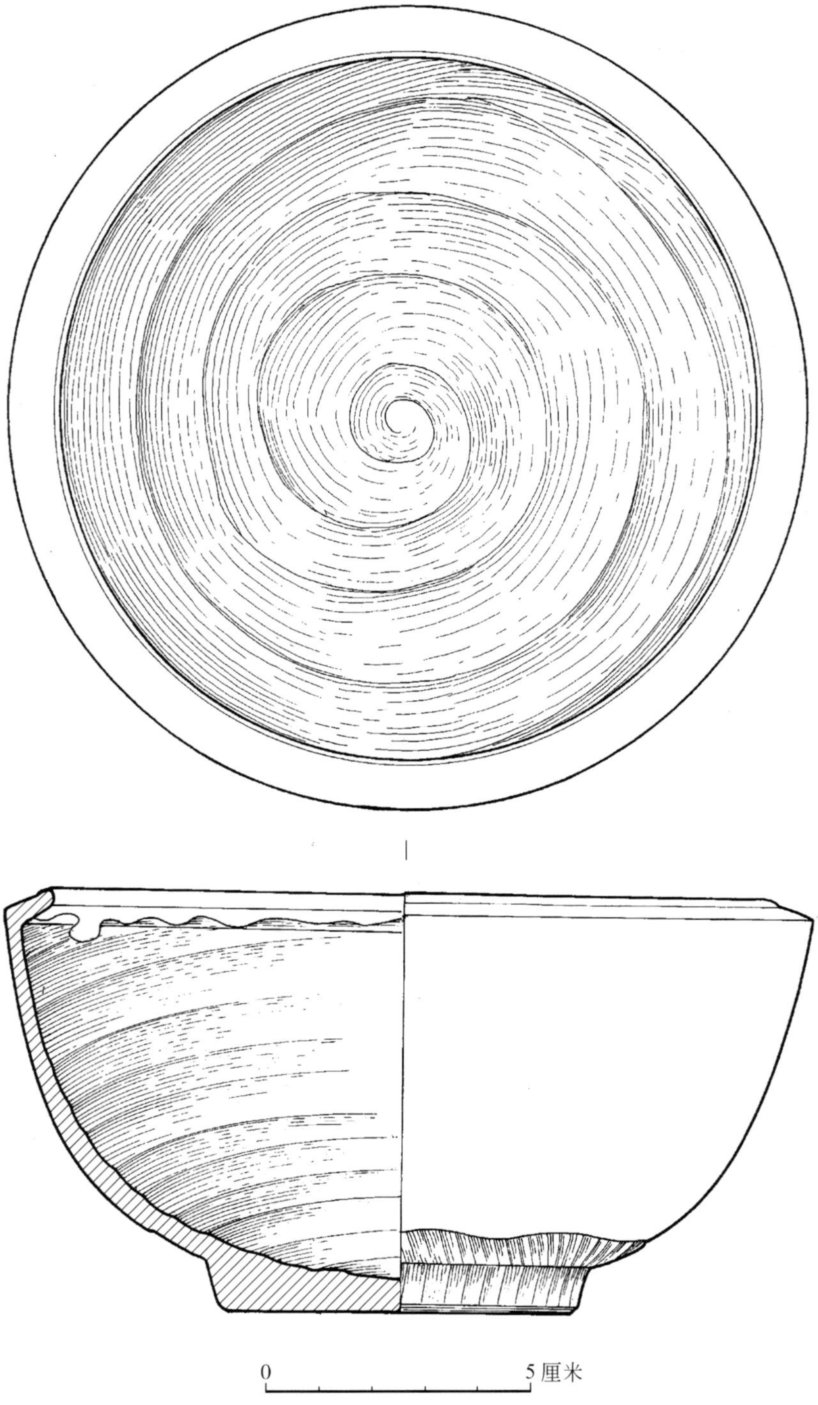

图一六二　一号窖藏出土景德镇窑青白瓷　B型钵91SJJ：205

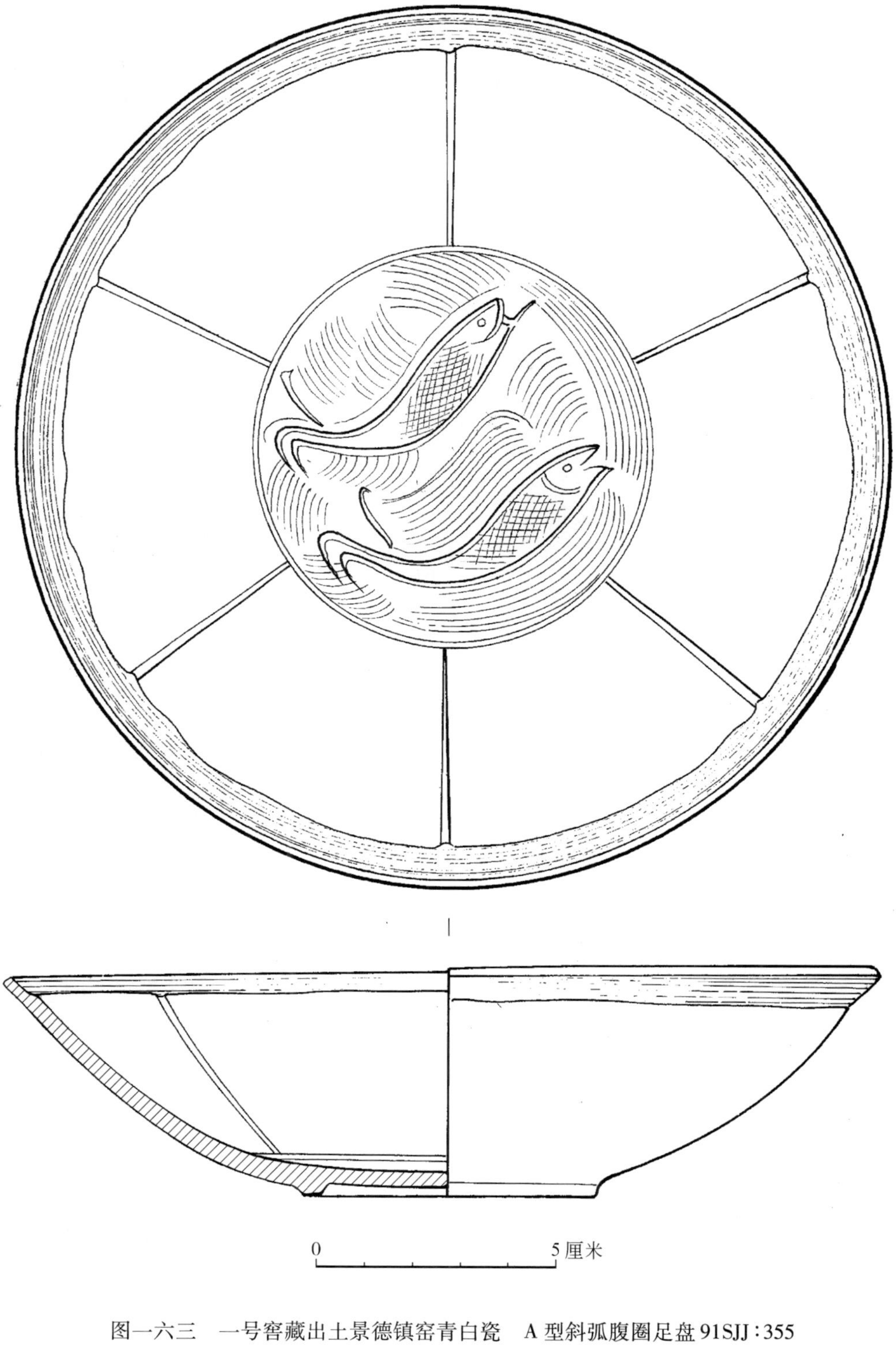

图一六三　一号窖藏出土景德镇窑青白瓷　A型斜弧腹圈足盘 91SJJ∶355

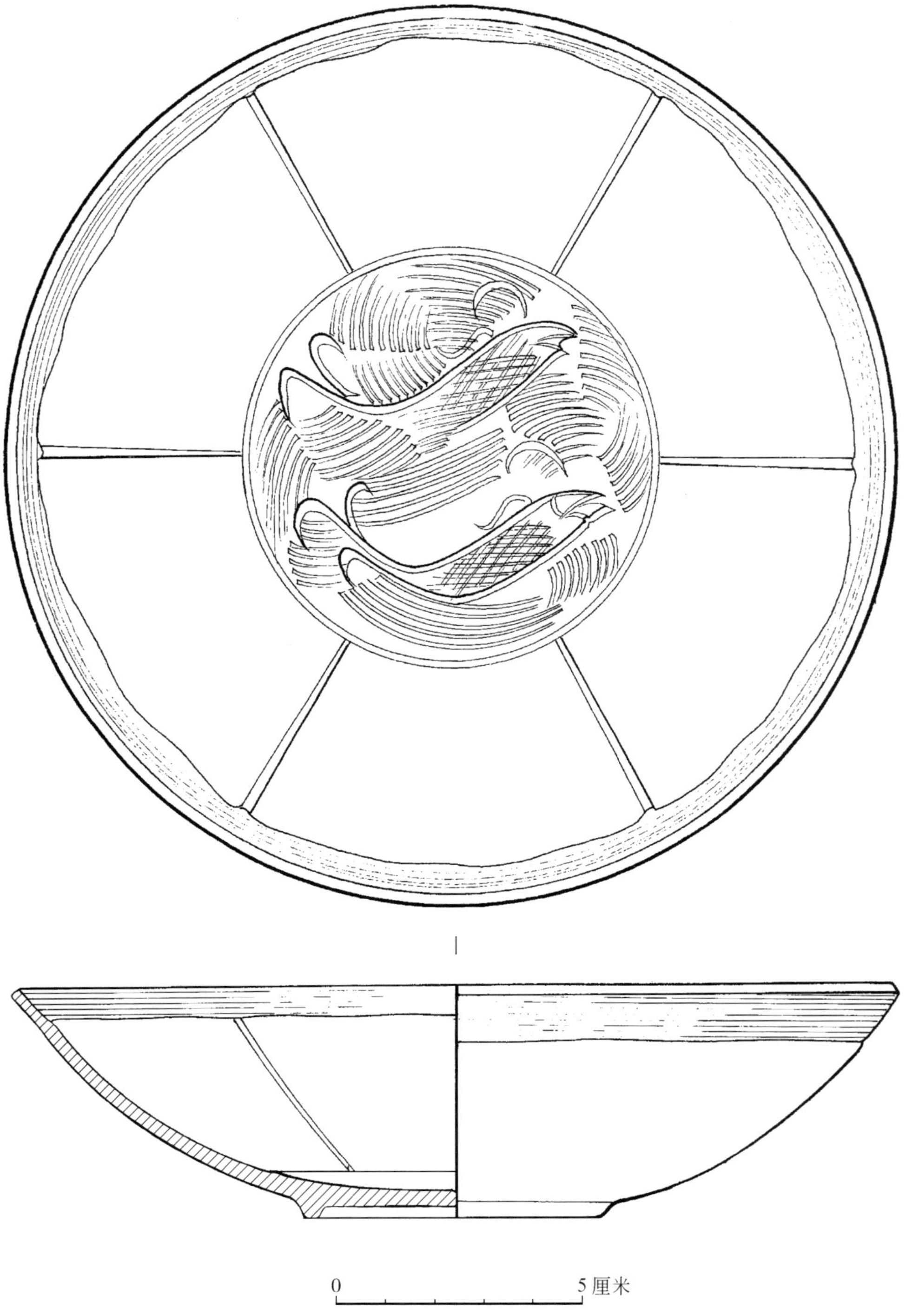

图一六四　一号窖藏出土景德镇窑青白瓷　A型斜弧腹圈足盘91SJJ∶376

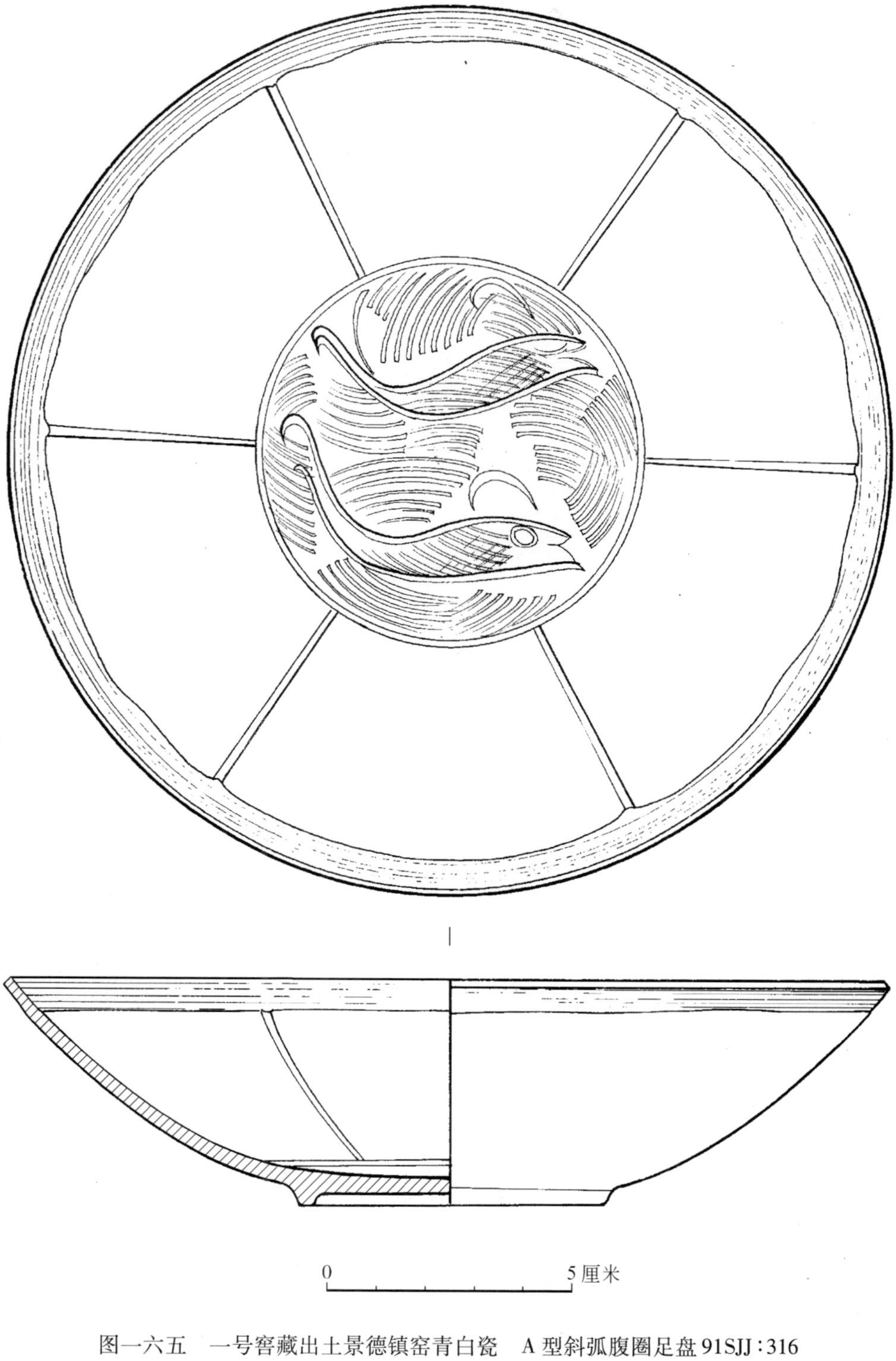

图一六五　一号窖藏出土景德镇窑青白瓷　A型斜弧腹圈足盘91SJJ:316

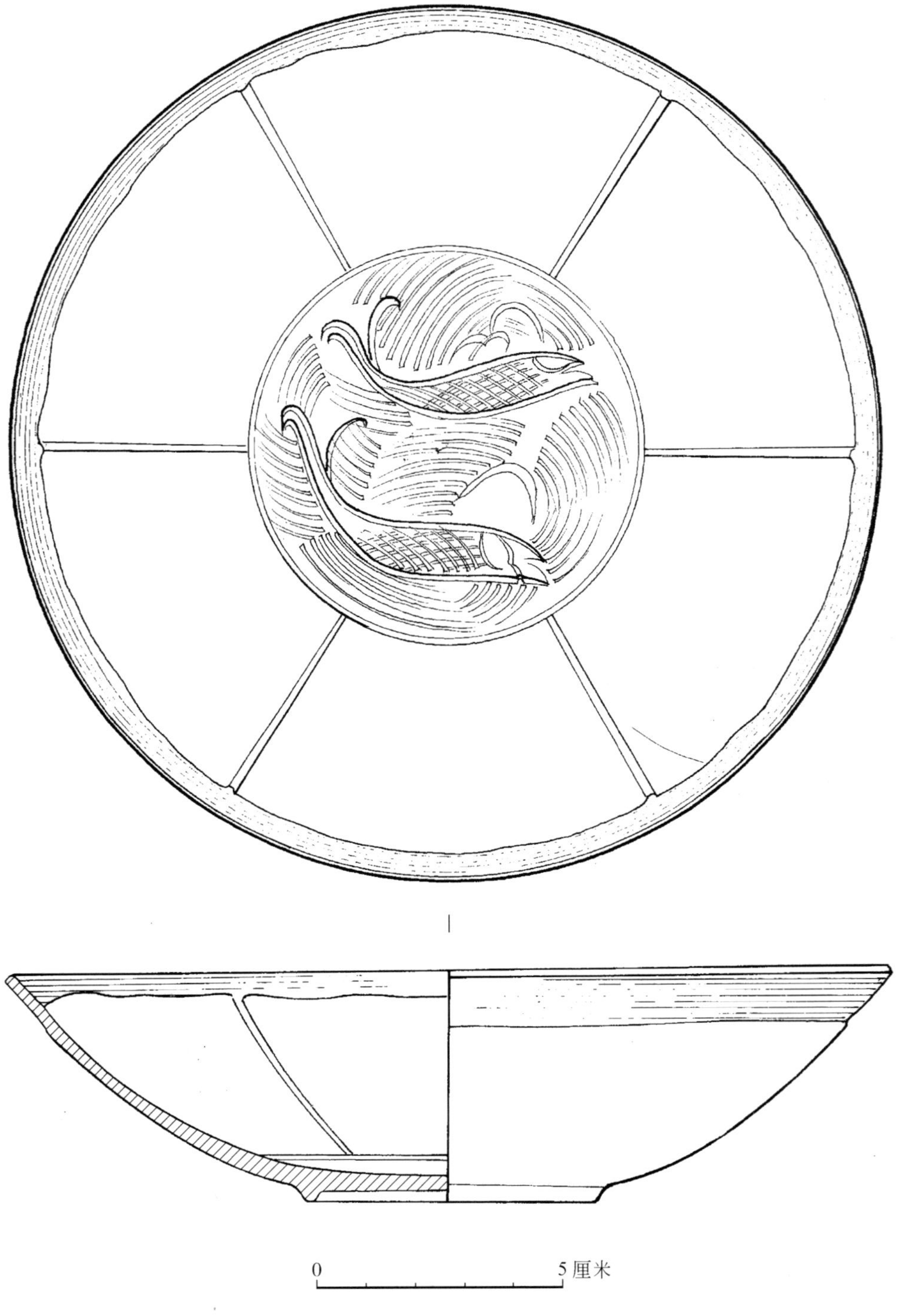

图一六六　一号窖藏出土景德镇窑青白瓷　A型斜弧腹圈足盘91SJJ∶400

插两支牡丹、连续花瓣纹盆栽荷花、胆式花瓶插两支牡丹、菱形花纹盆栽两支萱草、菊花纹胆式瓶插两支菊花、莲瓣纹花盆栽梅花。

91SJJ:575，修复。口微外撇，足圈较宽。口沿呈鲜艳的橙红色。施青白釉，口沿内侧积釉一圈，釉色略淡。口径18.2、足径6.4、高4.6、足高0.5、足圈内深0.25、厚0.2～0.4厘米（图一六七；图版一六五）。

b组4件。图案范围略窄，与内沿有较多的空白间隔。内壁模印花纹依次为三弦纹胆式瓶插两支扶桑、弧形花瓣纹盆栽荷花三瓣花、菊花纹胆式花瓶插两支牡丹、莲瓣花纹盆栽两支荷花和朵花、弦纹胆式瓶插两支菊花、连续花瓣纹花盆栽萱草。选介标本1件。

91SJJ:562，完整。口微外撇，足圈细窄。口沿不太圆整，为浅橙色。双凤图案位于凹弦纹内，略显模糊，整个图案深浅不一。内沿下有一圈较为明显的积釉。足底满釉，略有刮釉。器表釉色较青翠。口径17.6、足径5.9、高4.5、足高0.4、足圈内深0.2、厚0.2～0.4厘米（图一六八；图版一六六）。

c组5件。图案范围较窄，与内沿有较多的空白间隔。内壁模印花纹依次为弦纹胆式瓶插两支扶桑、弧形花瓣纹盆栽荷花和菊花、弧纹胆式花瓶插两支牡丹、弧纹盆栽两支萱草、弦纹胆式瓶插两支菊花、连续花瓣纹花盆栽荷花和三瓣花。选介标本1件。

91SJJ:538，完整。口微外侈，足圈宽窄略有不同，口沿未施釉处呈橙红色。施青白釉，釉面下有一些泛蓝色的小斑点，外底略有刮釉。口径17.5、足径6.3、高4.6、足高0.4、足圈内深0.2、厚0.2～0.4厘米（图一六九；图版一六七）。

d组14件。图案较满，碗内底心的双凤纹较大，位于一圈浅浅凸起的弦纹内。两只飞舞的凤凰间散布着三瓣花和四瓣花。内壁模印花纹依次为弦纹胆式瓶插两支牡丹、弧形花纹盆栽荷花、海涛纹胆式花瓶插两支菊花、连续花瓣纹盆栽两支萱草、三弦纹胆式瓶插两支扶桑、花瓣纹花盆栽梅花。选介标本1件。

91SJJ:342，完整。口微外侈，花纹清晰。芒口内沿窄、外沿宽，呈浅橙色。施青白釉，近口沿处不见积釉痕迹。釉面下有少量浅褐色小斑点。足底刮釉。口径17.7、足径6.0、高4.4、足高0.4、足圈内深0.25、厚0.2～0.4厘米（图一七〇；图版一六八）。

e组6件。图案较满，碗内底心的双凤纹较大，位于一圈浅浅凸起的弦纹内。两只飞舞的凤凰间散布着三瓣花叶和四瓣花叶。内壁模印花纹依次为弦纹胆式瓶插两支牡丹、连续花瓣纹盆栽荷花、海涛纹胆式花瓶插两支菊花、花瓣纹盆栽两支萱草、三弦纹胆式瓶插两支扶桑、弧形花纹盆栽梅花。选介标本1件。

91SJJ:580，完整。敞口，芒口外沿略宽，呈浅橙色。花纹较清晰。施青白釉，近口沿处不见积釉痕迹。内壁釉面下有一个蓝色小斑点，外壁釉面下有一些浅褐色小斑点，并有几处缩釉孔。足底刮釉口径17.7、足径6.4、高4.3、足高0.3、足圈内深0.2、厚0.3厘米（图一七一；图版一六九）。

斜腹凸底盘

共39件。敞口或敞口微侈，方唇，芒口，腹斜而略弧，底向上凸，有的外壁与底交接处有一圈极浅的足圈。器形的差别主要在口部的细微变化，有敞口微侈和敞口两型。芒口均内侧较窄而

图一六七　一号窖藏出土景德镇窑青白瓷　B型斜弧腹圈足盘91SJJ∶575

图一六八　一号窑藏出土景德镇窑青白瓷　B型斜弧腹圈足盘91SJJ：562

图一六九 一号窖藏出土景德镇窑青白瓷 B型斜弧腹圈足盘91SJJ:538

图一七〇　一号窖藏出土景德镇窑青白瓷　B型斜弧腹圈足盘 91SJJ∶342

图一七一　一号窖藏出土景德镇窑青白瓷　B型斜弧腹圈足盘91SJJ：580

宽度均匀，外沿较宽而宽窄不同，呈橙色，靠近釉的一圈颜色更深更鲜艳。外沿下有一圈或数道凹弦纹。外底心刮釉，呈白色或酱红色。白胎。青白釉均釉面光洁平整，釉色略淡，青白中偏白色，少数器物釉面有少许黑斑。依据口部的变化分为二型。

A 型　敞口微侈。9 件。腰微束，底向上凸起明显。内壁与内底相接处有一道模印的凸弦纹。选介标本 1 件。

91SJJ∶532，完整。足底可见较宽的螺旋纹。足心略白，无釉处为酱红色。口径 18.9、足径 13.3、高 3.4、足最深 1.1、厚 0.2～0.3 厘米（图一七二，1；图版一七〇）。

B 型　敞口。21 件。直壁，底上凸不太明显而略显平坦。依据装饰的有无分为二组。

a 组 11 件。素面。内壁与内底相接处均有一道模印的凸弦纹。选介标本 1 件。

91SJJ∶558，器表釉面有一道磕伤裂纹，完整。足底心呈浅白色。口径 19.0、足径 14.2、高 3.6、足最深 0.5、厚 0.2～0.3 厘米（图一七二，2；图版一七一）。

b 组 10 件。内壁模印花纹。芒口呈浅橙色，靠近釉的位置颜色略深而鲜艳，呈橙色。芒口上残留黑色的铜扣痕迹。主题纹饰在内底，为犀牛望月图案，一只回头望月的犀牛蜷腿跪坐，位于盘底的中央，它的前面是一条水波荡漾的河流，两边为芦苇水草和莲花、三瓣花等水生植物，一弯上弦月位于坐上方，犀牛的头顶为六颗呈曲线分布的星星和两颗小星星，星星以圆点表示，用直线连接。星星的旁边为两片流云纹。内壁的花纹为辅助花纹，外圈为回纹、内圈为仰覆如意云头纹，每个扁桃形的如意云头中间均有一个圆点纹。内壁与内底相接处有一道模印的凸弦纹。内底的模印花纹外还有一圈较浅的凸弦纹。胎体略显厚、沉。青白釉釉色较淡，釉面光洁明亮，有少量黑色小斑点。盘心的釉色多不太均匀，呈泛黄的斑块状。内、外壁靠近口沿处均有一圈积釉痕迹，内沿下积釉厚于外沿。选介标本 2 件。

91SJJ∶599，修复。足圈极浅。内底心有一段轻微的烧裂痕。口径 19.4、足径 14.0、高 3.6、足最深 0.8、厚 0.2～0.4 厘米（图一七三）。

91SJJ∶548，完整。足圈略有不平，底心刮釉处黑色的棕眼较密集。口径 18.8、足径 13.8、高 3.2、足最深 0.8、厚 0.2～0.4 厘米（图版一七二）。

碟

共 300 件。碟的数量多、造型和装饰的变化大，可分为圆口直腹碟、圆口斜腹碟、圆口斜弧腹碟、菊花口碟、葵花口碟等。不同造型的碟均为芒口，白胎，胎体较轻薄，釉色也显得较为丰富。依据口、腹、及装饰的不同将其分为五种介绍。

圆口直腹碟

共 18 件。圆口，方唇，直腹。芒口均较窄而整齐。此类碟都为素面。造型的差异在底部，分为平底、底略上凸、底上凸明显等三种，依据底部的差异分为三型。

A 型　平底。2 件。芒口整齐，内、外沿宽窄基本一致，外沿可见较浅的细弦纹。

91SJJ∶557，完整。内底有一道裂纹。通体施青白釉，釉色较清淡，积釉处呈浅青绿色。釉面有浅而细密的长条形开片。外底有较多的棕眼。芒口呈浅橙色。口径 11.8、底径 9.1、高 2.3、厚 0.2～0.3 厘米（图版一七三）。

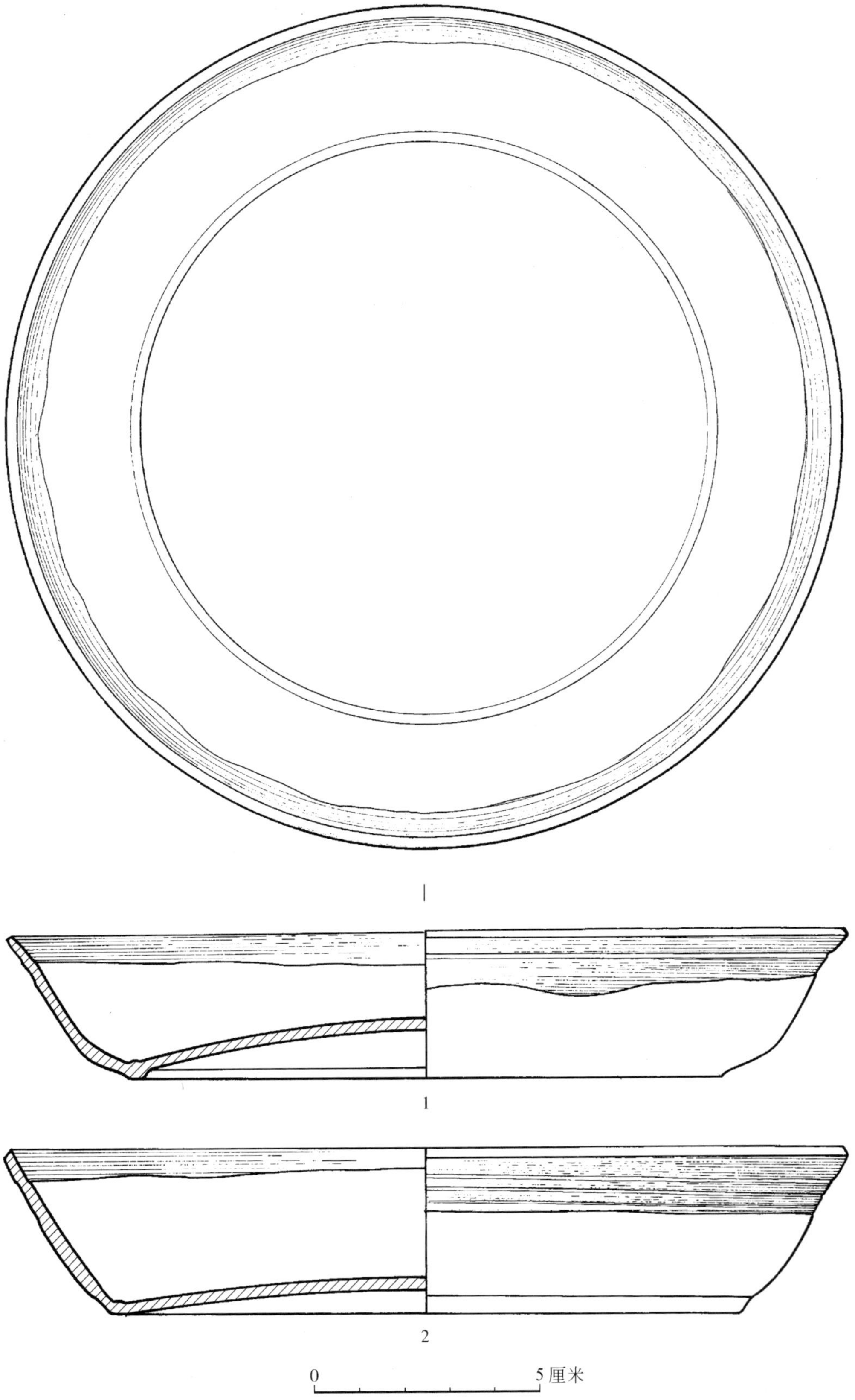

图一七二　一号窑藏出土景德镇窑青白瓷　A型、B型斜腹凸底盘

1. A型（91SJJ∶532）　2. B型（91SJJ∶558）

图一七三　一号窖藏出土景德镇窑青白瓷　B型斜腹凸底盘91SJJ：599

91SJJ∶586，修复。芒口呈浅白色。通体施青白釉，釉色较清淡，积釉处呈浅青绿色。釉面光洁明亮。外底可见浅而细密的弦纹。口径 12、足径 8.8、高 2.5、厚 0.2～0.25 厘米（图一七四，1）。

B 型　底略上凸。6 件。芒口整齐，内、外沿宽窄基本一致，并有较浅的细弦纹。选介标本 3 件。

91SJJ∶583，芒口不太整齐，呈极浅的橙色。通体施青白釉，釉色较显青绿。釉面光洁，有较细密的开片。口径 12、底径 9.1、高 2.4、厚 0.1～0.2 厘米（图版一七四）。

91SJJ∶590，修复。芒口呈浅橙色，粘连不连续的黑色铜锈。通体施青白釉，釉色较清淡，积釉处呈浅青绿色。釉面光洁，内壁有浅细的开片纹。釉面有少量小黑斑，底有少量小棕眼。口径 12、底径 9.2、高 2.2、厚 0.1～0.25 厘米（图版一七五）。

91SJJ∶572，完整。口沿保留了一圈锈蚀的铜扣。通体施青白釉，泛灰，釉色较清淡，积釉处呈浅青绿色。口径 13.2、底径 9.8、高 2.4、厚 0.15～0.3 厘米（图一七四，5）。

C 型　底上凸明显。10 件。芒口较整齐。选介标本 6 件。

91SJJ∶581，芒口呈浅白色。通体施青白釉，略泛灰，釉色较清淡，积釉处呈浅青绿色。釉面光洁明亮。口径 12.2、足径 9.2、高 2.2、厚 0.1～0.25 厘米（图一七四，2）。

底可见弦纹，多刮釉。图案的差异主要在碟底的大雁和其背景花纹上，根据其差异分为五组。91SJJ∶553，完整。方唇，腹较弧。胎极薄。青白釉，釉色略淡，釉面光洁，满布浅细的长条形开片，内、外口沿下均有明显的积釉。芒口为白色。口径 11.8，底径 8.7，高 2.1、厚 0.1～0.2 厘米（图一七四，4）。

91SJJ∶982，修复。芒口为白色。胎极薄。青白釉，釉色略淡，釉面光洁，有少量开片，内、外口沿下均有积釉痕迹。口径 11.6、底径 8.4、高 2、厚 0.1～0.2 厘米（图一七四，3）。

91SJJ∶554，修复。腹较直。芒口内沿窄而外沿较宽，呈橙色。青白釉，釉色略淡而泛青灰，内口沿下有明显的积釉痕迹。口径 12.1、底径 8.9、高 2.3、厚 0.1～0.2 厘米。

91SJJ∶983，修复。方唇，腹直。青白釉，釉色略淡，内口沿下有轻微的积釉痕迹。芒口为白色。

91SJJ∶556，修复。腹直。芒口为白色。青白釉，釉色略淡，内口沿下有轻微的积釉痕迹。口径 12.7、足径 9、高 2.4、厚 0.15～0.25 厘米（图版一七六）。

圆口斜腹碟

共 129 件。圆口，斜直腹略弧，平底。均有花纹装饰。器形的差异主要在腹部与部的转折处的形状，依据腹、底相接处的差异分为三型。

A 型　腹、底相接折幅较大，微圆。1 件。圆唇，芒口整齐，内、外沿宽度一致。

91SJJ∶680，完整。芒口呈白色。内底刻划萱草纹，采用双线勾画，枝叶流畅自然，图案布局疏朗。青白釉，釉色较清淡，积釉处呈浅青绿色。釉面光洁。口径 10.4、底径 8.2、高 2.1、厚 0.15～0.25 厘米（图一七四，6；图版一七七）。

B 型　腹、底相接圆折。57 件。方唇略斜，直腹微斜，下腹弧收，底略上凸。此型碟装饰大雁穿花的纹饰，内壁装饰模印花纹，主题花纹位于碟底，为飞雁荷花纹，一只展翅的大雁位于碟底中央，荷花、荷叶、三瓣花叶、四瓣花、芦苇等花纹散布周围。内壁装饰辅助纹饰，内圈为仰覆如意云头纹，间隔圈点纹；外圈为连续回纹。模印花纹深浅和清晰程度有不同。白胎，胎体较薄，胎壁几可透光。青白釉，釉色基本一致，釉面较光洁，有少量细小的黑色斑点，少见开片纹。芒口多为内沿略窄而整齐、外沿略宽。少数器物的芒口上粘连铜扣的残片。芒口多呈浅橙色，足

图一七四　一号窖藏出土景德镇窑青白瓷　圆口直腹碟、圆口斜腹碟

1. A 型圆口直腹碟 91SJJ∶586　2. C 型圆口直腹碟 91SJJ∶581　3. C 型圆口直腹碟 91SJJ∶982

4. C 型圆口直腹碟 91SJJ∶553　5. B 型圆口直腹碟 91SJJ∶572　6. A 型圆口斜腹碟 91SJJ∶680

底可见弦纹，多刮釉。图案的差异主要在碟底的大雁和其背景花纹上，根据其差异分为五组。

a组16件。主题纹饰中大雁左飞，颈项的左侧为一叶张开的四曲荷叶，右侧为三叶花；下方为一朵盛开的荷花，向右依次为芦花、一支含苞待放的荷花和一朵小的卷云纹。辅助纹饰中的仰覆如意云头纹为双层。选介标本1件。

91SJJ∶677，完整。芒口内侧有三道均匀的弦纹，外侧残留两处黑色的铜锈，为铜扣的痕迹。足底刮釉。口径10.8、底径6.9、高2.1、厚0.15～0.2厘米（图一七五；图版一七八）。

b组5件。大雁左飞，颈项的左侧为一叶覆盖的卷边荷叶和莲蓬，右侧为三叶花和芦花；下方为一朵盛开的荷花，向右依次为朵花、一支含苞待放的荷花。辅助纹饰中的仰覆如意云头纹为双层。选介标本1件。

91SJJ∶663，完整。足底未见刮釉痕迹。口径10.9、底径6.9、高2.3、厚0.15～0.25厘米（图一七六；图版一七九）。

c组22件。主题纹饰中大雁左飞，颈项的左侧为一叶覆盖的卷边荷叶，右侧为三叶花和芦花；下方为一朵盛开的荷花，向右依次为三瓣花叶、一支莲蓬。辅助纹饰中的仰覆如意云头纹为双层。选介标本1件。

91SJJ∶664，完整。芒口内侧略宽，外侧略窄。足底未见刮釉痕迹。口径11、底径6.8、高2.35、厚0.2～0.25厘米（图一七七；图版一八〇）。

d组10件。主题纹饰中大雁左飞，颈项的左侧为一叶覆盖的三曲荷叶，右侧为三叶和芦花；下方为一朵盛开的荷花，向右依次为三瓣花叶、一支含苞待放的荷花。辅助纹饰中的仰覆如意云头纹为双层。选介标本1件。

91SJJ∶678，完整。花纹较为模糊。芒口整齐，内侧略窄而外侧略宽。足底较小，刮釉较轻。口径11、底径6.4、高2.4、厚0.1～0.3厘米（图一七八；图版一八一）。

e组4件。花纹均较模糊。主题纹饰中大雁右飞，颈项下侧为一叶覆盖的卷边荷叶和四瓣花，其上为三瓣花叶和一朵含苞待放的荷花；大雁尾部有一朵盛开的荷花，其上可见一朵三瓣花。辅助纹饰中的仰覆如意云头纹为单层。选介标本1件。

91SJJ∶632，完整。芒口不太整齐，内侧略窄而外侧略宽。足底刮釉。口径10.7、底径6.6、高2.2、厚0.1～0.3厘米（图一七九；图版一八二）。

C型　腹较斜，腹、底相接处转折较硬。71件。方唇略斜，直腹较斜，平底，内底略向上凸。白胎。青白釉，釉色多较为青绿，少数颜色略淡，而且一般为内壁颜色较为青绿，外壁颜色较浅淡。少见开片。芒口较宽，多为内侧略窄而外侧略宽。芒口内侧口沿下有一圈较为明显的积釉。足底多刮釉。此型碟装饰双鱼纹饰。内壁装饰模印花纹。主题纹饰双鱼纹位于碟底，衬以水波海涛纹或荷花纹；辅助纹饰位于碟的内壁，内圈为三层细密的花瓣纹，外圈为连续回纹，间隔单弦纹。图案的差异主要是双鱼的形态和背景纹饰。根据图案纹饰的不同分为十组。

a组32件。双鱼各朝一方，鱼纹较细长，鱼身上可见鱼鳞纹。中间间隔两道同排并列的海涛纹，一道为四层波涛，一道为三层波涛。水波纹多为涡状。选介标本2件。

91SJJ∶634，完整。釉色略淡。芒口整齐，为白色。足底呈浅白色。口径10.6、底径7、高1.9、厚0.1～0.15厘米（图一八〇）。

91SJJ∶645，完整。釉色青白。芒口内侧整齐，外侧较宽。足底未见刮釉痕迹，但足底外圈有

图一七五　一号窖藏出土景德镇窑青白瓷　B型圆口斜腹碟91SJJ∶677

图一七六　一号窖藏出土景德镇窑青白瓷　B型圆口斜腹碟 91SJJ：663

图一七七　一号窖藏出土景德镇窑青白瓷　B型圆口斜腹碟91SJJ∶664

图一七八　一号窖藏出土景德镇窑青白瓷　B型圆口斜腹碟91SJJ：678

图一七九　一号窖藏出土景德镇窑青白瓷　B 型圆口斜腹碟 91SJJ∶632

图一八〇　一号窖藏出土景德镇窑青白瓷　C型圆口斜腹碟91SJJ∶634

底可见弦纹，多刮釉。图案的差异主要在碟底的大雁和其背景花纹上，根据其差异分为五组。一部分未及施釉（图版一八三）。

b组3件。双鱼朝同一个方向，鱼纹较细长，鱼身上可见鱼鳞纹。中间间隔两道同排并列的海涛纹，一道为4层波涛，一道为3层波涛。水波纹上点缀一些圆点纹作飞溅的水滴。选介标本1件。

91SJJ:623，完整。釉色略淡。内壁口沿下有较明显的积釉一圈。碟口略有变形，芒口不太整齐，外沿较宽，足底弦纹明显，刮釉较轻。口径10.6、底径6.3、高2.3、厚0.1~0.3厘米（图一八一；图版一八四）。

c组7件。双鱼朝同一个方向，鱼纹较细长，鱼身上可见鱼鳞纹。中间间隔两道同排并列的海涛纹，均为3层波涛。水波纹上点缀一些圆点纹作飞溅的水滴。选介标本1件。

91SJJ:641，修复。芒口不太整齐，外沿较宽，为浅橙色。内壁口沿下有较明显的积釉一圈。足底弦纹明显。口径10.6、底径6.3、高2.1、厚0.15~0.3厘米（图一八二；图版一八五）。

d组3件。双鱼朝同一个方向，鱼纹较细长，鱼身上有两道鱼鳞纹。中间间隔两朵莲花和一朵三瓣花叶。鱼的上方有一朵三瓣花。选介标本1件。

91SJJ:639，完整。花纹清晰。胎壁较薄。内壁口沿下有积釉一圈。芒口较整齐，外沿略宽，为浅橙色。口径10.4、底径6.5、高1.9、厚0.2~0.3厘米（图一八三；图版一八六）。

e组4件。双鱼朝同一个方向，鱼纹较细长，鱼身上可见鱼鳞纹。中间间隔两朵莲花和一朵芦花。鱼的上方有一朵三瓣花叶。选介标本1件。

91SJJ:636，完整。花纹清晰。芒口较整齐，外沿略宽，为橙色。内壁口沿下有明显的积釉一圈。足底刮釉。口径10.8、底径6.9、高2.1、厚0.1~0.3厘米（图一八四）。

f组2件。双鱼朝同一个方向，鱼纹较细长，鱼身上可见鱼鳞纹。中间间隔两朵莲花和一朵三瓣花叶。鱼的上方有一张荷叶。选介标本1件。

91SJJ:666，完整。花纹清晰。芒口不太整齐，外沿略宽，为浅橙色。内壁口沿下有明显的积釉一圈。足底挖削形成一圈浅浅的足圈。口径10.2、底径6.5、高1.8、厚0.15~0.2厘米（图一八五）。

g组4件。双鱼朝同一个方向，鱼纹较细长，鱼身的刻划线条较宽，隐约可见鱼鳞纹。中间间隔两朵莲花和一朵方形的四瓣花。鱼的上方有一片卷草和一朵小的三瓣花。选介标本1件。

91SJJ:628，完整。花纹略显模糊。芒口较宽，内、外沿宽窄相近，为浅橙色。内壁口沿下有明显的积釉一圈。足底刮釉较轻。口径10.4、底径6.9、高2、厚0.2~0.25厘米（图一八六）。

h组6件。双鱼朝同一个方向，鱼纹较细长，鱼身的线条较宽，中间有一道鱼鳞纹。中间间隔两朵莲花和一朵长形的四瓣花。鱼的上方有一片卷草和一朵小的四瓣花。选介标本1件。

91SJJ:650，完整。花纹较清晰。芒口宽，为浅橙色。内壁口沿下略有积釉一圈。足底刮釉。口径10.5、底径7.1、高2、厚0.2~0.25厘米（图一八七）。

i组6件。双鱼朝同一个方向，鱼纹较细长，鱼身的线条较宽，中间有一道鱼鳞纹。中间间隔两朵莲花和一朵长形的四瓣花。鱼的上方有一片卷草和一朵略大的四瓣花。选介标本1件。

91SJJ:669，修复。花纹较清晰。芒口整齐，内、外沿宽窄相近，为浅橙色。釉色较淡，内壁口沿下略有积釉。足底刮釉。口径10.3、底径6.9、高2.1、厚0.2~0.3厘米（图一八八）。

图一八一　一号窖藏出土景德镇窑青白瓷　C型圆口斜腹碟91SJJ∶623

图一八二　一号窖藏出土景德镇窑青白瓷　C型圆口斜腹碟91SJJ:641

图一八三　一号窖藏出土景德镇窑青白瓷　C型圆口斜腹碟91SJJ：639

图一八四　一号窖藏出土景德镇窑青白瓷　C型圆口斜腹碟91SJJ：636

图一八五　一号窖藏出土景德镇窑青白瓷　C型圆口斜腹碟91SJJ∶666

图一八六　一号窖藏出土景德镇窑青白瓷　C型圆口斜腹碟91SJJ∶628

图一八七　一号窖藏出土景德镇窑青白瓷　C型圆口斜腹碟91SJJ：650

图一八八 一号窖藏出土景德镇窑青白瓷 C型圆口斜腹碟91SJJ:669

j组4件。双鱼朝同一个方向，鱼纹较细长，鱼身的线条较宽。中间间隔两朵莲花和一朵方形的四瓣花。鱼的上方有一片卷草和一朵小的四瓣花。选介标本1件。

91SJJ:653，完整。花纹略显模糊。芒口较宽，外沿较宽，近白色。内壁口沿下有积釉一圈。足底刮釉。口径10.4、底径6.5、高2、厚0.2~0.3厘米（图一八九；图版一八七）。

圆口斜弧腹碟

共3件。圆口，敞口，方唇，唇口斜切，斜腹，腹部略有弧度，浅圈足较大。内壁与碟底相接处有一圈凸弦纹。芒口较宽，内侧略窄而整齐，外侧较宽。选介标本2件。

91SJJ:573，完整。白胎。釉色青白，釉面光洁明亮。内沿下有积釉痕迹。芒口内、外沿都较整齐，呈浅橙色。圈足明显，靠近足圈处浅挖一圈。足底刮釉。口径10.4、底径6.8、高2.4、厚0.1~0.35厘米（图一九〇，1；图版一八八）。

91SJJ:574，完整。白胎。釉色青白，釉面光洁明亮。内沿下有积釉痕迹，外壁釉面有少量的棕眼。芒口内、外沿都较整齐，呈浅橙色。圈足极浅。足底刮釉，有较多的针眼和小黑斑。口径10.8、底径7.4、高2.5、厚0.1~0.3厘米（图一九〇，2）。

菊花口碟

共137件。菊花瓣口，斜弧腹或折腹，平底上凸或小平底。依据腹部的变化分为二型。

A型　斜弧腹，平底。4件。弧形菊花瓣口，方唇较薄，芒口，弧腹，平底，内底略突起。足底多见浅细的弦纹。腹部模印二十四瓣菊花纹，纹路突出。白胎，胎体极薄，青白釉，釉色较淡。芒口内侧沿施釉整齐，外侧则不太规整。足底多有较明显的积釉痕迹。选介标本1件。

91SJJ:602，修复。芒口呈白色。釉面较光洁。口径11、底径7.8、高2、厚0.1~0.2厘米（图一九〇，3）。

B型　折腹，小平底。133件。敞口或敞口微敛，菊花瓣口，斜沿，斜腹，下腹折，小平底。内壁模印条状的菊花瓣纹样。菊花瓣形的口沿或圆或尖，或深或浅。有部分器物的花瓣口沿均匀而规整，口沿上模印出一周凸棱状的边沿。白胎。青白釉，釉色深浅不一，多光洁明亮，不少器物施釉较厚。施釉至折腹的折棱处，折腹下多见放射状的跳刀痕。外壁下腹及足底未施釉，呈白色、浅橙色或橙色等不同的颜色，但足底往往颜色较深，多呈褐色。内壁的模印菊瓣有二十二瓣、二十四瓣和二十五瓣三种，依据花瓣数量的不同分为三组。

a组6件。二十二瓣菊花纹。选介标本2件。

91SJJ:700，完整。口沿不规整，微敛，内底略下凹。花纹较模糊。内壁釉较厚，可见细密的气泡。外壁下腹有较浅的跳刀痕，呈白色，足底呈浅褐色，粘连一些黑色的窑砂。口径10.2、底径3.2、高2.3、厚0.1~0.4厘米（图一九一，1；图版一八九）。

91SJJ:685，完整。口微敛，口沿较规整，有一周凸棱边缘。内底略下凹。花纹较模糊。内壁釉较厚，可见细密的气泡。外壁下腹有较浅的跳刀痕，呈浅黄色，足底呈浅褐色，平整。口径10.3、底径3.5、高2.1、厚0.1~0.4厘米。

b组95件。二十四瓣菊花纹。选介标本5件。

91SJJ:696，完整。敞口，口沿较规整，口沿上的凸棱边缘不连续。内底略下凹。内壁釉较厚，可见细密的气泡，内底有少量开片。外壁下腹有较宽而明显的跳刀痕，呈白色，下腹外壁和

图一八九　一号窖藏出土景德镇窑青白瓷　C型圆口斜腹碟91SJJ∶653

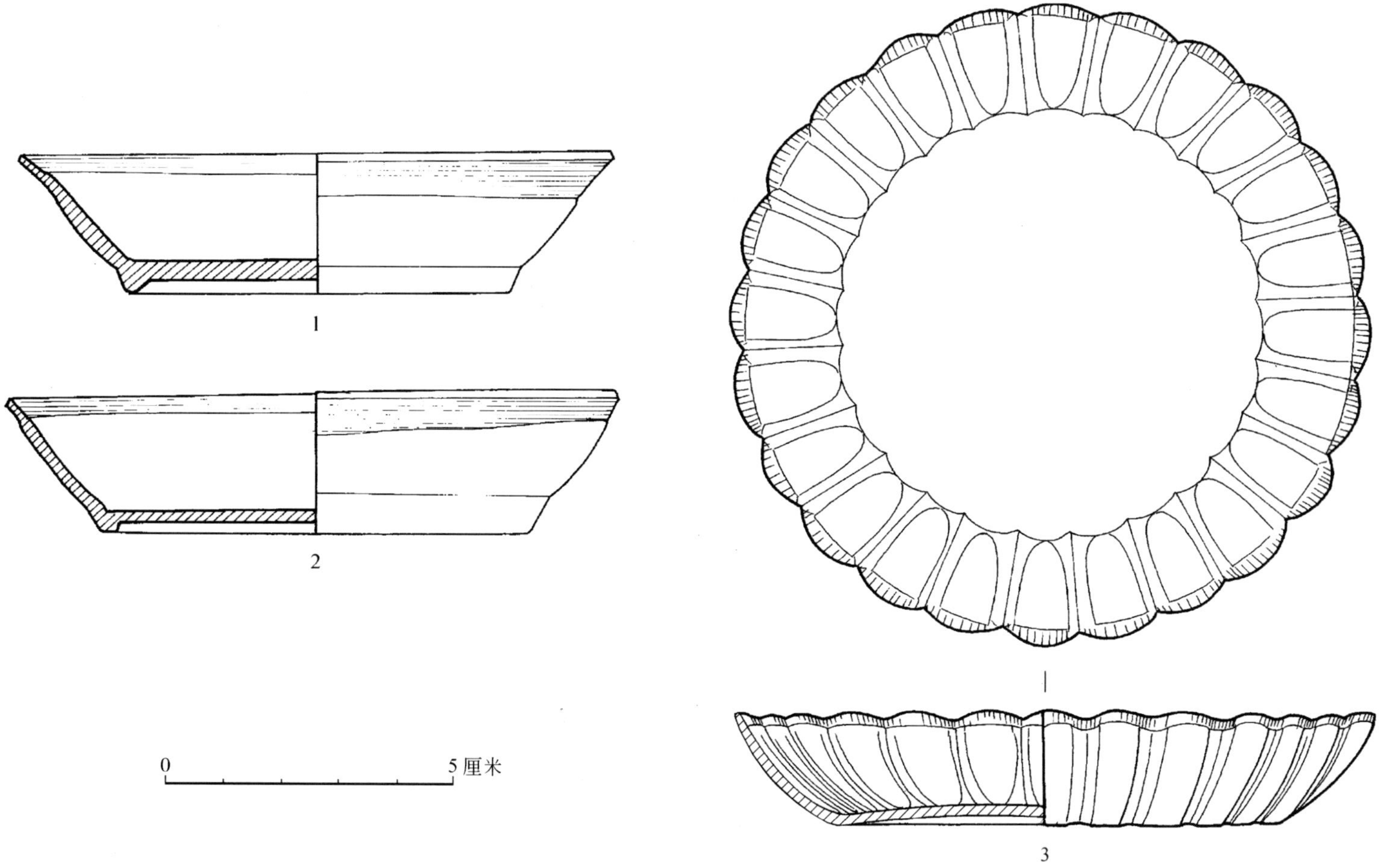

图一九〇　一号窖藏出土景德镇窑青白瓷　圆口斜腹碟及A型菊花口碟

1. 圆口斜腹碟91SJJ∶573　2. 圆口斜腹碟91SJJ∶574　3. A型菊花口碟91SJJ∶602

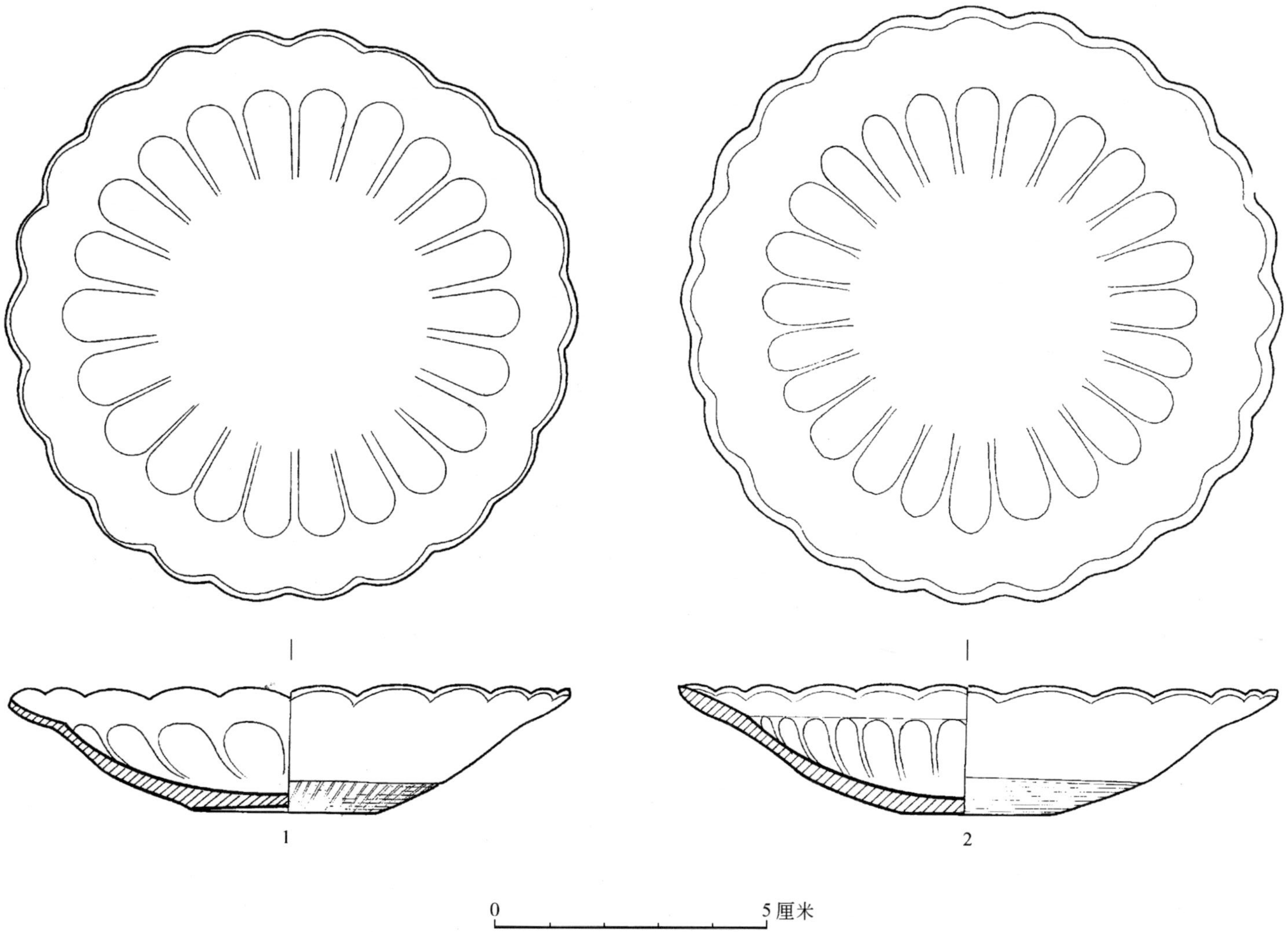

图一九一　一号窖藏出土景德镇窑青白瓷　B型菊花口碟
1. 91SJJ∶700　2. 91SJJ∶696

足底呈浅褐色。口径10.9、底径2.6、高2.3、厚0.25~0.4厘米（图一九一，2）。

91SJJ∶691，完整。敞口微敛，口沿较规整，口沿上的凸棱边缘不连续。釉色青白，光洁明亮，内壁口沿和底部有较厚的积釉，可见细密的气泡和极细小的黑斑，内底有少量开片。外壁下腹有较宽而明显的跳刀痕，呈浅橙色，足底较圆整，呈浅褐色。口径10.6、底径2.9、高2.3、厚0.2~0.4厘米（图版一九〇）。

91SJJ∶681，完整。口沿规整，口沿上的凸棱边缘连续而明显。模印花纹清晰。釉色略泛灰黄。外壁下腹有半圈细密的跳刀痕，呈白色，足底平整，呈浅褐色。口径11.1、底径3.4、高2.5、厚0.2~0.5厘米（图一九二，1）。

91SJJ∶694，完整。花边口沿较规整，折沿不明显，口沿上几乎不见凸棱边缘。花纹模糊。内底积釉较厚，可见细密的气泡，内底有两道开片纹路。外壁下腹有很少的跳刀痕，呈橙色，足底呈褐色。口径10.7、底径3.1、高2.2、厚0.2~0.4厘米（图版一九一）。

91SJJ∶671，完整。花边口沿或尖或圆，折沿极不明显，口沿上几乎不见凸棱边缘。内底略下凹。釉色泛灰白。外壁下腹有较宽而明显的跳刀痕，下腹外壁和足底呈浅橙色。口径10.6、底径3、高2.3、厚0.2~0.45厘米。

c组32件。二十五瓣菊花纹。选介标本3件。

91SJJ∶699，完整。口微敛，口沿较规整，口沿上无凸棱边缘。内壁有积釉，可见细密的气泡，内底有少量开片。外壁下腹有较细的跳刀痕，呈白色，下腹外壁和足底有一团呈浅褐色灼烧痕迹。口径10.7、底径3、高2.4、厚0.2~0.3厘米（图一九二，2）。

91SJJ∶693，完整。敞口，口沿较规整，口沿上有一周明显而连续的凸棱边缘。外壁下腹有较浅的跳刀痕，呈浅橙色，足底呈浅褐色。口径10.7、底径3.1、高2.2、厚0.2~0.3厘米（图版一九二）。

91SJJ∶692，完整。敞口微敛，口沿较规整，口沿上隐约可见不连续的凸棱边缘。外壁下腹有较宽而明显的跳刀痕，呈白色，下腹外壁和足底呈浅褐色。口径10.6、底径2.8、高2.2、厚0.2~0.4厘米。

葵花口碟

共13件。为典型的薄胎类青白瓷器。圆唇，口微敛，折沿，斜弧腹，平底。模印六出葵花形状的器身，每出葵瓣均为双曲形。口沿规整，芒口，仅有内沿或外沿极窄。此类器物均为白胎，胎壁极薄。青白釉釉色多较浅，量器物釉色呈灰白。依据底部的差异分为二型。

A型　底上凸。4件。折沿略斜，内底向上突起。选介标本1件。

91SJJ∶812，完整。芒口为白色。釉面光洁明亮，足底圆整。口径10.9、底径6.8、高1.7、厚0.2厘米（图一九三，1；图版一九三）。

B型　平底。9件。折沿较平，底较平。选介标本1件。

91SJJ∶810，完整。芒口略宽，为浅黄色。釉面平整，足底的釉面有棕眼，足部圆整，可见弦纹。口径10.8、底径6.5、高1.6、厚0.2厘米（图一九三，2；图版一九四）。

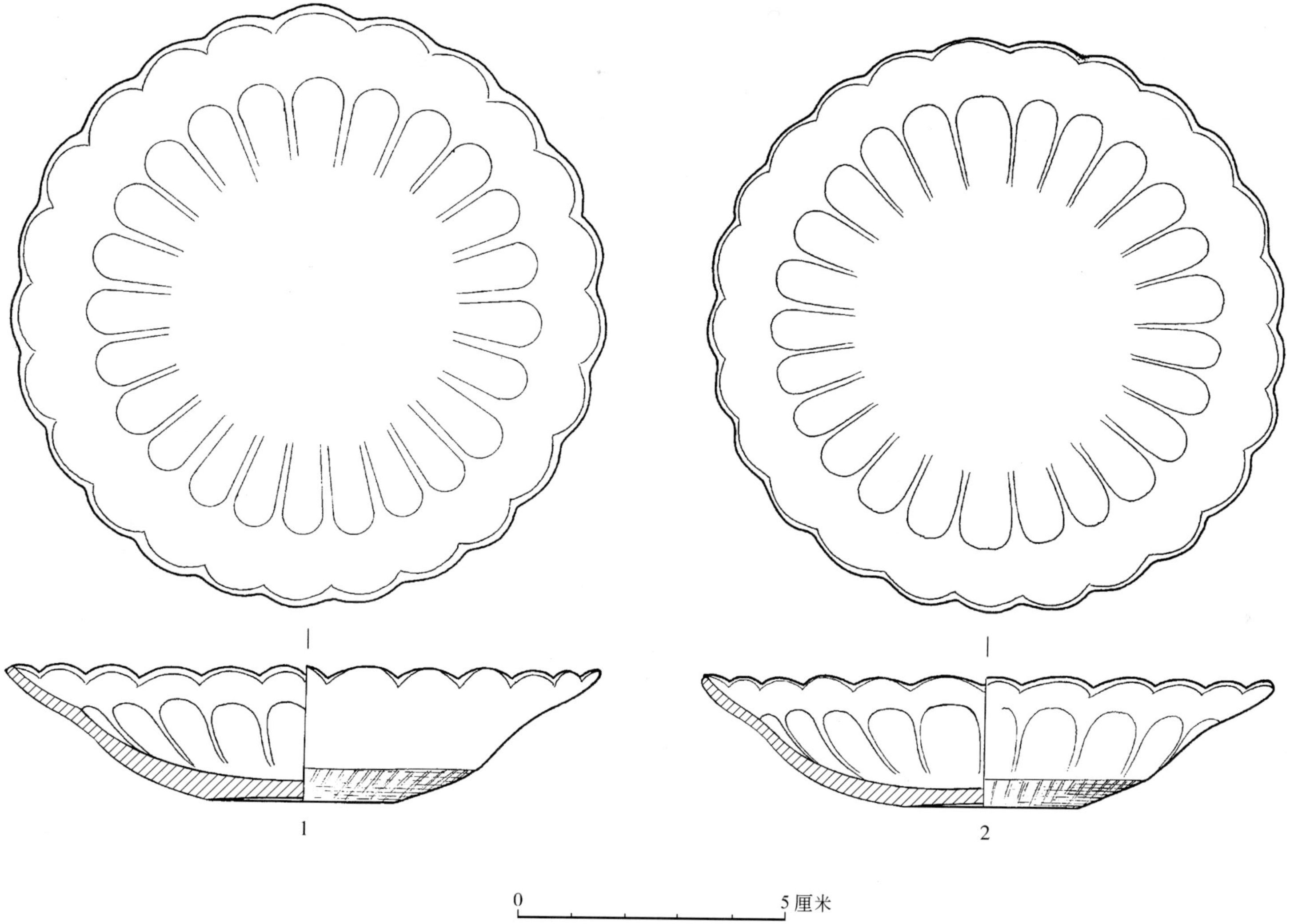

图一九二　一号窖藏出土景德镇窑青白瓷　B型菊花口碟

1. 91SJJ∶681　2. 91SJJ∶699

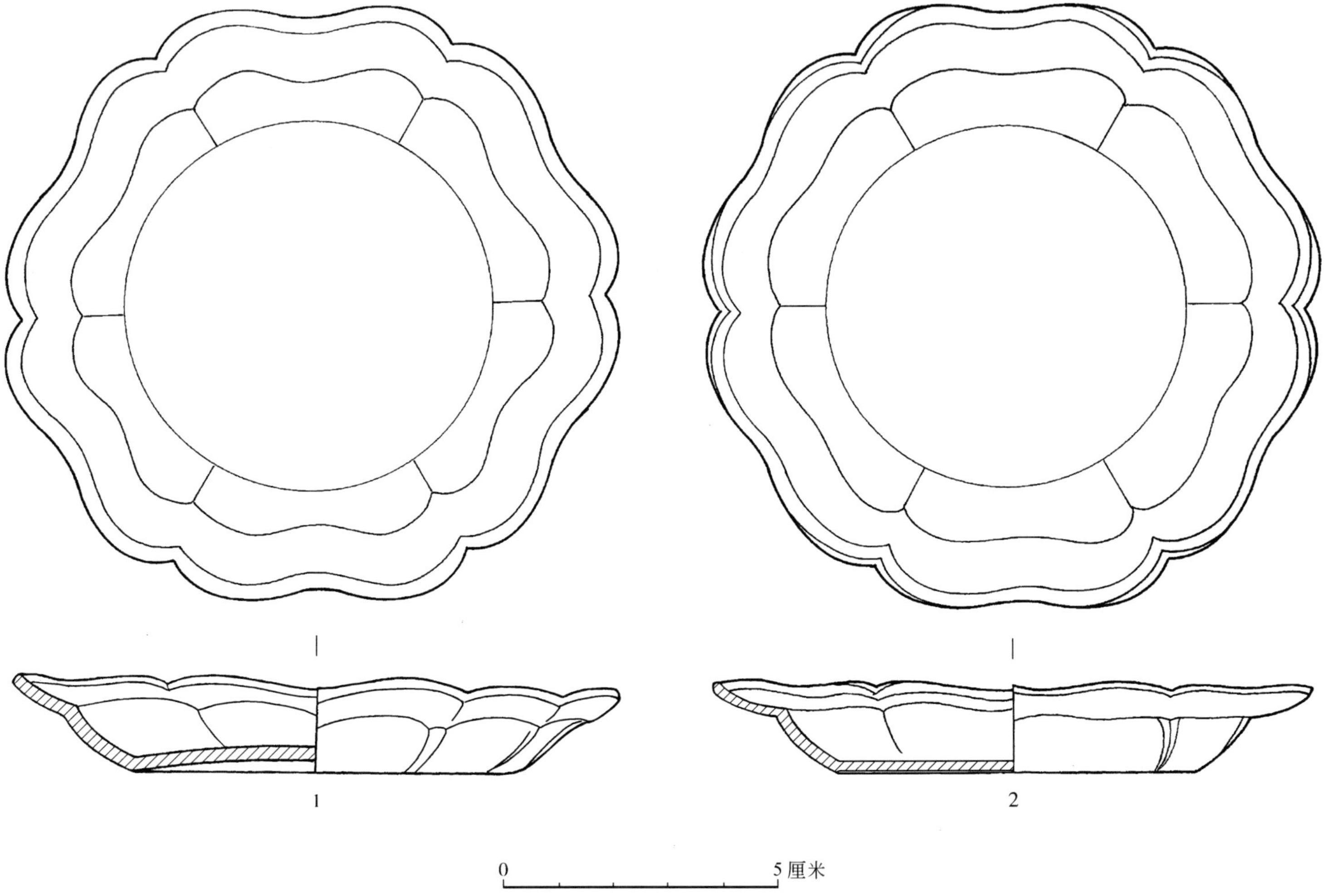

图一九三　一号窖藏出土景德镇窑青白瓷　A型、B型葵花口碟

1. A型(91SJJ:812)　2. B型(91SJJ:810)

杯

共33件。造型相似，均为深直腹、下腹圆弧、圈足的造型，主要的差异在口部，可分为直口微敞和直口两型。依据口部的差异分别介绍。

A型　直口微敞。32件。圆唇，直口，直腹，下腹弧收，圈足。外唇呈平棱状凸起，宽窄略有差别。芒口，多外唇芒口宽于内唇。弧腹较直，此型杯均在外壁腹部剔刻三层莲瓣纹，外层莲瓣位于下腹转折处，呈较短的圆头花瓣；直腹上剔刻双层莲瓣，与口沿有一定的间隔，均呈长条尖头的花瓣形，花瓣中部有一道凸脊，两层花瓣平齐，最内层的莲瓣多窄而简单。花纹剔刻的立体感较强，不少杯的腹部胎体因刻划花纹变得厚薄不一，薄的部位呈透光状。圈足的足圈较高，外墙高于内墙，足底挖足，中心多有鸡心状突起。足端窄而平。白胎。青白釉大多釉色青绿，圈足外墙上多积釉较厚。口沿和足底无釉。依据莲瓣的数量分六组介绍。

a组1件。十五瓣莲瓣纹。

91SJJ∶998，可修复。外唇的平棱浅而宽。内底略下凹。直腹上的莲瓣宽而中部的凸脊不太明显。足墙上积釉厚，可见细密的气泡。口沿和足底呈浅橙色。口径7.9、足径4.7、最大腹径7.9、高6.7、厚0.2～0.8厘米（图一九四，1）。

b组13件。十六瓣莲瓣纹。选介标本2件。

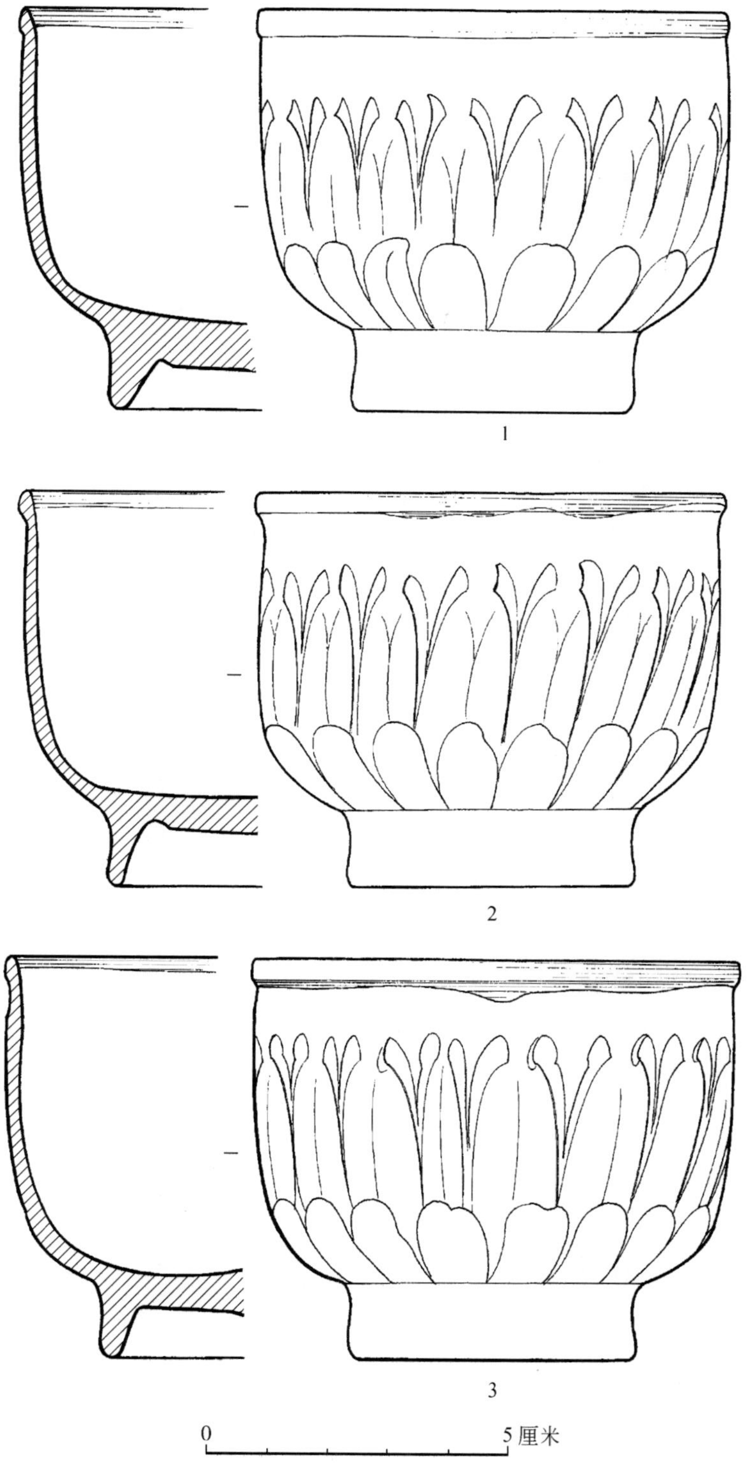

图一九四　一号窖藏出土景德镇窑青白瓷　A型弧腹杯

1. 91SJJ∶998　2. 91SJJ∶188　3. 91SJJ∶185

91SJJ∶188，完整。外唇的平棱较明显。直腹上的莲瓣宽而中部的凸脊不太明显。积釉厚处可见细密的气泡。口沿呈浅橙色，足底呈浅褐色，有窑砂粘连。口径7.9、足径4.7、最大腹径7.7、高6.6、厚0.2～0.6厘米（图一九四，2）。

91SJJ∶185，完整。外唇的平棱明显。内底略凸起。直腹上的莲瓣有一片花瓣特别细窄。口沿颜色不均匀，呈浅橙色和橙色，足底呈浅褐色，中央有环状的褐色的垫烧痕迹。口径8.1、足径4.5、最大腹径8、高6.5、厚0.2～0.7厘米（图一九四，3；图版一九五）。

c组9件。十七瓣莲瓣纹。选介标本2件。

91SJJ∶195，口部有两个缺口，器形基本完整。外唇的平棱较宽。足端略宽，足底呈圆弧形凸起，不平。釉色略泛灰白。外壁口沿呈橙色，内壁口沿呈浅白色，足端呈橙红色，足底呈浅褐色，有环状的垫烧痕迹。足圈内墙上有很浅的、细密的跳刀痕。口径8、足径4.5、最大腹径8、高6.7、厚0.2～0.6厘米（图一九五，1）。

91SJJ∶149，完整。外唇的平棱明显。内底略凸起。直腹上的莲瓣有一片花瓣特别细窄。口沿呈浅橙色，足底呈白色，中央有环状的褐色垫烧痕迹。足圈内墙上有一段很浅的、细密的跳刀痕。足底厚。口径8、足径4.6、最大腹径7.9、高6.5、厚0.2～0.9厘米（图一九五，2）。

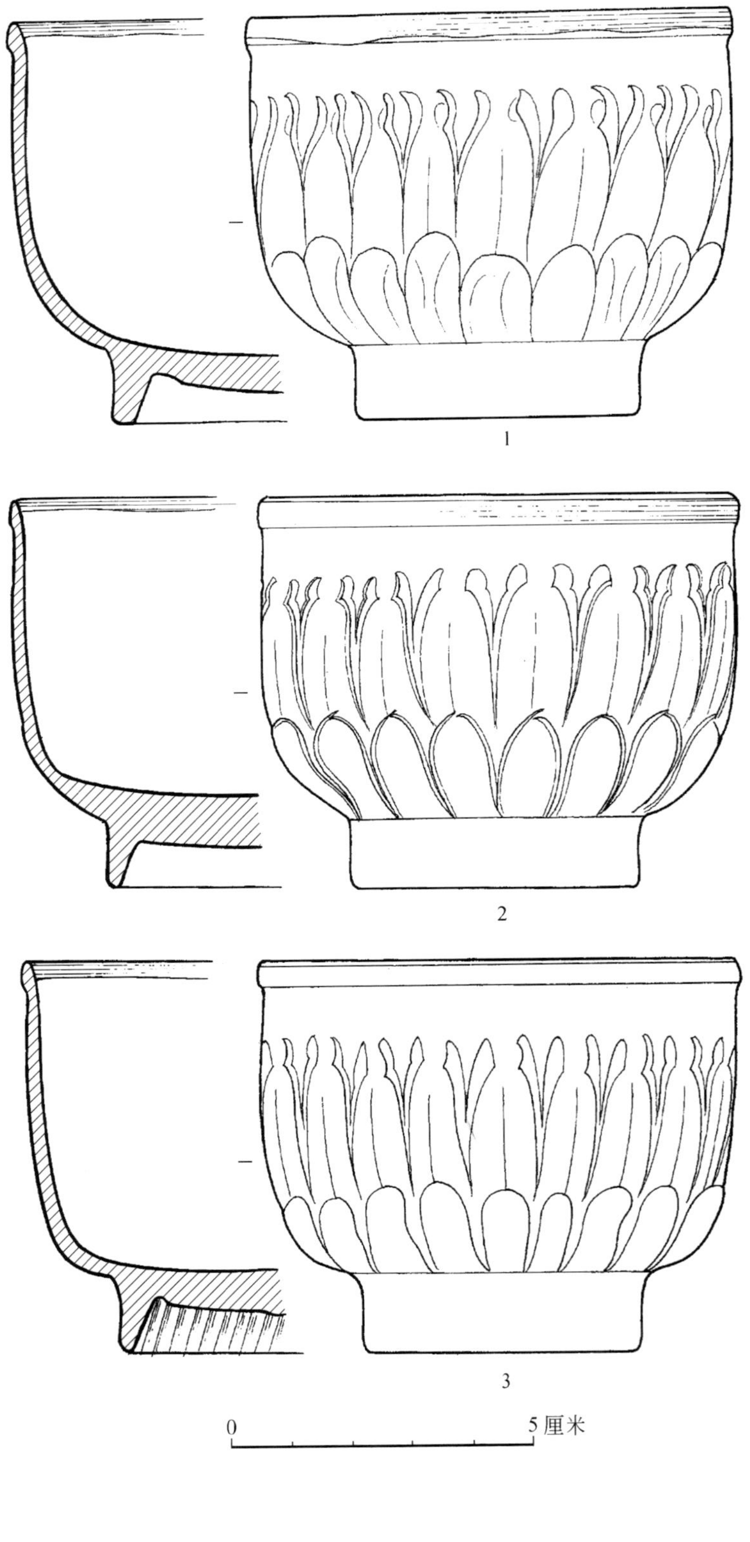

图一九五　一号窖藏出土景德镇窑青白瓷　A型弧腹杯

1. 91SJJ∶195　2. 91SJJ∶149　3. 91SJJ∶177

d 组 5 件。十八瓣莲瓣纹。选介标本 1 件。

91SJJ∶177，完整。外唇的平棱较窄。腹部的双层莲瓣凸脊清晰。足底不平。积釉处可见明显的气泡。口沿和足底呈浅白色，足底心有浅褐色的环状垫烧痕迹。有少量窑砂粘连。口径 8、足径 4.4、最大腹径 7.9、高 6.4、厚 0.2～0.7 厘米（图一九五，3；图版一九六）。

e 组 3 件。十九瓣莲瓣纹。选介标本 1 件。

91SJJ∶190，口沿有一个小缺口，基本完整。外唇的平棱较窄。直腹部的双层莲瓣凸脊较清晰，最内层的莲瓣显得细小。釉面有稀疏的开片。口沿和足底呈浅黄色，足底心有浅褐色的环状垫烧痕迹。有少量窑砂粘连。口径 8、足径 4.5、最大腹径 7.6、高 6.5、厚 0.2～0.5 厘米（图一九六，1）。

f 组 1 件。二十一瓣莲瓣纹。

91SJJ∶199，口沿有一个小缺口，基本完整。外唇的平棱较窄。直腹部的双层莲瓣凸脊较清晰，最内层的莲瓣显得细小。釉面光洁，积釉处可见明显的气泡。口沿呈浅白色，足底呈浅黄色，足底心有浅褐色的环状垫烧痕迹，足圈内墙上有一段很浅的、细密的跳刀痕。足低有少量窑砂粘连。口径 7.9、足径 4.5、最大腹径 7.7、高 6.4、厚 0.2～0.7 厘米（图一九六，2；图版一九七）。

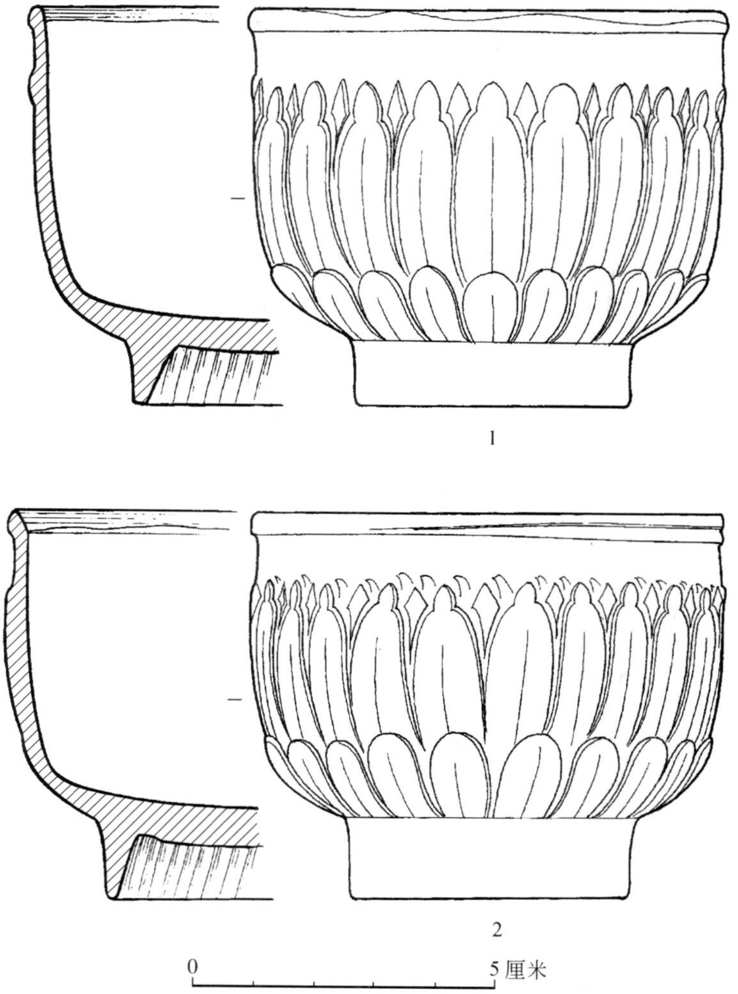

图一九六　一号窖藏出土景德镇窑青白瓷　A 型弧腹杯

1. 91SJJ∶190　2. 91SJJ∶199

B 型　直口。1 件。尖唇，直口，上腹直，下腹圆弧，圈足略高。外壁腹中部有一道凸弦纹。直腹，下腹弧收，圈足。

91SJJ∶174，完整。芒口。白胎，胎壁较薄。青白釉。足底有旋纹。口径 7.9、足径 4.5、高 6.6、厚 0.1～0.8 厘米（图一九七，1）。

小罐

1 件。短颈，丰肩，浅圈足。

91SJJ∶206，修复。整体器形略有变形。尖唇，直口，短颈，鼓肩，下腹斜弧收，浅圈足。芒

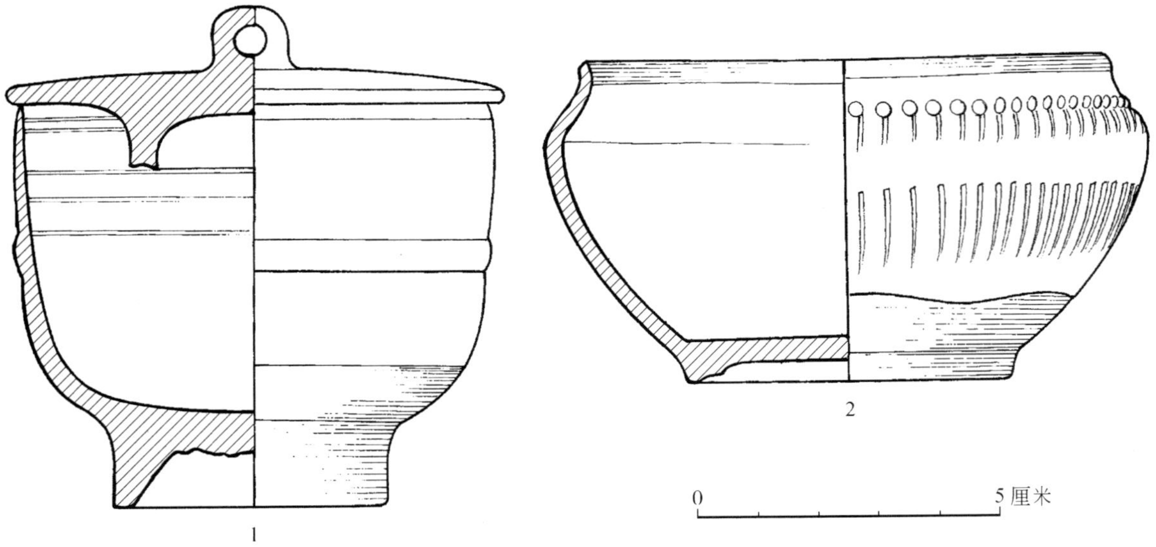

图一九七　一号窖藏出土景德镇窑青白瓷　B型弧腹杯及小罐

1. B型弧腹杯91SJJ∶174　2. 小罐91SJJ∶206

口，口沿斜切，内壁芒口宽于外壁。圈足内墙挖切较浅，外墙高于内墙，足圈上有一圈凹槽。颈肩部装饰一周模印圆点纹和一圈竖向刻划的短线纹，腹中部装饰一周竖向刻划的短线纹，纹饰皆不太规整。白胎。内壁及外壁大部施青白釉，釉面较为光洁明亮，内壁釉下可见一褐斑。口沿、外壁下腹和足部无釉处呈橙色。口径8.7、足径5.4、最大腹径10.1、高5.3、厚0.2～0.6厘米（图一九七，2；图版一九八）。

盒

1件。盒为子母口，尖唇，浅直腹，外壁斜，平底。盒盖为平沿，沿较窄，斜壁，略呈束口状，弧顶。

91SJJ∶75，完整。整个器物不太圆整，但盒身和盒盖的变形程度一致。盒身中部有一圈不太规整的凹弦纹，内壁微弧，内底可见拉坯留下的弦纹。平底凸凹不平，未经心修整。白胎，未施釉的口沿及外壁下部、底部靠近有釉的地方呈浅橙色，底部有少量粘釉。内壁和外壁上半部施青白釉，外壁挂釉不整齐，釉面有大小不同的少量黑斑。盒口径9.4、子口径8.1、足径8.5、高1.7、厚0.3～0.45厘米。盖顶模印双凤穿花图案，中心为一朵单绶五瓣花，一对回首相对的凤凰飞翔在散落的花朵中间，凤凰体态轻盈，占据了画面的绝大部分。白胎，未施釉的部位呈浅橙色。盒盖外壁施釉不及口沿，内壁较为粗糙，中部刷釉一团。盖口径9.4、最大顶径9.6、高2.4、厚0.2～0.4厘米。整器高4厘米（图一九八；图版一九八）。

器盖

共85件。器盖的种类、大小差异较大，有柱状钮斜弧顶小型器盖、螭形钮弧顶大型器盖、无钮弧顶器盖和环形钮平顶器盖四种，依据大小、钮的有无及形状的差异分别介绍。

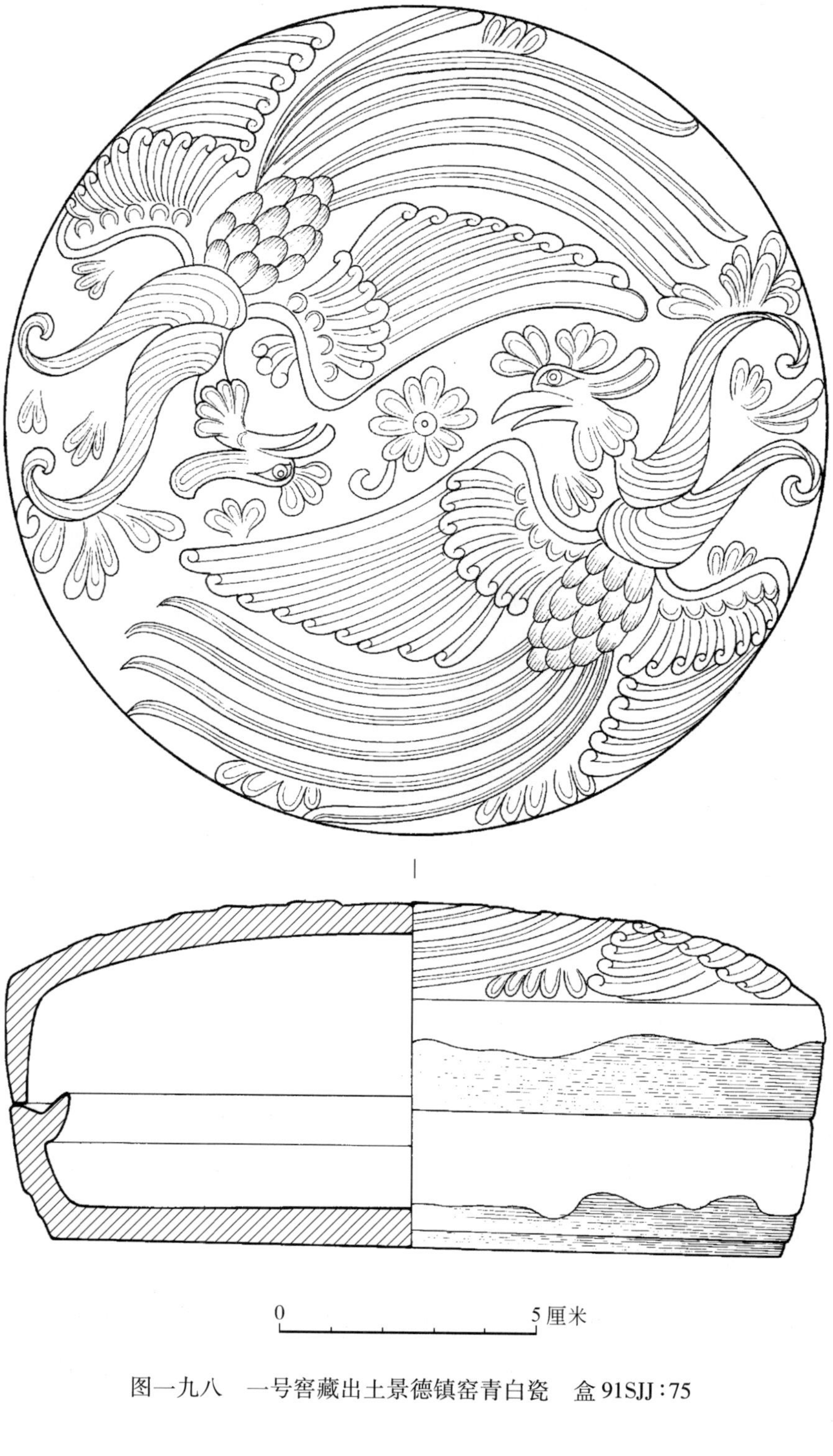

图一九八　一号窖藏出土景德镇窑青白瓷　盒91SJJ：75

柱状钮斜弧顶小型器盖

共41件。均为小型器盖，器盖的口径大致在8厘米左右。子口，斜沿，盖顶斜弧较浅，圆柱形钮。子口多斜切。弧形的盖弧度略有差异。盖面上装饰刻划的双线旋形花纹。白胎。外壁施青白釉，内壁沿部至口部无釉，内顶施釉或满或草率。依据旋形花纹花瓣的数量分为五组。

a组2件。十一瓣花纹。

91SJJ∶864，完整。圆柱形钮顶部略下凹。双线纹一粗一细。釉色青白，釉面光洁明亮。无釉处呈浅橙色。盖内壁施釉不满。盖口径8.3、子口径6、高2.2、厚0.3~0.6厘米（图一九九，1；图版一九九）。

91SJJ∶860，平沿上有小缺口，修复。子口较平。圆柱形钮顶部平。旋形花纹不交叠，双线纹较细而模糊，略呈反“S”形。釉色泛白，釉面有较细的开片。无釉处呈浅白色。盖内壁施釉不满。盖口径8.2、子口径5.6、高2.2、厚0.2~0.4厘米（图一九九，2；图版二〇〇）。

b组18件。十二瓣花纹。选介标本5件。

91SJJ∶837，完整。圆柱形钮顶部略下凹。双线纹略有轻重之分。釉色略淡，釉面光洁明亮。无釉处呈浅橙色。盖内壁施釉不满。盖口径8.4、子口径6.4、高2.3、厚0.3~0.5厘米。

91SJJ∶840，完整。圆柱形钮顶部略上凸。旋形花纹疏密不一，双线纹略有轻重和粗细之分。釉色青白，釉面光洁明亮。无釉处呈浅橙色。盖内壁施釉较满。盖口径8.4、子口径6.3、高2.3、厚0.3~0.4厘米。

91SJJ∶853，平沿内壁有一处小缺口，基本完整。圆柱形钮顶部略上凸。旋形花纹无交叠，双线粗细均等。釉色略淡，积釉处可见密集的气泡，釉面光洁明亮。无釉处呈浅白色，边沿略有橙色。盖内壁施釉较满。盖口径8.3、子口径6.5、高2.2、厚0.2~0.4厘米（图一九九，3）。

91SJJ∶863，平沿内壁有一处小缺口，基本完整。圆柱形钮略矮，顶部平。旋形花纹外端略勾，双线纹略有轻重之分。釉色青灰，釉面光洁明亮。无釉处呈浅橙色。盖内壁施釉较满。盖口径8.5、子口径6.3、高2.1、厚0.2~0.4厘米（图版二〇一）。

91SJJ∶891，完整。圆柱形钮略下凹。旋形花纹呈交叠状，双线纹轻重均等。釉色青白，釉面光洁明亮。无釉处呈橙色。盖内壁施釉较满。盖口径8.2、子口径5.4、高2.2、厚0.3~0.4厘米（图一九九，4）。

c组14件。十三瓣花纹。选介标本4件。

91SJJ∶885，完整。圆柱形钮顶部略突起。旋形花纹呈交叠状，双线纹略有轻重之分。釉色略呈青灰，釉面光洁。无釉处呈浅白色。盖内壁仅有少量施釉痕迹。盖口径8.4、子口径6、高2.1、厚0.2~0.4厘米（图版二〇二）。

91SJJ∶898，平沿内壁有一处小缺口，基本完整。圆柱形钮顶部平。旋形花纹无交叠，双线纹轻重之分明显，有几瓣花纹呈单线状。釉色略淡，釉面光洁，有少量小褐斑。无釉处呈浅白色。盖内壁施釉不满。盖口径8.3、子口径5.9、高2.1、厚0.2~0.3厘米（图二〇〇，1）。

91SJJ∶831，平沿内壁有一处小缺口，基本完整。圆柱形钮顶部平。旋形花纹呈交叠状，双线纹较宽。釉色青白，釉面光洁明亮。无釉处呈浅白色。盖内壁施釉不满。盖口径8.2、子口径5.8、高2.1、厚0.2~0.4厘米（图二〇一，4）。

图一九九　一号窖藏出土景德镇窑青白瓷　柱状钮斜弧顶小型器盖

1. 91SJJ:864　2. 91SJJ:860　3. 91SJJ:853　4. 91SJJ:891

图二〇〇　一号窖藏出土景德镇窑青白瓷　柱状钮斜弧顶小型器盖

1. 91SJJ∶898　2. 91SJJ∶830　3. 91SJJ∶850　4. 91SJJ∶858

图二〇一　一号窖藏出土景德镇窑青白瓷　柱状钮斜弧顶小型器盖

1. 91SJJ∶854　2. 91SJJ∶878　3. 91SJJ∶997　4. 91SJJ∶831

91SJJ∶830，完整。圆柱形钮顶部略突起。旋形花纹呈交叠状，外端呈勾形，双线纹粗细相近。釉色青绿，釉面光洁明亮，积釉处可见密集的气泡。盖面上可见落渣、棕眼和浅褐色斑。无釉处呈橙色。盖内壁施釉满，沿上有沾釉。盖口径8.2、子口径5.7、高2.1、厚0.2~0.3厘米（图二〇〇，2）。

d组4件。十四瓣花纹。选介标本3件。

91SJJ∶858，完整。圆柱形钮顶部平。旋形花纹无交叠，外端呈钩形，双线纹有轻重之分。釉色青白，釉面光洁。无釉处呈浅白色。盖内壁施釉不满。盖口径8.4、子口径5.6、高2.3、厚0.2~0.4厘米（图二〇〇，4）。

91SJJ∶854，平沿内壁有一处小缺口，基本完整。盖面略平。圆柱形钮顶部略下凹。旋形花纹呈交叠状，双线纹轻重均等，间隔不一。釉色青白，釉面光洁。无釉处呈浅黄色。盖内壁施釉较满。盖口径8.4、子口径6、高2、厚0.2~0.3厘米（图二〇一，1）。

91SJJ∶850，完整。圆柱形钮顶部平。旋形花纹无交叠，双线纹略有弧度、有轻重之分。釉色青白，釉面光洁，积釉处可见细密的气泡，盖面有一处落渣。无釉处呈浅白色。盖内壁施釉较满。盖口径8.5、子口径5.9、高2.1、厚0.2~0.3厘米（图二〇〇，3；图版二〇三）。

e组3件。十五瓣花纹。选介标本2件。

91SJJ∶878，完整。圆柱形钮顶部平。旋形花纹无交叠，双线纹有轻重之分，纹饰较模糊。釉色泛灰白，釉面略有酥光，可见细小棕眼和褐斑。无釉处呈白色。盖内壁施釉较满。盖口径8.3、子口径5.7、高2.2、厚0.2~0.4厘米（图二〇一，2；图版二〇四）。

91SJJ∶997，口部有缺口，修复。圆柱形钮顶部下凹。旋形花纹呈交叠状，双线纹轻重相近，纹饰清晰。釉色青白，釉面光洁明亮。无釉处呈浅橙色。盖内壁施釉不满。盖口径8.5、子口径6.4、高2.3、厚0.15~0.3厘米（图二〇一，3）。

螭形钮弧顶大型器盖

共42件。均为大型器盖，盖口径在14厘米以上。盖顶中央粘接一个简化的螭形钮，螭钮的形状有差异。沿较为宽平，子口或子口级浅。依据盖顶的形状分为二型。

A型　斜弧顶。32件。子口平而极浅，沿唇较方，斜弧顶，盖顶拱起较高，顶部平，剔刻出平顶，螭钮位于盖中央的平顶处。盖面装饰刻划莲瓣纹，均为单层重叠的花瓣，采用两笔刻划的手法，莲瓣的多寡、宽窄有差异。盖的弧度略有不同。有的盖沿上有铜扣的残留痕迹。白胎。青白釉，釉色较青绿，平沿的内侧及沿部无釉，螭钮也无釉，无釉处呈白色、浅橙色或橙色。依据盖面莲瓣的数量分为八组。

a组1件。十三瓣莲瓣。

91SJJ∶848，完整。盖顶有平顶，莲瓣与平顶之间有一圈较窄的旋切痕迹，边沿切削不平整。沿略斜。盖顶内侧凹陷。釉色青白，釉面光洁明亮，可见少量棕眼和缩釉孔。螭钮呈浅褐色，平沿内侧密集的细弦纹较浅，呈浅橙色，靠近釉的部位呈鲜艳的橙色。平沿内侧沾釉。口径15.6、子口径12、高4.5、厚0.25~0.5厘米（图二〇二，1；图版二〇五）。

b组10件。十四瓣莲瓣。选介标本3件。

91SJJ∶847，完整。盖顶有平顶，莲瓣与平顶之间有一圈带细弦纹的旋切痕迹。莲瓣宽窄不一。

图二〇二　一号窖藏出土景德镇窑青白瓷　A型螭形钮弧顶大型器盖

1. 91SJJ∶848　2. 91SJJ∶847

釉色青白，釉面有少量棕眼。螭钮呈浅褐色，平沿内侧有细弦纹，呈浅橙色，靠近釉的部位为鲜艳的橙色。施釉过子口边缘。口径16、子口径12.8、高4、厚0.25～0.4厘米（图二〇二，2）。

91SJJ∶862，平沿口部有一小缺口，可修复。盖顶为小平顶，莲瓣与平顶之间旋切一圈。莲瓣宽窄不一。釉色浅白，釉面有较密集的细长条形开片，盖面可见较多的棕眼和缩釉孔。螭钮呈红褐色，平沿内侧有密集的细弦纹，呈浅橙色，靠近釉的部位为鲜艳的橙色。口径15.8、子口径11.8、高4.5、厚0.25～0.45厘米（图二〇三，1）。

91SJJ∶909，完整。盖顶呈弧顶，莲瓣与平顶之间没有明显的旋切痕迹。平沿略拱起。莲瓣宽窄较为均匀。釉色浅白，釉面有少量的细长条形开片。螭钮呈红褐色，平沿内侧有密集的细弦纹，呈浅橙色，靠近釉的部位胎体为较鲜艳的橙色。口径14.9、子口径12.1、高4.3、厚0.25～0.45厘米（图二〇三，2）。

c组6件。十五瓣莲瓣。选介标本2件。

91SJJ∶900，平沿口部为小一小缺口，可修复。盖顶为小平顶，莲瓣与平顶之间有一圈带细弦纹的旋切痕迹，螭钮位置略偏。釉色青白，釉面光洁明亮。螭钮呈浅黄色，平沿内侧有密集的细弦纹，呈浅黄色，靠近釉的部位呈橙色。平沿内侧略有沾釉。口径15.9、子口径12.3、高4.1、厚0.15～0.3厘米（图二〇四，1；图版二〇六）。

91SJJ∶888，完整。盖顶为小平顶，莲瓣与平顶之间有一圈间隔，莲瓣较整齐。釉色青白，釉面光洁明亮，有少量浅褐色的小斑。螭钮呈浅白色，平沿内侧的密集细弦纹不明显，呈浅黄色，靠近施釉的子口部位呈浅橙色。平沿内侧略有沾釉。口径15.9、子口径12.1、高4.3、厚0.25～0.5厘米（图二〇四，2；图版二〇七）。

d组7件。十六瓣莲瓣。选介标本2件。

91SJJ∶842，完整。盖顶为小平顶，莲瓣与平顶相接。莲瓣宽窄不一。釉色浅白，釉面有较密集的细长条形开片，盖面有少量棕眼和褐色小斑点。螭钮呈红褐色，平沿内侧密集的细弦纹路较浅，呈浅白色，靠近釉的部位为鲜艳的橙色。平沿内侧略有沾釉。口径16、子口径12.2、高4.5、厚0.3～0.4厘米（图二〇五，1）。

91SJJ∶835，平沿口部有一个缺口，可修复。盖顶为平顶，莲瓣与平顶间有一圈旋切的凹痕。釉色青白，釉面光洁明亮，釉下可见较密集的气泡。螭钮呈浅褐色，平沿内侧密集的细弦纹路较浅，呈浅黄色，靠近釉的部位为橙色。平沿内侧略有沾釉。口径15.9、子口径12.9、高4.4、厚0.2～0.5厘米（图二〇五，2；图版二〇八）。

e组2件。十七瓣莲瓣。选介标本1件。

91SJJ∶844，完整。盖顶为平顶，莲瓣与平顶之间间隔一圈旋切的凹痕。莲瓣密集。釉色青白，釉面光洁明亮。盖内壁釉面下可见细密、清晰的弦纹。螭钮呈白色，平沿内侧密集的细弦纹路明显，呈白色。平沿内侧略有沾釉。平沿口部残留铜扣痕迹。口径15.6、子口径11.4、高4.7、厚0.3～0.5厘米（图二〇六，1；图版二〇九）。

f组4件。十八瓣莲瓣。这类盖的大小略有差异。选介标本3件。

91SJJ∶849，完整。略小。盖顶略平，无子口，斜沿较窄。莲瓣与平顶之间间隔较窄。莲瓣密集。釉色青白，釉面光洁明亮。盖内壁釉面下可见细密的弦纹。螭钮呈白色，平沿内侧密集的

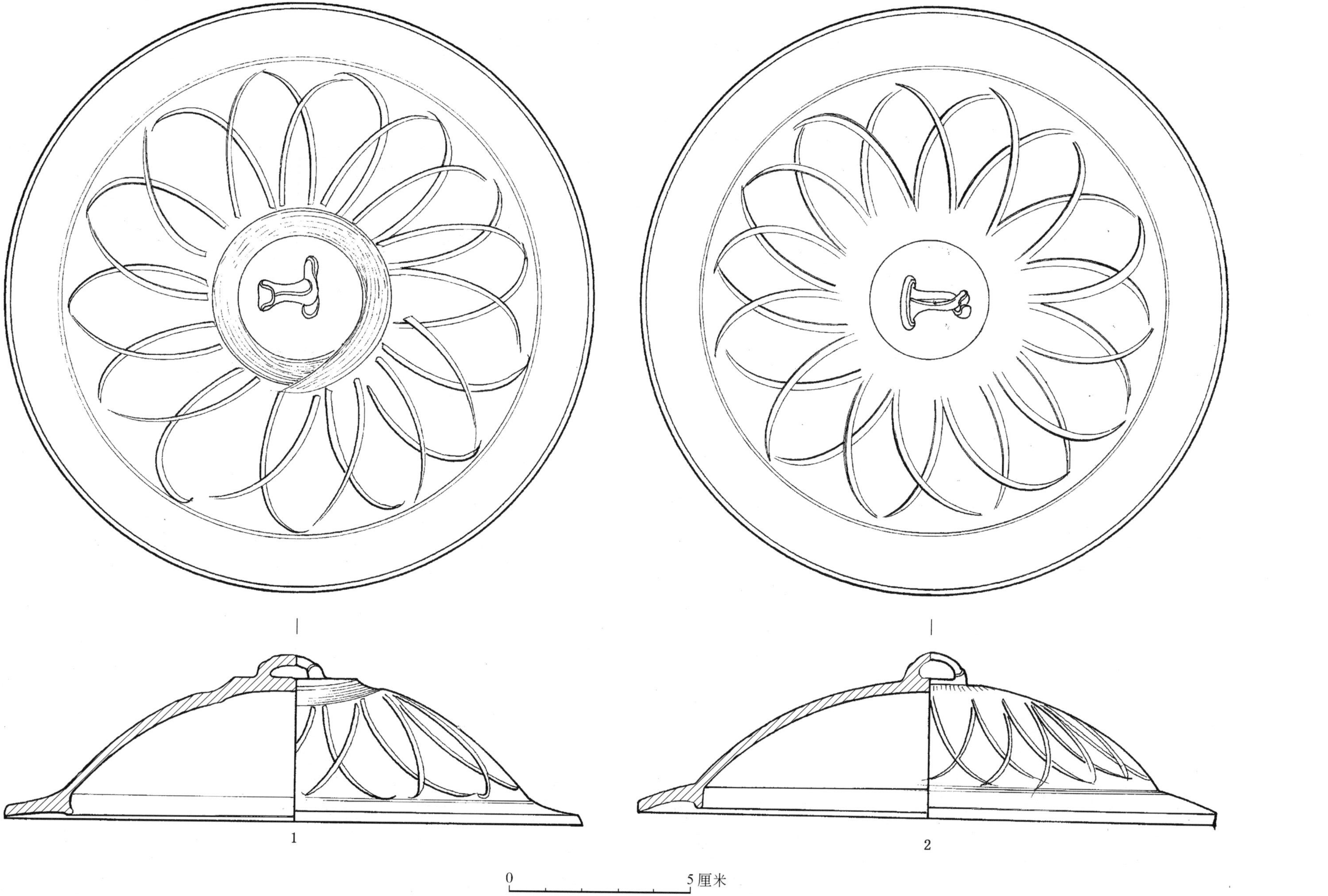

图二〇三　一号窖藏出土景德镇窑青白瓷　A型螭形钮弧顶大型器盖

1. 91SJJ∶862　2. 91SJJ∶909

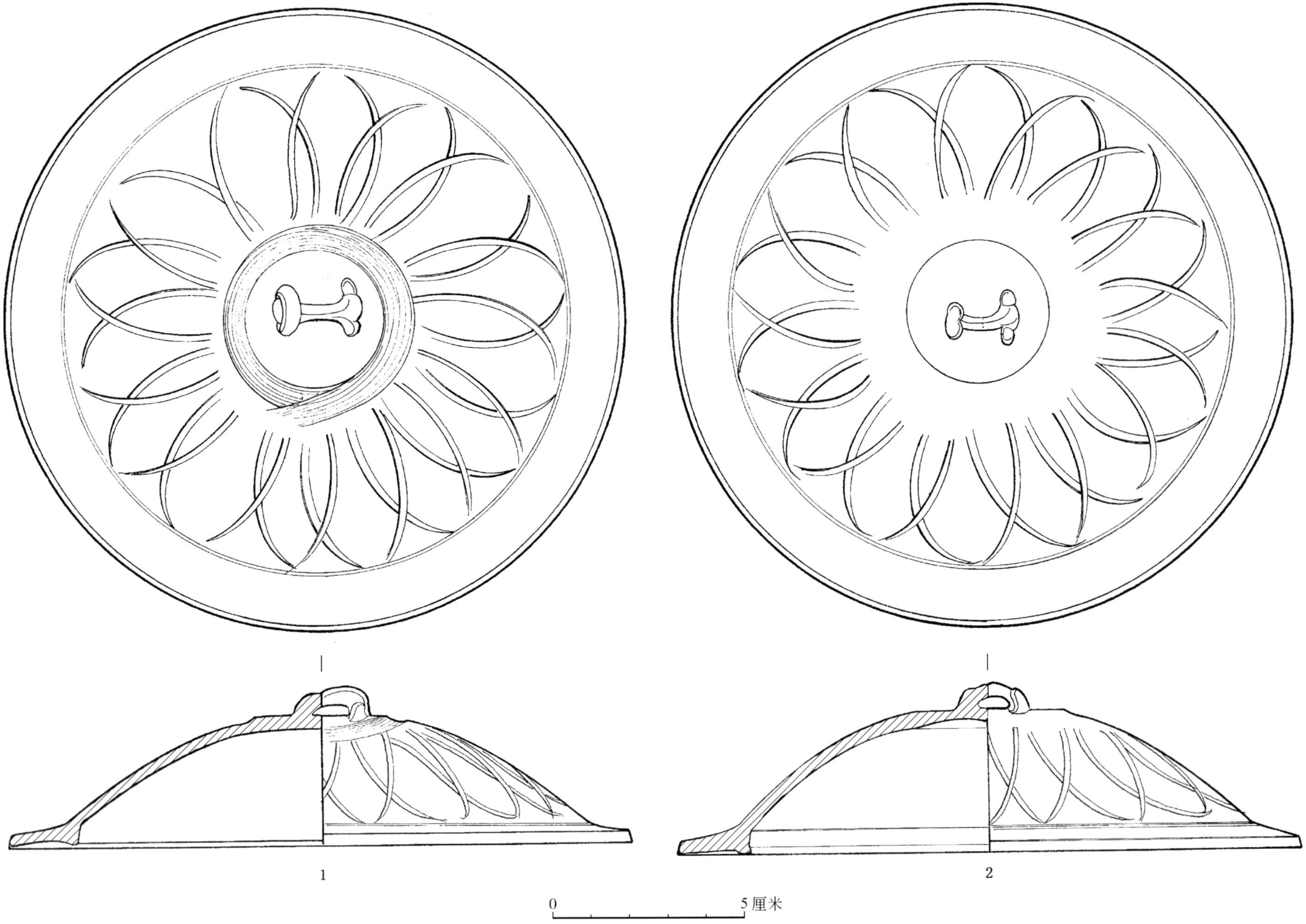

图二〇四　一号窖藏出土景德镇窑青白瓷　A型螭形钮弧顶大型器盖
1. 91SJJ：900　2. 91SJJ：888

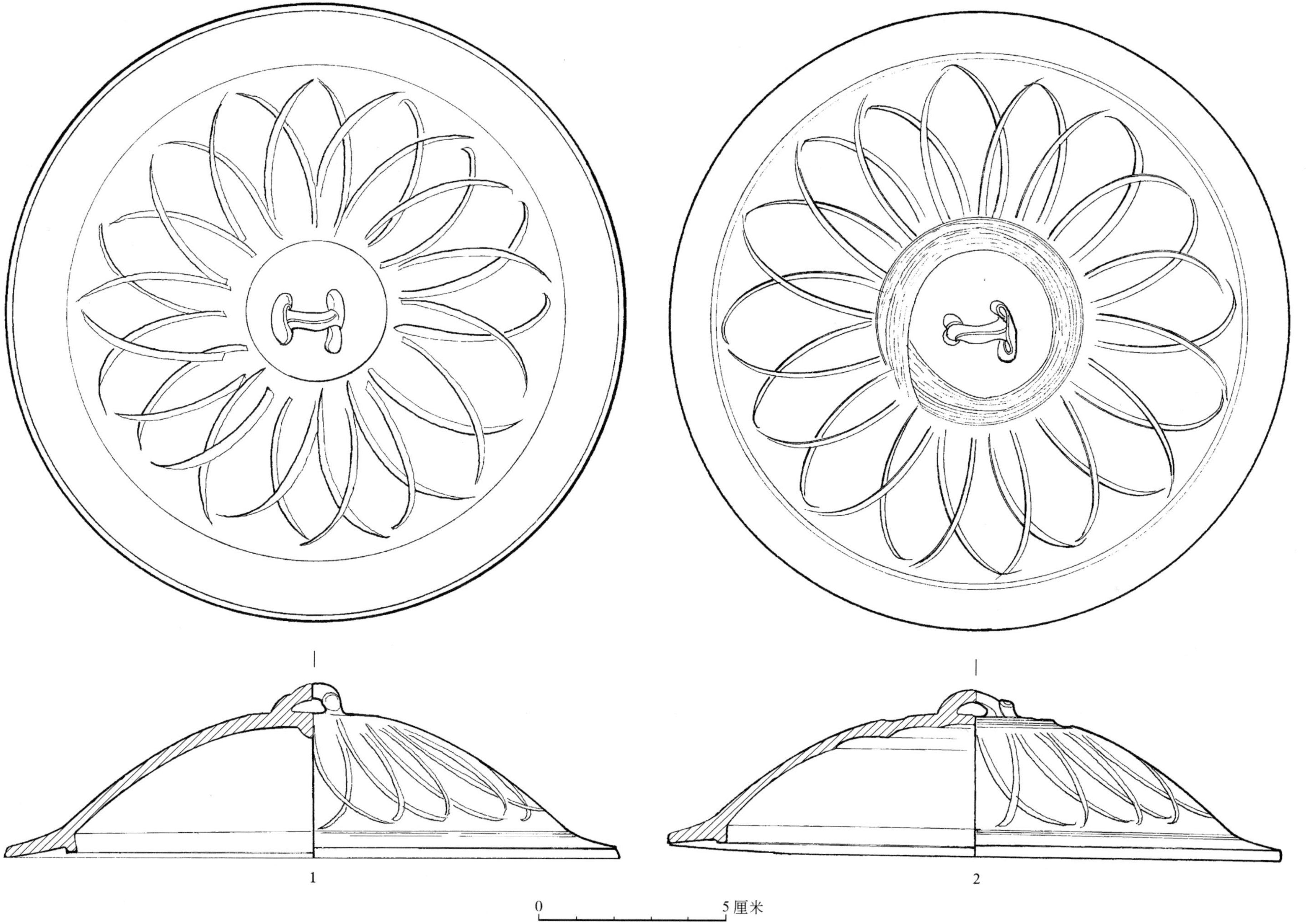

图二〇五　一号窖藏出土景德镇窑青白瓷　A型螭形钮弧顶大型器盖

1. 91SJJ∶842　2. 91SJJ∶835

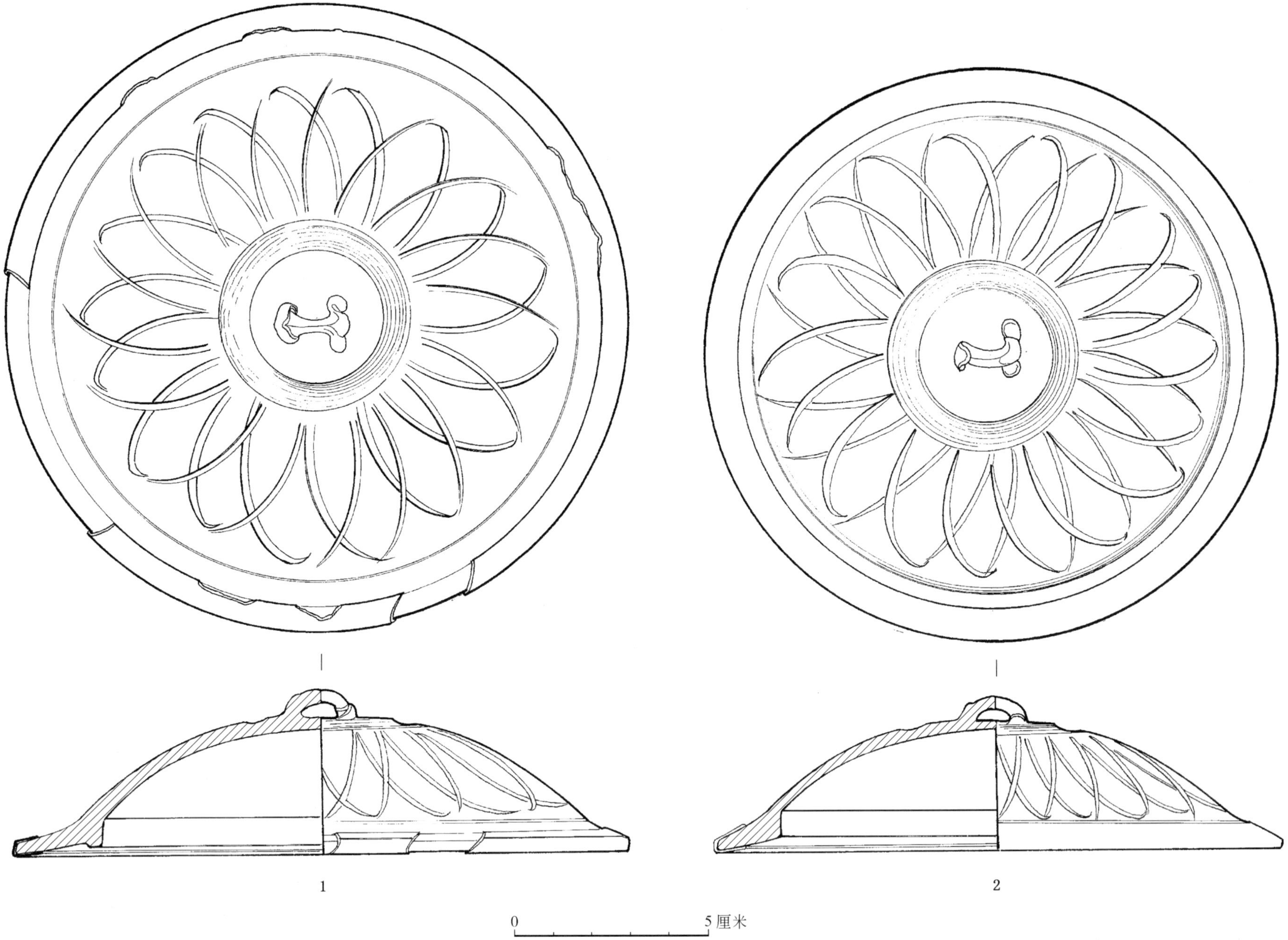

图二〇六　一号窖藏出土景德镇窑青白瓷　A 型螭形钮弧顶器盖

1. 91SJJ：844　2. 91SJJ：849

细弦纹路明显，呈白色，内侧呈浅橙色。平沿内侧略有沾釉。平沿口部残留铜扣痕迹，盖面的铜扣宽于平沿内侧。口径14.5、子口径11.1、高3.9、厚0.2~0.6厘米（图二〇六，2；图版二一〇）。

91SJJ:857，完整。盖顶平，周围有一圈凹痕。子口略圆，斜沿。莲瓣与平顶之间有间隔，莲瓣密集。釉色青白，釉面光洁明亮，有少量棕眼和小褐斑。盖内壁釉面下可见细密的弦纹。螭钮呈白色，平沿内侧有密集的细弦纹路，呈白色。平沿内侧略有沾釉。平沿口部残留铜扣痕迹，盖面的铜扣宽于平沿内侧。口径15.2、子口径12.8、高3.9、厚0.2~0.4厘米（图二〇七，1）。

91SJJ:859，粘接修复，器形完整。盖顶平而小。莲瓣密集但大小不均匀。釉色青白，釉面光洁明亮。盖内顶下凹。螭钮呈橙红色，平沿内侧呈浅橙色，靠近子口的部位呈鲜艳的橙红色。平沿内侧略有沾釉。口径15.8、子口径11.8、高4.5、厚0.3~0.5厘米（图二〇七，2；图版二一一）。

g组1件。十九瓣莲瓣。

91SJJ:899，完整。盖顶平而窄，莲瓣与平顶之间间隔较宽。莲瓣密集。釉色青白，釉面光洁明亮。盖内顶下凹。螭钮呈橙色，平沿内侧细弦纹路较浅，呈浅白色，靠近子口的部位呈鲜艳的橙红色。平沿内侧略有沾釉。口径15.8、子口径12.2、高4.6、厚0.2~0.45厘米（图二〇八，1；图版二一二）。

h组1件。二十瓣莲瓣。

91SJJ:893，钮残，可修复。略小。盖顶平凸，莲瓣与平顶之间有间隔。子口略圆。莲瓣小而密集。釉色青白，釉面光洁明亮。盖内壁釉面下可见细密的弦纹。残留的螭钮上有釉。平沿内侧有密集的细弦纹路，呈白色。平沿内侧略有沾釉。平沿口部残留铜扣痕迹，盖面的铜扣宽于平沿内侧。口径14.7、子口径11.1、残高3.5、厚0.25~0.5厘米（图二〇八，2）。

B型 圆弧顶。10件。子口，圆唇内敛，平沿，沿唇较圆，圆弧顶，盖顶拱起较高，顶部平或略下凹，刻划宽弦纹一周。素面，盖面无花纹装饰。盖的弧度略有不同。沿上均有铜扣的残留痕迹。白胎。青白釉，釉色较淡，平沿的内侧无釉，无釉处均可见白色胎。选介标本4件。

91SJJ:870，沿口部残，可修复。平沿略斜，釉面有长条形的开片，可见少量小的棕眼和浅褐色斑。口径17.4、子口径13.6、高5.2、厚0.1~0.6厘米（图二〇九，1）。

91SJJ:892，完整。平沿略斜，盖顶略下凹，子口较宽而深。釉面光洁。口径17.2、子口径13.5、高5.3、厚0.1~0.6厘米（图版二一三）。

91SJJ:890，修复。平沿，盖顶较圆。釉面有较稀疏的长条形开片，内壁可见少量小的棕眼和浅褐色斑。口径17.5、子口径13.2、高5.1、厚0.1~0.5厘米（图二〇九，2）。

91SJJ:929，完整。平沿略斜，盖顶略下凹，子口斜切。釉面光洁，有少量长条形开片。口径17.7、子口径13.5、高5.1、厚0.1~0.6厘米（图二一〇，1）。

无钮弧顶器盖

1件。形体居中，子口，直口略外敞，尖唇，斜沿，沿较窄而略弧。

91SJJ:869，破碎，修复。平沿不太规整。弧形顶弧度较缓，盖面模印长条状的菊花瓣装饰花纹，三十三瓣菊花瓣，宽窄不太一致。盖顶中心有一圈凸弦纹。青白釉，釉色略发灰。平沿内壁无釉，边缘呈橙红色，中部为浅白色。盖口径9.8、子口径7.6、高1.9、厚0.3~0.7厘米（图二一〇，2）。

图二〇七　一号窖藏出土景德镇窑青白瓷　A型螭形钮弧顶器盖

1. 91SJJ∶857　2. 91SJJ∶859

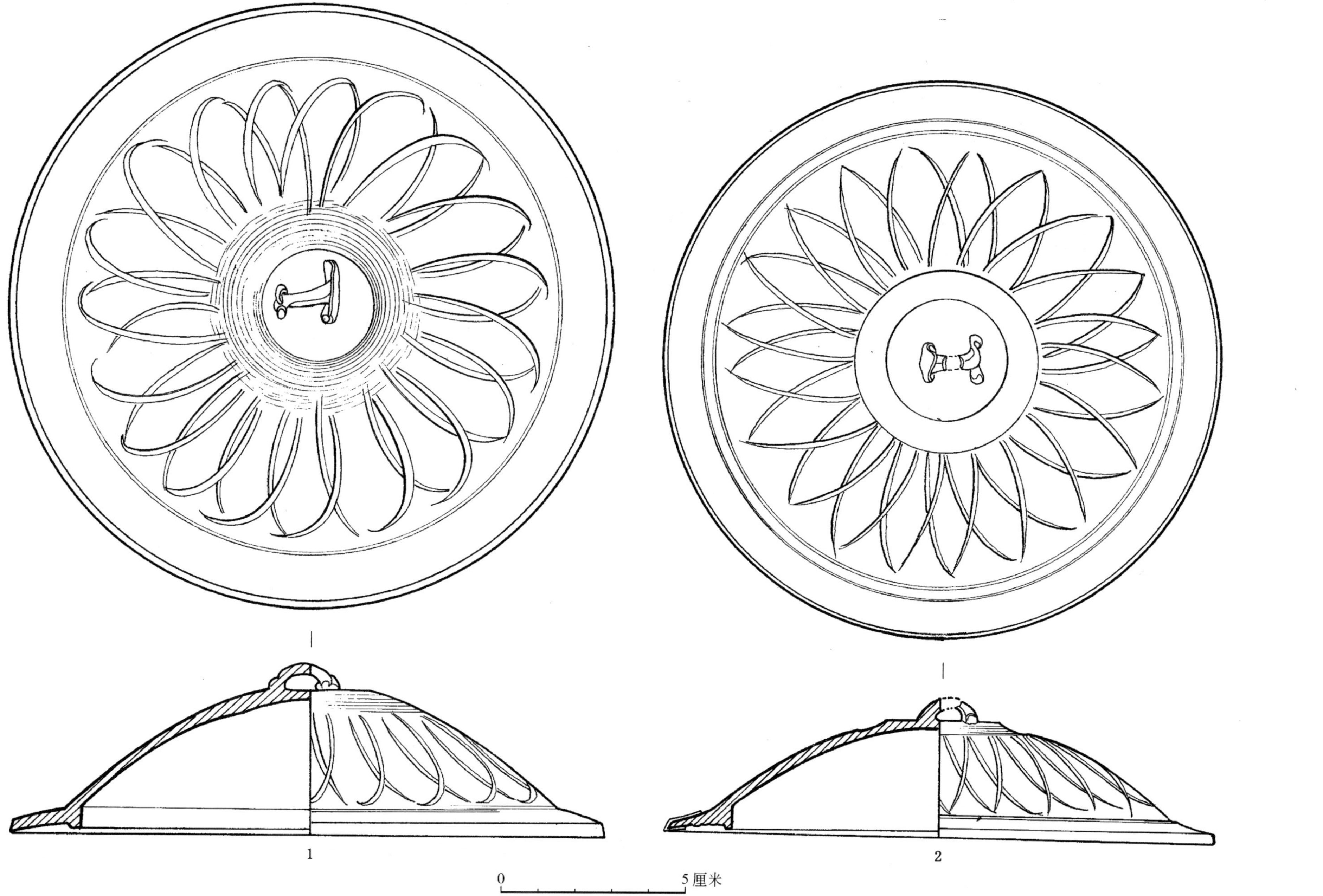

图二〇八　一号窖藏出土景德镇窑青白瓷　A 型螭形钮弧顶器盖

1. 91SJJ:899　2. 91SJJ:893

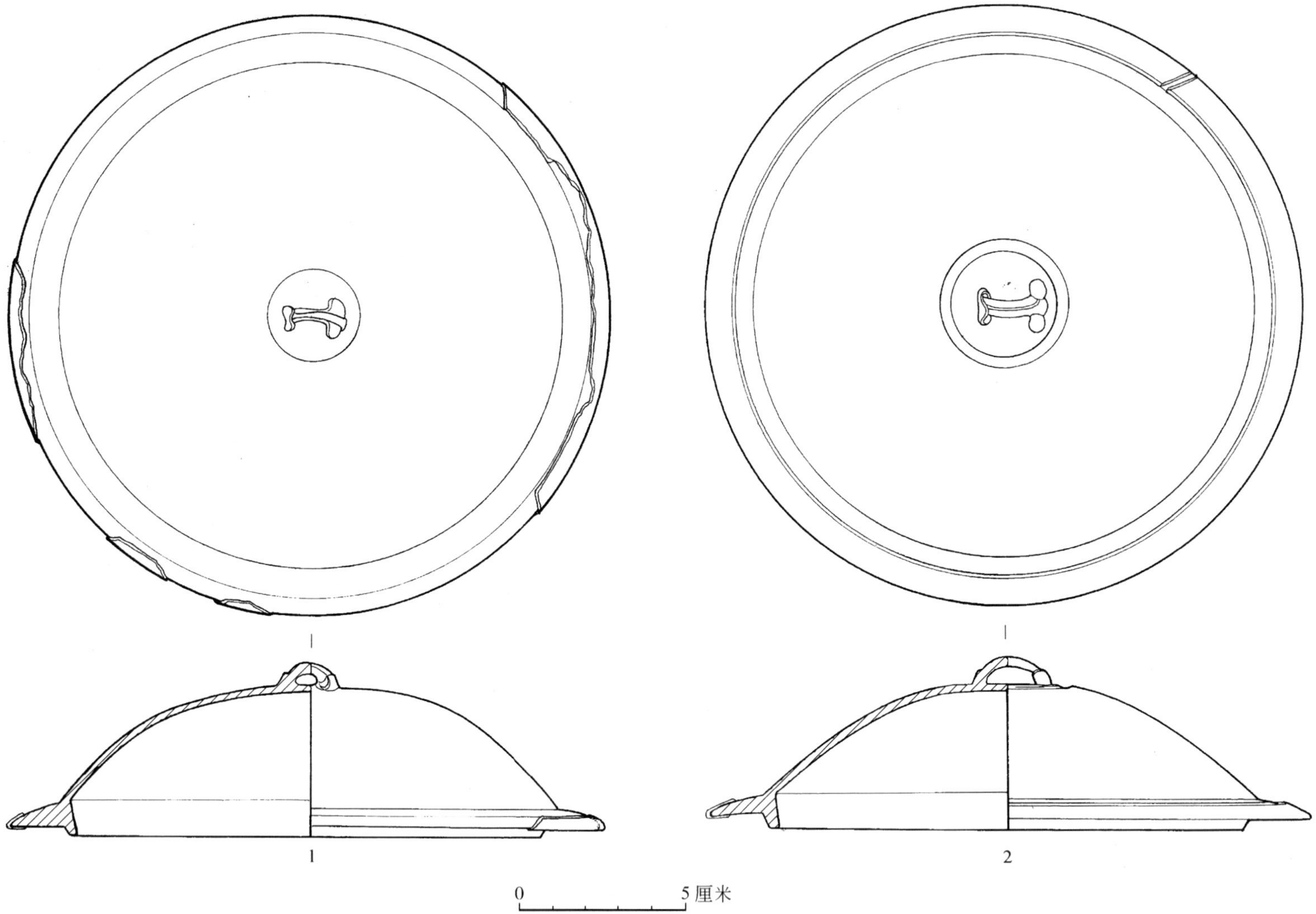

图二〇九　一号窖藏出土景德镇窑青白瓷　B型螭形钮弧顶大型器盖

1.91SJJ:870　2.91SJJ:890

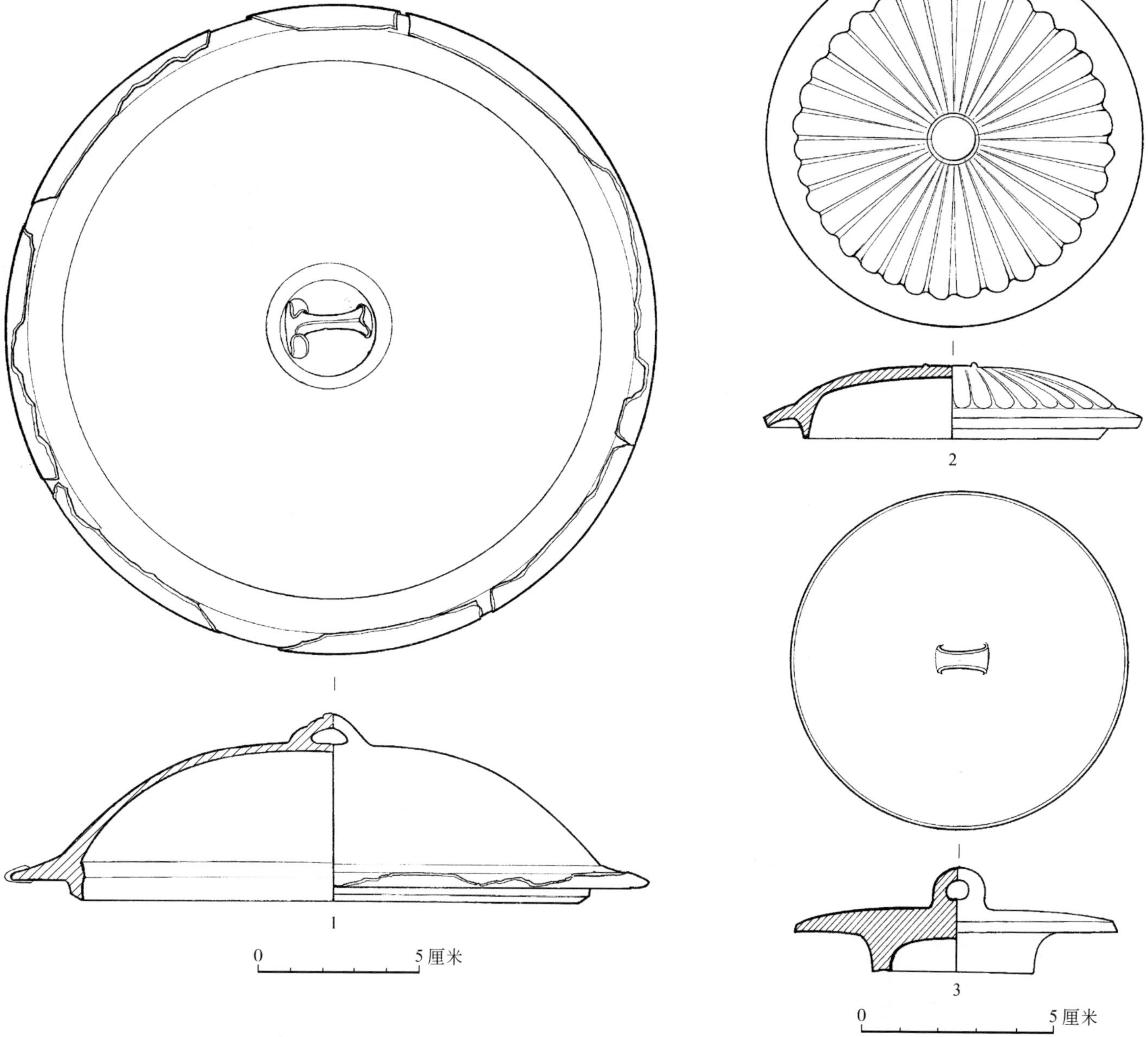

图二一〇　一号窖藏出土景德镇窑青白瓷　B型螭形钮弧顶器盖、无钮弧顶器盖、环形钮平顶器盖
1. B型螭形钮弧顶器盖91SJJ∶929　2. 无钮弧顶器盖91SJJ∶869　3. 环形钮平顶器盖91SJJ∶868

环形钮平顶器盖

1 件。形体偏小。平顶略弧，子口，子口径较小，子口呈方唇状。环形钮，中间的孔呈圆形。

91SJJ∶868，口沿微残，器形基本完整。白胎。青白釉施于器盖表面，釉面较光洁。盖口径 8.3、子口径 3.5、高 3.6、厚 0.4～0.7 厘米（图二一〇，3；图版二一四）。

2. 白瓷

共 9 件。均为浅圈足的凹底盘，形制一致，花纹相同。通体施白釉，白釉略呈米白色泛黄，积釉处显浅黄色。器物胎体较薄，均为芒口。敞口，圆唇，斜腹，下腹略弧，大圈足。芒口较窄，外沿宽于内沿，外沿的芒口中部有一圈较宽而平的凹弦纹。口沿上均残留铜扣的痕迹。内壁装饰模印花纹，辅助纹饰为两圈回纹和一圈仰覆如意云头纹，每个桃形的如意云头中间均形成一个圆点纹。内壁与内底相接处有一道模印的凸弦纹。盘底装饰模印回纹一圈，主题纹饰为花叶繁茂的折枝牡丹，牡丹花只有一朵，占据了盘底三分之一的面积，牡丹花叶刻画细腻，叶脉清晰。釉面有细小的开片，外壁和外底积釉处的开片大而明显。足圈较窄而浅。底心刮釉。选介标本 1 件。

91SJJ∶572，完整。釉面有少许小黑斑，铜扣基本保留完整。白胎。白釉。口径 18.9、足径 13.3、高 3.4、足最深 1.1、厚 0.2～0.3 厘米（图二一一；图版二一五）。

（三）其他窑系瓷器

1. 定窑白瓷

共 9 件，均为六曲花口碗，造型一致。敞口外侈，圆唇，斜弧腹，浅圈足。均在碗的内壁装饰模印花纹。芒口，芒口口沿很窄。9 件碗的内壁模印花纹完全相同，主题纹饰为牡丹花叶纹，满布在碗的内底和内壁，内底为单朵牡丹的折枝花纹，衬以花叶和小花蕾；内壁为四组两朵牡丹的折枝花纹，大小相间、两两相对，相对的两组纹饰相同。每组花纹间为缠枝花蕾花纹。花纹繁密，纹路清晰，刻画细腻生动。辅助纹饰在内壁口沿下，为 8 组如意卷云纹边饰。白胎。除芒口口沿外通体施白釉，釉色略呈牙白色，釉色较为滋润。釉面往往散布着大小不同的黑色斑点。外壁通常可见蜡泪痕，略呈青黄色。选介标本 3 件。

91SJJ∶523，完整。足圈略变形，足底没有修整平整。口径 20.1、足径 6.6、高 6.1、厚 0.2 厘米（图二一二；图版二一六）。

91SJJ∶526，完整。外壁近足部可见跳刀痕。足圈规整，足底釉下粘连两小块瓷土。口径 20.4、足径 6.5、高 6.0、厚 0.2 厘米（图版二一七）。

91SJJ∶521，器表有一条磕伤的裂纹，器形完整。芒口内沿略宽。外壁有两处气泡，口沿上有一处瓷土粘连。足圈较小。芒口内沿略宽。外壁有两处气泡，口沿上有一处瓷土粘连。足圈较小。有一条磕裂纹路。口径 22.0、足径 6.0、高 6.1、厚 0.2 厘米。

图二一一　一号窖藏出土景德镇窑白瓷　盘91SJJ∶572

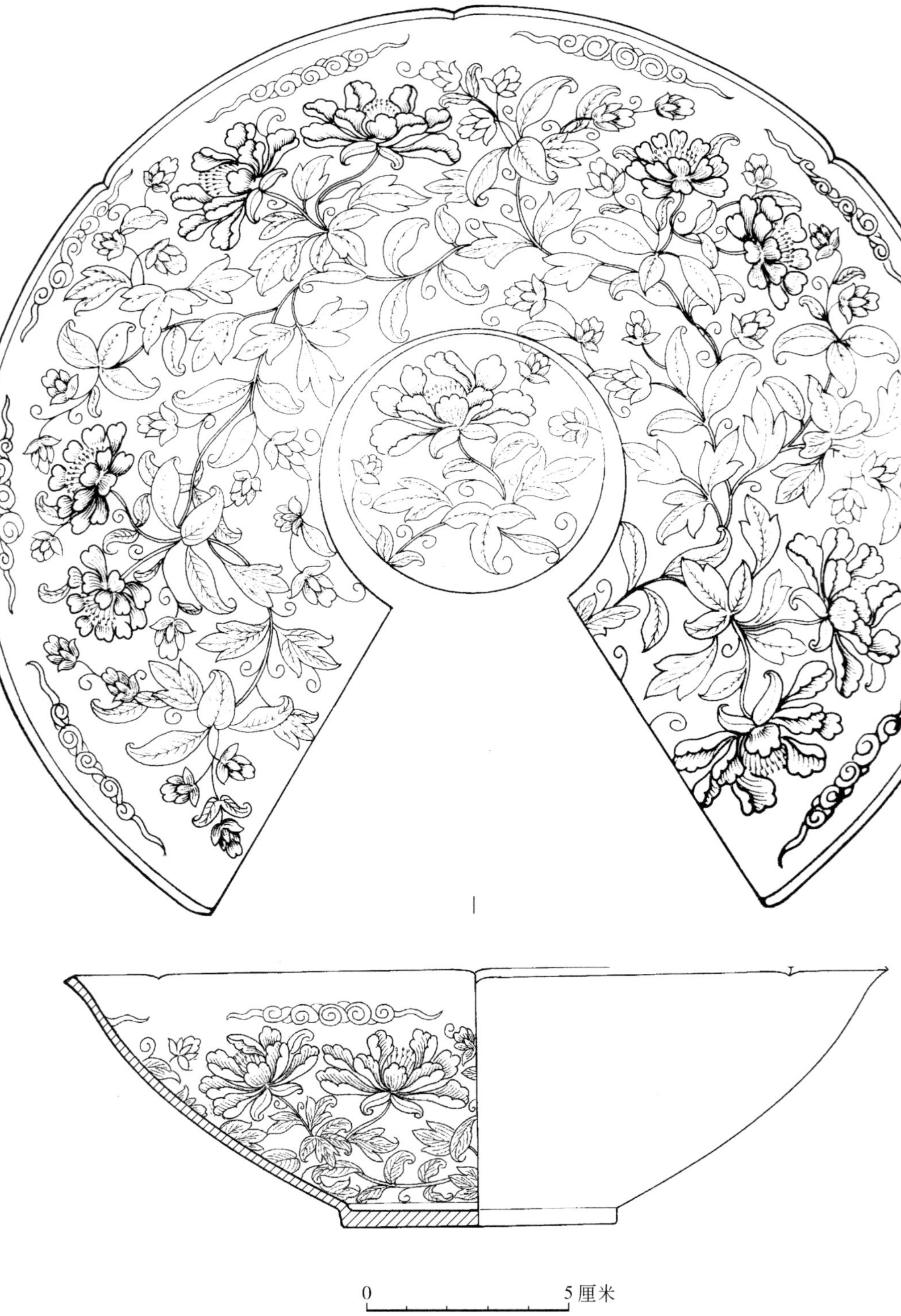

图二一二 一号窖藏出土定窑白瓷 花口斜弧腹浅圈足碗 91SJJ：523

2. 磁峰窑白瓷

共18件，有碗、盘两种器形，都在内壁装饰模印花纹。胎体均较为厚重。釉下施白色化妆土，通体施釉。

碗

共8件。均为敞口斜腹圈足碗。敞口微侈，圆唇略尖，斜弧腹，圈足皆足圈外侧斜切。主题纹饰位于内壁，装饰大雁穿花图案的模印花纹。主题花纹连续而又有分组，第一组为荷叶莲花，荷叶有正面和侧面的两种，莲花两朵，荷花花蕾两朵；第二组为两只反向振翅的大雁，其后为两支梅花；第三组为一叶正面的荷叶、两朵盛开的荷花和两朵荷花花蕾；第四组是两只同向飞翔的大雁，前面的一只昂首向前，后面的一只回首张望，其后是两支梅花。整个画面图案刻画生动，连续而有分区。辅助花纹位于内壁口沿下，为一周覆式花瓣。外壁釉下可见拉坯留下的较为细密的弦纹。选介标本3件。

91SJJ∶507，口沿上有一处小缺口，修复。内壁近碗底心处有六个垫烧痕，大小不一。内底釉面有轻微的烧裂痕，并有少量细小的窑渣粘连。内壁口沿上有烧制时留下的短、细的釉面开裂痕迹。外壁有蜡泪痕。白胎略发灰，胎体较为厚重。釉色较白，略呈牙白色。口沿上有一处小缺口，修复。内壁近碗底心处有六个垫烧痕，大小不一。内底釉面有轻微的烧裂痕，并有少量细小的窑渣粘连。内壁口沿上有烧制时留下的短、细的釉面开裂痕迹。外壁有蜡泪痕。白胎略发灰，胎体较为厚重。釉色较白，略呈牙白色。口径20.9、足径6.0、高7.2、厚0.2~0.8厘米（图二一三；图版二一八）。

91SJJ∶509，口沿上有一处缺口，修复。内底有细小的窑渣粘连，不见支烧痕迹，内壁口沿有烧制是留下的细小的釉面开裂痕迹。灰白胎。白釉，釉色泛灰黄。口径21.1、足径6.5、高7.0、厚0.2~0.8厘米。

91SJJ∶996，修复。内壁近碗底心处有六个大小、深浅不一的垫烧痕。内底釉面烧制时留下的轻微的开裂痕迹，并有少量细小的窑渣粘连。内壁口沿上有一个较大的气泡。外壁有蜡泪痕。外底粘满垫砂，外壁下部也略有粘连。白胎略泛灰。白釉，釉色泛灰。口径20.8、足径6.7、高7.3、厚0.2~0.7厘米。

盘

共10件，均为敞口斜腹圈足盘。敞口，圆唇略尖，斜腹略弧，浅圈足，足端外侧切削修整。内底下挖，主题纹饰是内壁和内底的模印花纹，内底为两组相背的荷叶莲花花纹，内壁为大雁荷花纹。内壁的模印花纹大致可以分为4组，第一组为一仰一覆两支莲花与一片仰面的荷叶，第二组为两只相向的大雁，一只曲项昂首，一只展翅飞翔，其后为梅花；第三组为一仰一覆两支荷花和俯覆的荷叶；第四组为两支振翅、相反的大雁，背后衬梅花一支。辅助花纹在内壁口沿下，为一周花瓣纹。10件盘的造型一致，花纹相同。且均为白胎，胎色略灰。白釉的釉色较为接近，白中略带灰黄。选介标本4件。

图二一三　一号窖藏出土磁峰窑白瓷　敞口斜腹圈足碗 91SJJ：507

91SJJ∶516，完整。外沿下有一道凹弦纹。内底有六个垫珠痕迹，并有两处磕伤缺口，口沿可见有釉的烧裂痕迹。釉色略显灰黄，釉下施白色化妆土，通体施釉，釉层较薄，釉面不甚光洁。口径19.5、足径6.8、高4.45、厚0.2～0.5厘米（图二一四）。

91SJJ∶517，略变形，器表有两道磕伤裂纹，器形完整。内底有五个垫烧痕迹，底心有烧裂痕，内壁靠近口沿处有半圈凸弦纹。外底心突起。釉色较白。口径19.7、足径7.6、高4.8、厚0.2～0.5厘米（图版二一九）。

91SJJ∶512，修复。不见支烧、垫烧痕迹，釉色灰白，釉面有灰黄色的斑块。外壁釉下有一凹缺的痕迹。口径20.0、足径7.6、高4.4、厚0.2～0.6厘米。

91SJH∶519，口沿上有两处磕伤裂纹，器形完整。内底有六个大小、深浅不一的垫烧疤痕，并有一弧状的粘连物，内壁口沿的釉面上有较为稀疏的烧制时留下的裂纹。釉色灰白。口径19.8、足径8.0、高4.6、厚0.2～0.6厘米。

3. 耀州窑青瓷

共4件，有盘、盅、器盖三类器形。

盘

2件。造型相同。圆唇，敞口，斜腹，平底，足底中心挖出一个极小的卧足，底心呈鸡心状的突起。

91SJJ∶531，粘接修复。内底刻划六叶花朵纹，花朵纹上及周围辅以篦划花纹。外壁中部有一道弦纹。灰色胎。青釉，釉色青黄，釉面较光洁，有较稀疏的开片，可见不太明显的针眼。底部中央无釉，呈略浅的红褐色，足底粘连一些黑色烧结物。口径12.8、足径6.8、高2.5、厚0.3～0.9厘米（图二一五，1；图版二二〇）。

91SJJ∶50，可修复。内底刻划大小不同、间距不等六叶花朵纹，花朵纹上及周围辅以篦划花纹。外壁中部有一道弦纹。白胎。青釉，釉色青黄，釉面较光洁，有较稀疏的长条形开片。底部中央无釉，呈略浅的红褐色，足底粘连一些黑色烧结物。口径12.8、足径6.3、高2.4、厚0.3～0.8厘米。

盅

1件。圆唇，直口，直腹，下腹折收，圈足。

91SJJ∶193，完整。挖足过墙，圈足的外墙远远低于内墙，足圈平，内壁略斜，底心有轻微的鸡心状突起。胎色不详，胎体厚重。青釉，釉色略泛青黄，釉面光洁，内、外壁釉面有较为细碎的开片。足圈及圈足内侧无釉，呈茶褐色。足底有少量窑砂粘连。口径10.1、足径4.9、高6.8、厚0.2～1.0厘米（图二一五，3；图版二二一）。

器盖

1件。圆形钮，弧顶，平沿。子口为直口，方唇。

图二一四 一号窖藏出土磁峰窑白瓷 敞口斜腹圈足盘91SJJ:516

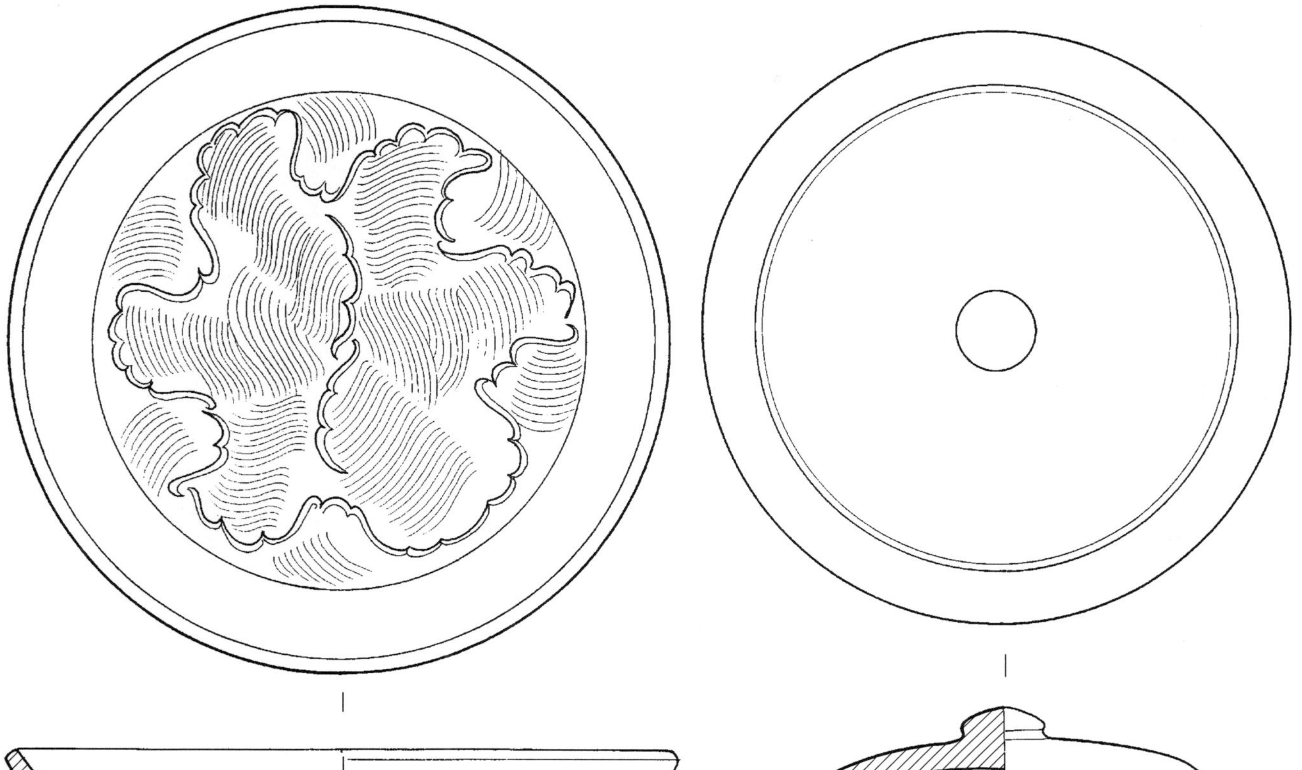

图二一五　一号窖藏出土耀州窑青瓷及不明窑口黑瓷

1. 耀州窑青瓷碟 91SJJ∶531　2. 耀州窑青瓷器盖 91SJJ∶200　3. 耀州窑青瓷盅 91SJJ∶193　4. 不明窑口黑瓷盏 91SJJ∶529

91SJJ∶200，子口上有一个缺口，器形完整。灰色胎，胎体较厚。通体施釉，灰釉泛黄褐色，釉面光洁明亮，有棕眼和少量褐色斑点。盖内侧釉色呈黄褐色。盖口径11.2、子口径9.1、高3.4、厚0.5～0.8厘米（图二一五，2；图版二二二）。

4. 清溪窑青瓷

共11件，仅有杯一类器物。均为弧腹圈足芒口小杯，器形规整、小巧，釉面光洁、平整，釉色不完全一致，多呈泛蓝的乳浊青釉，近口沿的薄釉处釉色显青褐。它们仅在口部有轻微的变化，分为三种。

直口杯

4件。直口，尖唇，弧腹，圈足。

91SJJ∶131，口沿上有两处小缺口，器形完整。口微敛，圈足圆整，足底心突起，足端粘连一点窑砂。灰色胎泛黄。青黄色釉，杂蓝色，呈乳浊状，釉面有细密的开片。口沿未施釉、靠近釉边缘的地方有一线鲜艳的橙红色。口径9.2、足径4.2、高5.1、厚0.1～0.4厘米（图二一六，1）。

91SJJ∶138，完整。足底心突起，圈足圆整，较窄。黄灰色胎。浅蓝色乳浊釉，釉面有细密的针眼，和极浅的细小开片，有一些黑点。外壁施釉未满。芒口的内外侧在口沿未施釉、靠近釉边缘的地方各有一线鲜艳的橙红色。口径9.6、足径4.0、高5.3、厚0.2～0.4厘米（图版二二三）。

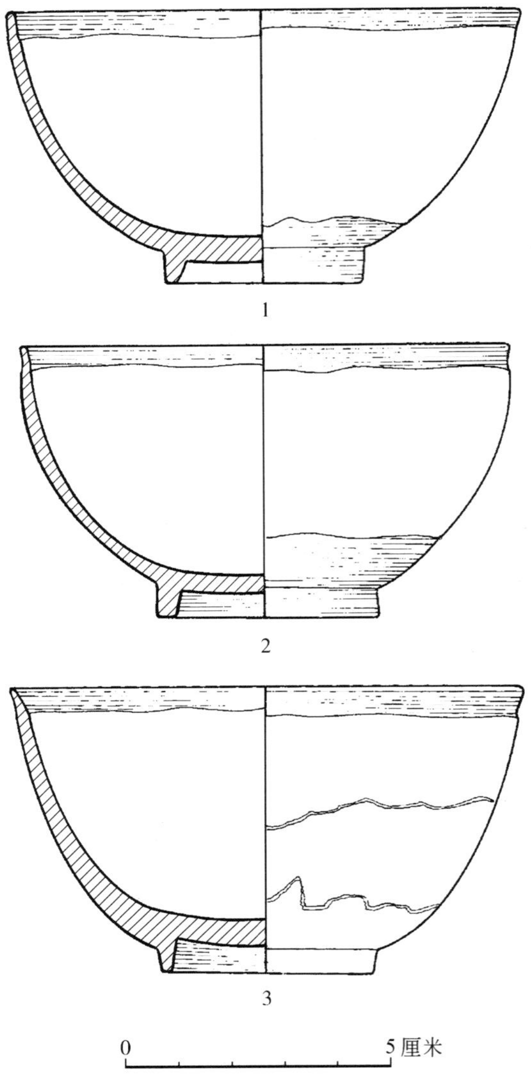

图二一六　一号窖藏出土清溪窑青瓷　直口杯、敞口杯、撇口杯

1. 直口杯91SJJ∶131　2. 敞口杯91SJJ∶132　3. 撇口杯91SJJ∶136

91SJJ∶130，口沿残缺，修复。足底平，圈足较圆整，未施釉。灰色胎泛黄。青黄色釉，内底积釉呈青蓝色与蓝色相杂的乳浊釉，釉面有细密的开片，外壁施釉未满。口沿未施釉的地方呈较为鲜艳的橙红色。口径9.7、足径3.9、高5.2、厚0.2～0.4厘米。

91SJJ∶133，完整。圈足窄，底心有鸡心状突起，圈足未施釉，下腹有少许窑渣粘连。灰色胎略泛黄。青黄色釉，内底积釉处呈蓝色乳浊釉，釉面有细密的开片，有少量黑斑。口沿未施釉处为酱红色。口径9.6、足径4.2、高5.1、厚0.1～0.4厘米。

敞口杯

6件，敞口，尖唇，弧腹，小圈足。选介标本3件。

91SJJ∶135，完整。圈足圆整，足部未施釉，有少许窑渣粘连。灰色胎略泛黄。青黄色釉，内底积釉处呈蓝色乳浊釉，釉面有细密的开片，有一些针眼。口沿未施釉处为酱红色。口径10.0、足径3.8、高4.9、厚0.2～0.4厘米（图版二二四）。

91SJJ∶132，完整。圈足圆整，足部未施釉。灰色胎略泛黄。青黄色釉，外壁施釉未满，内底积釉处呈蓝色乳浊釉，釉面有细密的开片，有一些针眼。芒口口沿为较为鲜艳的橙红色。口径9.7、足径3.8、高5.0、厚0.2～0.5厘米（图二一六，2）。

91SJJ∶140，口沿上有两处小缺口，器形完整。口微撇，圈足圆整，底心呈鸡心状突起，足部未施釉。灰色胎。青黄色釉泛青蓝，釉面有细密的开片。外壁施釉未满。芒口口沿为酱红色。口径9.2、足径4.2、高4.9、厚0.2～0.4厘米。

撇口杯

1件。口略外撇，尖唇，弧腹略斜，圈足。

91SJJ∶136，口沿上有一处小缺口，器形完整。圈足不规整，足部未施釉。灰色胎略泛黄。青黄色釉，内底积釉处呈浅蓝色乳浊釉，外壁下腹流釉呈泪状，为蓝色。釉面有细密的开片。外壁有几处剥釉，芒口口沿为酱红色。口径9.7、足径4.0、高5.4、厚0.2～0.8厘米（图二一六，3；图版二二五）。

5. 不明窑口黑瓷

共4件，均为玳瑁纹茶盏，原简报和以前的研究中均将这4件器物判定为广元窑黑瓷，但在本报告的编号和标本测试中，尚无明确证据确定其窑口，故在此定为窑口不明的瓷器。它们造型相同，均敞口，圆唇，斜腹较直，小饼足。选介标本3件。

91SJJ∶530，器表有裂纹，器形完整。内底心略突起，足底上凹。胎色不详，胎体轻薄。黑褐色釉，外壁近足部和足部未施釉，釉面有白色、黄褐色条形玳瑁纹，无釉处呈浅橙色。口径11.3、足径3.5、高5.3、足高0.55、厚0.3～0.7厘米（图版二二六）。

91SJJ∶529，残破。足底有窑砂粘连。浅灰黄色胎，胎体轻薄。黑褐色釉，外壁近足部和足部未施釉，釉面有白色、黄褐色条形玳瑁纹，无釉处呈浅橙色。口径11.4、足径3.4、高5.2、足高0.6、厚0.3～0.7厘米（图二一五，4）。

91SJJ∶910，残破。足底略上凹，外底可见一圈螺旋纹。浅灰黄色胎，胎体轻薄。深褐色釉，外壁近足部和足部未施釉，釉面白色、黄褐色条形玳瑁纹较密集，无釉处呈浅橙色。口径11.4、足径3.4、高5.3、足高0.6、厚0.3～0.6厘米。

（四）铜器和石器

1. 铜器

一号窖藏共计出土铜器97件，有钟、铃、瓶、碗、镳斗、炉、釜、龟形器、匜形器、器盖、环以及器柄、残件等。铜器的器形普遍较小，器壁较薄。这些器物有分铸的，也有一次铸成的。

钟

1件。

91SJJ∶883，完整。钟身两侧各有一道凸棱，为合范痕。钟身的两个面上各有一略下凹的长方形框，一面在左侧竖书一行“凤翔楼钱鑫”字样，一面在中央的长方形框内从右至左竖书两行字，但字迹磨灭，不易辨认。口径11.0、腹最宽11.8、肩宽8.5、钟体厚8.8、钮高2.7、高23.4、器壁厚0.2～0.3厘米（图二一七；图版二二七至二二九）。

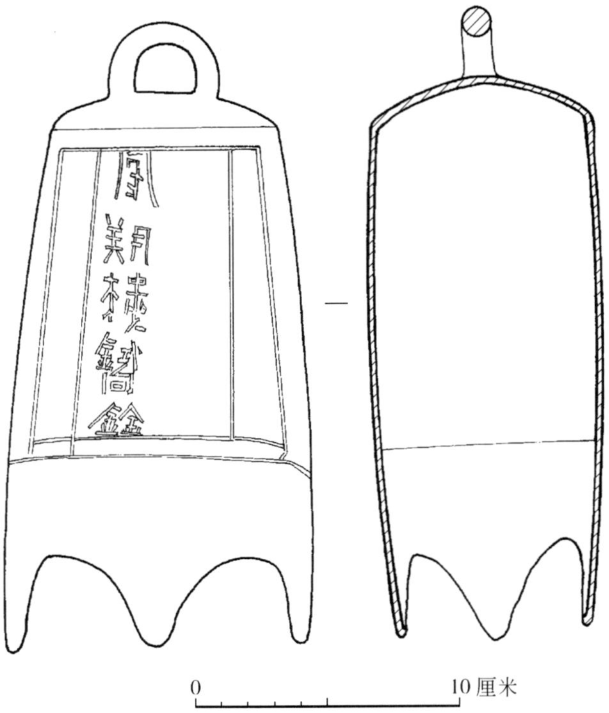

图二一七　一号窖藏出土铜器　钟91SJJ∶883

铃

共17件，形态的差异较大，有圆形、三角形的不同造型。依据铃身的形状不同分为两种。

圆形铃

9件。均为分体铸造，由两个半球形的铃身组成。半球形的铃身口部平，口沿下外壁有一周凸棱。上半部为拱形的扁系，中部有一个圆穿。下半部在中部有一道狭长的开口，开口的两端呈圆孔形。依据大小的不同分为二型。

A型　小型。4件，出土的时候为8个残件，其口径相同，厚度相当，可以两两对接，合成了4件器物。选介标本1件。

91SJJ∶887，上、下部的唇部均厚于器壁。上半部口径6.0、钮高0.7、高3.8、器壁厚0.2～0.4厘米；91SJJ∶887下半部口径6.0、高3.0、器壁厚0.1～0.2厘米。通高6.8厘米（图二一八，4、5；图版二三〇）。

B型　大型。5件。由于有4个圆铃的口径、厚薄均有不同，故分述。

91SJJ∶884，完整。上半部口沿没有凸起，钮孔较小。下半部口唇部略厚于器壁。上半部口径7.0、钮高0.9、高5.1、器壁厚0.2～0.5厘米；下半部口径7.2、高3.8、器壁厚0.15～0.25厘米。铜铃最大径7.5、通高9.0厘米（图二一八，1；图版二三〇）。

91SJJ∶895（上），口沿平，没有凸棱。钮较高，钮孔较大。口径7.0、钮高1.1、高5.0、器壁厚0.2～0.5厘米（图二一八，6）。

91SJJ∶879（下），唇部略厚于器壁。口径7.2、高3.9、器壁厚0.1～0.3厘米（图二一八，7）。

91SJJ∶880（上），系残，口残，可修复。口沿没有凸起，器壁薄。口径7.1、钮复原高1.0、高5.1、器壁厚0.15～0.5厘米（图二一八，8）。

91SJJ∶908（下），完整。唇部略厚于器壁。口径7.8、高4.1、器壁厚0.2～0.4厘米（图二一八，9）。

三角形铃

1件。弧曲口，顶部窄小，铃身略呈三角形。

91SJJ∶909，完整。拱形钮较大，呈半环状，钮孔较大。顶部的钮下面有一个圆穿偏在一边。

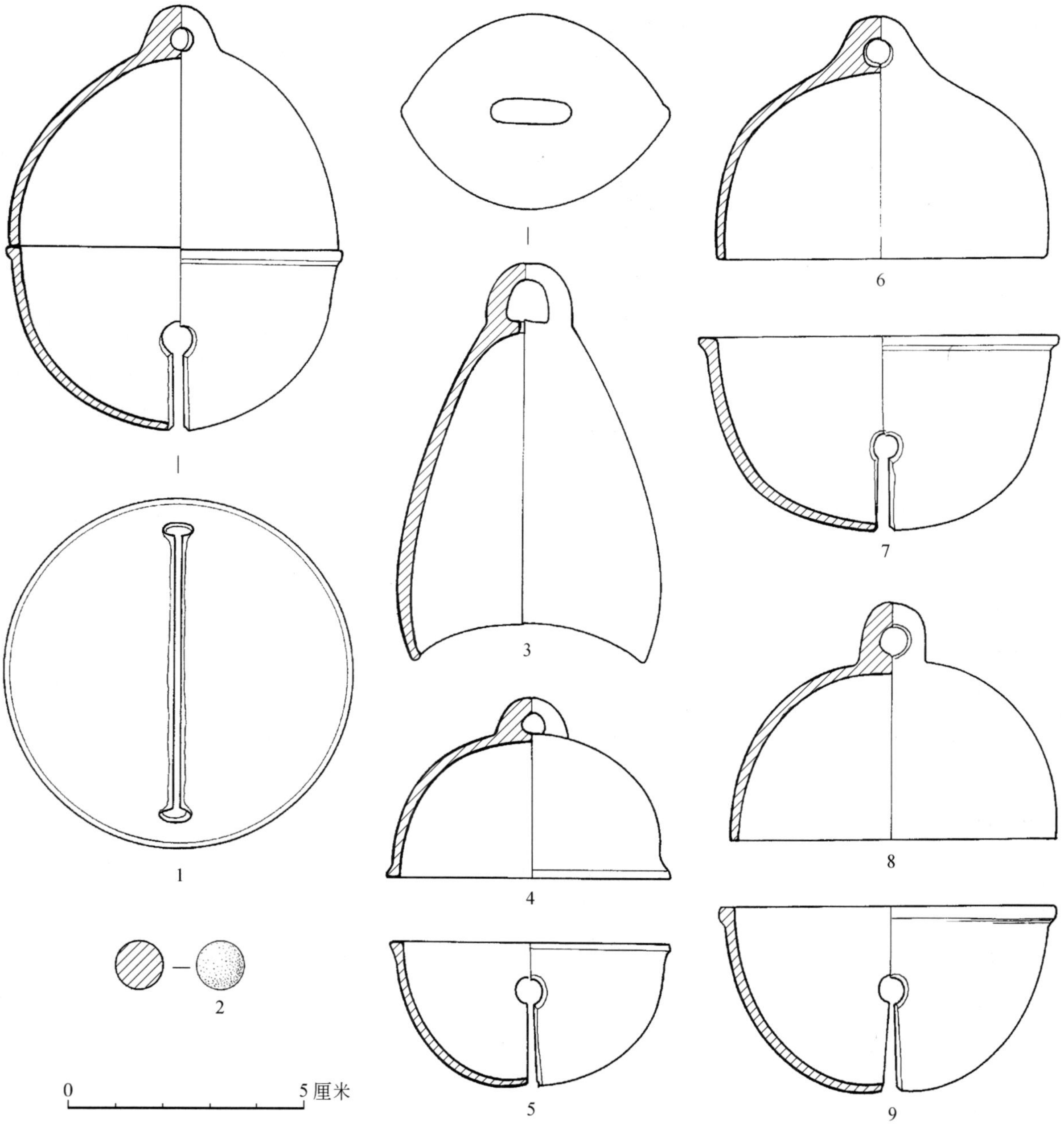

图二一八　一号窖藏出土铜器　铃

1. B 型圆形铃 91SJJ∶884　2. 铃球 91SJJ∶984　3. 三角形铃 SJJ∶909　4、5. A 型圆形铃 91SJJ∶887（上、下）　6. B 型圆形铃 91SJJ∶895（上）　7. B 型圆形铃 91SJJ∶879（下）　8. B 型圆形铃 91SJJ∶880（上）　9. B 型圆形铃 91SJJ∶908（下）

口径5.0、最大腹径5.6、钮高1.2、通高8.4、器壁厚0.2～0.4厘米（图二一八，3；图版二三一）。

铃球

7枚，圆形，直径大致在1～1.1厘米。选介标本1件。

91SJJ∶984，实心小球。直径1.0厘米（图二一八，2）。

瓶

共14件，造型各异，可分为胆式瓶、鼓腹瓶、方形瓶、梅瓶、觚式瓶五类，依据腹部形态的不同分别介绍。

胆式瓶

1件。方唇，侈口，细颈，长形胆式腹，圈足极浅。

91SJJ∶877，完整。形体较小。腹部的最大腹径在下腹部，呈下坠形。圈足很浅，几乎可称为平底。素面。口径2.8、最大腹径5.5、足径3.0、高12.0、厚0.2厘米（图二一九，1；图版二三一）。

鼓腹瓶

共4件。圆唇，唇部较薄，侈口，细长颈，圆鼓腹，圈足。圈足外墙高于内墙，足底平。均为素面。选介标本2件。

91SJJ∶855，完整。唇口平，圈足内较深。口径3.9、最大腹径8.0、足径4.5、通高16.6、器壁厚0.2～0.25厘米（图二二〇，3）。

91SJJ∶878，唇部有小裂口，基本完整。下腹更弧度丰满，足圈宽窄不等，足圈内较浅。口径4.1、最大腹径8.0、足径4.4、通高16.5、器壁厚0.2～0.25厘米（图二二〇，2；图版二三二）。

方形瓶

1件。整器为方形，平沿较窄，侈口，口沿下折收，束颈，下腹折收，腹下收成台形高足，下接一矮浅的方形台座。方形台座式足内底为两梯式内收。

91SJJ∶880，修复。出土时裂为三块，粘合。器身由两部分对接合成。从颈部到下腹部呈一连贯的弧线形，颈腹处有一对铺首衔环，铺首为兽首形，衔环为方菱形。足底竖书“永保用之”四字。口径3.5、最大腹径5.4、足径4.15、通高14.5、足高2.1、器壁厚0.3厘米（图二二〇，1；图版二三三）。

梅瓶

1件。直口，有颈，倒梨形腹，圈足。

91SJJ∶985，残破，可复原。足底为夹层胎，胎心为石质，除底部外铜器的胎体较薄。口径4.6、最大腹径12.2、足径7.2、通高20.7、器壁厚0.1厘米（图二二〇，4）。

觚式瓶

共7件。造型差异较大，可分为长圆腹高足觚式瓶、圆球腹喇叭足觚瓶两型，依据腹部和足部的不同分别介绍。

A型　长圆腹，高足。5件。圆唇较尖，侈口，喇叭形大口，颈部较直，腹部呈长圆形，略外

图二一九　一号窖藏出土铜器　胆式瓶及 A 型、B 型觚式瓶

1. 胆式瓶 91SJJ∶877　2. A 型觚式瓶 91SJJ∶897　3. B 型觚式瓶 91SJJ∶987

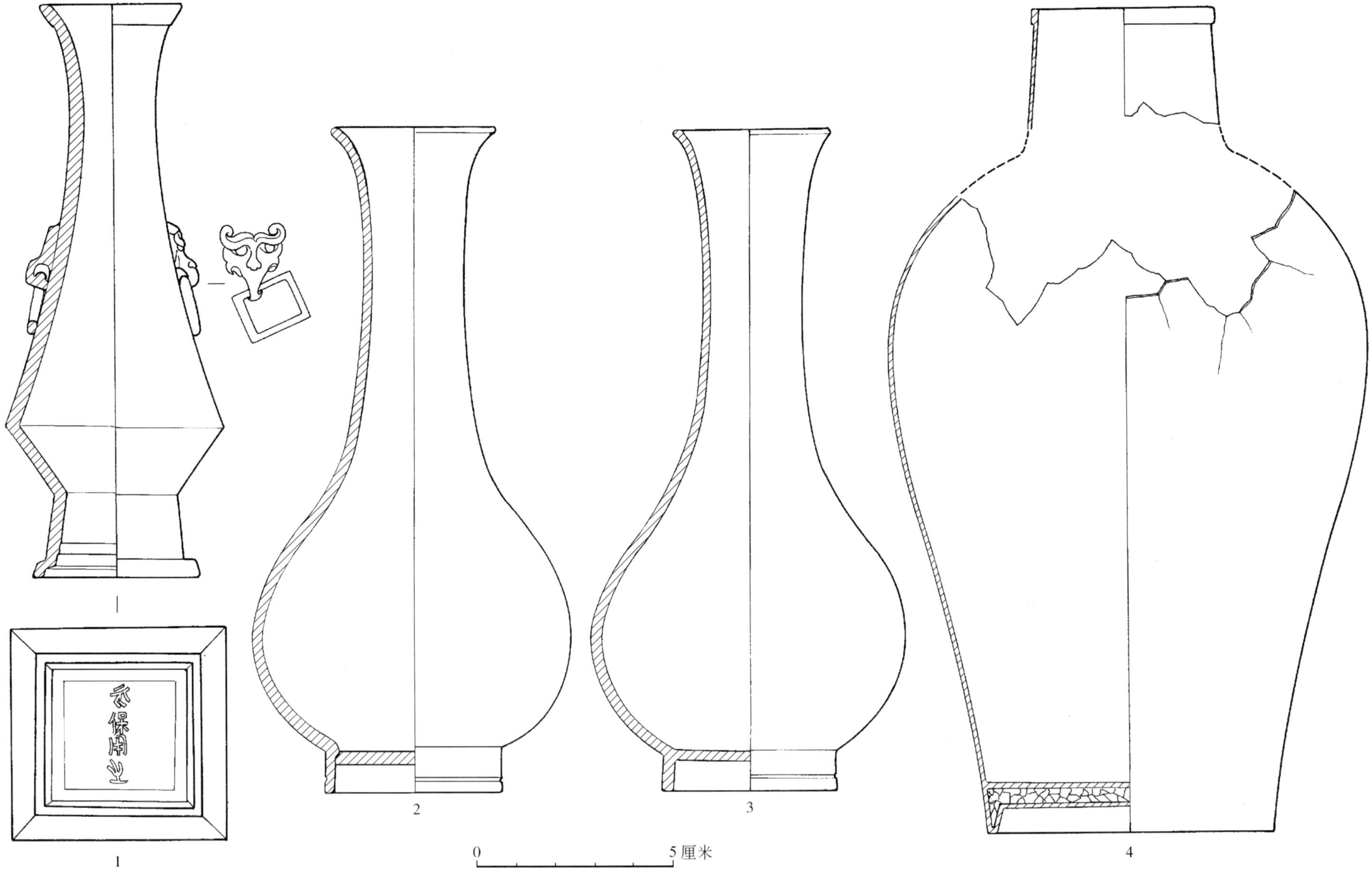

图二二〇　一号窖藏出土铜器　方形瓶、鼓腹瓶、梅瓶

1. 方形瓶 91SJJ∶880　2. 鼓腹瓶 91SJJ∶878　3. 鼓腹瓶 91SJJ∶855　4. 梅瓶 91SJJ∶985

鼓。高足外撇成喇叭形，近足底处折转。足圈内为平底，足圈浅。颈中部装饰三道凹弦纹；腹部上下圆收处各装饰一道凸棱；足部折转处有一道凹弦纹。均不见合范痕迹，5件器物造型、大小一致。选介标本1件。

91SJJ:897，完整。口径9.0、足径6.2、最大腹径6.2、高15.5、器壁厚0.2~0.5厘米（图二一九，2；图版二三四）。

B型　圆球腹，喇叭足。2件。均为缺口颈部的残件，仅残留腹部和足部。球形腹略呈长圆形，喇叭形足较细而高，近足底处折转。足圈内较深，其内为平底。通体装饰花纹。腹部由四道凸棱平均分割，四道凸棱的高低、粗细有差别。每个区域的花纹相同，中部的凸弦纹圆圈里面是六叶卷叶，中心有一个凸形圆点。地纹为三角形回纹，上下边缘各有一排涡纹。喇叭形足以两道凸弦纹分割为两个区域，上部为两组弦纹，每组由两条细凹弦纹组成，线条略有弯曲。下部由四道凸棱平均分割，四道凸棱的高低、粗细有差别，分别与腹部的凸棱纹相对，其宽窄、粗细亦相对应。每个区域的花纹相同，中部为一个凸起的简化饕餮纹，地纹为菱形回纹，上部边缘为一道回纹，下部边缘为一道四叶花纹。足部转折处有一道凹弦纹。选介标本1件。

91SJJ:987，口颈部残。最大腹径5.2、足径6.9、足高6.3、足圈内深2.2、残高11.1、器壁厚0.1~0.2厘米（图二一九，3；图版二三五）。

碗

共15件，造型与大小的差别都很大，分为高圈足碗、圈足碗和圜底碗三种。依据足部的变化分别介绍。

高圈足碗

共6件。敛口或直口，近球形腹，高圈足略外撇。均为碗身和圈足分体铸造，出土的时候碗身与圈足均脱开。碗底残留圈足的痕迹，与高圈足的大小相吻合。依据口部的变化分为二型。

A型　敛口。5件。方唇，口微敛，碗底呈圜底状。圈足呈喇叭状。选介标本2件。

91SJJ:911，完整。腹较深而圆鼓，圈足呈直壁喇叭形。口径9.1、最大腹径9.3、足径6.1、足高2.4、高6.9、器壁厚0.2~0.3厘米（图二二一，1；图版二三六）。

91SJJ:889，完整。腹略浅而扁鼓，圈足呈束腰形喇叭形。口径9.2、最大腹径9.5、足径6.3、足高2.5、高7.0、器壁厚0.2厘米（图二二一，4）。

B型　直口。1件。方唇，直口，碗底呈圜底状。圈足呈束腰喇叭形。

91SJJ:903，口径9.5、最大腹径9.5、足径6.1、足高2.3、高6.9、器壁厚0.1~0.2厘米（图二二一，2；图版二三六）。

圈足碗

共8件，圈足均较浅。由于腹部的不同，圈足碗的变化较大，分为深直腹碗、圆球腹碗和浅弧腹碗三型。

A型　深直腹。2件，敞口，圆唇略外翻，唇部较器壁厚；桶形腹下腹弧收，圈足略外撇。腹部饰弦纹，上下各有一组三道细弦纹，中间有四道单弦纹，弦纹间下凹。91SJJ:992里面有纸，上面有墨书的字迹，内底纸片上可辨为“叁”字，内壁纸片上的字迹不完整，隐约为“吉”字。说明铜器

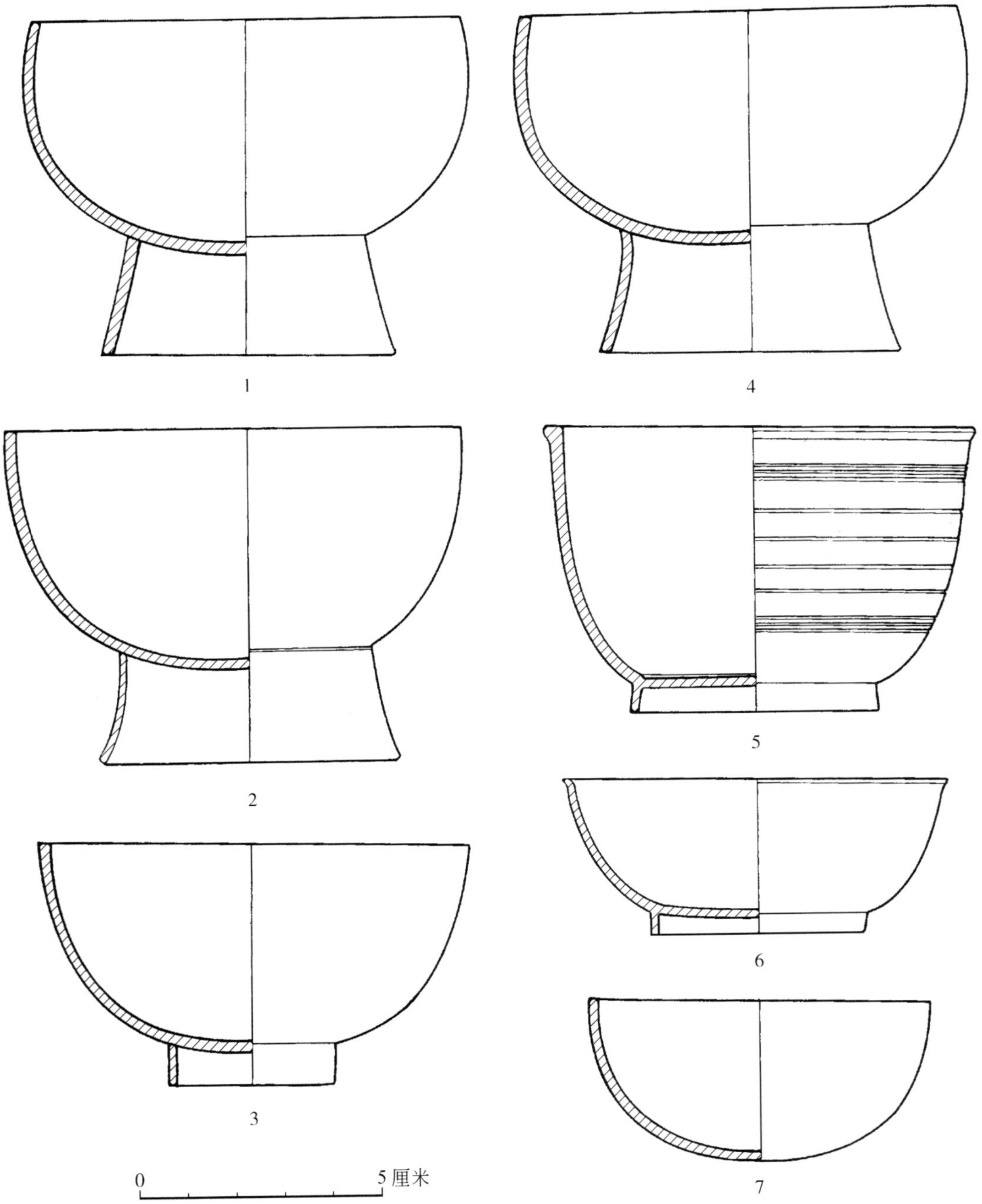

图二二一　一号窖藏出土铜器　高圈足碗、圈足碗、圜底碗

1. A 型高圈足碗 91SJJ∶911　2. B 型高圈足碗 91SJJ∶903　3. B 型圈足碗 91SJJ∶922　4. A 型高圈足碗 91SJJ∶889　5. A 型圈足碗 91SJJ∶890　6. C 型圈足碗 91SJJ∶672　7. 圜底碗 91SJJ∶986

埋藏时多用纸包裹。选介标本1件。

91SJJ∶890，完整。外壁粘有纸片，但不见字迹。口径9.1、足径5.2、足高0.5、高5.9、器壁厚0.1～0.25厘米（图二二一，5）。

B型　圆球腹。2件。直口，方唇，碗身呈半球形，与足部相连的碗底作圜底状。圈足与碗身系分铸而成，圈足均脱落，碗外底皆有圈足与碗粘接后留下的痕迹。圈足小，足墙直。口唇部厚而腹壁薄。

91SJJ∶922，下腹破，有一个孔，可修复。器壁较厚。口径9.0、足径3.4、足高0.8、高5.0、器壁厚0.2～0.3厘米（图二二一，3）。

91SJJ∶918，下腹有一个极小的锈蚀孔，基本完整。器壁略薄而轻。口径9.0、足径3.2、足高0.8、高5.1、器壁厚0.2～0.3厘米（图版二三七）。

C型　浅弧腹。4件。直口微侈，方唇，弧腹，浅圈足。4件器物的大小、造型一致，选介标本2件。

91SJJ∶672，口部有两个缺口，可修复。口径8.1、足径4.4、足高0.35、高3.1、器壁厚0.1～0.2厘米（图二二一，6；图版二三七）。

91SJJ∶673，破裂。碗内有铁锈蚀后凝结的痕迹。口径9.3、足径4.4、足高0.4、高3.3、器壁厚0.1～0.2厘米。

圜底碗

1件。直口，方唇，圆弧腹，圜底。因碗底不见圈足脱落的痕迹，故单列一类。

91SJJ∶986，口沿上有一个缺口，可修复。口径7.2、高3.2、器壁厚0.2厘米（图二二一，7；图版二三八）。

镳斗

1套，由镳斗和盖子组成。由于出土的时候镳斗和盖子没有放置在一起，所以它们分别有一个发掘出土号。镳斗为敞口，方唇，斜腹略弧，平底略上凹，附一微曲的长柄。镳斗盖略敛口，方唇。

91SJJ∶881，完整。为镳斗下部，柄粘接在器身外壁，作长条形，略弯曲，柄上有一个缺口。内壁口沿上粘接4个长方形的铜片，铜片高出口沿，保留2片，另有2处粘接痕迹。内壁粘附较为坚硬的白色物体。口径12.4、底径7.6、斗部高7.3、器壁厚0.2～0.3厘米；粘附在口沿上的铜片长1.7、宽1.3厘米；柄长31.7厘米（图二二二；图版二三九）。

SJJ∶856，裂，可修复。为镳斗盖，顶略隆起，顶中央有一个大圆孔，旁边有一个小圆孔。内壁有与镳斗内壁一样的白色粘附物体。口径12.7、高4.6、器壁厚0.2厘米；顶部的大圆孔直径7.7厘米；小圆孔直径1.1厘米（图二二二；图版二三九）。

炉

均为三足奁式炉（又称樽式炉），共清理出炉身10件和15枚三角云纹足，出土的时候炉的足部均脱落，但大多数炉的底部均可见足部脱落后留下的痕迹，为三个等距的长条形痕迹，与出

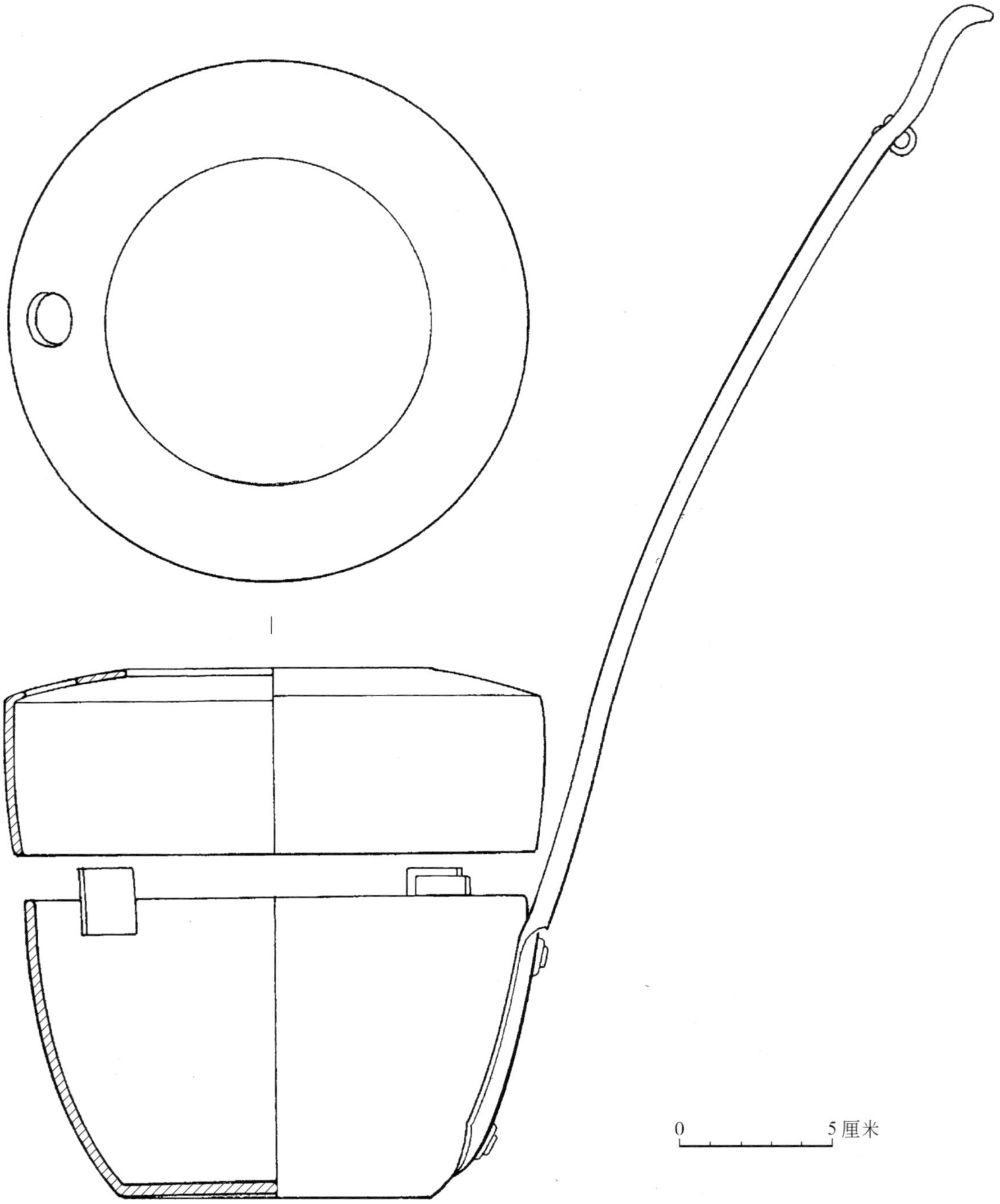

图二二二　一号窖藏出土铜器　鐎斗91SJJ∶881（下）、鐎斗盖91SJJ∶856（上）

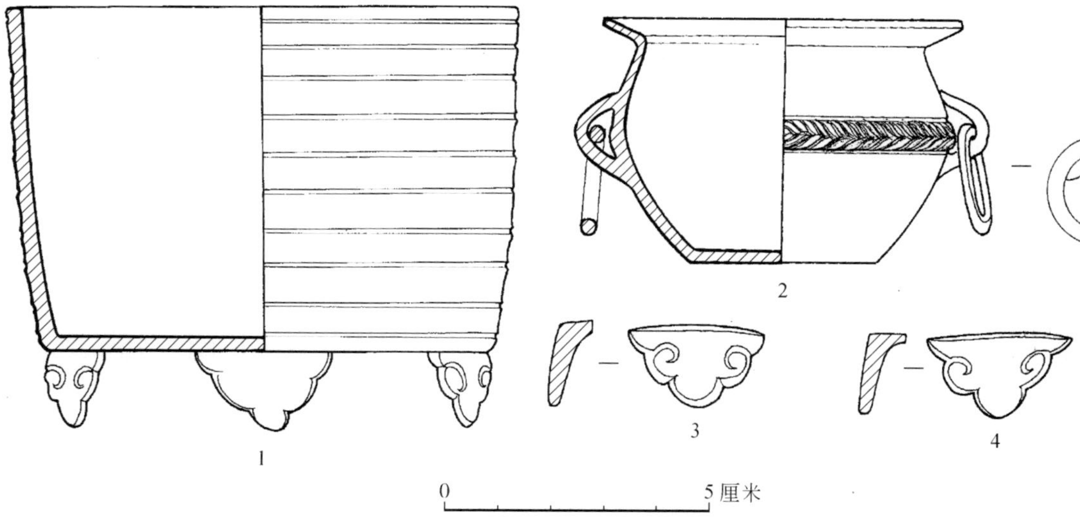

图二二三　一号窖藏出土铜器　釜及炉身、炉足

1. 炉身 91SJJ∶891　2. 釜 91SJJ∶838　3. 炉足 91SJJ∶905　4. 炉足 91SJJ∶904

土的三角云纹足的上部形状完全吻合，所以认为出土的 15 枚三角云纹足是炉的足部。分别介绍炉身和炉足。

炉身

共 10 件。方唇，直口，直腹略外鼓，平底。外壁满饰弦纹，口沿下为两道较为紧密的细弦纹，其下为 9 道几乎等距、间隔略宽的细弦纹，每道弦纹中间略下凹。平底的边缘有三个等距的尖头长圆形足部痕迹。器物的大小、形态一致。从器壁泥土的粘连状况看，器物的足部是在埋藏了一段时间后才脱落的。有的炉身上残留了纸包裹的痕迹，有的还保留了纸上的墨书字迹。选介标本 3 件。

91SJJ∶891，修复。三个足是出土以后修复粘接上的。口径 9.6、底径 8.2、炉身高 6.4、通高 7.8、足高 1.4、器壁厚 0.25～0.3 厘米（图二二三，1；图版二四〇）。

91SJJ∶974，足部脱落，可修复。下腹和底部的纸片上保留有字迹“大□”、“□地”等。口径 9.7、底径 8.8、炉身残高 6.4、器壁厚 0.25～0.3 厘米（图版二四一）。

91SJJ∶979，足部脱落，可修复。下腹和底部的纸片上保留有字迹“玉□”。口径 9.7、底径 8.8、炉身高 6.4、器壁厚 0.3～0.35 厘米（图版二四一）。

炉足

共 15 枚，形状极为相似而不尽相同。呈三曲云头形，断面呈两头尖的橄榄形，外侧刻划简单的卷云线条。形态略有差异。有的足上粘连着纸的痕迹。选介标本 2 件。

91SJJ∶904，完整。卷云线条细。最宽 2.7、高 1.5 厘米（图二二三，4）。

91SJJ∶905，完整。卷云线条较宽。最宽 2.5、高 1.5 厘米（图二二三，3）。

釜

1 件。圆唇，侈口形成盘口，束颈，鼓腹，腹中部略折，平底。造型类似陶釜，但形体极小。

91SJJ∶838，口部残，一衔环脱落，可修复。腹中部装饰一周辫索纹，并有一对对称的衔环。口径6.8、颈径5.4、最大腹径6.5、底径3.5高4.5、器壁厚0.2～0.35厘米（图二二三，2；图版二四二）。

龟形器

1件。由盖、承盘和一个片形器三部分组成。盖为椭圆形，方唇，直口，平顶。一端有一长方形的缺口，一端有一长方形的卡口，卡口上有两个相对的小圆穿。承盘亦为椭圆形，中部突起在边沿形成一圈椭圆性的沟槽，侧面有四只龟足，龟足呈反时针方向。片形器似乌龟的身体，头部有一个小穿，身体呈一头大一头小的长圆形，接一菱形，其后为一翘起的尾巴。

91SJJ∶818，可修复。整器长10.7、高4.3厘米。整器长10.7、高4.3厘米（图二二四；图版二四三）。

匜形器

1件。器身为圆形，口沿略外卷，直腹，下腹弧收，圜底。口沿上对称的位置接三个五曲云头鋬和一个管锥形流，流较长。和管锥形流相对的五曲云头鋬略大，上面有一个小穿孔。

91SJJ∶882，破，可修复。破，可修复。整器长12.4、高2.7、厚0.1厘米（图二二五；图版二四四）。

器盖

2件。造型差别较大，均为平顶盖，中间留孔以接盖钮，可以分为平顶折沿和平顶平沿两型。依据盖口沿的不同可分别介绍。

A型　折沿。1件。盖面下凹，沿向上凸起一周，盖顶中心有一个圆穿，可以榫接盖钮。

91SJJ∶991，完整。钮长而似柄，圆柱形，顶部为圆形。平沿下折呈直口。盖径6.3、高3.2、厚0.1厘米（图二二六，1；图版二四五）。

B型　平沿。1件。沿平，盖顶向上凸起。

91SJJ∶994，钮残。盖径6.5、残高0.6、厚0.1厘米（图二二六，2）。

环

2件。环形，扁状，较窄。

91SJJ∶955，完整。弯曲。直径6.3厘米（图二二六，3）。

91SJJ∶956，直径6.4厘米（图二二六，4）。

器柄

2件，均为龙形柄。龙头呈回首状，龙身细长，尾短而略上翘。足底平，有粘接痕迹。

91SJJ∶919，完整。长14.7厘米（图二二七，1；图版二四五）。

91SJJ∶920，残断后半部。残长10.4厘米（图二二七，2）。

图二二四　一号窖藏出土铜器　龟形器 91SJJ∶818

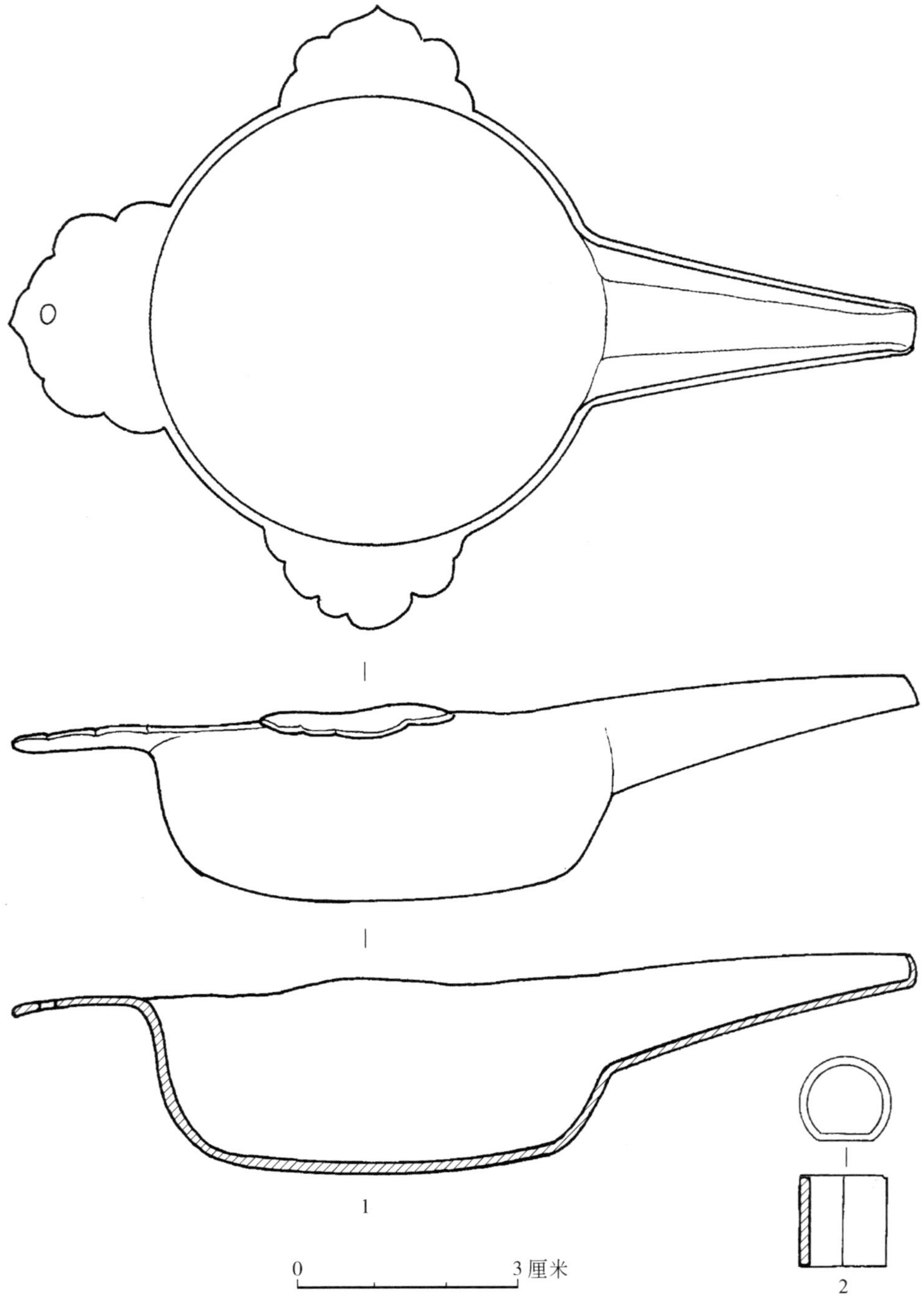

图二二五　一号窖藏出土铜器　匜形器及管状附件

1. 匜形器 91SJJ：882　2. 管状附件 91SJJ：995

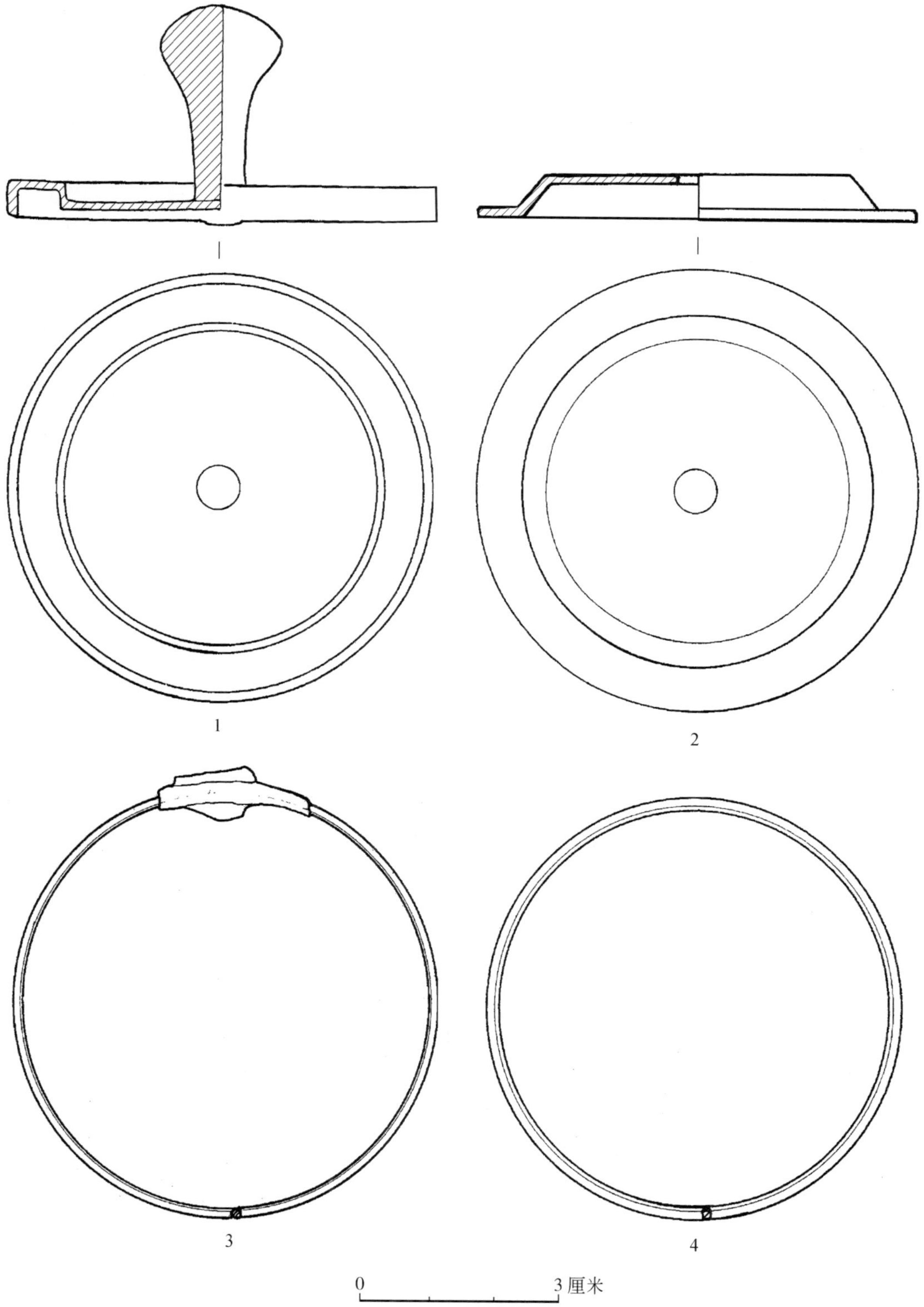

图二二六　一号窖藏出土铜器　A型、B型器盖及环

1. A型器盖 91SJJ:991　2. B型器盖 91SJJ:994　3. 环 91SJJ:955　4. 环 91SJJ:956

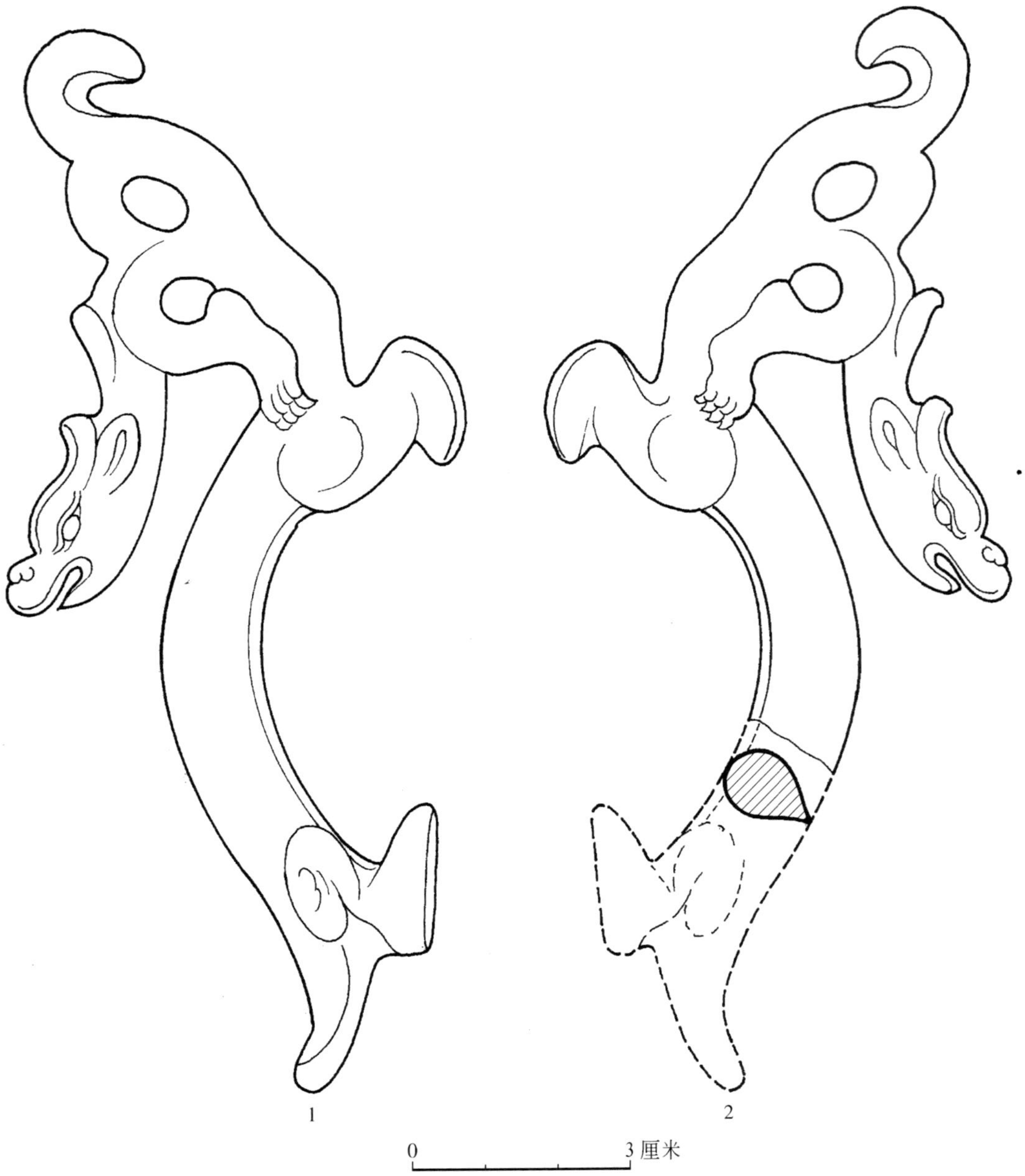

图二二七　一号窖藏出土铜器　器柄

1. 91SJJ∶919　2. 91SJJ∶920

残件

15件。无法确定其完整的器形，大致依据其所在部位分为四类。

口部残件

1件。尖唇，喇叭形侈口，外壁由外向内饰四叶花纹、重叠弧线纹和回纹三周花纹。91SJJ∶993，残。口径10.7、残高2.7厘米（图二二八，1）。

颈部残件

2件。都为长颈造型，有粗、细之别。依据其差异分为二型。

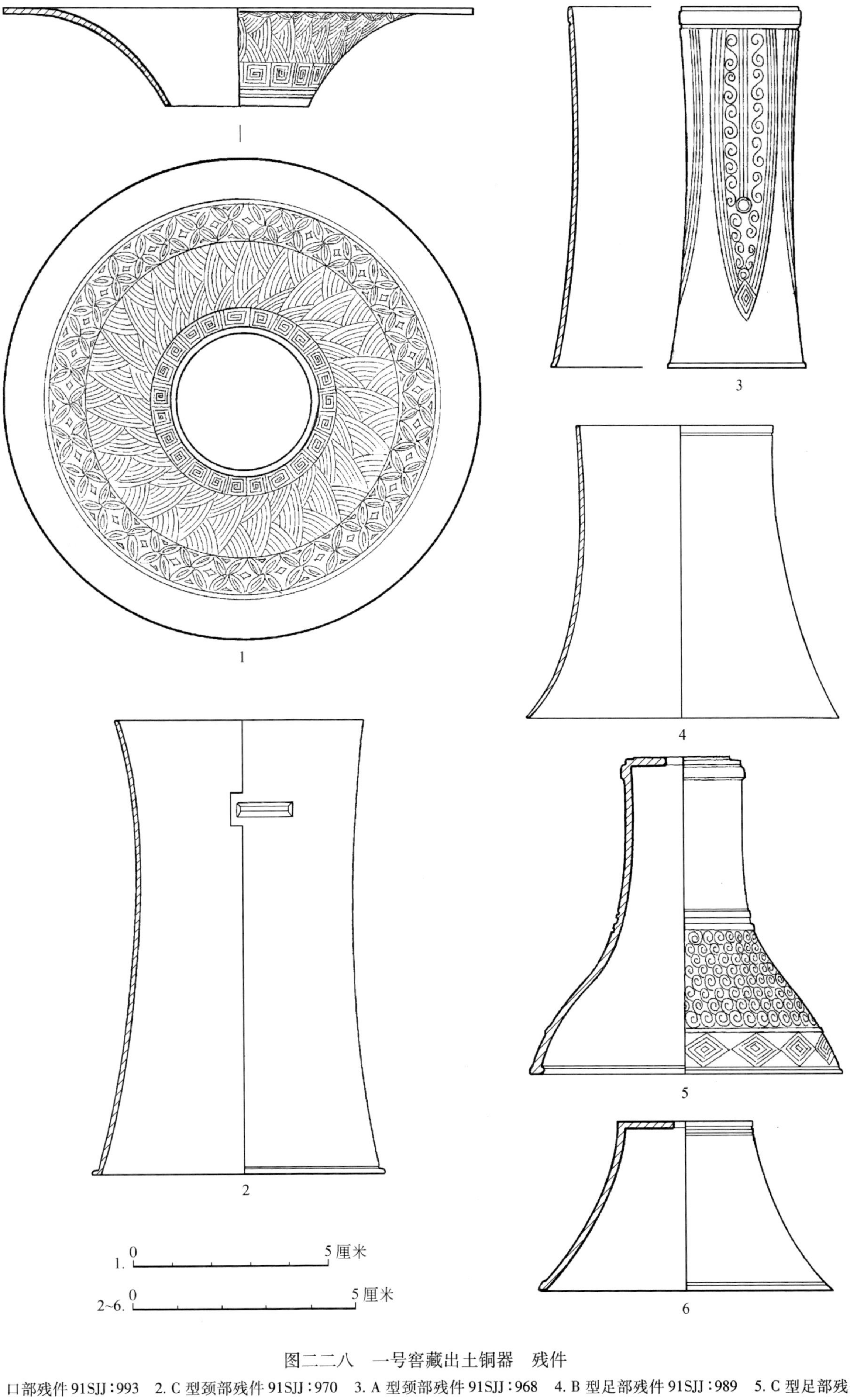

图二二八　一号窖藏出土铜器　残件

1. 口部残件 91SJJ∶993　2. C 型颈部残件 91SJJ∶970　3. A 型颈部残件 91SJJ∶968　4. B 型足部残件 91SJJ∶989　5. C 型足部残件 91SJJ∶809　6. A 型足部残件 91SJJ∶988

A 型　细长颈。1 件。上大下小，略束腰。饰四蕉叶纹，蕉叶纹细长，顶部为双层菱形纹，中部为两道涡纹，中间间隔细弦纹，细弦纹的末端为一个圆圈纹。蕉叶纹下为一圈扁凸棱纹。

91SJJ∶968，残。口径 2.8、残高 8 厘米（图二二八，3）。

B 型　粗长颈。1 件。束腰。

91SJJ∶970，残。素面。有接口。口径 6.4、残高 11.4 厘米（图二二八，2）。

足部残件

10 件。都为喇叭形的造型，有高矮、粗细之分。依据形状分为三型。

A 型　矮喇叭形。1 件。中有小孔。

91SJJ∶988，残。有锈蚀孔。素面。足径 7.6、残高 4.3 厘米（图二二八，6）。

B 型　高喇叭形。6 件。在一侧有圈接痕或圈接口，并多有与器物其他部位的接口。选介标本 2 件。

91SJJ∶989，上口径 5.7、残高 8.5 厘米（图二二八，4）。

91SJJ∶990，残，不见圈接痕以及与器物其他部位的接口。足径 9.6、残高 7.2 厘米。

C 型　细喇叭形。3 件。顶部有圆孔。上部为细筒形，下部为大喇叭口，足底处略敛。上部仅有一道凸弦纹，中部有两道凸弦纹，下部纹饰以凸弦纹间隔，主题为同向涡纹，近足底处为一周四层菱形纹。选介标本 2 件。

91SJJ∶805，顶部孔大。底径 8、残高 8.1 厘米。

91SJJ∶809，顶部孔小。底径 8.1、残高 8 厘米（图二二八，5）。

管状附件

2 件。大致呈圆管形，一侧平，有粘接痕迹（应为小瓶的贯耳）。选介标本 1 件。

91SJJ∶995，孔径 1.3、长 1.2、厚 0.1 厘米（图二二五，2）。

2. 石器

共 2 件。均为石琮，两件器物大小、造型接近。方唇，直口，直颈，方形器身，圆饼足。中空，呈锥状。外壁四角装饰六组扁平的凸线纹，衬以细网格纹。四壁中部刻画海涛纹。石琮表面磨制光滑平整，内壁仅口部磨制光滑，口部以下残留凿痕。

91SJJ∶892，完整。口略敞，颈部略长。四壁的海涛纹相同，每组有十一层向下翻卷的波涛。内壁腹部略浅而小。饼底有三个缺口。石质细腻，呈青色。口径 4.0、口沿厚 0.5、腹径 5.4、足径 4.5、足高 1.0、通高 17.3 厘米（图二二九；图版二四六）。

91SJJ∶893，完整。直颈略短，饼足略外撇。四壁的海涛纹相同，每组有十层向上翻卷的波涛。内壁腹部较深而大。石质细腻，呈青黄色。口径 4.5、口沿厚 0.5、腹径 5.5、足径 4.8、足高 0.9、通高 16.9 厘米（图二三〇；图版二四七）。

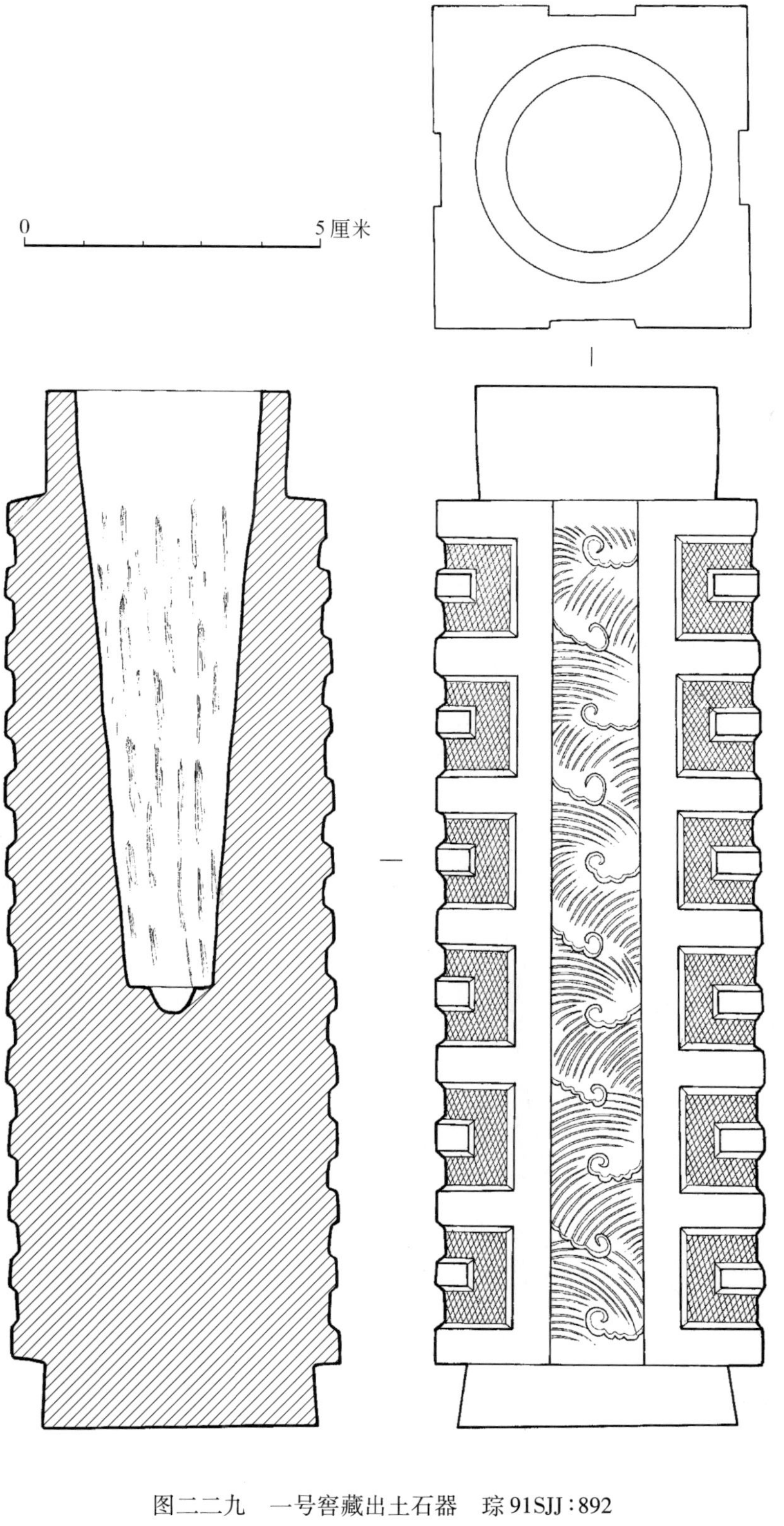

图二二九　一号窖藏出土石器　琮 91SJJ:892

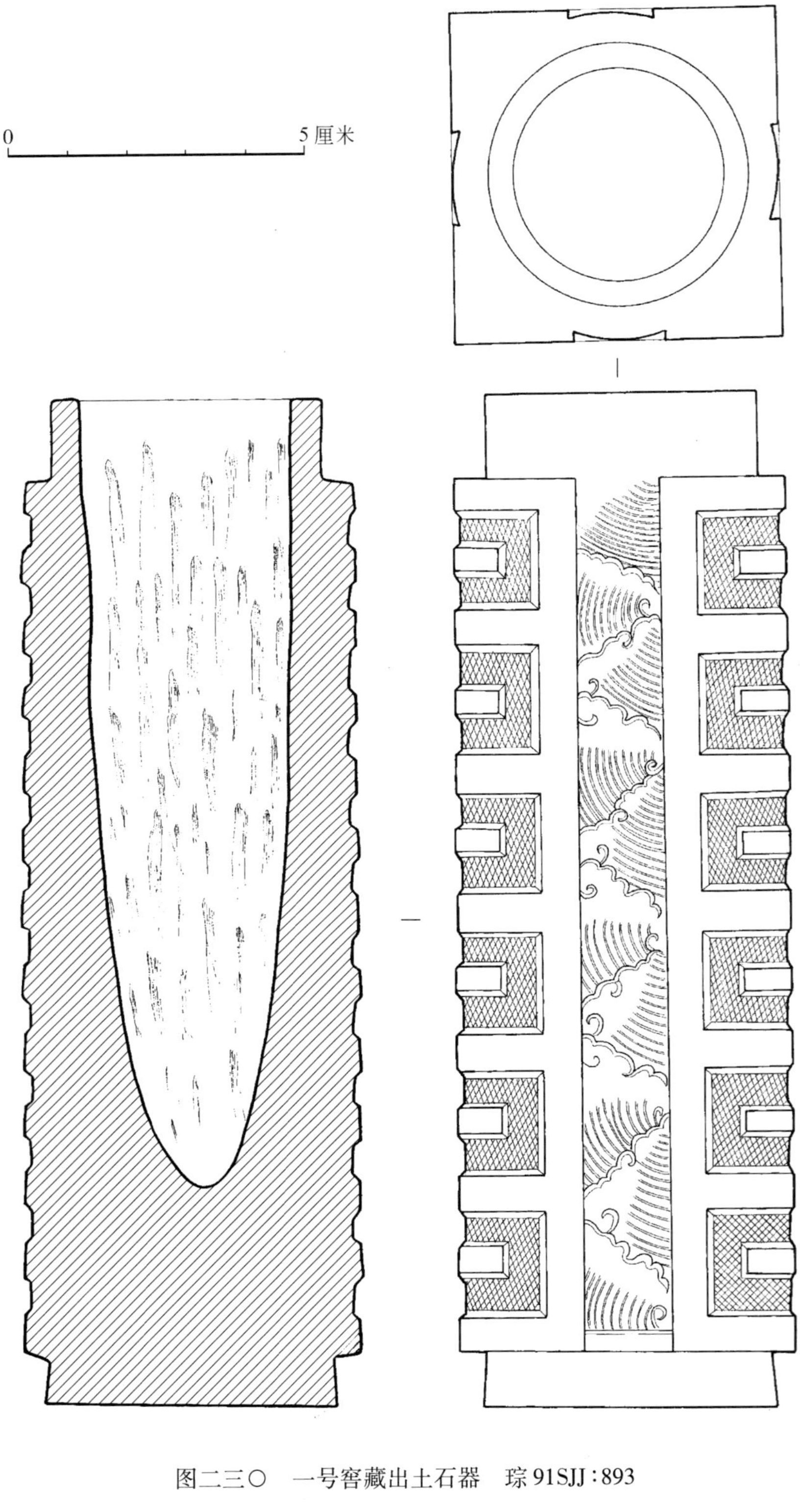

图二三〇 一号窖藏出土石器 琮91SJJ:893

二　二号窖藏出土器物

二号窖藏追缴回来的完整及可复原器物共计47件，其中瓷器46件，铜器1件。瓷器主要是龙泉窑青瓷，另有少量定窑白瓷、景德镇窑青白瓷和四川本地窑场窑口不明的黑瓷。以下按质地分别介绍。

（一）瓷器

1. 龙泉窑青瓷

共34件。青瓷的种类较为单纯，均为一号窖藏的第一类青瓷。器类有碗、盘、杯、器盖四类。

斜弧腹碗

共4件，均为外壁装饰刻划莲瓣纹的斜弧腹碗。直口，圆唇，斜弧腹，小圈足。外壁口沿多呈浅凸沿状。外壁的刻划花纹均为双层仰莲纹，莲瓣细长，中部有一道凸脊。釉色有梅子青釉、粉青釉和青褐色釉，釉层多较肥厚，光洁而滋润。圈足小而规整，足墙略斜，底心有鸡心状的凸起。足端无釉。依据内底的差别分为二型。

A型　鸡心状内底。2件。依据莲瓣数量的不同分作二组。

a组1件。十七瓣莲瓣纹，为外层九瓣、内层八瓣，莲瓣纹略斜，刻划莲瓣纹较模糊。

03SJJ∶1，完整。白胎。梅子青釉，釉面满布较稀疏的白色大开片。圈足略薄，足端呈弧形，呈浅橙色，靠近釉的地方有一线酱色。口径16.9、足径4.7、高7.8、足高0.9、足圈内高0.8、厚0.2～0.8厘米（图二三一；图版二四八）。

b组1件。二十一瓣莲瓣纹，为外层十一瓣、内层十瓣，刻划莲瓣纹较清晰而规整，立体感较强。

03SJJ∶27，修复。内沿略凸。白胎。梅子青釉略泛黄。圈足略薄，足端平，呈浅灰色，靠近釉的地方有一线酱色。口径16.5、足径4.9、高7.6、足高0.8、足圈内高0.7、厚0.2～0.7厘米（图二三二）。

B型　内底平。2件。依据外壁装饰莲瓣数量的不同分作二组。

a组1件。十六瓣莲瓣纹，为外层八瓣、内层八瓣，莲瓣纹略显宽扁，刻划花纹纹路较浅。

03SJJ∶23，修复。白胎。梅子青釉。外壁。圈足略薄，足端平，呈浅酱色，靠近釉的地方有一线酱色。口径16.4、足径4.9、高7.0、足高0.7、足圈内高0.7、厚0.2～0.7厘米（图二三三）。

b组1件。十七瓣莲瓣纹，为外层九瓣、内层八瓣，刻划莲瓣纹较清晰。

03SJJ∶3，完整。白胎。粉青釉，釉面满布较稀疏的白色大开片，有少量黑色斑点和缩釉的小孔。圈足略薄，足端平，呈浅酱色。口径16.7、足径4.8、高7.2、足高0.7、足圈内高0.7、厚0.2～0.6厘米（图二三四；图版二四八）。

图二三一　二号窖藏出土第一类龙泉窑青瓷　A型斜弧腹碗03SJJ∶1

图二三二　二号窖藏出土第一类龙泉窑青瓷　A型斜弧腹碗03SJJ:27

图二三三　二号窖藏出土第一类龙泉窑青瓷　B型斜弧腹碗03SJJ∶23

图二三四　二号窖藏出土第一类龙泉窑青瓷　B型斜弧腹碗 03SJJ∶3

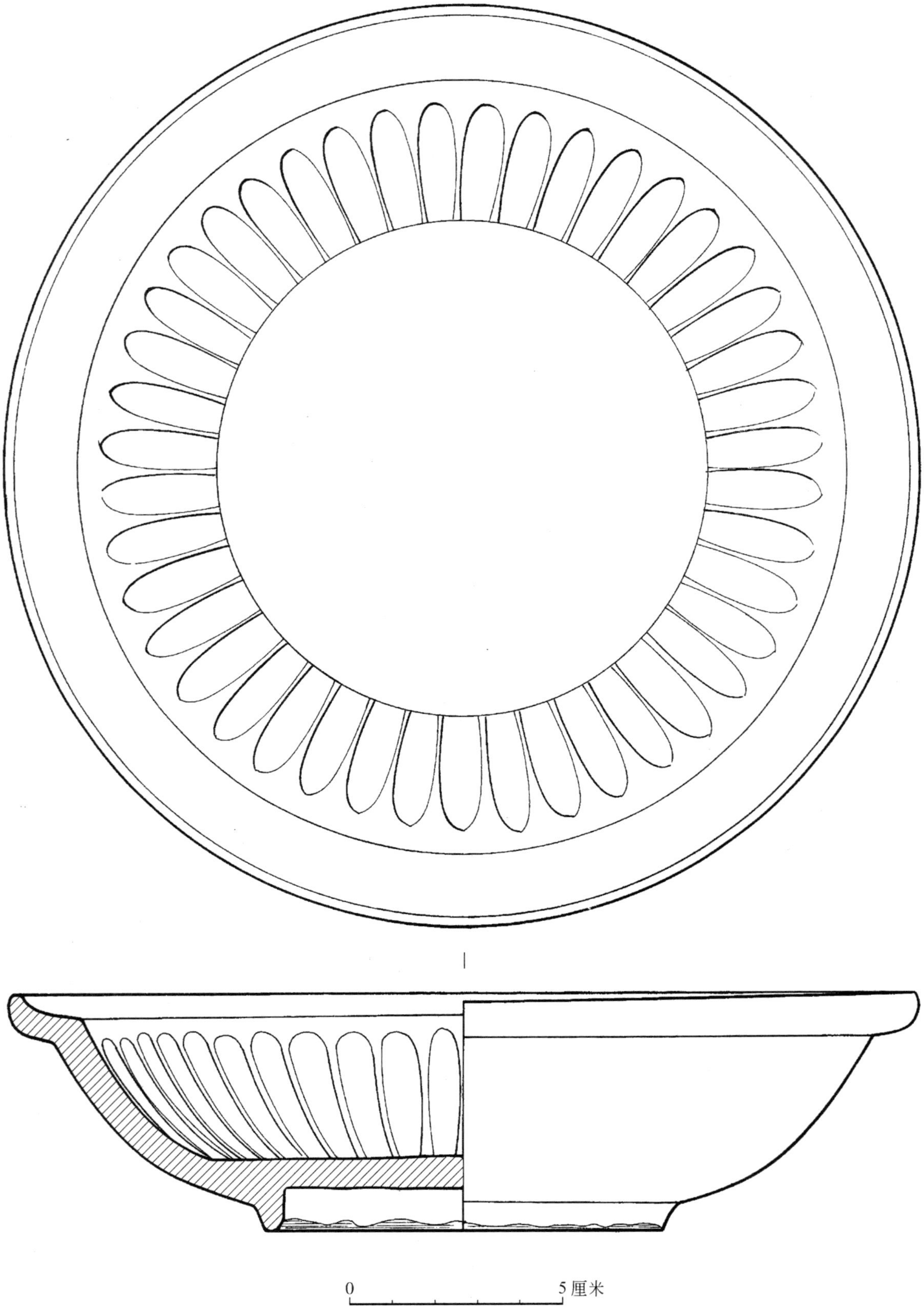

图二三五　二号窖藏出土第一类龙泉窑青瓷　A 型盘 03SJJ∶2

盘

共9件。均为圈足盘，可分作四型，依据口、腹部的变化分别介绍。

A型　盘口，弧腹。1件。盘口，圆唇，平折沿，弧腹，大圈足。圈足圆整，内墙深于外墙，足端平，外墙略斜。

03SJJ∶2，完整。内底略显凸凹不平，内壁模印43瓣菊瓣纹。白胎。梅子青釉，釉层较厚，釉色滋润，外沿下有积釉痕迹，有少量棕眼。外底有一道烧制时留下的开裂痕迹。足端无釉，呈橙色。口径21.4、足径9.5、高5.5、足高0.7、足圈内高1.0、厚0.3～0.9厘米（图二三五；图版二四九）。

B型　直口，斜弧腹。1件。直口，圆唇，斜弧腹，小圈足。圈足的足圈较宽，外墙高于内墙，足墙垂直，足端平，足底有修整的痕迹，但不太平整。

03SJJ∶9，完整。内底有一圈浅细的凹弦纹。外壁刻划双层仰莲纹，花纹清晰，莲瓣大小和形状略有差异，中部有一道线状的凸脊。十六瓣莲瓣纹，为外层八瓣，内层八辨白胎。梅子青釉略泛灰，外壁有一团呈浅褐色，内沿有积釉痕迹外壁腹中有少量开片。釉面略涩。圈足足端上有少量粘釉，足底平，有浅细的弦纹，无釉处呈褐色。口径16.2、足径5.8、高4.5、足高0.7、足圈内高0.5、厚0.3～0.7厘米（图二三六，1；图版二五〇）。

C型　敞口，斜弧腹。4件。敞口较直，圆唇、或圆唇略尖，斜弧腹较圆弧，小圈足。圈足规整，足底呈圆弧形或鸡心形凸起。外壁装饰双层刻划莲瓣纹，花纹较模糊，莲瓣中部的凸脊不太明显。白胎。釉色斑驳，以青褐色为主，青褐色与褐色、青绿色相混杂，釉面满布细密的片状开片。依据外壁装饰莲瓣纹数量分两组介绍。

a组2件。十六瓣莲瓣纹。外层九瓣、内层七瓣，莲瓣略倾斜。选介标本1件。

03SJJ∶30，修复。圆唇略尖。足端无釉处呈浅橙色。口径14.5、足径5.9、高4.9、足高0.9、足圈内高0.7、厚0.2～0.5厘米（图二三六，2）。

b组2件。十八瓣莲瓣纹，外层九瓣、内层九瓣，或外层十瓣、内层八瓣。选介标本2件。

03SJJ∶8，口沿上有两处小的磕伤缺口，可修复。圆唇，足墙内倾。足端无釉处呈橙色。莲瓣纹为外层九瓣、内层九瓣，莲瓣略倾斜。口径14.8、足径5.9、高0.6、足圈内高0.5、厚0.2～0.5厘米（图二三七，1；图版二五〇）

03SJJ∶28，修复。圆唇略尖，圈足外墙内倾。足端无釉处呈橙色。莲瓣纹为外层十瓣、内层八瓣。口径14.8、足径5.6、高4.4、足高0.7、足圈内高0.7、厚0.2～0.6厘米（图二三七，2）。

D型　敞口，弧腹。3件，圆唇略尖，弧腹，大圈足。内底有一圈弦纹。大圈足，内墙略深于外墙，足底平或略有鸡心状小凸起。外壁装饰刻划双层仰莲纹，花纹较模糊。足底釉面有少量棕眼。足端平，无釉。依据外壁装饰的莲瓣数量分三组介绍。

a组1件。十六瓣莲瓣纹，为外层八瓣、内层八瓣，莲瓣宽而均匀。

03SJJ∶24，修复。口部呈直口状。圈足圆整。粉青釉。足墙略内倾。足低心略有鸡心状凸起。

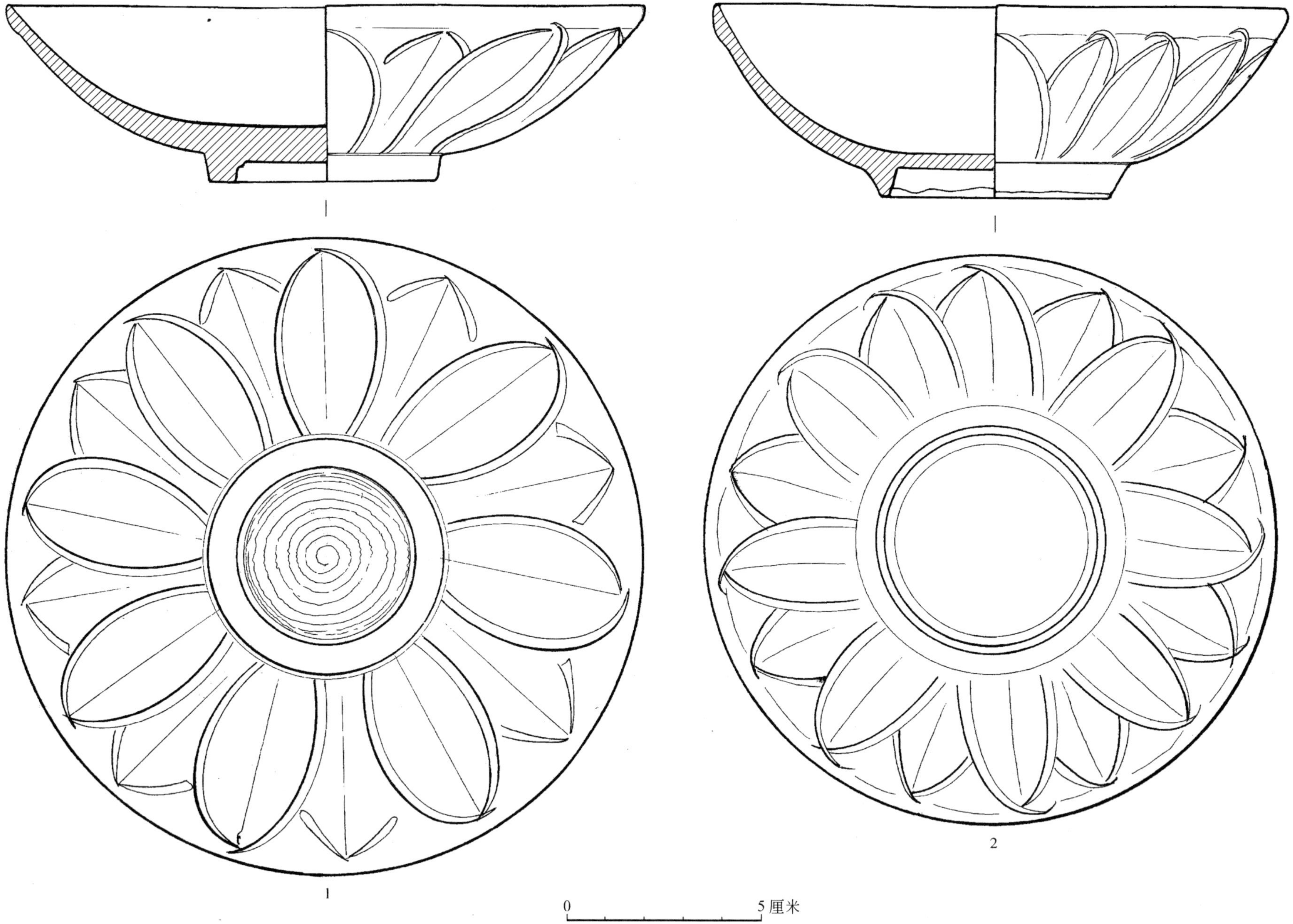

图二三六　二号窖藏出土第一类龙泉窑青瓷　B 型、C 型盘

1. B 型盘 03SJJ∶9　2. C 型盘 03SJJ∶30

图二三七　二号窖藏出土第一类龙泉窑青瓷　C型盘

1. 03SJJ∶8　2. 03SJJ∶28

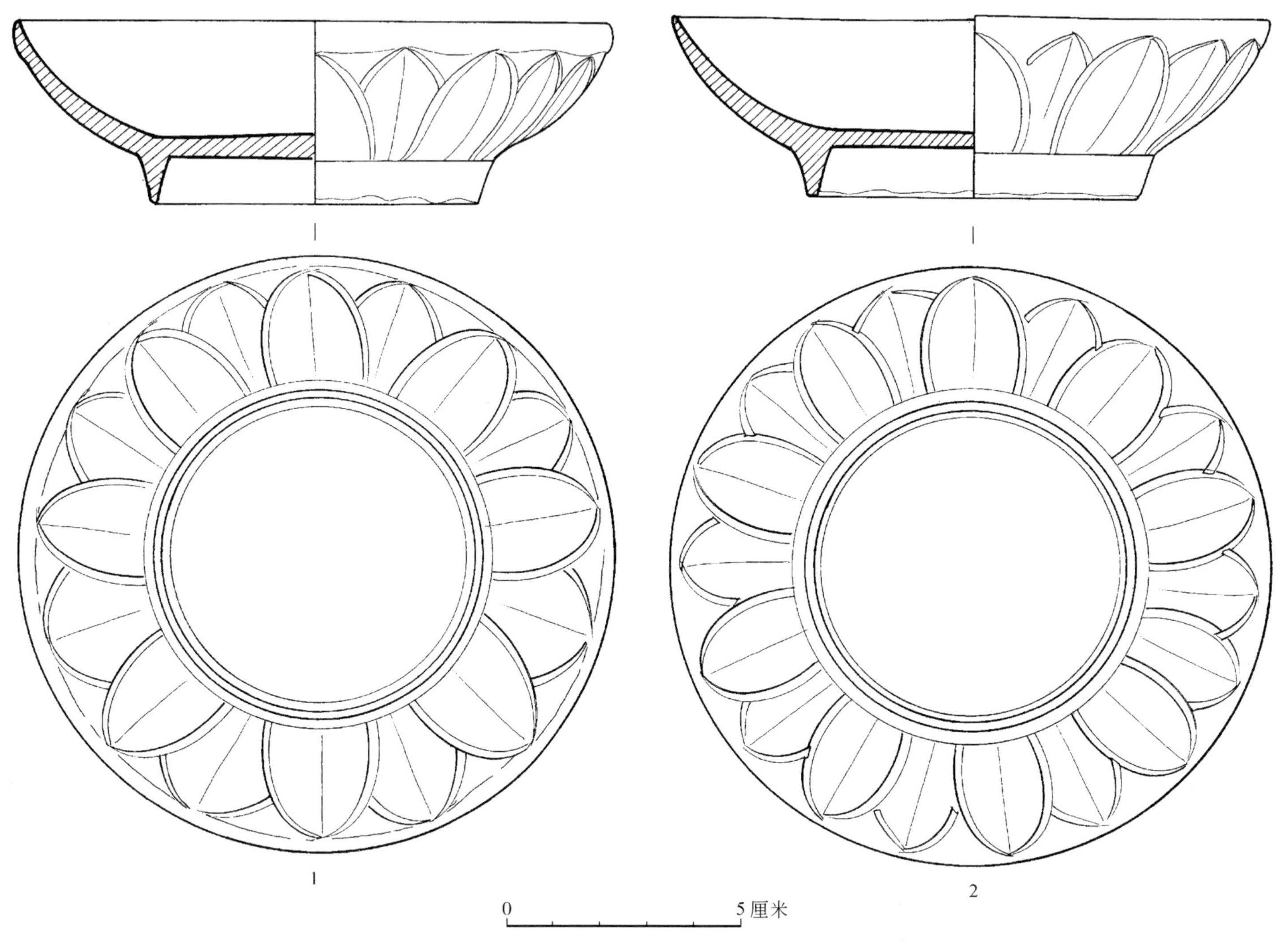

图二三八　二号窖藏出土第一类龙泉窑青瓷　D 型盘
1. 03SJJ：24　2. 03SJJ：10

图二三九　二号窖藏出土第一类龙泉窑青瓷　D型盘03SJJ∶25

足墙略内倾。足端呈酱红色。口径12.9、足径7.1、高3.9、足高1.0、足圈内高1.0、厚0.2～0.5厘米（图二三八，1）。

b组1件。十九瓣莲瓣纹，为外层十瓣、内层九瓣，莲瓣分布均匀。

03SJJ∶10，修复。圈足圆整，足墙略内倾，足端呈浅橙色。梅子青釉。口径12.8、足径7.1、高3.9、足高0.9、足圈内高1.1、厚0.1～0.6厘米（图二三八，2；图版二五一）。

c组1件。二十瓣莲瓣纹，为外层十瓣、内层十瓣。莲瓣分布均匀。

03SJJ∶25，修复。圈足不圆整，足墙较垂直，足端呈灰色，有浅褐色边界。梅子青釉，口径13.8、足径7.3、高3.9、足高1.05、足圈内高1.1、厚0.1～0.7厘米（图二三九）

直口深腹圈足杯

共9件，均为直口深腹圈足杯，外壁装饰刻划双层仰莲纹。直口或直口微敞，圆唇略尖或略方，深腹略弧，圈足。口沿无釉。内底略凸起。圈足多不圆整，足端或圆或平，无釉。足底有鸡心状或圆弧状凸起。足墙均略内倾。外壁装饰刻划双层仰莲纹，莲瓣细长，中部的凸脊明显，花纹立体感强。依据外壁莲瓣的数量分为三组。

a 组 2 件。十七瓣莲瓣纹，为外层九瓣、内层八瓣。选介标本 1 件。

03SJJ∶12，口部有一处磕伤缺口，修复。圆唇，外沿下略凸起。梅子青釉泛灰黄，釉面光洁明亮。口径 8.1、足径 5.0、高 6.2、足高 1.0、足圈内高 0.6、厚 0.2～0.5 厘米（图二四〇，4）。

b 组 4 件。十八瓣莲瓣纹，为外层九瓣、内层九瓣。选介标本 3 件。

03SJJ∶18，口部有一处磕伤缺口，可修复。直口，圆唇，外沿下凸起，腹深。梅子青釉，釉面光洁明亮。足端平。口、底无釉处呈浅橙色，有线状的酱色边界。口径 8.3、足径 5.1、高 7.0、足高 0.7、足圈内高 0.6、厚 0.2～0.5 厘米（图版二五一）。

03SJJ∶19，口部有一处磕伤缺口，可修复。直口微敞，圆唇，足圈浅，足端平。白胎。粉青釉，木光，釉面有细密的小开片。外壁莲瓣花纹较模糊，外层九瓣、内层九瓣。足圈内缩釉明显。口、底无釉处呈酱红色。口径 9.1、足径 5.0、高 6.2、足高 0.6、足圈内高 0.4、厚 0.2～0.5 厘米（图二四〇，3）。

03SJJ∶33，完整。直口，圆唇，足圈浅，足端平，外底心略有鸡心状凸起。梅子青釉，釉面光洁明亮。外壁莲瓣花纹清晰，外层九瓣、内层九瓣。口、底无釉处呈浅橙色，有线状的酱色边界。口径 8.2、足径 5.1、高 6.4、足高 0.8、足圈内高 0.55、厚 0.2～0.4 厘米（图二四〇，2）。

c 组 3 件。十九瓣莲瓣纹，为外层十瓣、内层九瓣。选介标本 2 件。

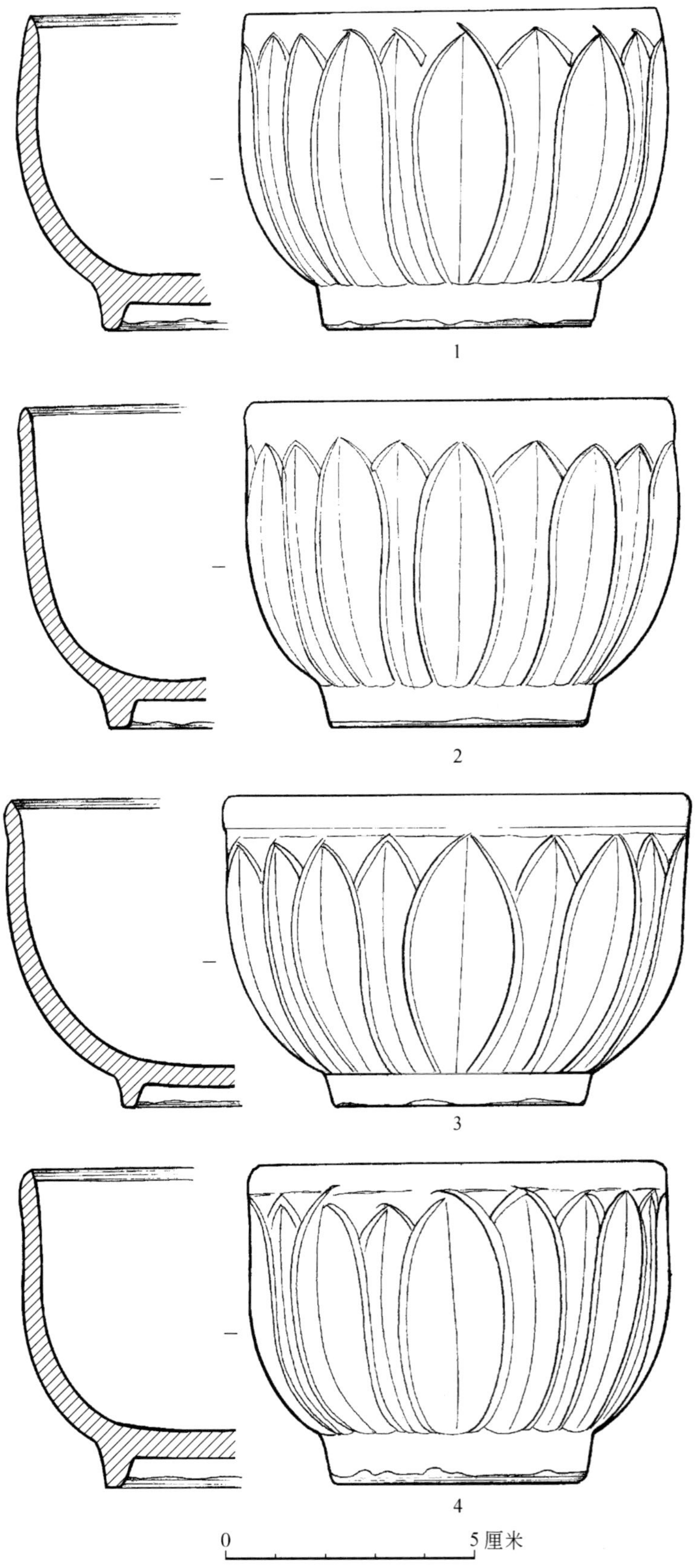

图二四〇　二号窖藏出土第一类龙泉窑青瓷　杯

1. 03SJJ∶16　2. 03SJJ∶33　3. 03SJJ∶19　4. 03SJJ∶12

03SJJ∶16，口部有三处磕伤缺口，修复。直口，圆唇略尖，足圈较圆，足端呈圆弧形，有窑砂粘连。白胎。梅子青釉，釉面光洁明亮。足端呈圆弧形，有黄色粘连物。口、底无釉处呈灰橙色，有线状的酱色边界。口径8.1、足径5.4、高6.2、足高0.8、足圈内高0.5、厚0.1～0.5厘米（图二四〇，1）。

03SJJ∶17，口部有一磕伤缺口，基本完整。直口微敞，圆唇，腹微鼓，足圈浅，足端平。白胎。粉青釉，木光，内底釉面有开片。外壁莲瓣花纹较模糊。足圈内缩釉明显。口、底无釉处呈橙红色。口径9.0、足径5.0、高6.5、足高0.8、足圈内高0.5、厚0.2～0.5厘米（图版二五二）。

短蒂钮弧顶器盖

共12件，子口浅，平沿，沿唇为圆唇，盖顶略平，蒂状钮小而斜向一侧。盖心内壁略凸起。盖顶装饰刻划双层莲瓣纹，莲瓣细长，中部有一道凸脊。平沿和子口间无釉处均呈橙红色。依据盖顶的莲瓣数量分为四组。

a组5件。十二瓣莲瓣纹，为外层六瓣、内层六瓣，选介标本3件。

03SJJ∶15，修复。盖顶双层莲瓣纹较模糊。白胎。青褐色釉，盖顶大部呈黄褐色釉，内壁施釉未满，釉面光洁、较明亮。盖口径9.5、子口径7.7、高2.1、厚0.2～0.5厘米（图二四一，1）。

03SJJ∶6，完整。盖顶双层莲瓣纹较模糊。白胎。青褐色釉，盖顶呈黄褐色釉，釉面光洁、较明亮。盖口径8.9、子口径7.6、高2.0、厚0.2～0.4厘米（图版二五二）。

03SJJ∶9，平沿残二处，可修复。盖顶双层莲瓣纹较清晰。白胎。粉青釉，釉面较滋润。盖口径9.2、子口径7.7、高2.0、厚0.2～0.5厘米（图版二五三）。

b组4件。十三瓣莲瓣纹，为外层七瓣、内层六瓣。选介标本3件。

03SJJ∶11，完整。盖顶双层莲瓣纹较清晰，白胎。梅子青釉，一侧釉色略泛黄，釉面较滋润。盖口径9.9、子口径7.9、高2.0、厚0.2～0.5厘米（图版二五四）。

03SJJ∶5，完整。盖顶双层莲瓣纹较清晰，白胎。青灰釉，一侧釉色略呈青褐，釉面光洁明亮。盖口径9.5、子口径7.8、高2.0、厚0.2～0.5厘米（图版二五五）。

03SJJ∶39，完整。盖顶双层莲瓣纹较清晰，白胎。青褐色釉，盖顶中心呈黄褐色釉，内壁施釉未满，釉面光洁、较明亮。无釉处为浅橙色。盖口径9.1、子口径7.6、高2.1、厚0.2～0.5厘米（图二四一，2）。

c组1件。十四瓣莲瓣纹，为外七层，内七层。

03SJJ∶4，蒂钮略有残缺，基本完整。盖顶双层莲瓣纹较模糊。白胎。粉青釉，釉面较滋润。盖口径9.6、子口径7.7、高2.3、厚0.2～0.6厘米（图二四一，3）。

d组2件。十五瓣莲瓣纹，为外层八瓣、内层七瓣。选介标本1件。

03SJJ∶13，完整。盖顶双层莲瓣纹较模糊。白胎。盖顶及内壁为黄褐色釉、平沿呈青褐色釉，釉面光洁、较明亮。盖口径9.0、子口径7.7、高2.1、厚0.2～0.5厘米（图二四一，4）。

2. 定窑白瓷

均为白瓷，可辨器形5件，可复原器物4件，均为盘。从残留的瓷片和器物观察，这些定窑

图二四一　二号窖藏出土第一类龙泉窑青瓷　器盖

1. 03SJJ∶15　2. 03SJJ∶39　3. 03SJJ∶4　4. 03SJJ∶13

白瓷产品的胎色洁白，较致密，胎体较薄，器物造型规整。白胎。釉色白中略显牙白色，外壁可见呈略青黄色的腊泪痕。刻划花纹位于内壁，线条流畅，采用线刻和斜切两种方法结合的刻划手法。花纹的立体感较强，变化较丰富。可复原的 4 件器物都为刻花花口盘，通过其中一件的复原可看出是六曲花口盘。

03SJJ∶34，可修复。敞口较直，圆唇，唇口很薄，斜弧腹，圈足，足圈略外撇，内墙略深于外墙，足端平。内底有一圈凹弦纹，内壁刻划牡丹花叶纹，纹饰布局较疏朗。通体施白釉，釉色白中略带灰色，釉层较薄，釉面有油脂感。外壁可见较为明显的弦纹。足圈上有褐色的窑砂粘连。口径 20.4、足径 7.1、高 5.0、足高 0.5、足圈内高 0.7、厚 0.1～0.7 厘米（图二四二）。

03SJJ∶35，可修复。敞口较直，圆唇，唇口很薄，芒口，斜弧腹，圈足，足圈略外撇，内墙略深于外墙，底心略凸起，足端向内斜切，无釉。内底有一圈凹弦纹，内壁刻划花纹布局较疏朗，可辨为牡丹花纹。通体施白釉，釉色牙白，釉层较薄，釉面光滑，有油脂感。足圈呈浅褐色。口径 19.8、足径 6.9、高 5.5、足高 0.4、足圈内高 0.5、厚 0.1～0.6 厘米（图二四三）。

03SJJ∶36，可修复。敞口，尖唇，唇口很薄，斜弧腹，圈足，内墙略深于外墙，底心略凸起，足端向内斜切，无釉。内底有一圈凹弦纹，内壁刻划花纹布局较疏朗，可辨为牡丹花叶纹。通体施白釉，釉色牙白，釉层较薄，釉面光滑，有油脂感。足圈呈浅褐色。复原口径为 20.5、足径 7.3、高 5.2、足高 0.5、足圈内高 0.6、厚 0.1～0.7 厘米（图二四四）。

03SJJ∶37，可修复。敞口，尖唇，唇口很薄，斜弧腹，圈足，足圈略外撇，内墙略深于外墙，底心略凸起，足端平，无釉。内底粘满细白砂。内壁刻划花纹布局较疏朗，可辨为牡丹花纹。口沿可辨为花口。通体施白釉，釉色牙白，釉层较薄，釉面光滑，有油脂感。内底的凹弦纹上残留一个小的拓珠和四个拓珠压印痕迹，可复原为六个拓珠垫烧。外壁靠近圈足处有一段较宽的跳刀痕迹。足圈呈浅褐色。口径 20.0、足径 7.3、高 5.4、足高 0.5、足圈内高 0.65、厚 0.2～0.7 厘米（图二四五）。

03SJJ∶38，残片。斜弧腹，圈足，内墙略深于外墙，底心略凸起，足端平，外圈窄窄地斜切一圈，无釉。内底有一圈凹弦纹，内壁刻划花纹布局较疏朗，可辨为牡丹花纹。通体施白釉，釉色牙白，釉层较薄，釉面光滑，有油脂感，外壁可见蜡泪痕。内底凹弦纹上残留 3 个细小的拓珠。足圈内壁上粘连白色细砂，足圈呈浅褐色。

3. 景德镇窑青白瓷

仅 1 件器盖，为青白瓷的菊瓣纹盖。

03SJJ∶20，完整。弧顶，顶中部平，沿略斜，子口直，尖唇，内顶心呈鸡心状凸起。盖顶模印菊瓣纹，菊瓣长，中心有一个圆圈。白胎。釉色青白，釉面光洁较明亮。沿部积釉较厚，可见细密的气泡。沿下子口无釉，顶内壁釉色较淡，釉面有细小的棕眼。子口和沿内壁无釉处为白色，沿端和子口端呈橙红色。盖口径 9.9、子口径 7.5、高 1.2、厚 0.1～0.3 厘米（图二四六，4；图版二五六）。

4. 不明窑口黑瓷

共 7 件。均为黑釉盏，可分为束口盏和敞口盏。依据口部的变化和大小的不同分为两型。

图二四二　二号窖藏出土定窑白瓷　盘03SJJ：34

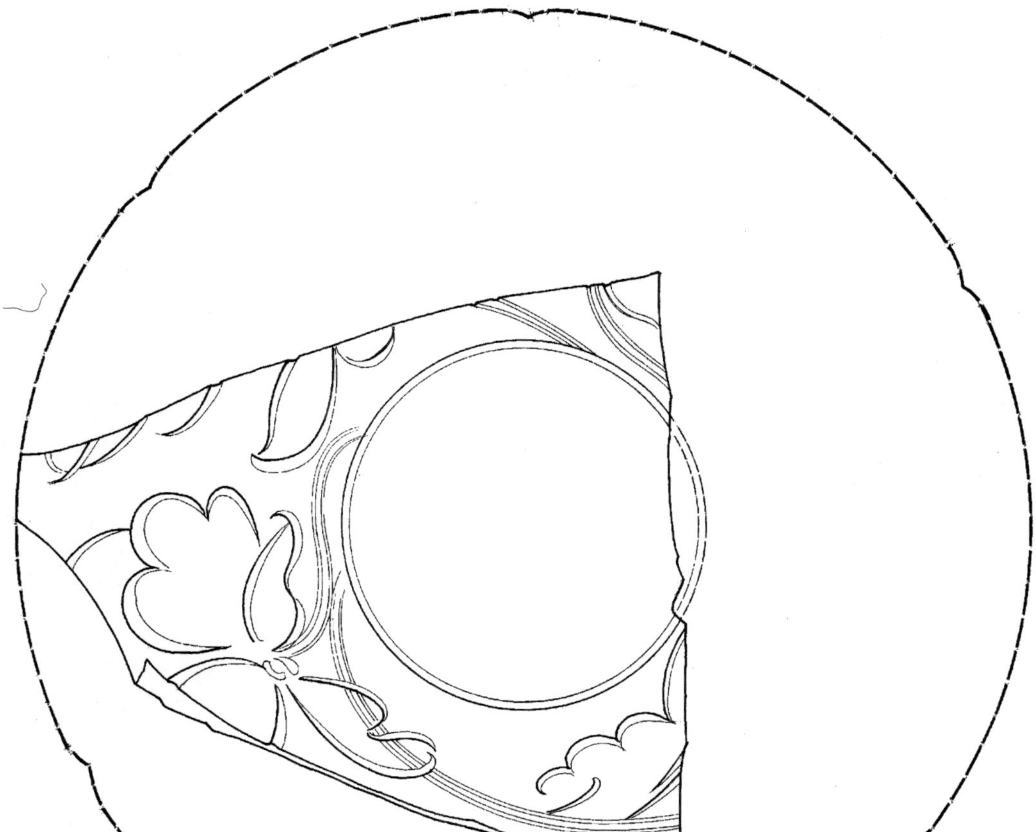

图二四三　二号窖藏出土定窑白瓷　盘03SJJ∶35

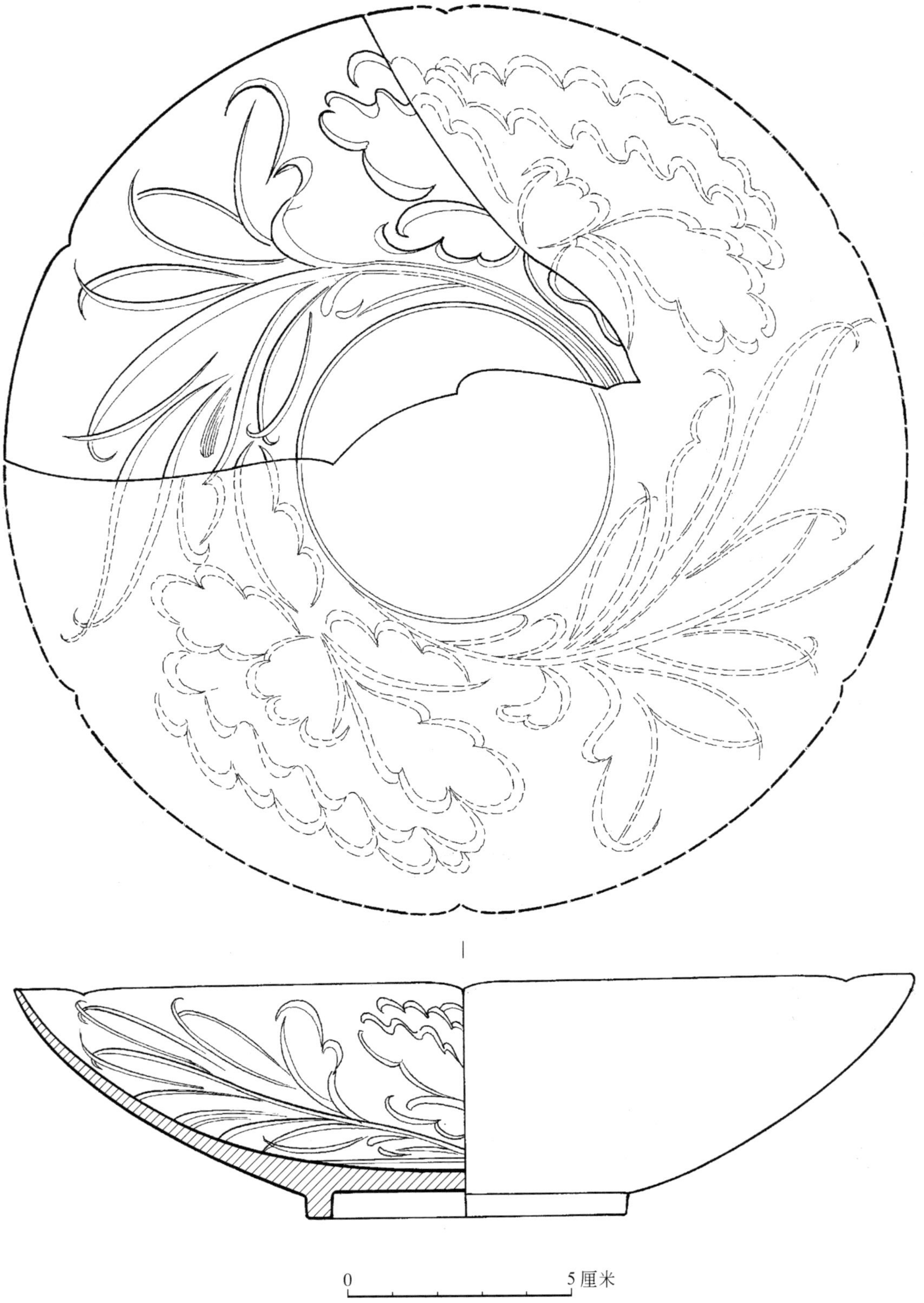

图二四四　二号窖藏出土定窑白瓷　盘03SJJ∶36

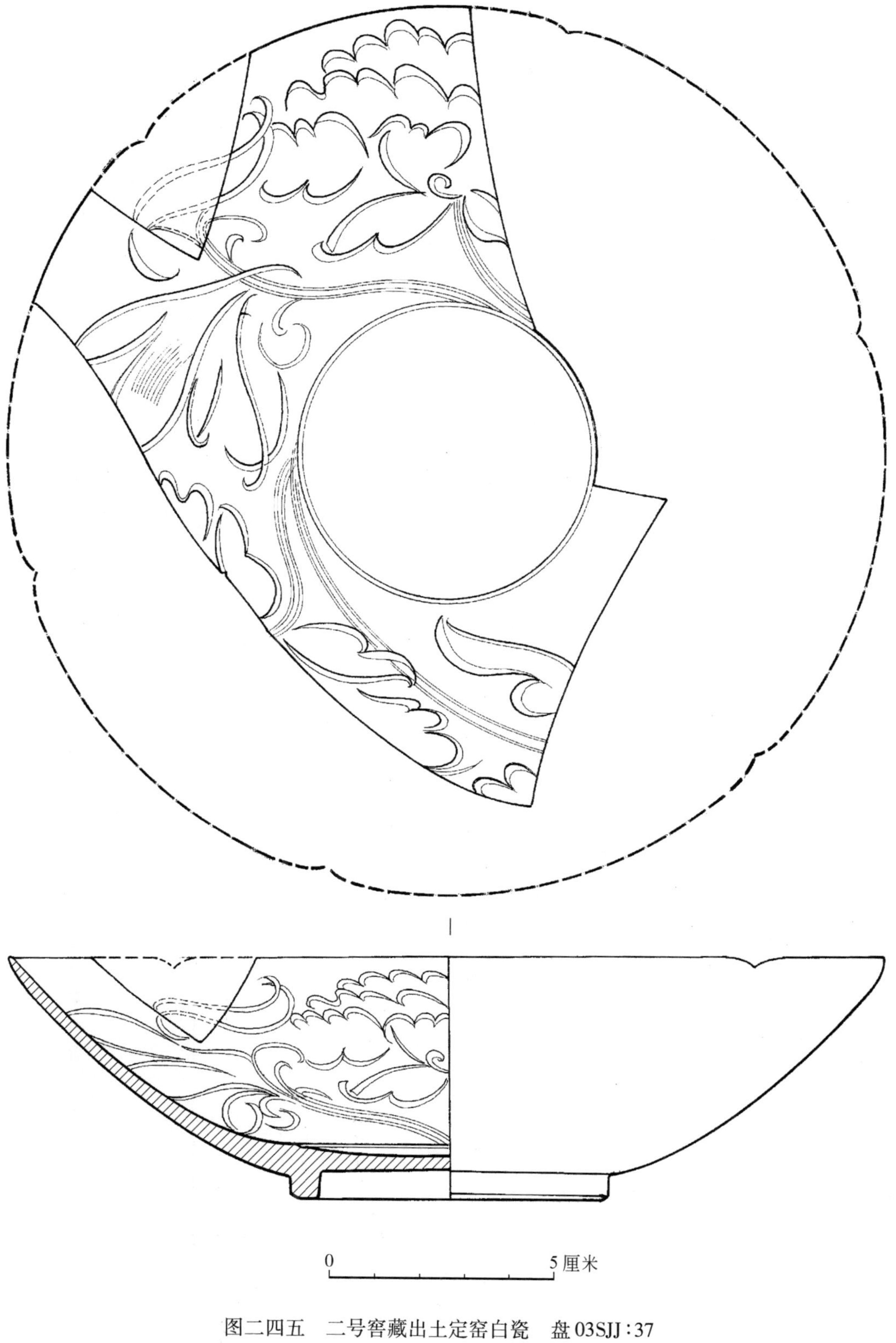

图二四五　二号窖藏出土定窑白瓷　盘03SJJ∶37

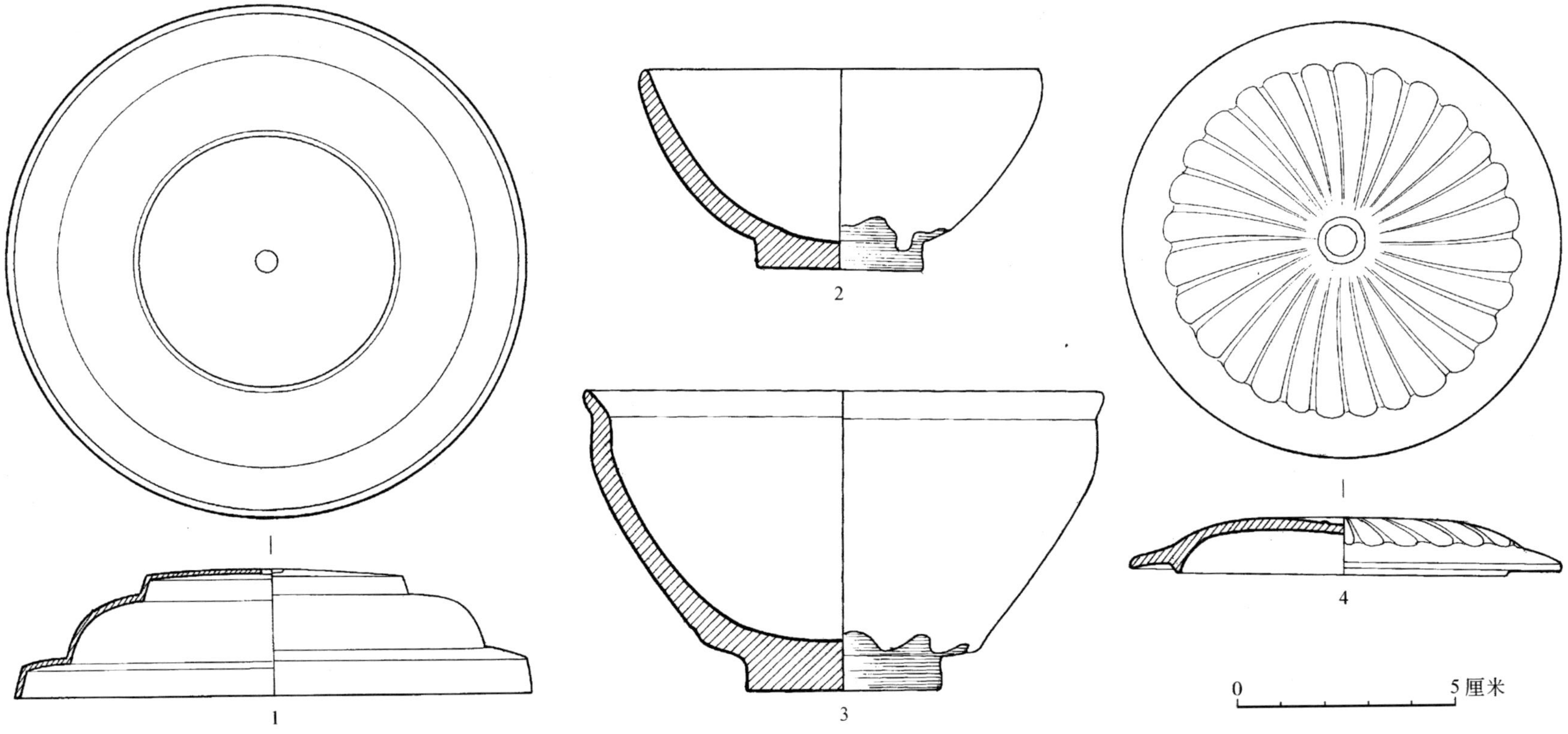

图二四六　二号窑藏出土景德镇窑青白瓷、不明窑口黑瓷及铜器盖

1. 铜器盖 03SJJ∶40　2. B 型不明窑口黑瓷盏 03SJJ∶22　3. A 型不明窑口黑瓷盏 03SJJ∶21　4. 景德镇窑青白瓷器盖 03SJJ∶20

A 型　束口。5 件。圆唇，口部下内束，上腹略鼓，下腹较斜，腹部与足部交接处切削一圈。小饼足，中部浅浅挖足一圈，略呈浅圈足状。黑釉，口沿上均为褐色，内壁有不太明显的兔毫纹。外壁施釉至下腹部，可见明显的积釉、流釉痕迹。釉面有细小的针眼。下腹及足部无釉，呈咖啡色或深褐色。常可见釉下有黄色的化妆土。足底粘连细碎的石粒。胎体呈灰黑色。选介标本 2 件。

03SJJ:21，完整。足部外墙略外撇。胎色不详，胎体厚重。内底有积釉而略斜。外壁有很浅而稀疏的开片。无釉处呈咖啡色。口径 12.0、足径 4.5、高 7.0、足高 0.8、厚 0.2 ~ 0.8 厘米（图二四六，3）。

03SJJ:22，完整。胎色不详，胎体较厚重。无釉处呈黑褐色。口径 12.3、足径 4.6、高 7.1、足高 0.8、厚 0.2 ~ 0.8 厘米（图版二五七）。

B 型　敞口。2 件。敞口较直，圆唇，斜弧腹，小饼足。黑釉，口沿上均为褐色，内壁和外壁的中部和下部均有黄褐色的兔毫纹。外壁施釉至下腹部近足部，有明显的积釉、流釉痕迹。釉面光洁平整。下腹及足部无釉，呈深褐色。常可见釉下有黄色的化妆土。下腹和足底粘连细窑砂。胎体呈灰黑色。

03SJJ:22，口沿上有一处烧制时留下的裂纹，完整。足底因粘连较多的窑砂而不见足底心的情况。口径 9.1、足径 3.9、高 4.6、足高 0.65、厚 0.3 ~ 0.6 厘米（图二四六，2）。

03SJJ:26，口部有一个缺口，可修复。足外底中部浅浅挖足一圈而略呈浅圈足状。口径 8.9、足径 3.8、高 4.5、足高 0.6、厚 0.3 ~ 0.6 厘米（图版二五七）。

（二）铜器

仅出土 1 件，为器盖的残件。直口，折沿，圆弧性的阶梯形盖顶，平顶。

03SJJ:40，失钮。盖顶中心有一个圆孔。表面残留鎏金痕迹。盖口径 12.1、顶径 6.0、高 3.0、厚 0.15 ~ 0.2 厘米（图二四六，1）。

肆　窖藏年代判定与相关问题讨论

一　窖藏出土器物年代的断定

（一）窖藏出土龙泉窑瓷器的年代判定

一号窖藏出土的器物包括了瓷器、铜器与石器，其中瓷器分别为龙泉窑、景德镇窑、定窑、耀州窑、磁峰窑、清溪窑的产品，以及一些窑口不太明确的黑瓷产品，出土瓷器中以龙泉窑、景德镇窑的产品为大宗。二号窖藏出土并追缴回的器物主要是龙泉窑青瓷，另有少量定窑白瓷、景德镇窑青白瓷和窑口不明的本土黑瓷，以及一件铜器。两个窖藏的出土器物在种类上具有很强的相似性，并且都具有较为鲜明的时代特征。

1. 关于三类龙泉青瓷的窑口认定

一号窖藏出土的龙泉青瓷可复原的共计368件，这些龙泉青瓷的形制较为丰富，主要是碗、盘、杯、碟、注子等日常饮食器具，也有作为陈设器皿的各种造型的瓶，以及作为香具的炉等，还有如荷叶盖罐这样较为大型的贮存器皿。从胎釉特征上，这些青瓷可分为三种类型，其中第一类龙泉青瓷数量最大，包含了一号窖藏的大部分龙泉青瓷和二号窖藏的全部青瓷。其次为第二类龙泉青瓷，第三类龙泉青瓷最少，只在一号窖藏中出土两件。

第一类青瓷胎壁普遍比较厚重，胎色灰白，观察其胎与釉的特征，存在厚胎厚釉、薄胎厚釉的不同情况；碗、盘、杯等器物的外壁盛行装饰刻划莲瓣纹。上述特征符合任世龙先生归纳的第4期龙泉窑器物的特征〔1〕。碗、盘、杯、洗类器物大多采取了挖足的方法，圈足不太圆整，大多有修整的痕迹，足端无釉，呈较为鲜艳的朱色、橙红色或棕黑色。各类器物与圈足相连接的部位的胎壁显得尤为厚重。梅子青、粉青釉的瓷器占出土青瓷总量的比例超过70%，大多数器物的釉层丰厚，釉色滋润如玉。厚釉类器物的釉层厚而没有流釉的现象，釉面平整，釉下的气泡细密；釉的成分测试中，大多数器物CaO的含量较低，而K_2O的含量显著提高，都与龙泉窑南宋时期的产品的釉的特征相符合〔2〕。结合测试报告，可认为第一类青瓷为龙泉大窑的产品〔3〕。

---

〔1〕 a. 任世龙《龙泉青瓷的类型与分期试论》（《中国考古学会第三次年会论文集》第121～127页，文物出版社，1981年）认为：第4期在南宋晚期到元代。

b. 项坤鹏：《龙泉窑研究综述》，《东方博物》2008年第1期。

〔2〕 朱伯谦：《龙泉青瓷简史》，《龙泉青瓷研究》，文物出版社，1998年。

〔3〕 参见本书《附录 遂宁金鱼村宋代窖藏出土部分瓷器的科学分析》。

第二类龙泉青瓷最大的特点是大多数器物为厚胎薄釉，胎体非常厚重，尤其是碗、盘的底部，厚度常超过1厘米。釉层较为稀薄，釉色青灰，但也有少量釉层滋润肥厚者。圈足与第一类器物差别较大，显得足墙厚而足端宽平，并往往在足墙内侧斜削一周形成一圈沟槽，这些特征与龙泉金村1960年发掘出土的标本中的各类碗的圈足形态很接近〔1〕，结合测试报告中关于这种厚胎薄釉的青瓷胎釉成分与第一类青瓷有较多差异的结论，认为它们应该为龙泉金村的产品。

第三类青瓷为两件灰黑胎的小花瓶，成型是采用器身与器足为分开制作、再粘接在一起的方法，在器物的底部和圈足连接处可观察到较为明显的对接痕迹。它们的釉色呈发灰的粉青釉，釉色滋润，有一种酥光，胎体较为轻薄。从胎釉成分上分析，它们更可能为龙泉大窑的产品。

2. 与纪年墓葬出土器物的对比

窖藏出土的第一类龙泉青瓷中外壁装饰莲瓣纹的敞口斜腹碗特征为敞口、斜弧腹、小圈足，足墙较薄，不少纪年墓葬显示这类龙泉窑敞口斜腹莲瓣碗产品所流行的时间在13世纪中叶以后至13世纪末，可资对比的材料有1983年浙江省湖州市和孚乡野山坞墓葬出土青釉刻花碗，窖藏出土的标本91SJJ∶307等莲瓣碗在釉的开片、釉色等方面都与墓葬出土的碗特征相同〔2〕；还有丽江市三岩寺金桥头村南宋德佑元年（1275年）叶梦登夫妻合葬墓中叶妻潘氏墓出土莲瓣纹碗〔3〕，其敞口斜腹莲瓣碗的造型、刻划莲瓣手法、釉面特征和露胎处的特征等都与窖藏出土的敞口斜腹莲瓣碗一致；此外，窖藏出土的这类敞口斜腹莲瓣纹碗还与浙江省文物考古研究所1960年发掘的龙泉大窑乙区（31号窑址）Y2出土的莲瓣纹碗相同，据报告编写者介绍，它们还与海宁县硖石镇东山咸淳辛未年（1271年）墓、衢州市柯城区浮石乡瓜园村南宋咸淳十年（1274年）史绳祖墓等纪年墓葬中出土的莲瓣碗造型相同〔4〕。

窖藏出土的洗虽然大小不同，但造型完全一致，与绍兴漓渚棠棣乡淳祐辛丑年（1241年）墓出土的折沿洗〔5〕、江西清江樟树景定元年（1260年）墓出土的折沿洗〔6〕的器物形态完全一致。

圆鼓腹长颈盘口小瓶的纪年材料可见的有嘉定六年（1213年）任晞靖墓出土的瓶〔7〕、浙江德清县乾元山咸淳四年（1268年）吴奥墓出土的弦纹瓶〔8〕，窖藏出土的圆鼓腹长颈盘口小瓶在造型上与它们都非常相似，在尺寸上与后者更为接近。

鬲式炉是龙泉窑仿官、仿古器物的典型器形之一，窖藏出土的鬲式炉分为大、中、小

〔1〕参见张翔《龙泉金村古瓷窑址调查发掘报告》（《龙泉青瓷研究》，文物出版社，1998年）中第73～80页，图五至图一〇等线图中的同类型器物。

〔2〕张柏主编《中国出土瓷器全集》卷9·浙江（科学出版社，2008年）的图189，年代为南宋。

〔3〕浙江省博物馆：《浙江纪年瓷》，图219，文物出版社，2000年。

〔4〕a. 朱伯谦：《龙泉大窑古瓷窑遗址发掘报告》，《龙泉青瓷研究》，第64～65页，文物出版社，1998年。
b. 浙江省博物馆：《浙江纪年瓷》，图218，文物出版社，2000年。

〔5〕赵人俊、姚仲源：《绍兴漓渚棠棣乡的南宋砖室墓》，《考古通讯》1957年第5期。

〔6〕a. 薛饶：《江西南城、清江和永修的宋墓》，《考古》1965年第11期。
b. 刘涛：《宋辽金纪年瓷器》，第91页，图6－13，文物出版社，2004年。

〔7〕刘涛：《宋辽金纪年瓷器》，第91页，图6－11，文物出版社，2004年。

〔8〕a. 浙江省博物馆：《浙江纪年瓷》，图215，文物出版社，2000年。
b. 刘涛：《宋辽金纪年瓷器》，第92页，图6－17，文物出版社，2004年。

三种尺寸，其中B型鬲式炉与上海博物馆馆藏的梅子青釉鬲式炉尺寸相近，胎釉特征相仿；C型鬲式炉则与咸淳四年（1268年）吴奥墓出土的粉青釉鬲形制相同[1]。

3. 与宋代墓葬、塔基、遗址及其他窑址出土器物的对比

一号窖藏出土的第一类青瓷中外壁装饰莲瓣花纹的敛口斜腹碗与1960年发掘的龙泉大窑乙区（31号窑址）Y2出土的莲瓣钵造型、花纹、尺寸一致[2]，它们在器形上与衢州市柯城区浮石乡瓜园村咸淳十年（1274年）史绳祖墓出土的束口碗[3]的造型较为接近。

泉州湾宋代海船出土的莲瓣碗[4]、龙泉金村1960年调查发掘的第一层所出土的二类器物三式碗（原报告出土器物号T5①:24）都与一号窖藏出土的第二类青瓷的敞口斜腹莲瓣碗非常接近，碗外壁的刻划莲瓣花纹较为肥厚，是较为典型的南宋晚期的龙泉窑作品[5]。

窖藏出土外壁装饰莲瓣纹的深弧腹杯，其造型、釉面特征等与1983年浙江省湖州市下昂乡石泉村坟头山宋元之交墓葬出土的南宋青釉杯相同[6]。素面的浅弧腹杯则与1960年出土的大窑甲区T13出土的杯造型、尺寸较为接近[7]。

奁式炉与绍兴钱清环翠塔出土的尊式炉尽管在花纹装饰上有一定差别，但二者形制较为接近，后者出土于"咸淳乙丑（1265年）六月廿八日辛未"纪年的石函中[8]。

窖藏出土的龙泉窑簋式炉，尽管在釉色等方面与传世的官窑产品有一定差异，但其造型也与1985年浙江省杭州市乌龟山南宋官窑遗址出土的青釉簋式炉较为相近[9]，另外，与故宫博物院藏的南宋哥窑鱼耳炉造型也比较接近。

4. 与龙泉窑址出土器物及组合的对比

一号窖藏出土的第一类青瓷中炉、碗、盘、瓶、杯等器物的造型与1960年浙江省考古所发掘大窑乙区的Y2、T1～T3的同类器物造型一致[10]。例如窖藏出土的敛口斜腹碗碗，制作精致，其

---

[1] 浙江省博物馆编：《浙江纪年瓷》，图版216，文物出版社，2000年。

[2] 朱伯谦：《龙泉大窑古瓷窑遗址发掘报告》，《龙泉青瓷研究》，第53页，图八：3，文物出版社，1998年。

[3] a. 朱伯谦：《龙泉大窑古瓷窑遗址发掘报告》，第65页，文物出版社，1998年。
b. 浙江省博物馆：《浙江纪年瓷》，图217，文物出版社，2000年。

[4] 泉州湾宋代海船发掘报告编写组：《泉州湾宋代海船发掘简报》，《文物》1975年第10期。

[5] 张翔《龙泉金村古瓷窑址调查发掘报告》（《龙泉青瓷研究》，文物出版社，1998年）认为：金村第一层与大窑Y2组的出土器物有明显的共同点，两处的窑炉结构也相似；同时作者专门指出金村第二类产品的莲瓣碗所长势的莲瓣刻划花瓣肥厚，具有明显的南宋晚期的时代特点。

[6] 张柏主编《中国出土瓷器全集》卷9·浙江（科学出版社，2008年）图192，将宋元之交的墓葬中出土的青瓷杯的年代定为南宋。

[7] 朱伯谦：《龙泉大窑古瓷窑遗址发掘报告》，《龙泉青瓷研究》，第59页，图一二：2，文物出版社，1998年。

[8] a. 见朱伯谦《龙泉大窑古瓷窑遗址发掘报告》（《龙泉青瓷研究》第64页，文物出版社，1998年）中的转述。
b. 浙江省博物馆编：《浙江纪年瓷》，图版214，文物出版社，2000年。

[9] 张柏主编：《中国出土瓷器全集》卷9·浙江卷，图200，科学出版社，2008年。

[10] 朱伯谦《龙泉大窑古瓷窑遗址发掘报告》（《龙泉青瓷研究》，文物出版社，1998年）中Y2的年代为南宋后期，另外，在浙江、江西等各地的墓葬中出土了各类可与Y2组器物相比照的同类器物，其年代在南宋嘉定至南宋德佑年间，文中断定其产生的年代在1200前后，到南宋晚期盛烧。

造型与纹饰与大窑 Y2 出土的莲瓣钵（原报告出土器物号 Y2②:23）非常接近；敞口弧腹碗与大窑 Y2 出土的莲瓣碗（原报告出土器物号 Y2②:22、Y2②:11）造型基本一致，纹饰完全相同；直口深腹碗与大窑 Y2 的盖碗（原报告出土器物号 Y2②:1）造型一致。在《龙泉金村古瓷窑址调查发掘报告》中，著者专门提及莲瓣碗（原文中二类三式器物）是南宋晚期出现的新器形，其特点是莲花瓣宽肥，窖藏出土的五管器、莲瓣纹碗、莲瓣纹盘（尤其是窖藏出土的 B 型盘，圈足大而足壁薄，釉色滋润、肥厚）等的纹饰特征与金村窑址的二类器物三式莲瓣碗的花纹特征相同。因此，从胎釉特征上看，窖藏出土的龙泉窑瓷器具有较为强烈的南宋时期特征。

窖藏出土的器盖大小不一，分别与直口深腹碗和深弧腹杯相配套，但其造型一致，均为弧顶圆钮子口盖，弧形盖顶上刻划莲瓣纹，盖顶的中心为一个扁圆形的短钮，与大窑 Y2 的盖碗的器盖（原报告出土器物号 Y2②:1）完全一致。

窖藏出土的奁式炉与大窑 Y2 的弦纹尊式炉不仅造型相似，足部的形状和外壁的弦纹装饰也较为接近；窖藏出土的鬲式炉大小不一，但造型一致，与大窑 T3 出土的鬲式炉（原报告出土器物号 T3③:16）的形制完全一样。

窖藏出土大小不同的洗 54 件，造型均为圆唇外翻、斜腹较直、下腹斜折、浅圈足的形态，与大窑 Y2 出土的折唇洗（Y2②:31）的造型完全相同。

窖藏出土的 B 型浅腹圆弧腹杯 9 件，尖唇、口微敛、圆弧腹、小圈足的造型与大窑 Y2 出土的盅（Y2②:24）的形制也完全一致，其足端和口沿无釉的特征也与窑址的出土器物特征相同。

《龙泉大窑古瓷窑遗址发掘报告》的作者依据同各地出土纪年墓葬资料的对比，将大窑乙区的 Y2、T1～T3 的年代断定为南宋后期，因此窖藏出土的这些龙泉青瓷的年代也当与大窑遗址的同类器物年代相当，在南宋后期。

5. 关于荷叶盖罐

荷叶盖罐最流行的时代在元代，而究其最早出现的年代，纪年材料有咸淳十年（1274 年）的史绳祖夫妇墓〔1〕的小盖罐。1988 年江西宜春市下浦基建工地发掘的宋墓中出土了一件小型的青白瓷的荷叶盖罐，形体较小，盖的边沿上翻，被认为是一种盛装脂粉的容器。此外，江西星子、瑞昌等地也有同类器物出土〔2〕，这些出土的荷叶盖罐是景德镇窑的青白瓷产品，在造型和体量大小上也与窖藏的出土品有一定差别，但荷叶盖罐这种造型的器物无疑在宋代已经开始生产。另外，郑州市东西大街出土的白地深剔刻牡丹花纹罐，是一件磁州窑类型的器物，罐肩部与足胫部的双层莲瓣纹极具时代特征，其时代在北宋初至金中晚期〔3〕，其罐体的大小与造型与一号窖藏出土的龙泉窑荷叶盖罐都比较接近。因此，我们有理由认为宋代的荷叶盖罐不仅有小型的一类，也可能有如一号窖藏出土的荷叶盖罐器物这样大型的器物，那么荷叶盖罐的生产与流行当在宋元时期，不是元代特有的器物。

在金鱼村窖藏发现以后，经常用于与窖藏出土的荷叶盖罐比较的同类器物一件是新安海底沉

〔1〕刘涛：《宋辽金纪年瓷器》，第 106 页，图 7－63，文物出版社，2004 年。
〔2〕陈定荣：《影青瓷说》，第 18～19 页，图版十二，紫禁城出版社，1991 年。
〔3〕刘涛：《宋辽金纪年瓷器》，第 36 页，图 3－18，文物出版社，2004 年。

船中出水的瓜棱荷叶盖罐，另一件是四川简阳东溪出土的荷叶盖罐。新安海底沉船的荷叶盖罐在外观、釉色上与金鱼村窖藏的器物有一定的差别[1]，两者在时代上的不同是比较明显的；而在釉色上，金鱼村窖藏的瓷器与沉船出土的南宋时期的龙泉青瓷特征是一致的[2]。在出土的荷叶盖罐中与一号窖藏的同类器物最相似的是四川简阳东溪园艺场的出土品，但简阳东溪园艺场的原报告在遗迹的性质与年代断定上存在不少疑点，从出土状况和器物的整体组合状态上分析，它更应该判断为一处窖藏而非一处墓葬，其时代也值得商榷[3]。因此，依据上述两件荷叶盖罐断定金鱼村窖藏出土的荷叶盖罐即为元代器皿似为不妥，荷叶盖罐的年代当视作在南宋至元的时间范围内。

6. 其他资料的对比及结论

此外，窖藏出土第一类青瓷的敞口斜直腹碗在造型上与嘉熙元年至宝祐二年（1237～1254年）张重四墓出土的定窑印花缠枝菊纹碗[4]非常接近。第三类青瓷的小花瓶与浙江省博物馆藏的龙泉窑黑胎菜形花口瓶较为接近，在制作中都采用了合模成型的技法[5]，同时还与端平三年（1236年）彭氏墓出土的青白瓷花口瓶也较为相似[6]，瓷器中的瓶也与成都南郊簇桥铜器窖藏[7]的I式瓶（原报告图二：3）、Ⅱ式瓶（原报告图二：6）很相近。

综上所述，一号窖藏的大部分器物不仅与南宋晚期纪年墓葬中的同类器物相同，同时也与龙泉窑址南宋晚期的器物组合重叠，与南宋中晚期其他窑口的同类器在造型上也一致，一号窖藏出土的龙泉青瓷具有较为明显的南宋晚期的时代特征。参考其他考古资料，这类器物的年代下限在元代，其年代可判定为南宋晚期至元代。

二号窖藏与一号窖藏出土的第一类龙泉青瓷具有很大的相似度，二号窖藏的斜弧腹碗与一号窖藏的敞口斜弧腹碗完全相同，B型圈足盘与一号窖藏的小圈足盘中的91SJJ∶290等标本完全相同，D型圈足盘与一号窖藏的大圈足盘完全相同，直口深腹圈足莲瓣杯与一号窖藏的深弧腹莲瓣杯完全相同，莲瓣纹的器盖也与一号窖藏的C型莲瓣器盖非常接近，这些与一号窖藏的一致性涵盖了二号窖藏的绝大部分器物，表明二号窖藏出土的龙泉窑青瓷的年代与

---

[1] 李德金、蒋忠义、关甲堃：《朝鲜新安海底沉船中的中国瓷器》，《考古》1979年第2期。

[2] 尽管有明确的元代纪年材料，但沉船出土的一部分器物，特别是其中釉色莹润肥厚类的龙泉青瓷，是南宋晚期器物的观点已经被学界认可。

[3] 四川省文物管理委员会《四川简阳东溪园艺场元墓》（《文物》1987年第2期）报告将该遗迹定为墓葬，似有可商榷之处。首先，该遗迹本身是一处石室墓是无庸置疑的，但在清理之前，多数器物已经被当地发现该遗迹的群众取出，因此，无法断定该墓葬在发掘之前没有被扰动过。而从出土器物的组合上看，完全不具备四川地区宋元墓葬随葬品的特征，反而与本地区的窖藏器物组合极其相近。在断代上，该遗迹没有明确的纪年材料，执笔者的主要依据是铜鱼形笔架、Ⅰ式青瓷瓶、Ⅱ式青瓷炉、荷叶盖罐的造型具有明显的元代特征，而与这些断代器物（双鱼耳青瓷瓶、双鱼耳鼎式炉等）的造型相类似的龙泉青瓷在宋代是较为常见的；而大量出土器物都具有明显的宋代特征，故此，认为该遗迹年代在元代的观点大可推敲，它应该是一处利用墓葬的墓穴作为窖藏窖穴的南宋晚期窖藏遗迹。

[4] 刘涛：《宋辽金纪年瓷器》，第10～11页，图1－59，文物出版社，2004年。

[5] 沈琼华主编：《浙江省博物馆典藏大系：瓷源撷粹》，第162页，浙江古籍出版社，2009年。

[6] 刘涛：《宋辽金纪年瓷器》，第105页，图7－54，文物出版社，2004年。

[7] 翁善良：《成都南郊发现宋代窖藏铜器》，《考古与文物》1983年第6期。

一号窖藏的龙泉窑青瓷的年代一致。

（二）窖藏出土景德镇窑瓷器的年代判定

一号窖藏出土的景德镇窑器物有青白瓷和白瓷，主要为青白瓷，有炉、瓶、注子、砚滴、水盂、笔墨插、碗、钵、盘、碟、杯、小罐、盒、器盖等，共774件，除梅瓶、炉等类器物外，大多数器物的胎体都较为轻薄，有的碗、盘甚至薄到近乎透光的地步；釉色青白，积釉的地方呈现湖水绿色，釉面多莹润光洁，具有典型的景德镇窑南宋时期青白瓷产品的特征。

1. 与纪年墓葬出土器物的对比

梅瓶〔1〕的造型在北宋早期即已出现，时代较早的、有明确纪年的青白瓷梅瓶以江苏南京景祐五年（1038年）钟氏墓〔2〕为代表，这个时期的梅瓶腹部略呈橄榄形，从北宋晚期开始，梅瓶的最大腹径上移，呈丰肩状，而整个器形仍显修长。一号窖藏出土的梅瓶在造型上均类后者，其中B型梅瓶的造型和花纹与安义县南宋淳祐九年（1249年）墓葬中出土的梅瓶一致〔3〕，而窖藏出土的梅瓶在造型、施釉和纹饰的刻划上都更显精细、工整。同时，窖藏出土梅瓶的胎釉、纹饰特征与华蓥安丙家族墓地2号墓（1224年）出土的青白瓷残件（原报告为瓷花瓶，编号M2∶107）的特征完全一致〔4〕。

B型浅斜腹碗中敞口、刻划婴戏花纹等造型、釉色和花纹特征与宜黄县嘉泰元年（1201年）墓葬出土的青白釉孩儿戏水纹碗几乎完全一致。

斜直腹碗常被称作“斗笠碗”，其纪年材料从政和八年（1118年）的马绍庭墓开始出现，流行至南宋中晚期，一号窖藏的斜直腹碗在造型和花纹布局上与嘉定六年（1213年）任晞靖墓的青白瓷斗笠碗较为接近〔5〕。

B型深腹芒口盖碗素面、薄胎的特征与婺源县嘉定四年（1211年）墓葬出土的青白釉薄胎碗完全一致〔6〕，与庆元六年（1200年）汪庚墓出土的盖碗在造型上也基本一致〔7〕。窖藏出土的螭钮弧顶器盖在形制上基本相同，也可以与汪庚墓出土的青白瓷盖碗的盖相比对。

葵花口碟与婺源县嘉定四年（1211年）墓葬出土的青白釉花形碟完全一致〔8〕。

---

〔1〕 宋代以小口、窄颈、长圆形腹为特征的瓶也被称为“经瓶”，不少出土实物带盖，而梅瓶的称谓似乎出现较晚，但在此暂遵从“梅瓶”的称谓。

〔2〕 李蔚然：《南京中华门外宋墓》，图二，《考古》1963年第6期。

〔3〕 庄万里文化基金会：《宋元纪年青白瓷》，第78页，图86，1998年。

〔4〕 四川省文物考古研究院、广安市文物管理所、华蓥市文物管理所：《华蓥安丙墓》，图版七〇：4，文物出版社，2008年。

〔5〕 刘涛：《宋辽金纪年瓷器》，第99页，图1-52，文物出版社，2004年。

〔6〕 庄万里文化基金会：《宋元纪年青白瓷》，第73页，图73，1998年。

〔7〕 a. 刘涛：《宋辽金纪年瓷器》，第99页，碗盘类纪年青白瓷图表之盖碗栏，文物出版社，2004年。
b. 庄万里文化基金会编：《宋元纪年青白瓷》，第67页，图62，1998年。

〔8〕 庄万里文化基金会编：《宋元纪年青白瓷》，第73页，图75，1998年。

A 型菊花口碟也与大定二十四年（1184 年）马令夫妇墓出土的菊瓣碟[1]较为接近。

2. 与景德镇地区窑址反映的胎釉特征的比较

覆烧技术在景德镇地区的运用大致始于北宋中期，采用此类技术生产的产品具有芒口、规格一致、多印花装饰等特征。现有关于青白瓷覆烧产品最早的墓葬纪年材料为浙江武义元封六年（1083 年）墓葬出土的芒口碟，其次为安徽全椒元祐七年（1092 年）张之纥墓的直口平底碟，但从目前发现的材料看，覆烧技术至南宋以后才开始大量流行[2]，并伴生了模制成型技术的配合使用与印花装饰的流行。一号窖藏出土的青白瓷器中的深弧腹芒口碗、深腹芒口碗、斜弧腹圈足盘、斜腹凸底盘、葵花口碟等规格大小一致、模印花纹相同、芒口处理老练而干净，显示出芒口覆烧技术的成熟与普遍运用，可以推断这些日用器皿年代当在南宋中期前后。

除上述日用器皿外，一号窖藏出土的炉、砚滴、水盂、笔墨插等香事和书房用具，造型独特、制作精巧，尽管从器形上可资对比的纪年材料较少，但在釉色、胎质上与南宋景德镇湖田窑的产品一致，其中蟾形水盂采用了釉下点染褐彩、堆贴等装饰手法，釉下点染褐彩的装饰在湖田窑的盒盖等器物上应用较多，大致在十一世纪前期开始便比较流行，堆帖装饰的流行也从十一世纪一直持续到南宋晚期至元代。八棱鼎式炉和砚滴上的卷形堆帖装饰，其流行的时间当在十三世纪中叶。奁式炉和鼎式炉器表的减地剔刻花装饰工整而生动，这样的装饰技法与北宋早期耀州窑的剔花装饰略有相似之处，但手法更流畅，纹样上差别也较大，其时代应较耀州窑相类产品晚一些。

3. 与其他窑口器物、资料的对比

一号窖藏景德镇窑青白瓷斜腹凸底盘、白瓷盘的造型与绵阳黄家巷出土的宋代窖藏银盘造型较为接近；景德镇窑白瓷盘的模印牡丹花纹与美国纳尔逊艺术博物馆藏的定窑刻划牡丹花纹盘的纹样十分接近[3]，但在造型上为景德镇南宋时期的风格，同时这类产品与大量的碗、盘、碟等日用器皿一样为芒口，采用了覆烧技术，因此，这类青白瓷、白瓷盘的年代在北宋末至南宋中期。

---

〔1〕 刘涛：《宋辽金纪年瓷器》，第 99 页，碗盘类纪年青白瓷图表之斗笠碗栏，文物出版社，2004 年。

〔2〕 刘新园的《景德镇宋、元芒口瓷器覆烧工艺初步研究》（《考古》1974 年第 6 期）和刘新园、白焜的《景德镇湖田窑考察纪要》（《文物》1980 年第 11 期）认为：覆烧法在这个地区的应用可分为三个时期：第一期为北宋中期～南宋早期。景德镇陶工在这一时期覆烧瓷器时，是使用一种叫做多级垫钵的覆烧窑具。由于这类垫钵底小口大，只能装烧由小而大、规格不一的芒口瓷坯的垫钵，再放进桶式匣钵去焙烧，故产量不大。其时的窑业堆积中仍以仰烧生产的瓷器为主，覆烧芒口碗盘仅占总烧量的 10% ~20% 左右。这个时期是覆烧开始应用的早期。第二期为南宋中、后期。由于某种工艺与社，会原因，景德镇在这一历史时期抛弃了原先使用的多级垫钵，采用了定窑发明的“支圈组合式的覆烧窑具”。这类窑具由于具备了支垫与匣钵的双重作用，其堆叠密度比以往的更大，且能装烧规格一致的产品，故窑址上这一时期的堆积中，覆烧芒口器均在 80% 以上（仰烧已退居次要地位）。覆烧法在这一时期才成为主导烧法。第三期为元代早、中期。由于仰烧法在这一时期有所改善并出现了涩圈烧法，故堆积中采用仰烧法生产的仅底部无釉的瓷器，和采用叠烧法生产的底心去釉的碗盘增多，于是覆烧芒口瓷器的生产较南宋时代大为减少了。至元后期已完全淘汰。因此，元代是覆烧瓷器的没落时期。可以确定，覆烧法最流行的时代是南宋中、后期。

〔3〕 穆青：《定窑艺术》，第 124 页，图 163，河北教育出版社，2002 年。

A 型圆口斜腹碟与马令夫妇墓（1184 年）出土的定窑萱草纹盘不仅在造型上相同，花纹也很接近，显示出景德镇窑器物在造型、装饰上与金代定窑某些器物的相似性〔1〕。

A 型梅瓶与 1979 年浙江松阳县庆元元年（1195 年）墓葬出土的梅子青釉梅瓶造型一致，后者为带盖梅瓶，盖的形状与窖藏出土的梅瓶盖也非常相近〔2〕。而广东博物馆馆藏的青白瓷刻画莲花弦纹梅瓶，其造型、施釉特征、口部细节都与窖藏出土的梅瓶一致〔3〕。

窖藏出土的景德镇窑香炉有奁式炉、鼎式炉、鬲式炉等，目前还较少见到同窑口可与之直接对比的器形。奁式炉在造型上与汝窑、官窑等同类产品的造型相差较大，炉身不再直立，而略呈弧线形；以圈足代替了三个兽足；炉外壁不再采用简单的、成组的凸弦纹装饰，而采用减地剔刻的装饰；圈足的造型与龙泉窑奁式炉的饼足造型有一定对应关系。鬲式炉的造型和装饰也与龙泉窑的同类产品有较大的差异。八棱鼎式小香炉的造型似乎更多的流行于元代，但这件香炉的釉色白中泛青，釉的透明度较高，缺乏元代青白釉的失透特征。无论是奁式炉、鼎式炉还是鬲式炉，景德镇窑的仿古类瓷器产品在形体上比龙泉窑的产品更大，且多在器物的表面装饰较为繁复的剔刻花纹，装饰图案几乎遍布炉的外壁空间，而不是龙泉窑那种以仿官为主的釉色装饰，这是景德镇窑与龙泉窑在装饰风格上最明显的差异之一。景德镇器物的装饰手段从视觉上更易于讨好一般的消费人群，也是其民窑性质最直接的体现。尽管从造型和装饰上，景德镇窑的香炉类产品都与龙泉窑的产品存在一定的差异，但窖藏出土的香炉仍然是南宋时期在仿古风尚的影响下最为流行的几种仿古香炉造型。

4. 结论

从上述对比分析可知，一号窖藏的青白瓷中碗、盘、碟、钵器物都存在可与之比对的纪年器物，其年代在北宋晚期至南宋中晚期之际。而炉、砚滴、水注、水盂、笔墨插等器物尽管可以直接用于对比的资料不多，但在造型、釉面特征和装饰手法等方面表现很出较为明显的南宋时期的时代特征，因此认为它们的年代亦当在南宋之际。

二号窖藏出土的青白瓷器物仅有一件菊瓣纹的器盖，与一号窖藏的 C 型菊瓣盖很接近，其年代当在南宋晚期。

（三）窖藏出土定窑、耀州窑瓷器年代的判定

两个窖藏的定窑和耀州窑瓷器出土的数量都不多。从器物的胎釉特征看，定窑的器物年代相对略早，涵盖了从北宋后期到金代的时段；耀州窑器物的年代则大致在金代后期。

一号窖藏出土的定窑白瓷仅花口碗 9 件，形制、大小、花纹、釉色都完全一致，釉色呈牙白色，略带黄色调，造型工整，印花图案秀丽美观，芒口而底足满釉，与北宋后期至金代定窑鼎盛

〔1〕刘涛：《宋辽金纪年瓷器》，第 10 页，图 1－52，文物出版社，2004 年。
〔2〕浙江省博物馆编：《浙江纪年瓷》，图版 210，文物出版社，2000 年。
〔3〕杜文：《浅谈梅瓶的源流与演变（上）》，《收藏家》2003 年第 2 期。

时期的白瓷产品特征完全一致[1]，其时代当在12世纪末到13世纪中叶。

二号窖藏出土的定窑瓷器较为破碎，均为白瓷，从复原的器形观察，这些定窑的白瓷产品为花口盘，胎体轻薄洁白，较致密，器物造型规整。釉色白中略显牙白色，外壁可见呈略青黄色的腊泪痕。内壁的刻划花纹线条流畅，花纹的立体感较强，变化较丰富，其时代当在金代[2]。

耀州窑的器物总共只有4件，均胎色灰白而较为致密，釉色青黄，呈泛黄的橄榄绿色，这些器物在造型、胎釉和花纹特征上与重庆荣昌[3]出土的耀州窑碗、盘等器物特征一致，是较为典型的金代后期的耀州窑产品。

（四）窖藏出土的磁峰窑、不明窑口黑釉器物的年代判定

一号窖藏出土了磁峰窑的白瓷共计18件，为碗、盘等圆器，胎体较为厚重，通体施白釉，可见釉下白色化妆土，釉面多有轻微的开裂。装饰花纹都在碗盘的内壁，为模印花纹，以荷花、水禽为主题。与定窑的模印花纹比较，磁峰窑产品的花纹略显草率，纹饰布局和技法均不及定窑的纹样缜密。这些器物与磁峰窑发掘出土的宋代器物造型、花纹一致，与2000年度磁峰窑址发掘出土的南宋时期的同类器物相近[4]，此外，碗的造型与江南馆街宋代地层出土的B型大碗的形制也一致[5]，故此窖藏出土的磁峰窑产品的年代在南宋。

一号窖藏出土的4件黑瓷茶盏，胎呈浅黄色，胎体较为轻薄，均为黑褐色釉，呈玳瑁纹。尽管对其窑口的归属尚不确定[6]，但这种敞口茶盏的造型从北宋到南宋时期都较为普遍[7]。

二号窖藏出土的7件黑釉茶盏多为黑釉，口沿上均为褐色，内壁有不太明显的兔毫纹，下腹和足底粘连细窑砂或细碎的石英石粒，胎体较重而呈灰黑色，在特征上比较接近成都平原近龙门山地带的金凤窑、瓦缸坝窑等窑场的黑瓷产品特征，尤其从A型束口盏的束口、积釉、黑褐色釉等基本特征观察，与金凤窑第3期器物特征非常接近[8]；同时，它们还与江西吉水张重四墓（嘉熙元年至宝祐二年，1237～1254年）出土的建窑黑釉束口盏很接近[9]，因此，判断它们的年

---

[1] 穆青编著的《定窑艺术》（河北教育出版社，2002年）指出：北宋后期至金代，定窑的大宗产品以碗、盘、洗等圆形器为主，刻花、印花图案大量流行，胎体薄而坚致，釉色相对稳定，大多数呈白中微微泛黄的牙黄色，釉光柔和。因为支圈技术的普及，器物大多口部无釉（芒口）而底足满釉。

[2] 刘涛在《宋辽金纪年瓷器》（文物出版社，2004年）第11页中指出："金代定窑的刻花，多以刀之侧锋行刻，线条流利，图案富有立体感。题材以萱草、莲花为主。"

[3] 重庆市博物馆、荣昌县文化馆：《重庆市荣昌县宋代窖藏瓷器》，《四川考古报告集》，文物出版社，1998年。

[4] 成都市文物考古工作队、彭州市博物馆：《2000年度磁峰窑发掘报告》，《2000成都考古发现》，科学出版社，2002年。

[5] 成都市文物考古工作队：《成都市江南馆街唐宋遗址发掘简报》，《1999成都考古发现》，科学出版社，2001年。

[6] 根据本书附录《遂宁金鱼村宋代窖藏出土部分瓷器的科学分析》，所测试的一号窖藏黑瓷标本与曾经发布的广元窑黑釉瓷器的胎体成分有差异。由于可资对比的数据十分有限，目前尚不能断定这4件黑瓷茶盏的窑口。

[7] 见刘涛《宋辽金纪年瓷器》（文物出版社，2004年）第121页关于建窑茶盏的论述及分类表八。

[8] 成都市文物考古研究所、都江堰市文物局：《都江堰市金凤窑发掘报告》，《2000成都考古发现》，科学出版社，2002年；《都江堰市金凤乡瓦缸坝窑发掘报告》，《2001成都考古发现》，科学出版社，2003年。

[9] a. 陈定荣：《江西吉水纪年宋墓出土文物》，《文物》1987年第2期。

b. 刘涛《宋辽金纪年瓷器》（文物出版社，2004年）第123页指出："而束口式盏，则可能主要流行于南宋及元代。"

代当在南宋中晚期。

（五）窖藏出土铜器年代的判定

两个窖藏都有铜器出土，其中二号窖藏出土铜器仅一件器盖，这些铜器均为日常用器，制作工整，胎体轻薄，具有典型的宋代铜器特征。

一号窖藏出土铜器共计69件，有作为陈设器皿的瓶，也有作为餐饮器皿的碗，作为香具的三足奁式炉，还有各类杂器如钟、镳斗、铃、釜形器、龟形器、环等。与窖藏出土的瓷器大多都没有使用痕迹的情况相反，大多数铜器都有明显的使用痕迹。这些铜器除少量为一次铸成，大多数为分铸而成，其成型的方法能直接观察出来。陈设器皿中的胆式瓶、鼓腹瓶，以及杂器中的钟、环等为整体一次铸造而成；陈设器皿的方形瓶、觚式瓶，杂器中的鐎斗、釜、铃则为分体铸造、粘接成型的；餐饮器皿的碗、三足樽均为器身与器足分铸，使用时需要将两部分拼接或粘接，不少器物的部件已经分离，在表面留下了粘接的痕迹。花纹装饰在一号窖藏出土铜器并不常见，但在觚式瓶的器表多有花纹装饰，在觚式瓶及残件上分别采用了仿古的三角形回纹、涡纹、简化饕餮纹、菱形回纹等，是宋代极为流行的仿古青铜器皿的纹样。在四川的很多宋代窖藏、墓葬的出土铜器上都可以看到上述这些特点，彭州的宋代青铜器窖藏〔1〕铜器上的纹饰、可拆分与组合的结构，江油彰明公社铜器窖藏〔2〕中的铜瓶（原报告图一：1、6）、执壶（原报告图一：9），温江县委窖藏〔3〕的铜碗（原报告图一：5）、铜执壶（原报告图二：1），成都金牛区簇桥公社八大队南宋铜器窖藏〔4〕出土的铜盒的盖（原报告图二：2）、执壶的盖（原报告图二：5）、铃（原报告图二：4）造型，都与金鱼村窖藏出土的同类器物特征非常接近。此外，一号窖藏出土的B型铜碗与什邡窖藏〔5〕出土的宋代银碗（原报告图二）造型一致。因此，认为金鱼村窖藏铜器的时代在宋代应无不当。

二　窖藏年代的判定

（一）依据出土器物对窖藏年代的初步推定

由于缺乏直接的纪年材料，对窖藏年代的推定首先应依据出土器物进行判定。一号窖藏的清理过程表明，在1993年被发现以前它没有受到过盗扰，所以器物年代对于窖藏埋藏年代的断定具有很重要的参考作用。窖藏出土器物的年代范围可从北宋晚期延续到元代，大多数器物的年代集中在南宋到元时期，其中景德镇窑青白瓷的年代在南宋中晚期到元代，龙泉青瓷的各类器物的年代多集中

〔1〕 成都文物考古研究所、彭州市博物馆：《彭州宋代青铜器窖藏》，《2004成都考古发现》，第392～432页，科学出版社，2006年。

〔2〕 江油县文物保护管理所：《四川江油县发现宋代窖藏》，《考古与文物》1984年第6期。

〔3〕 温江文化馆：《四川温江发现南宋窖藏》，《考古》1977年第6期。

〔4〕 翁善良：《成都南郊发现宋代窖藏铜器》，《考古与文物》1983年第6期。

〔5〕 郑绪滔：《四川什邡出土宋代银碗》，《四川文物》1986年第2期。

在南宋中、晚期，有的器物造型有晚至元代的可能，定窑白瓷的年代在金代，磁峰窑白瓷的年代在南宋，各类铜器的时代为宋代，表明窖藏的年代大致应在南宋至元期间。不过，可能晚至元代的器物中，无论是景德镇窑的青白瓷，还是龙泉窑的青瓷，都没有典型的元代器物。

一号窖藏与二号窖藏的器物年代一致，二号窖藏未发现窖坑，埋藏的器物也没能全部收回，但从发现二号窖藏之后的清理情况看，该窖藏也为土坑窖穴，埋藏状况与一号窖藏非常接近，埋藏的器物同样很丰富，由此推断，一号、二号窖藏的年代应相当。

（二）结合历史事件对窖藏年代的推定

在宋代的川峡四路范围内，已经发现的宋代窖藏有数十处，其中不少窖藏的年代在南宋晚期，长期以来，学术界对四川窖藏出现的原因和年代有不少讨论，尽管有研究者认为一些窖藏的形成与宗教祭祀有关〔1〕，但绝大多数学者认为与宋蒙战争的发生有密切的关系〔2〕。我们认为金鱼村窖藏的成因与宋蒙战争关系密切，仔细考察战争的进程对这些窖藏形成的影响，对判断遂宁金鱼村窖藏的年代具有很大的帮助。

十三世纪初，在宋金对峙结束之际，北方草原的蒙古部落在此时迅速兴起。宝庆三年（1227年），成吉思汗的蒙古军队突入利州路，从此开始了长达52年的宋蒙战争。在这场旷日持久的战争中，川峡四路地区是双方争夺的主要战场，战事频繁、激烈而复杂，四川的大部分宋代窖藏（尤其是大型窖藏）形成的时间应该都集中在这52年之中。

宋蒙战争在四川历时半个多世纪的战事大致可以分为四个阶段。第一个阶段是宋蒙站争的初始阶段，宝庆三年（1227年），蒙军先以“假道灭金”为名，迅速攻破武休、仙人、七方三处关隘，战事骤发。自此到绍定四年（1231年）的四年间，蒙古军队在攻克沔州后，曾渡过嘉陵江，攻陷阆州、西水县等地。在战争的初始阶段，蒙军虽然攻破了川峡四路的门户，但战事主要集中在利州路，尚未直接进入四川最富庶的地区成都府路与潼川府路。

第二个阶段从端平三年（1236年）至淳祐元年（1241年），战事骤然升级，在长达六年的时间中，蒙古军队在阔端、塔海等的带领下几乎横扫了川峡四路的大小州县。这个阶段最为激烈的战争当数端平三年（1236年）的战事，蒙古军队由大散关经凤州攻破武休关，其后宋军一直固守的阳平关失守，阳平关的失守直接导致了通向川峡四路内郡的门户被蒙古军队彻底打开，蒙军于是兵分两路，一路是蒙古军主力，由阔端率领沿金牛道经利州入蜀；一路则以穆哥为帅，从阴平出发入蜀。两支军队都指向四川最重要的政治、经济中心：成都。端平三年十月，成都破陷。其后，蒙古军队分兵四出，深入各地抄掠，这一年，蒙古军队攻破了川峡四路共五十四个州，致使七成以上的府州残破、凋敝〔3〕。端平三年的战事集中在全川最富庶的成都府路、潼川府路以及

〔1〕 谢明良：《探索四川宋元窖藏》，《区域与网络：近千年来中国美术史研究国际学术研讨会论文集》，台湾大学艺术史研究所，2001年。

〔2〕 徐苹芳：《四川宋代窖藏及其历史背景》，《宋韵——四川窖藏文物辑粹》，中国社会科学出版社，2007年。

〔3〕 元·姚燧：《兴元行省夹谷公神道碑》（《元文类》卷六二）载：“凡破四川府州数十，残其七八”。

与北方的重要通道利州路，仅夔州路和潼川府路南的泸州、合州、西北的宁西军受到战争的波及略小[1]。这次蒙古军队攻入川峡四路内郡，造成大量人口死亡和散逃，各类文献记载对战事所造成的影响的描述都非常一致，“蜀人受祸惨甚，死伤殆尽，千百不存一二”[2]，“昔之通都大邑，今为瓦砾之场；昔之沃壤奥区，今为膏血之野”[3]。经历了这次惨烈的战火，昔日富足的天府之国顿时凋敝破落，不仅官府积存的钱粮毁于兵火，富豪之家的金银财富也被悉数席卷焚弃殆尽，“公府之财帛空，私室之民力空”[4]，“端平之乱”后，川峡四路不复为南宋王朝在西南地区的政治、经济、军事中心。蒙古军队在攻破成都等重要城市以后，并没有占据川峡四路各地，而是采用了不断袭扰的方式，彻底破坏这个地区再度成为南宋后方基地的可能性，除在已经攻陷的地区不断骚扰外，还奔袭一些更为边远的地区，并直指夔州路各地。据史料记载，嘉熙元年（1237年）春，塔海率部再度攻破遂州，其后又占领资州、普州及嘉定府，并沿大巴山小道，直抵瞿塘、巫山。嘉熙二年（1238年）冬，塔海从葭萌攻取阆州、资州等地之后又进入川峡四路的西部地区，攻克了邛崃、碉门，抵达黎州、雅州，并接近大渡河边的木波国界。嘉熙三年（1239年）秋，塔海等又率军进攻川东地区，破开州、万州、夔州等州县，并渡过长江，攻破了施州，抵达了长江中游的湖北境内，后因孟珙的调防才阻止了蒙古军队顺江而下的势头，于嘉熙四年（1240年）春经涪州退出川峡四路。淳祐元年（1241年）十月，塔海等又率军再次攻破成都，攻陷汉州、嘉定、泸州、叙州等二十余城池。至此，经过这样反复的扫荡，川峡四路的大部分地区残破不堪，最富庶的成都平原以及四川盆地各个新兴的政治、经济、商业中心都受到了极为严重的、毁灭性的破坏，南宋朝廷也放弃了一直作为川峡四路行政中心的成都府，被迫将治所迁至重庆府。

第三阶段的战事爆发在宝祐二年（1254年），这个阶段的战役遍布成都府路、潼川府路和夔州路的各地，而战事主要集中在南宋军队赖以坚守的各地山城。第三阶段的战争爆发之前，余玠在蜀地已经进行了十年的治理，依赖较为良好的山城防御体系和将佐任用体制，宋军在与蒙古军队的战争中取得了不少胜利。宝祐五年（1257年），身为大汗的蒙哥亲自率军出征四川，于宝祐六年（1258年）春夺取了成都、彭州、汉州、怀州、绵州等地，其后威州、茂州相继归附蒙古；九月，蒙古军队顺嘉陵江东下，夺取了长宁山寨（潼川府治）、阆州、篷州运山城、南充青居城、广安大良城等。十二月，蒙古军队被阻于合州钓鱼城，开庆元年（1259年）二月至七月，蒙哥亲自督师攻城不下，受伤死于军中，这一变故导致战局骤变，蒙军迅速全线撤军。

第四阶段是全蜀残破、元朝统一四川的阶段。自1260年至1268年，宋蒙之间进行了近十年的拉锯战，长期的战争导致川峡四路由原来的六十多个州，到只残存二十余州的景况，“所谓二十余州者，又皆荒残，或一州而存一县，或一县而存一乡”[5]，从整体局面上看，实际只剩钓鱼城等几座依靠地形、地势险要的山城在军事上苦苦支撑着宋朝在川峡四路的统治。1271年，忽必烈建立元朝后，下令伐宋。1275年，元军在四川相继占领嘉定、泸州、叙州等沿江山

---

[1] 《宋季三朝政要》卷一载：全蜀“五十四州俱陷破，独夔州一路及泸、果、合数州仅存”。
[2] 元·虞集《史氏程夫人墓志》，《道园学古录》卷二〇。
[3] 宋·吴昌裔：《论救蜀四事疏》，《宋代蜀文辑存》卷八四。
[4] 贾大泉、周原孙：《四川通史》第四册，四川大学出版社，1994年。
[5] 佚名：《咸淳遗事》卷下，《守山阁丛书》本。

寨。1275～1279 年，宋元之间又经过数年的攻守战役，最终在 1279 年，合州守将王立降元，南宋最久和最后的抗元基地四川被元朝彻底平定。在第四阶段，蒙古军队实际占领了川峡四路最富庶的川西、川中地区，忽必烈也放弃了惟利剽杀、抄掠即去的政策，遍布屯田，寓兵于农；而宋军放弃了平川沃土，尽管因为依靠山城结寨自保，免于完全沦陷的局面，但终究衣食无着，经济残破。川峡四路地区北宋以来蓬勃发展起来的井盐业、茶业、酒业、纺织业、商业无一不一落千丈，经济全面崩溃〔1〕。

从宋蒙战争在四川的进程看，在战争的第一阶段，蒙古军队在宝庆三年（1227 年）到绍定四年（1231 年）的出兵，尽管“破寨四十而还”，但战争的范围主要集中在利州路，基本上没有进入潼川府路的范围，而遂宁位于潼川府路的腹心地带，受此次战争影响的程度不太严重，所以认为金鱼村窖藏形成与此次战争的关系不大。最可能与金鱼村窖藏的形成有直接关系的战事应该是第二阶段的战争，在此之前，川峡四路的川西、川中各地经济繁荣，人民富庶，积聚了较为丰富的生活物资，蒙古军队对川峡四路内郡的突然攻击，以及其后对各地的大规模突袭、屠戮，导致大量人口的死亡和出逃，这些都是形成窖藏最直接的、必然的原因。再者，从金鱼村一号窖藏的埋藏方式观察，窖坑为土坑，没有修砌规整的窖穴，窖坑的周边也不太规整，属于匆忙掩埋的一类，这样的现象与战争的背景也是相吻合的。另外，经过第二阶段战争（即 1236～1241 年）蒙古军队的蹂躏，川峡四路顿时满目疮痍、残破不堪、人口锐减，遂宁在这次战争中也遭受了严重的损毁，淳祐中即将府治迁徙到距遂宁县东八里的灵泉山，宝祐六年（1258 年）灵泉山再陷，又于宝祐七年（1259 年）将府治迁往蓬溪砦〔2〕，自 1241 年以后，遂宁城几乎荒废。直到元统一以后，包括遂宁在内的四川各路、府、州、县虽然仍然因袭旧制，但大多徒有虚名，除吏从、军从、屯户以外，可谓别无实户〔3〕。经过七十余年的招垦，仍然没有任何州县合于至元三年规定的县级标准。也正是由于这样的原因，在史籍里很难找到有关元代四川的记载。直到明玉珍入川后，四川才逐步得到的垦殖和开发，逐渐恢复了一些经济的气象。至正十七年（1357 年），明玉珍率军队由湖广入川，建立夏国，建都在现在的重庆，夏政权持续十年招募大量农民进行垦殖，四川盆地才在空旷了一个多世纪的之后逐渐恢复了生机，四川也才逐渐人烟稠密起来。根据史籍的记载，遂宁在十四世纪中叶以后才开始了经济的复苏。然而尽管经济状况在十四世纪中叶有所恢复，但在此时将大量包括南宋中晚期生产的景德镇窑和龙泉窑的瓷器购置入川，再将其埋藏入土的可能性却很小。因此，我们推定分别于 1999 年、2003 年发现的遂宁金鱼村两处窖藏的形成年代当在十三世纪中后期的宋蒙战争期间，结合宋蒙战争的进程，认为两个窖藏形成的年代最可能在端平三年（1236 年）至淳祐元年（1241 年）的战争中。

---

〔1〕以上宋蒙战争的史实主要参照贾大泉、周原孙《四川通史》第四册（四川大学出版社，1994 年）中第三章“第二节南宋后期四川的宋蒙战争”中的记述。

〔2〕任乃强、任建新：《四川州县建置沿革图说》，第 32 页，巴蜀书社，2002 年。

〔3〕《四川通史》第四卷（四川出版集团、四川人民出版社，2010 年）第 400 页载：经过宋末半个世纪的战乱，四川地区的百姓逃散迁徙，人口锐减，嘉定十六年（1223 年），川峡四路有 259 万户，到元朝统一后的至元十九年（1282 年），就只剩 12 万户了。

三　相关问题讨论

考古发现的遂宁金鱼村窖藏，出土了瓷器、铜器、石器等不同质地的器物，瓷器以外，石器只有两件，制作较为精致，但没有明显的使用痕迹。铜器均为日用器皿，形体不大，制作也不算精良，并都有使用痕迹。从数量和质量上看，对瓷器的埋藏无疑是这两处窖藏埋藏的主要目的。

两个窖藏出土的瓷器相当丰富，尤其是一号窖藏出土的瓷器，不仅数量多，而且品质优良，在四川乃至全国范围内都是比较少见的。窖藏的出现，大多与战争、祸乱等突发事件有着必然的联系，同时窖藏所包含的出土器物在一定程度上体现着当地的经济和人文环境。而两宋时期四川地区经济的发展，是形成本地对外地生产的高品质瓷器购买力增强的直接原因。遂宁本地的瓷器使用习惯，在一定程度上也反映了川峡四路两宋时期的瓷器使用状况。要言之，金鱼村窖藏的形成原因可归结为：经济的发展形成了各阶层对高品质瓷器的大量需求，商业贸易的发展促进了瓷器贸易的发展，宋蒙战争导致了窖藏的形成。

（一）遂宁金鱼村窖藏埋藏背景简述

川峡四路的经济繁荣是四川地区大量南宋末年窖藏产生的重要背景之一。而遂宁作为川峡四路最重要的新兴商业城市之一，在两宋时期其经济的迅速发展，是金鱼村窖藏最终得以出现的最重要的潜在原因。

金鱼村窖藏所在的遂宁市，从唐末、五代开始便是遂州的州治所在，到了北宋初年，改方义县为小溪县，宋徽宗政和五年（1115 年），升遂州为遂宁府，领小溪、蓬溪、长江、青石、遂宁五县。重和元年（1118 年），升梓州为潼川府，改梓州路为潼川府路。宣和五年（1123 年），升都督府武信军节度使。小溪县即为现在的遂宁市区所在地。在两宋时期，遂宁的农业、丝织业和盐业的生产有了非常快速的发展，此外，遂宁在两宋时期的产业还有印刷业〔1〕、矿冶业〔2〕和造船业〔3〕等，这些都使得遂宁积聚了较为丰厚的人力与财力，成为两宋时期川峡四路一个新兴的商业城市。

作为新兴商业城市的遂宁的崛起并不是偶然和个别的，它的兴起与两宋时期川峡四路的整体经

---

〔1〕贾大泉、周原孙的《四川通史》第四册（四川大学出版社，1994 年）第 215 页记载：四川、杭州和福建是两宋时期全国的三大雕版印刷中心，四川的雕版印刷广布于成都、眉山、什邡、双流、临邛、金堂、泸州、铜梁、潼川、遂宁、绵竹、嘉州、益昌、忠州、资州、夔州等州县，而以成都、眉山的雕版印刷最为发达。

〔2〕贾大泉、周原孙的《四川通史》第四册（四川大学出版社，1994 年）第 223 ~ 224 页记载：产铜之地主要在潼川府路的铜山县和利州路的青坚二地……四川产铜不足以满足铸钱的需要，造成四川使用铁钱。产铁之处较多，分布在梓州、资州、荣州、广安军、泸州、万州、南平军、嘉州、邛州、利州、雅州等地，产量较多，能够满足本地铸造铁钱兵器和农具的需要。南宋时，官府经营铁钱和兵器的制作，成都、潼川、遂宁府和嘉州、邛州、资州作院“日造甲”……所造兵器堆积如山。民间制造的农具和生活用品，则种类繁多。

〔3〕贾大泉、周原孙的《四川通史》第四册（四川大学出版社，1994 年）第 224 页记载：四川的造船地遍布于江河沿岸各地。制造的船有作战用的战船、漕运官物的漕船、接送官员的驿船、民间运送货物和旅客的商船、装载马匹的马船、专作渡河工具的渡船、官僚贵族游玩的舫船、以及在滩多水急的河流中行使的木筏、竹筏、牛皮船等。

济环境有密切的关系。四川盆地有着较为特殊的地形、耕地条件以及人口分布，从秦汉时期开始，以成都平原为中心的区域因为都江堰的修建，形成了得天独厚的灌溉农业业态。到两宋时期，四川盆地已普遍形成了精耕细作的农业形态，“地窄而腴，民勤耕作，无寸土之旷，岁三、四收”〔1〕；“民勤而力穑，不趣末作，不事燕游”〔2〕；“民勤过四方，寸土不容隙”〔3〕，在这样的经营下，川峡四路在两宋时期的经济得到了高度发展。尽管川峡四路在人口分布和农业、经济发展具有明显的不平衡性，无论是北宋还是南宋，地处成都平原的成都府路的户数和口数都占了川峡四路总数的百分之四十至五十，成都地区也是宋代全国农业最发达的地区之一，但是，从北宋中期开始，成都府路之外的川峡四路各地经济也逐步开始发展，呈现出繁荣的景象。从北宋开始，地处四川中南部丘陵地区的梓州路（潼川府路）就是宋代另一个人口集中的地区，占川峡四路户口数的百分之三十左右。遂宁所在的梓州路（潼川府路）原本属于丘陵地带，农业的发展不及成都平原的都江堰灌区，为了提高农业生产能力，这里的农民在丘陵地区大量建造梯田，将山坡改造成了耕地，到了南宋时期，潼川府路和夔州路普遍都发展了梯田〔4〕，由此它们所在的川中丘陵地区由于土地的开发利用、梯田的兴建和人民的勤于耕作，农业生产水平也达到了相当发达的水平，成为重要的粮食基地。随着耕作水平与条件的提高，经济作物的种植也日渐普及，四川经济作物以蚕桑、茶叶、甘蔗、水果、药材最为发达，而遂宁则以盛产甘蔗而闻名，是宋代全国著名的糖生产地〔5〕，粮食和经济作物种植的发展为南宋时期潼川府路的经济发展提供了良好的条件。

宋代以前的历代，四川的丝织中心都在成都附近的川西地区，及至宋代，梓州路的梓州、果州、遂州，利州路的蓬州、巴州、阆州等地的川中、北地区逐步发展成为丝织品生产的新兴地。据文献记载，两宋时期朝廷在四川征收的各种丝织物中，梓州路的数量都超过了成都府路的数量〔6〕,其中遂州织造的樗蒲绫在当时已经成为与成都的蜀锦齐名的丝织品。这些丝织品新产地的蓬勃兴起，扩展了四川的丝织品产地，也大大增加了丝织品的产量，而且各地的丝织品质地优良，

---

〔1〕 元·脱脱等：《宋史·地理志》，中华书局，1977 年。

〔2〕 宋·王象之：《舆地纪胜》，中华书局，1992 年。

〔3〕 宋·田况：《八月大慈寺前蚕市》，《全蜀艺文志》卷一七。

〔4〕 梯田在宋代又称为“层田”、“塝田”、“山田”，宋·叶廷珪《海录碎事》载：“果州、合州等处无平田，农人于山陇起伏间为防，潴雨水，用植梗糯稻，谓之田曾田，俗称雷鸣田，盖言雷鸣而后有水也。戎州亦有之”。范大成在万州、梁山、垫江等地游历，写下了“山骨鳞皴火种难，山下流泉却宜稻”，“旧雨云招新雨至，高田水入下田鸣”（《范石湖集·诗集》卷一六）这些记载不仅说明了潼川府路、夔州路诸州梯田开垦、普及的情况，也描述了当时的农民还在梯田上利用了水利灌溉系统，使梯田不仅能中指旱地作物，也能种植水稻。

〔5〕 宋·王灼《糖霜谱》载，宋代遂宁农民甘蔗的种植从育种到栽培到田间管理、从选择肥料到施肥的方法和季节、从保护土质到提高土壤的温度都积累了一套科学的耕作经验。同时，书中还记载，宋代出产冰糖的福州、宁波、广州和四川的广汉、遂宁五郡，冰糖的质量“独遂宁为冠”，其生产技术和规模也大于其他四郡。到南宋初年，遂宁一带生产的冰糖作坊有近 300 家，遂宁也成为了南宋时期全国的冰糖主产地。

〔6〕 a. 贾大泉、周原孙：《四川通史》第四册第 186 页，四川大学出版社，1994 年。

b.《宋会要·食货》六四记载：北宋王朝匹帛“岁总收之数”的绢，梓州路为 381552 匹，成都府路为 63769 匹；梓州路的绸为 19840 匹，成都府路为 11730 匹。

c.《朝野杂记》甲集卷一四“四川供绢绸绫锦绮”记载：四川上供给朝廷的 34000 匹绫中，东川（梓州路）路为 26300 披匹，西川（成都府路）为 7800 匹。

d.《系年要录》卷一四七，绍兴十二年冬十月戊寅：绍兴十二年（1142 年）南宋王朝指令四川准备作为礼物使用的高级丝织物，潼川府路用了 30 万缗收买青丝樗蒲，成都府路只用了 20 万缗收买川棉。

价格却低于全国很多地方的丝织品，可以称得上价廉物美[1]，因此不但官府在四川大量低价收购丝织品以保证军需，大批的官吏和商人也在四川大量收购丝织品，从事匹帛贸易。民间的丝织品交易范围可以分为川内和川外两个区域，在四川境内运销少数民族地区，在四川境外则通过长江水道运至荆湖和广南沿海，并转销海外，或通过川陕陆路转销西北地区。丝织品的营销路线直接影响到外地瓷器的输入线路，四川地区的丝织品运销到川外各地，返川时运回的则是当地的商品，其中就包括了位于长江中下游的景德镇窑和龙泉窑的瓷器。

宋代四川井盐的生产大大提高，到北宋庆历、皇祐年间，四川的制盐工人在前代大口井的基础上，创造了新的凿井工艺，产生了以小口的盐井进行采卤的卓筒井，这种先进的凿井技术使得盐井的开凿摆脱了以往大协作的生产方式，食盐的生产可以以私家小户为单位进行。盛产井盐的嘉州、荣县、井研等地的卓筒井动辄以百计[2]。以地区而论，梓州路产盐最多，夔州路次之，而四川的人口分布又以成都府路最多，夔州路的人口最少，于是形成了“成都路州县，户口蕃易，所产盐食常不足；梓、夔等路，产盐多，人食有余”的局面，梓、夔等路的食盐多销往成都府路。

经济的发展必然促进宋代川峡四路商业的发展与繁荣，导致了各级商品流通市场的兴起与发展，并进而影响这个区域各个城市商业的成长。宋代四川盆地的商品经济因袭了唐以来的繁华，以丝织品、茶叶为代表的产品是川峡四路与外界贸易的主要商品，而各地的特色产品、包括海外贸易带来的香料等商品也大量通过商业交换进入了川峡四路，作为西南大都会的成都是川峡四路的宋代商业都会最为突出的城市，例如在两宋时期，以成都平原为中心的地区就是除了京师和东南沿海以外的香料等奢侈的海外贸易品的最大消费地。成都以外，新兴的商业城市则在农村商品经济发展、集镇兴起等因素的促进下蓬勃地发展，各地州城已不再是单纯的封建政治中心，同时具备了经济中心的功能，绝大部分州城都设立了商税务，这也是它们作为新的商业城市崛起的标志。这些州城中最突出的有梓州、遂州、果州、利州和渝州，其中遂州在熙宁十年的商税额高达48000贯，商业地位仅次于成都、梓州，位列第三。由于商业的发达，梓州路（北宋）和潼川府路（南宋）都曾一度将主办财政事宜的转运司治所设立在遂州。各地不同层级的商业网点包括了都会城市、城镇、场镇（集镇）等，其中遂宁所在的梓州路的场镇数量甚至超过了成都府路，位列川峡四路之首。

此外，遂宁所在的嘉陵江流域在南宋时期的交通也非常便利，促进了各类贸易的发展。南宋时嘉陵江流域的粮食常用木船溯江而上，运至陕西供应驻军粮饷。嘉陵故道包括了嘉陵江水道和沿嘉陵江的陆路，在唐代已经得到了较好的整治，及至宋代，从重庆府经合州、顺庆府、阆州、昭化，抵达利州，成为川陕交通中使用最为频繁的交通要道，被称为入川正驿[3]。这条运输通

---

〔1〕贾大泉、周原孙的《四川通史》第四册（四川大学出版社，1994年）第186～187页记载：宋代成都的丝织品是“连甍比室，运箴弄杼”（《宋会要·食货》六四之二三），并设置了成都锦院，织锦的人很多；而梓州的丝织生产也有“机织户数千家”，并设立了绫绮场。成都的蜀锦名扬天下；梓州的熟绫、白花绫，遂州的樗蒲绫，以及蓬州的棕丝绫，达州的蓝绸，阆中的莲绫也相当有名。

〔2〕文同《丹渊集》卷三四《奏为乞差京朝官知井研事》：井研“豪者一家至有一二十井，其次亦不减七八”；县内“已仅及百家”。嘉州和荣县“亦皆有似此卓筒盐井者颇多，相去尽不远，三二十里，连溪接谷。灶居鳞次”；陵州“自许人开卓筒之后，部下至今已得数百井”。

〔3〕重庆市文物考古所：《重庆涂山窑》，第4页，科学出版社，2006年。

道在一定程度上促进了嘉陵江流域商业的繁荣，对沿江商业城市的发展和商业网的形成也起着重要的推动作用。此外，从万州经梁山、垫江、辚山、邻水、合州、遂州、飞乌到成都的路线则是与万州以下水路相连接的陆路通道，利用这条陆路通道从万州到成都，比经长江水道上行到成都要节约半旬左右的时间。遂宁作为嘉陵江主要支流涪江上的重要港口和新兴商业城市，地处成都平原与峡江水道的连接地区，是水路与陆路交通结点，这样的交通地位使得成都平原和峡江地区、嘉陵江流域的文化交流与商业贸易流通极大地影响遂宁的经济、商业、人文特质的形成，也为大量外地物品的流入创造了有利了条件。

大量的商品交换在城市、城镇与集镇等不同的商业集散地进行，这些商业活动由大商人、中小商人和行商走贩等不同的阶层经营。川峡四路的各个城市集中着财力雄厚的大商人，他们的经营项目包括了交子铺、茶叶、蜀锦绢帛、粮食、药材贸易以及食盐等。遂宁所在的潼川府路优越的制糖业、纺织业和制盐业都为其新兴商业城市的发展奠定了良好的基础，也为本地聚集豪商巨贾创造了的可能。

（二）金鱼村窖藏及器物性质的推测

窖藏出土的器物大多比较精美，由此也引发了对这些物品的归属、用途等问题的讨论[1]。关于窖藏性质的认定，一般需要依靠出土器物的文字记录、文献著录等，在没有任何明确文字佐证的条件下，对窖藏的归属、器物性质的讨论都是推测性的。金鱼村一号窖藏在清理之前没有受到大的破坏，基本保留了埋藏时的原状，基于此，我们认为考察金鱼村窖藏出土器物一些明显的特征，依然可以对窖藏性质进行一定程度的推断。

首先，一号窖藏的器物种类包括了瓷器、石器和铜器三类，基本上为混杂排放，器物的摆放紧密，没有特定的放置方式；同时，器物以大量的日用器皿为主，有一定数量的陈设器皿，在器物组合上也不具备特殊的象征意义，应当排除了此窖坑及埋藏的器物作为特殊的仪式进行掩埋的可能性。

其次，69 件铜器中有饮食器皿如碗、梅瓶（经瓶），陈设器皿如胆式花瓶、方形花瓶、觚式瓶，香器如奁式炉，挂件如铃、钟，日常用具如鐎斗，这些器物形体不大，制作略显粗糙，除觚式瓶之外的铜器器表均为素面、无纹饰，是较为平常的日用器皿。这些铜器大多有明显的使用痕迹，同时也并且没有像彭州青铜器窖藏出土的成组的、大型的、祭祀用的礼器[2]，不难判断这些青铜器是民间日用之物，不具备官府或社团公共器用的特征，故此认为窖藏铜器应当属私家用器，这也从一个侧面证明了该窖藏的私有属性。

再者，窖藏所埋藏的器物大部分是品质优良、制作精美的瓷器，其中有一些陈设用器，但更

---

〔1〕 a. 成都市文物考古研究所、彭州市博物馆的《四川彭州宋代金银器窖藏》（科学出版社，2003 年）第 192 页指出：该窖藏的器物多为一“董”姓家族所有。

b. 台湾谢明良在《探索四川宋元窖藏》（《区域与网络：近千年来中国美术史研究国际学术研讨会论文集》，2001 年）中则指出：四川的宋元窖藏中有些窖藏并非因为逃避战乱所致，而是与某些道教议式有所关联。

c. 陈德富的《遂宁金鱼村窖藏瓷器三议》（《四川文物》1997 年第 5 期）认为：金鱼村窖藏的器物属于一个名为“钱鑫”的商人，大批的器物属于待售的商品。

〔2〕 成都文物考古研究所、彭州市博物馆：《彭州宋代青铜器窖藏》，《2004 成都考古发现》，科学出版社，2006 年。

多的是如碗、盘、碟等日常饮食用具，器形丰富；而且造型相同的器形具有大小不一、尺寸完备的特点，有的同类器物多达数十、甚至上百件，例如，景德镇青白瓷的菊花口碟总量就达137件。而与铜器不同的是，大多数瓷器没有使用痕迹，即使经过数百年的掩埋仍然完整如新。将这些特征与遂宁在南宋时期重要的新兴商业城市地位结合起来认识，金鱼村窖藏出土的这些瓷器具有未售商品的可能性是很大的，故此，认为金鱼村一号窖藏很可能为一处商人埋藏的观点可为一说。

铜钟上的“凤翔楼钱鑫”铭文是窖藏出土器物中唯一保留下来的文字材料，但由于是窖藏中的孤证，且没有旁证表明其具体含义，因此无法准确判断它为铜器制作者之名，还是铜器拥有者的名字，在此也就不能断言该窖藏即为“钱鑫”所有。

（三）四川出土的南宋末期窖藏瓷器管窥

历年来，在宋代川峡四路的范围内发现了不少的窖藏，已经公布的窖藏资料遍布川峡四路的各个地区，其中以成都府路的最多，其次为利州路和潼川府路，夔州路最少。现在已经发现了宋代窖藏的地点如下（图二四七）。

位于利州路有的剑阁〔1〕、平武（龙州的江油县）〔2〕、阆中（阆州的阆中县）〔3〕、巴中（巴州的化城县）〔4〕、仪陇（蓬州的仪陇县）〔5〕和营山（蓬州的营山县）〔6〕。

成都府路在成都府、彭州、汉州、绵州、眉州、崇庆州、邛州、雅州、简州、嘉定府、黎州和简州都有窖藏发现，是窖藏出土地点最多的区域。具体而言，有成都（成都府）〔7〕、双流（成都府的双流县）〔8〕、温江（成都府的温江县）〔9〕、郫县（成都府的郫县）〔10〕、金堂（怀安军/

〔1〕 a. 毋学勇：《剑阁宋代窖藏综述》，《四川文物》1992年第3期。本文介绍剑阁境内的宋代窖藏共8处，分别在鹤鸣山、卧龙山、武连乡、县城内的小东街、汉阳乡、凉山乡、白龙乡和云气观，前4处有瓷器出土，后4处则因为仅有铜器、陶器、铁器等出土，故未列入附表一中。
　　b. 徐苹芳：《四川宋代窖藏及其历史背景》，《宋韵——四川窖藏文物辑粹》，第257～258页，中国社会科学出版社，2008年。

〔2〕 冯安贵《四川平武发现两处宋代窖藏》（《文物》1991年第4期）所介绍的窖藏分别位于南坝区和龙安镇，其中龙安镇的窖藏仅出土8件银器（盛放于一铜罐内），未列入附表。

〔3〕 张启明：《四川阆中县出土宋代窖藏》，《文物》1984年第7期。

〔4〕 程崇勋：《巴中县出土宋代窖藏》，《四川文物》1989年第4期。

〔5〕 王永平、李清兰介绍的《仪陇立山乡发现南宋窖藏》（《四川文物》1988年第5期）出土铁壶1、罐1、斧2；铜锅1，铜钱和铁钱共计419枚，4公斤多。因此窖藏无瓷器出土未列入附表一中。

〔6〕 刘敏：《营山县发现宋代窖藏》，《四川文物》1985年第1期。

〔7〕 a. 翁善良介绍《成都南郊发现宋代窖藏铜器》（《考古与文物》1983年第6期），该窖藏出土器物均为铜器，计有烛台6、唾盂2、带柄三足盘6、筷16双、勺1、匙19、执壶1、铃2、瓶19、盒2、盆2。本窖藏未列入附表一中。
　　b. 翁善良：《成都市发现一处南宋窖藏》，《文物》1984年第1期。
　　c. 高凤惠：《金牛区发现南宋窖藏瓷器》，《成都文物》1983年第3期。

〔8〕 成都市文物管理处报道《四川双流县出现的宋代银铤》（《文物》1984年第7期），窖藏出土银铤6、银钗5、金钗1、金镯1、金条4、金片2，无瓷器出土，未列入附表一中。

〔9〕 温江文化馆报道《四川温江发现南宋窖藏》（《考古》1977年第4期），窖藏出土铜器111件（盂1、碗10、小碗1、

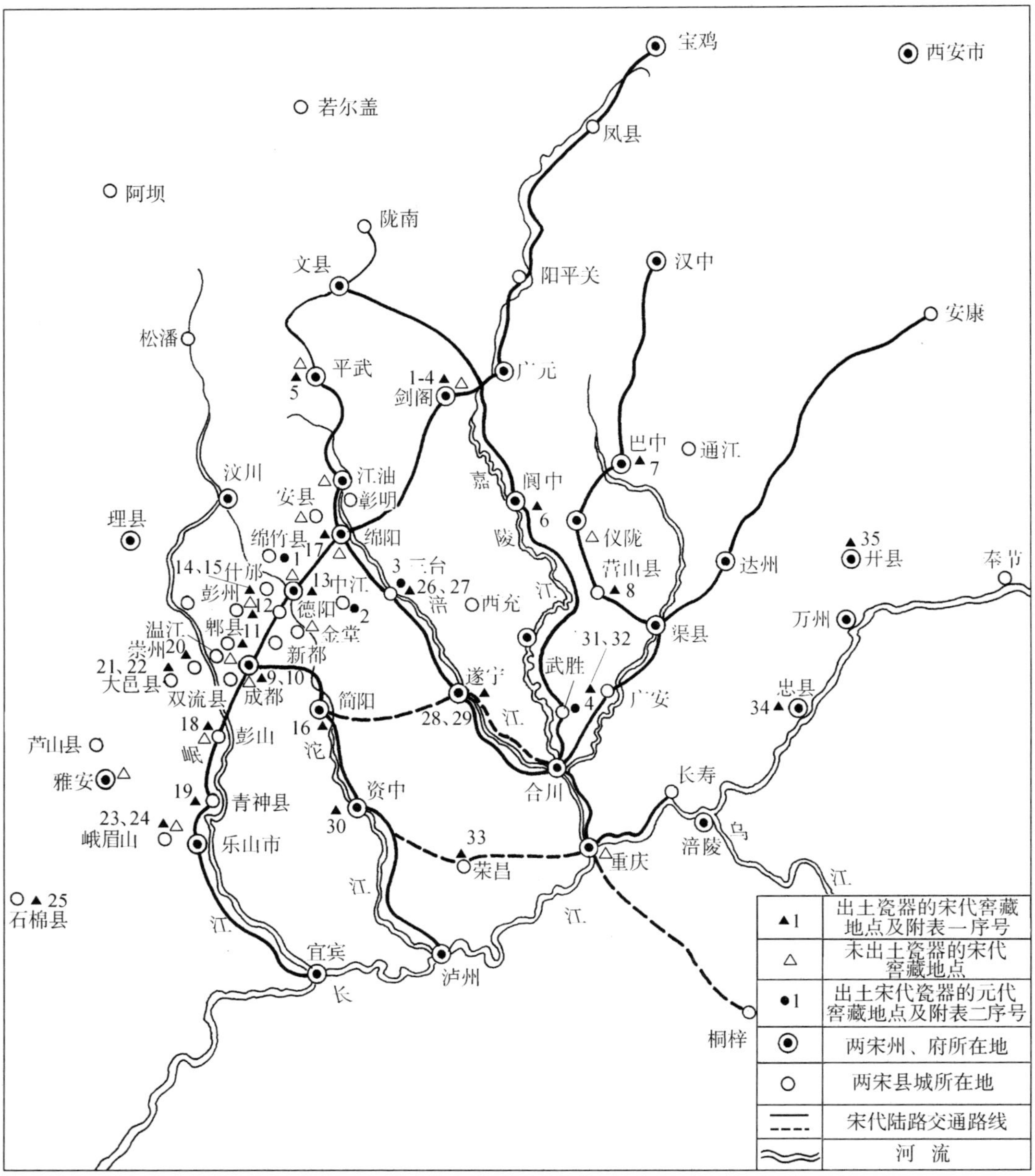

图二四七　四川地区宋代交通路线及出土瓷器的宋元窖藏分布示意图

成都府的金水县）[11]，彭州（彭州的九陇县）[12]，德阳（汉州的德阳）[13]、什邡（汉州的什邡

奁式小炉 1（原报告为大杯）、三足盘 10、小瓶 10、匙 14（原报告为勺）、筷 34 双、执壶 2、鱼形笔架 1、锅 1、镜 6、残杯 10、残座 10），铜钱 53 枚，铁器 3 件（剑 1、斧 1、锄 1），无瓷器出土，未列入附表一中。

〔10〕 梁文骏：《郫县出土的宋代瓷器窖藏》，《文物》1984 年第 12 期。

〔11〕 郭安中、刘志远、肖永全报道《四川安县、金堂出土的两宋铁钱》（《考古》1959 年第 2 期），窖藏出土铁钱 300 斤，无瓷器出土，未列入附表一中。

〔12〕 a. 成都文物考古研究所、彭州市博物馆的《四川彭州宋代金银器窖藏》（科学出版社，2003 年），窖藏出土皆金银器皿，无瓷器出土，未列入附表一中。

b. 成都市文物考古研究所：《彭州宋代青铜器窖藏》，《2004 成都考古发现》，科学出版社，2006 年。

c. 周烈述报道《彭县磁峰乡发现南宋钱币窖藏》（《成都文物》1985 年第 2 期），窖藏为土坑窖穴，出土铜钱、铁钱共 240 公斤，无瓷器出土，未列入附表一中。

县）[14]，简阳（简州）[15]，绵阳（绵州的巴西县）[16]、安县（绵州的龙安县）[17]、江油市（绵州的彰明县）[18]，彭山市（眉州的彭山县）[19]、青神县（眉州的青神县）[20]，崇州（崇庆州的崇庆县）[21]，大邑县（邛州的大邑县）[22]，峨眉山市（嘉定府的峨眉县）[23]，雅安（雅州的严道县）[24]，石棉（黎州的安静寨）[25]。此外在绵竹（汉州的绵竹县）[26]、中江县（汉州的飞乌）[27]发现的元代窖藏中均有宋代瓷器出土。

---

〔13〕 a. 四川省文物管理委员会、德阳县文物管理所：《四川德阳县发现宋代窖藏》，《文物》1984年第7期。

b. 沈仲常的《四川德阳出土的宋代银器简介》（《文物》1961年第11期），介绍窖藏出土银器117件（见于报告的有瓶、匜、执壶、钵、勺、尊、带托茶盏、熏炉盖、盒、钗等器类），崇宁通宝160余斤（原报告未说明是铜钱还是铁钱），无瓷器出土，未列入附表一中。

〔14〕 a. 丁祖春：《四川省什邡县出土的宋代瓷器》，《文物》1978年第3期。

b. 郑绪滔：《四川什邡出土宋代银碗》，《四川文物》1986年第2期。

〔15〕 四川省文物管理委员会：《四川简阳东溪园艺场元墓》，《文物》1987年第2期。

〔16〕 a. 胥泽蓉报道《绵阳刘家河乡出土宋代文物》（《四川文物》1992年第3期），窖藏出土铜器1（壶）、铁器2（刀1、锄1）、钱币10公斤（铜钱、铁钱），无瓷器出土，未列入附表一中。

b. 何志国：《绵阳刘家乡发现宋代瓷器》，《四川文物》1989年第5期。

c. 陈显双报道《绵阳魏城公社出土的宋代窖藏银盘》（《文物》1974年第4期），窖藏出土银盘5件，无瓷器出土，未列入附表一中。

d. 绵阳市博物馆报道《绵阳市出土宋代窖藏银器、钱币》（《四川考古报告集》，文物出版社，1998年），窖藏出土银器35件（茶盏托5、盘7、盏6、碗6、壶1、盆2、盒1、盒盖2、鼎1、耳环4以及碎银片若干）、钱币22.5公斤（崇宁通宝），无瓷器出土，未列入附表一中。

〔17〕 郭安中、刘志远、肖永全报道《四川安县、金堂出土的两宋铁钱》（《考古》1959年第2期），安县窖藏出土铁钱约600斤，无瓷器出土，未列入附表一中。

〔18〕 a. 江油县文物保护管理所报道《四川江油县发现宋代窖藏》（《考古与文物》1984年第6期），窖藏出土铜器179件（鼎式炉4、罐13、瓶2、方瓶1、执壶1、匙4、筷2双、盆1、盘1、提梁匜1、熏炉1、烛台45、龟1、爵1、净瓶1<原报告为喷壶>、印5、象棋棋子54枚、铜钱币68枚，碗、敦式炉<原报告为三足器>数量不明）、石器（墨洗1、镇纸1<原报告为尺>，砚数量不明），无瓷器出土，未列入附表一中。

b. 曾昌林报道《江油发现宋代窖藏》（《四川文物》1996年第3期），窖藏出土铜器89件（镜3、执壶1、瓶1、觚式瓶8、盆1、匜1、杯8、铃1<原报告为乐器>、烛台12、匙14、筷10双以及圆扳1），无瓷器出土，未列入附表一中。

c. 黄石林报道《江油发现精美宋代窖藏铜器》（《四川文物》2004年第4期），窖藏出土3件铜器（甗、瓶、壶各1），无瓷器出土，未列入附表一中。

〔19〕 帅希彭、方明报道《彭山发现南宋窖藏》（《四川文物》1996年第1期），在此窖藏同一地点相距1.5米处有一铜器窖藏，出土铜器20件（盆2、执壶2、奁式炉1<原报告为筒>、豆形器7、灯8<原报告为锥柱盘>）。

〔20〕 鲁树泉：《青神发现宋代窖藏瓷器》，《四川文物》1989年第4期。

〔21〕 四川省文管会、崇庆县文化馆：《崇庆县发现唐宋瓷器窖藏》，《考古与文物》1983年第5期。

〔22〕 大邑县文化馆：《四川大邑县安仁镇出土宋代窖藏》，《文物》1984年第7期；《大邑县发现宋代窖藏》，《成都文物》1984年第1期。

〔23〕 a. 陈黎清：《峨眉山市罗目镇出土宋代窖藏》，《四川文物》1990年第2期。

b. 四川省文物考古研究所、峨眉山市文物管理所：《峨眉山市罗目镇宋代窖藏发掘简报》，《四川文物》2003年第1期。报告两个窖藏，分别为K1和K2，其中K1出土铁钱约160万枚，无瓷器出土，未列入附表一中。

〔24〕 余永恒等报道《雅安发现宋代铁钱窖藏》（《四川文物》1992年第3期），窖藏出土铁钱1吨多，铜瓶3只、印章1枚，无瓷器出土，未列入附表一中。

〔25〕 及康生：《石棉宰羊乡发现宋代窖藏》，《四川文物》1991年第2期。

〔26〕 宁志奇：《绵竹宋代瓷器窖藏》，《四川文物》2008年第6期。

〔27〕 王启鹏、吴梅：《四川省中江县出土宋元窖藏》，《四川文物》2005年第2期。

属于潼川府路的三台（潼川府）〔1〕、遂宁（遂宁府）〔2〕、资中（资州的盘石县）〔3〕，广安（渠州的广安军）〔4〕，荣昌（昌州的昌元县）〔5〕。另有三台（潼川府）〔6〕东河纸厂的J1、武胜（合州的和溪县）〔7〕的窖藏，出土器物中有典型的元代龙泉窑产品，窖藏的埋藏年代都不晚于元代，但同时这些窖藏中也有宋代的瓷器。

夔州路是窖藏发现最少的地区，现有的资料仅有重庆市（重庆府）〔8〕、忠县（咸淳府/忠州的临江县）〔9〕、开县（开州的开江县）〔10〕三处。

上述窖藏的年代大多集中在南宋晚期，地域分布相当广泛，遍及川峡四路各地，这些窖藏的埋藏大多与宋蒙战争的爆发有直接的关系。尽管这些窖藏资料极可能远非南宋晚期掩埋窖藏的全部，但从已经发现的窖藏地点仍可看出其分布的相对集中性，其中以最为富庶的成都府路窖藏数量最多，其次为潼川府路，再次为利州路和夔州路，位于宋蒙战争主要战线上的重要城市往往也是窖藏出现较为集中的地点，如剑阁窖藏出现的地点就多达8处。从窖藏出土器物的特征上看，大多数窖藏均属私人埋藏，而从窖藏埋藏器物的多寡不等、种类不同、贵贱不一等特征看，它们分别反映埋藏者的不同阶层与身份，也说明了当时战事骤发之后影响的广泛性。各地的窖藏埋藏器物主要是钱币、金银器、青铜器和瓷器，钱币是财富最直接的反映，其中以峨眉山市罗目镇K1出土的铁钱数量最大，该窖藏由石板砌成，推算达160万枚以上。而金银器、青铜器、瓷器在窖藏中的出现，一方面直接说明了它们在人们生活中属于贵重的物品，另一方面也反映了当时人们对不同器用的使用与喜好。从出土器物的数量统计上分析，瓷器是窖藏出土器物中最多的一类，反映出瓷器在两宋人们日常生活中的实用性与重要性。

在宋代窖藏中，出土了瓷器的窖藏有35处（参见图二四七及附表一），另有4处元代窖藏，其间有数量不等的宋代瓷器出土（参见图二四七及附表二）。这些窖藏出土的瓷器以南方地区窑场的产品为主，最常见的是龙泉窑青瓷和景德镇窑青白瓷，另外有少量景德镇窑的白瓷、以及吉州窑和建窑的产品。北方窑场的产品主要为定窑白瓷和耀州窑青瓷，但数量和种类都远远不及南

---

〔1〕 a. 景竹友：《三台出土的白定“官”字款瓷器》，《四川文物》1996年第1期。
b. 景竹友报道《三台出土宋代窖藏》（《四川文物》1990年第4期），J1为元代窖藏，J2为宋代窖藏。

〔2〕 a. 遂宁市博物馆、遂宁市文物管理所：《四川遂宁金鱼村南宋窖藏》，《文物》1994年第4期。
b. 李伟纲等编：《宋瓷精粹——金鱼村窖藏》，四川美术出版社，2001年。

〔3〕 杨祖垲的《资中县亢溪乡宋代窖藏清理简报》（《四川文物》1997年第6期）和资中县文管所的《四川资中县出土窖藏宋代铁钱》（《考古》1987年第7期）介绍的是同一窖藏，以前者的报告更为详细。

〔4〕 李明高：《广安县出土宋代窖藏瓷器》，《四川文物》1989年第3期；《广安县出土宋代窖藏》，《四川文物》1985年第1期。

〔5〕 重庆市博物馆、荣昌县文化馆：《重庆荣昌县宋代窖藏瓷器》，《四川考古报告集》，第406~413页，文物出版社，1998年。

〔6〕 景竹友报道的《三台出土宋代窖藏》（《四川文物》1990年第4期），J1为元代窖藏，J2为宋代窖藏。

〔7〕 刘家同：《武胜县出土宋代瓷器窖藏》，《四川文物》1985年第1期。

〔8〕 重庆市博物馆《重庆市涂山宋代瓷窑试掘报告》（《考古》1986年第10期），报道在Y1的右侧烟囱内发现了一个金银器窖藏，出土金器3件（耳环1、发簪1、珰1）、银器8件（手镯1对、碗7），但无瓷器同出，未列入附表一中。

〔9〕 四川省文物考古研究所、重庆市文化局三峡办、忠县文物管理所：《忠县中坝遗址宋代瓷器窖藏发掘简报》，《四川文物》2001年第2期。

〔10〕 张柏主编：《中国出土瓷器全集》第十卷，第200页、214页，科学出版社，2008年。

方的龙泉窑和景德镇窑。四川的部分本土窑场生产的瓷器也出现在窖藏中，以各地的黑瓷盏最为常见，成都平原西北近山地带磁峰窑的白瓷产品以及平原西部的什邡堂窑青瓷产品也出现在各地的窖藏中。

1. 以龙泉窑与景德镇窑产品为代表的南方瓷器的大量流入

（1）饮食器具的普及

四川南宋末期的窖藏瓷器以龙泉窑青瓷和景德镇窑青白瓷产品数量最多，而在这些产品中，饮食器具又占据了最重要的地位，大小窖藏几乎都有两个窑场的碗、盘、杯、碟等日常饮食器具的出土（参见附表一的出土瓷器统计）。同时在宋代各地的城市、城镇遗址中，龙泉窑和景德镇窑的饮食器具类也常有发现，而在成都府路、潼川府路和夔州路的一些墓葬中还有随葬少量青白瓷饮食器具的习惯〔1〕。

以景德镇窑的青白瓷为例。蒋祁在《陶记》中记载："碗之类：鱼水、高足；碟之发晕、海眼、雪花，此川、广、荆、湘之所利；盘之马蹄、槟榔；盂之莲花、耍角；碗、碟之绣花、银绣、蒲唇、弄弦之类，此江、浙、福建之所利，必地有择焉者。"〔2〕各类遗迹出土的饮食器具也基本上验证了该书记载上的准确性，文中还记："与夫空头细名，考之不一而足，惟贩之所需耳"，说明了所记载碗、碟的不同名称是贩商、担夫为方便给予的称呼，现在也无法将这些名称与出土物品一一对应，但四川各地出土最多的各类水波鱼纹碗，应该就是所谓的"鱼水碗"，这种寓意"年年有余"的碗显然在川峡四路地区受到普遍的喜爱。婴戏纹碗和菊花口碟也是本地区非常流行的景德镇青白瓷产品。

此外，比较位于川峡四路地区的窖藏与江南地区宋代墓葬出土的青白瓷产品，不难发现，本地窖藏的出土器物虽大多为日常用具，但明显比长江中下游地区用作随葬器皿的墓葬出土青白瓷更精美。除了金鱼村窖藏外，四川各地窖藏的青白瓷产品大多表现出很高的精美度，如阆中窖藏出土的青白瓷鼎式炉（原报告图一）、葵口花口碟（原报告为盘，图六）、碗（原报告图七至十）、菊花碟（原报告图一一）、印花碟（原报告图一二）、印花盘（原报告图一七）；划花瓶的纹样则与金鱼村窖藏的Ab型与B型梅瓶的卷草纹相同。崇庆县电影公司出土的青白瓷碗（原报告为白瓷碗，图一至图六），与金鱼村窖藏的婴戏纹碗相同，模印花纹碟（原报告图七）也与金鱼村一号窖藏出土的C型圆口斜腹碟完全相同，各地所出土的青白瓷产品的相似性在此不一一列举。同时，四川地区窖藏及遗址、墓葬出土的青白瓷在胎、釉特征上也非常接近，大多可以判断为景德镇窑的产品，这些材料充分反映了制作精良的景德镇窑青白瓷作为日用瓷器在宋代四川各地的全面普及。与此同时，尽管江南地区墓葬出土的器物也有一部分是日常用品，但似乎这些墓葬出土

---

〔1〕 a. 成都文物考古研究所、温江区文物保护管理所的《成都市温江区"边城·香格里"工地宋代墓葬发掘简报》（《2007成都考古发现》，科学出版社，2009年）中的M2随葬器物中有3件青白瓷碗。

b. 袁明森、张玉成的《记华蓥市阳和乡宋墓出土文物》（《四川文物》1996年第1期），报道出土青白瓷带盖小罐1。

c. 重庆市博物馆历史组的《重庆井口宋墓清理简报》（《文物》1961年第11期），报道出土青白瓷盘1。

d. 岳钊林、程英的《巴中城区宋墓清理简报》（《四川文物》1994年第2期），报道出土青白瓷碟2、碗1。

〔2〕 关于《陶记》的成书年代，有南宋和元两种说法，在此采用刘新元先生在《景德镇陶瓷》中的观点，认为《陶记》的成书年代在南宋晚期。

的青白瓷具有更明显的随葬功能，大多数器物显得粗陋，所以即便地处青白瓷产地的江西地区，宋墓中出土青白瓷无论从种类、品质上都没有四川地区窖藏出土瓷器精美[1]。

不过，尽管龙泉窑和景德镇窑的各类饮食器具出土相当丰富，说明了这两处南方窑场产品在四川有着相当的普及率，但我们还是应该注意到，这些产品大多出土在窖藏中，而墓葬、更重要的是城市遗址中出土最多的生活类饮食器具还是四川本土的邛窑、磁峰窑和琉璃厂窑等窑场产品[2]。由此我们也认为，龙泉窑和景德镇窑的饮食器具还是被作为较为高端的瓷器商品销售的。

（2）陈设器具中的花瓶与香炉

窖藏瓷器中另一个重要的器类是陈设及文房器具类，它们分别是用于花事的花瓶、用于香事的香炉和各类文房用品如砚滴、笔墨插等。大量属于陈设用品的花瓶出现在各地的窖藏中，包括了景德镇窑的鼓腹小瓶，龙泉窑的琮式瓶、大小贯耳瓶、大小长颈瓶、花式小瓶等，都具有较为强烈的时代特征。川峡四路作为两宋经济最为发达的地区之一，花卉业逐渐发展成为社会经济生活中不可缺少的一个产业。随着经济的发展，花卉的种植在两宋时期的川峡四路最初集中在官宦富豪人家和寺观圣地，其后逐渐向县镇民间普及，并在长期的种植过程中，花卉种植的人群积累了较为丰富的栽植经验，使花卉作物商品化，最终形成了相对稳定、有专业经营特点的团体，成为一项重要的经济作物。而作为与花卉业息息相关的花瓶，也在两宋川人的生活中占据了重要的地位。

瓶花的出现最初是与佛教陈设相联系的，从晚唐五代开始进入人们赏爱品鉴的视野，而花瓶成为一种完全意义上的风雅装饰，则是在宋代士人的书房格局形成了较为固定的审美意趣后才完成的[3]。宋人用于陈设的插花花瓶种类很多，从质地上可分作铜瓶、瓷瓶、石瓶等，从形体上则大致可以分为大型花瓶和小型花瓶两类。大型花瓶在不少宋人的画作、墓葬壁画中我们都可以看到，最常见的图像是和玉壶春相同造型的胆式瓶[4]，不过当时这种胆式花瓶似乎在外观上还没有和作为酒具的“玉壶春瓶”严格地区分开来[5]。金鱼村窖藏中琮式瓶、鼓腹贯耳瓶、鼓腹竹节瓶等造型的龙泉窑大瓶则为我们提供了新的关于花瓶的材料。

小型的花瓶在宋代更为流行，四川盆地宋代窖藏出土的小花瓶在数量和种类上都超过了大型花瓶，有贯耳长颈小瓶、扁鼓腹长颈小瓶、扁鼓腹或圆鼓腹的长颈盘口小瓶、菱形瓜棱花式瓶等造型，尤以龙泉窑的产品为多。小花瓶除瓷瓶外还有铜瓶、石瓶，金鱼村一号窖藏的铜瓶、石瓶，彭州南宋铜器窖藏出土的琮制式铜瓶，以及营山、成都、德阳、简阳、大邑、峨眉山市、广安等各地都有铜瓶出土，它们都是形体较小的花瓶，这种小花瓶主要摆放在几案上，更多地用于书房

---

[1] 这点可以从与《宋元纪年青白瓷》一书中收录的同类器物的比较得到证明。

[2] 参见成都指挥街唐宋遗址、上汪家拐街遗址、大科甲巷遗址、江南馆街遗址、内姜街遗址以及大邑县城唐宋遗址等资料。

[3] 扬之水：《宋代花瓶》，《故宫博物院院刊》2007 年第 1 期。

[4] 可参考的图像有《瑶台步月图》（故宫博物院藏）中手捧瓶花的小童手里的花瓶即为长颈鼓腹的大花瓶；江苏武进县村前乡南宋墓出土的戗金朱漆奁上的仕女游园图中，侍女手中的长颈鼓腹瓶。

[5] 刘建洲、皇甫其堂的《焦作金代壁画墓发掘简报》（《中原文物》1980 年第 4 期）中墓葬壁画《奉酒图》上的侍女手捧的玉壶春酒瓶，与花瓶的造型几乎一致。

的陈设。在外观、纹饰上宋代的铜、石质的小花瓶都具有较为强烈的复古倾向，如琮式瓶、觚式瓶等，而瓷质的小花瓶则更多地表现出仿古创新的倾向，它们都与宋人喜爱的“一枝瓶”有很大关联〔1〕。

位于四川盆地的川峡四路地区是包括香药消费在内的两宋（尤其是南宋时期）奢侈品消费的主要地区之一。用于燃焚香药的香炉的大量出现，也是两宋川峡四路生活的生动写照，香事不仅是川峡四路宋代士人燕居生活中最重要的事件，同时也是市民生活中平常的享受。除了本土生产的香炉外，四川各地窖藏所出土外地的瓷质香炉产品，如龙泉窑的鬲式炉、八卦兽足炉、簋式炉、兽耳衔环鼎式炉，以及景德镇窑的兽足鼎式炉、八棱鼎式炉、刻花鼎式炉、剔刻花纹鬲式炉、剔刻花纹奁式炉等，都是在宋代仿古之风影响下生产的瓷器产品，式样直接取自三代至秦汉的仿古香炉，是南宋最具特色的香炉〔2〕，这些开敞式的香炉主要用作日常焚香，结合图像资料，它们出现在居家、文房、禅院、郊野等不同的场景中，渗透到了人们生活的各个方面〔3〕。宋人的香事可谓名目繁多，陆游在淳熙九年曾写下《焚香赋》，对香事的要领作了诸般描述，也让我们了解到“香与香具实已结构为两宋时代一个个充满细节的生活故事”〔4〕以成都平原为中心的四川盆地在两宋时期对高档香药的消费与使用仅次于京畿地区和东南沿海〔5〕，并形成了本地区较有特色的香药消费方式〔6〕。对进口香料的使用是权贵阶层的消费方式，包括仕人在内的这一类消费群体对焚香的特殊态度〔7〕，也是导致各类仿古香炉大量出现、流行的主要原因。

从花瓶和香炉的形态我们可以清晰地看到宋代瓷器的生产中明显的仿古造作趋势。从北宋晚期开始的仿古造作之风最集中的表现是大量仿古青铜器的生产，及至南宋高宗的中兴复古，将陶瓷器的复古生产推向了一个高峰，以官窑生产仿古的祭祀用器为典型代表，瓷器仿古生产也迅速、极大程度地影响到了民窑产品，其中炉是仿古器皿中造型和种类最多的器类，其造型有鼎式炉、尊式炉、鬲式炉、簋式炉、甗式炉等，不一而足。南宋中、晚期，龙泉窑青瓷的生产达到兴盛期，其中受官窑生产影响的仿官与仿古成为其兴盛期的特征之一，并出现了黑胎青瓷和白胎青瓷两种不同的风格，最典型的仿古器形有鬲式炉、鼎式炉和琮式瓶。不过，龙泉青瓷在仿古中还表现出

〔1〕明·张谦德《瓶花谱》：“瓷器以各式古壶、胆瓶、尊觚、一枝瓶为书室中妙品。”宋元之际的冯子振《梅花百咏·浸梅》：“旋汲澄泉满胆瓶，一枝斜插置幽庭。冰姿玉骨清如许，隐隐风声入座馨。”李龏《山庵》：“花梨架子定花瓶，一朵红梅对忏灯。贾岛佛前修夜课，卧冰庵主是诗僧。”可参考的还有宋代马公显的《药山李翱问答图》（日本南禅寺藏画）。以上资料参见扬之水《宋代花瓶》（《故宫博物院院刊》2007年第1期）。

〔2〕扬之水：《两宋香炉源流》，《中国典籍与文化》2004年第1期。

〔3〕刘松年的《秋窗读易图》中文士的窗前案上为双耳鼎式香炉，《归去来辞图》的茅屋窗前则是三足奁式小炉，赵光辅的《番王礼佛图》中人物手捧的是高足式香炉，《女孝经图》中仕女手捧的是双耳鼎式小香炉，马远的《竹涧焚香图》中文士身旁的是簋式圈足香炉，刘松年的《听琴图》中高几上置放的是三足鼎式香炉，这些造型的香炉在四川盆地各地出土的宋代瓷香炉中几乎都可以找到对应的实例。

〔4〕扬之水：《两宋香炉源流》，《古诗文名物新证·一》，第41页，紫禁城出版社，2004年。

〔5〕黄纯艳：《两宋的海外贸易》，第162～168页，社会科学文献出版社，2003年。

〔6〕宋·张世南《游宦纪闻》（中华书局，1981年）卷二记载：“蜀人以温拨切去顶，剜去心，纳檀香、沉香末，并麝少许。覆所切之顶，线缚蒸烂。取出候冷，研如泥。入脑子少许和匀，作小饼烧之，香味不减龙涎。”

〔7〕扬之水《宋人的沉香》（《古诗文名物新证·一》第104页，紫禁城出版社，2004年）指出：“宋代士人视焚香为日常，燕居而求幽玄的清静，实少它不得。而彼时之香，举水沉，可概其要。《志香》所述种种，原有它独特的角度，优劣高下，其标准并非基于‘常及常程祭享’，而是士人燕居之焚香。”

了比较明显的创新，有时还出现了器形上的变化，金鱼村窖藏出土的小型奁式炉便是其中的典型代表之一。一号窖藏出土的奁式炉与汝窑产品中的奁式炉在造型上略有差别，尤其是足部，采用了饼足，但仍然在饼足之外附三个短小、简化的兽足，从足部的高度看，饼足才是实用的足，在外侧的三个兽足实际上仅仅是对奁式炉仿古器形的外观模仿。景德镇窑的这类器形更显示出民窑对仿古器皿器形和装饰的创新，以金鱼村窖藏出土的鼎式炉和鬲式炉为例，在造型上它们都属于仿古的形态，但景德镇窑的产品在器表装饰了大量的减地剔刻花卉纹饰作为主题纹饰，呈现出民窑的活泼新风。而景德镇窑的圈足奁式炉更是舍弃了三足的造型，改为圈足。这些仿古创新之风影响到了四川本土窑场的一些器物造型，都江堰金凤窑的白瓷、黑瓷产品（包括酱色釉产品）中就有不少香炉，而其中大量圈足类的奁式炉应该就是受它们影响而在四川地区窑场出现的新器形。

无论是饮食所用的碗、盘、碟杯等器物，还是香事、花事所追求的花瓶、香炉等物件，龙泉窑和景德镇窑的产品都是四川地区从外界输入的奢侈用品。四川盆地两宋城市与商业的发展，不仅使不同地区频繁的商品交换成为可能，也造就了一大批奢侈品的使用阶层，这是外地的高品质瓷器输入四川的一个重要原因。两宋时期川峡四路人们对外地高档瓷器的需求量增加的另一个原因是本地瓷器的生产不足以满足本地的高端需求。宋代是瓷器史上的一个发展高峰，各地名窑辈出，瓷器不仅作为饮食器具日益普及到人们的生活中，同时形成了与青铜器、金银器等不同器类有所区别的器物风格与造型艺术，不仅使瓷器的使用范围从日常器物扩展到了陈设器皿，更在陈设器皿的生产和使用中彰现出对器物蕴蓄美的追求，造就了独一无二的宋瓷美学，并在各地流行这样的美学倾向。而从目前已有发现和发掘资料看，四川本土的瓷器生产窑场产品主要是满足当地居民日常生活的器用需求，无法实现高品质陈设瓷器的生产。宋代的邛窑、玉堂窑都有大量乳浊釉类瓷器的生产，釉的颜色颇类汝窑的天青、天蓝、月白等，并有大量绿色乳浊釉瓷器，这类器物应当是对汝窑、龙泉窑等乳浊釉青瓷的模仿与追求，但这些产品无论是胎釉还是造型，始终没有能达到其模仿窑口的产品水平，显得较为粗陋。其三，经济与文化的发展，以及川峡四路文人风气的蔚然成风，导致了文房用具、陈设用具的大量增加，因此，川峡四路地区的经济发展与人文风气都为外地的瓷器开辟了广阔的市场，使得从龙泉窑、景德镇窑等瓷器生产地输入大量的高品质瓷器成为必然。

（3）本土市场对龙泉窑和景德镇窑不同风格产品的兼采并用

景德镇窑与龙泉窑是在地域上较为接近两个大型的宋代民窑窑场，但由于景德镇的青白瓷生产源自对定窑等白瓷产品的模仿，在器物形态和装饰风格上更接近定窑等窑场，而龙泉窑则是受汝窑、官窑影响，具有明显的仿官风格，因此两窑的产品风格大相径庭，显示出了很大的差异。但无论存在何种外观及品质的差异，两个窑场在川峡四路的销售产品是基本趋同的，其产品类型以生活器具为主，兼有陈设器具，从出土器物的类型上看，两个窑口的器类都包含了饮食、文房、陈设、香具等各个类型；从窖藏、遗址等出土两窑瓷器的总量上观察，两窑产品也几乎不分上下，说明宋代本地在对两个窑口瓷器产品的选择上几乎没有功能之分。

龙泉窑和景德镇窑的产品从外观而言具有很大的差别。在造型上，龙泉青瓷采用拉坯成型、挖足修胎的方法，器形多敦厚稳重；景德镇窑的瓷器更多采用模制成型，器物的胎薄体轻，器形显得更加轻盈，但是由于采用了快轮修坯的工序和覆烧工艺，在器物的口、足部流下了带细弦纹的芒口。从装饰上看，龙泉青瓷的器表花纹装饰手法较为单一，刻划莲瓣是碗、盘、杯等餐饮类器具的主要装饰方法，瓶、香炉、盖罐等器物则或为素面、或饰以简单的凸线纹（如鬲式炉上的凸线纹、竹节瓶上的凸弦纹等），其产品更多的是釉色的装饰。景德镇窑的产品釉色青白，更多地以装饰模印花纹和刻划花纹见长，大部分碗、盘、碟等器物的内壁都有布局严谨、纹路繁密的花纹图案。以两个窑口都装饰了花纹的饮食器具为例，龙泉窑的饮食器具（碗、盘、杯类）的外壁装饰刻划莲瓣纹其形态和线条并不清晰，有的甚至显得模糊，与景德镇窑产品上精细的刻画或模印花纹相比较，龙泉青瓷的装饰其实不以花纹取胜，而以造型和釉色的装饰为主。各地窖藏出土的龙泉窑荷叶盖罐、琮式瓶、鬲式炉、簋式炉等更是以釉色取胜的最典型代表。在造型上，龙泉窑的荷叶盖罐器形大而规整，荷叶形状的盖尽管厚重，却尽显荷叶的姿态，加之釉层肥厚，如玉般滋润的特色更表现得淋漓尽致。四川各地出土的龙泉青瓷最多的是金鱼村一号窖藏中以第一类青瓷为代表的青瓷品种，它们大多呈胎色灰白、胎质厚重，釉色滋润、釉层肥厚的特征，属于龙泉窑大窑的产品。而遂宁金鱼村一号窖藏出土的两件龙泉窑仿官的灰黑胎青瓷海棠式小花瓶是目前本地考古出土资料中仅见的一例，这两件器物也是大窑的产品，这类典型的仿官器皿没有在宋代的四川地区大量流行，应该与其本身的产量有很大的关系。窖藏所出景德镇窑的青白瓷器物在装饰风格上则更注重图案花纹的装饰，体现了强烈的地方特色，碗、盘、碟等器物的装饰图案多在内壁，以四季花卉、游鱼、莲花、婴戏纹等为主，花纹工整，布局缜密，刻划莲瓣纹在景德镇窑产品中反而显得较为简单。金鱼村一号窖藏出土的几件香炉，减地的剔刻花卉图案生动而华丽，是迄今为止极为少见的宋代景德镇窑的精品。景德镇窑的产品中众多的游鱼、婴戏、牡丹花纹等图案寓意着多子多福与富贵的纹样，在川峡四路地区受到了普遍的喜爱。

蒋祁在《陶记》中记载："若夫浙之东、西，器尚黄黑，出于湖田之窑者也；江、湖、川、广器尚青白，出于镇之窑者也。"文中还记载："两淮所宜，大率皆江、广、闽、浙澄泽之余。土人货之者，谓之黄棹。棹云者，以其色泽不美而在可弃之域也。所谓器之品数，大略有如此者。"[1]从金鱼村窖藏出土的青白瓷和四川地区南宋墓葬、窖藏、遗址出土的青白瓷看，绝大部分的青白瓷都属景德镇窑场的产品，胎质细腻、釉色青白，而很少见到青黄、黄黑釉色者，由此也可知，四川地区出土的青白瓷为景德镇窑产品，它们与湖田窑产品有一定的差异[2]。

（4）南方瓷器的输入路线

北宋中期以后，景德镇窑的青白瓷生产和龙泉窑的青瓷生产都逐步扩大，北宋晚期到南宋前

〔1〕关于《陶记》的成书年代，有南宋和元两种说法，在此采用刘新元、白焜先生在《景德镇陶瓷》中的观点，认为《陶记》的成书年代在南宋晚期。

〔2〕同时，蒋祁还记载了景德镇生产各式碗、碟以及香炉等的名称，有不少也可与川峡四路出土的器物相印证。"碗之类：鱼水、高足；碟之发晕、海眼、雪花，此川、广、荆、湘之所利；盘之马蹄、槟榔；盂之莲花、要角；碗、碟之绣花、银绣、蒲唇、弄弦之类，此江、浙、福建之所利，必地有择焉者。则炉之别：曰猊、曰彝、曰鬲、曰朝天、曰象腿、曰香奁、曰桶子；瓶之别：曰觚、曰胆、曰壶、曰净、曰栀子、曰荷叶、曰葫芦、曰律管、曰兽环、曰琉璃。与夫空头细名，考之不一而足，惟贩之所需耳。"其中的鱼水碗、鬲式炉、香奁炉、净瓶都可以从金鱼村出土的器物中得到印证。

期，两个窑业生产区的瓷器生产都达到了高峰，它们对外的销售也达到了顶峰。同时，四川地区的蜀锦和印刷品等也在这个时期大量输往江南地区，长江水道正好是蜀锦、印刷品的输出与瓷器的输入的主要运输通道。

龙泉窑青瓷的输出路线：一是从产地向北到衢州，再经由水道向东北到运河，经运河到达长江下游平原，在此逆长江而上过鄂州、峡州抵达峡江地区。二是从产地出发向西到信州，再转向西北，抵到鄱阳湖地区，从鄱阳湖入长江水道，逆江而上抵达峡江地区。景德镇窑青白瓷的输出则是向西进入鄱阳湖地区，从鄱阳湖入长江水道，逆江而上抵达峡江地区，路线基本与龙泉窑青瓷的第二条路线重叠。

江南地区的瓷器产品进入峡江地区后，在四川盆地的运输则结合了水路与陆路的交通路线。四川盆地内纵横分布的江河是四川地区天然的、主要的交通通道，结合自战国开始逐渐形成的陆路通道，至唐代在四川盆地已经构成了较为完善的内部及对外的交通网。随着物质商品流通数量的不断增加，长江水道在宋代已经是这个区域最重要的交通干线，它不仅横贯盆地东西，还是四川盆地与长江中下游连接的主要道路。南北向的重要河流有东部的嘉陵江、中部的涪江和沱江、西部的岷江，它们与长江水道共同形成了纵贯四川盆地东西南北的水路网。因此，瓷器运输穿过峡江地区以后，在长江干道分三条路线北上：一是沿嘉陵江水道（渠江、涪江水道）北上潼川府路、利州路各地；一是沿沱江北上进入潼川府路各地；一是沿岷江北上进入成都府路，再运送到成都平原各地。

盆地内的陆路交通线中最重要的是金牛道，它在东北－西南方向穿过整个四川盆地，同时，唐代时已经形成的成渝南道和成渝北道在宋代也日渐成熟通畅，成为沟通成都府与渝州的两条重要通道，此外，从万州经梁山、垫江、嶙山、邻水、合州、遂州、飞乌到成都的路线则是长江中下游的物资逆流进入峡江地区后输入成都平原最常用的陆路通道。位于四川盆地腹地和涪江左岸的遂宁，它优越的交通条件也是非常明显的：它不仅在长江主要的支流涪江水道上，也在万州到成都的陆路通道上。与遂宁有相似位置的州城还有简阳（简州）和资阳（资州），这两地也是出土了大型瓷器窖藏的地点（参见图二四七及附表一）。

2. 北方瓷器的种类

两宋川峡四路窖藏出土的北方窑场瓷器产品现在所见的只有定窑和耀州窑的产品。定窑的器类主要是碗、盘、碟等餐饮器具，耀州窑的产品也主要为碟、杯、盏、盘、碗、钵等，数量不多，也没有如龙泉窑和景德镇窑的文房用具、陈设器皿、香器等类器物。定窑和耀州窑的产品在川峡四路的使用虽非罕见，但在数量和种类上远远不及龙泉窑和景德镇窑的产品。此外，有的定窑器物从器形上观察显得年代较早，如三台煤建公司出土的碟、盂、盏，尤其是仿生造型的碟，时代当在北宋时期。这与南宋以后，北方为金、辽所据，与川峡四路在民间贸易上的不通畅有很大关系。从运输途径上分析，南北向的嘉陵江水道和东北—西南方向的金牛道是北方瓷器的主要运输通道，但也可能通过在第三地的转卖获得。

另一个值得注意的现象是在两宋川峡四路的窖藏中不见河南河北地区钧窑产品、磁州窑产品，而在成都平原的城市遗址发掘中，在宋代地层与遗迹单位中也罕见这些窑场的瓷器出土，说明这些的窑场产品在川峡四路的销售和使用是极为稀少的。

3. 关于各地窖藏出土的四川本地瓷器产品

见于窖藏的本地瓷器产品数量不多，分别有磁峰窑的白瓷产品、窑口不辨的黑瓷产品、清溪窑的乳浊青瓷产品，以及少量邛窑或玉堂窑的青瓷产品。

（1）磁峰窑的发展

对白瓷产品的喜爱应该说贯穿着四川盆地居民瓷器使用的始终，杜甫在成都生活时期所创作的《又于韦处乞大邑瓷碗》一诗中[1]，人们对大邑白瓷的珍爱态度已跃然纸上。从唐代到宋代，四川盆地地区的人们对白瓷的喜爱是毋庸置疑的，然而，由于原料的限制，四川地区的白瓷生产一直很低靡，成都平原的邛窑尽管从南朝至隋代开始就生产白瓷，但白瓷产品一直不是邛窑的主流产品，由于胎质过粗、胎色过深，必须依靠浅白色化妆土才能烧制出白瓷。及至宋代，位于传统瓷业地带的磁峰窑因优质瓷土的发现与煤炭的使用，开始了白瓷的生产。磁峰窑的产品不仅在胎质上与成都平原别的窑口形成极大的差异，在产品风格上也因为受到了北方地区定窑的影响，显示出与本地的其他窑场不同的器物造型与装饰特征。作为四川本土唯一一个专门生产白瓷的窑场，它的产品在四川本土的瓷业生产中可谓独树一帜。磁峰窑的白瓷在成都市区科甲巷遗址、江南馆街遗址、内姜街遗址以及金河路遗址等城市遗址的宋代地层中都有发现，其中1996年和2007年发掘的江南馆街遗址中，磁峰窑的白瓷产品在遗址的出土瓷片中占有相当大的比重，说明磁峰窑产品在宋代的成都城市生活中受到普遍的喜爱，四川盆地各地窖藏出土瓷器中也有不少磁峰窑的白瓷产品，如成都、郫县、彭山、遂宁、资阳的窖藏中都有磁峰窑的白瓷出土，反映出磁峰窑产品在本地区的销售与普及状况，并在一定程度上替代了定窑产品在四川本地市场上的占有率，这应该也是作为北方一大窑场的定窑产品在宋代少见于成都平原及其周围地区的原因之一。

（2）黑瓷的广泛生产

黑瓷产品是除磁峰窑白瓷产品以外较为常见的见于窖藏的本地瓷器产品，黑瓷的生产到了南宋时期几乎遍布川峡四路各个地区，经过发掘的窑址有成都平原西部的金凤窑、瓦岗坝窑[2]，南部的西坝窑，峡江地区的涂山窑[3]，川北山地的广元窑[4]。而经调查确认的生产黑瓷的窑场还有成都的琉璃场窑，乐山苏稽窑、西溶窑[5]，蒲江东北窑[6]，巴县姜家窑，清溪梓桐窑，重

---

〔1〕 唐·杜甫《又于韦处乞大邑瓷碗》："大邑烧瓷轻且坚，扣如哀玉锦城传。君家白碗胜霜雪，急送茅斋也可怜。"《杜少陵集详注》卷九。

〔2〕 成都市文物考古研究所、都江堰市文物局：《都江堰市金凤窑发掘报告》，《2000成都考古发现》，科学出版社，2002年；《都江堰市金凤乡瓦岗坝窑发掘报告》，《2000成都考古发现》，科学出版社，2003年。

〔3〕 重庆市文物考古所：《重庆涂山窑》，科学出版社，2006年。

〔4〕 a. 重庆市博物馆：《四川广元瓷窑的调查收获》，《考古与文物》1982年第4期。
b. 四川省文物考古研究所、广元市文物保护管理所：《广元市瓷窑铺窑址发掘简报》，《四川文物》2003年第3期。

〔5〕 陈丽琼：《乐山市古窑址调查》，《古代陶瓷研究》，重庆出版社，2001年。

〔6〕 莫洪贵：《蒲江县发现古窑址》，《四川古代陶瓷研究·二》，四川省社会科学院，1984年。

庆荣昌窑等，这些黑瓷窑址大多采用馒头窑、以煤作为燃料进行生产，产品形态比较接近，尤其是金凤窑、瓦岗坝窑、涂山窑、广元窑等，无论是产品的类型还是产品的外观都非常相似，以黑瓷盏为最大宗产品，另有大量的碗、双耳罐、瓶、炉等器类。

茶盏是各地黑瓷窑场的主要产品之一，这与川峡四路在宋代是重要的产茶地区是有很大关系的。宋代四川地区的黑瓷茶盏在外观上形态很丰富，各地茶盏的器形有大小之分、胎壁厚薄之分，在造型上还有敛口、束口、敞口、侈口等不同，足底还可分为小饼足和小圈足的不同种类；而在结晶釉的装饰上，有兔毫、油滴等见于南北方各地黑瓷窑场的纹饰，也有江南地区较常见的玳瑁纹，还有北方地区较多见的酱釉斑点纹等。从各窑场的窑炉技术、装烧技术上看，宋代四川地区的黑瓷生产主要受到了北方的耀州窑、磁州窑等窑场的影响。

与南宋时期川峡四路的黑瓷生产状况一致，各地窖藏出土的黑瓷中最多的器类为茶盏。它们分别属于四川盆地各地的本土窑场，例如金鱼村一、二号窖藏出土的黑瓷产品尽管是同类器物，都是餐饮类的器物茶盏，但从胎体特征到釉色、纹饰都有所差别，应该属于两个不同的生产地。结合四川地区已经发现的生产黑瓷的窑场，认为二号窖藏出土的黑瓷产品有可能是金凤窑（或瓦坝窑）的产品〔1〕。还有窖藏所在地的本土窑场产品，比如忠县的64件黑釉盏，报告中描述“胎质较粗糙，常含少量砂粒，胎色不纯，有红褐色、灰褐色，施釉不均匀，釉色黑中泛褐。色泽晦涩，造型也不大讲究”，其外观尽管与西坝窑产品较为接近，但从最近的考古调查与试掘陆续发现了不少黑瓷窑场，显示南宋时期各地都有生产黑釉产品的窑场，这些窑场的产品多粗陋，为满足本地农村市场的需求，所以判断这些瓷器为当地产品的可能性更大。同时，我们也认为本地黑瓷窑场生产的繁荣也导致了建窑等著名的黑瓷窑场产品在川峡四路地区少见的局面。

广元窑地处嘉陵江左岸，位于南宋利州路的利州都督府治地，是四川省最早发现的宋代黑瓷窑场〔2〕，其产品在当地的考古工作中也有发现〔3〕。由于以前对四川地区黑瓷窑场的发掘和发现甚少，所以四川盆地各地出土的大多数黑瓷产品被认作广元窑产品。近年来都江堰金凤窑和瓦缸坝窑、乐山苏稽窑和西坝窑、重庆涂山窑等以生产黑瓷为主的窑场的考古发掘使我们认识到，在成都平原及其周边，以及峡江地区的黑瓷窑场所生产的黑瓷产品较为接近，无论是造型、釉色上都非常相似，加之不少窑场的制作工艺也呈现出高度的相似性，更增加了对其产品识别的难度。由于四川本土的黑瓷产品还没有较为完整的测试数据，所以目前在本地黑瓷产品的判断上仅能依据其特征进行辨别。本次的测试结果显示，金鱼村一号窖藏出土的黑瓷产品与广元窑已经公布的数据不太一致。但同时也应该看到，广元窑仅有一件测试数据，所以它远远不能代表整个广元窑的特征。故此，对这4件黑釉玳瑁纹盏的窑口的判断尚存疑问，但它们极可能是遂宁本地

---

〔1〕 金凤窑和瓦缸坝窑都位于都江堰市金凤村，两窑距离不过1公里左右，均在金凤山前，在窑路结构、产品形态上极为一致，是同一地域内、生产特征相同的两个窑场，也可视作同一窑场的两个不同区域，由于金凤窑的发掘相较瓦缸坝窑更完全，所以在判断窑口归属的时候多取金凤窑之名而舍瓦缸坝窑。

〔2〕 a. 王家祐：《四川广元黑釉窑初探》，《文物参考资料》1955年第3期。

b. 丁祖春：《广元磁窑铺黑釉窑》，《四川陶瓷史资料》第1辑，内部资料，1979年。

c. 重庆市博物馆：《四川广元窑的调查收获》，《考古与文物》1982年第4期。

d. 四川省文物考古研究所、广元市文物保护管理所：《广元市瓷窑铺窑址发掘简报》，《四川文物》2003年第3期。

〔3〕 魏达议：《记广元宋墓腰坑出土文物》，《文物资料丛刊》第7集，文物出版社，1983年。

或附近窑场的产品。

（3）关于宋代四川本土青瓷的几点问题

青瓷的生产一直是四川本土窑场的传统，对邛窑和玉堂窑的发掘也说明，宋代成都平原的青瓷生产仍然十分普遍，窑场的产量也相当惊人。在成都平原的城市考古中，各个遗址的宋代地层都出土了极为丰富的邛窑、玉堂窑和琉璃厂窑等窑场的产品，说明本地的青瓷瓷器产品在宋代人们的日常生活中得到了极大的普及。然而我们也注意到，宋代四川地区的墓葬和窖藏却罕见这些窑场的青瓷产品。由于川峡四路宋代墓葬的随葬品具有相对固定的组合，尤其流行随葬陶器和釉陶类器物，所以在遗址中常见的日常生活器皿基本不见于墓葬之中。综观各地窖藏，磁峰窑的白瓷产品和四川本土的黑瓷产品在窖藏中被保存、埋藏的几率远远大于各个青瓷窑场的产品，其原因值得我们探索与思考。崇庆县电影公司窖藏出土的邛窑器物是目前仅见的窖藏邛窑器物〔1〕。

清溪窑是20世纪80年代的考古调查发现的本土窑场，其产品分别在遂宁和忠县的窖藏中出土，其中遂宁的窖藏中出土的11件乳浊青釉杯均为芒口，釉面平整光洁、胎体轻薄均匀、芒口较为狭窄而整齐，没有使用痕迹，是考古所见的清溪窑最优良的瓷器品种。这种乳浊青釉的产品在宋代在各个青瓷窑场有了较为普遍的生产，比如在邛窑的什邡堂窑的一号窑包、玉堂窑的六号窑包等，都有大量的乳浊青釉、青白釉等产品。而金鱼村窖藏出土的清溪窑的乳浊青釉产品为芒口，且芒口制作规整，显示出工艺的精湛与熟练，其芒口的特征是与成都平原的青瓷窑场的乳浊釉类产品最明显的不同之处。

遂宁金鱼村一号窖藏中出土的青瓷五管瓶，在简阳东溪园艺场的窖藏、新安沉船中都可见同样造型的龙泉窑青瓷产品，这类器物在各地出土的数量并不多，对其功用的认识也一直未能完成。成都平原的邛窑什邡堂窑址在1986年的发掘中曾出土了3件类似的器物，分别为四管、五管的壶形器皿，报告编写者将其定名为灯（原报告A型灯，参见图208，图片226、227）〔2〕，其造型与前述的龙泉窑五管青瓷器皿较为接近，都作有颈的壶状造型，细长的管位于器物的肩部。与此同时，简阳东溪园艺场窖藏中还出土了龙泉窑青瓷产品五管灯，器物作盆状，五管立于盆底，五管下有小孔；成都平原的金凤窑在2000年的发掘中也出土了相似的产品3件，均为酱釉产品，原报告为花插（参见第277～278页，图四二：5～7）〔3〕，器物分别作花口碗、碗和双层盏托状的造型，五管立于器底，均作中间一根、周围四根的分布，管下有小孔。从形态上分析，金凤窑出土的五管器与简阳东溪出土的五管灯是同类器皿，管下的小孔直接说明了其作为灯具的功用，因此原报告称其为“花插”是不恰当的。邛窑出土的多管器在形态上与龙泉窑的青瓷五管器属同类器皿，与龙泉窑、金凤窑盆钵造型的五管灯有一定的差异，它们是否也作为灯具使用还有待进一步的材料与研究，而这类器物同时出现在龙泉窑和邛窑的青瓷产品中，也是值得我们探讨的问题。

---

〔1〕原报告定为唐代玉堂窑产品，但笔者认为它们与2005～2007年度邛窑遗址什邡堂一号窑包宋代地层发掘出土的器物十分接近。

〔2〕陈显双、尚崇伟《邛窑古陶瓷简论——考古发掘简报》（《邛窑古陶瓷研究》，中国科技大学出版社，2002年）中的三件器物都是青绿釉产品。

〔3〕成都市文物考古研究所、都江堰市文物局：《都江堰市金凤窑发掘报告》，《2000成都考古发现》，科学出版社，2002年。

附表一　四川盆地宋代窖藏出土瓷器统计表

序号	窖藏名称	宋代所在地		窖藏概况	出土瓷器	伴出器物	资料出处
		路名	州、县名				
1	剑阁 鹤鸣山窖藏	利州路	隆庆府	土坑窖穴 填砂	龙泉窑青瓷3件:莲瓣碗2、八边形碟1 不明窑口瓷器1件:褐色开片瓷碗(釉色不明)	铜器2件:铣1、镳斗1	母学勇:《剑阁宋代窖藏综述》,《四川文物》1992年第3期
2	剑阁 卧龙山窖藏		隆庆府	土坑窖穴 填砂	龙泉窑青瓷3件:菱形口方瓶1、衔环长颈小瓶2 景德镇窑青白瓷1件:鼎式炉 定窑白瓷1件:唇口碗	陶瓶、铜器若干,数量不详,其中铜器有瓶、匙、筷、盏托、烛台等	
3	剑阁 武连乡窖藏		隆庆府	土坑窖穴 填砂	龙泉窑青瓷2件:碗1、茧形壶1 景德镇窑青白瓷2件:刻划花纹碗1、莲瓣纹碗1 广元窑黑瓷1件:茶盏	本窖藏只埋藏瓷器	
4	剑阁 小东街窖藏		隆庆府	土坑窖穴 填砂	景德镇窑白瓷2件:碟 不明窑口白瓷1件:白瓷碗 不明窑口黄釉瓷器2件:碗1、执壶1(墨书"冯立"二字,原报告为陶器) 不明窑口青瓷2件:青釉罐1、青釉谷仓罐1(原报告为陶器) 不明窑口绿釉瓷器2件:瓶(原报告为陶器)	玉器6件:蟾1、碾钵1、狮1、兽乘人雕1、瓶1、盒1(原报告称为祭器一组) 铜器数量不详,计有:铣1、衔环瓶1、火焰纹瓶1、细长颈瓶1、鼓腹瓶1、爵式杯1、博山炉1、鼎式炉1、灯1以及侈口瓶、素面瓶、筷、盏托、烛台若干 铁器1:锏 印章1(质地不详)	
5	平武 南坝区窖藏		龙州	土坑窖穴 器物置于黑釉陶缸内	定窑白瓷7件:印花碟 景德镇窑青白瓷35件:印花碗31、碟4	铜器8件:勺6件、筷1双	冯安贵:《四川平武发现两处宋代窖藏》,《文物》1991年第4期
6	阆中 丝绸厂窖藏		阆州	六边形石板窖穴	龙泉窑青瓷20件:碗 景德镇窑青白瓷49件:双立耳三足炉2(原报告为青瓷)、碗18、花口瓶1、菊花口碟6、印花碟8、葵口盘6、盘4、器盖4 景德镇窑白瓷8件:盘 吉州窑黑瓷4件:玳瑁纹盘	铜器319件(套):觚1、匜1、瓶16、器座4、匙111、筷122双、铜钱27枚,以及盘、盆、钵、灯、盏托、镳斗等计37件	张启明:《四川阆中县出土宋代窖藏》,《文物》1984年7期

续附表一

序号	窖藏名称	宋代所在地		窖藏概况	出土瓷器	伴出器物	资料出处
		路名	州、县名				
7	巴中 县医院窖藏	利州路	巴州 化城县	土坑窖穴 器物置于铜罐内	龙泉窑青瓷26件:碗 景德镇窑青白瓷30件:盘9、碟21 不明窑口青瓷10件:青灰釉盏(与清溪窑青瓷特征较为接近) 不明窑口酱釉瓷器5件:酱釉碗 不明窑口黑瓷11件:碗10、茶盏1	铜器11件:牛灯1、烛台4、龙4(两组)、兽头2 陶器1件:罐 铁器1件:釜	程崇勋:《巴中县出土宋代窖藏》,《四川文物》1989年4期
8	营山 仁和公社 窖藏		蓬州 营山县	土坑窖穴 器物置于二合扣的铁锅内	龙泉窑青瓷25件:碗17、盘5、盘口盘3(原报告为碟) 器物均为追缴文物。出土瓷器共165件,仅报告32件器物、25件瓷器	铜器7件:瓶	刘敏:《营山县发现宋代窖藏》,《四川文物》1985年第1期
9	成都 昌都汽车运输公司窖藏	成都府路	成都府	土坑窖穴	龙泉窑青瓷9件:碟 景德镇窑青白瓷60件:碗18、碟35、瓶7 耀州窑青瓷5件:盘 定窑白瓷2件:碟 磁峰窑白瓷30件:盘2、杯28	铜器9件:瓶7、觚2	翁善良:《成都市发现一处南宋窖藏》,《文物》1984年第1期
10	成都 凉水井村 窖藏		成都府	土坑窖穴 北面竖立一铁板	景德镇窑青白瓷1件:带盖罐 磁峰窑白瓷88件:碗40、盘18(其一外底朱书"正仲")、杯30 金凤窑黑瓷43件:茶盏(原报告为广元窑)	铁器1件:六足碓窝 铜器若干:因锈蚀无法统计数量,可辨器形为瓶、罐、勺等	高凤惠:《金牛区发现南宋窖藏瓷器》,《成都文物》1984年第3期
11	郫县 红星公社 窖藏		成都府 郫县	土坑窖穴 器物置于一陶缸内	景德镇窑青白瓷5件:碟(原报告为盏) 磁峰窑白瓷52件:奁式炉5(原报告为缸)、瓶12、罐1、碗12、杯17、碟5(原报告为盏) 金凤窑黑瓷11件:茶盏	用于放置瓷器的陶缸1件	梁文骏:《郫县出土的宋代瓷器窖藏》,《文物》1984年第12期
12	彭州 工业大道 窖藏		彭州	土坑窖穴	龙泉窑青瓷1件:盖罐	铜器70余件(套):琮4、鼎2、甗6、尊2、盒2、鬲1、壶5、盘4、瓶11、山形饰1、器座3以及环、甑、罐等残片若干、佛教造像及配件12 石器2件:砚	成都市文物考古研究所:《彭州宋代青铜器窖藏》,《2004成都考古发现》,北京,科学出版社,2006年,第392~432页

续附表一

序号	窑藏名称	宋代所在地		窑藏概况	出土瓷器	伴出器物	资料出处
		路名	州、县名				
13	德阳 景福公社 窖藏	成都府路	汉州 德阳	土坑窖穴 器物置于一大陶缸内	不明窑口黑瓷16件:碗(与金凤窑黑瓷特征接近)	铜器45件:盆3、盘1、钵1、鼓形器1、烛台2、瓶2、茶具15套、筷1双、镜3	四川省文物管理委员会、德阳县文物管理所:《四川德阳县发现宋代窖藏》,《文物》1984年第7期
14	什邡 两路公社 窖藏	成都府路	汉州 什邡	土坑窖穴 器物置于一大缸内	龙泉窑青瓷:莲瓣纹大盌、深腹盌、盘、碟、盏、葫芦瓶、长颈瓶、弦纹瓶、圈足鼎式炉(原报告为盂) 景德镇窑青白瓷:大盌、盘、杯 景德镇窑白瓷:碗(原报告为盌)	出土瓷器280余件,仅报告了15件,各类出土瓷器具体数量不详	丁祖春:《四川省什邡县出土的宋代瓷器》,《文物》1978年第3期
15	什邡 蓥华乡窖藏	成都府路	汉州 什邡	土坑窖穴 发现时瓷器全部损坏	景德镇窑青白瓷碎片	伴出"直夫"、"宜"铭银碗10件	郑绪滔:《四川什邡出土宋代银碗》,《四川文物》1986年第2期
16	简阳 东溪 园艺场窖藏	成都府路	简州	石板窖穴 (疑为利用了石室墓穴) 原报告将此窖藏定为元代墓葬	龙泉窑青瓷231件:瓶22、炉3、五管灯2(原报告为灯)、五管瓶1、盂式炉14(原报告为盂)、罐1(带荷叶盖)、碗45、洗18、盘70、碟33、杯21、奁1 景德镇窑青白瓷198件:碗61、盘10、碟115、杯8、执壶1(原报告为温壶)、瓶2(残件,原文为花筒)、唾壶1 景德镇窑白瓷82件:碗13、盘9、碟60 不明窑口酱釉瓷器9件:碗 不明窑口黑瓷5件:碗	铜器61件:烛台9、灯1、炉11、净瓶1、瓶4、壶16、簋2(原报告为盂)、唾壶1、釜3、洗1、甑1、三足盘3、觚2、鱼形笔架1、龙虎牌1、盒1、铃2、扁钟1 铁器2件:滚1、盒1 石器18件:瓶1、砚台17 铜钱1枚:五铢 铁钱4枚:宋元通宝3、太平通宝1	四川省文物管理委员会:《四川简阳东溪园艺场元墓》,《文物》1987年第2期
17	绵阳 刘家乡窖藏	成都府路	绵州 巴西县	土坑窖穴 器物置于铜盆内	龙泉窑青瓷2件:碗 景德镇窑青白瓷4件:碗 定窑白瓷1件:碗	用于放置瓷器的铜盆1件	何志国:《绵阳刘家乡发现宋代瓷器》,《四川文物》1989年第5期

续附表一

序号	窖藏名称	宋代所在地		窖藏概况	出土瓷器	伴出器物	资料出处
		路名	州、县名				
18	彭山 罐头厂窖藏	成都府路	眉州 彭山县	土坑窖穴 器物置于一铁罐内	龙泉窑青瓷18件:莲瓣纹盘10、碗6、杯2 景德镇窑青白瓷61件:斗笠碗23、盘13、菊花碟24、碟1 磁峰窑白瓷5件:杯 不明窑口黑瓷:茶盏14(原报告为广元窑,可能为本地坛罐窑产品)	在此窖藏同一地点相距1.5米处有一铜器窖藏,出土铜器20件:盆2、执壶2、奁式炉1(原报告为筒)、豆形器7、烛台8(原报告为锥柱盘)	帅希彭、方明:《彭山发现南宋窖藏》,《四川文物》1996年第1期
19	青神 南城乡窖藏		眉州 青神县	砖砌窖穴 面积近20平方米,瓷器堆砌其中,但在发现时即被村民打碎	龙泉窑青瓷8件:瓶(均为追缴收回的器物)		鲁树泉:《青神发现宋代窖藏瓷器》,《四川文物》1989年第4期
20	崇州 电影公司 窖藏		崇庆州 崇庆县	土坑窖穴 器物置于两个对扣的陶钵内	龙泉窑青瓷8件:碗 景德镇窑青白瓷27件:碗21、盘6 邛窑青瓷12件:碗4、小碗2、花口碗1、盘2、灯盏2(原报告为盏)、钵1(原报告将邛窑青瓷定为唐代瓷器,依据对什邡堂窑最近的发掘资料,这些器物是典型的宋代器物)		四川省文管会、崇庆县文化馆:《崇庆县发现唐宋瓷器窖藏》,《考古与文物》1983年第5期
21	大邑 安仁镇窖藏		邛州 大邑县	土坑窖穴 器物置于大陶瓮内	龙泉窑青瓷5件:双耳三足炉1、斗笠碗4 景德镇窑青白瓷20件:碟16、瓜棱执壶1、瓜棱小罐1、盒2 不明窑口黑瓷12件:瓶 不明窑口酱釉瓷器7件:碗6、釜1 不明窑口绿釉瓷器1件:贯耳瓶	铜器13件:镜1、执壶2、瓶2、鼎式炉1、盒1、筷1双、铲1、燕尾式器足3 铁器5件:锸1、锁1、权2、秤钩1 石器3件:砚1、笔山1、镇纸1	大邑县文化馆:《四川大邑县安仁镇出土宋代窖藏》,《文物》1984年第7期
22	大邑 食品公司 窖藏		邛州 大邑县	土坑窖穴 器物置放在一双耳陶罐内	景德镇窑青白瓷32件:碗20、斗笠碗4、盘8	铜器9件:瓶 钱币18枚:崇宁通宝14、崇宁重宝3、乾元重宝1	大邑县文化馆:《大邑县发现宋代窖藏》,《成都文物》1984年第1期
23	峨眉山 罗目镇电机 厂窖藏		嘉定府 峨眉县	土坑窖穴 器物置于一陶缸内	龙泉窑青瓷11件:双凤耳瓶1、四方瓶1、盘1、碟7、鼎式炉1 景德镇窑青白瓷5件:盘1、碟4	铜器16件:瓶10、碗3、钵1、勺1、烛台1 石器1件:洗 玉器1件:玩具	陈黎清:《峨眉山市罗目镇出土宋代窖藏》,《四川文物》1990年第2期

续附表一

序号	窖藏名称	宋代所在地		窖藏概况	出土瓷器	伴出器物	资料出处
		路名	州、县名				
24	峨眉山 罗目镇天久 电冶公司 二号窖藏	成都府路	嘉定府 峨眉县	土坑窖穴 器物置于一釉陶罐内，本窖藏编号为K2，与铁钱窖藏K1相距7米，与1990年发现的窖藏相距不远	景德镇窑青白瓷56件：碗7、碟49（带银扣） 景德镇窑白瓷5件：碟 不明窑口黑瓷1件：盏	铜器12件：釜2、筷10双 水晶杯1件	四川省文物考古研究所、峨眉山市文物管理所：《峨眉山市罗目镇宋代窖藏发掘简报》，《四川文物》2003年第1期
25	石棉 宰羊乡窖藏	成都府路	黎州 安静寨	土坑窖穴 器物置于陶罐内，其上覆盖石板	不明窑口黑瓷4件：双耳罐1、壶1、瓶2（原报告为陶器） 不明窑口青瓷1件：碗	铜器1件：铜铃 铁器1件：因锈蚀无法辨认器形	及康生：《石棉宰羊乡发现宋代窖藏》，《四川文物》1991年第2期
26	三台 煤建公司 窖藏	潼川府路	郪县	土坑窖穴 器物置于一陶缸内	定窑白瓷3件：碟1、盂1、盏1	白瓷碟（三出花瓣形）和水盂（划浪花纹）外底上均有刻划的“官”字款	景竹友：《三台出土的白定“官”字款瓷器》，《四川文物》1996年第1期
27	三台 东河纸厂 二号窖藏	潼川府路	郪县	土坑窖穴 器物置于一青釉瓷盆内，青釉瓷盆为本地青瓷产品，上书“李白一斗诗百篇，长安市上酒家眠” 本窖藏编号为J2，与同时发现的J1相距15米，J1的时代当在元代	龙泉窑青瓷21件：碗11、盘2、碟6、觚2 景德镇窑青白瓷8件：碗4、盏2、碟2 景德镇窑白瓷1件：杯 不明窑口黑瓷14件：碗（可能为涂山窑）		景竹友：《三台出土宋代窖藏》，《四川文物》1990年第4期
28	遂宁 金鱼村 一号窖藏	潼川府路	遂宁府	土坑窖穴	龙泉窑大窑青瓷343件：荷叶盖罐1、炉9、大瓶10、小瓶23、葫芦执壶1、五管瓶3、碗37、盘26、洗54、杯67、碟16、器盖96；仿官青瓷小瓶2 龙泉窑金村窑青瓷25件：碗14、盘11 景德镇窑青白瓷707件：梅瓶8、小瓶9、炉6、执壶1、砚滴2、蟾形水盂2、笔墨插1、碗208、钵3、盘102、碟331、杯34、小罐1、盒1、器盖85 景德镇窑白瓷9件：盘 定窑白瓷9件：碗 耀州窑青瓷4件：盘2、盅1、器盖1 磁峰窑白瓷18件：碗8、盘10 清溪窑青瓷11件：杯 不明窑口黑瓷4件：茶盏（原报告为广元窑） 本表数据依据本报告编写中的最新统计，与简报数据有出入者以本表为准	铜器169件：钟1、铃7、瓶14、碗15、镳斗1、炉10、釜形器1、龟形器1、匜形器1、器盖2、环2以及柄2、残件若干等 石器2件：青石琮式瓶	遂宁市博物馆、遂宁市文物管理所：《四川遂宁金鱼村南宋窖藏》，《文物》1994年第4期

续附表一

序号	窖藏名称	宋代所在地		窖藏概况	出土瓷器	伴出器物	资料出处
		路名	州、县名				
29	遂宁 金鱼村 二号窖藏	潼川府路	遂宁府	土坑窖穴 该窖藏系施工中发现，器物均为后期收集	龙泉窑青瓷34件:碗4、盘9、杯9、器盖12 景德镇窑青白瓷1件:器盖 定窑白瓷5件:盘 不明窑口黑瓷7件:茶盏(特征与金风窑产品接近)	伴出铜器1件:器盖	资料存四川宋瓷博物馆
30	资中 亢溪乡窖藏		资州 盘石县	土坑窖穴 器物置于两个对扣的铁锅内。 窖藏周围有房屋建筑遗迹	耀州窑青瓷4件:碗 磁峰窑白瓷6件:盘	伴出铁器2件:刀 铜器1件:钵 铁钱72公斤 陶器1件:滴水	杨祖垲:《资中县亢溪乡宋代窖藏清理简报》，《四川文物》1997年第6期
31	广安 大良乡窖藏		广安军	土坑窖穴 器物置于大铁鼎内，其上覆盖一铜盆	龙泉窑青瓷4件:碗2、钵2 景德镇窑青白瓷30件:碗9、杯2、盘6、碟12、瓶1 涂山窑黑瓷3件:碗	伴出铜器3件:瓶2、鐎斗1	李明高:《广安县出土宋代窖藏瓷器》，《四川文物》1989年第3期
32	广安 广福乡窖藏		广安军	土坑窖穴 小型铜器置放在一穿孔的陶坛内，大型铜器有序倒置于一长方形铜盘内	建窑黑瓷1件:茶盏	窖藏主要出土铜器，共计80余件:辟邪1、鍪2、壶1、钟1、蒜头壶2、琮式瓶2、净瓶1、镜2、杵1、带座瓶、罐、人像1套(原报告为灯)、盘2、炉7、瓶29、杯7、烛台3、器座11、觚2 石器2件:端砚	李明高:《广安县出土宋代窖藏》，《四川文物》1985年第1期
33	荣昌 合靖乡窖藏		昌州 昌元	长方形石坑窖穴 仅藏瓷器	龙泉窑青瓷9件:碗8、鼎式炉1 定窑白瓷13件:碗8、盘5 耀州窑青瓷57件:碟4、杯2、盏5、盘9、碗24、钵1、带盖碗12 吉州窑黑瓷47件:盘12、茶盏1、碗34 建窑黑瓷1件:茶盏 广元窑黑瓷9件:茶盏4、瓶5		重庆市博物馆、荣昌县文化馆:《重庆荣昌县宋代窖藏瓷器》，《四川考古报告集》，北京，文物出版社，1998年，第406~413页

续附表一

序号	窖藏名称	宋代所在地		窖藏概况	出土瓷器	伴出器物	资料出处
		路名	州、县名				
34	忠县 中坝窖藏	夔州路	咸淳府 临江县	土坑窖穴 填沙，窖口盖一平底铜锅	龙泉窑青瓷 21 件：碗 5、碟 5、盘 9、匜 1、瓶 1（报告称出土龙泉窑产品共 39 件，仅描述 21 件） 清溪窑青瓷 18 件：盏 不明窑口黑瓷 64 件：碗（原报告为西坝窑）	铜器 3 件：勺 1、钵 1、平底锅 1 铁器 2 件：漏勺 1、钟 1	四川省文物考古研究所、重庆市文化局三峡办、忠县文物管理所：《忠县中坝遗址宋代瓷器窖藏发掘简报》，《四川文物》2001 年第 2 期
35	开县 温家镇窖藏	夔州路	开州 开江县	不详 未发表发掘简报，窖藏形制及所藏物品均不详	龙泉窑青瓷 1 件：凤耳瓶 景德镇窑青白瓷 1 件：胆式瓶		《中国出土瓷器全集》10 卷，北京，科学出版社，2008 年。第 200 页、214 页图版

附表二

四川盆地元代窖藏出土瓷器统计表

序号	窖藏名称	归属宋代所在地		窖藏概况	出土瓷器	伴出器物	资料出处
		路名	州、县名				
1	绵竹 胜利街窖藏	成都府路	汉州 绵竹	土坑窖穴 器物置于一大陶罈内 简报中描述器物为追缴回的文物 本窖藏的埋藏时代不晚于元代，但其中青白瓷鼎式炉、黑瓷茶盏的时代为宋代	景德镇窑青白瓷6件：观音像1、玉壶春瓶1、铺首方瓶1、鼎式炉1、印花盘2 不明窑口黑瓷2件：茶盏		宁志奇：《绵竹宋代瓷器窖藏》，《四川文物》2008年第6期
2	中江 西山乡窖藏	成都府路	汉州 飞乌	土坑窖穴 器物置于陶缸内，其上覆盖一陶盆 本窖藏的埋藏时代不晚于元代，但其中磁峰窑的白瓷碗、盘，窑口不明的黑釉茶盏的时代均为宋代	龙泉窑青瓷39件：盘8、碗5、高足碗2、杯22、贯耳瓶1、奁式炉1 磁峰窑白瓷12件：盘7、碗5 不明窑口黑瓷49件：高足杯47、黑釉茶盏2（原报告为碗） 不明窑口灰白釉瓷器1件：匜（原报告为陶钵）	陶器1件：盆 铁器6件：罐1、鼎式炉1、铡刀1、刀1、锅2 铜器2件：盆1、锅1 铜钱1枚：崇宁通宝	王启鹏、吴梅：《四川省中江县出土宋元窖藏》，《四川文物》2005年第2期
3	三台 东河纸厂一号窖藏	潼川府路	郪县	土坑窖穴，器物置于铜缸内，其上覆盖铁锅，旁边有两堆铸铁 窖藏出土的龙泉窑青瓷为宋元之际器物，窖藏的年代不晚于元代	龙泉窑青瓷4件：瓶3、罐1	铜器4件：瓶2、鼎式炉1、熨斗1 铅器1件：秤砣 铁器1件：斧	景竹友：《三台出土宋代窖藏》，《四川文物》1990年第4期
4	武胜 沿口乡窖藏	潼川府路	武胜	土坑窖穴，器物置于二扣合的铁锅内 从龙泉青瓷的高足杯、平沿洗，黑釉高足杯等器物判断，该窖藏的埋藏年代不晚于元代。而龙泉窑青瓷中的莲瓣纹盘等器物则为南宋龙泉窑产品	龙泉窑青瓷38件：碗15、洗13、高足碗1、高足杯1、盘8 景德镇窑青白瓷4件：碗 不明窑口黑瓷3件：高足杯		刘家同：《武胜县出土宋代窖藏瓷器》，《四川文物》1985年第1期

附录　遂宁金鱼村南宋窖藏出土部分瓷器的科学分析

崔剑锋[1]　黄晓枫[2]　秦大树[1]　何灏中[3]　刘爽[1]　庄文彬[3]

1 北京大学考古文博学院　2 成都文物考古研究所　3 遂宁市博物馆

一　测试标本遗迹单位简介

1991 年在四川省遂宁市发现了一处大型窖藏遗迹，出土了上千件瓷器和一些铜器、石器，该处窖藏被命名为金鱼村窖藏〔1〕。窖藏出土遗物以瓷器为大宗，出土可复原瓷器共计 1197 件，是“我国陶瓷考古的一个重大发现”。许多学者认为该窖藏的时代在南宋晚期的宋蒙战争时期，窖藏的成因与宋蒙战争有很大关系，是因为躲避战祸、仓促埋藏而形成的。该窖藏出土的瓷器以龙泉窑青瓷和景德镇窑青白瓷为主，还包括部分定窑、耀州窑等北方窑口烧造瓷器，以及四川本土的磁峰窑、清溪窑和不明窑口烧造的瓷器。窖藏出土瓷器器形丰富、种类齐全、制作精美，出土后受到国内外陶瓷考古界普遍关注，自发现后已有诸多学者对其进行了考古学研究，对窖藏的年代、性质、所出瓷器窑口等进行了广泛的讨论〔2〕。

本文选择了该窖藏出土的 25 件器物及残片（图一至图二五），对其胎釉进行了化学成份的无损定量分析（图二六至图三〇），为研究这些瓷器的具体烧造窑口、烧造工艺等信息提供了基础数据。

二　测试样品的选择和分析方法

此次共选择 25 件瓷器、瓷片，包括青釉 7 件、青白釉 13 件、白釉 3 件和黑釉 2 件，共四种釉色。根据研究者的考古学观察，涉及窑口包括龙泉窑、景德镇窑、定窑、磁峰窑以及窑口不太明确的本地黑瓷窑场等〔3〕，且龙泉窑的青瓷标本含考古报告中区分的三类不同胎质、釉色的产品。器物种类主要为碗、盏、盘、碟、杯、洗。

---

〔1〕 遂宁市博物馆、遂宁市文物管理所：《四川遂宁金鱼村南宋窖藏》，《文物》1994 年第 4 期第 4 ~ 31 页。

〔2〕 a. 陈德富：《遂宁金鱼村窖藏宋瓷三议》，《四川文物》1997 年第 5 期。

b. 李辉柄：《遂宁窖藏宋瓷浅议——兼谈成都附近县市窖藏瓷器》，《文物》1994 年第 4 期第 29 ~ 60 页。

c. 何灏中：《遂宁窖藏宋瓷探微》，《四川文物》2003 年第 1 期第 151 ~ 152 页。

〔3〕 本报告仅列举了以龙泉窑和景德镇窑为代表的瓷器标本，以及被认为是定窑、磁峰窑、广元窑的瓷器标本。由于一些器物出土量少、并且是博物馆的上等级文物，所以如清溪窑、耀州窑等窑口的器物在本次测试中无法提供测试标本，有待日后进一步完善测试数据。

图一　标本01 白瓷印花碗（91SJJ：520）

图二　标本02 白瓷印花碗（91SJJ：568）

图三　标本03 白瓷铜扣印花盘（91SJJ：601）

图四　标本04 黑瓷玳瑁纹茶盏（91SJJ：951）

图五　标本05 黑瓷玳瑁纹茶盏（91SJJ：952）

图六　标本06 青白瓷莲瓣纹杯（91SJJ：733）

图七　标本07 青白瓷飞雁荷花纹碟（91SJJ：751）

图八　标本08 青白瓷双鱼纹碟（91SJJ：752）

图九　标本09 青白瓷双鱼纹碟（91SJJ：757）

图一〇　标本10 青白瓷双鱼纹碟（91SJJ：717）

图一一　标本11 青白瓷圆口直腹碟（91SJJ：729）

图一二　标本12 青白瓷圆口直腹碟（91SJJ：730）

图一三　标本13 青白瓷圆口直腹碟（91SJJ：731）

图一四　标本14 青白瓷圆口直腹碟（91SJJ：736）

图一五　标本15 青白瓷圆口直腹盘（91SJJ：614）

图一六　标本16 青白瓷菊花口碟（91SJJ：600）

图一七　标本17 青白瓷婴戏纹碗残片（91SJJ残片：1）

图一八　标本18 青白瓷婴戏纹碗残片（91SJJ残片：2）

图一九　标本19 第一类青瓷莲瓣纹杯（91SJJ：363）

图二〇　标本20 第一类青瓷莲瓣纹杯（91SJJ：366）

图二一　标本21 第一类青瓷莲瓣纹杯（91SJJ：449）

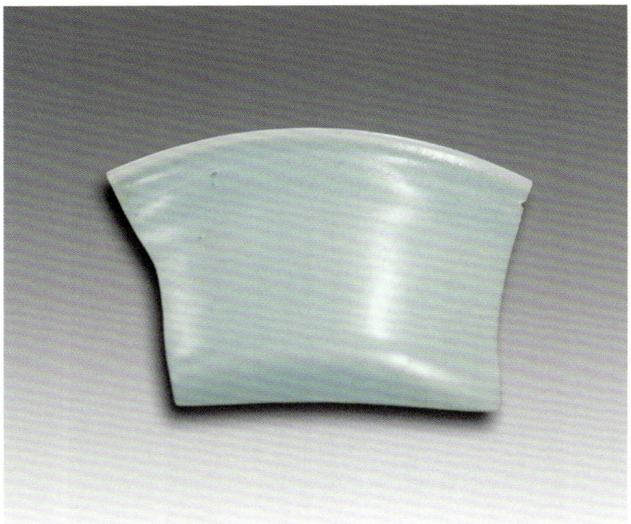

图二二　标本22 第一类青瓷洗残片（91SJJ残片：4）

图二三　标本23 第一类青瓷敞口斜直腹碗（91SJJ：311）

图二四　标本24 第二类青瓷莲瓣纹碗（91SJJ：388）

图二五　标本25 第三类青瓷瓶残片（91SJJ残片：3）

本次测试使用日本 Horiba（堀场）公司的 XGT－7000 能量色散 X 荧光光谱显微镜对这些器物的胎和釉进行了无损定量分析，共分析 19 种元素。分析条件为如下：X 光管电压，30kV（千伏）；管电流，1mA（毫安）；采谱时间，150 秒；每次分析采谱 2 次或 3 次，取平均值。

三　分析结果

分析结果见图二六至图三〇及表一、表二。

从分析结果看，所有的青釉和青白釉以及黑釉器物都是高温钙釉器，而三件白瓷除标本 03 白瓷铜扣印花盘是钙釉外，其他两件则是钙碱釉。胎的组成比较复杂，包括瓷石胎、高岭土胎以及二元配方胎，以下将分别进行讨论。

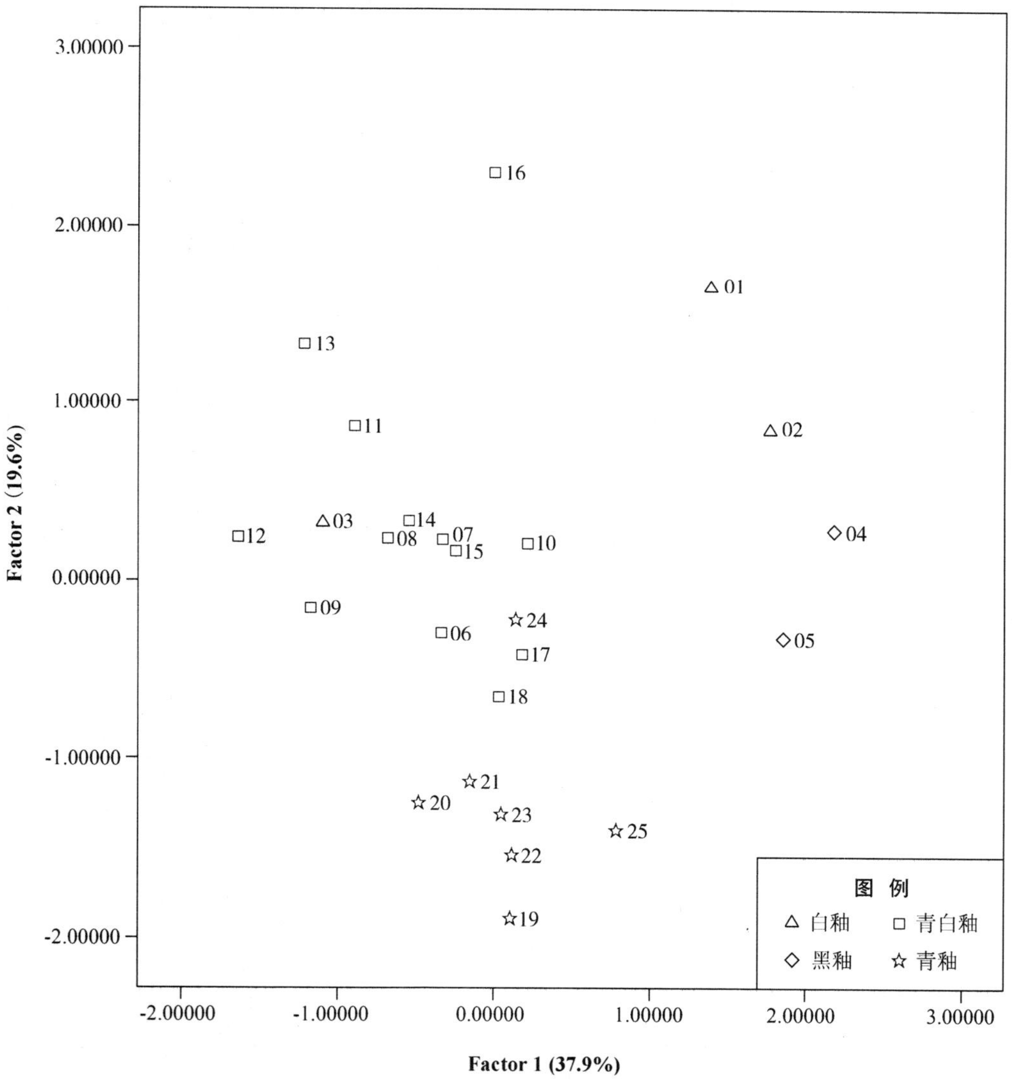

图二六　遂宁金鱼村一号窖藏出土瓷器测试标本胎的主成分分析散点图

表一　遂宁金鱼村一号窖藏出土瓷器(测试标本)釉的成分分析结果一览表

标本编号	器物名称	器物器号	釉色	Na_2O	MgO	Al_2O_3	SiO_2	P_2O_5	SO_3	K_2O	CaO	TiO_2	Fe_2O_3	MnO	Ni	Cu	Rb	Sr	Y	Zr
01	白瓷印花碗	91SJJ:520	白釉	0.33	1.96	25.56	61.27	0.74	1.47	2.62	3.35	0.80	1.89	0.024	44	72	132	80	26	397
02	白瓷印花碗	91SJJ:568	白釉	0.32	1.96	26.79	62.39	0.66	0.60	2.60	1.05	0.67	2.93	0.037	75	53	180	202	26	476
03	白瓷铜扣印花盘	91SJJ:601	白釉	0.45	0.54	17.17	76.33	0.00	0.28	2.96	1.26	0.07	0.93	0.041	28	399	362	39	26	51
04	黑瓷玳瑁纹茶盏	91SJJ:951	黑釉	0.34	1.37	25.51	62.52	04.32	0.55	1.84	0.94	2.30	4.28	0.025	65	110	114	118	30	517
05	黑瓷玳瑁纹茶盏	91SJJ:952	黑釉	0.34	1.07	26.49	61.75	0.49	0.21	1.94	0.85	2.03	4.83	0.037	45	80	101	85	32	343
06	青白瓷莲瓣纹杯	91SJJ:733	青白釉	0.40	0.58	20.94	71.37	0.00	0.47	3.17	0.74	0.21	2.04	0.058	28	50	235	30	26	59
07	青白瓷飞雁荷花纹碟	91SJJ:751	青白釉	0.38	1.10	22.09	68.36	0.16	0.75	3.51	1.38	0.13	2.08	0.097	33	80	416	56	26	73
08	青白瓷双鱼纹碟	91SJJ:752	青白釉	0.40	1.01	19.78	69.56	0.14	0.71	4.21	2.15	0.11	1.77	0.111	25	40	334	28	26	51
09	青白瓷双鱼纹碟	91SJJ:757	青白釉	0.42	0.99	18.93	72.59	0.00	0.19	3.56	1.22	0.08	1.85	0.157	13	29	514	52	27	64
10	青白瓷双鱼纹碟	91SJJ:717	青白釉	0.38	2.02	21.94	67.54	0.00	0.80	3.73	1.30	0.16	2.03	0.034	13	16	127	28	26	50
11	青白瓷圆口直腹碟	91SJJ:729	青白釉	0.52	0.67	17.20	73.71	3.10	0.62	2.86	1.73	0.07	1.01	0.079	13	44	323	57	26	51
12	青白瓷圆口直腹碟	91SJJ:730	青白釉	0.48	0.54	14.57	77.95	0.00	0.22	3.70	1.25	0.09	1.11	0.141	13	35	388	84	27	51
13	青白瓷圆口直腹碟	91SJJ:731	青白釉	0.43	1.10	17.16	74.83	0.00	0.69	3.14	1.37	0.04	1.12	0.111	30	61	346	126	26	55
14	青白瓷圆口直腹碟	91SJJ:736	青白釉	0.39	0.88	21.40	69.27	0.00	0.91	3.68	1.88	0.10	1.86	0.112	39	29	418	36	27	51
15	青白瓷圆口直腹盘	91SJJ:614	青白釉	0.40	0.73	20.80	69.94	0.56	0.64	3.71	0.97	0.15	2.03	0.083	81	77	354	34	26	64
16	青白瓷菊花口碟	91SJJ:600	青白釉	0.39	1.60	19.60	68.08	0.79	1.55	2.56	3.16	0.09	2.09	0.092	33	61	347	201	26	51
17	青白瓷婴戏纹碗残片	91SJJ 残片:1	青白釉	0.37	1.59	23.20	66.68	0.30	0.44	3.49	0.71	0.19	2.94	0.060	13	49	249	30	26	61
18	青白瓷婴戏纹碗残片	91SJJ 残片:2	青白釉	0.38	1.48	22.19	67.26	0.33	0.42	3.41	1.61	0.20	2.68	0.110	13	46	292	29	57	191
19	第一类青瓷莲瓣纹杯	91SJJ:363	青釉	0.35	0.51	26.03	65.17	0.06	0.19	5.01	0.35	0.16	2.25	0.052	27	41	340	28	52	220
20	第一类青瓷莲瓣纹杯	91SJJ:366	青釉	0.39	0.63	21.00	70.51	0.32	0.07	4.70	0.17	0.09	2.04	0.084	24	50	320	29	36	238
21	第一类青瓷莲瓣纹杯	91SJJ:449	青釉	0.41	0.36	24.15	66.56	0.00	0.47	4.73	0.98	0.19	2.10	0.050	23	46	279	40	41	186
22	第一类青瓷洗残片	91SJJ 残片:4	青釉	0.36	0.61	24.34	67.20	0.00	0.09	4.44	0.23	0.21	2.46	0.050	25	50	300	30	35	242
23	第一类青瓷敞口斜直腹碗	91SJJ:311	青釉	0.36	0.95	24.04	65.23	0.07	0.74	4.78	1.00	0.15	2.65	0.069	14	33	354	30	58	184
24	第二类青瓷莲瓣纹碗	91SJJ:388	青釉	0.41	0.91	20.05	71.21	0.42	0.31	2.86	0.59	0.26	2.97	0.034	32	32	123	28	26	204
25	第三类青瓷瓶残片	91SJJ 残片:3	青釉	0.33	0.78	26.57	63.62	0.00	0.17	3.84	0.77	0.30	3.64	0.026	17	59	302	84	48	287

表二

遂宁金鱼村一号窖藏出土瓷器（测试标本）胎的成分分析结果一览表

标本编号	器物名称	器物器号	釉色	Na_2O	MgO	Al_2O_3	SiO_2	P_2O_5	SO_3	K_2O	CaO	TiO_2	Fe_2O_3	MnO	Ni	Cu	Rb	Sr	Y	Zr
01	白瓷印花碗	91SJJ:520	白釉	0.46	2.15	17.33	70.04	0.23	0.35	2.35	5.08	0.14	1.39	0.022	14	19	59	34	26	69
02	白瓷印花碗	91SJJ:568	白釉	0.48	0.68	17.24	71.39	0.85	0.41	3.76	3.80	0.17	0.91	0.024	17	23	73	75	26	86
03	白瓷铜扣印花盘	91SJJ:601	白釉	0.50	0.50	13.33	68.77	0.02	0.08	2.09	14.15	0.06	0.78	0.064	13	111	300	95	26	51
04	黑瓷玳瑁纹茶盏	91SJJ:951	黑釉	0.45	2.52	13.58	63.07	0.28	0.12	2.72	6.04	1.05	9.40	0.027	16	25	59	38	26	70
05	黑瓷玳瑁纹茶盏	91SJJ:952	黑釉	0.46	3.11	12.62	63.84	0.19	0.33	2.26	7.19	0.73	8.06	0.028	15	27	60	40	26	72
06	青白瓷莲瓣纹杯	91SJJ:733	青白釉	1.10	0.48	12.73	69.37	0.01	0.37	3.40	11.43	0.04	1.18	0.037	17	30	108	52	26	50
07	青白瓷飞雁荷花纹碟	91SJJ:751	青白釉	0.49	0.46	13.63	69.65	0.03	0.10	3.34	10.58	0.02	1.30	0.033	15	17	103	63	26	50
08	青白瓷双鱼纹碟	91SJJ:752	青白釉	0.49	0.47	13.20	67.26	0.00	0.16	2.20	14.88	0.02	0.98	0.047	14	16	117	69	26	50
09	青白瓷双鱼纹碟	91SJJ:757	青白釉	0.50	0.70	13.11	68.29	0.00	0.04	2.45	13.83	0.04	0.75	0.058	18	40	141	97	26	51
10	青白瓷双鱼纹碟	91SJJ:717	青白釉	0.47	1.20	12.71	68.10	0.08	0.09	2.11	13.75	0.02	1.18	0.096	30	24	317	146	26	51
11	青白瓷圆口直腹碟	91SJJ:729	青白釉	0.48	1.11	13.33	65.55	0.01	0.16	1.64	16.32	0.05	1.07	0.029	13	16	77	42	26	50
12	青白瓷圆口直腹碟	91SJJ:730	青白釉	0.48	0.90	12.89	65.47	0.10	0.03	1.57	17.25	0.05	0.99	0.041	15	26	102	58	26	50
13	青白瓷圆口直腹碟	91SJJ:731	青白釉	0.48	0.88	12.85	66.08	0.13	0.25	1.49	16.16	0.06	1.14	0.040	14	16	77	65	26	50
14	青白瓷圆口直腹碟	91SJJ:736	青白釉	0.52	0.25	12.69	72.45	0.17	0.43	3.27	8.95	0.03	0.92	0.029	15	20	89	46	26	50
15	青白瓷圆口直腹盘	91SJJ:614	青白釉	0.53	0.26	12.79	70.06	0.05	0.09	2.73	11.84	0.03	1.37	0.025	20	19	73	37	26	50
16	青白瓷菊花口碟	91SJJ:600	青白釉	0.46	1.18	12.87	62.58	0.04	0.15	1.49	19.11	0.07	1.74	0.027	14	19	70	49	26	50
17	青白瓷婴戏纹碗残片	91SJJ 残片:1	青白釉	0.53	0.38	12.18	73.44	0.04	0.03	3.60	8.71	0.03	0.81	0.036	23	16	124	71	26	50
18	青白瓷婴戏纹碗残片	91SJJ 残片:2	青白釉	0.49	0.76	13.86	70.26	0.16	0.08	3.20	9.86	0.03	1.02	0.038	14	23	125	53	26	50
19	第一类青瓷莲瓣纹杯	91SJJ:363	青釉	0.51	0.00	13.17	70.53	0.16	0.04	4.76	9.05	0.12	1.28	0.059	13	18	112	147	26	79
20	第一类青瓷莲瓣纹杯	91SJJ:366	青釉	0.50	0.73	13.97	70.33	0.52	0.02	5.00	6.87	0.11	1.67	0.043	13	21	95	89	31	74
21	第一类青瓷莲瓣纹杯	91SJJ:449	青釉	0.00	0.88	13.62	70.19	0.16	0.02	4.94	8.48	0.13	1.30	0.050	13	24	109	153	28	75
22	第一类青瓷洗残片	91SJJ 残片:4	青釉	0.51	0.49	13.56	72.08	0.09	0.01	4.94	6.94	0.12	0.96	0.097	23	22	256	328	26	88
23	第一类青瓷敞口斜直腹碗	91SJJ:311	青釉	0.52	0.73	11.92	69.98	0.17	0.10	4.84	9.53	0.16	1.52	0.044	13	26	94	101	26	73
24	第二类青瓷莲瓣纹碗	91SJJ:388	青釉	0.46	2.15	12.81	64.59	0.90	0.62	4.49	12.01	0.17	0.89	0.104	14	30	86	126	34	72
25	第三类青瓷瓶残片	91SJJ 残片:3	青釉	0.49	1.31	13.53	68.51	0.10	0.18	4.57	9.82	0.08	1.14	0.092	37	87	317	473	36	161

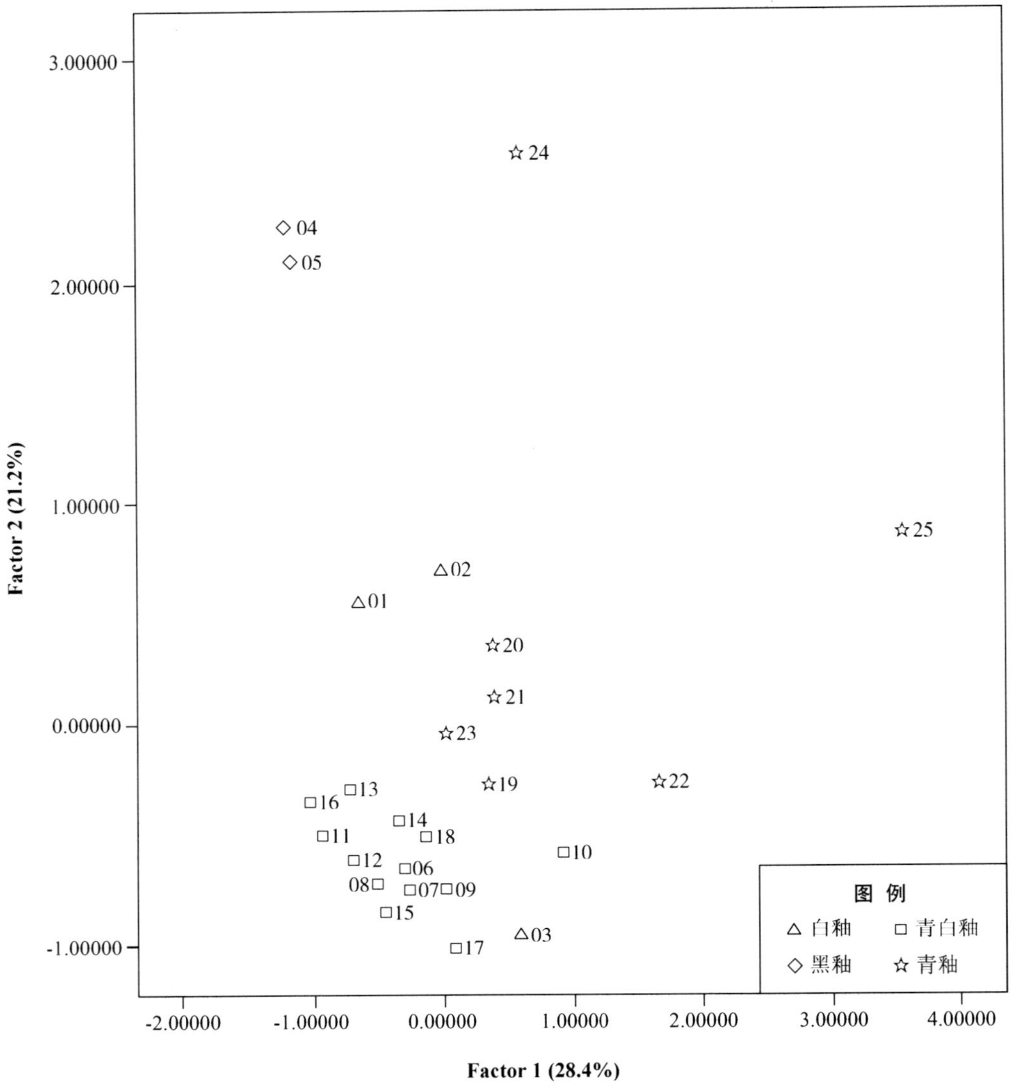

图二七　遂宁金鱼村一号窖藏出土瓷器测试标本釉的主成分分析散点图

四　测试结果讨论

(一) 所有器物的胎、釉多元统计分析

使用多元统计软件 SPSS15. 0 对这 25 件样品进行了主成分分析，并选择第一主成分和第二主成分绘图，见图二六和图二七。

从多元统计分析结果看，大体上不同釉色的器物无论是胎还是釉的化学组成都不相同，而相同釉色的则聚集比较紧密。但这其中也有一些特殊釉色的器物，如三件白瓷器物，在胎釉图上的分布则完全不同，这使得虽然白釉仅有三件，但情况却远较其他釉色为复杂。

图二八至图三〇分别为胎釉的部分组成元素作图。从这些图中，亦可以看出不同釉色器物的胎釉成分差别非常明显，表明它们无论从烧造窑口还是制作工艺方面可能都存在着差异，特别是

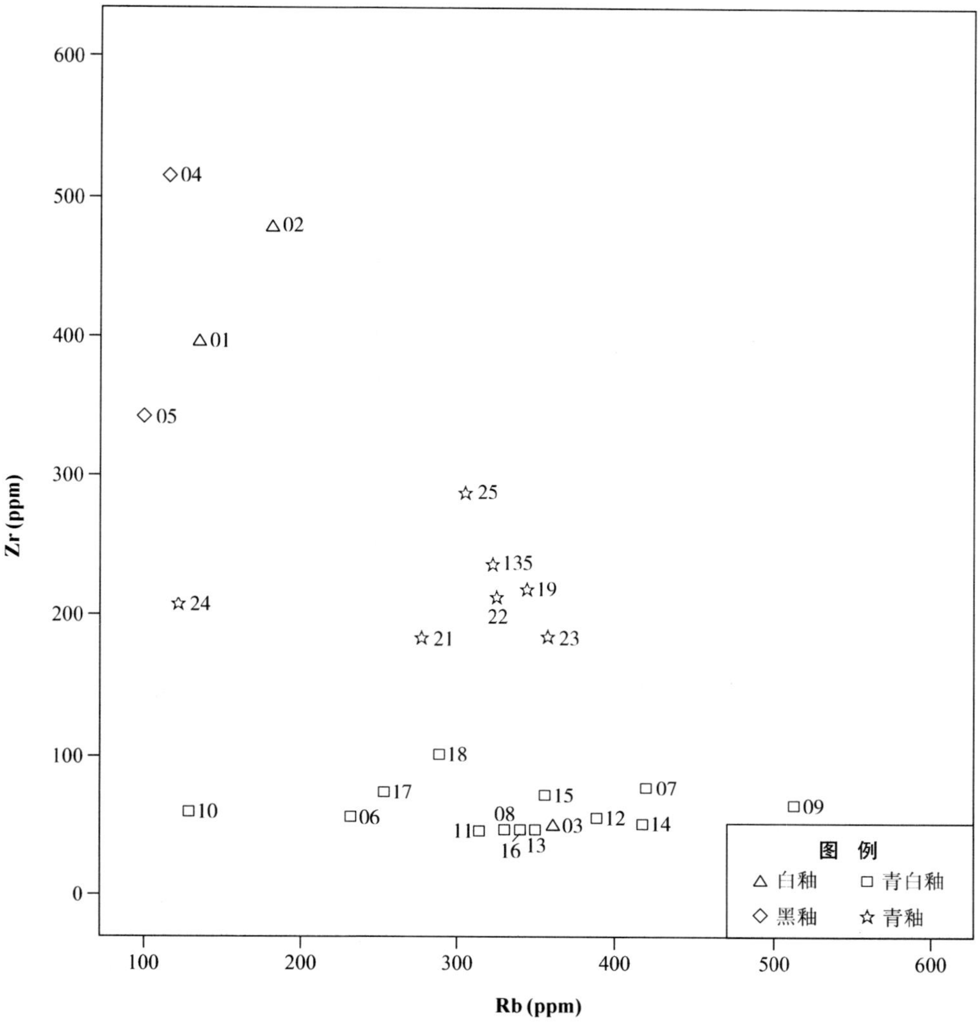

图二八　遂宁金鱼村一号窖藏出土瓷器测试标本胎的 Rb－Zr 散点图

从一些微量元素的含量上表现得更为明显。而从这些图上，白瓷器物同样显得特殊，三件白瓷器仍旧非常分散，显示出这三件器物是不同窑口烧造的。

从胎和釉的总体分析看，黑釉、青白釉和青釉器物的产地相对集中，而三件白瓷则明显来自三处不同的窑口。但是部分青釉器的来源和青白釉的来源可能相同。

（二）白釉瓷器

根据器形、釉色划分，三件白瓷器分别定为定窑白瓷产品、磁峰窑白瓷产品和景德镇窑的仿定白瓷产品，其中标本 01 白瓷印花碗被认为是金代定窑的产品，标本 02 为四川本地的磁峰窑南宋时期的产品，标本 03 白瓷铜扣印花盘则为南宋时期的景德镇窑产品。

标本 01 白瓷印花碗的胎釉特征都是典型的金代定窑特征。胎质高铝低硅，说明使用了北方的高铝质二次沉积高岭土（坩子土）烧制，且胎中氧化镁（MgO）和氧化钙含量相对较高，这是胎中掺入了白云石的表现。而胎中 Fe_2O_3 和 TiO_2 的含量比北宋以及更早期的五代都高出数倍，则说

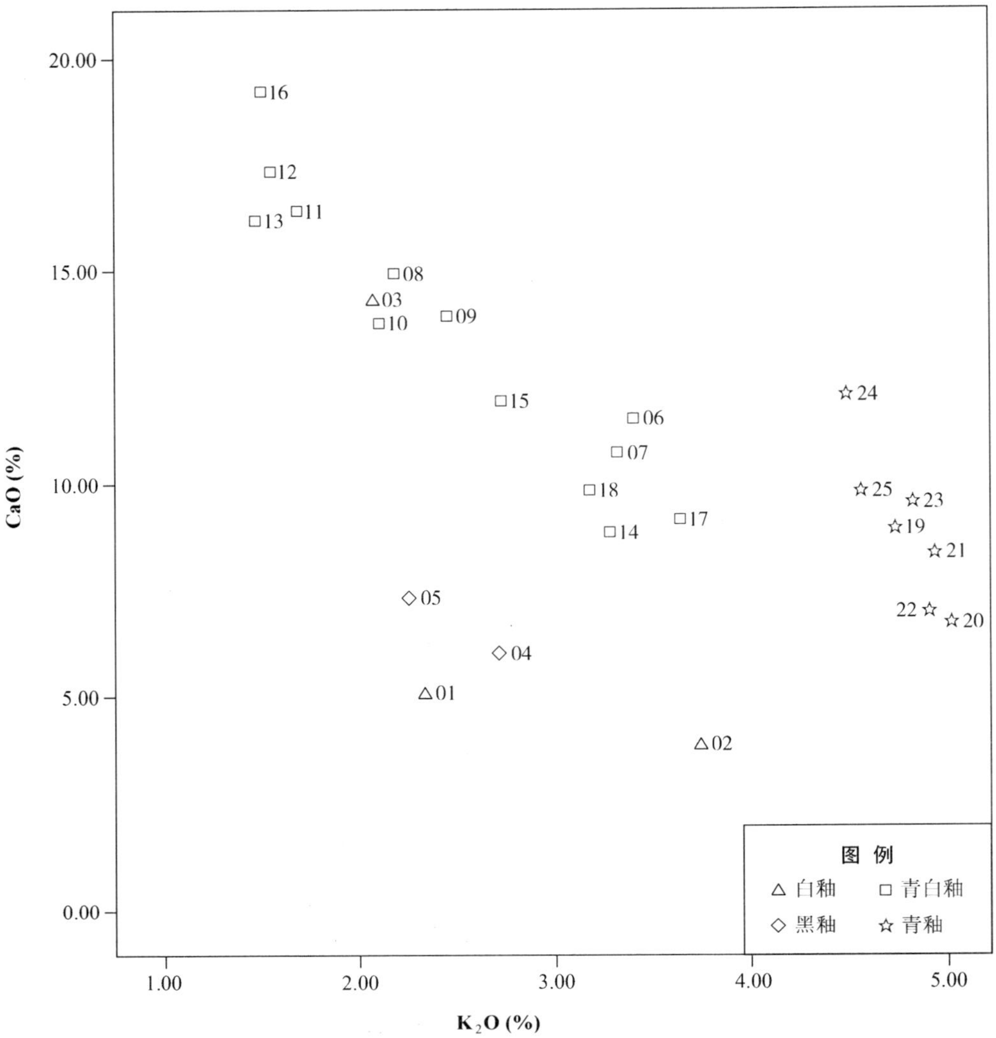

图二九 遂宁金鱼村一号窖藏出土瓷器测试标本釉的 K_2O - CaO 散点图

明这件器物应该是时代较晚的金代产品。从釉的分析也符合定窑白釉的成分。釉是典型的钙碱釉，釉中助熔剂的含量显著低于普通灰釉的助熔剂量。其中 CaO 的含量仅有 5% 左右，但 MgO 的含量则高于 2%，这表明釉中也掺入了白云石。而 Fe_2O_3 的含量高于 1% 则表明其时代较晚。这些也都符合金代定窑的特征。在和北京大学考古文博学院最近分析的 2009 年发掘所获定窑器物的器物标本的测试结果[1]进行对比后，我们认为这件器物与定窑金代涧磁村的产品非常接近。

标本 02 白瓷印花碗被研究者定为磁峰窑的产品，从成分分析看，标本 02 胎的分析结果基本和标本 01 的接近，其胎的组成也为高铝低硅的瓷石质胎，和定窑的高铝低硅质高岭土胎接近，这个结果说明在胎的配方上磁峰窑似乎也尽量学习定窑，其制瓷工艺中胎的配方显然受到了定窑的影响，在选择原料的方面选择了高铝的矸子土，更接近北方的工艺。但标本 02 胎中的 Fe_2O_3 的含量

〔1〕 a. 本次测试结果主要对比资料见 Cui J. F., Wood N., Qin D. S., Zhou L. J., Ko M. K., Li X., 2011, Chemical analysis of white porcelains from the Ding Kiln site, Hebei Province, China, *Journal of Archaeological Science*, doi: 10.1016/j. jas. 201107. 026.

b. 周利军：《定窑窑址考古发掘出土的瓷片和原料的化学分析研究》，北京大学硕士论文，2011 年 6 月。

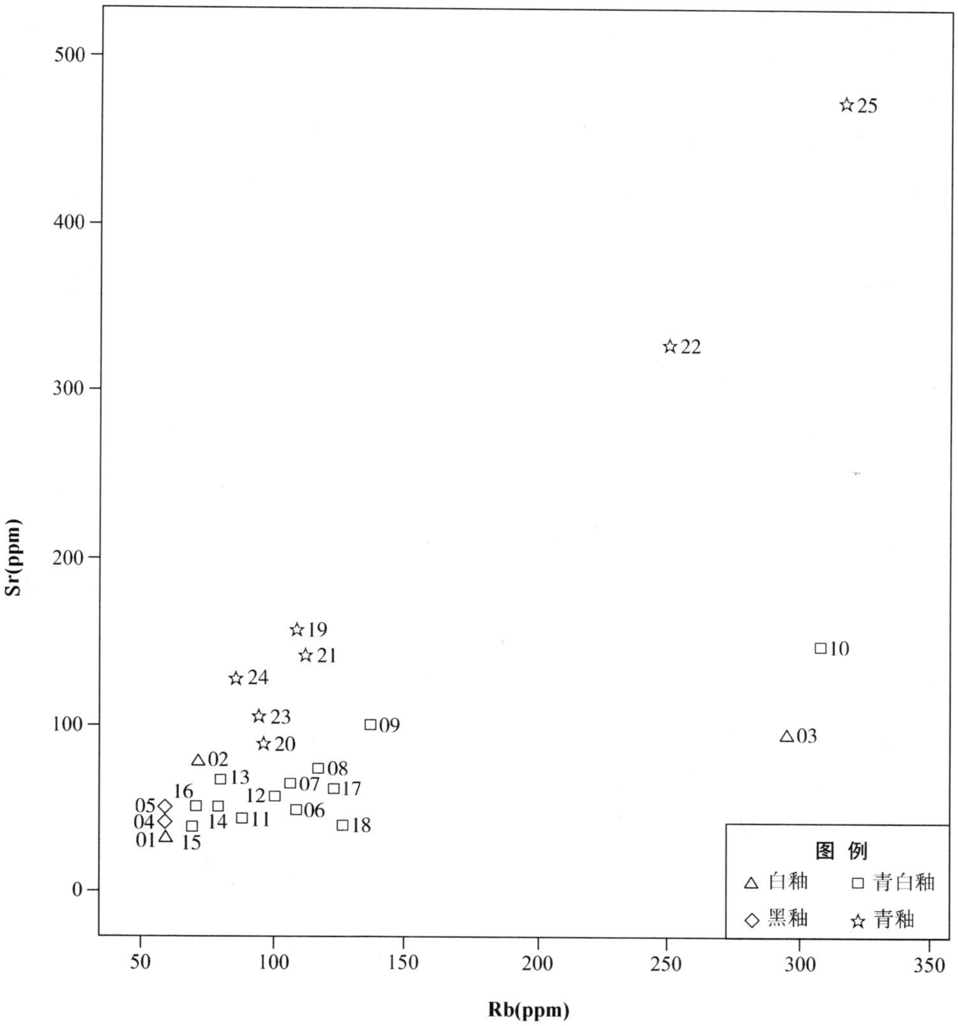

图三〇　遂宁金鱼村一号窖藏出土瓷器测试标本釉的 Rb－Sr 散点图

显著高于标本 01，并比其他已经发表的和我们分析过的定窑的胎中 Fe_2O_3 含量都高接近 1 倍，含量接近 3%，因此胎色为灰色胎，白度明显低于标本 01。曾有学者报道过磁峰窑的一件瓷器分析数据[1]，其胎的分析结果也显示为高铝低硅质胎，胎中 Al_2O_3 的含量达到 29% 以上；同时比较本次分析的标本 02 的釉成分和和经过报导的磁峰窑白瓷的釉成分，发现二者分析结果相近，使用了钙碱釉的配方，其 CaO 的含量和 K_2O 含量相当，都低于 4%，说明釉中可能掺入了长石，这种配方和北方白瓷釉中有时掺入长石的情况相符合，说明其配釉工艺为北方制瓷工艺传统。

标本 03 白瓷铜扣印花盘从器形特征、装饰手法上看都与定窑器物比较接近，但从胎釉的化学组成看，这件器物和定窑的器物都不符合。其胎的特征是典型的高硅低铝瓷石胎，为南方制瓷常用的胎料。而釉和上述两件器物都不相同，为典型的灰釉，其釉中 CaO 的含量高达 14% 以上，这也是和北方白瓷生产所使用的钙碱釉截然不同的，而符合唐宋时南方的制瓷传统。据此可以推断，标本 03 不应是定窑的产品，而是来自南方某个窑口。根据多元统计分析（见图二六、二七）以及

〔1〕 陈丽琼：《四川古代陶瓷》，第 147 页，重庆出版社，1987 年。

成分对比（图二八至三〇），可以发现标本03都和此次分析的青白釉瓷器聚为一类，这说明其胎来源和这些青白瓷较为一致，据此我们认为这件白釉铜扣印花盘是烧造这些青白瓷的窑口仿烧定窑的，而根据考古学家的判断，青白瓷应主要来自景德镇窑，因此我们认为标本03是景德镇窑仿烧定窑的产品。南宋时景德镇窑已经能够烧制出足可乱真的仿定窑器。

从上述分析可以看出，本次测试分析的三件白瓷分别属于定窑、磁峰窑和景德镇窑的产品。

（三）黑釉瓷器

本次分析的两件黑釉瓷器均为玳瑁纹茶盏，最初被判定为四川省内广元窑的产品。两件器物胎质发红，较显粗糙，分析结果表明，其胎为高铝低硅的铝质粘土胎，但胎中 Fe_2O_3 的含量均超过4%。这种胎料组成同宋建窑黑釉瓷的组成类似。而和同样生产黑釉瓷的名窑吉州窑差异显著，吉州窑的黑釉瓷瓷胎所含 Fe_2O_3 的含量很低，因此胎质较白。两件器物的釉为高温钙釉，CaO 的含量低于10%，两件器物的釉中呈色元素 Fe_2O_3 的含量超过8%，而釉的 Al_2O_3 含量比建窑的低的多，却和吉州窑的类似。曾有研究者报导了一件广元窑黑釉瓷的成分数据〔1〕，釉的成分分析结果和此次的类似，而胎的分析结果差别较大，根据其发表的数据，该广元黑釉为高硅低铝的瓷石胎，胎中 Fe_2O_3 的含量超过5%，因此从目前的成分分析的结果要判定这两件黑釉盏是否为广元窑的产品，仍需要更多的广元窑址瓷片的分析结果的支持。由于它们与吉州窑、建窑产品在胎釉成分上都有不少差异，而胎体较为轻薄，与四川本土的不少窑场的黑瓷产品更接近，故在此仅认定它们为是四川本土窑场的仿吉州窑、建窑等窑口的黑瓷产品。

（四）青白釉瓷器

本次共分析13件青白釉瓷器，器形主要为碟，还有杯、盘各一件。从上述对胎和釉的分析结果看，这些青白釉的胎釉成分相对集中，显示出它们的来源较为单一。有研究者总结了景德镇青白瓷釉元素含量的平均值和标准差〔2〕，我们将所有青白釉瓷器进行统计后，和该文发表的数据进行了比较，见表三。

表三　遂宁窖藏青白釉成分数据与景德镇湖田窑发表数据对比

元素	遂宁窖藏青白釉平均含量	湖田窑青白釉发表数据（20件）
Al_2O_3	12.98 ±0.30	13.16 ±0.98
SiO_2	67.71 ±2.72	67.31 ±1.87
K_2O	2.34 ±0.76	1.75 ±0.35
CaO	14.01 ±3.10	14.86 ±2.03
TiO_2	0.04 ±0.02	0.039 ±0.009
Fe_2O_3	1.15 ±0.26	1.13 ±0.33
MnO	0.042 ±0.02	0.112 ±0.038

〔1〕陈丽琼：《四川古代陶瓷》，第91页，重庆出版社，1987年。

〔2〕程琳、冯松林、丁训良、张文江、樊昌生：《江西湖田窑宋代影青瓷的INAA和PIXE研究》，《古陶瓷科学技术6－2005年国际讨论会论文集》，第385～388页，上海科学技术文献出版社，2005年。

从以上对比结果可以看出，遂宁窖藏的分析结果和景德镇湖田窑青白釉南宋时期的分析结果基本相同，因此从釉层的成分分析结果显示，遂宁窖藏的这批青白釉瓷为景德镇地区窑场产品的可能性很大。

胎的分析结果表明，青白釉瓷的胎中 Al_2O_3 含量在 15% ~22% 之间变化，这表明胎的配方主要以瓷石为主。而根据研究，一般认为南宋时景德镇湖田窑青白釉瓷胎的 Al_2O_3 含量一般不超过 20%，而到了元代由于配方的改变，即开始从一元瓷石配方改变为高岭土和瓷石二元配方，这时瓷胎的 Al_2O_3 含量才超过 20%。但同时也有学者认为，湖田窑二元配方胎的使用肇始于南宋晚期[1]，从本次对遂宁窖藏青白瓷的分析结果可以看出，有相当一部分瓷器胎的 Al_2O_3 含量超过 20%，说明这些瓷器应该是使用了掺入高岭土的二元配方胎，而这批窖藏的年代被定于南宋末年，据此也证实了景德镇从南宋末年即开始对瓷胎配方加以改造，发明了高岭土和瓷石配合使用的二元配方胎。

釉的分析结果则显示，所有的瓷器都是高温灰釉瓷，釉的助熔剂以 CaO 为主，同时釉中 P_2O_5 和 MnO 的含量都不高，这说明使用灰中草木灰用量很少。根据研究，至少从五代开始，景德镇窑场即开始使用釉灰和釉果配釉，其中釉灰以石灰为主[2]，因此这一点也说明这些瓷器可能来自景德镇窑场。同时，釉中 CaO 含量较高，也表明釉配方中釉灰的用量所占比例很高，是景德镇窑五代至南宋时釉配方的特点。

（五）青釉瓷器

此次共分析 7 件青釉瓷器，这些青釉瓷器无论从釉色、胎质以及形制上判断，报告编写者和研究者都认为是龙泉窑的产品。这些龙泉窑的产品可以分为三种形态，一是以标本 19 ~23 等瓷器、瓷片为代表的器物，被报告称为“第一类龙泉窑青瓷”，釉色滋润，釉色多为梅子青、粉青，胎体致密而厚重；二是以标本 24 为代表的青瓷碗、盘，被报告称为“第二类龙泉窑青瓷”，釉层略显稀薄，有光泽但多不太滋润，釉色更多偏灰黄，胎体十分厚重，圈足较浅而宽；三是以标本 25 海棠瓶残片为代表的器物，仅见于海棠式小瓶一类器物，灰黑色胎，胎体较薄，胎骨较轻，粉青釉，釉色光洁滋润，釉面遍布褐色开片纹，被报告称为“第三类龙泉窑青瓷”。

龙泉窑有数个窑场，其中大窑和金村是两个主要的窑场。根据一些研究者的总结[3]，这两个窑场南宋时生产的产品从胎釉成分上都存在差别。南宋时二窑场胎的配方都使用紫金土和瓷石的二元配方，其中大窑产品胎的成分由于加入了 Al_2O_3 含量较高的紫金土，其 Al_2O_3 的含量比较高，Al_2O_3 含量超过 20%，通常在 24% 左右；而 Fe_2O_3 含量则通常高于 2.5%；而金村的产品所掺入的紫金土可能是 Al_2O_3 含量较低的紫金土，因此 Al_2O_3 含量通常在 20% 左右。同时，两个窑场胎成分还有一个比较重要的差别是大窑产品的 K_2O 含量要高于金村窑的产品，通常高于 3.5%。

---

〔1〕 李家治：《中国科学技术史—陶瓷卷》，第 330 ~335 页，科学出版社，1998 年。

〔2〕 罗宏杰：《中国古陶瓷与多元统计分析》，第 65 ~67 页，中国轻工业出版社，1997 年。

〔3〕 卓尚军、申如香、陈士萍、黄瑞福、盛成：《温州西山窑区和龙泉窑区古陶瓷化学成分比较研究》，《古陶瓷科学技术 6 -2005 年国际讨论会论文集》，第 224 ~232 页，上海科学技术文献出版社，2005 年。

从测试结果看，在遂宁窖藏的这 7 件青釉器中，以标本 19 等为代表的一组器物不仅外观形态一致，其胎的成分也趋同，更加符合大窑产品的特征，是窖藏出土的龙泉青瓷中数量最多的一类。海棠瓶残片代表的龙泉青瓷数量仅两件，其胎的 Fe_2O_3 含量达到了 3.6%，其 Al_2O_3 含量更是达到了 26%，说明胎土当中掺入了较高含量的紫金土，这已经达到龙泉黑胎瓷的标准，因此只有这两件海棠瓶可以被称作黑胎青瓷（也被称为龙泉仿官器物）。

胎和釉的分析结果都显示，标本 24 青釉莲瓣碗和其他青釉器的组成有不相同，较大的差别，是一件较为独特的器物。其胎的 K_2O 含量低于 3%，而 Fe_2O_3 的含量则接近 3%，这一点和其他青釉器的组成迥异。同时，该器物的微量元素 Rb 和 Zr 的含量也完全不同于其他器物。这说明标本 24 胎料另有来源。而在釉的成分中，标本 24 则是唯一一件釉中 CaO 含量超过 10% 的青釉器物，其 CaO 含量接近 13%，而 K_2O 含量也较高，接近 4.5%，这和其他青釉器也形成较为鲜明的对比。釉的微量元素 Rb 和 Sr 的组成显示，标本 24 也完全不同于其他青釉器。综上所述，标本 24 青釉莲瓣碗是和其他青釉器物窑口完全不同的一件青釉器。报告编写者也注意到，以标本 24 为代表的龙泉青瓷在外观上与上述大窑产品有较为明显的差别，其具体窑场归属尚需更加深入的研究。

釉的分析结果则表明，标本 19～23 等瓷器、瓷片的测试标本，以及黑胎类青瓷的标本 26，青釉的 CaO 含量都低于 10%，而 K_2O 的含量大部分釉都超过 4%，与南宋时期龙泉窑产品釉中长石的含量增加，釉由钙釉向钙碱釉变化的特征相符[1]。特别是标本 20 青釉莲瓣纹碗和圆洗的 K_2O 与 CaO 的含量几乎相同，这两件测试标本的釉都已经属于钙碱釉的范畴。

五 结 论

综上所述，从分析的遂宁金鱼村窖藏的部分瓷器的 XRF 成分分析结果可以得到以下结论。

（1）白瓷的来源比较复杂，有金代定窑的产品，有四川本地磁峰窑仿定的产品，还有景德镇仿定的产品。以上情况说明，定窑白瓷在两宋时期深入人心，全国各地都有不少窑厂仿烧定瓷。

（2）两件黑釉玳瑁纹盏胎土的成分显示，这两件黑釉盏为高铝黏土质胎，这和前人发表的四川广元窑瓷片分析结果不一致，但由于它们具有较为明显的四川本土窑场黑瓷产品的外观特征，因此判断这两件玳瑁纹盏的窑口，还需要分析更多的广元窑产品、以及其他四川本土窑场的产品才能得出结论。

（3）青白釉瓷器的釉的分析结果显示，这些青白瓷为景德镇窑的产品。胎的分析结果则表明，从南宋末年，景德镇窑就已经使用了瓷石高岭土二元胎配方。

（4）青瓷的分析结果表明，以标本 19～23 等瓷器、瓷片代表的青瓷产品，以及黑胎类青瓷标本所代表的龙泉青瓷很有可能是龙泉大窑的产品。其胎质以瓷石紫金土二元胎为主。而釉则降低了灰的用量，提高了长石的含量，有两件瓷器釉已经属于钙碱釉的范围。以标本 24 为代表的青瓷也是龙泉窑瓷器，但在与大窑的产品有一定区别，其外观与金村窑场的同类出土器物较为接近，具体的窑场归属仍有待更多龙泉窑新的对比材料予以确认。

---

〔1〕 周仁、张福康、郑永甫：《历代龙泉窑烧制工艺的科学总结》，《考古学报》1973 年第 1 期第 131～156 页。

后　记

《遂宁金鱼村南宋窖藏》一书的整理和编写在国家文物局、四川省文物管理局、成都文物考古研究所、四川宋瓷博物馆的关心和支持下，历经数载，其间还经历了“5·12 汶川大地震”和四川宋瓷博物馆的陈列改造，现得以付梓，编者甚感欣慰。

1991 年和 2003 年在遂宁金鱼村先后发现两处南宋时期的窖藏，现在四川宋瓷博物馆展出的大部分藏品即为这两次的发现。尤其是 1991 年发现的窖藏，由于出土瓷器数量大、品质优而备受关注，其中的龙泉窑青瓷和景德镇窑青白瓷最为集中地表现了宋瓷艺术的优雅与造型的优美，是四川省乃至全国极为轰动的考古发现之一。从发现至今，窖藏出土宋代瓷器不仅在香港、澳门、上海、广州、成都等地参加了多次专题展览和联合展览，还于 1998 ~ 1999 年在日本举办了“中国四川遂宁窖藏南宋瓷器展”，引起了国内外学者的高度重视。2006 年在中国国家博物馆与彭州金银器窖藏联合举办的“宋韵”展览，更是将宋代的工艺美术完美地呈现在世人面前。

本报告编写以前，遂宁市博物馆（2006 年改名为四川宋瓷博物馆）曾对 1991 年清理的金鱼村窖藏进行了初步的整理，发表了《四川遂宁金鱼村南宋窖藏》的考古简报（《文物》1994 年第 4 期）。在此基础上，不少学者对金鱼村窖藏进行了初步的研究，如《遂宁金鱼村窖藏瓷器三议》（陈德富，《四川文物》1997 年第 5 期）、《遂宁窖藏瓷器浅议——兼谈成都附近县市窖藏瓷器》（李辉柄，《文物》1994 年第 4 期）、《遂宁市金鱼村南宋窖藏的发现与初步研究》（庄文彬，《四川文物》1999 年第 6 期）、《宋代花瓶》（扬之水，《故宫博物院院刊》2007 年第 1 期）、《四川遂宁窖藏出土的瓷器》（冯小琦，《宋韵》，中国社会科学出版社，2006 年）。本报告的编写是据当时遂宁市博物馆的工作人员对两处窖藏的抢救性发掘记录资料和第一时间追回散失文物的记录资料进行的，在整理过程中也参考了上述简报和相关研究文章的认识与观点。报告中的器物编号沿用了清理时的原始记录号，但对遗迹的缩写字母进行了修改，器物编号或名称与简报有出入的以本报告为准，简报中的线图、器物描述以及所公布的数据，在全面的整理、核对之后，更改的部分也以本报告为准。

先后参加两处金鱼村窖藏清理工作的有王本杰、赵心莲、粟继平、庄文彬、杨春、朱清和、魏波、丁世谦、吴自荣、张燕、彭高泉等，现场绘图由庄文彬、丁世谦完成，现场照片由杨春拍摄，现场摄像由原市中区文教体局工作人员完成。

本报告的编写分工如下：第壹部分（前言）由何瀛中、庄文彬、黄晓枫执笔，第贰部分（窖藏的形制与器物出土情况）由黄晓枫、庄文彬执笔，第叁部分（出土器物）由黄晓枫执笔，第肆部分（窖藏年代判定与相关问题讨论）由黄晓枫、何瀛中、庄文彬执笔，器物线图由卢引科、曹桂梅、肖盛国完成，器物照片由刘小放拍摄。部分瓷器标本的测试与鉴定报告由北京大学考古文博学院崔剑锋完成，英文提要由中国社会科学院考古研究所李新伟、密歇根大学信息学硕士研究生陈适完成。本报告先后由四川省文物管理局副局长赵川荣、成都文物考古研究所所长王毅、国家文物进出境审核四川管理处处长苏欣、成都文物考古研究所黄晓枫统审定稿。

本报告的整理与编写过程中还得到了四川省文化厅原副厅长、四川省文物管理局原局长徐荣旋，四川省文化厅党组成员、四川省文物管理局局长王琼，四川省文物管理局办公室主任濮新，中国文物研究所研究员刘兰华，北京大学考古文博学院教授秦大树，浙江省文物考古研究所研究员沈岳明，成都文物考古研究所副所长蒋成、江章华、李明斌等领导及专家的大力支持与帮助，在此谨致谢意。

编　者

2010 年 11 月

Jinyucun Hoard of Southern Song Dynasty in Suining

(Abstract)

Jinyucun 金鱼村 Village is located 2 kilometers southeast of Nanba Nanqiang township in Suining, and is on the secondary tableland of the east side of Fujiang River. In 1991 and 2003, two hoards of the Song Dynasty were separately discovered within less than 200 meters from each other, and will be named as Hoard No. 1 (91SJJ) and Hoard No. 2 (03SJJ) respectively in this report.

Hoard No. 1 was discovered by a local villager on Sep. 18th, 1991, who was then ploughing the field. It had been keeping untouched before then. The hoard was found about 1meter under the current ground surface. It is in the shape of a relatively regular rectangular pit filled with fine sand. Totally 1296 pieces of artifacts were unearthed in the salvage excavation, including 1197 pieces of porcelains, 97 bronze wares, and 2 stone wares. It is up to now the biggest hoard of the Song Dynasty in China which mainly contains porcelains.

The majority of the porcelain wares from Hoard No. 1 are the products of Longquan 龙泉 Kiln, Jingdezhen 景德镇 Kiln, Ding 定 Kiln, Yaozhou 耀州 Kiln, Cifeng 磁峰 Kiln and Qingxi 清溪 Kiln, yet a few black-glazed porcelain wares are from an unknown kiln. Noticeably, products from exotic kilns-especially the celadon porcelain of Longquan Kiln and the green and white porcelain of Jingdezhen Kiln were among the largest number. White porcelains of Jingdezhen Kiln and Ding Kiln, and celadon porcelain of Yaozhou Kiln were less in number. Local kilns' products included Cifeng Kiln's white porcelain, Qingxi Kiln's opaque green porcelain and black-glazed porcelain from an unknown kiln, and they were all very limited in number. Trace of use was barely seen among those porcelain wares.

Exotic kilns can be basically categorized into southern and northern divisions. Southern ones include Longquan Kiln and Jingdezhen Kiln. The 368 celadon porcelain wares from Longquan Kiln were rich in shape. A variety of vessels including the pot with lotus-leave-shape lid, the *gui* 簋 -shaped furnace, the *li* 鬲 -shaped furnace, and vases with various sizes are elegant in style and mild in glaze color. They are all exquisite porcelain rarely seen from Longquan Kiln of the Song Dynasty. Based on the characteristics of the glaze, there were three types of the Longquan celadon porcelain. Type Ⅰ is the largest in quantity and vessel types, and obviously from the Dayao 大窑 Kiln of the Longquan kiln-group. There are twelve types which are lidded-pot, furnaces, vases, small vases, *zhuzi* 注子 flagon, five-spout vessels, bowls, *xi* 洗 vessels, cups, plates, *die* 碟 plates and lids. The bowls, plates, *xi* vessels and cups are the main types. Bodies of Type Ⅰvessels appears somewhat gray or white, and is dense and heavy. The colors of the glaze are mild, mostly plum green or pale blue, which are called *meiziqing* 梅子青 -green and *fengqing* 粉青 -green. Type Ⅱ only consists bowls and plates. The bodies are gray and very heavy. Their glazes are somewhat thin, grey-yellow in color, less mild and having less *kaipian* 开片 crackles. Comparing with their counterparts of Type Ⅰ, the ring-foot of Type Ⅱ celadon wares are lower and thicker. Therefore, they might have made by the Jincun Kiln of the Longquan kiln-group. Type Ⅲ consists of two black-body small vases, which are in the begonia shape. They are thinner, lighter, in smooth and mild *fenqing* glaze in pale-blue color, and full of brown *kaipian* crackles. They might be the products of the Longquan kiln-group imitating products of Guan Kiln.

The 783 porcelain wares from the Jingdezhen Kilns can be divided into green-white porcelain and white porcelain. There are 774 green-white ones. Their bodies vary in the degree of thickness, and the thinnest is almost transparent. Their glaze is mostly smooth and bright, some appearing the blue color of bright sky. The main 14 vessel types include vases, furnaces, *zhuzi* flagons, water droppers (*yandi* 砚滴), *yu* 盂 bowls, brush and ink holder, bowls, *bo* 钵 bowls, plates, *die* plates, cups, small pots, boxes and lids. The bowl, plate, *die* plate and cup are the main types. The largest number is the 300 *die* plates, among which 137 pieces are in the shape of chrysanthemum petals, indicating this special type had been very popular in the Sichuan area during the Song Dynasty. Many of the vessels have the *mangkou* 芒口 mouth-rim (mouth has not been glazed), and some have copper buckle on them. The *meiping* 梅瓶 vases, *ding* 鼎 -shaped furnace, *li* 鬲 -shaped furnace and *lian* 奁 -shaped furnace are usually bigger in size and finely made and decorated. The toad-shaped *yu* bowl, brush and ink holder and pear-shaped water dropper are all creatively designed, showing the outstanding handicrafts of the Jingdezhen porcelain in the Southern Song Dynasty. The 9 white glazed vessels are all plates with low ring-foot and cupped base, with completely the same shape and pattern. Their body is thin, and they all have the *mangkou* mouth-rim with copper buckle. The glaze is yellowish white in color, which the thicker parts appear light yellow.

Products of the northern kiln-district include white porcelain from the Ding kilns and the celadon ones from the Yaozhou kilns. The 9 products of the Ding kilns are all white glazed bowl with model-printed peony flower and leaf. The patterns are exquisite, vivid, complicated and clear. Comparing with the similar peony design of the Jingdezhen white porcelain, Ding design appears more neat and dense. There are only 4 pieces of the celadon *zhong* 盅 cup, plate and lid from the Yaozhou kilns.

Local products are limited in number but from kilns of different sections in Sichuan Basin: 18 white porcelain wares from the Cifeng Kiln in the Chengdu Plain, 11 opaque celadon ones from the Qingxi Kiln in the Three Gorges area, and 4 black glazed ones from an unknown local kiln. The white-glazed Cifeng porcelain wares were very popular in the Chengdu Plain and its surrounding area during the Song Dynasty due to their cleanness and beauty. Products of the Qingxi Kiln are relatively rare. The 11 opaque celadon porcelain cups from the Qingxi Kiln are neatly shaped, small, and with smooth and shinning glaze surface. They are important materials to research on the Qingxi Kiln. The 4 black-glazed local tea-cups all have *daimao* 玳瑁 (hawksbill) -designs, and are similar with the products of the Guangyuan 广元 kilns to some degree. Yet we have no direct evidence to prove that they were made there. The fact that such local porcelain products appear in Suining demonstrates how local porcelain wares were circulated and sold in Sichuan area.

The 97 bronze objects in Hoard No. 1 include bell, *jiaodao* 镳斗 pot, *gu* 觚 –shaped vase, bowl, *ling* 铃 small bell, tri–pot *zun* 樽 –shaped furnace, *fu* 釜 shaped vessel and ring. Contrary to porcelain wares, most of these bronze objects have marks of usage, and some even to the degree of damage. They are mostly small everyday tools, which are regularly shaped and light in weight. From the welding marks on the surface, we can speculate that beside a few, most of them were made through separate casting.

Hoard No. 2 was discovered by local construction workers on June 3rd, 2003, when they were digging a drainage ditch using an excavating machine. The artifacts were once looted and only 47 objects, including 46 porcelain wares and 1 bronze ware were recovered afterwards. The porcelain wares are mainly celadon ones from the southern Longquan kilns, and have a total of 34 pieces. They include bowls, plates, cups, and lids, and are similar with the Type Ⅰ porcelain of Hoard No. 1. Also discovered was one green–white chrysanthemum–petal–shaped lid from the Jingdezhen kilns. Products from the northern kiln–district include 5 damaged white bowls from the Ding kilns, which are badly cracked, and 4 of them can be recovered. Local products include 7 black–glazed vessels from an unknown kiln, which are quite similar with the products of the Jinfeng 金凤 Kiln and Wagangba 瓦缸坝 Kiln in the Chengdu plain.

Objects excavated from the two hoards have the same characteristics, and therefore should be from the same time period. Based on their characteristics and significant historical background, we suppose they might largely have been buried in the hoards during the war between the Song Dynasty and the Mongolians in the late Southern Song Dynasty.

The large amount of porcelain wares from exotic kilns from the Jinyucun Village hoards are also among the most direct materials to further understanding of the famous Longquan Kiln and Jingdezhen Kiln from the Song Dynasty. In the meantime, the porcelains from different kilns including local ones also provide rich and vivid real materials to study on the porcelain production, the circulation and sale of exotic and local porcelain products in Sichuan area during the Song Dynasty.

遂宁金鱼村南宋窖藏

下册

成都文物考古研究所
遂 宁 市 博 物 馆 编著

文物出版社

北京·2012

Jinyucun Hoard of Southern Song Dynasty in Suining

Vol. 2

Chengdu Institute of Cultural Relics and Archaeology

Suining Municipal Museum

Cultural Relics Press

Beijing · 2012

图版目录

图版一　一号窖藏出土第一类龙泉窑青瓷　盖罐91SJJ：1

图版二　一号窖藏出土第一类龙泉窑青瓷　盖罐91SJJ：1（罐）

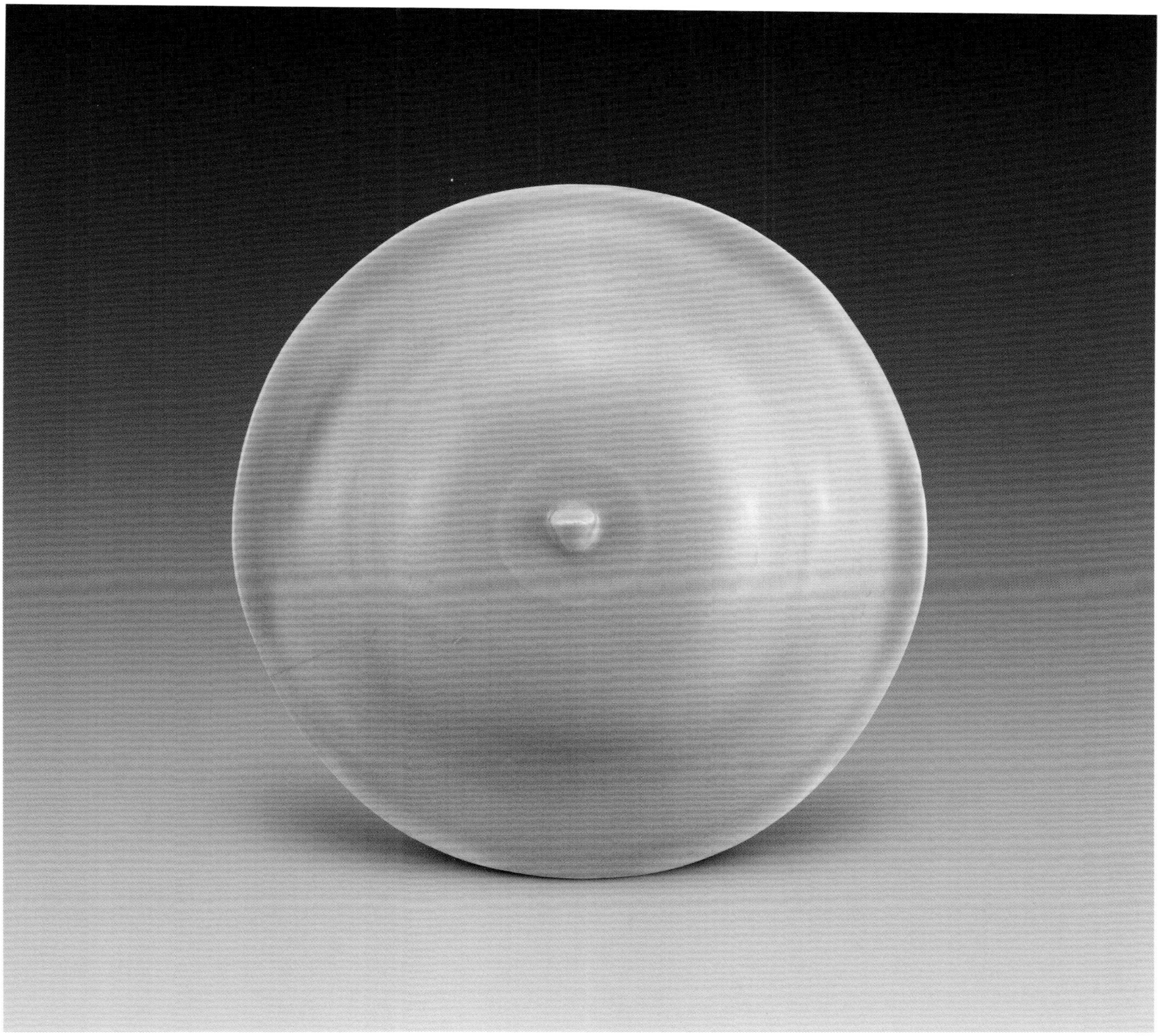

图版三　一号窖藏出土第一类龙泉窑青瓷　盖罐91SJJ：1（盖）

盖内

外底

图版四　一号窖藏出土第一类龙泉窑青瓷　盖罐91SJJ：1

图版五　一号窖藏出土第一类龙泉窑青瓷　簋式炉91SJJ：70

图版六　一号窖藏出土第一类龙泉窑青瓷　簋式炉91SJJ：70

图版七　一号窖藏出土第一类龙泉窑青瓷　A型鬲式炉91SJJ：81

图版八　一号窖藏出土第一类龙泉窑青瓷　B型鬲式炉91SJJ：56

图版九　一号窖藏出土第一类龙泉窑青瓷　B型鬲式炉91SJJ：82

图版一〇　一号窖藏出土第一类龙泉窑青瓷　C型鬲式炉91SJJ：60

图版一一　一号窖藏出土第一类龙泉窑青瓷　C型鬲式炉91SJJ：83

图版一二　一号窖藏出土第一类龙泉窑青瓷　A型鼎式炉91SJJ：62

图版一三　一号窖藏出土第一类龙泉窑青瓷　B型鼎式炉91SJJ：61

图版一四　一号窖藏出土第一类龙泉窑青瓷　奁式炉91SJJ：63

图版一五　一号窖藏出土第一类龙泉窑青瓷　琮式瓶91SJJ：10

图版一六　一号窖藏出土第一类龙泉窑青瓷　琮式瓶91SJJ：11

图版一七　一号窖藏出土第一类龙泉窑青瓷　A型鼓腹贯耳瓶91SJJ：44

图版一八　一号窖藏出土第一类龙泉窑青瓷　A型鼓腹贯耳瓶91SJJ：93

图版一九　一号窖藏出土第一类龙泉窑青瓷　B型鼓腹贯耳瓶91SJJ：46

图版二〇　一号窖藏出土第一类龙泉窑青瓷　A型鼓腹竹节瓶91SJJ：13

图版二一　一号窖藏出土第一类龙泉窑青瓷　A型鼓腹竹节瓶91SJJ：14

图版二二　一号窖藏出土第一类龙泉窑青瓷　B型鼓腹竹节瓶91SJJ：15

图版二三　一号窖藏出土第一类龙泉窑青瓷　A型贯耳小瓶91SJJ：48

图版二四　一号窖藏出土第一类龙泉窑青瓷　A型贯耳小瓶91SJJ：22

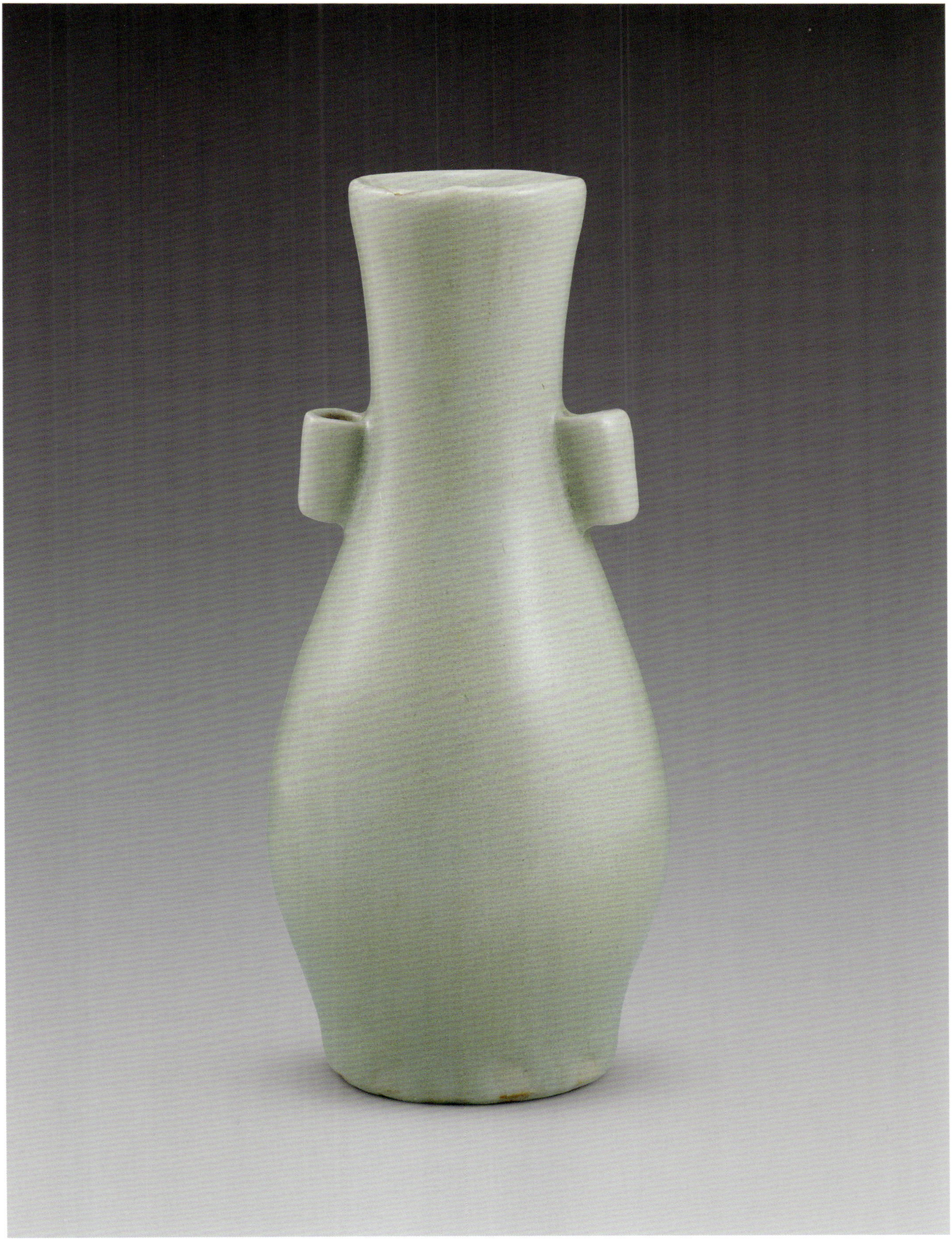

图版二五　一号窖藏出土第一类龙泉窑青瓷　B型贯耳小瓶91SJJ：23

图版二六　一号窖藏出土第一类龙泉窑青瓷　B型贯耳小瓶91SJJ：91

图版二七　一号窖藏出土第一类龙泉窑青瓷　A型扁鼓腹长颈小瓶91SJJ：25

图版二八　一号窑藏出土第一类龙泉窑青瓷　A型扁鼓腹长颈小瓶91SJJ：90

图版二九　一号窖藏出土第一类龙泉窑青瓷　B型扁鼓腹长颈小瓶91SJJ：29

图版三〇　一号窖藏出土第一类龙泉窑青瓷　B型扁鼓腹长颈小瓶91SJJ：88

图版三一　一号窖藏出土第一类龙泉窑青瓷　圆鼓腹长颈盘口小瓶91SJJ：34

图版三二　一号窖藏出土第一类龙泉窑青瓷　扁鼓腹长颈盘口小瓶91SJJ：12

图版三三　一号窖藏出土第一类龙泉窑青瓷　菱形瓜棱式小瓶91SJJ：20

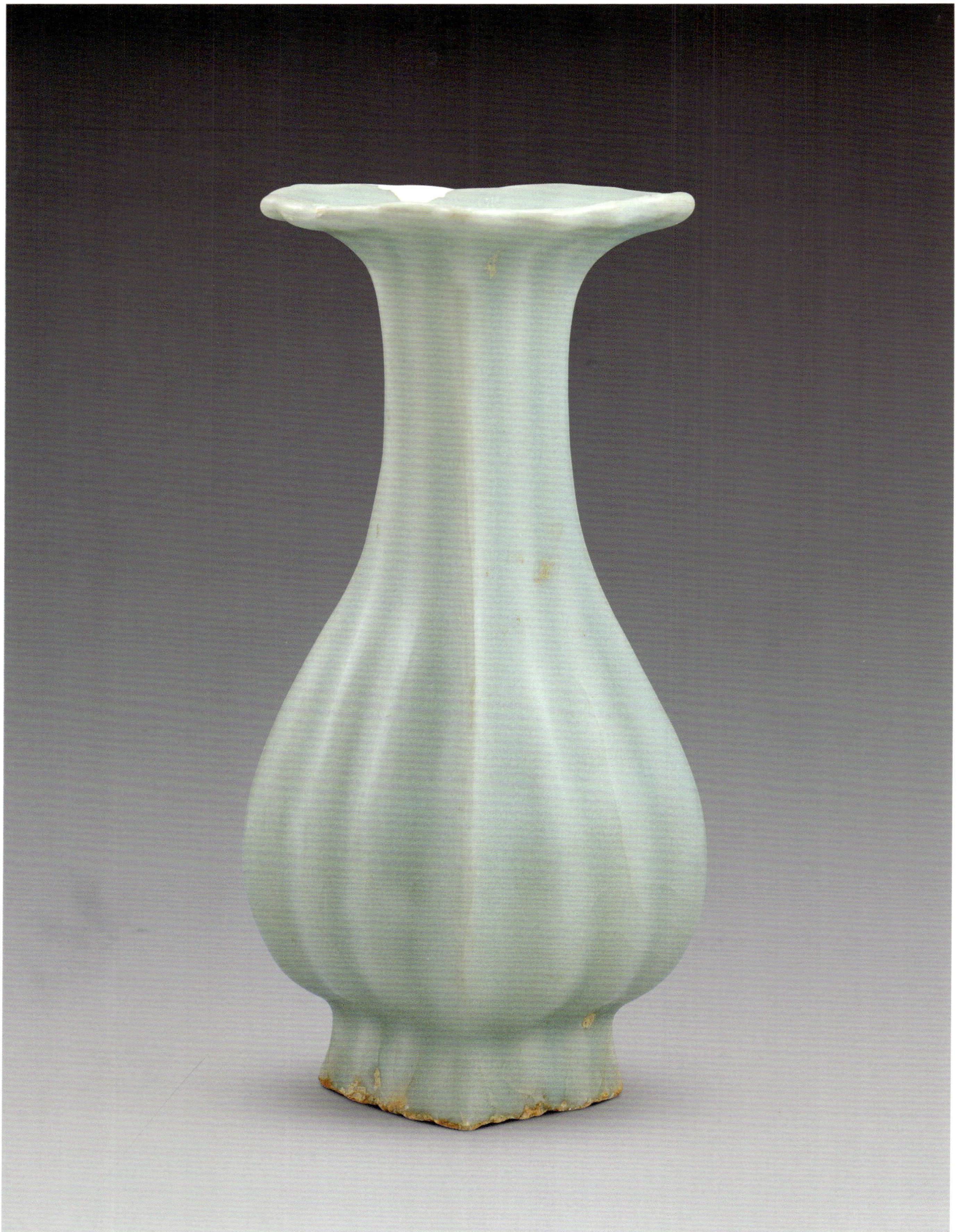

图版三四　一号窖藏出土第一类龙泉窑青瓷　菱形瓜棱式小瓶91SJJ：21

图版三五　一号窖藏出土第一类龙泉窑青瓷　注子91SJJ：54

图版三六　一号窖藏出土第一类龙泉窑青瓷　A型五管器91SJJ：49

图版三七　一号窖藏出土第一类龙泉窑青瓷　B型五管器91SJJ：57

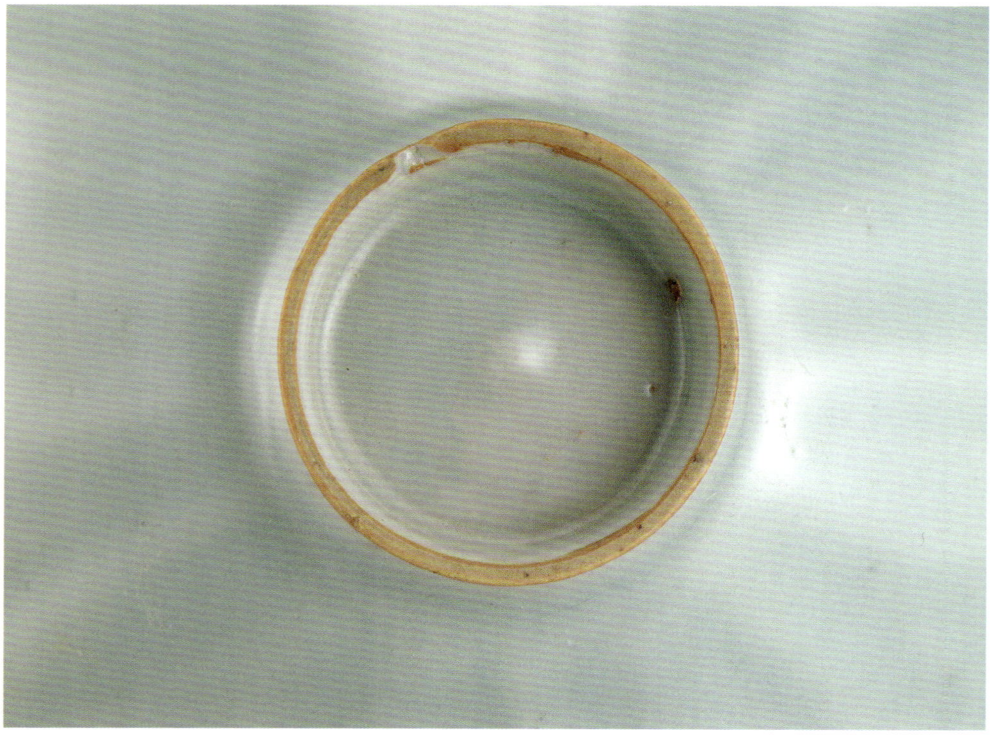

图版三八　一号窖藏出土第一类龙泉窑青瓷　敛口斜腹碗91SJJ：175

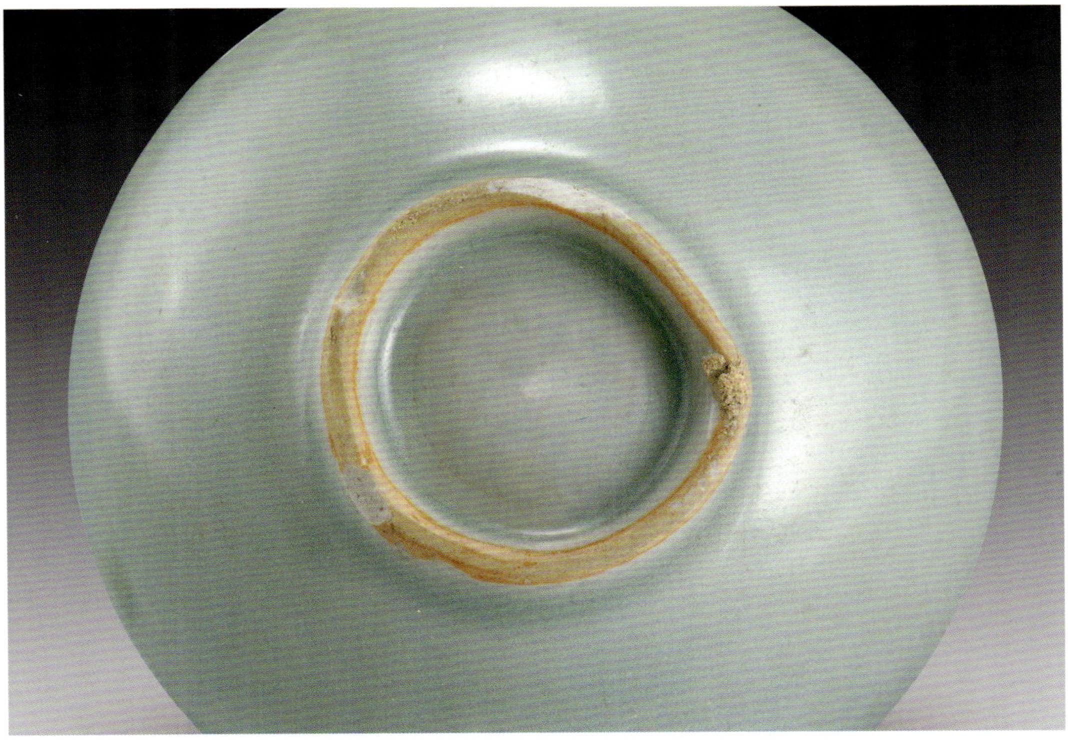

图版三九　一号窖藏出土第一类龙泉窑青瓷　敛口斜腹碗91SJJ：176

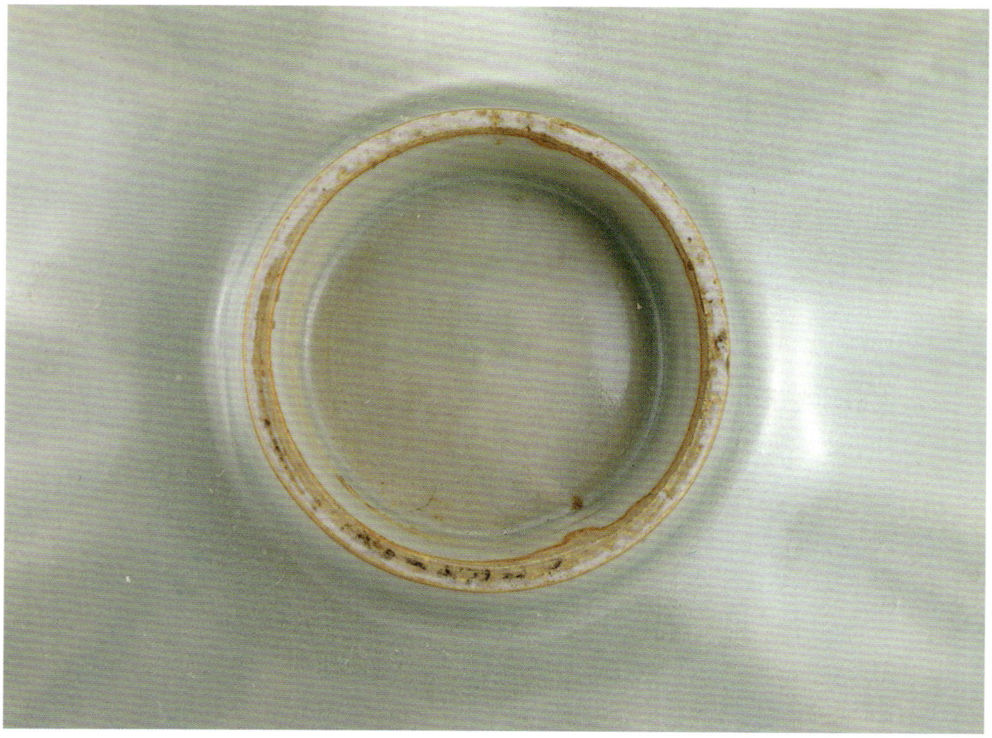

图版四〇　一号窖藏出土第一类龙泉窑青瓷　敞口弧腹碗91SJJ：181

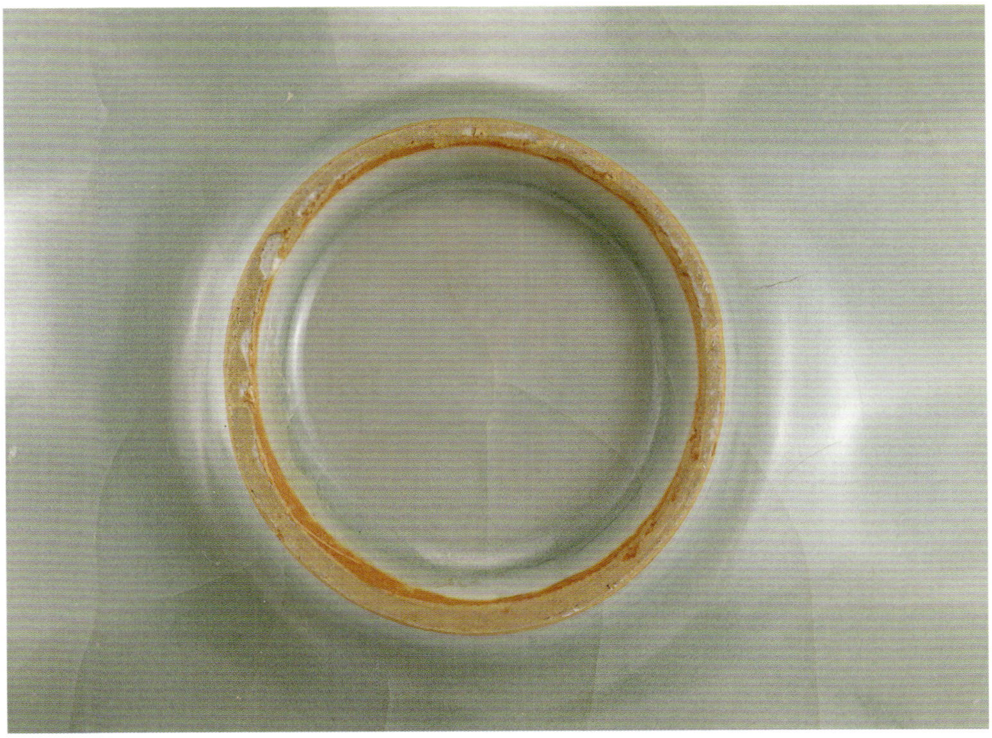

图版四一　一号窖藏出土第一类龙泉窑青瓷　敞口弧腹碗91SJJ：42

图版四二　一号窖藏出土第一类龙泉窑青瓷　敞口弧腹碗91SJJ：296

图版四三　一号窖藏出土第一类龙泉窑青瓷　A型直口深腹碗91SJJ：501

图版四四　一号窖藏出土第一类龙泉窑青瓷　A型直口深腹碗91SJJ：502

图版四五　一号窖藏出土第一类龙泉窑青瓷　A型直口深腹碗91SJJ：511

图版四六　一号窖藏出土第一类龙泉窑青瓷　A型直口深腹碗91SJJ：544

图版四七　一号窖藏出土第一类龙泉窑青瓷　A型直口深腹碗91SJJ：544

图版四八　一号窖藏出土第一类龙泉窑青瓷　A型直口深腹碗91SJJ：525

图版四九　一号窖藏出土第一类龙泉窑青瓷　B型直口深腹碗91SJJ：506

图版五〇　一号窖藏出土第一类龙泉窑青瓷　B型直口深腹碗91SJJ：503

图版五一　一号窖藏出土第一类龙泉窑青瓷　B型直口深腹碗91SJJ：527

图版五二　一号窖藏出土第一类龙泉窑青瓷　B型直口深腹碗91SJJ：518

图版五三　一号窖藏出土第一类龙泉窑青瓷　敞口斜腹碗91SJJ：552

91SJJ：535

91SJJ：545

图版五四　一号窖藏出土第一类龙泉窑青瓷　敞口斜腹碗

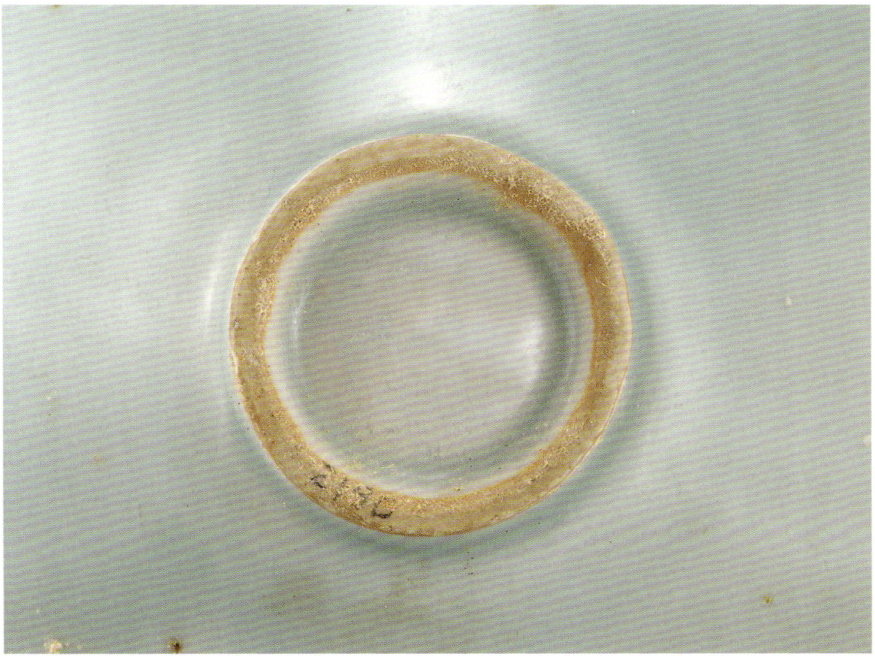

图版五五　一号窖藏出土第一类龙泉窑青瓷　敞口斜腹碗91SJJ：545

91SJJ：412

91SJJ：471

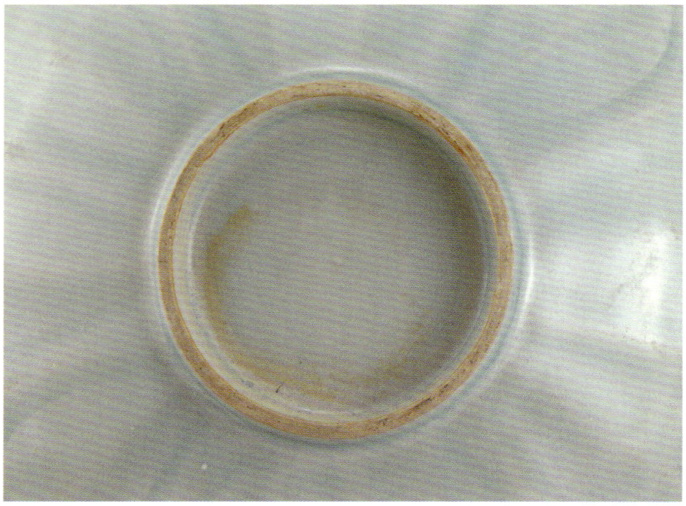

图版五六　一号窖藏出土第一类龙泉窑青瓷　A型小圈足盘

91SJJ：476

91SJJ：472

图版五七　一号窖藏出土第一类龙泉窑青瓷　B型小圈足盘

B型小圈足盘91SJJ：480

A型大圈足盘91SJJ：292

图版五八　一号窖藏出土第一类龙泉窑青瓷　B型小圈足盘、A型大圈足盘

91SJJ：268

91SJJ：298

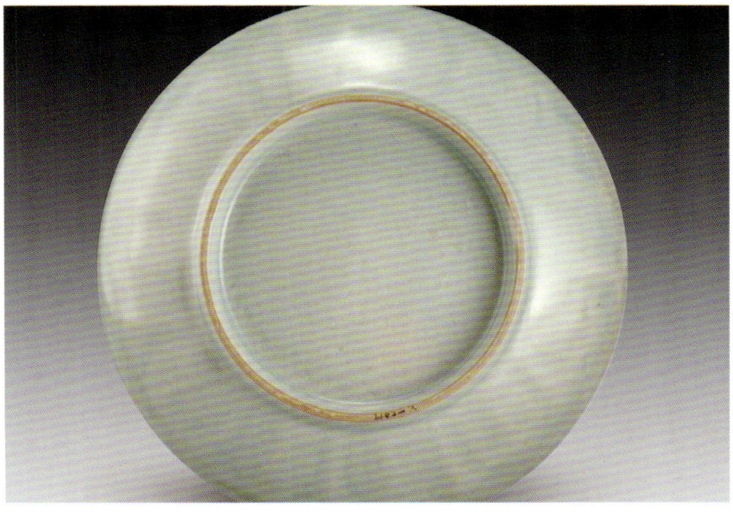

图版五九　一号窖藏出土第一类龙泉窑青瓷　A型大圈足盘

91SJJ：275

91SJJ：266

图版六〇　一号窖藏出土第一类龙泉窑青瓷　B型大圈足盘

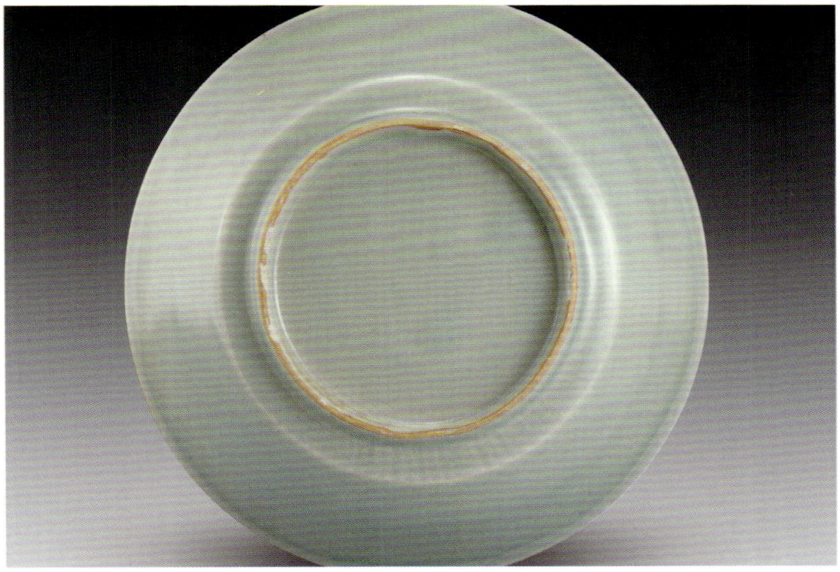

图版六一　一号窖藏出土第一类龙泉窑青瓷　A型洗91SJJ：208

B型洗91SJJ：245

C型洗91SJJ：203

图版六二　一号窖藏出土第一类龙泉窑青瓷　B型洗、C型洗

91SJJ：201

91SJJ：217

图版六三　一号窖藏出土第一类龙泉窑青瓷　C型洗

图版六四　一号窖藏出土第一类龙泉窑青瓷　C型洗91SJJ：224

图版六五　一号窖藏出土第一类龙泉窑青瓷　B型深弧腹杯91SJJ：77

图版六六　一号窖藏出土第一类龙泉窑青瓷　B型深弧腹杯91SJJ：124

图版六七　一号窖藏出土第一类龙泉窑青瓷　C型Ⅰ式深弧腹杯91SJJ：89

图版六八　一号窖藏出土第一类龙泉窑青瓷　C型Ⅰ式深弧腹杯91SJJ：113

图版六九　一号窖藏出土第一类龙泉窑青瓷　C型Ⅰ式深弧腹杯91SJJ：80

图版七〇　一号窖藏出土第一类龙泉窑青瓷　C型Ⅰ式深弧腹杯91SJJ：94

图版七一　一号窖藏出土第一类龙泉窑青瓷　C型Ⅱ式深弧腹杯91SJJ：110

图版七二　一号窖藏出土第一类龙泉窑青瓷　C型Ⅱ式深弧腹杯91SJJ：104

91SJJ：129

91SJJ：134

图版七三　一号窖藏出土第一类龙泉窑青瓷　浅弧腹杯

图版七四　一号窖藏出土第一类龙泉窑青瓷　碟91SJJ：270

图版七五　一号窖藏出土第一类龙泉窑青瓷　碟91SJJ：267

图版七六　一号窖藏出土第一类龙泉窑青瓷　A型器盖91SJJ：894

图版七七　一号窖藏出土第一类龙泉窑青瓷　A型器盖91SJJ：897

图版七八　一号窖藏出土第一类龙泉窑青瓷　B型器盖91SJJ：801

图版七九　一号窖藏出土第一类龙泉窑青瓷　B型器盖91SJJ：851

图版八〇　一号窖藏出土第一类龙泉窑青瓷　B型器盖91SJJ：865

图版八一　一号窖藏出土第一类龙泉窑青瓷　B型器盖91SJJ：876

图版八二　一号窖藏出土第一类龙泉窑青瓷　B型器盖91SJJ：882

图版八三　一号窖藏出土第一类龙泉窑青瓷　B型器盖91SJJ：873

图版八四　一号窖藏出土第一类龙泉窑青瓷　C型Ⅰ式器盖91SJJ：813

图版八五　一号窖藏出土第一类龙泉窑青瓷　C型Ⅰ式器盖91SJJ：817

图版八六　一号窖藏出土第一类龙泉窑青瓷　C型Ⅰ式器盖91SJJ：821

图版八七　一号窖藏出土第一类龙泉窑青瓷　C型Ⅰ式器盖91SJJ：814

图版八八　一号窖藏出土第一类龙泉窑青瓷　C型Ⅰ式器盖91SJJ：832

图版八九　一号窖藏出土第一类龙泉窑青瓷　C型Ⅰ式器盖91SJJ：816

图版九〇　一号窖藏出土第一类龙泉窑青瓷　C型Ⅰ式器盖91SJJ：808

图版九一　一号窖藏出土第一类龙泉窑青瓷　C型Ⅰ式器盖91SJJ：811

图版九二　一号窖藏出土第一类龙泉窑青瓷　C型Ⅱ式器盖91SJJ：833

图版九三　一号窖藏出土第一类龙泉窑青瓷　C型Ⅱ式器盖91SJJ：834

图版九四　一号窖藏出土第二类龙泉窑青瓷　A型敞口弧腹碗91SJJ：309

图版九五　一号窖藏出土第二类龙泉窑青瓷　A型敞口弧腹碗91SJJ：555

91SJJ：226

91SJJ：230

图版九六　一号窖藏出土第二类龙泉窑青瓷　A型敞口弧腹碗

A型敞口弧腹碗91SJJ：232

B型敞口弧腹碗91SJJ：209

图版九七　一号窖藏出土第二类龙泉窑青瓷　A型、B型敞口弧腹碗

B型敞口弧腹碗91SJJ：210

A型小圈足盘91SJJ：286

图版九八　一号窑藏出土第二类龙泉窑青瓷　B型敞口弧腹碗、A型小圈足盘

91SJJ：479

91SJJ：288

图版九九　一号窖藏出土第二类龙泉窑青瓷　A型小圈足盘

91SJJ：291

91SJJ：274

图版一〇〇　一号窖藏出土第二类龙泉窑青瓷　B型小圈足盘

图版一〇一　一号窖藏出土第三类龙泉窑青瓷　菱形瓜棱式小瓶91SJJ：231

图版一〇二　一号窖藏出土第三类龙泉窑青瓷　菱形瓜棱式小瓶91SJJ：242

图版一〇三　一号窖藏出土景德镇窑青白瓷　A型Ⅰ式梅瓶91SJJ：3

图版一〇四　一号窖藏出土景德镇窑青白瓷　A型Ⅱ式梅瓶91SJJ：5

图版一〇五　一号窖藏出土景德镇窑青白瓷　A型Ⅱ式梅瓶91SJJ：8

图版一〇六　一号窖藏出土景德镇窑青白瓷　B型梅瓶91SJJ：6

图版一〇七　一号窖藏出土景德镇窑青白瓷　A型长颈小瓶91SJJ：35

图版一〇八　一号窖藏出土景德镇窑青白瓷　B型长颈小瓶91SJJ：40

图版一〇九　一号窖藏出土景德镇窑青白瓷　A型奁式炉91SJJ：68

图版一一〇　一号窖藏出土景德镇窑青白瓷　B型奁式炉91SJJ：69

图版一一一　一号窖藏出土景德镇窑青白瓷　A型鼎式炉91SJJ：66

图版一一二　一号窖藏出土景德镇窑青白瓷　B型鼎式炉91SJJ：64

图版一一三　一号窖藏出土景德镇窑青白瓷　B型鼎式炉91SJJ：64

图版一一四　一号窖藏出土景德镇窑青白瓷　C型鼎式炉91SJJ：67

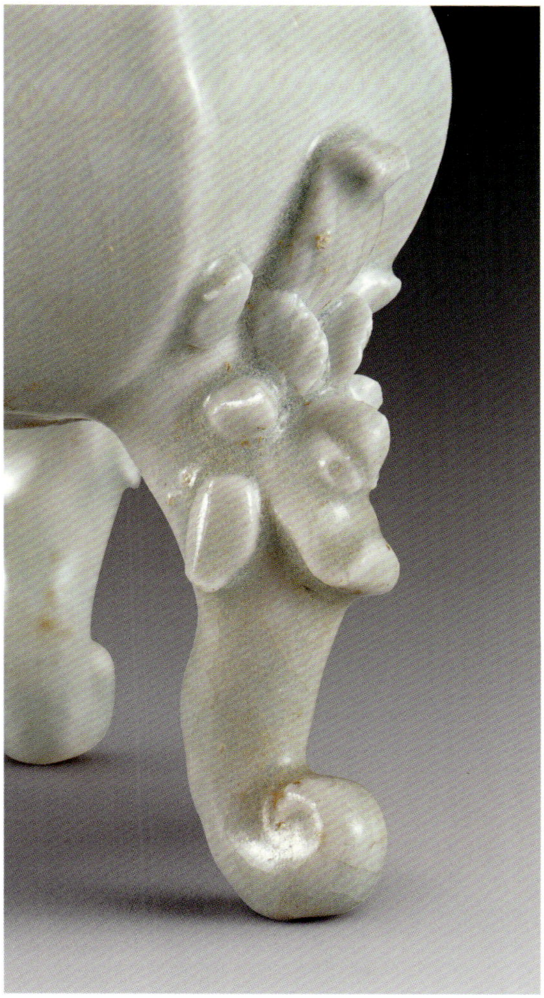

图版一一五　一号窖藏出土景德镇窑青白瓷　C型鼎式炉91SJJ：67

图版一一六　一号窖藏出土景德镇窑青白瓷　鬲式炉91SJJ：65

图版一一七　一号窑藏出土景德镇窑青白瓷　鬲式炉91SJJ：65

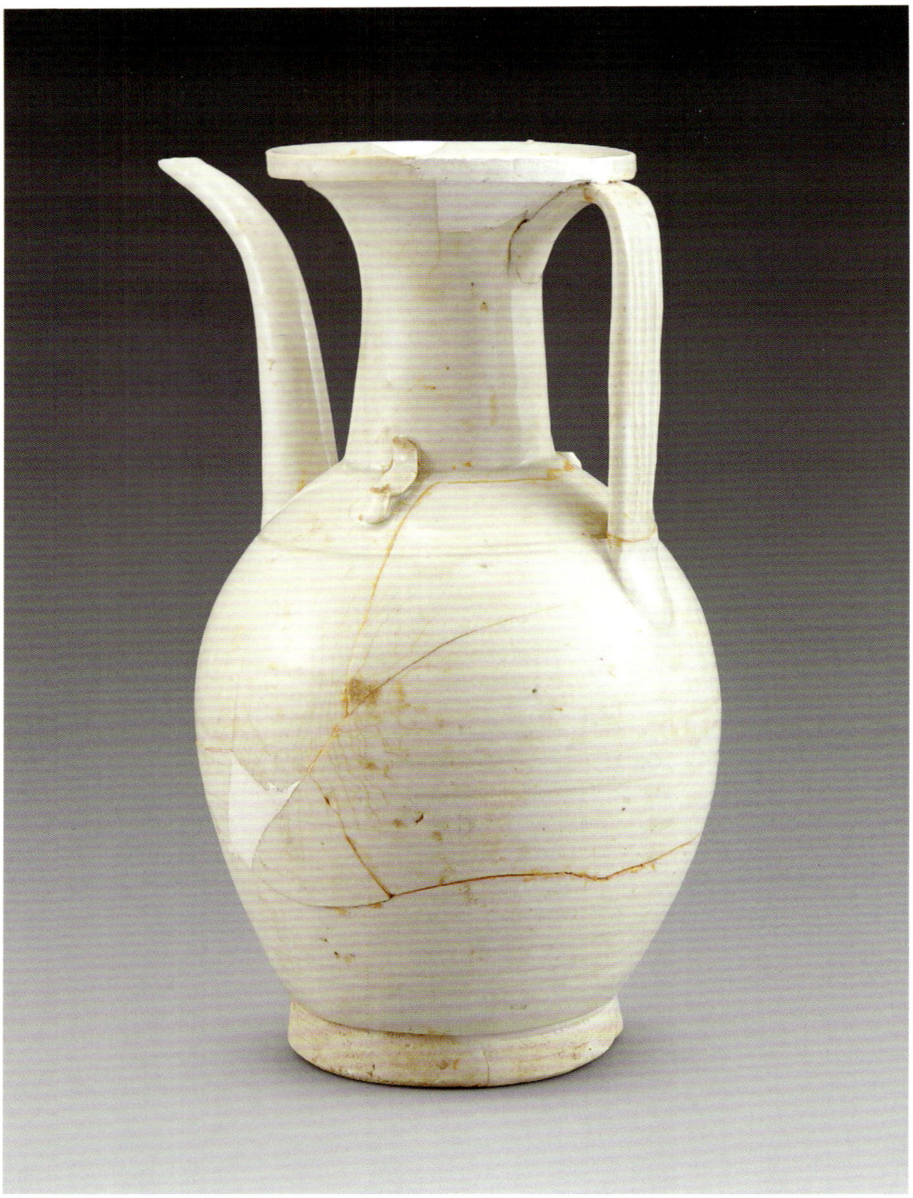

图版一一八　一号窖藏出土景德镇窑青白瓷　注子91SJJ：55

图版一一九　一号窖藏出土景德镇窑青白瓷　A型砚滴91SJJ：71

图版一二〇　一号窖藏出土景德镇窑青白瓷　B型砚滴91SJJ：72

图版一二一　一号窖藏出土景德镇窑青白瓷　B型水盂91SJJ：74

图版一二二　一号窖藏出土景德镇窑青白瓷　A型水盂91SJJ：73

图版一二三　一号窖藏出土景德镇窑青白瓷　A型水盂91SJJ：73

图版一二四　一号窖藏出土景德镇窑青白瓷　笔墨插（砚）91SJJ：76

图版一二五　一号窖藏出土景德镇窑青白瓷　A型浅斜弧腹碗91SJJ：427

图版一二六　一号窖藏出土景德镇窑青白瓷　A型浅斜弧腹碗91SJJ：416

图版一二七　一号窖藏出土景德镇窑青白瓷　A型浅斜弧腹碗91SJJ：416

图版一二八　一号窖藏出土景德镇窑青白瓷　A型浅斜弧腹碗91SJJ：435

图版一二九　一号窖藏出土景德镇窑青白瓷　A型浅斜弧腹碗91SJJ：914

图版一三〇　一号窖藏出土景德镇窑青白瓷　A型浅斜弧腹碗91SJJ：417

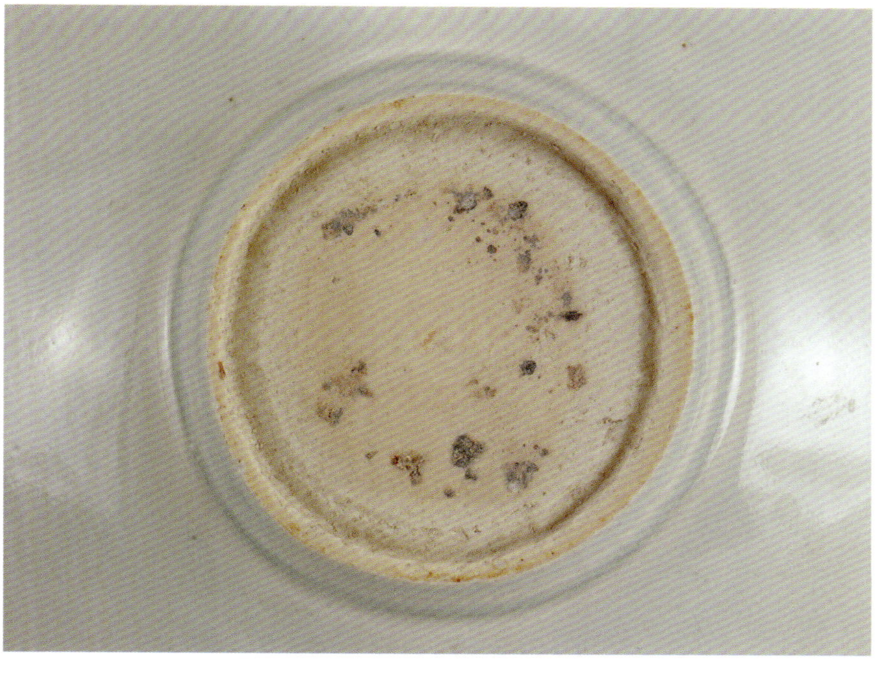

图版一三一　一号窖藏出土景德镇窑青白瓷　A型浅斜弧腹碗91SJJ：417

图版一三二　一号窖藏出土景德镇窑青白瓷　A型浅斜弧腹碗91SJJ：432

图版一三三　一号窖藏出土景德镇窑青白瓷　A型浅斜弧腹碗91SJJ：433

图版一三四　一号窖藏出土景德镇窑青白瓷　A型浅斜弧腹碗91SJJ：408

图版一三五　一号窖藏出土景德镇窑青白瓷　A型浅斜弧腹碗91SJJ：463

图版一三六　一号窖藏出土景德镇窑青白瓷　A型斜弧腹碗91SJJ：498

图版一三七　一号窖藏出土景德镇窑青白瓷　A型斜弧腹碗91SJJ：498

图版一三八　一号窖藏出土景德镇窑青白瓷　B型斜弧腹碗91SJJ：392

图版一三九　一号窖藏出土景德镇窑青白瓷　B型斜弧腹碗91SJJ：401

图版一四〇　一号窖藏出土景德镇窑青白瓷　B型斜弧腹碗91SJJ：452

图版一四一　一号窖藏出土景德镇窑青白瓷　A型深斜弧腹碗91SJJ：445

图版一四二　一号窖藏出土景德镇窑青白瓷　A型深斜弧腹碗91SJJ：495

图版一四三　一号窖藏出土景德镇窑青白瓷　A型深斜弧腹碗91SJJ：464

图版一四四　一号窖藏出土景德镇窑青白瓷　B型深斜弧腹碗91SJJ：475

图版一四五　一号窖藏出土景德镇窑青白瓷　斜腹碗91SJJ：334

图版一四六　一号窖藏出土景德镇窑青白瓷　斜腹碗91SJJ：336

图版一四七　一号窖藏出土景德镇窑青白瓷　斜腹碗91SJJ：335

图版一四八　一号窖藏出土景德镇窑青白瓷　A型深弧腹芒口碗91SJJ：577

图版一四九　一号窖藏出土景德镇窑青白瓷　A型深弧腹芒口碗91SJJ：578

图版一五〇　一号窖藏出土景德镇窑青白瓷　A型深弧腹芒口碗91SJJ：370

图版一五一　一号窖藏出土景德镇窑青白瓷　A型深弧腹芒口碗91SJJ：403

图版一五二　一号窖藏出土景德镇窑青白瓷　A型深弧腹芒口碗91SJJ：564

图版一五三　一号窖藏出土景德镇窑青白瓷　A型深弧腹芒口碗91SJJ：595

图版一五四　一号窖藏出土景德镇窑青白瓷　A型深弧腹芒口碗91SJJ：592

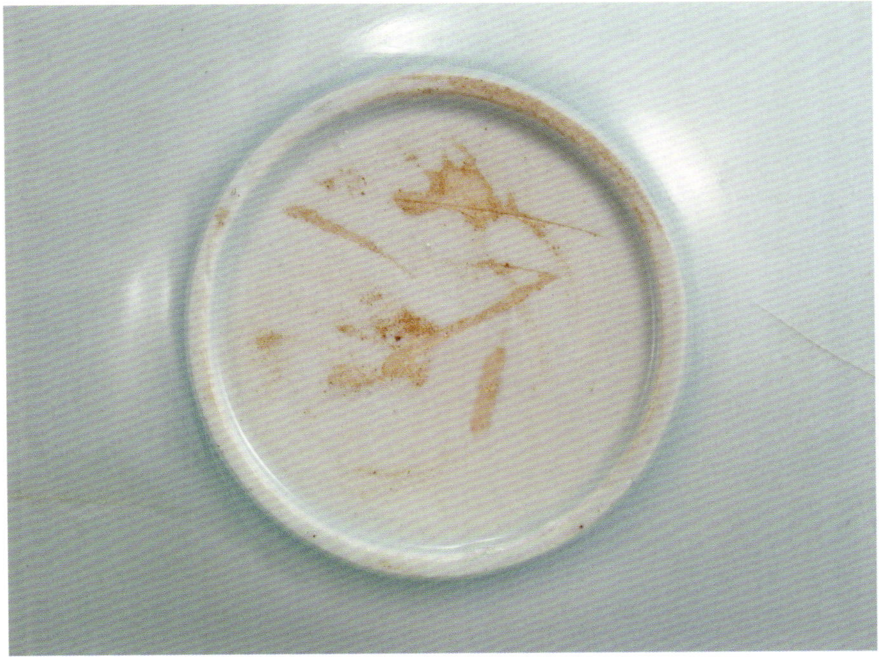

图版一五五　一号窖藏出土景德镇窑青白瓷　A型深弧腹芒口碗91SJJ：402

图版一五六　一号窖藏出土景德镇窑青白瓷　B型深弧腹芒口碗91SJJ：622

图版一五七　一号窖藏出土景德镇窑青白瓷　B型深弧腹芒口碗91SJJ：566

图版一五八　一号窖藏出土景德镇窑青白瓷　A型深腹芒口碗91SJJ：652

图版一五九　一号窖藏出土景德镇窑青白瓷　A型深腹芒口碗91SJJ：643

图版一六〇　一号窖藏出土景德镇窑青白瓷　B型深腹芒口碗91SJJ：613

图版一六一　一号窖藏出土景德镇窑青白瓷　A型钵91SJJ：207

图版一六二　一号窖藏出土景德镇窑青白瓷　B型钵91SJJ：205

图版一六三　一号窖藏出土景德镇窑青白瓷　A型斜弧腹圈足盘91SJJ：355

图版一六四　一号窖藏出土景德镇窑青白瓷　A型斜弧腹圈足盘91SJJ：316

图版一六五　一号窖藏出土景德镇窑青白瓷　B型斜弧腹圈足盘91SJJ：575

图版一六六　一号窖藏出土景德镇窑青白瓷　B型斜弧腹圈足盘91SJJ：562

图版一六七　一号窖藏出土景德镇窑青白瓷　B型斜弧腹圈足盘91SJJ：538

图版一六八　一号窖藏出土景德镇窑青白瓷　B型斜弧腹圈足盘91SJJ：342

图版一六九　一号窖藏出土景德镇窑青白瓷　B型斜弧腹圈足盘91SJJ：580

图版一七〇　一号窖藏出土景德镇窑青白瓷　A型斜腹凸底盘91SJJ：532

图版一七一　一号窖藏出土景德镇窑青白瓷　B型斜腹凸底盘91SJJ：558

图版一七二　一号窖藏出土景德镇窑青白瓷　B型斜腹凸底盘91SJJ：548

图版一七三　一号窖藏出土景德镇窑青白瓷　A型圆口直腹碟91SJJ：557

图版一七四　一号窖藏出土景德镇窑青白瓷　B型圆口直腹碟91SJJ：583

图版一七五　一号窖藏出土景德镇窑青白瓷　B型圆口直腹碟91SJJ：590

图版一七六　一号窖藏出土景德镇窑青白瓷　C型圆口直腹碟91SJJ：556

图版一七七　一号窖藏出土景德镇窑青白瓷　A型圆口斜腹碟91SJJ：680

图版一七八　一号窖藏出土景德镇窑青白瓷　B型圆口斜腹碟91SJJ：677

图版一七九　一号窖藏出土景德镇窑青白瓷　B型圆口斜腹碟91SJJ：663

图版一八〇　一号窖藏出土景德镇窑青白瓷　B型圆口斜腹碟91SJJ：664

图版一八一　一号窖藏出土景德镇窑青白瓷　B型圆口斜腹碟91SJJ：678

图版一八二　一号窖藏出土景德镇窑青白瓷　B型圆口斜腹碟91SJJ：632

图版一八三　一号窖藏出土景德镇窑青白瓷　C型圆口斜腹碟91SJJ：645

图版一八四　一号窖藏出土景德镇窑青白瓷　C型圆口斜腹碟91SJJ：623

图版一八五　一号窖藏出土景德镇窑青白瓷　C型圆口斜腹碟91SJJ：641

图版一八六　一号窖藏出土景德镇窑青白瓷　C型圆口斜腹碟91SJJ：639

图版一八七　一号窖藏出土景德镇窑青白瓷　C型圆口斜腹碟91SJJ：653

图版一八八　一号窖藏出土景德镇窑青白瓷　圆口斜弧腹碟91SJJ：573

图版一八九　一号窖藏出土景德镇窑青白瓷　B型菊花口碟91SJJ：700

图版一九〇　一号窖藏出土景德镇窑青白瓷　B型菊花口碟91SJJ：691

图版一九一　一号窖藏出土景德镇窑青白瓷　B型菊花口碟91SJJ：694

图版一九二　一号窖藏出土景德镇窑青白瓷　B型菊花口碟91SJJ：693

图版一九三　一号窖藏出土景德镇窑青白瓷　A型葵花口碟91SJJ：812

图版一九四　一号窖藏出土景德镇窑青白瓷　B型葵花口碟91SJJ：810

图版一九五　一号窖藏出土景德镇窑青白瓷　A型弧腹杯91SJJ：185

图版一九六　一号窖藏出土景德镇窑青白瓷　A型弧腹杯91SJJ：177

图版一九七　一号窖藏出土景德镇窑青白瓷　A型弧腹杯91SJJ：199

小罐91SJJ：206

盒91SJJ：75

图版一九八　一号窖藏出土景德镇窑青白瓷　小罐、盒

图版一九九　一号窖藏出土景德镇窑青白瓷　柱状钮斜弧顶小型器盖91SJJ：864

图版二〇〇　一号窖藏出土景德镇窑青白瓷　柱状钮斜弧顶小型器盖91SJJ：860

图版二〇一　一号窖藏出土景德镇窑青白瓷　柱状钮斜弧顶小型器盖91SJJ：863

图版二〇二　一号窖藏出土景德镇窑青白瓷　柱状钮斜弧顶小型器盖91SJJ：885

图版二〇三　一号窖藏出土景德镇窑青白瓷　柱状钮斜弧顶小型器盖91SJJ：850

图版二〇四　一号窖藏出土景德镇窑青白瓷　柱状钮斜弧顶小型器盖91SJJ：878

图版二〇五　一号窖藏出土景德镇窑青白瓷　A型螭形钮弧顶大型器盖91SJJ：848

图版二〇六　一号窖藏出土景德镇窑青白瓷　A型螭形钮弧顶大型器盖91SJJ：900

图版二〇七　一号窖藏出土景德镇窑青白瓷　A型螭形钮弧顶大型器盖91SJJ：888

图版二〇八　一号窖藏出土景德镇窑青白瓷　A型螭形钮弧顶大型器盖91SJJ：835

图版二〇九　一号窖藏出土景德镇窑青白瓷　A型螭形钮弧顶大型器盖91SJJ：844

图版二一〇　一号窖藏出土景德镇窑青白瓷　A型螭形钮弧顶大型器盖91SJJ：849

图版二一一　一号窖藏出土景德镇窑青白瓷　A型螭形钮弧顶大型器盖91SJJ：859

图版二一二　一号窖藏出土景德镇窑青白瓷　A型螭形钮弧顶大型器盖91SJJ：899

图版二一三　一号窖藏出土景德镇窑青白瓷　A型螭形钮弧顶大型器盖91SJJ：892

图版二一四　一号窖藏出土景德镇窑青白瓷　环形钮平顶器盖91SJJ：868

图版二一五　一号窖藏出土景德镇窑白瓷　盘91SJJ：572

图版二一六　一号窖藏出土定窑白瓷　花口斜弧腹浅圈足碗91SJJ：523

图版二一七　一号窖藏出土定窑白瓷　花口斜弧腹浅圈足碗91SJJ：526

图版二一八　一号窖藏出土磁峰窑白瓷　敞口斜腹圈足碗91SJJ：507

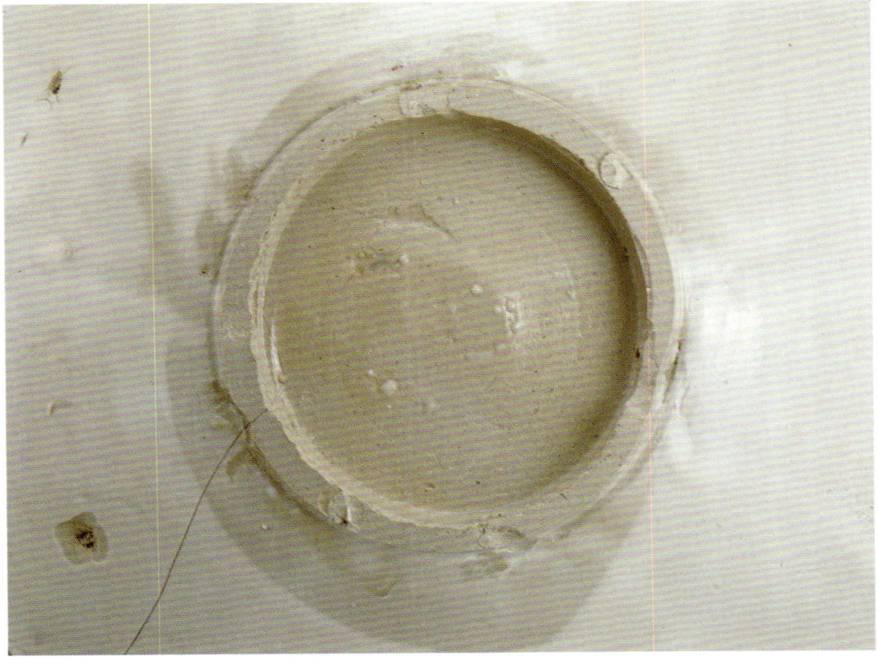

图版二一九　一号窖藏出土磁峰窑白瓷　敞口斜腹圈足盘91SJJ：517

图版二二〇　一号窖藏出土耀州窑青瓷　盘91SJJ：531

图版二二一　一号窖藏出土耀州窑青瓷　盅91SJJ：193

图版二二二　一号窖藏出土耀州窑青瓷　器盖91SJJ：200

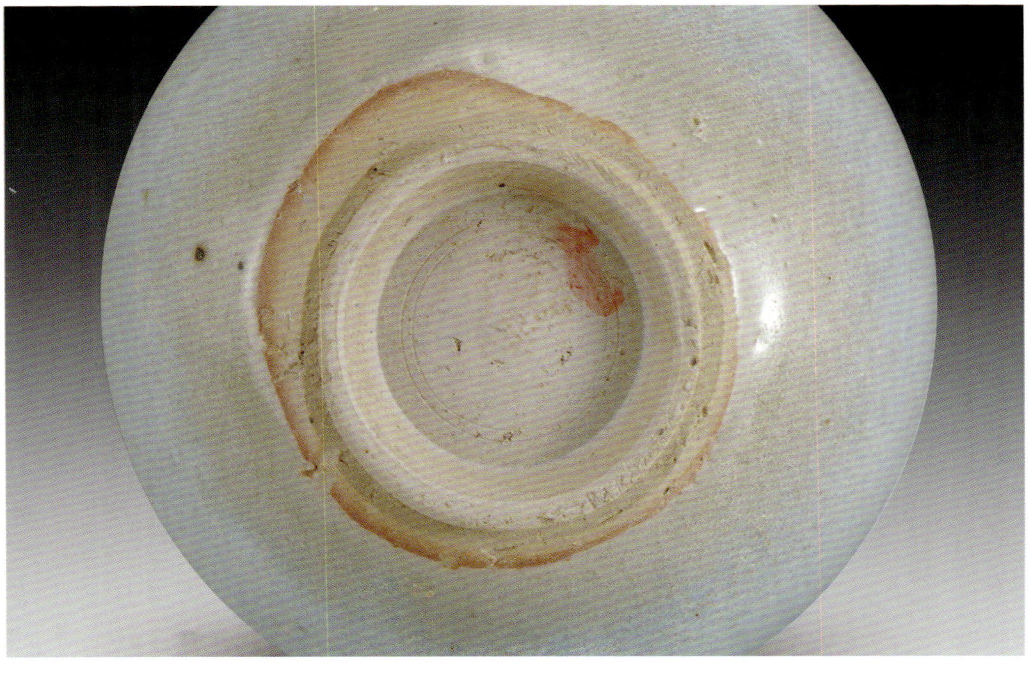

图版二二三　一号窖藏出土清溪窑青瓷　直口杯91SJJ：138

图版二二四　一号窖藏出土清溪窑青瓷　敞口杯91SJJ：135

图版二二五　一号窖藏出土清溪窑青瓷　撇口杯91SJJ：136

图版二二六　一号窖藏出土不明窑口黑瓷　盏91SJJ：530

图版二二七　一号窖藏出土铜器　钟91SJJ：883

图版二二八　一号窖藏出土铜器　钟91SJJ：883

图版二二九　一号窖藏出土铜器　钟91SJJ：883

A型圆形铃91SJJ：887

B型圆形铃91SJJ：884

图版二三〇　一号窖藏出土铜器　A型、B型圆形铃

三角形铃91SJJ：909

胆式腹瓶91SJJ：877

图版二三一　一号窖藏出土铜器　三角形铃、胆式瓶

图版二三二　一号窖藏出土铜器　鼓腹瓶91SJJ：878

图版二三三　一号窖藏出土铜器　方形瓶91SJJ：880

图版二三四　一号窖藏出土铜器　A型觚式瓶91SJJ：897

图版二三五　一号窖藏出土铜器　B型觚式瓶91SJJ：987

A型高圈足碗91SJJ：911

B型高圈足碗91SJJ：903

图版二三六　一号窖藏出土铜器　A型、B型高圈足碗

B型圈足碗91SJJ：918

C型圈足碗91SJJ：672

图版二三七　一号窖藏出土铜器　B型、C型圈足碗

图版二三八　一号窖藏出土铜器　圜底碗91SJJ：986

镳斗91SJJ：881

镳斗盖91SJJ：856

图版二三九　一号窖藏出土铜器　镳斗、镳斗盖

图版二四〇　一号窖藏出土铜器　炉身91SJJ：891

91SJJ：974

91SJJ：979

图版二四一　一号窖藏出土铜器　炉身

图版二四二　一号窖藏出土铜器　釜91SJJ：838

图版二四三　一号窖藏出土铜器　龟形器91SJJ：818

图版二四四　一号窖藏出土铜器　匜形器91SJJ：882

A型器盖91SJJ：991

器柄91SJJ：919

图版二四五　一号窖藏出土铜器　A型器盖、器柄

图版二四六　一号窖藏出土石器　琮91SJJ：892

图版二四七　一号窖藏出土石器　琮91SJJ：893

A型斜弧腹碗03SJJ：1

B型斜弧腹碗03SJJ：3

图版二四八　二号窖藏出土第一类龙泉窑青瓷　A型、B型斜弧腹碗

图版二四九　二号窖藏出土第一类龙泉窑青瓷　A型圈足盘03SJJ：2

B型圈足盘03SJJ：9

C型圈足盘03SJJ：8

图版二五〇　二号窑藏出土第一类龙泉窑青瓷　B型、C型圈足盘

D型圈足盘03SJJ：10

直口深腹圈足杯03SJJ：18

图版二五一　二号窖藏出土第一类龙泉窑青瓷　D型圈足盘、直口深腹圈足杯

直口深腹圈足杯03SJJ：17

短蒂钮弧顶器盖03SJJ：6

图版二五二　二号窖藏出土第一类龙泉窑青瓷　直口深腹圈足杯、短蒂钮弧顶器盖

图版二五三　二号窖藏出土第一类龙泉窑青瓷　短蒂钮弧顶器盖03SJJ：9

图版二五四　二号窖藏出土第一类龙泉窑青瓷　短蒂钮弧顶器盖03SJJ：11

图版二五五　二号窖藏出土第一类龙泉窑青瓷　短蒂钮弧顶器盖03SJJ：5

图版二五六　二号窖藏出土景德镇窑青白瓷　器盖03SJJ：20

A型盏03SJJ：22

B型盏03SJJ：26

图版二五七　二号窖藏出土不明窑口黑瓷　A型、B型盏